V&R

HANS HÜBNER

Biblische Theologie des Neuen Testaments

BAND 3

Hebräerbrief, Evangelien und Offenbarung
Epilegomena

VANDENHOECK & RUPRECHT
IN GÖTTINGEN

Deo uno et trino

Die Deutsche Bibliothek – CIP-Einheitsaufnahme

Hübner, Hans:
Biblische Theologie des Neuen Testaments / Hans Hübner. –
Göttingen: Vandenhoeck und Ruprecht
Bd. 3. Hebräerbrief, Evangelien und Offenbarung; Epilegomena. – 1995
ISBN 3-525-53598-8

Gesamtherstellung: Hubert & Co., Göttingen

Vorwort

In der Einleitung seiner Schrift „Die religiöse Verwirrung der Gegenwart, beleuchtet an Magister Adler als Phänomen" polemisiert *Søren Kierkegaard* gegen den, der sich Schriftsteller nennt, aber wesentlich kein Schriftsteller sei, weil er von einem dreibändig angelegten Werk „den ersten und zweiten Teil schreiben [kann], aber dann kann er den dritten Teil nicht schreiben: den letzten Teil kann er nicht schreiben".[1] Man ist nach der Auffassung des dänischen Philosophen dann erst ein wesentlicher Schriftsteller, wenn man das *Schlußergebnis* findet, wenn man zuvor fühlt, daß es noch fehlt und deshalb kein Fragment liefert. „Und eine Weltanschauung, eine Lebensanschauung ist doch das einzige wahre Schlußergebnis jeden Werks."[2] Nun lege ich hier den dritten Band vor – ob er dem strengen Kriterium Kierkegaards standhält und ein „Schlußergebnis" bietet, das in Wahrheit auch ein solches ist, das müssen die beurteilen, die das Buch lesen oder gar rezensieren. Mancher Rezensent war in seinem Urteil über die ersten beiden Bände nach eigener Aussage bewußt zurückhaltend, weil er zuerst noch zur Kenntnis nehmen wollte, was im letzten Band steht. Ob ich jetzt mit diesem Buch als „das einzige wahre Schlußergebnis" eine Weltanschauung, eine Lebensanschauung biete, auch das muß ich dem Urteil der anderen überlassen. Nun ist „Weltanschauung" ein auf evangelischer Seite oft geschmähter Begriff. Man konzidiert ihn zwar gern dem katholischen theologischen Denken, bestreitet aber energisch die Möglichkeit, ihn in ein evangelisches theologisches Denken zu integrieren.[3] Ich kann jedoch als lutherischer Theologe gut dem Rat des katholischen Philosophen *Max Scheler* folgen, den er *Romano Guardini* gab, als dieser 1923 auf den Lehrstuhl für katholische Weltanschauung und Religionsphilosophie in Berlin berufen wurde und nicht recht wußte, was denn nun die Aufgabe eines solchen Lehrstuhls sei: „Sie müßten tun, was im Wort ‚Weltanschauung' liegt: die Welt betrachten, die Dinge, den Menschen, die Werke, aber als verantwortungsbewußter Christ, und auf wissenschaftlicher Ebene sagen, was Sie sehen."[4] In der Tat – eine Biblische Theologie des Neuen Testament will ja *nicht nur* sagen, wie *damals* die Rezeption des Neuen Testament durch die neu-

---

[1] *Kierkegaard*, Das Buch über Adler, 7f.
[2] Ib., 8.
[3] Zum Problem des Verhältnisses von evangelischer Theologie und Weltanschauung s. meinen Beitrag in „Wandel und Bestand" (FS B. Jaspert): Der Begriff „Weltanschauung" bei Rudolf Bultmann.
[4] Zit. nach *Gerl*, Romano Guardini, 120.

testamentlichen Autoren vor sich ging. Will Biblische Theologie heute verant-
wortungsvoll betrieben sein, so muß sie auch die heutige „Welt" im Verstehenshorizont der Gegenwart „anschauen", freilich im *gleichzeitigen* Blick auf die in
Jesus Christus ergangene Offenbarung Gottes. So habe ich auch gelegentlich die
eine oder andere Formulierung gewagt, bei der vielleicht für einige die Frage
provoziert wird, ob denn das Gesagte überhaupt in ein exegetisches Werk gehöre.

Das „Schlußergebnis" findet sich in den Epilegomena. Sie sind breiter ausge-
fallen als etwa in *Rudolf Bultmanns* Theologie des Neuen Testaments. Das geschah durchaus mit Absicht! Warum, habe ich zu Beginn der Epilegomena ausführlich begründet. Es gibt jedoch hermeneutische Gründe, die mich den Begriff
„Schlußergebnis" in einem gewissen Zwielicht sehen lassen. Zunächst liegt ein
solches Schlußergebnis insofern durchaus in meiner Absicht, als ich mit ihm zu
einer dezidierten Aussage über das **Wesen von Theologie** gelangen wollte, zu
einer Aussage freilich, von der ich weiß, daß so manche sie im heutigen theologischen Konzert – im eigentlichen Sinne von *concertare* verstanden! – aufgrund
ihres Verständnisses dessen, was wissenschaftliche Theologie ist, ablehnen müssen. Denn ich verstehe von meinem hermeneutisch-theologischen Standpunkt aus
die innige Verflochtenheit von Theologie und Glaube, genauer noch: von verste-
hender Theologie und verstehendem Glauben, als axiomatisch. *Rudolf Bultmann*
hat recht, wenn er im untrennbaren Duo von Rekonstruktion und Interpretation
letzterer den sachlichen Primat für die Aufgabe einer Theologie des Neuen Testaments zuschreibt.[5] Ich kann nur wiederholen, was ich schon mehrfach gesagt
habe: Je länger mich die Frage der neutestamentlichen Theologie bewegt, ja um-
treibt, um so mehr zeigt sich mir diese Aufgabe als unbedingte Forderung zur
Interpretation. Was der Exeget letztendlich zu leisten hat, ist und bleibt Interpretation. *Exegetische Wissenschaft* ist von ihrem innersten und eigentlichen Impuls
her *Interpretationswissenschaft*. Schon in jedem Stück Rekonstruktion steckt
notwendig der Vollzug der Interpretation. Rekonstruktion, also die sogenannte
historische Aufgabe, ist ohne zugleich praktizierte Interpretation eine hermeneutische Unmöglichkeit. *De facto* interpretiert jeder Historiker – ob er es weiß oder
nicht! Hinzu kommt, daß Interpretation immer auch den *Interpretierenden* voraussetzt. Geht es aber in der Interpretation des Neuen Testaments um Texte, die
den Christusglauben voraussetzen, so kann notwendig nur der, der in diesem
Glauben existiert, diese Texte wirklich interpretieren. Indem ich das so sage, ist
der heftige Widerspruch vorprogrammiert. Aber ich habe ja auch gar nicht vor,
ihn zu vermeiden! Zur Verdeutlichung: Natürlich kann ein Atheist *begrifflich* erfassen, was im Neuen Testament das Wort „Gott" aussagt. Aber da er es nicht als
die seine eigene Existenz betreffende *Wirklichkeit* versteht, hat er gerade nicht
verstanden, was ὁ θεός meint! Er hat Gott eben als illusionäre Größe mißver-
standen.

Steckt jedoch der glaubende Interpret mitten im Geschäft der Hermeneutik,
mitten im Geschäft der Interpretation der biblischen Texte Alten und Neuen Te-

---

[5] *Bultmann*, Theologie des NT, 600.

staments, werden also Texte mit theologisch-existentieller Relevanz aus – bewußter oder unbewußter – existentieller Begegnung mit ihnen ausgelegt, so ist es in der Tat mit dem von Kierkegaard geforderten „Schlußergebnis" eine heikle Sache. In gewisser Weise ist sicherlich unbestreitbar ein solches Ergebnis unumgänglich, wenn es zu einer klaren Aussage kommen soll. Und, wie gesagt, es ist auch in der oben dargelegten Weise bewußt von mir so intendiert. Zugleich ist es als „Schlußergebnis" aber *mein* „Schlußergebnis". Und da keiner sein „Ich" absolut setzen darf – selbst wenn er es wollte, könnte er es nicht! –, ist es eben „nur" ein existentielles „Schlußergebnis", aber kein „objektives". Es ist das „Schlußergebnis" eines Exegeten in seiner *geschichtlichen* Existenz, also in seiner vergänglichen Existenz. Und daher darf es auch kein für andere verbindliches „Schlußergebnis" sein!

Man erlaube mir, daß ich das noch ein wenig verdeutliche. Im Vorwort des ersten Bandes sagte ich, daß sich die hier vorgelegte Theologie des Neuen Testaments in mancher Hinsicht von anderen Werken dieses Genre unterscheide. An dieser Stelle braucht nicht wiederholt zu werden, in welcher Weise dieser Unterschied damals im einzelnen expliziert wurde. Die drei Bände haben es überdies, wie ich hoffe, zur Genüge gezeigt. Schon allein der Tatbestand, den Versuch eines neuen Genre zu wagen, impliziert notwendig, daß – vorausgesetzt, der von mir eingeschlagene Weg zeigt sich grundsätzlich als gangbar; aber die wissenschaftliche Kritik hat mir das immerhin weithin bestätigt – Verbesserungen, seien sie akzidenteller, vielleicht sogar substantieller Art, nötig sein werden. Mir ging es darum, einen *Weg* aufzuweisen, nicht aber zu behaupten, er sei nur in der Weise gangbar, wie ich ihn zu betreten versucht habe. Auch in dieser Hinsicht kann mein „Schlußergebnis" nur ein existentielles sein.

Das „Schlußergebnis" findet innerhalb der Prolegomena eine gewisse programmatische Zusammenfassung im Schlußabschnitt „Das theologische Fazit". Dort kommt das im Verlauf der Darlegungen mehrfach bedachte Problem von Unmittelbarkeit und Mittelbarkeit bzw. Vermittlung noch einmal zur Sprache. An ihm zeigt sich wieder einmal, wie Ergebnisse auf neue Explikation aus sind. Jede Antwort, will sie wirklich im eigentlichen Sinn Antwort sein, treibt auf neue Fragen zu – es sei denn, das Denken sei an sein Ende gekommen! Ist nun im „theologischen Fazit" von Unmittelbarkeit und Mittelbarkeit die Rede, so stellt sich die fundamentaltheologische Explikation als neue Aufgabe. Bekanntlich war es *Georg Friedrich Wilhelm Hegel*, der dieses Problem als essentiell für sein philosophisches Denken erachtete, auch im Blick auf die biblische „Wirklichkeitssprache" und „Reflexionssprache".[6] *Søren Kierkegaard* war es dann, der von seinem Existenzdenken aus in diesem Punkte Hegel widersprach.[7] Da in den Epilegomena diese Problematik schon allein aus Raumgründen nicht ausführlich behandelt werden kann, der Autor ihr aber nicht ausweichen darf, werde ich für sie in der in Arbeit befindlichen „Evangelischen Fundamentaltheologie" breiten Raum reservieren. Sie ist als aus biblischem Denken erwachsene

---

[6] S. dazu neuestens *Schindler*, Die Sagbarkeit des Unsagbaren.

[7] S. dazu neuestens *Fujino*, Hegels „Entweder/Oder".

Fundamentaltheologie konzipiert. Im Grunde ist sie der Vierte Band der Biblischen Theologie des Neuen Testaments, wird aber als gesonderte Publikation erscheinen.

Vielleicht sollte ich aber auch sagen, daß mein Bemühen um Dialog mehr den
neutestamentlichen Autoren als meinen Kollegen und Kolleginnen galt. Es ging
mir vor allem darum, bei der wiederholten Lektüre der neutestamentlichen
Schriften, gerade auch im Blick auf die jeweilige Gesamtaussage, dem theologischen Willen ihrer Verfasser auf die Spur zu kommen; es ging mir darum, zu erfassen, was sie möglicherweise verborgen zwischen den Zeilen sagten. Und dann
bemühte ich mich wieder, Intuition durch Methode abzusichern. Gerade dieses
Vorgehen zeigte mir erneut, daß biblische Schriften nur dann zureichend verstanden werden können, wenn man ihrem Duktus Schritt für Schritt folgt, also
Kapitel für Kapitel, zuweilen Passage für Passage, wenn nicht sogar Vers für
Vers. Vor allem bei den Evangelien dürfte dies in besonderer Weise bei der
Lektüre evident werden. Und das bedeutet methodisch, eine Theologie der neutestamentlichen Schriften so zu schreiben, daß jeweils der Duktus der Darstellung durch den jeweiligen biblischen Autor auch die eigene Darstellung bestimmt. Ich bestreite nicht, daß auch andere Darstellungsweisen sinnvoll sind,
wie dies gerade neuere Theologien des Neuen Testaments zeigen. Aber mir
scheint der hier gewählte Weg der Intention der Verfasser des Neuen Testaments, vor allem der Evangelisten, in besonderer Weise entgegenzukommen.

Einige Rezensenten, gerade auch die besonders wohlwollenden, fragten – zumeist vorsichtig und behutsam – an, ob ich nicht das Neue Testament zu stark
unter paulinischer, also lutherischer, Perspektive sähe. Zuweilen verband sich
dieses Monitum mit der weiteren kritischen Anfrage, wo denn nun der Autor in
seiner theologischen Konzeption Jesus von Nazareth den theologischen Ort ein-
räume. Die Epilegomena geben die Antwort: Was über Jesus zu sagen ist, gehört
ins theologische Finale! Denn Urgrund aller neutestamentlichen Theologie ist Jesus von Nazareth, und zwar als der Sohn Gottes. Von ihm her erhalten die Epilegomena und zugleich damit das gesamte dreibändige Werk das theologische
Gewicht – auch Paulus! Weil dieser theologische Akzent schon mit der Gesamtkonzeption des dreibändigen Werkes geplant war, habe ich bei der Lektüre einiger Rezensionen, die eine gewisse Jesusdefizienz vermuteten – die betreffenden
Rezensenten mögen es mir vergeben! –, zuweilen ein wenig geschmunzelt.
Stichwort Rezensenten: Die meisten von ihnen, katholische wie evangelische,
haben meine Theologie weit positiver beurteilt, als ich es erwarten oder gar er-
hoffen durfte. Ihre kritischen Fragen habe ich dankbar zur Kenntnis genommen
und vor allem sorgsam erwogen. Ich werde in späteren Publikationen sicherlich
noch manche dieser Kritikpunkte bedenken. Wenige Autoren sind es, die an der
Differenz von Vetus Testamentum per se und Vetus Testamentum in Novo
receptum Anstoß nehmen. Auf dieses Problem werde ich jedoch bereits im
Nachwort dieses dritten Bandes eingehen.

Eine bestimmte Anfrage, z.T. brieflich, z.T. in Publikationen geäußert,
möchte ich aber schon im Vorwort beantworten. Es ist die – aus meiner Per-

spektive durchaus berechtigte – Anfrage, ob denn überhaupt durch die Konzeption „Neutestamentliche Theologie als Biblische Theologie" der wesentliche theologische Gehalt des Neuen Testaments *voll* zum Ausdruck gebracht werden kann. Nach *Ferdinand Hahn* reicht die einseitige Fixierung auf den theologischen Umgang mit den alttestamentlichen Schriften nicht aus, um die Eigenart der neutestamentlichen Verkündigung zu erfassen. „Hinzu kommt, daß die Orientierung an Zitaten und Anspielungen zur Behauptung einer nur partiellen Rezeption des Alten Testaments geführt hat, während es doch in den entscheidenden Aussagen des Neuen Testaments stets um ‚Tora und Propheten' insgesamt geht; das Alte Testament weist nach neutestamentlichem Verständnis als ganzes über sich hinaus."[8] Hahn versteht meine Theologie sogar als „eine (christliche!) alttestamentliche Theologie".[9] *Otto Merk*, der die recht scharfe Polemik *Peter Stuhlmachers* gegen mich zurückweist und aus methodologischen Gründen wesentliche Aspekte meines Ansatzes begrüßt (so vor allem meine Ablehnung einer einlinigen Traditionskontinuität vom Alten zum Neuen Testament und mein hermeneutisches Bedenken des Wechselverhältnisses von Kontinuität und Diskontinuität bei der Rezeption des Alten Testaments im Neuen), stellt ähnlich wie Hahn an mich die Frage: „Ist ‚Biblische Theologie' im von H. Hübner erhobenen Sinne nur unter eklektischer Verkürzung neutestamentlicher Aussagen zu haben? Hier liegt eine bisher nicht weggeräumte Belastung seines Programms."[10] Dafür kann er sich sogar auf eine programmatische Bemerkung von mir aus dem Jahre 1981 berufen: „Mögen auch nicht alle neutestamentlichen Autoren das Alte Testament theologisch reflektieren – und insofern wird *einiges, was in einer üblichen ‚Theologie des Neuen Testaments' steht, in einer ‚Biblischen Theologie des Neuen Testaments' nicht erscheinen* –, so liegt doch heute schon klar auf der Hand, daß der theologische Umgang mit dem Alten Testament zum Kern des theologischen Bemühens im Neuen Testament gehört."[11] Ich wäre nun diesen oder ähnlich argumentierenden Kritikern dankbar, wenn sie im Detail aufzeigen könnten, wo nun eklektische Verkürzung neutestamentlicher Aussagen vorliegt, und zwar theologisch gravierende Verkürzung neutestamentlicher Gehalte. Zu meinem Erstaunen stelle ich nämlich gerade bei den theologisch materialen Ausführungen im zweiten und dritten Band fest, daß die Aufarbeitung des Vetus Testamentum receptum die zentralen theologischen Inhalte des Neuen Testaments in weit größerem Umfang profiliert hervortreten ließ, als ich es 1981 noch vermutete. Ist nicht die alttestamentliche Theologie des Neuen Testaments, um mit Ferdinand Hahn zu sprechen, doch weit mehr genuine neutestamentliche Theologie, als dessen Formulierung „(christlich!) alttestamentlicher Theologie" indiziert? Gerade was diese Frage angeht, hoffe sich auf den fruchtbaren Dialog

---

[8] *Hahn*, BZ 38, 169.

[9] Ib., 170.

[10] *Merk*, Theologie des Neuen Testaments und Biblische Theologie, 138.

[11] *Hübner*, Biblische Theologie und Theologie des Neuen Testaments, 85 [erstmals KuD 27, 1981], zitiert von *Merk*, op. cit., 136; Hervorhebung weder bei mir noch im Zitat bei *Merk*.

mit den Kollegen. Und die kritische Antwort werde ich dankbar bedenken und –
wie auch immer – reagieren.

Zur Literatur: Daß ein thematisch so weitgreifendes Werk wie eine neutestamentliche Theologie, das bewußt auch als Dialog mit der Literatur konzipiert ist,
diese nur symptomatisch heranziehen kann, versteht sich von selbst. Wo ich
mich bereits in früheren Publikationen um den Dialog mit bestimmten Autoren
bemüht hatte, sei es in Rezensionen, Aufsätzen oder Monographien, habe ich ihn
in der Regel nicht erneut aufgenommen, schon allein, um das Buch nicht noch
umfangreicher werden zu lassen. Einige Kollegen, die mir brieflich ihr Bedauern
mitteilten, daß ich diesen Aufsatz oder jene Schrift von ihnen nicht erwähnt
hätte, bitte ich um ihr Verständnis dafür, daß ich bereits geführte Diskussionen
zumeist nicht mehr erneut vornahm. Nun sind gerade in den letzten Monaten
einige besonders wichtige Arbeiten zur Biblischen und neutestamentlichen
Theologie erschienen, auf die ich gerne näher eingegangen wäre. Hier und da
habe ich in den bereits nahezu fertigen Text die eine oder andere Anmerkung
eingefügt. Aber insgesamt hätte eine Berücksichtigung dieser Neuerscheinungen
bedeutet, den Erscheinungstermin des dritten Bandes weiter herauszuschieben.
So habe ich mich zumeist darauf beschränkt, das Literaturverzeichnis noch um
die eine oder andere bibliographische Angabe zu vermehren.

Zu danken habe ich vielen. An erster Stelle ist Herr Landesbischof i.R. Prof.
D. Eduard Lohse zu nennen, der den größten Teil des Manuskripts kritisch gelesen hat. Seine Kritik war mir hilfreich und hat zu mancher Verbesserung des
Textes beitragen – wahrscheinlich in einigen wenigen Fällen nicht ganz in seinem Sinne. Den philosophiegeschichtlichen Teil der Epilegomena hat Herr Prof.
Dr. Friedrich-Wilhelm von Herrmann, Freiburg, aufmerksam durchgelesen und
so zur Präzisierung einiger Formulierungen wichtige Anregungen gegeben. Beiden Kollegen schulde ich für diese große Mühe herzlichen Dank. Herrn Pfarrer
Klaus Wöhrmann, Recklinghausen, Herrn stud. theol. Michael Ebener und meinem Doktoranden Martin Conrad danke ich für sorgsame Lektüre des Manuskripts. Sie haben den Druckfehlerteufel recht erfolgreich bekämpft. Herr Pfarrer
Wöhrmann hat darüber hinaus an einigen Stellen wertvolle Vorschläge zur Neu-
formulierung komplizierter Sachverhalte gemacht, die ich fast restlos übernommen habe; Herr Ebener hat sich zudem um das Literaturverzeichnis verdient gemacht. Besonderer Dank gilt auch meiner Sekretärin, Frau Heidi Wuttke, die erneut den schwierigen, mehrsprachigen Text geschrieben hat, und meiner wissenschaftlichen Mitarbeiterin, Frau Antje Labahn, die, zuweilen von ihrem Ehe-
mann Michael Labahn unterstützt, in unermüdlicher Mühe dafür gesorgt hat, daß
das Buch seine optimale Druckform fand. Ihr verdanke ich auch die Anfertigung
der beiden Register. Frau Labahn fand bei ihrer Arbeit die dankenswerte Unter-
stützung durch Frau Renate Hartog vom Verlag Vandenhoeck & Ruprecht. Dem
Verleger, Herrn Dr. Arndt Ruprecht, bin ich in Dankbarkeit für die jahrzehnte-
lange vertrauensvolle Zusammenarbeit verbunden. Sein Interesse an dieser Biblischen Theologie war immer groß.

Das Buch erscheint in einer Zeit, in der an vielen Stellen der Welt grausame und menschenverachtende Kriege toben; Städte werden gnadenlos bombardiert, Zivilisten, selbst Kinder, werden durch feige und hinterlistige Heckenschützen ermordet. Der Haß zwischen Menschen und zwischen Nationen eskaliert. Und zur selben Zeit schreibt da ein Theologe an seinem sicheren Schreibtisch im hessischen Bergland seine theoretischen Darlegungen über theologische Grundsatzfragen. Ist das die Antwort der Theologie auf die Grausamkeit unter Menschen? Ich denke aber, daß gerade diese Arbeit notwendig und unverzichtbar ist. Denn die *Kirche*, mitten in der turbulenten Welt, oft sogar an deren Turbulenzen partizipierend, sie lebt in einem entscheidenden Ausmaß von der Theologie, sie lebt davon, daß auch in wissenschaftlicher Strenge über die Offenbarung Gottes in Jesus Christus nachgedacht wird und sie, die Kirche Jesu Christi, dann wiederum aus solche vertieftem theologischem Nachdenken der verunsicherten und gequälten „Welt" das sagt, was ihr zu sagen aufgegeben ist. Alle Theologie wird am Ende daran gemessen werden, was sie, genuin aus dem Glauben der Kirche existierend, für diese Kirche und ihren Auftrag zu tun imstande war. In dieser Überzeugung gibt der Autor nun den letzten Band seiner Theologie in die Hände der theologischen Wissenschaft zum kritischen Weiterdenken, zugleich aber in die Hände der Kirche, wobei sich die *fides quaerens intellectum* wiederum um den *intellectus quaerens fidem* bemühen möge. So sei es dem Theologen, der dieses *opus* jetzt nicht wie den ersten Band einem Lebenden widmet und nicht wie den zweiten Band mit einem *in memoriam* versieht, erlaubt, daß er am Ende des letzten Bandes und damit am Ende des Gesamtwerkes mit einem *Deo gratias* schließt! Also heißt heute die Widmung: *Deo uno et trino.*

Hermannrode/Göttingen, 27. Februar 1995   Hans Hübner

Inhalt

2.5 Der Hebräerbrief

2.5.1 Vorbemerkungen

War es richtig, den Hebräerbrief nicht im zweiten Band der Biblischen Theologie zu behandeln, der doch neben der Darstellung der paulinischen Theologie auch die Darstellung ihrer neutestamentlichen Wirkungsgeschichte enthält? Gehört dieser Brief nicht in diese Wirkungsgeschichte? Nun mag man darüber streiten, ob bzw. in welcher Weise gesetzeskritische Aussagen der authentischen Paulusbriefe ihren *bewußten* Nachhall in der kultkritischen, also kultgesetzkritischen Argumentation des Hebr finden. Wahrscheinlich waren dem Vf. des Hebr zumindest Grundgedanken der paulinischen Gesetzeskritik bekannt.[1] Man wird also diesen Brief nicht ganz aus der Wirkungsgeschichte der paulinischen Theologie herausnehmen dürfen. Wenn ihm trotzdem nun in diesem dritten Band eine Sonderstellung gegenüber den übrigen neutestamentlichen Schriften, die in der Wirkungsgeschichte der paulinischen Theologie zu sehen sind, eingeräumt wird, so hat das zwar vordergründig damit zu tun, daß der zweite Band nicht zu umfangreich werden sollte. Vor allem aber liegt ein sachlicher, nämlich *theologischer* Grund vor. Denn nicht nur findet sich im Hebr die gesetzeskritische Theologie in einer sehr speziellen Perspektive, indem Gesetzeskritik auf die Kritik des alttestamentlichen Kultes zugespitzt ist; vor allem wiegt der Sachverhalt, daß der Umgang des Vf. des Hebr mit der Schrift ein weithin anderer war als bei Paulus. Die hermeneutische Position, die sich im Hebr manifestiert, ist durch ein Denken bestimmt, das dem des alexandrinisch-hellenistischen Judentums nahe verwandt ist, das seinerseits, wenn auch nur eklektisch und insofern partiell, *platonische* Elemente in sich aufgenommen hat. Es wird sich u.a. an Hebr 8,5; 9,23f. zeigen, wo sich der platonische Einfluß im theologischen Denken des Autors in einem bemerkenswerten Dualismus kundtut (Gegensatz von ὑπόδειγμα und σκιά einerseits und τὰ ἀληθινά andererseits). *Die Berufung auf die Schrift geschieht demnach im Horizont griechischen Denkens.* Das sich in den Spätschriften des Alten Testament und dann auch in den paulinischen Briefen andeutende Ineinanderwachsen von genuin israelitischem und hellenistischem Denken[2] wird im Hebr wie in kaum einer anderen biblischen Schrift offenbar, von der Sapientia Salomonis vielleicht einmal abgesehen, die in der ihr eigenen Art platonisches und stoisches Denken in ihre Theologie integriert.[3] Sap und Hebr sind hinsichtlich der Begegnung von morgen-

---

[1] In EWNT II, 1170f., habe ich von der Modifizierung der paulinischen Gesetzestheologie im Hebr gesprochen; bestritten von *H.-F. Weiß*, KEK XIII, 406.

[2] Dazu vor allem *Hengel*, Judentum und Hellenismus.

[3] *Hübner*, Die Sap und die antike Philosophie.

und abendländischem Denken durchaus vergleichbar, mögen auch beide inhaltlich und formal eigene Wege gehen.

Hans-Friedrich Weiß versteht die Theologie des Hebr als *Biblische Theologie*.[4] Dafür verweist er zunächst auf Hebr 1,1–14, insbesondere auf die Testimonienreihe 1,4–13, wo bereits wesentliche Aspekte der Schriftrezeption programmatisch für den ganzen Hebr hervorträten. Zutreffend heißt es: „Nicht nur daß Gott selbst einst ‚zu den Vätern in den Propheten‘ geredet hat (1,1), ist für den Autor selbstverständlich; vielmehr bewegt sich die Art und Weise, in der er Gottes endgültige Rede ‚im Sohn‘ in seinem Trost- und Mahnschreiben auslegt, ganz im Rahmen und Kontext der unmittelbar auf den ‚Sohn‘ bezogenen, also unter christologischem Aspekt gelesenen und verstandenen Schrift."[5] Er spricht vom konstitutiven Charakter der Schrift für den Hebr und führt dafür mit Recht auch das quantitative Argument der Vielzahl ausdrücklicher Schriftzitate und der kaum eindeutig fixierbaren Fülle von virtuellen Zitaten und Anspielungen an.[6] Sprache und Terminologie des Briefes sind durch die biblische Überlieferung bestimmt; der Hebr entfaltet Christologie und Soteriologie im wesentlichen im Horizont einer durch die Schrift vorgegebenen Sprache. „Was im Hebr insgesamt vorliegt, ist somit das Zeugnis einer aus biblischen Quellen sich speisenden Theologie – mit einem Wort: Biblische Theologie."[7]

Da Hans-Friedrich Weiß diesen Sachverhalt so gut wie kaum ein anderer Kommentator herausstellt, sei noch einmal auf ihn verwiesen: Dem Autor des Hebr geht es nicht nur um einen vordergründigen „Schriftbeweis"[8] für seine eigene christologisch-soteriologische Grundkonzeption. Entscheidend ist, „daß für ihn die *Autorität der Schrift* zugleich die *Autorität Gottes selbst* ist. Er – Gott selbst – redet ja in der Schrift, und dies zumeist im Präsens, also im Sinne unmittelbarer Anrede an die gegenwärtigen Hörer und Leser der Schrift".[9] Freilich, die Relativierung des alttestamentlichen Kultgesetzes zeigt, „daß die Art von Schriftauslegung, wie sie im Hebr praktiziert wird, am Ende auf eine Art von ‚Biblischer Theologie‘ hinausläuft, die – unter dem hermeneutischen Vorzeichen von Gottes endgültiger Rede ‚im Sohn‘ – vom Ansatz her nicht mehr daran interessiert ist, der Schrift ihre eigene Stimme zu lassen. Hier, im Hebr, wird die Schrift vielmehr in der Tat als ‚Altes‘ Testament gelesen und verstanden, in seiner Zuordnung zum ‚Neuen‘ Testament und in seiner Ausrichtung auf die neue Heilsordnung… Schriftauslegung, das ist im Hebr nach Maßgabe des hermeneutischen Kanons von Hebr 1,1f. nichts anders als Christusverkündigung. Das Alte ist hier ganz in das Neue hineingenommen".[10]

---

[4] *H.-F. Weiß*, KEK 13, [15]1991, z.B. 54.172.181.
[5] Ib., 171.
[6] Ib., 171f.
[7] Ib., 172.
[8] Anführungsstriche bei *H.-F. Weiß*.
[9] Ib., 172; Hervorhebungen durch mich.
[10] Ib., 181.

Ziehen wir an dieser Stelle bereits ein erstes Fazit, ehe wir mit der detaillierten Darstellung der Theologie des Hebr beginnen! Hat der Vf. des Briefes, indem er unter christologischem Vorzeichen die Schrift auslegte und so sein Brief im Grunde durch und durch Schriftauslegung ist, Biblische Theologie getrieben, so ist unsere Biblische Theologie sozusagen Biblische Theologie auf einer „Metaebene". Denn wir treiben ja Biblische Theologie, indem wir eine uns vorliegende Biblische Theologie theologisch reflektieren; demnach ist unsere Biblische Theologie an dieser Stelle die *Biblische Theologie einer Biblischen Theologie.* Dann aber ist unsere Art, theologisch zu denken, hier organisch aus dem theologischen Denken eines neutestamentlichen Autors erwachsen.[11] Unser theologischer Ansatz ist also auch hier wieder durch eine im Neuen Testament vorliegende Theologie theologisch legitimiert. Der Vf. des Hebr dachte theologisch, indem er die Heilige Schrift Israels zum *Vetus Testamentum in Novo receptum machte.*

Mehr noch! Hat Hans-Friedrich Weiß damit recht, daß der Vf. des Hebr mit seiner Art der Schriftrezeption, nämlich unter christologischem Vorzeichen, nicht mehr daran interessiert war, der Schrift ihre eigene Stimme zu lassen[12], so hat er bereits in seiner Biblischen Theologie durch seine Hermeneutik die Unterscheidung von *Vetus Testamentum per se* und *Vetus Testamentum in Novo receptum* nicht nur de facto vollzogen, sondern sie darüber hinaus bewußt praktiziert.

Bisher war laufend von der *Theologie* des Hebr die Rede. Ist aber dieser Brief überhaupt ein genuin theologisches, ein primär theologisches Schreiben? Die neuere Forschung hat, wenn auch nicht in Einzelheiten übereinstimmend, überzeugend herausgearbeitet, daß der Hebr ein seelsorgerliches Schreiben ist, in dem die Adressaten in schwieriger Situation getröstet und ermahnt werden. Theologische Abschnitte einerseits und parakletisch-paränetische andererseits wechseln laufend miteinander ab. Hebr 13,22 ist Selbstcharakterisierung als λόγος τῆς παρακλήσεως.

Von den zwei Grundfragen im Blick auf die Schriftzitate des Hebr, nämlich 1. *welcher alttestamentliche Text* lag dem Vf. des Briefes vor, und 2. in welcher Weise strukturieren die Zitate die *Theologie des Hebräerbriefes,* ist naturgemäß die zweite Frage die entschieden wichtigere. Aber die erste ist gerade angesichts der komplizierten Lage dieses Briefes nicht unerheblich.

2.5.2 Die Frage nach der Textgrundlage der alttestamentlichen Zitate

Schon 1828 hat Friedrich Bleek auf die Textgestalt der Zitate des Hebr aufmerksam gemacht. Er hat festgestellt, daß viele von ihnen mit dem vom Codex Alexandrinus gebotenen LXX-Text übereinstimmen, daß aber einigen dieser Zitate der Text des Codex Vaticanus zugrunde liegt.[13] Er folgerte daraus, daß es sich in der Vorlage des Autors

---

[11] Ähnliches zeigte sich aber auch schon mehrfach bei Paulus.
[12] Ib., 181.
[13] *Bleek*, Hebräerbrief I, 371f.

des Hebr um eine dem Codex Alexandrinus nahe Rezension handele.[14] *Alexander Sperber* vertrat 1940 die These, daß LXX^A und LXX^B zwei voneinander unabhängige Übersetzungen des hebräischen Originals repräsentierten.[15] Dagegen wandte sich *Kenneth J. Thomas*, der in LXX^A und LXX^B zwei Traditionen von einer einzigen Übersetzung her zu erkennen glaubt, die man die Septuaginta nennen könnte; der Autor des Hebr besaß noch einen Text dieser Übersetzung in ihrer ursprünglichen Form. „Through the process of editing, the texts of LXX^A and LXX^B eventually became a mixture of primitive and edited readings, as they are in their present forms."[16] Eine der wichtigsten Monographien für unsere Problematik ist die Münchner Dissertation von *Friedrich Schröger*, Der Verfasser des Hebräerbriefes als Schriftausleger (1968). Er rechnet vor allem mit Änderungen des LXX-Textes, die der Vf. des Hebr selber verursacht habe. Unter Verweis auf Bleek, Thomas, Peter Katz[17], Kahle und Sperber bleibt er bei der Feststellung, daß die Erforschung der Vorgänge bei der Entstehung der LXX ganz im Anfang stehe, jedoch gerade die Zitate im Hebr „zur Lösung dieser Aufgabe zweifellos einen guten Beitrag liefern" könnten.[18] Zu nennen ist noch die Göttinger Dissertation „Die Septuaginta-Vorlage des Hebräerbriefes" von *Erko Ahlborn* (1966, also im selben Jahr, in dem auch Schröger seine Dissertation eingereicht hat; beide konnten deshalb voneinander keine Notiz nehmen). Nach Ahlborn ist die bisher übliche Fragestellung, ob die Zitate A, B oder welchem Codex auch immer folgen, „im Grunde nicht nur irrelevant, sondern auch irreführend, da die Handschriften in den einzelnen Büchern verschiedenen Rezensionen zugehören".[19] Und so kommt er zum Ergebnis, daß eine alexandrinische Rezension als Textvorlage des Hebr ausgeschlossen sei. Überhaupt sei an einer Gruppe dieses Namens zu zweifeln. „Auch der Alexandrinus allein scheidet als Zitatvorlage aus; vielmehr ist umgekehrt damit zu rechnen, daß A den Hebr kannte und mitbenutzte."[20] Der Überblick zeigt, wie immer mehr die Fragestellungen insofern dem Gegenstand gegenüber angemessener geworden sind, als die neuere Septuaginta-Forschung mit ihren teilweise differenzierteren Teilergebnissen größere Beachtung erfuhr, daß aber eine allgemein überzeugende Lösung der Gesamtproblematik immer noch nicht vorliegt. Könnte die Antwort, die sich vielleicht im Laufe der nächsten Jahre abzeichnet, etwa zwischen den Positionen von Thomas und Ahlborn liegen?

---

[14] Ib., I, 374.

[15] *Sperber*, JBL 59, 248.

[16] *Thomas*, NTS 11, 325.

[17] *Katz*, ZNW 49, 221.

[18] *Schröger*, Schriftausleger, 30f.

[19] *Ahlborn*, Septuaginta-Vorlage, 10.

[20] Ib., 141. Zu nennen ist außerdem noch *J.C. McCullough*, Hebrews and the OT, 1971; der Autor ging ähnlich wie *Ahlborn* die Frage der Textvorlage des Vf. des Hebr in grundsätzlicher Weise an. Sein Resultat: Diese Vorlage kann nicht in einem einzelnen Codex oder in einem Archityp mehrerer bekannter Codices gefunden werden, sondern in den Rezensionen, wie sie in der Göttinger LXX beschrieben sind. Vom selben Verfasser stammt der Aufsatz „The OT Quotations in Hebr", 363ff.: Die Modifikationen der Zitattexte gehen auf den Vf. des Hebr zurück.

2.5.3 Die Theologie des Hebräerbriefes

2.5.3.1 Hebr 1,1–4,13: Verbum Scripturae – Verbum Trinitatis

Wichtiger als die Frage nach der Textvorlage des Vf. des Hebr ist, wie gesagt, dessen *theologischer Umgang mit der Schrift.* Dieser Umgang zeigt sich zunächst sehr deutlich und profiliert an den *formulae quotationis,* die in recht bemerkenswerter Weise von denen der übrigen der neutestamentlichen Autoren abweichen. καθὼς γέγραπται oder ähnliche Formulierungen begegnen auffälligerweise im gesamten Brief nicht. Kein einziges Mal wird in den *formulae quotationis* auf das Geschriebensein der Zitate abgehoben! Das scheint deshalb für den Vf. des Hebr relevant zu sein, da er laufend *formulae quotationis* bringt, in denen Formen von λέγειν stehen, vor allem λέγει, λέγων, εἶπεν und εἴρηκεν. Es kommt ihm also ganz entschieden darauf an, daß die von ihm angeführten Schriftzitate *gesagt* worden sind. In diesem Zusammenhang ist aber von hohem theologischen Gewicht, *wer* der jeweilige Sprecher der Zitate ist. In der Hauptsache ist es *Gott.* In den übrigen neutestamentlichen Schriften zeigte sich jedoch, daß nur zuweilen für den Schriftbeweis das Wort des redenden Gottes bedeutsam ist. Erinnert sei an Röm 9–11, wo ja in vielen Zitaten in der 1. Pers. Sing. Gott sich selbst artikuliert. Dieses Phänomen dominiert nun im Hebr. *In den Zitaten des Hebräerbriefes wird der redende Gott zitiert.* Doch spricht auch der *Sohn Gottes* (Hebr 2,12–14; 10,5–7), aber auch der *Heilige Geist* (Hebr 3,7–11; 10,15–17). Man könnte geradezu vom *trinitarischen Offenbarungsgott im Hebr* sprechen.

Auffällig ist, daß jedoch kaum eine alttestamentliche menschliche Gestalt als Redender eingeführt wird, so z.B. Mose in Hebr 9,19 mit Ex 24,8 in Hebr 9,20. Zu fragen ist freilich, ob hier ein Zitat im eigentlichen Sinne vorliegt oder ob nicht vielmehr Mose nur im Rahmen einer argumentativen *narratio* als Sprecher genannt wird (s.u.).

Es geschieht in *christologischer* Absicht, wenn der Vf. des Hebr Gott als Sprechenden der Zitate einführt. Deren Funktion ist im Rahmen solcher Argumentation der Beweis, der Schriftbeweis. Wo in anderen neutestamentlichen Schriften der Beweis mit der *Schrift* vorliegt, entspricht dem im Hebr der *Beweis mittels des gesprochenen Wortes Gottes.* Es steht nämlich für unseren Autor außer Frage, daß das, was Gott *sagt,* theologisch unbestreitbar ist und in keiner Weise in Frage gestellt werden darf. In solchen christologischen Zusammenhängen redet Gott vor allem *zu seinem Sohn,* so in einer Kumulation von zumeist Psalmworten in Hebr 1,5ff.; der Sohn aber redet wiederum *zum Vater* (Hebr 10,5–7, bezeichnenderweise auch mit einem Psalmwort, nämlich ψ 39,7–9). Hingegen wird der Heilige Geist als Sprechender dann angeführt, wenn es um paränetische Zitate geht (Hebr 3,7 mit der *formula quotationis* διό, καθὼς λέγει τὸ πνεῦμα τὸ ἅγιον mit ψ 94,7–11 in Hebr 3,7–11; Hebr 10,15 mit der eigentümlichen *formula quotationis* μαρτυρεῖ δὲ ἡμῖν καὶ τὸ πνεῦμα τὸ ἅγιον mit Jer 38,33f.LXX in Hebr 10,16f.).

Der Zugang zur je spezifisch theologischen Aussage der einzelnen authentischen Paulusbriefe eröffnete sich uns gerade dadurch, daß wir ihrer *rhetorischen Struktur* folgten und dabei uns sowohl die Situation des Paulus als auch die seiner Adressaten vergegenwärtigten. Ist nun auch der Hebr ein in rhetorischer Hinsicht relevantes Schreiben,[21] so stellt sich natürlich die Frage, ob wir nicht auch hier in gleicher Weise vorgehen müßten. Es ergibt sich aber von der Struktur des Briefes her insofern eine andere Lage, als zwar paränetische und „dogmatische", besser: theologisch reflektierende Partien so ineinandergreifen, daß ein in sich konsistentes Ganzes entsteht, andererseits aber die theologischen Ausführungen doch so sehr in sich geschlossen sind, daß sie in ihrer Gesamtheit eine theologische Sequenz ausmachen, die sich auch ohne nähere Berücksichtigung der paränetischen Stücke inhaltlich klar herausstellt. Wir sollten uns sicherlich bei der Darstellung der Theologie dieses Briefes ständig bewußt bleiben, daß in ihnen *Theologie um der Paränese willen* geschieht. Aber die theologische Reflexion ist doch nicht so sehr von der Anrede an die Adressaten bestimmt wie in den Paulusbriefen. Diesem Umstand wird hier dadurch Rechnung getragen, daß der Duktus der theologischen Argumentation mehr aus sich selbst dargestellt wird als bei der Behandlung der Paulinen.

Daß neutestamentliche Theologie als Christologie konzipiert ist, gilt nahezu für das ganze Neue Testament. Das gilt auch, ja gerade angesichts dessen, daß Christologie letzten Endes als Christologie *Theo*-Logie ist. Christologie bleibt aber in sich aussageunfähig, wenn nicht gesehen wird, daß ihre innere Dimension Soteriologie ist. Aus der Trias „*Theologie – Christologie – Soteriologie*" darf kein Teil herausgebrochen oder auch nur abgewertet werden, ohne daß das Gesamte verzerrt würde. Theologie meint die „Lehre"[22] vom *Deus pro nobis in Christo*, Christologie die „Lehre" von der *revelatio Dei in Christo* und Soteriologie die „Lehre" vom *Christus pro nobis crucifixus et resurrectus*. Der Hebr ist nun derjenige Brief im Neuen Testament, der so profiliert wie kaum ein anderes Schreiben dieses Ineinander von Theologie, Christologie und Soteriologie zum Ausdruck bringt. Schon der Aufbau seiner „rein" theologischen Teile zeigt dies augenfällig. Einmal ganz grob skizziert, besteht der Brief aus einem christologisch fundierenden ersten Teil, der organisch in die soteriologischen Ausführungen mündet. Noch zugespitzter gesagt: Jesus von Nazareth ist der *Sohn Gottes*, nur deshalb kann er der *Hohepriester* sein und nur deshalb ist er es auch. Ist „Sohn Gottes" der christologisch entscheidende Titel, so „Hoherpriester" der soteriologisch entscheidende. Als Sohn Gottes ist sein *Sein* umfassend ausgesagt, als Hoherpriester sein *Wirken*, das aber als Wirken im Sein gegründet ist. Christi Sein ist jedoch sein *göttliches Sein*, dessen pneumatologische Dimension immer wieder im Hebr plastisch hervortritt. *Christologie* gibt es im Hebr nicht ohne

---

[21] S. u.a. *B. Lindars*, NTS 35, 382–406; *W.G. Übelacker*, Der Hebr als Appell; überhaupt zur literarischen Struktur des Hebr: vor allem die zahlreichen Publikationen von *Vanhoye* (aufgelistet in *P. Ellingworth*, The Epistel to the Hebrews. A Commentary on the Greek Text, NIGTC, Grand Rapids/Michigan 1993, XCI–XCIII); hier nenne ich nur *Vanhoye*, La structure litteraire de l'épitre aux Hebreux; *ders.*, Homilie für haltbedürftige Christen.

[22] Warum die Anführungsstriche gesetzt wurden, dürfte aus der Gesamtkonzeption unserer Biblischen Theologie evident sein.

Trinitäts-„Lehre". In gewisser Weise ist dieser Brief ein theologischer Traktat *De Deo uno et trino*.[23] So anachronistisch dies zunächst klingt, so sehr zeigt sich aber, daß die theologische Entelechie des Hebr in der Tat trinitarisch ist. Dem Sohn Gottes eignet nicht nur göttliches Sein; er steht auch in der *Kommunikation* mit dem Vater. Vater und Sohn befinden sich sozusagen im Gespräch – soll man sagen: in einem ewigen Gespräch? Dem korrespondiert, daß der Hebr mit dem Motiv „*Gott redet*" einsetzt. Gott redet „im" Sohn zu uns, nachdem er zuerst vielfach und auf vielerlei Weise – man beachte den herrlichen Anfang des Briefes mit seiner Alliteration: Πολυμερῶς καὶ πολυτρόπως πάλαι – zu den Vätern „in" den Propheten gesprochen hatte, Hebr 1,1. Die Worttheologie des Hebr ist, wie sich im folgenden noch genauer herausstellen wird, eine *Theologie des Wortes* nach außen – Gott spricht „aus sich heraus" – und eine Theologie des Wortes nach innen – Gott befindet sich im Gespräch mit sich selber, weil Vater und Sohn zueinander sprechen.

Der Heilige Geist ist Gott, insofern er in den paränetischen Abschnitten der zu uns sprechende Gott ist. So ist der Heilige Geist derjenige, durch den das *ekklesiologische* Moment des Hebr zum Ausdruck kommt. Dadurch erhalten aber die paränetischen Abschnitte ihre theologische Dignität; sie werden auf diese Weise sozusagen in die Theologie des Briefes hineingeholt. So gewinnt der Hebr seine imponierende Geschlossenheit. Paränese und theologische Reflexion bedingen einander, durchdringen einander. Paränese und theologische Reflexion fügen sich so zu einer inneren Einheit.

Diese erste, vorläufige Charakterisierung zeigt bereits die inhaltliche und strukturelle Konsistenz des Hebr. Sie erlaubt es uns – wiederum in Abänderung des von uns bei Paulus zumeist praktizierten Vorgehens –, nicht alle Zitate in gleicher Ausführlichkeit zu behandeln, und ermöglicht uns so, gerade die den Gedankengang des Briefes strukturierenden Zitate zu betonen. Angesichts der Tatsache, daß der Hebr Zitate in einer solchen Fülle bringt, wie dies bei keiner anderen neutestamentlichen Schrift der Fall ist, würde auch ein allzu ausführliches Eingehen auf alle oder auch nur die meisten Zitate die Darstellung der Theologie dieses Briefes weit über Gebühr ausdehnen.

Der Brief beginnt also mit Gott, der derjenige Gott ist, der zu uns gesprochen hat. Diese Wort-Gottes-Theologie ist eine *eschatologische* Wort-Gottes-Theologie. Denn Gott hat „im" Sohn Gottes „am Ende dieser Tage", ἐπ᾽ ἐσχάτου τῶν ἡμερῶν τούτων zu uns gesprochen.[24] Doch die Eschatologie führt sofort zurück zur *Protologie*: Gott hat zu uns „in" dem gesprochen, den er zum Erben von allem gemacht und durch den er die Welten geschaffen hat, Hebr 1,2.

Hebr 1,3 vertieft die Aussage über das göttliche Sein des Sohnes, allerdings nicht mit Hilfe eines Zitats, wohl aber in Anklang an Aussagen von Sap 7. Sap lag aber bereits im Horizont von V.2. Zur Verwendung der *Sapientia Salomonis* in Hebr 1,2f.: Zunächst die grundsätzliche Differenz, in deren Licht die Verwendung der Parallelen zu sehen ist:

---

[23] Natürlich nicht von den Denkvoraussetzungen und der philosophischen Terminologie der ersten Ökumenischen Konzilien her!

[24] Das Zeitverständnis wird in den Epilegomena noch eingehend thematisiert.

Der Vf. des Hebr bezeichnet den Sohn Gottes nicht als Weisheit. Im ganzen Brief findet sich σοφία kein einziges Mal. Dennoch bestehen äußerst enge sprachliche Verbindungen zwischen Hebr und Sap. Nach Sap 7,26 ist das in der σοφία befindliche πνεῦμα νοερόν, ἅγιον κτλ. das ἀπαύγασμα φωτὸς ἀιδίου, nach Hebr 1,3 hingegen der Sohn Gottes ἀπαύγασμα τῆς δόξης. Diese δόξα wiederum begegnet in Sap 7,25, das heilige Pneuma ist ἀπόρροια τῆς τοῦ παντοκράτορος δόξης εἰλικρινής. Und das bereits erwähnte δι' οὗ καὶ ἐποίησεν τοὺς αἰῶνας von Hebr 1,2 besitzt in Sap 9,1 seine Entsprechung: ὁ ποιήσας [sc. ὁ θεός] τὰ πάντα ἐν λόγῳ σου. τὰ πάντα findet sich dann wieder in Hebr 1,3 im Gedanken der *conservatio mundi*: φέρων τε τὰ πάντα τῷ ῥήματι τῆς δυνάμεως αὐτοῦ. Von der δύναμις ist jedoch in Sap 7,25 die Rede: ἀτμὶς γάρ ἐστιν τῆς τοῦ θεοῦ δυνάμεως. Diese Parallelen zwischen Hebr und Sap mögen hier ausreichen.

Fazit: Die *Wortfelder* der theologischen Zentralbegriffe in Hebr 1,2f. und Sap, vor allem Sap 7,25f, sind weithin identisch. Die Möglichkeit, daß der Vf. des Hebr die Sap gekannt hat, ist nicht gering. In diese Richtung weist auch, daß die Art und Weise seines Umgangs mit der Schrift auffällige Verwandtschaft mit der Schriftauslegung Philons zeigt. Alexandrinisches Geistesgut manifestiert sich also im Hebr recht deutlich.[25] Sollte sein Vf. tatsächlich die Sap gekannt haben, so ist zu registrieren, daß er im Exordium seines Schreibens bereits auffällig deren theologische Terminologie verwendet hat, und zwar ausgerechnet diejenige Terminologie der alexandrinischen Schrift, die ihren theologisch relevanten Mittelteil bestimmt. Was sich allerdings in Hebr 1,1ff. nicht zeigt, ist das für Sap 7 konstitutive stoische Gedankengut, das dort mit platonischen Zentralvorstellungen eine geistige Einheit bildet.[26] Nehmen wir also an, daß der Vf. des Hebr mit hoher Wahrscheinlichkeit von der Sap terminologisch Gebrauch gemacht hat, so ist jedoch zugleich zu registrieren, daß er dieses zum Kanon der LXX gehörige Buch gerade nicht zitierte. War es für ihn gar nicht Heilige Schrift? Die Frage läßt sich nicht mit Sicherheit beantworten. Auf jeden Fall nahm es aber für ihn (vorausgesetzt, er ist, wie ich annehmen möchte, *direkt* literarisch von ihm abhängig) einen so *hohen theologischen Stellenwert* ein, daß er gerade seine theologischen Begriffe für bestens geeignet hielt, um fundamentale christologische Aussagen zu formulieren. Die in den folgenden Versen gebrachten Zitate des Alten Testaments stehen somit im theologischen Horizont einer zentralen theologisch-christlichen Proposition, die den Geist der jüngsten Schriften des alttestamentlichen Kanons atmet. Es ist der griechische Geist alexandrinischen Judentums, der hier unter christologischem Vorzeichen das theologische Denken des Vf. des Hebr prägt. Die Wort-Gottes-Theologie, die sich zu Beginn der theologischen Ausführungen unseres Briefes zu Gehör bringt, artikuliert sich also sowohl vom *Zentrum des Alten Testaments* als auch vom *philosophisch-abendländischen Denken* her. Die Sap als Symbiose von Orient und Okzident,

---

[25] Z.B. *H.-F. Weiß*, KEK, 100ff; zur Forschungssituation *Feld*, Der Hebräerbrief, 38ff, der seinerseits *C. Spicq*, L'Épître aux Hébreux I: Introduction; II: Commentaire (EtB), Paris ³1952/53, und *ders.*, L'Épître aux Hébreux (SBi), Paris 1977, zu Recht zuneigt.
[26] *Hübner*, Die Sap und die antike Philosophie.

dieses jüngste Buch der Heiligen Schrift Israels, in der Sprache geschrieben, die zu jener Zeit die meisten Juden (als Diasporajuden) sprachen, bestimmt somit den theologischen Grundakkord einer der wichtigsten theologischen Schriften des Neuen Testaments!

Doch kommen wir wieder zum Inhaltlichen zurück! Tun wir es unter dem Gesichtspunkt der *Offenbarung*, also einem Gesichtspunkt, der sich bereits im ersten Band dieser Biblischen Theologie des Neuen Testaments als theologisch zentral erwies. Offenbarung ist hier sicherlich zunächst als das Sprechen Gottes zum Menschen zu verstehen, zunächst „in" den Propheten und dann „im" Sohn. Aber indem der Sohn als „der Abglanz der Lichtherrlichkeit Gottes und die Ausprägung seines Wesens"[27] bezeichnet wird, ist er vor allem *in Person* die Offenbarung Gottes. Er ist als der Sohn die personhafte Offenbarung des jenseitigen Gottes, dessen Doxa durch ihn diesseitig, also geschichtlich geworden ist. Gottes Doxa eignet daher eine transzendente und eine immanente Dimension.

Erich Gräßer sagt im Anschluß an *Albrecht Oepke*[28] sehr schön, Offenbarung sei „nicht als Mitteilung übernatürlichen Wissens zu verstehen, sondern als worthaft sich ereignender Akt des Aussichheraustretens Gottes".[29] Seine Folgerung: „Das Heil ist primär ein solches, das man sich *gesagt* sein lassen darf, es ist primär ein *Wortgeschehen*, dessen Verständnis nicht orientiert ist am inspirierten Wortlaut, auch nicht am mythisch oder dogmatisch fixierten Satz, sondern am lebendigen *Verkündigungsgeschehen*, bei dem der λόγος Χριστοῦ (6,1) zum je neu in die Situation ausgelegten Kerygma wird."[30] Sieht es zunächst danach aus, als wolle Gräßer somit den Offenbarungsgedanken auf das „bloße" Wortgeschehen reduzieren, so zeigt doch seine Auslegung von Hebr 1,3a, daß er den Sohn „als Ausprägung (χαρακτήρ) des einzig wirklichen Seins (ὑπόστασις) ,die schlechthin gültige Offenbarung der jenseitigen Wirklichkeit Gottes'" versteht.[31]

Nachdem der Vf. des Hebr in 1,1–3 mit protologischer und eschatologischer Blickrichtung die theologisch-christologische Wort-Gottes-Theologie als theologische Grundaussage seines Schreibens ausgesprochen hat, und zwar weithin mit alexandrinischer theologischer Terminologie, bringt er in V.3 bereits den *soteriologischen* Grundakkord mit καθαρισμὸν τῶν ἁμαρτιῶν ποιησάμενος zum Klingen. Freilich wird diese soteriologische Aussage nur in syntaktischer Unterordnung durch eine Partizipialkonstruktion zum Ausdruck gebracht. Des Sohnes Passion zielt ja auf seine himmlische Herrlichkeitsexistenz, die pointiert im Hauptsatz ausgesagt wird: ἐκάθισεν ἐν δεξιᾷ τῆς μεγαλωσύνης. Das geschieht in Anlehnung an Worte aus ψ *109,1* (Κάθου ἐκ δεξιῶν μου). ψ 109 bzw. Ps 110 ist aber ein Psalm für die Inthronisationsfeier des davidischen Königs in Jerusalem, ein Psalm, der messianisch gedeutet wird. Er ist neben Ps 2

---

[27] *Hofius*, EWNT I, 282; ἀπαύγασμα und χαρακτήρ sind als Synonyme aufzufassen. Mit Recht sieht *Hofius* im Hintergrund dieser Aussage die jüdisch-hellenistische Eikon-Vorstellung.

[28] *Oepke*, ThWNT III, 586.

[29] E. *Gräßer*, EKK XVII/1, 1990, 50.

[30] Ib., 50f.

[31] Ib., 62; er zitiert *Helmut Köster*, ThWNT VIII, 584, 21–23.

für den Vf. des Hebr von höchster christologischer und soteriologischer Relevanz.[32] Auf ψ 109,1 wird hier zunächst nur angespielt; dieser Psalmvers wird aber in der Zitatenreihung Hebr 1,5–13 betont als letzter Psalmvers zitiert. In 1,3f. dient er dazu, die souveräne Überlegenheitsstellung des Sohnes über die Engel zu demonstrieren.

Die durch unterschiedliche *formulae quotationis* eingeleiteten Zitate, zumeist Psalmzitate, in dieser Zitatenkette beginnen nach der Anspielung auf ψ 109,1 mit *ψ 2,7* – eingeleitet mit „Zu welchem der Engel hat [Gott] je gesprochen?" –: „Du bist mein Sohn, heute habe ich dich gezeugt." Wie zuvor die Worte aus dem Inthronisationspsalm ψ 109 werden jetzt Worte aus dem Inthronisationspsalm ψ 2 auf den Sohn Gottes bezogen. Zwar war ja auch seit Salomon der jeweilige davidische König Sohn Gottes, aber doch nur als adoptierter Sohn aufgrund seiner Inthronisation zum Jerusalemer König. Das ἐγὼ σήμερον γεγέννηκά σε meint aber jetzt die in der Ewigkeit Gottes vollzogene Zeugung vor aller „Zeit", also jenes Geschehen, in dem der Sohn als Gott Seiender „gezeugt" wird.

Dieses innergöttliche Geschehen – *Deum de Deo, lumen de lumine, Deum verum de Deo vero, genitum, non factum consubstantialem Patri* – wird als innergöttliches Sprachgeschehen dargestellt. Es verdient höchste Aufmerksamkeit, daß *das erste Schriftzitat im Hebr die Anrede Gottes an seinen Sohn* ist: „Du bist mein Sohn!" Und *dem Du folgt das Ich Gottes*: „Ich habe dich ‚heute' gezeugt." Der Vf. des Hebr versteht also ψ 2,7 als die christologische Aussage der Schrift. Ehe Gott zu den Menschen redet, redet er zu seinem Sohn.

Gerahmt wird somit der Zitatenkomplex Hebr 1,5–13 von den christologisch gedeuteten Inthronisationspsalmen ψ 2 und ψ 109. In den *formulae quotationis* beider Psalmen geht es um die Überlegenheit des Sohnes über die Engel. Diese Thematik bestimmt auch die übrigen Zitate. *2Sam/2Bas 7,14*, die Zusage Gottes an David, daß sein Sohn Salomon Gottes Sohn sein werde, wird ebenso als Zusage des göttlichen Vaters an seinen göttlichen Sohn verstanden wie ψ 2,7; dies kommt durch die Einführung mit πάλιν deutlich zum Ausdruck. Der deuteronomistische Autor bringt diese Zusage an David im Kontext der Verheißung, daß Thron und Herrschaft der davidischen Dynastie in Ewigkeit vor Gott Bestand haben werden, ἡ βασιλεία αὐτοῦ ἕως αἰῶνος ἐνώπιον ἐμοῦ, 2Bas 7,16. Als diese wohl sehr alte Tradition von einem Autor der deuteronomistischen Schule in das Deuteronomistische Geschichtswerk aufgenommen wurde, war nach 587 v. Chr. bereits die Dynastie der Davididen Vergangenheit. Wenn die Verheißung aber trotzdem aufgenommen wurde, dann doch wohl, weil die Erneuerung der Herrschaft dieser Dynastie im Vertrauen auf Gottes Treue gegenüber Jerusalem fest erhofft wurde.[33] Liest man sie parallel zu den quasi-messianischen Verheissungen von Jes 9 und 11, so wird man auch die Rezeption der Verheißung von 2Sam 7 als in quasi-messianischer Erwartung geschehen beurteilen dürfen. Doch selbst, wenn der deuteronomistische Rezeptor die Stellen aus Jes nicht gekannt

---

[32] S. auch Hebr 1,13; 8,1 und 10,12! Hierzu neuestens *M. Hengel*, „Setze dich zu meiner Rechten!", passim.

[33] Jede andere Erklärung führt in unauflösbare Widersprüche.

haben sollte, ist ähnlich zu urteilen. Es geht um Gottes verheißendes Wort, das nicht hingefallen sein kann (vgl. Röm 9,6); dieses Wort ist verstanden als *Verheißung einer Heilszeit*, in der der davidische Herrscher das von Gott geschenkte Heil als irdischer Repräsentant Gottes garantiert. Greift nun der Vf. des Hebr das deuteronomistische Wort auf, so greift er auch die deuteronomistische Deutung als Wort über die *eschatologische* Zukunft auf, verstärkt aber dabei den eschatologisch-messianischen Impuls des Wortes, indem er im Horizont des ἐπ᾽ ἐσχάτου τῶν ἡμερῶν τούτων (Hebr. 1,2) die Verheißung auf *den* Davididen schlechthin bezieht. Konnte im Blick auf die Restauration der davidischen Dynastie die Aussage „*seine* Herrschaft wird in Ewigkeit dauern" gar nicht auf eine Einzelperson bezogen werden, sondern immer wieder nur auf den jeweiligen Davididen, so ist hingegen das Verheißungswort nach Hebr 1,5 als Ankündigung für *den* Sohn Gottes zu verstehen. Sieht man die Inthronisation Jesu (sein Name wird freilich erst Hebr 3,1 genannt) in *Kontinuität* zur je neu geschehenen alttestamentlichen Inthronisation in Jerusalem und zugleich als deren endgültige Erfüllung, so wird man das Verständnis der beiden Psalmen und der Nathanverheißung von 2Sam 7 durch den Vf. des Hebr tatsächlich als im alttestamentlichen Denken gegründet zu betrachten haben.

Wiederum ist das *Vetus Testamentum in Novo receptum* kein Vetus Testamentum per se negatum, sondern ein *Vetus Testamentum per receptionem amplificatum*. Die alttestamentliche Aussagetendenz ist aufgegriffen, wenn auch einige Implikationen der alttestamentlichen Aussage sehr entschieden umgebogen werden, vor allem die Dimension der politischen Macht. *Aber der Grundgedanke der gottgegebenen Königsherrschaft* wird durchgehalten, gerade in dem, der in die himmlische Sphäre erhöht ist. Insofern ist Hebr 1,5ff. die theologische Weiterführung der von Jesus angekündigten und in seiner Person gewissermaßen antizipierten Gottesherrschaft, βασιλεία τοῦ θεοῦ (s. Abschn. 3.4).

Soll man Hebr 1,6a bis einschließlich λέγει als *formula quotationis* auffassen? Die Antwort möge hier offenbleiben. Wichtiger ist, daß im Sinne der bereits erfolgten christologischen Aussage von Hebr 1,2–4 und der beiden Zitate in V.5 der Sohn als der erstgeborene, πρωτότοκος bezeichnet wird und in der Fortführung der Argumentation für dessen Stellung über den Engeln in Dtn 32,43LXX oder ψ 96,7 zitiert wird.[34]

Welche Stelle der LXX dem Vf. des Hebr. auch zugrunde gelegen haben mochte, von erheblicher *christologischer Relevanz* und von höchster Bedeutung

---

[34] Dtn 32,43LXX: προσκυνησάτωσαν αὐτῷ πάντες υἱοὶ θεοῦ, ψ 96,7: προσκυνήσατε αὐτῷ, πάντες οἱ ἄγγελοι αὐτοῦ. Hat der Vf. des Hebr Dtn 32,43LXX, indem er υἱοὶ durch ἄγγελοι ersetzt hat, von ψ 96,7 her interpretiert? Oder hatte er von der Dtn-Stelle her προσκυνησάτωσαν im Ohr und deshalb in den Psalmvers eingetragen? Nach *Gräßer*, EKK XVII/1, 80, beweist 4QDtn 32,43, daß der in Hebr 1,6b zitierte LXX-Text, abweichend von A und B, eine hebräische Vorlage hatte, die auch in Qumran bekannt war. Allerdings steht im Parallelismus Dtn 32,43d zu 43b ἄγγελοι θεοῦ, was der Vf. des Hebr aufgrund seiner Hermeneutik von 43d her ohne Schwierigkeiten in 43b übernehmen konnte – vom Inhaltlichen her auch nach heutiger exegetischer Kenntnis möglich. Dies scheint mir trotz 4QDtn 32,43 die naheliegendste Lösung, ohne daß sie beweisbar wäre.

für seine *Hermeneutik des Alten Testaments* ist, daß eine Aussage, die dort über Gott gemacht war, nun auf den Sohn bezogen wurde. Das Gott-*Sein* des Sohnes ist so sehr mit dem Gott-*Sein* des Vaters identisch, daß ohne theologische Schwierigkeiten Aussagen des Alten Testaments, die auf den Vater bezogen sind, auf den Sohn appliziert werden können (wenn auch nur im Einzelfall). Denn sonst wäre von diesem nur eine Gottähnlichkeit behauptet und somit er zu einem mythologischen Fabelwesen gemacht. Entweder ist Gott ganz in ihm präsent oder gar nicht. *Tertium non datur!*

Im Zuge der bisherigen Argumentationstendenz steht auch das Zitat ψ *44,7f.* in Hebr 1,8f., wiederum einem Königspsalm entnommen, und zwar demjenigen, in dem die Hoheitsaussage maximal gesteigert ist.[35] Für den Vf. des Hebr kann ψ 103,4[36], eine Aussage über die Engel, der Aussage in ψ 44,7 kontrastieren, weil dort der *König* als *Gott* angesprochen wird, und zwar Gott als auf königlichem Throne residierender Herrscher:

ὁ θρόνος σου, ὁ θεός, εἰς τὸν αἰῶνα τοῦ αἰῶνος,
ῥάβδος εὐθύτητος ἡ ῥάβδος τῆς βασιλείας σου.[37]

Diese in einer für die alttestamentliche Gottesauffassung gefährlichen Diktion formulierte Aussage entspricht durchaus dem hebräischen Original, wo auch der König mit „Gott" angeredet wird: כִּסְאֲךָ אֱלֹהִים עוֹלָם וָעֶד. Auch *Martin Luther* übersetzt mit „Gott". Es gibt freilich den Versuch der Abschwächung, z.B. durch *Hans-Joachim Kraus*, welcher übersetzt: „Dein Thron, o Göttlicher, (steht) immer und ewig."[38] Er begründet dies damit, daß nirgendwo sonst im Alten Testament die Bezeichnung des Königs mit אֱלֹהִים bezeugt sei.[39] Natürlich ist Gott ein für das Alte Testament ganz ungewöhnlicher Königstitel. Aber daß die Stelle so singulär sei, stimmt nicht. Die bereits genannte messianische, zumindest quasi-messianische Stelle *Jes 9,5* spricht dem erwarteten künftigen Heilskönig das Gottesprädikat אֵל גִּבּוֹר zu, auf deutsch: der starke Gott.[40] Dann aber dürfte die Anrede „Gott" für den König in Ps 45,7 in der frühen Königszeit entstanden zu sein. Es besteht freilich kein Zweifel, daß in *späterer* alttestamentlicher Zeit אֱלֹהִים abgeschwächt interpretiert wurde. Aber das Eigentliche bleibt so oder so zum Ausdruck gebracht: Der König *repräsentiert* Gott. Das mag im alten Israel im Sinne einer adoptianischen Königsauffassung gedacht worden sein, also nicht im streng seinshaften Sinn, wie im Neuen Testament gerade hier in Hebr 1,8, wo dem Sohn Gottes das Gott-*Sein* eindeutig *stricto sensu*

---

[35] Für den Vf. des Hebr ist theologisch irrelevant, daß es ein Hochzeitslied für den König ist.

[36] Die für den Vf. des Hebr brauchbare Aussage läßt sich nur dem LXX-Text entnehmen, der gegenüber dem hebräischen Original erheblich modifiziert ist.

[37] Der Vf. des Hebr bringt den Text leicht modifiziert: καὶ ἡ ῥάβδος τῆς εὐθύτητος ῥάβδος τῆς βασιλείας σου.

[38] *H.-J. Kraus*, Psalmen, BK XV/1, ⁵1978, 486.

[39] Ib., 491.

[40] S. auch Ps 24,8: יְהוָה עִזּוּז וְגִבּוֹר יְהוָה גִּבּוֹר מִלְחָמָה; s. auch Dtn 10,17; Jer 32,18. Die genannte Königstitulatur in Jes 9,5 spricht m.E. für vorexilische Entstehung und somit möglicherweise auch für jesajanische Authentizität. Zumeist wird diese jedoch in der alttestamentlichen Forschung bestritten.

zugesprochen ist. Festzuhalten ist aber auch, daß dieser Sohn Gottes in seinem Gott-Sein der an Gottes Stelle königlich Herrschende ist. Anders formuliert: Ist er der Messias, der königliche Gesalbte *als* der Sohn Gottes in seinem Gott-Sein, so heißt das, daß seine Messiaswürde durch sein Gott-Sein als göttliche Würde qualifiziert ist. Bezeichnend ist in diesem Zusammenhang, daß in ψ 44, nachdem von der Basileia des Sohnes Gottes, angeredet als Gott, die Rede war, die Königstugend schlechthin, die Gerechtigkeit, δικαιοσύση genannt wird (vgl. Sap 1,1!), die dieser Sohn Gottes als Gott liebt, ψ 44,8. *„Deshalb,* διὰ τοῦτο, hat dich, o Gott, dein Gott zum Messias gesalbt," ἔχρισέν σε. Also: Jesus ist der Sohn, ist Gott, ist der Messias, ist der königliche göttliche Herrscher. Fast die ganze Christologie begegnet hier, sie versammelt hier ihre einzelnen Fundamentalelemente. Und vor allem: Gott selbst redet seinen Sohn an, redet ihn christologisch an. *Christologie somit als Wort Gottes an den Christus!*

In diesem Sinne wird nun auch die Zitatenreihe fortgesetzt. In Hebr 1,10–11 wird *ψ 101,26–28* zitiert. Es entspricht ganz der inzwischen bekannten Hermeneutik des Hebr, wenn die darin ausgesprochene Anrede an Gott als Anrede an den Sohn aufgefaßt wird. Durch eine geringfügige Umstellung der Worte in ψ 101,26[41] wird der Anredecharakter unterstrichen: σὺ κατ᾽ ἀρχάς, κύριε, τὴν γῆν ἐθεμελίωσας...[42] Gott redet nun den Sohn mit *Kyrios* an; zugespitzt: *Gott redet Gott mit Kyrios an.* Göttlicher Kyrios ist der Sohn aber kraft seines Wirkens bei der Erschaffung der Welt, nämlich als der in Hebr 1,2 genannte Schöpfungsmittler. In biblischer Denkweise ist jedoch des Sohnes *Wirken* das *Sein* des Sohnes, nicht nur so eine Art Funktion.[43] Sein göttliches Sein ist durch den Gegensatz der Vergänglichkeit der Schöpfung und seines ewigen Bleibens betont: σὺ δὲ διαμένεις.[44] Nach dem Zitat Jes 34,4LXX in Hebr 1,12 mit dem Akzent auf Jesu Ewigkeit (σὺ δὲ ὁ αὐτὸς εἶ καὶ τὰ ἔτη σου οὐκ ἐκλείψουσιν) kommt in V.13 das Schlußzitat dieser Zitatenreihe ψ 109,1, von dem bereits die Rede war: Κάθου ἐκ δεξιῶν μου, ἕως ἂν θῶ τοὺς ἐχθρούς σου ὑποπόδιον τῶν ποδῶν σου. Trotz der soteriologischen Aussage in Hebr 1,3 wird aber jetzt ψ 109,4 – Priester nach der Ordnung des Melchisedek – noch nicht zitiert.[45]

---

[41] Zur Textform des Zitats s. *Gräßer*, EKK XVII/1, 88f.

[42] Statt LXX: κατ᾽ ἀρχὰς σύ, κύριε...

[43] Richtig *Gräßer*, EKK XVII/1,89: „Es soll in erster Linie eine Wesensaussage über den Schöpfungsmittler gemacht werden und keine Funktionsaussage. Den weltbildlichen Grund-Satz dieser Vorstellung formuliert 3,3: Dem Fabrikator gebührt größere Ehre als dem Fabrikat."

[44] Noch einmal *Gräßer*, der sehr schön sagt, ib., 90: „Alttestamentlich-jüdisches Denken will – im Unterschied zum griechischen – nicht sagen, daß Gott ἀρχή *ist*, sondern daß er κατ᾽ ἀρχάς *handelt.* Und ebenso wird hier nicht der griechische Gedanke gedacht, daß Erde und Himmel einen (Ur-)Anfang haben, der notwendig ihr Ende (τέλος = φθορά, Vergänglichkeit) setzt, sondern daß die Schöpfung des Himmels und der Erde der Anfang aller *Geschichte* ist. Für Israel ist die Welt mehr ein Geschehen als ein Sein."

[45] Dies geschieht erst in Hebr 5,9. Da ψ 109 für die christologisch-soteriologische Argumentation des Hebr strukturierende Bedeutung hat, ist die Auffassung *George Wesley Buchanans*, AncB 36, 1972, XIXff, Hebr sei „a homiletical midrash based on Ps 110" (= ψ 109), nicht völlig verfehlt, wenn auch überspitzt. Auf jeden Fall hat *Buchanan* etwas Richtiges gesehen.

Schauen wir also auf den ganzen Zitatenkomplex zurück, so stellt er sich in seiner Gesamtheit als eine längere *Ansprache Gottes an seinen Sohn* dar. Die *formulae quotationis* wiederum, in ihrer Gesamtheit betrachtet, verweisen kein einziges Mal auf das Geschriebensein der Zitate, kein καθὼς γέγραπται o.ä.! Statt dessen reiht sich eine Form von λέγω an die andere: εἶπεν, λέγει, εἴρηκεν. Für den Vf. des Hebr geht es also darum, daß *Gott spricht*. Noch einmal: *Er spricht zu seinem Sohn, ehe er zu den Menschen spricht.* Das ἐλάλησεν ἡμῖν ἐν υἱῷ von Hebr 1,2 hat also sein theologisches Fundament – theologisch hier sowohl im üblichen Sinne als auch als θεολογία im Sinne von Gottesrede! – im λέγειν Gottes zu seinem Sohn. *Offenbarung ist demnach die Fortsetzung der innergöttlichen Kommunikation nach außen.*

Der Abschnitt über die überlegene Stellung des Sohnes über die Engel mündet in einen paränetischen Abschnitt, in dem auf das von Engeln gesprochene Wort und das vom Herrn gepredigte Wort verwiesen wird. Diese Mahnung geht dann fast nahtlos in einen Abschnitt über, in dem erneut das Engelthema begegnet, und zwar mit dem Schriftzitat *ψ 8,5–7* (Hebr 2,6f.). Wenn hier im synonymen Parallelismus ἄνθρωπος mit υἱὸς ἀνθρώπου gleichgesetzt wird, dann ist wahrscheinlich nicht auf den in den Evangelien begegnenden Titel „Menschensohn" Bezug genommen.[46] Hat der Vf. des Hebr diesen Psalm überhaupt messianisch verstanden? Dafür könnte sprechen, daß im Neuen Testament Ps 8 immer in Verbindung mit Ps 110,1/ψ 109,1 interpretiert wird (z.B. 1Kor 15,25.27; Eph 1,21f). Daß Christus als der nun βραχύ, also kurze Zeit[47], von Gott *unter* die Engel erniedrigt wird, sieht der Vf. des Hebr als Aussage über das Kreuzesgeschehen. Aber der „Mensch" bzw. der „Sohn des Menschen" wird anschließend mit Herrlichkeit und Ehre, δόξῃ καὶ τιμῇ, von Gott gekrönt, der alles ihm zu Füßen untertan gemacht hat, Hebr 2,8.

Indem aber der Vf. des Hebr sowohl den Tod als auch die Erhöhung Jesu in diesem Psalm ausgesagt sieht, hat er aus ihm beide Grundgedanken seines Briefes herausgelesen. Wieder begegnen Christologie und Soteriologie in ihrer grundsätzlichen Einheit. Unser Autor exegesiert in dieser Weise, Hebr 2,9: Wegen, διά, seines Todesleidens, sehen wir den für kurze Zeit erniedrigten Jesus als den Erhöhten, damit, ὅπως, er durch Gottes Gnade für jedermann den Tod koste. Diese Verschränkung von Christologie und Soteriologie besitzt aber ihre *ekklesiologische Dimension.* Oder soll man gar sagen: ihr *ekklesiologisches Ziel*? Der Gedankengang zielt ja in Hebr 2,10ff. darauf, daß *der Sohn* – hier wird mit δι' ὃν τὰ πάντα καὶ δι' οὗ τὰ πάντα noch einmal dessen Mittlerschaft an Gottes Schöpfungswirken hervorgehoben (V.10)[48] – *viele Söhne* zur Herrlichkeit führt, und zwar als der Anführer des Heils durch Leiden, πολλοὺς υἱοὺς εἰς δόξαν ἀγαγόντα τὸν ἀρχηγὸν τῆς σωτηρίας αὐτῶν. Das soteriologische Moment

---

[46] S. Abschnitt 3.4.

[47] So die meisten Exegeten.

[48] Viele Exegeten beziehen allerdings die Phrase δι' ὃν ... auf Gott (s. die Kommentare); m.E. ist jedoch bei diesem Bezug das terminologische und christologische Gewicht von Hebr 1,2 nicht berücksichtigt.

begegnet in ἔπρεπεν γὰρ αὐτῷ [sc. τῷ θεῷ] ... τὸν ἀρχηγὸν τῆς σωτηρίας αὐτῶν διὰ παθημάτων τελειῶσαι,[49] also der Sohn für die Söhne, *der mit Doxa gekrönte Sohn für die zur Doxa zu führenden Söhne*. Was in ψ 109 im messianischen Horizont über den Sohn (freilich begegnet υἱός im Sinne von υἱὸς τοῦ θεοῦ hier nicht) gesagt wird, wird also auch in gewisser Weise auf alle Söhne bezogen. *Ernst Käsemanns* Deutung von Hebr 2,5ff. mit Hilfe der angeblich religionsgeschichtlichen Parallele der Urmensch-Lehre ist zwar angesichts des heutigen Standes der religionsgeschichtlichen Forschung nicht mehr haltbar.[50] Aber er hat richtig gesehen, daß nirgendwo im Neuen Testament Jesus mit uns in dieser Weise auf die gleiche Stufe gestellt wird.[51] Hat uns die Vorstellung der Doxa den Sohn und die Söhne in einer geradezu himmlischen Einheit schauen lassen – freilich sehen wir heute nur im Glauben Jesus als den mit der Doxa Gekrönten (vgl. Joh 1,14!)–, so ist es in V.11 der Gedanke der *Heiligkeit*: Jesus als der uns Heiligende (ὁ ἁγιάζων) und wir, die geheiligt werden (οἱ ἁγιαζόμενοι, Präsens!), haben unser Heilig-Sein aus dem einen (ἐξ ἑνός = ἐκ τοῦ θεοῦ), der der Heilige schlechthin ist. Deshalb[52], also aufgrund dessen, daß Sohn und Söhne heilig bzw. heilig Werdende sind, kann der Sohn die Söhne Brüder nennen.

Jetzt ist es dieser Sohn, der *ψ 21,23* spricht: „Ich werde deinen Namen" – er redet also den Vater an, und zwar als der Präexistente vor seiner Inkarnation[53] – „meinen Brüdern verkünden." Und er kündet auch an, daß er inmitten dieser Brüder (ἐν μέσῳ ἐκκλησίας!) – wie diese! – ihn hymnisch verehren wird. *Also laufend der Psalmen sprechende Gott, sei es der Vater, sei es der Sohn!* Indem der Sohn ψ 21,23 spricht, schaut er schon im voraus auf die Gemeinschaft mit seinen Brüdern, stellt sich also diesmal auf *ihre* Seite und teilt somit deren *esse coram Deo*! **Der Vf. des Hebr betont also die Identität des Gott-Seins für Vater**

---

[49] Wieder sind Erniedrigung und Erhöhung des Sohnes zusammengesehen. Die Erhöhung wird mit τελειῶσαι zum Ausdruck gebracht. Ausführliche Begründung der gängigen, hier aber nicht vertretenen syntaktischen Sicht von Hebr 2,10 s. vor allem *H.-F. Weiß*, KEK 204ff.

[50] *Käsemann*, Das wandernde Gottesvolk, 76ff.

[51] Ib., 77.

[52] Betontes δι' ἣν αἰτίαν statt einfaches διό oder διὰ τοῦτο. Anders *Blass/Debrunner/Rehkopf*, § 486,2: Vermeidung des Hiatus.

[53] Richtig *C.-P. März*, NEB.NT 16, 1989, 29f.: „Mit Ps 21,23 erklärt *der noch Präexistente* Gott gegenüber seine Bereitschaft zum Heilswerk (im Brudertitel für die Menschen deutet sich die Motivation an). Als der mit Jer 8,17 *aus dem Todesleiden zu Gott Rufende* erweist er sich den Menschen bis in die Todesangst gleichgeworden." S. auch *Gräßer*, EKK XVII/1, 136: „Wer als ἁγιάζων zum ἁγιάζειν der Seinen bzw. der Kirche (Eph 5,26) befähigt ist, liefert damit den Beweis seiner Gottheit, wie V.11b zeigt: Der Heiligende ist es, der sich nicht *schämt*, die Geheiligten seine Brüder zu nennen. Solche Solidarisierung ist nur sinnvoll, wenn die Christusanschauung vom himmlischen Gottessohn und nicht vom Menschen ausgeht. So bleibt ... die Möglichkeit, ἐξ ἑνὸς πάντες im Sinne der außerchristlich und christlich zahlreich belegten Syngeneia, einer ursprünglichen *Verwandtschaft* also, zu deuten. Dafür spricht, daß nach 2,14 die Menschen sekundär Fleisch und Blut angenommen haben und ihrer Inkarnation die Christi parallelisiert werden kann." *Gräßer* spricht dann von der gemeinsamen himmlischen Präexistenz von Erlöser und Erlösten. Hier dürfte m.E. *Gräßer* überinterpretiert haben.

und Sohn, zugleich aber die Identität des Bruder-Seins für Sohn und Söhne. Der Begriff „Mittler", μεσίτης, begegnet im Hebr zwar jetzt noch nicht; die Sache ist aber bereits zum Ausdruck gebracht. Der Sohn ist innerhalb der theologischen Argumentation bereits zum Hohenpriester geworden. Christologie ist bereits Soteriologie. Soteriologie ist aber auch schon, und das nicht nur ansatzweise, eschatologische Soteriologie geworden. Denn wenn der Sohn die Söhne zur Doxa führt, so ist ja mit dieser Formulierung auch schon das ewige himmlische Ziel anvisiert. Ist Jesus nach V.10 ἀρχηγὸς τῆς σωτηρίας, so ist auch hier wie bei Paulus σωτηρία ein entschieden *eschatologischer Begriff.* Heil hat sein eigentliches Sein von der eschatologischen Zukunft her (s. auch Hebr 1,14). Was zum Zitat ψ 21,23 gesagt wurde, gilt analog zu Jes 8,17 (s. auch 2Sam 22,3) und Jes 8,18 in Hebr 2,13.

In *Hebr 2,14–18* führt der Vf. des Hebr die bisherigen christologisch-soteriologischen Darlegungen nun endlich auf denjenigen Titel hin, der soteriologisch das Themas des Briefes bestimmt: *Jesus ist der Hohepriester,* ἀρχιερεύς. Wurde in 2,5–13 die irdische Existenz Jesu als Mitexistenz mit seinen Brüdern vorgestellt, wobei das Heilswerk des Bruders für seine Brüder als in eben dieser irdischen Mitexistenz gegründet und begründet aufgewiesen wurde, so wird dieser Gedanke in V.14 weiter expliziert. Jesus hatte wie seine Brüder Teil an Fleisch und Blut (μετέσχεν), *damit* er durch seinen Tod den Teufel als den Herrscher über den Tod vernichte. Auch in V.17, wo der Begriff „Hoherpriester" zum ersten Mal begegnet, wird erneut dieses Gleichsein (ὁμοιωθῆναι) von Bruder und Brüdern als unbedingt erforderliche soteriologische Voraussetzung (ὅθεν ὤφειλεν) akzentuiert, damit – in V.14ff. bereits das zweite finale ἵνα – der Hohepriester zu seiner sühnend-versöhnenden Aufgabe fähig sei. Nur als Mensch, der der Versuchung ausgesetzt ist – freilich ohne ihr zu erliegen (s. Hebr 4,15: χωρὶς ἁμαρτίας!) –, vermag er denen, die der Versuchung erlegen sind, die hohepriesterliche Hilfe zu geben.

In Kap. 2 wird also der soteriologische Grundakkord, nämlich das Thema „Jesus als der Hohepriester", angeschlagen; es werden sogar zentrale Aussagen darüber gemacht. Aber es ist doch nur der thematische Hinweis auf das, was der Vf. des Hebr erst in Hebr 5,1–10 und 7,1–10,18 überaus ausführlich begründen und darlegen wird. Hebr 2,5–18 hat also propädeutischen Charakter, bringt aber bereits in soteriologischer Hinsicht so viel an zentraler soteriologischer Aussage, daß Erich Gräßer mit Recht sagen kann: „Das Ergebnis ist ein Kapitel *theologia crucis,* das sich theologisch nicht hinter Paulus zu verstecken braucht."[54]

Dieser Abschnitt führt unmittelbar zu einem paränetischen Briefteil über, der in 3,1 beginnt. Die Ermahnung wird direkt aus der theologischen Kurzreflexion über Jesus als den Hohenpriester gefolgert. Es zeigt sich hier wie auch sonst im Hebr, daß die Frage, ob der Brief ein theologisches oder paränetisches Schreiben sei, schon im Ansatz falsch gestellt ist. Wirkliche Paränese, will sie nicht blasser Moralismus sein, bedarf des theologischen Fundaments. *Ohne Theologie geht in der Kirche nichts!* Aber Theologie geschieht, will sie ihr Wesen nicht verfehlen, immer aus einer kirchengeschichtlichen Si-

---

[54] *Gräßer,* EKK XVII/1, 155; Hervorhebung durch mich.

tuation heraus und in eine solche Situation hinein. Wir haben es ja bei der Darstellung der paulinischen Theologie zur Genüge gesehen. *Ohne Kirche hat sich Theologie als Theologie aufgegeben!* Es zeigt sich an unserer Stelle mit besonderem Nachdruck, daß *Theologie Paränese impliziert* und *Paränese Theologie voraussetzt.* Ohne den gegenseitigen Bezug verlieren beide Größen ihr eigentliches Sein, ihre eigentliche Aussagekraft. Es gibt keine Theologie im eigentlichen Sinne des Wortes, die nicht ihren kerygmatisch-paränetischen „Sitz im Leben" hätte! Der Hebr läßt uns dies in besonderer Deutlichkeit erkennen, auch wenn wir die konkrete Situation nicht so deutlich vor uns haben, wie dies bei den Paulusbriefen der Fall war.[55]

In *Hebr 3,1–6* wird Jesus, jetzt außer als Hoherpriester auch als „Gesandter [Gottes]" (ἀπόστολος!) charakterisiert und dabei hinsichtlich seiner Herrlichkeit, δόξα, mit Mose verglichen, und zwar in einer Art *christologia eminentiae.*[56] Der Vf. argumentiert also hier nicht mit dem Gedanken des Gegensatzes, sondern dem der *Überbietung.* Es wird genau dieses Problem sein, das uns im Verlaufe unserer Überlegungen zum Hebr noch beschäftigen wird.

Eine gewisse *Umkehrfunktion* der *theologischen Argumentation* ist auffällig: Von *Jesus* wird die Linie „Christologie – Soteriologie" zunächst so gezeichnet, daß zuerst seine göttliche Würde und Hoheitsstellung herausgestellt werden und erst aufgrund dieses Gott-Seins seine Erniedrigung zugunsten der sündigen *Menschen.* Bei ihnen zeichnet der Vf. des Hebr die entgegengesetzte Richtung. Sie sieht er nämlich von vornherein im Status der Erniedrigung – nicht so sehr aufgrund ihres Mensch-Seins, sondern ihres Sünder-Seins. Erlösung bedeutet für sie, daß der Kyrios der Doxa, der ihretwegen Fleisch und Blut angenommen hat, sie zur Doxa führt. Aber gerade dadurch, daß sich der göttliche Kyrios bis in die Schmach des Kreuzestodes begibt und so sein soteriologisches Werk vollbringt, ist seine endgültige Erhöhung bewirkt. Geht der Erlöser in die erste Richtung allein, so begleitet er die Erlösten zur endgültigen Doxa.

Nach Hebr 3,6 sind „wir" sein Haus, vorausgesetzt – so die Paränese –, wir halten uns an die Zuversicht, παρρησία, und den Ruhm der Hoffnung, καύχημα τῆς ἐλπίδος. Und zu dieser Paränese bringt der Vf. in *Hebr 3,7–11* das eine Aufforderung enthaltende Zitat ψ 94,7–11. Die *formula quotationis* διό, καθὼς λέγει τὸ πνεῦμα τὸ ἅγιον ist bezeichnend: Spricht Gott zur Gemeinde, so tut er es durch seinen *Heiligen Geist.* Der Dialog zwischen Vater und Sohn ist zwar nach Hebr 1,2 zum Sprechen des Sohnes als Offenbarung Gottes an die Menschen erweitert,[57] aber dem Vf. des Hebr liegt entschieden daran, daß es Gottes Geist ist, der das Wort Gottes den Menschen sagt. Das gilt auch für die Hermeneutik der alttestamentlichen Kultgesetze (Hebr 9,8). Vor allem ist es die Ankündigung des Neuen Bundes Jer 38,33LXX (Hebr 10,15ff.). Hier ist es sogar das *Ich Gottes,* das der Heilige Geist spricht. Hier wird deutlich, daß auch Hebr 1,1

---

[55] Gut *Gräßer*, ib., 157: „Mit dem neutestamentlich sonst nicht auf das Christusereignis angewandten *Hohepriestertitel* hat sich unser Verf. ein ausgezeichnetes Instrument für eine aktualisierende Neuinterpretation der Gemeindehomologie geschaffen: Weil sich Jesus ganz auf die Menschen eingelassen hat (Erniedrigung), kann er sich – priesterlich – ganz für sie bei Gott verwenden (Erhöhung)."

[56] S. 2Kor 3,7ff.!

[57] Nachdem Gott zuvor schon „in" den Propheten zu den Vätern gesprochen hatte (s.o.).

mit ὁ θεὸς λαλήσας τοῖς πατράσιν ἐν τοῖς προφήταις in der Vorstellung des Vf. des Hebr ein Reden des Heiligen Geistes sein dürfte.

Ps 95 ist ein Psalm der gottesdienstlichen Verkündigung. Die Worte gelten einem Volk, das in der Gefahr steht, sich Gott gegenüber zu verschließen, in der Gefahr, Gott zu versuchen wie einst in Meriba und Massa (Ex 17,1ff.; Num 20,1ff.). ψ 94,8 nennt die beiden Orte nicht.[58] Gemeinsam ist aber sowohl dem Text des Mt und dem der LXX der Bezug auf die Wüste (בְּמִדְבַּר, ἐν τῇ ἐρήμῳ). In der griechischen Übersetzung wird also wie im hebräischen Original Israel ermahnt, nicht die Herzen gegenüber Gott zu verschließen, wenn Gott *spricht*. Unterstrichen wird dies durch das betonte „heute", הַיּוֹם, σήμερον. Und bezeichnenderweise beginnt das Zitat in Hebr 3,7 mit diesem σήμερον! *Die Israel geltende Mahnung gilt also auch den Christen.* Die paränetische Aussage des Alten Bundes bleibt unmodifiziert die paränetische Aussage auch des Neuen Bundes. Anders formuliert: *Insofern* das Alte Testament paränetischen Charakters ist, bleibt seine Gültigkeit ungebrochen auch im Raum der Kirche. *Alttestamentliche Paränese veraltet nicht!* Was damals in der Geschichte Israels das Heute war, ist jetzt in der Geschichte der Kirche immer noch das Heute. Und das ist von der theologischen Konzeption des Hebr her auch evident. Damals war es so, daß Gott heute redet. Und jetzt ist es immer noch so, daß Gott heute redet. Damals galt: Hört Gottes Stimme! Und weil es *derselbe* Gott ist, gilt jetzt: Hört Gottes Stimme!

Die in *Hebr 3,12ff.* gebotene Exegese der Psalmverse beginnt nicht ohne Grund mit dem Imperativ βλέπετε, „seht zu!". Und es entspricht der Aufforderung, „heute" zu hören, daß niemand ein böses Herz habe. Ein solches Herz ist aber das der Glaubenslosigkeit, καρδία πονηρὰ ἀπιστίας. Die ἀπιστία ist hier der böse Wille (καρδία als der Mensch in seinem tiefsten, absichtsvollen Wollen), Gott nicht hören zu wollen.[59] Das aber ist der Abfall vom lebendigen Gott: ἐν τῷ ἀποστῆναι ἀπὸ θεοῦ ζῶντος. Wer sich jedoch schuldhaft von der Quelle des Lebens entfernt, zerstört das eigene Leben. Und so folgt dem ersten Imperativ sofort ein zweiter: „Ermahnt einander Tag für Tag, solange es noch ein Heute gibt!" Denn keiner soll durch den Betrug der Sünde – ἁμαρτία wie bei Paulus also die Sündenmacht – betrogen werden (vgl. Röm 7,11). In V.19 hebt der Vf. noch einmal auf die Glaubenslosigkeit, die Glaubensunwilligkeit ab.[60] Die, die sie praktizieren, werden in die von Gott selbst zugeschworene Ruhe nicht hineingelangen.[61]

Diese Drohung ist eine vom *Ich Gottes* gesprochene Drohung. Spätestens mit διὸ προσώχθισα beginnt ja die Gottesrede, auf die sich die Mahnung des Psalms bezieht. Wie in Hebr 10,15, wo schon in der ersten Zeile des Zitats Gott selbst spricht, und zwar als Rede des Heiligen Geistes, so geschieht es hier nun in der Mitte des Zitats.

Die im paränetischen Dienste stehende Exegese von ψ 94 zielt also zunächst auf *unser* Kommen in das Land der Ruhe Gottes. *Wir sind auf dem Weg!* Hier gilt *Ernst Käsemanns* Rede vom *wandernden Gottesvolk*. Nun ist aber der

---

[58] Statt dessen ἐν τῷ παραπικρασμῷ und τοῦ πειρασμοῦ.

[59] *Gräßer*, Der Glaube im Hebr, 73: ἀπιστία in Hebr 3,12.19 ist Ungehorsam.

[60] ἀπιστία ist also *inclusio* des Abschnitts Hebr 3,12–19.

[61] Zum Begriff κατάπαυσις (achtmal in Hebr 3–4, neunmal im NT) s. für die religionsgeschichtliche Frage die Auseinandersetzung von *Otfried Hofius*, Katapausis, mit *Ernst Käsemann*.

Mensch immer unterwegs. Es ist ja das *grundsätzliche Existenzial*, es gehört also grundsätzlich zum Wesen des Menschen, des geschichtlichen Menschen, auf dem Wege zu sein. Aber alles hängt daran, auf dem richtigen Wege zu sein. Ist *Gott* im Hebr von vornherein als der *Redende* vorgestellt, so ist des *Menschen* Antwort das *Hören*. Nur der wirklich Hörende kann den richtigen Weg einschlagen. Nur der heute wirklich Hörende gelangt in das Morgen Gottes. Und so fügt der Schreiber des Briefes in *Hebr 4,12f.* am Ende seiner midraschartigen Exegese von ψ 94 jenes herrliche Stück über das Wort Gottes ein, das einer der theologischen Höhepunkte des ganzen Briefes ist: Gottes Wort ist lebendig, ist machtvoll, wirkkräftig, ἐνεργής, ist schärfer als jedes zweischneidige Schwert. Es dringt deshalb bis zur Zerteilung von Seele und Geist durch, weil es den Menschen in seinem tiefsten Selbst richtet, κριτικός. Kein Geschöpf ist vor ihm verborgen. Alles liegt nackt vor den Augen dessen, dem wir Rechenschaft schulden. Nicht zitiert ist hier *Ps 139/ψ 138*; und doch assoziiert diesen Psalm jeder, der den Psalter kennt.[62] Gott ist der Allgegenwärtige, der den Menschen überall Sehende und Kennende. Was aber in Hebr 4,12f. über diesen Psalm hinausgeht, ist, daß Gott mit seinem lebendigen *Wort* den Menschen in seinem innersten Sein aufdeckt.

Im Hebr gibt es viele Vorstellungen und Begriffe, die dem theologischen Denken des *Paulus* recht nahestehen. Vielleicht ist aber Hebr 4,12f. derjenige Passus, der sowohl in der Wucht der theologischen Sprache als auch in der Grundhaltung der „theologischen Existenz" des Völkerapostels am meisten verwandt – soll man sagen: kongenial? – ist. Die Essenz der Theologie des Paulus verdichtet sich optimal in *Röm 1,16f*, wo vom Evangelium als der Dynamis Gottes die Rede ist, weil sich in ihm Gottes Gerechtigkeit in ihrer Macht manifestiert, wenn nur der Mensch glaubt, hörend glaubt. Paulus formuliert hier ganz im positiven Sinne; in seinen Worten ist freilich der Blick nur auf den Glaubenden gerichtet. Der Vf. des Hebr hingegen schaut auf beide, auf den, der die warnende Stimme von ψ 24 hörte, und auf dessen Gehorsam vor Gott – auch ἐνώπιον αὐτοῦ erinnert an Paulus (1Thess 1,3 u.ö.) –, und er schaut auf den, der sein Herz verhärtet und deshalb durch das „kritische" Wort Gottes gerichtet wird. Mit Paulus teilt der Vf. des Hebr aber nicht nur das Wissen um das machtvolle Wirken dieses göttlichen Wortes;[63] indem er es als κριτικὸς λόγος charakterisiert, sieht er wie Paulus den Menschen in seiner grundsätzlichen *forensischen* Situation. Haben wir bei der Darstellung der paulinischen Theologie gezeigt, wie sehr der Apostel das Forensische als *grundlegendes Existenzial* des Menschen erkannt und für seine Theologie fruchtbar gemacht hat, so wird man gleiches für den Vf. des Hebr sagen dürfen. *Harald Hegermann* spricht mit Recht von Hebr 4,12f. als einer kompositorisch hervorragenden Stelle des Briefes, an der ihr Verfasser seine „Theologie des Sprechens Gottes" ausdrücklich vorbringe, im „Hymnus vom aufdeckenden Wort Gottes".[64]

---

[62] S. auch ψ 89,8: ὁ αἰὼν ἡμῶν εἰς φωτισμὸν τοῦ προσώπου σου.

[63] *Gräßer*, EKK XVII/1, 240, sieht in dem Wort Gottes von Hebr 4,12f. vom Inhalt her ein Droh- und kein Garantiewort, mit *R. Bultmann* (Der Begriff des Wortes Gottes im NT, GuV I, 279) „das vernichtende Richterwort". Doch gibt auch *Gräßer* zu, daß das Wort Gottes hier zuletzt doch Evangelium ist.

[64] *H. Hegermann*, ThHK 16, 1988, 16.

Hat der Vf. des Briefes womöglich die kleine Einheit Hebr 4,12f. dadurch in rhetorischer Hinsicht sogar hervorheben wollen, daß er λόγος als *inclusio* verwendet? Dann würde er betonen, daß uns der Logos Gottes so vor diesen Gott stellt, daß wir ihm unseren Logos zu sagen haben. Der menschliche Logos ist hier mit Gräßer die Verantwortung,[65] ist unser vor Gott verantwortliches Wort. Das *personale Geschehen zwischen Gott und Mensch* wird durch den zu hörenden Logos und den antwortenden und zu verantwortenden Logos ins helle Licht gestellt. Mit *Claus-Peter März*: „... dem *Wort* Gottes muß die *Ant*-wort des Menschen entsprechen."[66]

2.5.3.2 Der Hohepriester der neuen Heilsordnung

Mit diesen Versen ist der Briefteil Hebr 1,1–4,13 über die Offenbarung Gottes und über die hohe Relevanz der Offenbarung als Rede Gottes, auch und gerade in seiner christologischen Dimension, abgeschlossen.[67] Es folgt nun, organisch aus den zuvor gebrachten Darlegungen über die Offenbarung Gottes in seinem Sohn erwachsend, der eigentliche, zuvor bereits schon mehrfach vorbereitete soteriologische Hauptteil des Briefes: *Christus ist der Hohepriester, Hebr 4,14–10,31*. Dieser Briefteil beginnt mit einer Mahnung zum Festhalten am Bekenntnis. Anders als Hebr 1,1–4,13 beginnt also dieser soteriologische Hauptteil mit einer Paränese. Schon zur Kenntnis genommen haben wir die Charakterisierung des Hohenpriesters als eines Mannes, der in der Versuchung gestanden hat, aber ohne Sünde ist.

Eigenartig ist die anfängliche Beschreibung des Hohenpriesters in *Hebr 4,14*. Denn nicht das Spezifische seines priesterlichen Handelns, nämlich seine Selbsthingabe in den Tod, wird genannt, sondern es wird eigentümlicherweise hervorgehoben, daß er *die Himmel durchschritten* hat, διεληλυθότα τοὺς οὐρανούς. Die thematische Darstellung seines priesterlichen Dienstes beginnt also mit der betonten Aussage über seine Erhöhung. Kurz: *Er ist der erhöhte Hohepriester*. Ergeht nun in V.16 die Aufforderung, voller Zuversicht, μετὰ παρρησίας, sich zum Thron der Gnade zu begeben, so ist es der göttliche Thron, auf dem auch der Hohepriester residiert, freilich einer, der mit uns mitfühlen kann, da er – jedoch ohne Sünde – wie wir versucht worden ist.[68] Zwar wird dann wieder der Blick vom Himmel auf die Erde zurückgelenkt, wo jeder Hohepriester (gemäß dem alttestamentlichen Kultgesetz) Opfer für die Sünden darbringen muß und von Gott zu diesem Amte berufen wird, 5,1–4. An die kultischen Ordnungen des alttestamentlichen Sühnegottesdienstes knüpft also der Vf. des Hebr an, um Christi Würde als Hoherpriester zu beachten. Das erste, was zur *alttestamentlichen* Würde des Hohenpriesters gesagt wird, ist also das positive

---

[65] *Gräßer*, EKK XVII/1, 239 und 239, Anm. 105.

[66] *C.-P. März*, NEB.NT, 37.

[67] *März*, ib., 23, überschreibt Hebr 1,1–4,13 zutreffend: Bedeutung und Anspruch der eschatologischen Offenbarung Gottes in seinem Sohn.

[68] Dazu vor allem *Roloff*, Der mitleidende Hohepriester.

Aufgreifen der kultischen Institution! *Implizit* ist freilich schon die Differenz genannt. Denn Christus ist nach 4,15 „ohne Sünde", der alttestamentliche Priester hingegen muß *für sich* und für das Volk Sündopfer darbringen, προσφέρειν περὶ ἁμαρτιῶν, 5,3.

Daß der Vf. des Hebr Jesus als den Hohenpriester in einer gewissen Kontinuität zum alttestamentlichen Hohenpriesteramt sieht, läßt sich gut am οὕτως καί von Hebr 5,5 ablesen: *Auf diese Weise* hat sich auch Christus nicht selbst die Doxa, Hoherpriester zu werden, zugesprochen, οὐχ ἑαυτὸν ἐδόξασεν. Gott hat es vielmehr getan, indem er ψ 2,7 sprach. Es ist auch dasselbe Psalmwort, das der Autor bereits in Hebr 1,5 als erstes Zitat in der Zitatenkette Hebr 1,5–13 brachte, um Jesus als Sohn Gottes zu erweisen. Es ist schon eigenartig, daß mit ein und demselben Psalm Gott Jesus als seinen *Sohn* und als *Hohenpriester* anspricht! Damit ist deutlich, daß für den Vf. des Hebr beide Titel, besser: beide Wesensbeschreibungen, aufs engste zusammenhängen. *Als* Sohn ist Jesus der Hohepriester, *als* Hoherpriester ist er der Sohn. Christologie und Soteriologie sind also nicht etwa komplementäre Größen, nein, die Christologie ist nur die eine Seite der Soteriologie, die Soteriologie nur die eine Seite der Christologie. Und so wird ψ 2,7 dann in Hebr 5,6 bezeichnenderweise durch *ψ 109,4* interpretiert: Du bist Priester, ἱερεύς – freilich nicht ἀρχιερεύς – in Ewigkeit nach der Ordnung des Melchisedek. Dem Christus eignet die Würde des Hohenpriesters und dadurch die majestätische Hoheit des Sohnes. Übrigens sind beide Psalmverse wieder Anrede an den Sohn; in beiden begegnet σύ.

Schon für den Vf. des Hebr ist mit dem dem Christus zugeschriebenen Priestertum des Melchisedek ein *geschichtlich weiter Bogen geschlagen*, der später in Kap. 7 noch exegetisch ausgedeutet wird. Es ist nach Gen 14 der Priester des Höchsten Gottes, der dem Abraham begegnet. Der erste der Patriarchen huldigt ihm! Schon vor der Einsetzung des levitischen Priestertums amtierte also dieser *erste Priester Melchisedek*; jetzt nach der Außerkraftsetzung des levitischen Priestertums ist Jesus der *zweite Priester Melchisedek*, der ewige Priester Melchisedek.

Die Menschlichkeit Jesu ist in *Hebr 5,7–10* zum Ausdruck gebracht; wahrscheinlich hatte der Vf. die Gethsemane-Tradition Mt 25,36–46parr. vor Augen. Auffällig ist in diesem kleinen Abschnitt die Verflechtung der Aussagen über den irdischen Jesus mit denen über seine himmlische Vollendung (V.9: τελειωθείς). Trotz seiner Stellung als der präexistente Sohn hat er den Gehorsam gelernt. Daß er der Hohepriester nach der Ordnung des Melchisedek *geworden* ist,[69] daß er somit der Vollendete *geworden* ist, das ist es, was zur *Geschichtlichkeit* Jesu gehört. Zugleich gibt es das transzendente, *zeitüberlegene Sein* des Sohnes; und gerade damit ist die seinsmäßige Voraussetzung des jenseits aller Zeit bestehenden Verhältnisses von göttlichem Vater und göttlichem Sohn gegeben.

---

[69] Man beachte: Er ist hier nicht, wie in ψ 109,4 gesagt, der ἱερεύς, sondern der ἀρχιερεύς κατὰ τὴν τάξιν Μελχισέδεκ! Dann aber war für den Vf. des Hebr allem Anschein nach schon Melchisedek *Hoher*-Priester! Das fügt sich gut in seine Argumentationssequenz: Jesus besitzt sein Hohespriestertum gemäß *dieser* Ordnung und ist deshalb gerade darin dem alttestamentlich-levitischen Priestertum überlegen. *Melchisedek steht also über Levi!*

Der ewige Sohn des ewigen Vaters ist Jesus nicht in der Zeit geworden; aber der Hohepriester, der ist er in der Zeit, in der Geschichte geworden. **So gibt es ein *Sein* des Sohnes, aber ein *Geworden-Sein* des Hohenpriesters**. Dieses *simul*, das ja der christologischen Grundaussage *Deus simul et homo* entspricht und das dann doch wiederum dieses *simul* sprengt, weil der Hohepriester als Mensch in seiner Vollendung an der göttlichen Würde „partizipiert"[70], dieses *simul* also macht die inhaltliche Spannung der Theologie des Hebr offenkundig. Diese Spannung darf aber nicht als Widerspruch interpretiert werden. Sie ist vielmehr markantes Kennzeichen der immanenten Spannung, die jeder theologischen Aussage notwendig innewohnt, weil Theologie *per definitionem* das jenseitige Sein Gottes und zugleich das diesseitige Sein der Geschöpflichkeit umgreift.

Der Vf. geht nun in *Hebr. 5,11–6,12* zur „festen Speise" über; er bringt also Theologie im fortgeschrittenen Reflexionsstadium. Es sollte schon unsere besondere Aufmerksamkeit provozieren, wenn er im Zusammenhang mit der Ankündigung, er wolle nun die vollkommenere Theologie darlegen, davon spricht, daß die, die „einmal erleuchtet", ἅπαξ φωτισθέντας (6,4), waren, dann aber abgefallen sind, nicht noch einmal zur Umkehr gebracht werden könnten.[71] *Glaubenserfahrung* und *theologische Erkenntnis* dürften hier in engste Affinität gebracht werden. Tiefere theologische Erkenntnis bedeutet im Sinne des Vf. des Hebr tieferes Eindringen in den christlichen Glauben. Es ist zugleich ein gewisses Versetztwerden ins Eschaton, wenn er vom Schmecken des guten Wortes Gottes und der Kräfte des kommenden Äons, μέλλοντος αἰῶνος (6,5), spricht. Dieses sozusagen eschatologische Schmecken hat seine Grundlage im Schmecken des himmlischen Geschenks, 6,4. Und wenn hier von der δωρεὰ ἡ ἐπουράνιος die Rede ist, so begegnet in diesem Abschnitt nicht nur das *zeitliche*, sondern auch das *räumliche* Moment: Der Christ ist durch diese Gabe in den Bereich des Himmels, der ἐπουράνια, hineingenommen. Wieder greifen, wie sich schon bei Paulus zeigte, Zeitliches und Räumliches ineinander, und zwar als Ausdruck dessen, daß der Christ trotz seiner noch irdischen Existenz bereits bei Gott ist. Und so ist zu registrieren, daß in genau diesem Zusammenhang wieder die Rede vom *Heiligen Geist* ist. Die „Erleuchteten" sind seiner teilhaft geworden, μετόχους. Sie haben das Wort Gottes gehört, das ja nach Hebr 3,7 der Heilige Geist spricht. Der zutiefst paränetische Abschnitt Hebr 5,11–6,12 ist also zugleich ein Abschnitt voll von hochkarätig theologischen Begriffen.

Im Zusammenhang mit dem hier ausgesprochenen *Glauben* (6,12) und der ebenfalls hier ausgesprochenen *Hoffnung* (V.11) – beides geht fast nahtlos ineinander über – bringt der Vf. die Verheißung Gottes an Abraham. In V.13f zitiert er *Gen 22,16*: Gott schwor dem Abraham, seine Nachkommen überaus zahlreich zu machen und ihn so zu segnen. Ausgerechnet Gen 22 also, wo vom Patriarchen die größte Glaubensprobe verlangt wird! Durch Glauben erlangte er die Verheissung, ἐπαγγηλία (V.15). Die Erben der an Abraham ergangenen Verheißung

---

[70] Vom Partizipieren ist in Anführungsstrichen gesprochen, weil es nicht ganz wirklichkeitsgerecht das Geschehen aussagt. Aber so oder so bedienen wir uns in der Christologie immanenter Begriffe, die nur unzureichend, weil eben immanent, das Transzendente zum Ausdruck bringen.

[71] S. *Goldhahn-Müller*, Die Grenze der Gemeinde, 75ff.

aber sind die Christen. Versteht der Vf. des Hebr die dem Abraham zugesprochene Verheißung Gottes im wörtlichen Sinne?[72] Irgendwie schimmert das paulinische Denken durch, in dem die Abraham-Verheißung letztlich auf Christus
und die Kirche zielt (s. Gal 3,6ff.!). Jedenfalls führt die Argumentation in *Hebr
6,13–20* – mit *März*[73] – „fast unmerklich ... in den Horizont der Hohepriester-
Christologie zurück". Ein Stück *Typologie* begegnet in dieser Argumentation: In
der uns ermöglichten Hoffnung haben wir den sicheren und festen Anker der
Seele, der ins Innere hinter den Vorhang des Tempels (Lev 16,2.12) hineinreicht.
Dorthin, also in den Bereich des himmlischen Tempels, ist Jesus als der nach der
Ordnung des Melchisedek installierte Hohepriester eingegangen, Hebr 6,20. Als
der Hohepriester agiert er *dort*. Erneut ist seine hohepriesterliche Funktion eine
spezifisch himmlische Funktion. An dieser Stelle der theologischen und paränetischen Argumentation wird erneut auf den Hohenpriester Jesus verwiesen, der die
Himmel durchschritten hat (s. Hebr 4,14!).

Hebr 7,1–10 wird die Größe, die theologische, aber auch geistliche Bedeutsamkeit des königlichen Priesters Melchisedek herausgestellt. *Gen 14,17–20*
wird für die theologische Argumentation fruchtbar gemacht. Die hohe, nahezu
göttliche Würde schon des ersten Melchisedek hat der Vf. des Hebr, wie z.B.
Erich Gräßer wohl mit Recht vermutet, exegetisch aus ψ 109,4 und Gen
14,17–20LXX gefolgert.[74] Aber einerlei, wie der Briefautor zur deifizierenden
Sicht des Melchisedek gekommen ist, unbestreitbar ist, daß er mit der Charakterisierung „ohne Vater, ohne Mutter, ohne Stammbaum, weder mit Lebensanfang
noch mit Lebensende" die theologische Voraussetzung geschaffen hat, ihn dem
Sohne Gottes im überaus hohen Maße ähnlich zu machen (ἀφωμοιωμένος δὲ
τῷ υἱῷ τοῦ θεοῦ, μένει ἱερεὺς εἰς τὸ διηνεκές), Hebr 7,1–3. Der erste
Melchisedek bleibt wie der zweite, endgültige Melchisedek Priester in Ewigkeit!
Das εἰς τὸν αἰῶνα von ψ 109,4 bleibt also die Bestimmung des ersten wie des
zweiten Melchisedek: *sacerdos in aeternum*. Nicht übersehen darf man, daß der
erste Melchisedek Priester ist, ohne daß von ihm in Gen 14 und in der in Hebr 7
gebotenen Interpretation dieser Gen-Stelle ein kultisches Opfer, geschweige ein
Selbstopfer berichtet würde! Jesus wird als der Hohepriester nach der Ordnung
des Melchisedek *allein* deshalb mit diesem verglichen, weil der Jerusalemer
Priesterkönig so stark deifiziert vorgestellt wird. Melchisedek als Priester ist der
Segnende, ist der, dem – *weil er heute noch lebt!* – das Recht, den Zehnten zu
empfangen, in ganz anderer Qualität zukommt als den levitischen Priestern. Un-
reflektiert bleibt freilich, wie es neben dem neuen Hohenpriester in der Ordnung
des Melchisedek noch immer den alten gibt. Welche priesterliche Aufgabe hätte
er noch? Wo hält er sich auf? Immer noch auf dieser Erde? Oder auch im Himmel? Doch all diese Fragen liegen nicht im Horizont des Vf. des Hebr. Für ihn
ist nur eins wichtig: Die levitischen Priester sind Nachkommen Abrahams, der
dem Melchisedek den Zehnten gab und somit diesen als den größeren anerkannte

---

[72] S. die Kommentare!
[73] *März*, NEB.NT, 46.
[74] E. *Gräßer*, EKK XVII/2, 1993, 19.

(Hebr 7,10!). Es ist evident: Hat Abraham als der Ahnherr Levis und der levitischen Priester dem Hohenpriester Melchisedek den Zehnten gegeben, so haben nach der zugrunde liegenden Vorstellung der *corporate personality* die levitischen Priester selbst dem Hohenpriester Melchisedek den Zehnten gegeben! Was bedarf es da noch weiterer Beweise dafür, daß sie nur ein zweitrangiges Priestertum besitzen! Und da der zweite Melchisedek dem ersten überlegen ist, weil dieser nur – so die Übersetzung der Einheitsbibel von Hebr 7,3 – ein Bild des zweiten ist, sind die Unterlegenheit und das definitive Ende des levitischen Priestertums für jeden Einsichtigen unbestreitbar.

Damit aber hat der Vf. des Hebr die Voraussetzung geschaffen, die für seine Theologie erforderliche *Abwertung des alttestamentlich-levitischen Priestertums* zu begründen. Die Ordnung Aarons ist der Ordnung Melchisedeks unterlegen. Nur die Ordnung des Melchisedek vermag – und erneut begegnet das wichtige theologische Stichwort des Hebr! – *Vollendung*, τελείωσις, zu schaffen, Hebr 7,11. Mit geradezu assertorischer Härte wird herausgestellt, daß das Hohepriestertum Jesu nach der Ordnung des Melchisedek *eo ipso*, also allein aufgrund seiner Faktizität, das aaronitisch-levitische Priestertum *als* Priestertum disqualifiziert.[75] Damit ist auch das *mosaische Gesetz*, eben weil es das alttestamentliche Kultgesetz enthält, in den Prozeß dieser Disqualifizierung hineingerissen. Eindeutig sagt dies *Hebr 7,12*: Der Wechsel des Priestertums impliziert notwendig, ἐξ ἀνάγκης, den Wechsel des Gesetzes; die μετάθεσις τῆς ἱερωσύνης geht Hand in Hand mit der μετάθεσις νόμου![76] Wiederum findet eine *Spezifizierung eines genuin paulinischen Gedankens* statt: Die von Paulus behauptete zeitliche Begrenzung des Gesetzes im Blick auf seinen Anfang und auf sein Ende (Gal 3,19) wird jetzt speziell vom Kultgesetz behauptet. So stammt Jesus aus dem Stamme Juda und gerade nicht aus dem Stamme Levi, Hebr 7,14. Und so zitiert der Vf. des Hebr noch einmal ψ 109,4, also die Aufhebung der früher ergangenen Gesetzesverordnung, die ἀθέτησις προαγούσης ἐντολῆς. Diese ἐντολή war schwach und nutzlos, Hebr 7,18. Vom νόμος gibt es keine τελείωσις zu berichten, 7,19. *Diesem Gesetz einschließlich seiner kultischen Bestimmungen fehlt die Hoffnung!*

Der Vf. des Hebr bringt noch ein weiteres, in seinen Augen theologisch recht erhebliches Argument für die Überlegenheit des Priestertums nach der Ordnung des Melchisedek. Er verweist nun auf den Kontext der Anrede Gottes an seinen Sohn in ψ 109,4; er argumentiert also im eigentlichen Sinne exegetisch: Die Worte: „Du bist in Ewigkeit Priester nach der Ordnung des Melchisedek," spricht Gott als *Schwur*, ὤμοσεν κύριος, den er nie bereuen wird, Hebr 7,21.[77] Die levitischen Priester sind jedoch nicht durch einen Schwur eingesetzt. Sicher-

---

[75] Richtig *Lindars*, The Theology of the Letter to the Hebrews, 77, zu Hebr 7,11ff: „His first point is that the appearance of the eschatological priest makes *a complete break* with the Levitical priesthood ..."; Hervorhebung durch mich.

[76] S. vor allem *Gräßer*, EKK XVII/2, 39.

[77] Daß Gott schwört, überbietet natürlich nicht die anderen Worte Gottes an Geltung! Der Schwur Gottes ist also nur ein *argumentum ad hominem*.

lich, sie sind immerhin durch einen „Bund", eine διαθήκη, mit ihrem priesterlichen Amt betraut worden. διαθήκη meint ja im biblischen Sinne zumeist nicht einen zwischen zwei Seiten geschlossenen Bund, sondern, wo es um Gottes Aktivität geht, dessen Heilssetzung, wie vor allem *Ernst Kutsch* herausgearbeitet hat.[78] Keinesfalls will der Vf. des Hebr bestreiten, daß das alttestamentliche Priestertum göttlicher Einsetzung entspringt. Aber auch Gottes Heilssetzungen sind zuweilen nur für zeitlich begrenzte Dauer geschehen. In diesem Sinne wird die nur für eine Übergangzeit geltende und, wie sich noch zeigen wird, ihrer Wirkung nach unzureichende Setzung des levitischen Priestertums durch Gott im sog. Sinai-Bund durch eine neue, nämlich bessere διαθήκη (Hebr 7,22: κρείττονος διαθήκης) abgelöst, die ewige Gültigkeit besitzt. Die levitischen Priester kommen und gehen, kommen und sterben. Sie lösen einander ab, keiner von ihnen lebt ewig. Jesus hingegen hat ein unvergängliches Priestertum, ἀπαράβατος ἱερωσύνη, 7,24. Aus dieser Unvergänglichkeit schließt der Vf. auf die Fähigkeit des Hohenpriesters, für immer zu retten, σῴζειν εἰς τὸ παντελές. Dessen ewig bestehendes Priestertum ist – erneut begegnet der Gedanke – ein immerwährendes Eintreten für die Menschen im Himmel, Hebr 7,25. Es ist also wieder der *gegenwärtige* priesterliche Dienst des ἐντυγχάνειν in der himmlischen Herrlichkeit. Wiederum steht der *erhöhte Hohepriester* den Lesern des Hebr vor Augen. Von Golgatha auch hier keine Rede! Genauer: *noch keine Rede!*

Doch dann, im abschließenden Bekenntnis zum wahren Hohenpriester Jesus Christus in *Hebr 7,26–28*[79], wo von der Notwendigkeit eines solch heiligen, unschuldigen, makellosen und von den Sündern getrennten Hohenpriesters die Rede ist, dessen Erhöhung über die Himmel hinaus noch einmal ausgesprochen wird, da – endlich! – wird *expressis verbis* von seiner hohenpriesterlichen Selbsthingabe gesprochen, V.27. Er hat es nicht nötig, Tag für Tag für die eigenen Sünden und die des Volkes zu opfern. Letzteres aber hat er aber durch sein einmaliges Selbstopfer vollgültig getan: ἐφάπαξ ἑαυτὸν ἀνενέγκας. Dieses Selbstopfer ist es, in dem sein nun himmlischer hoherpriesterlicher Dienst des Eintretens für die Menschen seinen Grund besitzt. Die Selbsthingabe Jesu ermöglicht sein himmlisches Eintreten. Das ἑαυτὸν ἀναφέρειν, also die einmalige *geschichtliche* Tat des Hohenpriesters Jesus, ermöglicht sein ἐντυγχάνειν, sein immerwährendes *himmlisches* Tun.

Eigentlich könnte mit diesem Bekenntnis zum Hohenpriester Jesus der Vf. des Hebr sein Schreiben beenden. Eigentlich ist ja schon alles gesagt: Jesus ist der eine Sohn Gottes, der die Söhne zu Gott führt. Er ist der Hohepriester, der auf Golgatha im hohenpriesterlichen Akt sich selbst hingegeben hat und der deshalb als der Sohn Gottes und der Hohepriester zugleich für uns im Himmel bei Gott eintritt. Er ist der Hohepriester der neuen, besseren, im Grunde einzig wirksamen Diatheke. Aber dem Vf. ist das von ihm bisher Gesagte noch zu wenig. Begleiten wir ihn weiter auf dem Wege seiner theologi-

---

[78] *Kutsch*, Neues Testament – Neuer Bund?, zu Hebr: ib., 96ff.; *Hübner*, BThNT I, 77ff.; zu Hebr.: ib., 97ff.

[79] *März*, NEB.NT, 51.

schen und paränetischen, z.T. theologisch-paränetischen Argumentation, so erkennen wir bei seinem *theologischen Neuansatz in Hebr 8,1*, wie er in dem nun folgenden Abschnitt 8,1–10,18 uns als seine Leser in sein Denken hineinnehmen will, wie er uns also Jesu Gottessohnschaft und Hohepriestertum zum *tieferen Verstehen* vorlegt. Er begnügt sich gerade nicht mit den bisher von ihm vorgetragenen Begriffen. *Ihm geht es um Hermeneutik.* Er will uns Christologie und Soteriologie zu verstehen geben und uns somit zu Verstehenden machen, zu solchen machen, die in diesem Verstehen sich selbst als Erlöste verstehen. Der Vf. des Hebr hat also die Aufgabe, *Theologie als Hermeneutik* zu konzipieren, begriffen!

In Kap. 7 war Christus als der Hohepriester nach der überlegenen Ordnung des Melchisedek das zentrale Thema. Gen 14,17–20 wurde unter christologischem Vorzeichen von ψ 109,4 her interpretiert. Nur kurz angedeutet wurde das hohepriesterliche Selbstopfer in Hebr 7,28; das Hohepriestertum des Sohnes Gottes wurde nicht unter dem dominierenden Aspekt einer *theologia crucis* anvisiert. Die Hervorhebung der hohenpriesterlichen Würde des zweiten Melchisedek läßt vielmehr fragen, ob nicht in der thematischen Darlegung des hohenpriesterlichen Amtes Christi und seiner hohenpriesterlichen Würde der Akzent auf der *theologia gloriae* liegt. Fast hat es den Anschein, als ob der Karfreitag mit der Selbsthingabe des neutestamentlichen Hohenpriesters für diesen nur so eine Art Durchgangsstation war, durch die dieser eben gehen mußte, sein eigentlicher hoherpriesterlicher Dienst aber der stets seit damals kontinuierliche Dienst in der himmlischen Herrlichkeit ist.

Wie treibt also der Vf. des Hebr die Thematik im achten Kap. weiter? Es bringt zwei Abschnitte, die beide in zuvor Gesagtem bereits erste Hinweise besitzen. In *Hebr 8,1–6* zeigt sich wieder die *theologia gloriae*, besser: die *christologia gloriae*. Noch einmal begegnen Worte aus ψ 109,4. Erneut wird die Überlegenheit der hohenpriesterlichen Funktion über die der alttestamentlichen Priester hervorgehoben, freilich nun in einem neuen, gleich noch zu explizierenden Koordinatensystem.

Hebr 8,7–13 besteht zum größten Teil aus dem Zitat *Jer 38,31–34LXX* (Hebr 8,8–12), durch den andeutenden Hinweis Hebr 7,22 vorbereitet. Das Zitat will herausstellen, daß das, was mit dem und durch den neuen Hohenpriester Wirklichkeit geworden ist, eine *neue* Heilswirklichkeit ist.

Hebr 8 beginnt κεφάλαιον δὲ ἐπὶ τοῖς λεγομένοις: „Das *Wichtigste*, was zu sagen ist ...". Dem Vf. liegt anscheinend daran, seinen Lesern sehr deutlich zu machen, daß er jetzt zur eigentlichen Darlegung dessen kommt, was zum Hohenpriester Jesus Christus und dessen hohenpriesterlichem Dienst zu sagen ist. Das bedeutet für unsere Auslegung des Textes, daß wir die nächsten Aussagen als Aussagen von besonders hohem theologischen Gewicht verstehen müssen. Dann aber ist der erneute Einsatz beim Topos des Sitzens *unseres* Hohenpriesters zur Rechten des Thrones der göttlichen Majestät noch energischer als bisher herausgestellt; der Himmel ist der *eigentliche Ort* des hohenpriesterlichen Wirkens![80] Immer mehr drängt sich dem Leser des Hebr der Eindruck auf, daß

---

[80] Anders *März*, ib., 52, der die im folgenden geschilderte Liturgie des himmlischen Heiligtums nicht als „himmlischen" Kult des Erhöhten gedacht sieht, sondern hier den Kreuzestod Jesu ausgesprochen findet. Richtig *Gräßer*, EKK XVII/2, 78: „V.1–2 nennen das Thema des neuen Abschnitts: Jesus ist der im Himmel amtierende königliche Hohepriester. V.3–13 liefern die Begründung für diese Verlagerung von der Erde in den Himmel: Christus kann nur im himmlischen

der Autor des Briefes geradezu *vom Himmel her denkt*. Die Vorstellung ἐν τοῖς οὐρανοῖς ist anscheinend für seine theologische Reflexion so dominant, daß sie trotz des Einsatzes zu Beginn des Briefes (Hebr 1,2) mit der *zeitlichen* Angabe ἐπ᾽ ἐσχάτου τῶν ἡμερῶν τούτων mehr von solcher *Räumlichkeit* her bestimmt ist. Der Himmel wird konkret beschrieben. Haben wir es hier wieder mit *Typologie* zu tun? Der Hohepriester wird als himmlischer Liturg geschildert, als Liturg nämlich des Heiligtums und des wahren, des eigentlichen Zeltes. Im Hintergrund dieser Aussage steht die levitisch-priesterliche Vorstellung vom Wüstenzelt. Das hebräische אֹהֶל מוֹעֵד ist in der LXX mit ἡ σκηνὴ τοῦ μαρτυρίου übersetzt, Ex 27,21 u.ö. Hat der Vf. das tragbare Zelt während der Wüstenwanderung vor Augen? Meint er vielleicht in übertragener Weise mit dem Zelt den Jerusalemer Tempel?[81] Zu fragen ist auch, ob der Vf. auf *Num 24,1–6LXX* anspielt, wo sich die Wendung σκηναί, ἃς ἔπηξεν κύριος findet (V.6). Doch einerlei, wie man hier im einzelnen entscheidet – die entscheidende Frage ist doch, wie der Vf. des Hebr das Verhältnis von altem und neuem Zelt sieht, wenn er das neue Zelt als das wahre charakterisiert. Was ist dann Christus als der λειτουργὸς τῆς σκηνῆς τῆς *ἀληθινῆς* (Hebr 8,2)?

Was ist im Verständnis des Vf. des Hebr der *Gegensatz* zu ἀληθινή? Es legt sich zunächst ψευδής nahe. Aber will der Vf. des Hebr wirklich sagen, daß das alttestamentliche Zelt bzw. der alttestamentliche Tempel eine lügnerische Größe ist? Soweit scheint er wohl doch nicht zu gehen. Soll man eher ἀληθινή mit „eigentlich" übersetzen? Ist das alttestamentliche Zelt nur in uneigentlicher, vielleicht auch nur abgeschwächter Weise der Ort für den liturgischen Gottesdienst? Wahrscheinlich kommt diese Deutung dem, was in Hebr 8,2 gemeint ist, eher nahe.[82] Aber das Gegensatzpaar „unecht – echt" bleibt doch zunächst noch recht vage.

Eigentümlich ist auch die Argumentation in *Hebr 8,3f.* Man mag in V.3 zunächst dem zustimmen, daß die Einsetzung eines Hohenpriesters bedeute, daß dieser Gaben und Opfer darbringt. Und es leuchtet sicherlich ein, daß auch „unser Hoherpriester" etwas haben müßte, das er darbringen kann. Dann jedoch die befremdliche Aussage von V.4, wonach er, wenn er auf Erden wäre, noch nicht einmal einfacher Priester wäre, da ja nach dem Gesetz hier schon solche existieren, die Gaben darbringen! Aber er war doch auf Erden! Und er hat sich doch hier selbst als Opfer hingegeben, wie der Vf. des Hebr noch wenige Verse zuvor gesagt hat! Doch anscheinend ist der Blick des Autors unseres Briefes so sehr auf die *jetzige* himmlische hohepriesterliche Aktivität Jesu fixiert, daß er glaubt, er dürfe einen Augenblick den Karfreitag in seiner theologischen Argumentation unerwähnt lassen. Die „räumliche" Differenz von Himmel und Erde ermöglicht es ihm

---

Allerheiligsten Hoherpriester sein, da er dem gesetzlich verfaßten irdischen Priestertum gar nicht entspricht (7,14)." Zum Verhältnis von irdischem und himmlischem Hohenpriesterdienst Jesu wird jedoch später noch Genaueres zu sagen sein.

[81] Für *Hegermann*, ThHK, 163, unterscheidet der Hebr nicht zwischen den beiden älteren Heiligtümern, nämlich dem Zeltheiligtum und dem salomonischen Tempel, und dem herodianischen Tempel; er gehe vielmehr von dem im Kultgesetz des AT bezeugten Jahwe-Heiligtum aus, ohne nach seinen konkreten Gestaltungen in der Geschichte zu fragen.

[82] S. z.B. *Gräßer*, EKK XVII/2, 83.

nämlich, den Unterschied zwischen dem alttestamentlich-levitischen Hohenpriestertum und dem Hohenpriestertum Jesu von einer ganz anderen Seite her als bisher zu beleuchten.

Jetzt wird unser Theologe sogar zum *Philosophen*. Ganz im Sinne einer von *Platon* herkommenden Denkweise und wahrscheinlich auch im Sinne einer alexandrinisch-jüdisch geprägten Theologie (Philon) bringt er in Hebr 8,5 die Begriffe *Abbild*, ὑπόδειγμα, und *Schatten*, σκιά. Richtig sieht Erich Gräßer, daß unser Text durch die Begriffe ὑπόδειγμα, σκιά, ἐπουράνια und τύπος nahe an die platonische Ideenlehre heranführt.[83] Wenn er aber dann erklärt, daß irdisches und himmlisches Heiligtum sich nicht wie „unten" und „oben" gegenüberständen (also in positiver Entsprechung wie in Apokalyptik und Rabbinat), sondern wie gutes Original und mindere Kopie, wie Wirklichkeit und Schein, also in qualitativ-ontologischer Verschiedenheit,[84] dann ist zu fragen, ob er hier nicht zu stark unterschiedliche Sehweisen konstruiert. Auch platonisches Denken kann ja in räumlicher Vorstellung zum Ausdruck kommen.

Der Vf. des Hebr gibt uns für sein Verständnis dieses platonischen Grundgedankens dadurch ein Kriterium an die Hand, daß er in V.5 den Abschluß der göttlichen Anweisung für die Anfertigung des für den Kult bestimmten Leuchters zitiert, nämlich den für die priesterschriftliche Vorstellung charakteristischen Satz *Ex 25,40*, der in der LXX-Fassung lautet: ὅρα ποιήσεις κατὰ τὸν τύπον τὸν δεδειγμένον σοι ἐν τῷ ὄρει. In Hebr 8,5 steht anstelle von τὸν δεδειγμένον das inhaltlich fast identische τὸν δειχθέντα. Wichtiger ist, daß der Vf. des Hebr zwischen ποιήσεις und κατὰ τὸν τύπον das Wort πάντα einschiebt und so die Anweisung Ex 25,40 *verallgemeinert*. Damit interpretiert er eine priesterschriftliche Einzelanweisung als generelle Anweisung für den gesamten alttestamentlichen Kult, insbesondere natürlich den von uns diskutierten Sühneopferkult, der vom levitischen Hohenpriester praktiziert wird. Der für unsere Überlegungen entscheidende Begriff ist zweifelsohne der des *Typos*. Er steht aber gerade nicht in direktem Kontext einer typologischen Aussage, sondern bringt das *Verhältnis* von *Himmel* und *Erde* im Blick auf das kultische Geschehen zum Ausdruck. Alles – eben πάντα! – soll Mose nach dem himmlischen Urbild, dem jenseitigen τύπος, anfertigen (MT: תַּבְנִית). Eigentlich würden dadurch das kultische Gerät und infolgedessen auch das kultische Geschehen, das kultische Sühnegeschehen, gewürdigt, an der himmlischen Realität zu partizipieren. Ist nämlich der immerhin von Gott selbst angeordnete priesterliche Kult eine Teilhabe an der himmlischen, der transzendenten Heilswirklichkeit, so partizipiert er doch eigentlich an der Würde und Heiligkeit der göttlichen Transzendenz. Der Kult wäre somit selber *quodammodo* himmlisches Geschehen.

Aber genau dies will der Vf. des Hebr mit seinem Zitat nicht aussagen! Er will gerade nicht Transzendenz und Immanenz verbinden; er will vielmehr den irdischen Bereich, auch und gerade den hohenpriesterlichen Kult, in seiner *Inferiorität*, in seiner *Sekundarität*, in seinem nahezu unendlichen Abstand zum himmlischen Bereich energisch herausstellen. Mit Recht kontrastiert *Erich Gräßer* die rabbinische Deutung, wonach sich am Orte des Tempels Immanenz und Transzendenz durchdringen – er zitiert *B. Ego*[85] –, mit

---

[83] Ib., 88.
[84] Ib., 88.
[85] *Ego*, Im Himmel wie auf Erden, 59f.

der theologischen Intention des Vf. des Hebr: „Daran läßt sich das Ausmaß der Neuinterpretation im Hebr ermessen!"[86]

Damit hat sich aber gezeigt, wie für den Schreiber des Briefes platonische Begriffe und Vorstellungen in eine ganz bestimmte Richtung gepreßt werden. Bekanntlich hat aber auch Platon selbst im Laufe seiner philosophischen Entwicklung das Verhältnis des Bereichs der Ideen zum Bereich der sinnlich erfaßbaren Welt unterschiedlich bestimmt. Im Phaidon kommen die αἰσθητά – dazu gehört auch der menschliche Leib – entschieden schlechter weg als im späten Timaios.[87] Für die hier anzustellenden Überlegungen ist aber vor allem wichtig, daß das Verhältnis von Immanenz und Transzendenz in der *Vorstellung* des Vf. des Hebr allem Anschein nach nicht nur das einer unterschiedlichen Wertung ist, sondern gerade diese so unterschiedliche Wertung durch die *räumlich* gedachte Differenz von *oben* und *unten* anschaulich ausgesagt wird. Dieses räumliche Moment ist sicherlich ein Mittel zur Wertung; es ist aber auch *als* räumliches vorgestellt und sollte als solches in seiner Aussagekraft nicht abgeschwächt werden.

Was also will der Vf. des Hebr sagen? Doch unbestreitbar dies, daß der himmlische Kult der eigentliche Kult ist, der irdische, sprich: levitisch-priesterlich, aber nur der uneigentliche. Was sich bei der Exegese von Hebr 8,1 zeigte, nämlich daß sich nur im Himmel „das wahrhaftige, das eigentliche Zelt", ἡ σκηνὴ ἡ ἀληθινή, vorfindet, das wird jetzt noch einmal mit einem Schriftzitat gezeigt. *Das kultische Gesetz selbst ist es, das seine eigene Inferiorität ausspricht!* Das ist genau die Argumentation, die sich schon bei Paulus zeigte: Das Gesetz selbst sagt seine eigene Inferiorität aus (u.a. Röm 4). Was wir also im Hebr lesen, ist im Grunde die Spezifizierung eines genuin paulinischen Gedankens.

Halten wir also fest: *So weit wie Himmel und Erde voneinander entfernt sind, so weit sind das alttestamentlich-levitische Hohepriestertum und das Hohepriestertum Jesu voneinander geschieden.* Es geht somit dem Vf. des Hebr im hiesigen Argumentationsgang um einen recht radikalen Gegensatz.

Das wird auch durch *Hebr 8,6* noch einmal deutlich unterstrichen: Jesus hat ein gegenüber dem alttestamentlichen Hohenpriesteramt überaus verschiedenes Amt erlangt (διαφορωτέρας [!] λειτουργίας; s. V.2). Und so sind die Komperative im selben Vers bezeichnend: er ist der Mittler eines besseren (κρείττονος) „Bundes"; er ist aufgrund besserer (κρείττοσιν) Verheißungen[88] gesetzlich festgelegt. Die ἐπαγγελίαι sind also der neue „Nomos"!

Der entscheidenden Abwertung des levitischen Sühnekults aufgrund der Funktion seines Hohenpriesters entspricht die geradezu tadelnde Abwertung des Alten „Bundes", der alten διαθήκη. Ihr wird nämlich bestritten, „untadelig",

---

[86] *Gräßer*, EKK XVII/2, 91, Anm. 135.

[87] Zitiert sei hier nur der letzte Satz des Timaios (92c): θνητὰ γὰρ καὶ ἀθάνατα ζῷα λαβὼν καὶ συμπληρωθεὶς ὅδε ὁ κόσμος οὕτω, ζῷον ὁρατὸν τὰ ὁρατὰ περιέχον, εἰκὼν τοῦ νοητοῦ [ich ergänze: θεοῦ] θεὸς αἰσθητός, μέγιστος καὶ ἄριστος κάλλιστός τε καὶ τελεώτατος γέγονεν εἷς οὐρανὸς ὅδε μονογενὴς ὤν.

[88] Vgl. Gal 3,14ff.!

ἄμεμπτος, gewesen zu sein, Hebr 8,7. Weil diese Diatheke aber so tadelnswert war, mußte sie durch eine zweite abgelöst werden. Schwierig ist freilich gerade in diesem Zusammenhang der Begriff διαθήκη. Bei Paulus meint sie, von Gal einmal abgesehen, die durch Gott bewirkte Heilssetzung (vor allem 2Kor 3,4). διαθήκη ist bekanntlich nicht der Bund zwischen Gott und Menschen als gleichberechtigten Partnern. Aber wenn διαθήκη mit Heilssetzung in Hebr 8,6 übersetzt wird, dann wäre ja Gottes Heilssetzung tadelnswert! Aber sollte *Gottes Heilssetzung* tadelnswert sein? Hebr 8,6 führt anscheinend in eine *Aporie*. Allein von dieser Stelle her ist textimmanent die Schwierigkeit nicht zu beseitigen. So soll auch hier nicht ein derartiger Versuch unternommen werden. Lassen wir uns deshalb vom Vf. des Hebr weiter in sein theologisches Denken hineinnehmen – in der Hoffnung, doch noch die Aporie auflösen zu können!

Nach *Hans-Friedrich Weiß* steht das Zitat *Jer 38,31–34LXX* im Zentrum des Abschnitts Hebr 8,7–13[89], wobei V.7 und V.13 das Zitat rahmen, indem sie dieses in einem bestimmten Sinne „kommentieren".[90] Immerhin bringen die beiden rahmenden Verse eine deutliche Abwertung der Sinai-Diatheke, beide argumentieren so für die Notwendigkeit der neuen Diatheke, der neuen Heilssetzung.[91]

Nach *Jer 31,31–34*, einem wohl deuterojeremianischen Text, haben die Väter den „Bund", die Heilssetzung durch Gott, gebrochen. Es kommen aber die Tage, es kommt die eschatologische Heilszeit, in der Jahwäh eine neue Heilssetzung schenkt, einen neuen „Bund" mit dem Haus Israel schließt. בְּרִית חֲדָשָׁה meint nicht die erneuerte, sondern die im eigentlichen Sinne *neue* Berit. Die Sinai-Berit ist also abgetan. Im Gegensatz zu ihr bedeutet die neue Heilssetzung, daß Gott nicht nur das Gesetz, תּוֹרָה, dem Haus Israel als „Bundes"-geschenk und „Bundes"-verpflichtung gibt, sondern es in sein Herz legt. Es ist demnach der neue, der innerlich gnadenhaft umgeformte Mensch in Israel, der der sozusagen eschatologische Mensch ist. Oder besser, da es ja in Jer 31 nicht so sehr um das Individuum, sondern um das Volk Israel geht: Es ist das *neue, eschatologische Israel*, das als Wort Jahwähs verheißen wird.[92] Auffällig ist in dem Prophetenwort, daß im Zusammenhang mit der neuen Berit von einem blutigen Kult, wie er für die abgetane Sinai-Berit in *Ex 24,1–8* geschildert ist, keine Rede ist. Gott setzt ja nach Jer 31,31–34 die neue Heilsordnung, ohne daß auch nur irgendein Modus der Inkraftsetzung genannt würde. Jahwäh verzeiht die Schuld Israels, ohne daß er in seinem Wort der Vergebung auch nur im geringsten von einem Sühneritual spräche. Gott *spricht* sein die Schuld Israels tilgendes Wort – und so *geschieht* es dann! Wenn in Jer 31,33 von der Torah die Rede ist, dann im Sinne eines Verständnisses von Gesetz, das den Willen Gottes aussagt. Aber das ist ja

---

[89] Zitat weithin nach der LXX. Zur Differenz zwischen LXX-Text und Zitat in Hebr 8,8ff. s. z.B. *Gräßer*, EKK XVII/2, 98f.; *H.-F. Weiß*, KEK, 445.

[90] *H.-F. Weiß*, KEK, 443.

[91] *H.-F. Weiß*, KEK, 443: „Allein aus der Tatsache, daß in Jer 31(38) eine ‚neue Heilsordnung' verheißen wird, wird der unzulängliche Charakter der ‚alten' bzw. ‚ersten' Heilsordnung erschlossen!"

[92] Bewußt wurde nicht formuliert: dem das Wort Jahwes verheißen wird.

das Große an der neuen Berit: *Gottes Wille und Israels Wille verschmelzen zu einem einzigen Willen.*[93]

Eine wichtige Differenz zwischen Jer 31,31–34MT und Jer 38,31–34LXX ist zu nennen: In V.33MT ist im Singular von der Torah die Rede: „mein Gesetz", תּוֹרָתִי, in V.33LXX steht hingegen der Plural: νόμους μου. Doch spielt für die theologische Argumentation des Hebr diese Differenz kaum eine Rolle, da nicht auf die Gesetzesproblematik als solche im Zusammenhang der durch das hohepriesterliche Selbstopfer Jesu bewirkten Versöhnung abgezweckt wird.

Entschieden wichtiger ist die *Differenz* zwischen der *Aussageintention* des *Jer-Textes* und der des *Jer-Zitats* im Hebr. Denn für Jer 31 gehört die erste, die Sinai-Berit, deshalb der Vergangenheit an, weil Israel gesündigt hat. Die Sinai-Heilssetzung geschah ja ursprünglich als Setzung des *endgültigen* Heils für Israel. Ihr wohnte keine Unzulänglichkeit inne, sie trug in sich keine sich selbst überholende Entelechie, keine sich selbst überholende Eschatologie. *Der Sinai-„Bund" besaß in seiner Substanz nichts Eschatologisches.* Daß dennoch ein eschatologischer, also neuer „Bund" vonnöten ist, liegt einzig an der Schuld des Volkes Israel.

Für den Vf. des Hebr hingegen beweist Jer 38,31–34LXX, daß die alte Diatheke *in sich* unzulänglich, ja tadelnswert war und deshalb der neuen Diatheke zu weichen hatte.[94] Der Gedanke, daß die alte Diatheke den Tadel verdient, wird in Hebr 8,13 dadurch weitergeführt, daß gesagt wird, das mosaische Gesetz sei veraltet und greisenhaft und somit dem Untergang geweiht. Die Heilssetzung am Sinai ist also senil! Eine derartige Einschätzung und Wertung, eine solche radikale Abwertung des Sinai-Geschehens muß in jüdischen, aber auch in vielen judenchristlichen Ohren genauso blasphemisch geklungen haben wie zuvor gewisse torahkritische Worte des Paulus, vor allem im Gal! Waren schon die bisher im Hebr ausgesprochenen kritischen Worte über das levitische Priestertum für die Juden eine Zumutung, so mußte ihnen das in Kap. 8 Gesagte als weitere Steigerung der Schmähung der göttlichen Offenbarung am Sinai erscheinen. Denn Israel definiert sich vom Gott des Sinai und von der Torah des Sinai her. Und beides wird hier abgetan. Nicht nur Israel ist beleidigt, nein, der Gott Israels selbst ist es, dem sein Gott-Sein genommen wird! Anders kann Hebr 8 mit jüdischen Augen nicht gelesen werden! *Erich Gräßer* hat recht: „Nirgendwo sonst

---

[93] Gut *Hegermann*, ThHK, 169: „Gott wird die göttlichen Gebote mit dem Wollen und Trachten der Menschen zuinnerst einen ...".

[94] Zutreffend *H.-F. Weiß*, KEK, 444: „Denn von der Feststellung in V.7 her, daß ‚jene erste (Heilsordnung)' selbst ‚nicht ohne Tadel' gewesen ist, richtet sich der in V.8 ausgesprochene ‚Tadel' Gottes ja nicht nur ... auf die Angehörigen des ‚Hauses Israel und Juda', sondern zumindest auch auf ‚jene erste (Heilsordnung)' selbst! Gerade in dieser Hinsicht unterscheidet sich ja die Auslegung von Jer 31 (38) im Hebr von der ursprünglichen, primär den Ungehorsam der Israeliten akzentuierenden Aussageintention von Jer 31 (38)." S. aber auch *Gräßer*, EKK XVII/2, 99: „Gegenüber Jer ist die Zitatabsicht eine andere. Dort geht es um Trost, hier um Kritik." Zur Intention des atl. Textes s. vor allem *Levin*, Die Verheißung des neuen Bundes, 132ff.

finden sich ähnlich harte Worte über den ersten Bund, der danach auf gleichsam natürliche Weise zu seinem Ende kommt."[95]

Aber noch eine andere Differenz zwischen dem Jer-Text als solchem und dem Jer-Zitat ist im Blick auf die theologische Gesamtausrichtung des Briefes von hoher Relevanz: Geht es in Jer 38,31–34LXX um die neue Diatheke, so ist ein Vorausblick auf *Hebr 9,15ff* erforderlich. Dort wird nämlich eindeutig die Vorstellung ausgesprochen, daß eine Diatheke – hier gemäß der Bedeutungsbandbreite von διαθήκη einmal als einseitige Setzung (im Sinne des Hebr: als Heilssetzung durch Gott), dann auch als Testament verstanden (s.u.) – des Todes bedarf; deshalb sind erster und zweiter „Bund" mit Blut in Kraft gesetzt. Wenn also der Vf. des Hebr Jer 38,31–34LXX zitiert, so hat er bei διαθήκην καινήν und αὕτη ἡ διαθήκη den blutigen Tod Jesu vor Augen, der dem kultischen Blutvergießen beim „Bundes"-Schluß *Ex 24* entspricht (Zitat Ex 24,8 in Hebr 9,20: τοῦτο τὸ αἷμα τῆς διαθήκης ἧς ἐνετείλατο πρὸς ὑμᾶς ὁ θεός[96]).

Mit dem Zitat Jer 38,31–34LXX in Kap. 8 hat der Vf. des Hebr den Argumentationsgang so weit vorgetrieben, daß nun die vorstellungsmäßigen und begrifflichen Voraussetzungen geschaffen sind, um ausführlich die Gegenüberstellung von alttestamentlichem Kult und neutestamentlichem Selbstopfer Christi in *Kap. 9* vorzunehmen. Dabei bringt er allerdings, nach seinen bisherigen Ausführungen nicht überraschend, dessen Opfertod wieder im Kontext seiner himmlischen Tätigkeit (Hebr 9,11). *Kap. 10* ist unmittelbare Fortsetzung. Wenn in ihm vom einzigen Opfer Christi die Rede ist (Hebr 10,12–14), so ist das die Explikation des Gedankens von Hebr 9,26–28.

In *Hebr 9,1–11* wird das alttestamentliche Kultgeschehen geschildert, ohne daß ein einziges formelles Zitat gebracht würde. Wohl aber werden kultische Gegebenheiten wie Kultgeräte und kultische Orte relativ ausführlich beschrieben (vor allem die Stiftshütte Ex 25–30) und außerdem auf das Ritual des Großen Versöhnungstages, des *Jom Kippur, Lev 16*, deutlich Bezug genommen. Allerdings berücksichtigt der Vf. des Hebr nicht gewisse Modifikationen des nachexilischen Tempels. Er hält sich vielmehr ganz an die Aussagen des Pentateuchs (Bundeslade, Aaronstab und Gesetzestafeln befinden sich angeblich noch im „Allerheiligsten"!). Hält er sich hierbei an die Schrift, so versetzt er *gegen Ex 30,6–8* den Rauchopferaltar ins „Allerheiligste". Er hat wahrscheinlich Lev 16,12f. falsch verstanden. Denn es ist nicht anzunehmen, daß er bewußt gegen den alttestamentlichen Text verstoßen will, um ihn seiner Intention gefügig zu machen, nämlich diesen Altar mit dem kultischen Sühnegeschehen in Verbindung zu bringen. Anscheinend hat er in der Zeit nach der Zerstörung des Zweiten Tempels von diesem keine wirkliche Anschauung mehr gehabt.

Worum es dem Vf. des Hebr nun *theologisch* geht, ist die erneute Betonung der *Differenz* von alttestamentlichem und neutestamentlichem Sühnegeschehen, der radikalen Differenz nämlich vom unzureichenden alttestamentlichen Sühne-*Kult* und dem zwar in kultischen Kategorien ausgesagten, aber *unkultisch* ver-

---

[95] *Gräßer*, EKK XVII/2, 104.

[96] Ex 24,8 nach LXX: Ἰδοὺ τὸ αἷμα τῆς διαθήκης, ἧς διέθετο κύριος πρὸς ὑμᾶς περὶ πάντων τῶν λόγων τούτων. Der Vf. des Hebr hat natürlich den ganzen Abschnitt *Ex 24,2–8* vor Augen.

standenen Sühneakt Christi. Der alttestamentliche Kult hat nur metaphorischen Charakter. Um zu diesem Ergebnis zu kommen, verweist er aber erst auf den Unterschied des Dienstes der einfachen levitischen Priester und des Dienstes des Hohenpriesters. Daß der Vf. des Hebr den täglichen Kult der Priester erwähnt, dient ihm jedoch nur dazu, den jährlich am *Jom Kippur* zelebrierten Kult des Hohenpriesters recht konkret vor Augen zu stellen. Das *Lev 16* beschriebene Ritual soll nämlich die Inferiorität dieses hohenpriesterlichen Kultes erneut, und zwar nun endgültig begründen. Daß der Hohepriester nach Lev 16,11ff. im zweiten Zelt, im Allerheiligsten also, das Blut des Sündopferstieres und das des Sündopferbocks gegen die Kapporet sprengt, ist für den Vf. des Hebr deshalb so wichtig, weil jener so Sühne für sich selbst und für die unwissentlichen Sünden des Volkes darbringt. Wenn er aber in 9,7 von den ἀγνοήματα des Volkes spricht, so trifft er damit den Sinn von Lev 16,16f. nicht; denn hier sind „willentlich begangene Sünden, überhaupt … Verfehlungen"[97] gemeint. Daß der Vf. des Hebr so interpretiert, dürfte – mit Erich Gräßer – auf die von ihm beabsichtigte Intention zurückgehen, „eine die Unwirksamkeit des alttestamentlichen Kultes unterstreichende Einschränkung gegenüber Lev 16,34" vorzunehmen, wonach Blut alle Sünden, πάσας τὰς ἁμαρτίας, sühnt.[98]

Die Schwierigkeit der Auslegung von *Hebr 9,8–10*[99] liegt in einer eigenartigen Verschränkung der *Zelt*-Vorstellungen.[100] In Hebr 9,2f. unterscheidet der Autor σκηνὴ ἡ πρώτη und diejenige σκηνή, die Ἅγια Ἁγίων heißt, also ein erstes und zweites Zelt (s. auch V.6f.). Insofern aber der *gesamte* alttestamentlich-levitische Sühnegottesdienst dem Verdikt des von Gott selbst Abgetanen und des Senilen unterliegt, sollte eigentlich für den hohenpriesterlichen Dienst des Christus theologisch uninteressant sein, daß es im alttestamentlichen Kult eine derartige Unterscheidung gibt. Denn der so *fundamentale Gegensatz* von alttestamentlichem Kult und neutestamentlichem Sühnegeschehen ist ja konstitutiv für die theologische Grundargumentation des Vf. des Hebr. Aber es ist dann doch gerade das vom übrigen alttestamentlichen Priesterdienst unterschiedene alttestamentliche hohepriesterliche Amt, das ihm für seine theologische Reflexion relevant erscheint. Es ist aus seiner Perspektive sogar typologiegeeignet. Für eine solche typologische Betrachtung bringt das – immerhin von Gott selbst „gesetzte" (διαθήκη!) – hohepriesterliche Amt des mosaischen Gesetzes in scheinbarer (?) Inkonsequenz zur theologischen Gesamtintention des Hebr theologisch bedeutsame Vergleichspunkte im Blick auf das alttestamentliche und neutestamentliche Hohepriestertum: Es geht um die *Kontinuität* der Sündenvergebung, die Kontinuität der Vergebung durch Blut (V.7: οὐ χωρὶς αἵματος), also um die Kontinuität dessen, was hohespriesterliches Tun ausmacht. Aber gerade diese Kontinuität, die eigentlich eine überbietende Typologie nahelegen würde, ist dann doch wieder in ihren wesenhaften Elementen durch schroffe Antithetik be-

---

[97] *K. Elliger*, Leviticus, HAT I/4, 1966, 214.
[98] *Gräßer*, EKK XVII/2, 128.
[99] Dazu ib., 130.
[100] S. auch *Loader*, Sohn und Hoherpriester, 163f.

stimmt;[101] sie ist eben nicht auf eine solch überbietende Typologie aus, wie sich auch noch an Hebr 9,11f. zeigen wird. Redet der Vf. des Hebr nun in V.9 vom Sinnbild, παραβολή, so geschieht das eindeutig von einem *Denken in kontradiktorischen Gegensätzen* her. Der Heilige Geist selbst offenbart (δηλοῦντος), daß der Weg ins *eigentliche* Heiligtum, τὴν τῶν ἁγίων ὁδόν, während des Bestands des ersten (!) Zeltes[102] noch nicht „offenbar geworden sei", V.8. Die Frage ist jedoch, was hier μήπω πεφανερῶσθαι aussagt: Gott hat den Weg noch nicht kundgetan – oder – Gott hat den Weg zum himmlischen Heilig-tum noch nicht freigemacht.

Eigentümlicherweise wird diese Frage nach der eben formulierten Alternative in den Kommentaren in der Regel nicht scharf genug gestellt. Schaut man auf den übrigen Sprachgebrauch im Neuen Testament, so ist zunächst die weitgehende Synonymität von φανερόω und ἀποκαλύπτω zu registrieren. Beide Verben gehören zur Offenbarungsterminologie: Das Verborgene wird von Gott durch Propheten und andere Menschen und schließlich durch seinen Sohn offenbar gemacht. Es geschieht aber auch durch das Evangelium, in welchem nach Röm 1,17 die Gerechtigkeit Gottes offenbart wird bzw. in dem sich Gott als der in seiner Dynamis Gerechtmachende offenbart (vielleicht ἀποκαλύπτεται als Medium).[103] Somit zeigt sich gerade an *Röm 1,16f.*, daß Offenbarung im Neuen Testament nicht nur Kundgabe des göttlichen Heilshandelns ist, sondern auch das Offenbarwerden Gottes selbst, der als der das Heil Wirkende begegnet. Wer dem *sich* offenbarenden Gott glaubt, der *ist* bereits der, an dem Gottes Heilshandeln Wirklichkeit geworden ist. Wer dem φανεροῦν bzw. ἀποκαλύπτειν Gottes mit seiner πίστις antwortet, für den ist bereits der Weg zum Heilsbereich offen, mehr noch: Er befindet sich bereits in diesem Bereich. Also: *Er ist bei Gott.*

Daß in Hebr 9,8 πεφανερῶσθαι mehr als ein „bloßes" Kundtun Gottes ist, dürfte auch am gleichzeitigen Vorkommen dieses Verbs mit dem zuvorstehenden δηλοῦντος zu erkennen sein: Der Heilige Geist offenbart durch die in V.9 genannte παραβολή das

---

[101] Es scheint mir deshalb ein wenig problematisch, wenn *H.-F. Weiß*, KEK, 457, vom δηλοῦν in Hebr 9,8 her das Sich-Erschließen des Hinweischarakters der „ersten" Kult- und Heilsordnung folgert: „Sie, diese ‚erste‘ Ordnung [ist] also gleichnishafte Vorausdarstellung jener eigentlichen und zugleich endgültigen Wirklichkeit, die im Χριστὸς δέ von V.11 Gestalt gewonnen hat." Ist damit nicht die „erste" Ordnung zu positiv gesehen? Haben wir es da nicht doch *quodammodo* mit einer überbietenden Typologie zu tun, auch wenn sie eine bestimmte antithetische Implikation enthält? Eher dürfte *Hegermann*, ThHK, 173, das Richtige treffen (zu Hebr 9,8; Hervorhebung durch mich): „Mit dieser Kultdienstanordnung sagt der Heilige Geist etwas aus, nämlich dies ..., daß der Weg in das Heilige im alten Kultdienst noch nicht offenbart ist. Die Einzelheiten der Kultstätte gehen ja nach dem Zeugnis des AT sämtlich auf göttliche Weisung zurück... Demnach ist das Kultgeschehen mit göttlicher Sprachmacht erfüllt. Gott selbst spricht in dieser Tatsachensprache seinen Willen aus ... Ähnlich wird der Heilige Geist hier als Sprecher der an Mose ergangenen Kultweisung bestimmt und damit als Initiator dieses zunächst verborgenen Sinnes: *das erste Heiligtum sollte selbst seine Vorläufigkeit bezeugen* auf die Zeit hin, wo Gott die wahre Heilsordnung offenbaren würde."

[102] Anscheinend ist jetzt das „erste" Zelt nicht als Teil des atl. Tempels verstanden, also *nicht topographisch* verstanden, sondern *chronologisch*, nämlich als das *alttestamentliche* „Zelt". Um seiner Argumentation willen modifiziert der Vf. des Hebr seine einzelnen Argumentationselemente (s. die Kommentare!).

[103] S. *Hübner*, BThNT I, 173ff.; II, 258ff.

noch nicht erfolgte πεφανερῶσθαι während der Zeit des Bestandes des ersten Zeltes.[104] Es wäre eine eigenartige Doppelung, wenn der Heilige Geist das Faktum offenbarte, daß eben Offenbarung noch nicht geschehen sei! So legt sich die Annahme nahe, daß mit φανερῶσθαι entschieden mehr gesagt ist als mit dem δηλοῦν des Heiligen Geistes.

Dann aber dürfte Hebr 9,8 wie folgt zu paraphrasieren sein: Der Heilige Geist offenbart uns, daß während der Epoche des ersten Zeltes der Weg zum eigentlichen himmlischen Heiligtum noch nicht offen war, daß also wegen der noch nicht durch Jesu Hingabe getilgten Sünde der Zugang zu Gott verbaut war.[105] Das fügt sich bestens zu demjenigen Punkt der Christologie des Hebr, wonach Jesus als der Erhöhte und der Hohepriester bereits ins himmlische Heiligtum hineingegangen ist (εἰσῆλθεν: Hebr 6,20; 9,12.24; s. auch Hebr 4,14: διεληλυθότα τοὺς οὐρανούς, 7,26: ὑψηλότερος τῶν οὐρανῶν γενόμενος). *Er hat uns durch sein hohespriesterliches Tun denjenigen Weg eröffnet, den er selbst schon gegangen ist.*[106]
Dieses Ergebnis bedarf freilich noch der Präzisierung durch die Antwort auf die letztlich entscheidende Frage in diesem theologischen Zusammenhang, nämlich nach dem *Wesen* des hohenpriesterlichen Tuns Jesu. Was ist sein eigentliches hohespriesterliches Wirken? Dieser Frage sind wir auf dem Wege, den wir bisher mit dem theologisch argumentierenden Vf. des Hebr gegangen sind, schon einige Male begegnet. Eine erst vorläufige Antwort ergab sich von Hebr 7,26–28 her: Jesu immerwährendes Eintreten im Himmel gründet in seiner Selbsthingabe am Kreuz. Es war vor allem *Franz Laub*, der die soeben gestellte Frage in folgender Alternative formulierte: Sollen wir uns das eigentliche hohepriesterliche Heilshandeln als eine *ewige Selbstdarbringung des Erhöhten* vorstellen, oder ereignete sich das *hohepriesterliche εἰσέρχεσθαι Jesu im προσφέρειν am Kreuz?*[107] Diese theologische Frage, *die christologisch-soteriologische Zentralfrage des Hebr schlechthin*, führt, wie es ähnlich schon bei der Darstellung der Theologie des Paulus der Fall war, mitten in die Problematik der zugrunde liegenden Begrifflichkeit, in die Problematik des vorstellungsmäßigen Koordinatensystems. Es geht wieder um die Bedeutsamkeit räumlicher und zeitlicher Aussagen im Kontext theologischer Überlegungen.

---

[104] Dieses ist wohl in V.8 nicht, wie z.B. *Loader*, Sohn und Hoherpriester, 163f., meint, mit der πρώτη σκηνή von V.2 identisch, sondern mit dem Zelt des ersten „Bundes", also nicht mit dessen erstem Teil (*Goppelt*, Typos 200ff.).

[105] S. auch *Hegermann*, ThHK, 173: „τὰ ἅγια bezeichnet an unserer Stelle wie in 8,2; 9,12. 24; 10,19 das wahre, himmlische Heiligtum, den Ort Gottes selbst, in welchen einzutreten das Heil und die Vollendung des Menschen bedeutet. Die völlige Abwesenheit jener kosmisch-gnostischen Wegproblematik ist zu beachten. Der Zugang zum himmlischen Ort Gottes wird nicht in mythischen Durchbruchskämpfen freigelegt; nicht Mächte oder Sphären, sondern die Sünde versperrt ihn, die in der alten Ordnung noch nicht weggenommen werden kann (V.9)."

[106] Dies erinnert ein wenig an Joh 14,2.6. Auch der Vf. des Hebr könnte Jesus sagen lassen: ἐγώ εἰμι ἡ ὁδὸς καὶ ἡ ἀλήθεια καὶ ἡ ζωή· οὐδεὶς ἔρχεται πρὸς τὸν πατέρα εἰ μὴ δι᾽ ἐμοῦ.

[107] *Laub*, BZ 35, 65ff.

Daß *räumliche* Vorstellungen im Hebr dominant sind, ist unumstritten. Und auch das sollte unumstritten bleiben, daß sich die Denkweise des Briefes, etwa in Hebr 8,5 (s.o.), wenigstens ein Stück weit mit der kosmologisch-dualistischen Zeitspekulation Philons berührt.[108] Nun hat *Otfried Hofius* diese räumliche Vorstellung dadurch zu konkretisieren versucht, daß er die jüdisch-rabbinische Anschauung vom Vorhang vor dem Throne Gottes (Hebr 6,19f.; 10,19f.: καταπέτασμα) heranzog: Dieser Vorhang trennt im Himmel das Allerheiligste, also den Ort der unmittelbaren Gegenwart Gottes, vom übrigen Himmel, dem Himmel der Engel, als das Vorzelt ab.[109] Hofius hat die damals zumeist und heute noch von manchen[110] vertretene Auffassung, daß es sich beim Vorhang um eine gnostische Vorstellung handele, mit ernst zu nehmenden Argumenten in Frage gestellt. Die Schwäche seiner Argumentation ist jedoch, daß er die nachbiblischen rabbinischen und aus der Märkabah-Esoterik stammenden Quellen für die neutestamentliche Zeit heranzieht.[111] Aber selbst wenn Hofius mit seinem religionsgeschichtlichen Material ungerechtfertigterweise spätere Vorstellungen vordatiert, so dürfte doch der Vf. des Hebr ein räumlich-realistisches Verständnis des himmlischen Heiligtums durchaus vertreten haben. Daß der Hohepriester Jesus Christus nach seiner Selbsthingabe am Kreuz in einem *räumlich* verstandenen Himmel hoheitlich thront, ist sicherlich die *Vorstellung* unseres Autors. Die Konsequenz freilich, die Hofius für die Frage nach dem Wesen des hohenpriesterlichen Amtes Jesu zieht, nämlich daß aufgrund der typologischen Deutung des Rituals Lev 16 „Jesus im Anschluß an die προσφορὰ τοῦ σώματος am Kreuz (Hebr 10,10) in das Allerheiligste eingegangen [sei], um dort sein vergossenes Blut darzubringen (9,11ff.24ff.)"[112], scheitert am Textbefund des Hebr.

Daß in *Hebr 9,11ff.* von 9,1ff. her immer noch typologisch argumentiert wird, ist deutlich. Im Sinne dieser *Typologie* entsprechen die beiden „Zelte" des alttestamentlichen Heiligtums den beiden himmlischen Orten, nämlich dem größeren und vollkommeneren, nicht von Menschenhand gemachten Zelt und dem eigentlichen himmlischen Heiligtum, τὰ ἅγια, 9,11f. Wenn dann aber in V.12 wieder die radikale Antithetik dominiert, d.h. der Gegensatz vom soteriologisch unwirksamen Blut von Böcken und Kälbern und dem einzigen soteriologisch wirksamen Blut, dem des Christus (s. auch 9,13f.; 10,4), so dokumentiert sich damit erneut die absolute Überlegenheit des Hohenpriestertums Jesu über das alttestamentliche Priestertum. Dann aber ist im Grunde alles, was in der Zelttypologie noch ansatzweise als *Überbietung* gesehen werden konnte (s. was bereits zur παραβολή in V.9 gesagt wurde!), *in die totale Antithetik umgebogen*. Es gibt nur eine Soteriologie, die diesen Namen verdient: Durch (instrumentales διά) sein eigenes Blut hat Christus, als der eschatologische Hohepriester *geschichtliche Wirklichkeit geworden* (παραγενόμενος), unsere Erlösung be-*wirkt*. Wie

---

[108] Ib., 72; anders *Rissi*, Die Theologie des Hebr, 37f.

[109] *Hofius*, Der Vorhang vor dem Thron Gottes, 4ff.; diese Vorstellung im Hebr: ib., 49ff.; s. auch *ders.*, Inkarnation und Opfertod; *ders.*, EWNT II, 656f.

[110] Vor allem *H. Braun*, HNT 14, 1984, 14.

[111] Doch anerkennt z.B. *Laub*, BZ 35, 75, das akribische religionsgeschichtliche Bemühen von Hofius um eine jüdisch-rabbinische Himmelstopographie, um so die Hohepriester-Christologie des Hebr möglichst nahtlos in diese einfügen zu können.

[112] So zusammenfassend gesagt von *Hofius*, EWNT II, 657.

aber verhält sich nach Hebr. 9,11f. dieses sein *geschichtliches* Wirken zu seinem *himmlischen* Wirken, seinem Durchschreiten des himmlischen Zeltes hin zum eigentlichen himmlischen Heiligtum, um dort für uns einzutreten? Anders gefragt: Wie verhalten sich Christi *einmalige Vergangenheit* zu seiner *immerwährenden Gegenwart*?

Die zeitliche und auch sachliche Sequenz von Hebr 9,11f. ist nicht ganz einfach zu bestimmen. So wird der Satz begreiflicherweise in der Forschung recht unterschiedlich interpretiert.[113] Die in inhaltlicher Sicht entscheidende Frage ist, wie διὰ τοῦ ἰδίου αἵματος, dann εἰσῆλθεν ἐφάπαξ εἰς τὰ ἅγια und schließlich αἰωνίαν λύτρωσιν εὑράμενος in ihrer gegenseitigen Beziehung zu erklären sind. Auszugehen ist m.E. von folgendem grammatischen Sachverhalt: εὑράμενος als Partizip des Aorists besagt, daß Christus als der, der bereits eine ewige Erlösung bewirkt *hatte*, ein für allemal in das Heiligtum einging.[114] Dann aber kann, streng genommen, das εἰσῆλθεν nicht mit dem εὑράμενος identisch sein.[115] So liegt es nahe zu interpretieren: Durch sein eigenes Blut bewirkte Christus die ewige Erlösung. Und als dieser hohepriesterliche Erlöser ging er ein für allemal in das Heiligtum ein.

Verstehen wir Hebr 9,11f. in diesem Sinne, so hat er *kraft seines Kreuzestodes* die ewige Erlösung bewirkt. Der Einzug in den innersten Bereich Gottes ist dann als Besiegelung seiner Erlösungstat zu deuten. Freilich dürfen wir hier nicht das Opfer einer allzu analytischen Denkweise werden, die dem Vf. des Hebr nicht angemessen wäre. Er dürfte nämlich die Erlösung, die Christus durch sein Blut bewirkt hat, und dessen Eingehen in das himmlische Heiligtum in engstem Zusammenhang sehen. Christi Tod *ist* sozusagen der Einzug in die himmlische, die göttliche Herrlichkeit.[116] Es bestätigt sich hier erneut die sachliche Nähe der Passions- und Erhöhungsaussagen, der wir bereits wiederholt im Hebr begegnet sind. Aber eben: Christus ist der Hohepriester gerade dadurch, daß er sein Blut vergoß, also sein Leben als „Opfer" gab. Indem Christus so nach V.14 sich selbst darbrachte (προσήνεγκεν), wird sein Blut unser Gewissen von toten Werken reinigen (καθαριεῖ ist logisches Futur). Nun ist προσφέρειν ein Wort *kultischer* Terminologie. Die Parallele der kultischen Opfer nach den levitischen Opfergesetzen[117] mit der blutigen Hingabe des eigenen Lebens durch Christus

---

[113] S. die Kommentare!

[114] Dieser grammatische Sachverhalt wird eigenartigerweise in der Lit. kaum thematisiert. S. aber *Loader*, Sohn und Hoherpriester, 186: „Entsprechend unseren Ergebnissen muß man εὑράμενος seine volle zeitliche Bedeutung geben. Er trat ins Allerheiligste, nachdem er auf Erden die Erlösung schon gewonnen hatte. Deshalb trat er ein für allemal ins Allerheiligste ein."

[115] Anders *Gräßer*, EKK XVII/2, 154: „Εὑράμενος ist neben εἰσῆλθεν jedenfalls keine zweite, sondern ein und dieselbe Aktion."

[116] Das ist das *relative* Recht der in der letzten Anm. zitierten und dort abgelehnten Auffassung *Gräßers*; s. auch *Käsemann*, Das wandernde Gottesvolk, 148: „Gerade der Opfertod, in dem Jesus seinen Fleischesleib Gott darbringt, ist als Durchbruch durch das hindernde καταπέτασμα zugleich die εἴσοδος in den Himmel... Ins Allerheiligste schreitet aber nur der Hohepriester, so daß man den Amtsantritt Jesu als des Hohenpriesters von hier aus tatsächlich mit seinem Opfertode beginnen lassen muß." (von Käsemann gesperrt)

[117] S. LXX-Konkordanz zu προσφέρειν!

läßt daher dessen Tod zunächst als kultisch ausgesagt verstehen. Indem aber der alttestamentliche Kult als überholt und somit disqualifiziert hingestellt wurde, ist die Hingabe des eigenen Lebens durch Christus als etwas gegenüber diesem Kult völlig Verschiedenes vorgestellt. Ob der Vf. des Hebr den alttestamentlichen Sühnekult als Vollzug einer *Existenzstellvertretung* im Sinne *Hartmut Geses* verstand,[118] ist fraglich. Zumindest sind die Formulierungen des biblischen Autors nicht so gewählt, daß eine Interpretation im genannten Sinne zwingend wäre. Seine Negierung einer soteriologischen Wirkung aufgrund der alttestamentlichen Opfer spricht eher dagegen. Dann aber ist zu fragen, wie das Verhältnis von *Blut Christi* und *Hingabe des Lebens durch Christus* zu verstehen ist. Wieder stehen wir vor einer theologisch essentiellen Frage, von deren Beantwortung das Verständnis der fundamentalen theologischen Denkweise des Vf. des Hebr abhängt.[119]

Komplettieren wir, ehe wir uns um eine solche Antwort bemühen, die Aussagen von Hebr 9,11–14 durch Parallelen in den folgenden Darlegungen in diesem Brief. Wichtig ist, wie der Vf. des Hebr vom Blut und vor allem vom Blut Christi spricht. In Hebr 9,15ff. verbindet er den Begriff der Diatheke mit der Forderung des Todes des Erblassers. Wie schon erwähnt, spielt er hier mit dem Begriff διαθήκη, der ja sowohl einseitige Setzung (des Heils) als auch Testament bedeuten kann. Die erste Diatheke ist nach Ex 24 mit Blut in Kraft gesetzt worden (*Ex 24,8*, zitiert in Hebr 9,20). Dann findet sich in *Hebr 9,22* die sog. Blutregel des Hebr: *Ohne Blutvergießen geschieht keine Vergebung, χωρὶς αἱματεκχυσίας οὐ γίνεται ἄφεσις.*[120] Also mußte auch die durch Christus gewirkte Erlösung der Menschen von ihren Sünden durch Blut geschehen.[121]

An dieser Stelle sind Überlegungen von *Erich Gräßer* zu Hebr 9 und 10 hilfreich, der sich in einer Art Exkurs im Zusammenhang seiner Exegese von Hebr 9,11–14 thematisch zur *Hermeneutik* der Aussagen des Hebr über Jesu Sühnopfer geäußert hat.[122] Mit *Herbert Braun*[123] stellt er die entscheidende Frage, ob das „gegenständlich-materielle Sühnedenken" für uns überhaupt noch theologisch möglich sei. „Trotz mancherorts feststellbarer gegenläufiger Tendenzen muß

---

[118] Zu den Theorien über die atl. Sühne s. *Hübner*, BThNT II, 278ff; *ders.*, Biblische Theologie als Hermeneutik 110–131. 272–285.

[119] S. auch *Feld*, Hebr, 76ff. und 82ff.

[120] Fast sieht es so aus, als gebe es im Alten „Bund" doch noch eine Vergebung aufgrund von Blutvergießen, da sich ja Hebr 9,22b auf das zuvor Gesagte bezieht. Nach Hebr 9,19–22a geht es nämlich um das Geschehen von Ex 24! Doch zu einer solchen Konsequenz gelangt man nur, wenn man Hebr 9,19–22 isoliert interpretiert (gegen eine solche Deutung eindeutig Hebr 10,4!).

[121] Einen wissenschaftstheoretischen breiten Angang zur Interpretation des Hebr hat *John Dunnill* in seiner Dissertation „Covenant and Sacrifice in the Letter to the Hebrews" vorgelegt. Er macht Methoden der Soziologie, des Strukturalismus und der Symbolphilosophie für die Auslegung des Briefes fruchtbar. Auf seinen interessanten Entwurf kann ich hier nicht näher eingehen. Im Zusammenhang mit Hebr 9,22 sei jedoch auf Kap. 7, ‚The necessity of blood', hingewiesen, vor allem auf die Unterabschnitte ‚The symbolism of blood' und ‚The place of encounter'. Ich werde in einer späteren Publikation auf seine Auffassung zu sprechen kommen.

[122] *Gräßer*, EKK XVII/2, 164f.

[123] *Braun*, HNT, 258.

auch bei der biblischen Grundvorstellung ‚Opfertod' hermeneutisch darauf bestanden werden, nach den *Bedingungen von Verstehen im Kontext gegenwärtiger Wirklichkeitserfahrung* zu fragen. Sprachgestalt und Sachverhalt sind auch hier zu unterscheiden. Es geht nicht darum, eine angeblich ergebnislose *Entmythologisierungsdebatte* abzubrechen, sondern darum, sie *konsequent weiterzuführen*."[124] In der Tat stellt sich, wie schon zuvor im Blick auf die paulinische Theologie, die zentrale Frage, wie ein einzelnes historisches Ereignis eine zeitlose Gültigkeit besitzen kann.[125] In Weiterführung der Antwort, die Gräßer gibt, nämlich daß das Eschatologische hier nicht vom Kultischen umfangen und eingegliedert werde, sei zunächst der Sachverhalt noch einmal herausgehoben, daß ja das Kultische als solches durch das vom Vf. des Hebr so energisch betonte Moment der *Antithetik*, die seine typologische Denkfigur bestimmt, in Frage gestellt wird. Was der Autor hier tut, ist doch, das gesamte sühnekultische Geschehen, wie es durch das mosaische Gesetz festgelegt ist, als wesenhaft untauglich für die Sündenvergebung zu erweisen. Daß er das *Blut* als Moment der Kontinuität vom kultischen Geschehen des Alten Testaments her zum Selbstopfer Christi hin akzeptiert (Hebr 9,22!), besagt doch nicht, daß er im Blick auf beides in gleicher Weise von diesem Blut spricht. Man mag vielleicht in *seinem* Verständnis der alttestamentlichen Sühnepraxis ein dingliches Verständnis des Blutes sehen. Aber sollte dies zutreffen, so bleibt doch, daß in der Sicht unseres Autors gerade ein solches Verständnis die soteriologische Unwirksamkeit des vergossenen Blutes der Opfertiere bedeutete! Jesu blutiger Kreuzestod besagt aber demgegenüber, daß er *sich selbst* Gott hingab, ἑαυτὸν προσήνεγκεν![126] Es ist ein Geschehen durch den ewigen Geist Jesu, διὰ πνεύματος αἰωνίου, Hebr 9,14. Diese Aussage vor allem ist es, die den Tod Jesu als ein *personales* Geschehen verstehen läßt. Es ist Jesus als Person, der sich für uns in den blutigen Tod gab. Von einer besonderen materialen Qualität des Blutes ist hier keinesfalls die Rede, auch nicht von Hebr 9,22 her! Will man nun aufgrund der antithetischen Typologie in der Beschreibung des Opfertodes Jesu doch noch kultische Begrifflichkeit sehen, so wäre auch in diesem Fall die Konsequenz, daß der Vf. des Hebr *in kultischer Terminologie kultische Denkweise ad absurdum geführt hätte*. Bewußt wurde in den bisherigen Ausführungen vom Gegensatz des alttestamentlichen Sühne-*Kultes* und des Sühne-*Geschehens* durch Christus gesprochen. Kurz: *Die soteriologischen Ausführungen des Hebr sind die Durchstreichung der kultischen Denkweise des Alten Testaments.* Weil Jesus als der hoheitliche Hohepriester zugleich der als Mensch mit uns Menschen mitfühlende Hohepriester ist, weil also Jesus an unsere Stelle getreten ist und für uns die bittere Konsequenz unserer Schuld ausgekostet hat, deshalb und nur deshalb ist das

[124] *Gräßer*, EKK XVII/2, 164; Hervorhebungen durch mich.
[125] Ib., 165 mit *Behm*, ThWNT III, 186, 10f.
[126] *H.-F. Weiß*, KEK, 467: „Dementsprechend wiederum ist hier bei der Wendung ‚durch sein eigenes Blut' nicht eigentlich die Substanz des Blutes im Blick, sondern das Geschehen des Todes Jesu. ‚Blut', das heißt auch hier: hingegebenes, als Opfer dargebrachtes Leben." So auch fast durchweg die meisten Kommentare; s. aber *P. Ellingworth*, NIGTC, 452.

Kerygma des Hebr für uns in unserem Verständnis von Wirklichkeit verstehbar. Im übrigen sei für die existentiale Interpretation der Aussagen des Hebr über die stellvertrtetende Sühne Christi auf das verwiesen, was bereits im Sinne einer solchen Interpretation zu Röm 3,25 gesagt wurde.[127]

Wir haben in den letzten Überlegungen den Akzent sehr stark auf die unkultische Selbsthingabe Jesu am Kreuz gesetzt. Etwas zu kurz ist dabei die Frage nach der *Bedeutsamkeit* der *Interzession Jesu im himmlischen Allerheiligsten* gekommen. Was bedeutet es für uns *existentiell*, wenn sich sein hohespriesterliches Wirken bis in den Bereich des Himmels, den eigentlichen Bereich Gottes erstreckt? Daß dem Vf. des Hebr das stets gegenwärtige himmlische Dasein Jesu bei Gott, sein Sein neben Gott auf dem himmlischen Thron ein theologisches Anliegen ist, hat sich mehrfach in seiner Argumentation gezeigt. Der Himmel ist für ihn eine existenzentscheidende, eine existentielle Realität. Und sie ist für ihn deshalb so bedeutsam, weil Jesus dort oben zur Rechten Gottes thront. Daß ψ 109,4 hierfür von hoher theologischer Relevanz ist, haben wir auch laufend zur Kenntnis genommen.[128]

Bereits bei den *Deuteropaulinen* zeigte sich, wie das dort zum Ausdruck kommende Selbstverständnis bzw. Existenzverständnis in spezifischer Weise dadurch bestimmt ist, daß sich der Glaubende in gewisser Weise schon im Himmel weiß, besonders stark in Eph 2,4ff. zum Ausdruck gebracht. Ein solcher Mensch, der sich vom Himmel her bis in die Tiefen seiner Existenz bestimmt weiß, *ist* ein anderer als der, der sich nur aus dem Gefüge immanenter Faktoren versteht. Was das im Himmel Sich-Geborgen-Wissen besagt, weiß freilich nur der Glaubende! Denn *nur er* erfaßt in seinem Glauben den für ihn existenten Himmel, den für ihn im Himmel proexistenten Gott und den dort proexistenten hohenpriesterlichen Jesus als die ihn tatsächlich bestimmende Realität. Nur wer um diese ihn bestimmende Wirklichkeit weiß, nur für den kann sie existenztragend sein. Dieser eherne *hermeneutische Grundsatz* läßt sich nicht außer Kraft setzen. Und das heißt auch, daß nur der Glaubende wirklich *versteht*, was der Vf. des Hebr theologisch sagen will. Auch hier wieder unser *ceterum censeo*: **Der Glaube ist die *conditio sine qua non* für theologisches Verstehen.**

Genau dieser existentielle „Sach"-Verhalt, dieser Existenzverhalt ist es, der auch mit dem εἰσῆλθεν [Χριστὸς] ἐφάπαξ εἰς τὰ ἅγια, Hebr 9,12, und zuvor schon dem πάντοτε ζῶν εἰς τὸ ἐντυγχάνειν ὑπὲρ αὐτῶν, Hebr 7,25, ausgesprochen ist. Sehr schön hat dies *Joachim Gnilka* zum Ausdruck gebracht, und zwar unter Bezug auf Hebr 9,11f.: „Die weitere Argumentation des Hebräerbriefes wird nur dann verständlich, wenn man die Realistik bedenkt, mit der vom Himmel, dem Thronsitz Gottes, gesprochen wird. Man muß sogar den Eindruck gewinnen, daß *die himmlische Welt realer ist als die irdische* ... Sein (sc. Christi) hohepriesterlicher Dienst erstreckt sich in die himmlische Welt hinein."[129] Ist es nicht in der Tat die Grundannahme des christlichen Glaubens, daß die himmli-

---

[127] *Hübner*, BThNT II, 280ff.
[128] *Hengel*, „Setze dich zu meiner Rechten!", 129ff.
[129] *Gnilka*, Theologie des NT, 382; Hervorhebung durch mich.

sche Welt „realer" ist – vorausgesetzt, man hat erwogen, *was von Gott her Realität bedeutet.*

„Was bisher zum Thema ausgeführt wurde, wird jetzt vielmehr abschließend zusammengefaßt, zusätzlich erhärtet und auch auf eine geradezu gewagte Weise zugespitzt."[130] Diese Charakteristik von *Hebr 10,1–18* durch Harald Hegermann trifft zu.[131] Wir brauchen daher dem Gedankengang des Abschnitts nicht mehr im Detail zu folgen, zumal wir schon einige seiner Aussagen in unterschiedlichen Zusammenhängen herangezogen haben. Wohl aber ist es angebracht, einige Akzente noch einmal deutlich zu setzen.

Der Vf. des Hebr stellt noch einmal betont seine *platonisierende Denkweise*, vermittelt wohl durch jüdisch-alexandrinische Theologie (s. zu Hebr 8,5; 9,23), in *Hebr 10,1* heraus. Der Nomos besitzt nur den Schatten (σκιά schon in Hebr 8,5) der kommenden Heilsgüter[132], nicht aber – so sei mit Erich Gräßer übersetzt – die wirkliche Gestalt der Dinge selbst, οὐκ αὐτὴν τὴν εἰκόνα τῶν πραγμάτων.[133] εἰκών ist hier also nicht wie in platonischer Terminologie (Tim 92c)[134] das Abbild, die jeweilige Konkretisierung im Bereich der sinnlich erfaßbaren Welt, im Bereich der αἰσθητά, sondern das Urbild.[135] Auf die priesterliche Vorstellung vom תַּבְנִית, Ex 25,40, wurde bereits aufmerksam gemacht. Auch in Hebr 10,1 dürfte also dieser biblisch-neutestamentliche Gedanke *im Horizont jüdisch-hellenistischen Denkens* ausgesprochen sein, und zwar *ohne daß der eigentliche biblische Gehalt dadurch verlorengegangen wäre.* Griechisch-hellenistisches Denken, auch das im Raume evangelischer Theologie so gern geschmähte platonische Denken, ist also durchaus in der Lage, biblische Aussagen ohne wesentlichen Substanzverlust zum Ausdruck zu bringen! Man sollte hier nicht vorschnell mit dem sogenannten Metaphysik-Verdikt kommen! Natürlich ist die platonische Konzeption der beiden Welten, der Welt der Ideen und der Welt der sinnlich erfaßbaren Abbilder dieser Ideen, eine *weltanschauliche* Sicht, deren Unzugänglichkeit und partielle Widersprüchlichkeit für uns heute offenkundig ist. Aber es geht ja gerade nicht um Repristination weltanschaulicher Verobjektivierungen, sondern um das, was den inneren Impetus der platonischen Weltanschauung ausmacht. Und das ist, einmal ganz grob gesprochen, daß die irdisch vorfindliche Wirklichkeit ihren Seinsgrund nicht in sich selbst hat. *Im Prinzip ist der Theologe notwendig insofern Platoniker, als er den Materialismus als eine die Wirklichkeit im Übermaß reduzierende Weltanschauung nicht gelten lassen kann.*

---

[130] *Hegermann*, ThHK, 191.

[131] S. auch *Gräßer*, EKK XVII/2, 202: „Inhaltlich führt der Abschnitt kaum über c.9 hinaus, wohl aber formal. Denn das dort Gesagte wird jetzt durch Schriftexegese nach Art des *Midrasch-Pescher* zusätzlich verstärkt."

[132] Die μέλλοντα ἀγαθά sind natürlich die Güter, die nur aus der Sicht der Zeit des Gesetzes als zukünftige erscheinen. Aus der Sicht des Vf. des Hebr sind sie freilich schon gegenwärtig, weil er bereits in der eschatologischen Zeit lebt.

[133] So o.ä. z.B. *Braun*, HNT, 288; *Gräßer*, EKK XVII/2, 200; *H.-F. Weiß*, KEK, 499; *Hegermann*, ThHK, 192: „das Wesensbild der Dinge selbst".

[134] S. Anm. 87.

[135] *Gräßer*, EKK XVII/2, 206: „Sprachlich ist die Opposition σκιά versus εἰκών nicht vorgegeben, wohl aber sachlich, und zwar mit dem Schein-Wirklichkeit-Gegensatz, mit dem die frühjüdisch-hellenistische Theologie (z.B. Philo) ebenso wie der Kol (2,17) und Hebr *platonisches* Erbe aufnehmen ... Dieselbe Unterscheidung von εἰκών und πράγματα finden wir bei Plotin (Enn 6,6,6: τοῦτο δ᾽ ἐστὶν οὐκ εἰκόνα τοῦ πράγματος, ἀλλὰ τὸ πρᾶγμα αὐτό)."

Dürfte es also unbestreitbar sein, daß der Vf. des Hebr in der Wirkungsgeschichte der Philosophie Platons steht und mit platonischen Vorstellungen und
Begriffen argumentiert, so ist doch, was schon angeklungen ist, zugleich festzuhalten, daß er mit diesem seinen platonisierenden Denken die Differenz zwischen alter sogenannter Heilsordnung und neuer wirklicher Heilsordnung erheblich stärker betont, als die ontologische Differenz bei Platon selber begegnet.
Denn so negativ sieht dieser nicht die sichtbare, die sinnlich erfaßbare Welt, wie
der Vf. des Hebr die sühnekultische Institution des levitischen Gesetzes wertet.
Erneut begegnet in Hebr 10,1 das für den Autor so wichtige τελειῶσαι: Die Opfer des alttestamentlichen Sühnekults können die an ihm Teilnehmenden nicht
zur Vollendung führen; sie sind also letzten Endes völlig nutzlos. Laufend werden sie zwar dargebracht. Laufend wiederholen die den Sühnekult vollziehenden
Liturgen das Ritual. Und sie erreichen – nichts! Hebr 10,1–4 liest sich wie die
Darstellung einer *kontinuierlichen tragischen Illusion*: Man glaubt, durch den
levitischen Kult immer wieder Heil zu schaffen, doch man bewirkt Jahr für Jahr
lediglich die Erinnerung an das Unheil, ἀνάμνησις ἁμαρτιῶν, Hebr 10,3.

Geradezu dramatisch – man muß nur die scheinbar so abstrakt theologischen
Texte des Hebr in der vom Vf. gemeinten Konkretheit lesen! – also geradezu
dramatisch stellt dieser dar, wie vom Himmel her das Ende dieses nutzlosen
Sühnekultes proklamiert wird. Bei seinem Eintritt in unsere Welt spricht der
künftige Hohepriester zu seinem göttlichen Vater, indem er betend ψ 39,7–9 re-
zitiert (Hebr 10,5–7): *„Du wolltest keine kultischen Opfer!* Du hattest an Brand-
und Sühnopfern kein Wohlgefallen!" Statt dessen kommt Christus, um Gottes
Willen zu tun, nämlich die blutige, die hohepriesterliche Lebenshingabe zu voll-
ziehen. Der Vf. des Hebr interpretiert dies in V.9: Er nimmt die erste Ordnung
hinweg; er hebt sie auf, um eine zweite, eine neue in Kraft zu setzen.

Diese Interpretation ist jedoch nicht eindeutig. Wer hebt auf? Wer setzt neu in Kraft?
Jesus?[136] Gott?[137] Die Mehrheit der Exegeten versteht als Subjekt der Aussage, wie es
auch dem Duktus der Aussage in V.9 entspricht[138], Jesus bei seiner Inkarnation. Die Alternative „Gott – Jesus" ist aber, in ihrer krassen Antithetik genommen, überspitzt. Denn
wenn der Sohn Gottes in der hoheitlichen Autorität seines Vaters die Außerkraftsetzung
und Neuinkraftsetzung vornimmt, geschieht es ja in Anerkennung des Willens Gottes.
Denn Jesus sagt ausdrücklich, daß er komme, um gerade dessen Willen zu tun.

Theologisch gewichtiger ist die Aussage ἀναιρεῖ τὸ πρῶτον (10,9): *Er hebt
die erste Priesterinstitution auf!* Es zeigte sich ja schon im Verlauf der Darlegungen die gravierende Aporie: Obwohl der levitische Sühnekult nutzlos und
senil ist, scheint er auf einer Anordnung, einer Heilsetzung Gottes (διαθήκη)
zu beruhen. Und wenn hier nun ἀναιρεῖ, „er hebt auf", steht, so besagt allem
Anschein nach diese Wendung, daß die erste διαθήκη mit ihren Sühnekultgebo-

---

[136] So z.B. *Braun*, HNT, 298; *Gräßer*, EKK XVII/2, 222; *Ellingworth*, NIGTC, 504.
[137] So z.B. *Hegermann*, ThHK, 197.
[138] Hebr 10,8 Subjekt Christus λέγων; 10,9a Subjekt Christus εἴρηκεν; 10,9b ἀναιρεῖ ohne Nennung eines neuen Subjekts.

ten bis zu diesem Augenblick mit göttlicher Autorität in Geltung stand. Die Aporie bleibt also.

2.5.3.3. Paränese und Schriftzeugnis

Mit Hebr 10,18 ist der eigentlich *theologische* Teil des Briefes abgeschlossen. Was nun folgt, hat vornehmlich paränetischen Charakter. Doch ist *Hebr 10,19–13,25* wiederum, wie auch andere paränetische Abschnitte des Briefes, durchgehend vom theologischen Denken bestimmt. Und zudem – was gerade für unsere biblisch-theologische Zielsetzung von essentieller Wichtigkeit ist – ist hier der Bezug auf das Alte Testament für die Argumentation des Autors konstitutiv. Das Ganze ist von Zitaten und Anspielungen durchzogen. Es ist jedoch wenig sinnvoll, alle alttestamentlichen Bezüge im einzelnen aufzulisten.

Zunächst zum ohne *formula quotationis* eingefügten Mischzitat Jes 26,20/Hab 2,3f.LXX in Hebr 10,37f.: Bezeichnend für die Intention unseres Autors ist, daß ausgerechnet das für Paulus so wichtige Wort Hab 2,4 hier nicht wie in Gal 3,11 und Röm 1,17 als *dictum probans* für die Rechtfertigung allein aus Glauben erscheint,[139] sondern als ermahnende Aussage. Daß Hab 2,4 durch die enge Anbindung des zuvor zitierten Hab 2,3 an Jes 26,20LXX diesen Vers *christologisch* verstehen läßt und ihn zugleich im Sinne der Naherwartung der Parusie interpretiert, zeigt, daß der Vf. des Hebr jetzt die *Schrift als Prophetie* versteht. Damit liegt hier ein *ganz anderer Umgang mit der Schrift* vor als zuvor in der antithetischen Typologie oder Quasi-Typologie innerhalb der soteriologischen Ausführungen über den Hohenpriester Jesus. Die prophetische Funktion der Schrift hatte sich freilich schon z.B. in Hebr 8,8ff. gezeigt, wo Jer 38,31–34LXX zitiert wurde.

Dem paränetischen Ziel des ganzen Briefes dient aber noch eine ganz andere Art der Bezugnahme auf das Alte Testament, nämlich die *Beispielreihe für das Glaubenszeugnis der Väter* in *Hebr 11,1–40.*[140] Auch hier zeigt sich wieder der bereits mehrfach genannte Sachverhalt, daß sich Paränese und theologische Aussage durchdringen. Auf die alttestamentlichen Beispiele wird in der Art verwiesen, daß die jeweilige Gestalt kurz hinsichtlich ihres Glaubens, ihrer πίστις, charakterisiert wird. Das theologische Stichwort πίστις, meist im Dativ πίστει, begegnet laufend im ganzen 11. Kap. Bis V.22 bringt der Autor Beispiele aus Gen, in V.23–29 aus Ex, in V.30f. aus Jos. In V.32–38 erfolgt dann noch ein

---

[139] Der Vf. des Hebr schreibt ὁ δὲ δίκαιός *μου* statt wie Paulus ὁ δὲ δίκαιος. Damit steht er näher als Paulus beim LXX-Text ὁ δὲ δίκαιος ἐκ πίστεώς μου ζήσεται. Noch anders MT: וְצַדִּיק בֶּאֱמוּנָתוֹ יִחְיֶה. Die Gründe für eine Umstellung des LXX-Textes durch den Vf. des Hebr (wenn es denn überhaupt *seine* Umstellung ist!) sind nicht einsichtig. Denn sie liegt nicht in der spezifischen Aussagerichtung seines Zitats. Er bringt zudem Hab 2,4a und 2,4b in umgekehrter Reihenfolge. Auch hierfür gilt, wie *Hegermann*, ThHK, 220, zu Recht erklärt, daß der Eingriff keine Änderung der Textaussage ergibt und für den Zweck des Autors an sich entbehrlich ist.

[140] Beispielreihen im AT: Sir 44–50; Sap 10.

kursorischer Verweis auf weitere Glaubenszeugen. Insgesamt also eine „Wolke von Zeugen" (Hebr 12,1). Vorbereitet wird die Paradigmenreihe durch das bereits behandelte Doppelzitat Jes 26,20/Hab 2,3f., eingeleitet wird sie durch die „Definition"[141], die ganz dasjenige Wesensmoment des Glaubens aussagen will, das dem paränetischen Zweck angemessen ist. Wenn der Glaube zunächst als ἐλπιζομένων ὑπόστασις definiert wird, als „die Hypostase der erhofften Güter" (Hebr 11,1), so ist damit erst einmal die Ausrichtung der ganzen Existenz auf die erhoffte baldige Parusie Christi ausgesprochen, also die Parusie des Kommenden, des ἐρχόμενος des Zitats in Hebr 10,37f. Dann muß aber ὑπόστασις etwas über die *Existenz* des Glaubenden aussagen. Dieser Begriff mit einem an sich recht breiten Spektrum an Bedeutungen meint hier auf keinen Fall den Glauben als Substanz. Wenn mit ihm *Festigkeit* zum Ausdruck gebracht wird, dann doch wohl die *des Glaubenden*, wobei Glaube und Hoffnung fast zu identischen Größen werden. Hiermit ist jene Haltung gemeint, die das alttestamentliche Glauben „definiert", nämlich das Sich-Festmachen bzw. das Sich-Festgemacht-Wissen in Jahwäh, הֶאֱמִין. Die zweite Bestimmung des Glaubens, πραγμάτων ἔλεγχος οὐ βλεπομένων, das feste Überzeugtsein von denjenigen „Dingen", die man nicht sieht (11,1), meint ähnliches. Beide „Definitionen" sagen nämlich nahezu gleiches aus. Indem aber der Glaube so von dieser Festigkeit aus in den Blick genommen ist, partizipiert die ὑπόστασις dann doch an der Festigkeit dessen, in dem der Glaube festgemacht ist, nämlich an der Festigkeit *Gottes*. Die „Definitionen" in V.1a überwinden damit jegliches Denken im Subjekt-Objekt-Schema.[142] Faßt man aber ἐλπιζομένων ὑπόστασις in diesem

---

[141] Ob man im eigentlichen Sinne von Definition sprechen darf, ist umstritten. Nach *Hegermann*, ThHK, 222, gibt der Autor „nicht eine den Glaubensbegriff allseitig ausleuchtende Definition ..., wohl aber eine Herausstellung grundlegender Wesenszüge des Glaubens in deutlich definitorischem Stil". Hingegen spricht *H.-F. Weiß*, KEK, 559, zunächst unbefangen von Definition, erklärt aber dann, daß diese Definition nicht das Wesen des Glaubens schlechthin kennzeichnen wolle: „Was hier vorliegt, ist nicht eine abstrakte oder absolute Definition, die als solche eine ‚erschöpfende Aufzählung aller Merkmale' darbietet, ‚die dem Begriff des Glaubens im religiösen Sinne zukommen', sondern eine Bestimmung des Wesens des Glaubens, wie sie der Autor des Hebr angesichts der Glaubenanfechtung seiner Adressaten für notwendig hält." Auf jeden Fall ist es keine Definition, die den Glauben exakt und vollständig begrifflich fixieren will.

[142] Zu anderen, zuweilen nur in Nuancen sich von der hier vorgetragenen Interpretation von Hebr 11,1 unterscheidenden Auffassungen s. die Kommentare. *Köster*, ThWNT VIII, 584–587, wendet sich gegen die Auffassung Luthers, der gegen die gesamte altkirchliche und mittelalterliche Exegese die ὑπόστασις mit *substantia* (im Sinne von οὐσία) übersetzt hatte, das Wort als persönliches, subjektives Überzeugtsein gefaßt hat; diese klassisch gewordene protestantische Auslegung sei unhaltbar. Luthers Übersetzung des Neuen Testaments von 1545 lautet für Hebr 11,1: „Es ist aber der Glaube/ eine gewisse zuuersicht/ des/ das man hoffet/ Vnd nicht zweiueln an dem/ das man nicht sihet." Noch unklar bleibt Luther in seiner Vorlesung über den Hebräerbrief von 1517/1518, in der er *substantia* als *possessio, hereditas* interpretiert (WA 57,61,9). Jedoch heißt es bereits in den Scholien (ib., 61,17f.): „*Videtur autem quibusdam ‚fidem' hoc loco accipi pro fiducia magis quam pro credulitate.*" Er verweist dann mit „*De quo postea*" auf die, die im Alten Bund in der Festigkeit ihres Glaubens selbst schlimme Situationen meisterten. *Erich Gräßer*, Der Glaube im Hebr, 46ff., stellt mit Recht das Postulat auf, aus der Verhaltensweise der Glaubenszeugen des Alten Bundes die Bedeutung von ὑπόστασις zu erschließen; ib.,

Sinne, dann muß man allerdings in Kauf nehmen, daß das Wort in der Wendung χαρακτὴρ τῆς ὑποστάσεως von Hebr 1,3 in einer anderen Bedeutung zu verstehen ist. Daß aber der Vf. des Hebr dasselbe Wort an zwei Stellen in unterschiedlicher Bedeutung verwendet, dürfte jedoch kein schwerwiegender Einwand gegen die hier vertretene Deutung von Hebr 11,1 sein.

Wenn unser Autor dann die ἐλπιζομένων ὑπόστασις durch das appositionelle πραγμάτων ἔλεγχος erläutert, so bringt er damit zunächst keine an sich eschatologische Aussage. Und doch steckt ein gehöriges eschatologisches Element in dieser zweiten Erläuterung der πίστις von Hebr 11,1. ἔλεγχος, von *Gräßer* als „Beweis, Überführung" gedeutet[143], ist in der Tat so zu verstehen; freilich sollte man noch etwas in personaler Diktion umformulieren: Es ist das Überzeugt-*Sein* des Glaubenden. Das Sein dieses Glaubenden ist verankert in den πράγματα οὐ βλεπόμενα, verankert nämlich in den nicht (= noch nicht!) sichtbaren „Dingen". Es ist das im Himmel für uns bereitliegende Heil, das im Grunde nichts anderes ist als die Gegenwart Gottes selbst, zu dem uns der dort schon für uns thronende und der dort für uns eintretende Sohn Gottes führen will. Die „nicht sichtbaren ‚Dinge'" sind also in der gleichen Weise vom Vf. des Hebr gedacht, wie der Vf. des Kol in Kol 1,5 von der ἐλπὶς ἡ ἀποκειμένη ὑμῖν ἐν τοῖς οὐρανοῖς denkt.

Die Paradigmenreihe der Wolke von Zeugen wird also mit einer theologisch schwer befrachteten Aussage eröffnet. Nach Hebr 11,2 mit dem Hinweis auf den von Gott bezeugten Glauben der Alten, πρεσβύτεροι, bringt der Vf. des Hebr noch einmal eine theologisch gewichtige Aussage, 11,3a: Wir – er verweist also auf die Adressaten und zugleich auf sich – erkennen im Glauben, daß durch das Wort Gottes, ῥήματι θεοῦ, die Welt erschaffen wurde. Damit ist auf den Anfang des Briefes verwiesen (Hebr 1,2). Doch dann wird die Aussagerichtung von 11,1 – vom jetzt Sichtbaren zum Unsichtbaren in eschatologischer Zukunft – umgekehrt, 11,3b: „so daß aus dem, was nicht in (sichtbare) Erscheinung trat, jetzt sichtbar ist" – also vom vormals Unsichtbaren zum jetzt Sichtbaren.

Eine gedankliche Unausgeglichenheit, die dem aufmerksamen Leser eigentlich sofort auffallen müßte, zeigt sich bereits beim ersten Beispiel, bei Abel, V.4: Im Glauben brachte er Gott ein besseres Opfer als Kain dar, θυσίαν προσήνεγκε τῷ θεῷ! Also

---

47: „Es ist unbestreitbar, daß in dem Glaubensparadigma V.2ff. das in V.1 Gemeinte exemplifiziert werden soll ... Den Exempla aber – alle aus der Geschichte Israels genommen! – ist gemeinsam ihr in ausweisloser Situation oder augenscheinlicher Sinnlosigkeit und Anfechtung bewährter Glaube als einer unverrückbaren στάσις, die ihre Kraft zum Durchhalten aus dem Gerichtetsein auf das Zukünftige und Unsichtbare empfing." Also (ib. 48): „Ὑπό-στασις als der entscheidende Begriff in der alle diese Beispiele zusammenfassenden These ist damit in seinem Bedeutungsinhalt präjudiziert als der *feste Stand* hinsichtlich der Hoffnungsgüter." Damit tendiert er mehr in Richtung *fundamentum* als *fiducia*; beide Auffassungen überschneiden sich aber partiell – in etwa: *fundamentum quia fiducia*. In diesem Sinne scheint auch *Joachim Gnilka*, Theologie des NT, 390, zu votieren, wenn er Hebr 11,1 übersetzt: „Glaube ist Feststehen in dem, was man erhofft, und Überzeugtsein von dem, was man nicht sieht."

[143] *Gräßer*, Der Glaube im Hebr, 51.

trotz aller Abwertung der alttestamentlichen Opfer doch ein *vor* Christi hohenpriesterlichem Tun gottgefälliges, also wirkungsvolles προσενεγκεῖν? Soll man die Unausgeglichenheit dadurch beseitigen, daß man in den soteriologischen Ausführungen zum Hohenpriestertum Jesu das *levitische* Sühnopferinstitut als von Gott abgeschafft sieht, im Opfer Abels aber, der ja nach Hebr 11,4 gerecht ist, δίκαιος, kein *Sühn*-Opfer erblickt? Doch lassen wir diese Frage auf sich beruhen, weil es sich um ein bloßes Randproblem handelt!

Was theologisch in erheblichem Ausmaße relevant ist, ist die Sicht der *Geschichte Israels* in Kap. 11. Nicht als ob in ihr alles nur gottgefällig zugegangen wäre! Aber wichtigste Repräsentanten dieser Geschichte Israels sind es doch, die die vorchristliche Epoche als eine weithin durch Glauben gekennzeichnete Zeit qualifizieren! Was diesen Glaubensgestalten jedoch fehlt, ist die noch nicht erlangte Verheißung, V.13. Es sind Menschen der *Verheißungen*, der *ἐπαγγελίαι*; sie waren noch Fremde und Gäste auf Erden, ξένοι καὶ παρεπίδημοί εἰσιν ἐπὶ τῆς γῆς. Als solche ist ihre *Glaubensexistenz* eine *eschatologisch ausgerichtete Existenz*. Ihre Existenz ist ein Aus-Sein-auf ..., nämlich auf die himmlische Heimat (V.14: πατρίδα ἐπιζητοῦσιν, V.16: νῦν δὲ κρείττονος ὀρέγονται, τοῦτ' ἔστιν ἐπουρανίου). Zusammenfassend heißt es dann u.a. in *Hebr 11,33*: „Sie haben Gerechtigkeit geübt, sie haben die Verheißungen erlangt" (!), εἰργάσαντο δικαιοσύνην, ἐπέτυχον ἐπαγγελιῶν. Sie haben trotz Niederlagen dann doch wieder obsiegt. Aber – trotz V.33! – lesen wir in V.39: „Und diese alle, obwohl sie in ihrem Glaubenszeugnis durch Gott bestätigt wurden, haben die Verheißung, τὴν ἐπαγγελίαν (Singular!), nicht erlangt." Warum? Die Antwort steht in V.40: „Weil Gott im Blick auf sie etwas Besseres vorhergesehen hatte, damit sie nicht ohne uns zur Vollendung gelangen," τελειωθῶσιν.

Die *theologische Bewertung* dieser in mancher Hinsicht theologisch doch recht rätselhaften Reihe von Glaubenszeugen erfolgt in *Hebr 12,1–3*. Hier ist nun wieder von Jesus die Rede, dem Urheber und Vollender des Glaubens, ἀρχηγὸν καὶ τελειωτὴν Ἰησοῦν (V.2). Dessen bekanntes soteriologisches Verdienst wird genannt. Sein Leidensbeispiel soll den Adressaten Mut in gefährlicher und bitterer Situation geben. Den *Blick also nach vorn*, zum endgültigen, *zum eschatologischen Heil!* Wie die Glaubenszeugen des Alten Bundes nach vorn geschaut haben, wie sie in ihrer ganzen Existenzausrichtung eschatologische Menschen waren, so sollen es nun die Adressaten sein. Soteriologie, eschatologische Soteriologie bedeutet inneren Halt, bedeutet Zuversicht. Haben doch die, die an Jesus glauben, der jetzt zur Rechten Gottes thront, weit mehr Grund zu himmlischer Hoffnung als einst die Menschen des Alten Bundes! Es ist der grandiose eschatologische Ausblick, *der glaubende Blick in den Himmel*, der Kraft gibt! Als die im Glauben innerlich gefestigten Menschen sollen sie ihren Gottesdienst feiern, Gott das Opfer des Lobs darbringen, ἀναφέρωμεν θυσίαν αἰνέσεως διὰ παντὸς τῷ θεῷ (Hebr 13,15). Denn, so V.8: Ἰησοῦς Χριστὸς ἐχθὲς καὶ σήμερον ὁ αὐτὸς καὶ εἰς τοὺς αἰῶνας!

2.5.3.4. Rückblick

Schauen wir nun auf die Ausführungen zur Theologie des Hebr zurück, so zeigt sich eine theologisch tiefgründige und weitausgreifende Reflexion der Soteriologie unter dem zentralen Gesichtspunkt des Hohenpriestertums Jesu als der Außerkraftsetzung des levitischen Sühnekults. Soteriologie ist dabei als *theologia crucis* verstanden, und zwar als eine Theologie, deren eigentümliche Aussagekraft in der schroffen Absetzung vom Alten Testament besteht, *insofern* – freilich: *nur* insofern! – dieses als das mosaische Gesetz verstanden ist, genauer: als das Sühnekultgesetz innerhalb des mosaischen Gesetzes. Der Gehalt dieser *theologia crucis* ist die Erlösung des sündigen Menschen, der dadurch ein neues Sein hat – präziser formuliert: der dadurch nun dieses neue Sein *ist*.

Die Schrifttheologie des Hebr enthält aber *daneben* noch eine andere wesentliche Komponente. Der Brief bringt nämlich auch eine dezidierte *Theologie des Wortes Gottes*. Sie manifestiert sich bereits in aller Deutlichkeit im eröffnenden Teil Hebr 1,1–13. Das ist ja für den Autor das Neue der mit Christus angebrochenen eschatologischen Neuzeit, Hebr 1,2: ἐπ᾽ ἐσχάτου τῶν ἡμερῶν τούτων, daß Gott durch diesen Sohn zu uns gesprochen hat. Damit stellt sich aber die für das theologische Gesamtgesicht des Briefes entscheidende Frage: Welches Verhältnis besteht im Hebr zwischen *theologia crucis* und *theologia verbi divini?*

Man könnte nun zwischen beiden theologischen Grundzügen des Briefes harmonisieren, indem man, in der eigenen theologischen Reflexion *konstruierend*, sagte: Der Brief ist ein paränetisches Schreiben, er zielt auf den Glauben, dieser verstanden als sich in Verfolgungssituationen bewährender Glaube, also als Vertrauen auf Gott in den Nöten der eschatologischen Zeit. Der so die Hoffnung auf das himmlische Dasein und das Vertrauen auf Gott implizierende Glaube impliziert aber zugleich den Glauben „an" die Erlösung von der Sünde durch Christi hohepriesterliche Tat der blutigen Lebenshingabe am Kreuz. So wäre dann das Band zwischen den beiden eben genannten Theologien geknüpft. Eine solche Harmonisierung liegt durchaus in der Theologie des Hebr. Der innere Zusammenhang zwischen beiden Theologien läßt sich organisch aus dem Brief entnehmen. Trotzdem, es ist eben *unser* kombinatorisches und in dieser Kombination interpretierendes Vorgehen, das diese theologische Synthese schafft! Die theologische Form des Hebr entspricht ihr aber nur indirekt.

Vielleicht mag aber folgende Überlegung doch einen Weg zu einer engeren Verknüpfung zwischen beiden Grundtheologien des Briefes weisen. Bei der Betrachtung der Worttheologie ergab sich, daß das Gespräch zwischen göttlichem Vater und Sohn seine Fortsetzung im Reden des Sohnes und auch des Geistes zu uns hat. Der Sohn aber sagt dem Vater, daß dieser keinen Gefallen an den kultischen Sühneopfern habe und er statt dessen den Willen des Vaters tun wolle. Diese Worte des göttlichen Sohnes an seinen Vater, ψ 39,7–9 in Hebr 10,5–7, sagen inhaltlich genau das aus, was die *theologia crucis* meint. Da nun die Selbsthingabe im blutigen Kreuzestod das ist, was der Vater will, handelt es sich beim *innertrinitarischen Gespräch* um die Grundfrage der Soteriologie. Der

Sohn erklärt dem Vater gegenüber, daß er, der Sohn, seinen Willen mit dessen Willen einsmachen wolle. Und wie Vater und Sohn *eines* Willens sind, so sagt kurz danach in Hebr 10,15–17 der Heilige Geist die verheißenden Worte von Jer 38,33f.LXX zu uns. Nach diesem prophetischen Ausspruch kommt es zur Willenseinung zwischen Gott und der Gemeinde. Also *völlige Einheit des Willens in Gott und mit Gott!* Dieser theologische Argumentationsduktus von Hebr 10 dürfte, zumal er zum Abschluß des soteriologischen Teil des Briefes gehört, zumindest ein energischer Hinweis darauf sein, daß die Worttheologie und die Kreuzestheologie des Briefes aufs engste zusammengehören.

Zu denjenigen Exegeten, die sich besonders um die Frage des Vetus Testamentum in Novo, und zwar mit großem Erfolg, bemüht haben, gehört der verstorbene englische Neutestamentler *Anthony T. Hanson*, dessen Gedächtnis der 2. Band dieser Biblischen Theologie des Neuen Testaments gewidmet ist. Er hat bei seiner Darstellung der Theologie des Hebr die beiden fraglichen Komponenten in ihrem gegenseitigen Bezug aufeinander in den Blick genommen, wenn auch ohne Fixierung der eben genannten Problematik. Der entsprechende Abschnitt aus „The Living Utterances of God" sei daher im folgenden zitiert:

„This is therefore a superb example of our author's use of scripture. He employs it in order to drive home the very central point of his argument, the nature of Christ's offering. And it must be admitted that, once grant the legitimacy of his appeal to LXX text, scripture serves him very well, since it not only provides him with an explicit reference to the incarnation, but also certifies that the incarnation and offering of Christ is in accordance with scripture itself. Psalm 40 must have seemed to the author of Hebrews very much what John 17 is to Christians who live after the emergence of the canon of the New Testament, a brief and classic discription of the purpose of the incarnation. We have observed that in Psalm 40 our author thinks that Christ is addressing the Father. This discovery of dialogue between what we would call the first two members of the Trinity is a characteristic of Pauline interpretation of scripture (cf. Rom. 15:3), and a marked feature of Hebrews. (Compare 1:5,8f.,10f.; 2:12–13; 5:5–6.) If we follow the argument of 1:8–9 literally we must conclude that according to our author God the Father addresses Christ as ‚God'. Citing Psalm 45:6–7 (MT 45:7–8 LXX 44:7–8), he writes: ‚Thy throne, O God, is for ever and ever', etc."[144]

Zum Vergleich *Paulus* und *Hebräerbrief*: Auf diese Frage wurde bereits kurz zu Beginn der Ausführungen zum Hebr hingewiesen. Rückblickend läßt sich sagen, daß mehrfach enge Affinitäten zwischen dem theologischen Denken beider Autoren deutlich wurden. Beide vertreten eine Präexistenzchristologie. Beide sehen die Christologie in ihrer Zielsetzung auf die Soteriologie. Beide vertreten dezidiert eine *theologia crucis*. Beide sehen den erhöhten Christus in existentieller Relevanz für die Gemeinde. Beide sehen Christologie und Soteriologie mit dem Christus *pro nobis* auch im engen Zusammenhang mit der Paränese. Beide sehen Christi soteriologische Tat für uns im Gegensatz zum Gesetz. Hier freilich offenbart sich auch ein nicht geringer Unterschied. Während Paulus die Kritik

---

[144] *Hanson*, The Living Utterances of God, 109.

am mosaischen Gesetz wegen dessen Unfähigkeit zur Rechtfertigung übt – nur das *sola fide* kann auf menschlicher Seite dem *solus Deus, solus Christus* und *sola gratia* entsprechen –, übt der Vf. des Hebr Kritik speziell am levitischen Gesetz des Sühnekult-Instituts. Hier fügt er das Theologumenon, besser: Christologumenon vom Hohepriestertum Jesu ein. Aber die Gesetzeskritik beider Autoren konvergiert doch dann letztlich wieder in derselben Argumentationsrichtung. Denn auch die Kultgesetzkritik des Hebr meint im Prinzip nichts anderes als das *solus Christus* und das *sola gratia*. Wie der Vf. des Hebr mit dem Kultgesetz umgeht, ist im Grunde nur eine Spezialform der paulinischen Gesetzeskritik.

Und auch insofern stehen sich die Theologien beider Männer in einem essentiellen Punkt nahe, als sie beide im Zusammenhang ihrer Gesetzeskritik die Gültigkeit der *Schrift* betonen. Zuzugeben ist freilich, daß es Paulus immer wieder energisch um die Schrift in ihrem *Geschrieben*-Sein geht, während der Vf. des Hebr auf das *gesprochene* Wort abhebt, auch wenn er es natürlich nur als geschriebenes Wort haben kann. Trotzdem bleibt eine gemeinsame eigenartige Intention bei beiden. *Schrift: Ja! – Gesetz: Nein!* Daß das Nein beider neutestamentlicher Autoren zu einem partiellen Ja hin changiert, ist gleichfalls zu bedenken. Es ist zuzugeben, daß die Rechtfertigungstheologie des Paulus so nicht im Hebr begegnet. Aber dieser Sachverhalt muß auch in seiner Relation, also in seiner Relativierung durch die eben genannten Punkte gesehen werden. Außerdem begegnet auch im Hebr der forensische Gedanke.

Alles in allem: Die theologische Konzeption des Hebräerbriefes ist ein grandioser Entwurf im Gesamtspektrum der neutestamentlichen Theologie! Unter der richtigen *hermeneutischen* Perspektive – diese allerdings ist notwendig! – vermag dieser Brief uns auch heute noch zum echten theologischen Nachdenken und Weiterdenken zu bewegen.

2.6 Die synoptischen Evangelien

Eine Biblische Theologie des Neuen Testaments als eine Theologie zu entwerfen, in der gerade die Darstellung des Rekurses der neutestamentlichen Autoren auf das Alte Testament ein *wesenhaft* vollständiges Bild ihrer jeweiligen theologischen Konzeption ergibt, hat sich bei Paulus, bei der übrigen neutestamentlichen Briefliteratur (außer 1–3Joh), vor allem am Hebr, gut, zum Teil sogar in ausgezeichneter Weise realisieren lassen. Sei es der Völkerapostel, seien es die Verfasser z.B. von 1Petr oder Hebr – sie haben in der Tat mit ihren Schriften so etwas wie eigenständige Theologien des Alten Testaments unter christologischem Vorzeichen geschaffen. Denn aus ihrer jeweiligen theologischen Konzeption läßt sich offensichtlich die Schrift Israels, die γραφή, nicht wegdenken. Man wird für sie deshalb ohne Bedenken sagen können, daß ihre Theologien *per definitionem* Biblische Theologien sind.

Wie aber steht es mit den synoptischen Evangelien? Daß sie nicht wie beispielsweise der Röm oder der Hebr theologische Argumentation in Form von Begriffen, Konklusionen und dergl. bieten, bedarf keiner Begründung. Trotzdem muß unbedingt daran festgehalten werden, daß auch diese Evangelien Schriften sind, die von einem energischen *theologischen Gestaltungswillen* aus entworfen sind. Hat Paulus theologische Tradition in seine theologische Argumentation übernommen und sie in seinen jeweiligen theologischen Briefentwurf integriert, so haben das die Synoptiker in analoger Weise getan, indem sie die von ihnen übernommenen Traditionen, zumeist Erzählungen und Jesusworte, durch mehr oder weniger auffällige Umgestaltung für ihren theologisch-redaktionellen Gesamtentwurf passend gemacht haben. In diesem Sinne kann man für sie den in anderem Zusammenhang geprägten Begriff *narrative Theologie* in Anspruch nehmen. Es ist Sache der Definition von Theologie, ob man diese Evangelien als genuin theologische Schriften oder als von theologischen Voraussetzungen aus konzipierte Erzählungen charakterisieren will. So oder so – die Evangelien haben ihre je eigene Theologie und sind deshalb in einer Darstellung der Theologie des Neuen Testaments gesondert zu behandeln. Diese Sicht hat sich auch in neueren Theologien des Neuen Testaments durchgesetzt (so *Hans Conzelmann* gegen Rudolf Bultmann, zuletzt *Alfons Weiser* und *Joachim Gnilka*).

Die für uns relevante Frage ist nun, ob im Verlauf der einzelnen Evangelienerzählungen aufgrund ihrer Schriftzitate – denn der biblisch-theologische Gestaltungswille zeigt sich ja mehr in Zitaten als in Anspielungen, auch wenn letztere für die bewußte oder zuweilen auch nur unbewußte theologische Grundüberzeugung der Evangelisten von hoher Bedeutung sind – ein theologischer Fortschritt in der Anlage der Schrift erkennbar ist. Daß gerade für die fortschreitende theologische Argumentation in recht vielen neutestamentlichen Briefen Schriftzitate markante und markierende Funktion innehaben, hat sich bereits zur Genüge gezeigt. Deshalb war es auch oft unverzichtbar, den einzelnen argumentativen Schritten dieser Autoren peinlich genau zu folgen. Auf die Detaildarstellung der Gedankenfortschritte im Verlauf ihrer Darlegungen konnte nicht verzichtet werden, selbst wenn dadurch eine gewisse Breite und zuweilen sogar Redundanz der Ausführungen in Kauf genommen werden mußte. Wie bei der Darstellung der Theologien der Synoptiker vorzugehen ist, diktiert jeweils deren Konzeption. War eben von Gedankenfortschritten die Rede, so wird sich im folgenden zeigen, daß sie in recht unterschiedlicher Weise in den drei synoptischen Evangelien deutlich werden. Vorwegnehmend sei aber dazu schon folgendes gesagt:

1. Jede der drei synoptischen Theologien ist wesenhaft durch ihren Bezug auf das Alte Testament und dabei durch ihr jeweils spezifisches Einbringen der Schriftzitate geprägt. Auch für die synoptischen Evangelien trifft zu, daß ihre Theologien nahezu in ihrem ganzen Gehalt durch die reflektierte Rezeption alttestamentlicher Aussagen, Vorstellungen und Begriffe mitbestimmt sind. Die drei Theologien der Synoptiker würden in sich wie ein Kartenhaus zusammenfallen, wollte man sie aus dem gesamtbiblischen Koordinatensystem herausnehmen. Auch für diese neutestamentlichen Schriften gilt also, daß ihre jeweilige Theologie *essentiell* Biblische Theologie ist.

2. Die drei synoptischen Evangelien differieren im Blick auf die Frage, ob der Prozeß der Erzählung mit einer fortschreitenden Rezeption alttestamentlicher Elemente koinzidiert. Das Bild ist jeweils anders. Das Ausmaß der Darstellung der narrativen Konzeption ist also in unterschiedlicher Weise erforderlich.

3. Differenzen im quantitativen Aufgreifen des Alten Testaments besagen nichts über das theologische Gewicht des Bezugs auf die Schrift Israels.

Vorausgesetzt wird die sog. *Zweiquellentheorie*. Man mag über Einzelprobleme dieser Hypothese kontrovers urteilen. Für die hier gebotene theologische Interpretation der synoptischen Evangelien spielen solche Einzelprobleme im Höchstfall eine marginale Rolle. Sie bleiben daher in der Regel unerörtert. Die Frage etwa nach den *minor agreements* darf für die Einleitungswissenschaft nicht ausgespart werden.[1] Da es aber in unserem Problemhorizont vor allem um redaktionsgeschichtliche Fragen geht, also die theologischen Intentionen der Synoptiker zur Diskussion stehen, muß in dieser Hinsicht hier am meisten investiert werden.

Die Frage nach der *Theologie der Logienquelle* wurde im Verlauf der letzten Jahre recht oft und auch sehr intensiv behandelt.[2] Auch neuere Theologien des Neuen Testaments bringen dazu eigene Ausführungen.[3] Die Diskussion darüber ist aufschlußreich. Aber angesichts der Tatsache, daß Q nur hypothetisch rekonstruiert werden kann, daß

---

[1] S. dazu das Göttinger Symposium 1991 in: Minor Agreements, hg. v. *G. Strecker.*

[2] Ich nenne hier nur *Edwards*, A Theology of Q; *P. Hoffmann*, Studien zur Theologie der Logienquelle; *Horn*, EvTh 51, 344ff.; *Lührmann*, Die Redaktion der Logienquelle; *Polag*, Die Christologie der Logienquelle; *Schulz*, Q – Die Spruchquelle der Evangelisten.

[3] Z.B. *Gnilka*, Theologie des NT, 133–143; *Weiser*, Theologie des NT II, 21–43.

fernerhin diese Quelle wahrscheinlich in mehreren Rezensionen vorlag – Q_{Mt} und Q_{Lk} waren sicherlich nicht identisch –, daß also eine Theologie von Q wissenschaftstheoretisch als Hypothese zu einer Hypothese betrachtet werden muß, soll auch im Blick auf unsere spezifische Fragestellung ein eigener Abschnitt über sie entfallen. Die alttestamentlichen Zitate sind jedenfalls, wie ja bereits gesagt, vor allem Ausdruck der jeweiligen redaktionellen Konzeption der Synoptiker[4].[5]

---

[4] Eine besonders bezeichnende Ausnahme sind die Zitate in der Versuchungsgeschichte Mt 4,1–11/Lk 4,1–12.

[5] Zur Ergänzung der Ausführungen zur Theologie der Synoptiker s. den Forschungsüberblick von A. *Lindemann*, ThR; zu den Synoptikern allgemein: ThR 59, 41ff; zu Mk: ib, 113ff.; zu Mt: ib., 147ff.; zu Lk: ib., 252ff. Zur Frage des weisheitlichen Einflusses ist die ausführliche Monographie von *von Lips*, Weisheitliche Traditionen im NT, unverzichtbar. Einen beachtenwerten Beitrag zum Strukturvergleich der synoptischen Evangelien mit atl. Traditionen (z.B. Exodus-Tradition, Sinai-Tradition) s. *Swartley*, Israel's Traditions and the Synoptic Gospels. Eine Diskussion mit diesem Buch ist nur sinnvoll, wenn sie ausführlich vorgenommen wird. Das ist hier nicht mehr möglich, weil meine Konzeption der Darstellung der synoptischen Theologie schon abgeschlossen war, ehe *Swartleys* Monographie erschien. Es handelt sich bei ihm um einen *strukturell* anderen Ansatz, der sich freilich an manchen Stellen *inhaltlich* mit unserem berührt. Der unterschiedliche methodologische Ansatz macht nur gelegentliche Hinweise in Anmerkungen sinnlos.

2.6.1 Das Markus-Evangelium

2.6.1.1 Vetus Testamentum in Evangelio secundum Marcum

Bei allem Fortschritt in der Mk-Forschung während des 20. Jh. wird man *William Wrede* mit seiner 1901 publizierten Schrift „Das Messiasgeheimnis in den Evangelien" zubilligen müssen, daß er es war, der die Diskussion über die älteste Evangelienschrift so maßgeblich bestimmt hat, daß nach ihm alle wissenschaftlichen Bemühungen um sie in seinem Schatten standen und stehen. Auch diejenigen, die seine Sicht entschieden ablehnten oder ablehnen, dachten oder denken ganz und gar im Koordinatensystem seines Entwurfs. Wrede hat herausgearbeitet, daß Markus[6] keine Biographie Jesu geschrieben hat.[7] Es trifft zu! Wrede hat herausgearbeitet, daß das Mk in die Dogmengeschichte gehört. Es trifft zu![8] Wrede hat herausgearbeitet, daß das Mk unter der leitenden Idee des Messiasgeheimnisses steht. Es trifft zu![9] Wrede hat herausgearbeitet, daß zur theologischen Konzeption des Mk die Schweigegebote und das Jüngerunverständnis gehören. Es trifft zu! Wrede hat eine – von ihm selbst ausdrücklich als hypothetisch bezeichnete[10] – Erklärung für das markinische Messiasgeheimnis gegeben: Der Ursprung dieser Idee liegt in der Nachwirkung der Anschauung, daß die Auferstehung der Anfang der Messianität Jesu ist. Doch hatte man zu dieser Zeit bereits das irdische Leben Jesu mit messianischem Gehalt erfüllt.[11] Diese *Erklärung* trifft jedoch nicht zu.

Wir werden also die von Wrede richtig erkannten Elemente und Motive des ältesten Evangeliums in ihrem inneren, sprich: *theologischen* Zusammenhang anders zu sehen haben, werden also die Gesamtkonzeption des zweifelsohne vorliegenden (sog.) Messiasgeheimnisses anders bestimmen müssen. Der in dieser Hinsicht entscheidende Schlüsselbegriff heißt zunächst *theologia crucis*. Mit ihm steht wieder die theologische Grundkonzeption des *Redaktors* Markus vor unseren Augen. Sind die Evangelien, wie *Martin Kähler* sie charakterisierte, „Passi-

---

[6] Im folgenden ist mit ‚Markus' jeweils der Evangelist, mit ‚Mk' jeweils das Markusevangelium gemeint. Analog gilt dies auch für die übrigen Evangelisten.

[7] Wenn auch keine Biographie, so doch eine Erzählung! Richtig *Strecker*, Zur Messiageheimnistheorie im Mk, 49: „In der Zeitabfolge des Lebens Jesu manifestiert sich das eschatologische Heil. Der Evangelist unterscheidet nicht; vielmehr ist das Heils*geschehen* als Heils*geschichte* dargestellt." S. auch *Roloff*, EvTh 29, 143ff., und die exzellente Studie von *Ernest Best*, Mark. The Gospel as Story.

[8] Wer den Begriff „Dogmengeschichte" für eine spätere Zeit der Theologiegeschichte aufbewahren möchte, mag gern einen anderen Begriff verwenden. Der Sache nach hat Wrede recht!

[9] Natürlich kann man darüber streiten, ob „Messiasgeheimnis" der optimal formulierte Begriff ist. Noch einmal: Der *Sache* nach hat Wrede recht!

[10] *Wrede*, Messiasgeheimnis 229: „Man betrachte diese Erörterungen als einen Versuch. Ich behaupte nicht, daß ich einen Beweis geführt habe, der jede Dunkelheit beseitigte."

[11] Ib., 228.

onsgeschichten mit ausführlicher Einleitung"[12], so trifft dies in besonderer Weise für das Mk zu. Es ist gleich noch zu zeigen, daß für diesen zentralen theologischen Zug unserer Evangelienschrift die Fragestellung der Biblischen Theologie besonders fruchtbar ist. Entscheidend ist aber dann, daß das „Evangelium nach Markus", wie *Willi Marxsen* überzeugend dargelegt hat, als *Evangelium* Anrede ist; das Mk ist als Verkündigung zu lesen, es ist eben nicht „Bericht von Jesus".[13] Er spitzt zu und trifft damit genau den theologischen Charakter der Schrift: „Dadurch aber, daß diese *Verkündigung geschieht, vergegenwärtigt sich der Auferstandene selbst.*"[14]

Um das Ganze der markinischen Theologie „in den Griff zu bekommen", ist ein Überblick über die alttestamentlichen *Zitate* hilfreich. Es sind, gemessen an manchen anderen neutestamentlichen Schriften, nur wenige. Doch gerade sie sind es, die das Mk *strukturieren.* Es beginnt mit dem Mischzitat *Ex 23,20/Mal 3,1/Jes 40,3* in *Mk 1,2f.* Ein καθὼς γέγραπται steht sozusagen als *theologische Überschrift über dem ganzen Evangelium.* Es ist das Evangelium vom Weg, vom Kreuzweg des Christus (im Zitat zweimal ὁδός). Der Täufer, der dem Herrn diesen Weg bereiten soll, geht aber dann selbst diesen Weg in den gewaltsamen Tod (Mk 1,14). Die Gottesstimme vom Himmel her bei Jesu Taufe bringt in *Mk 1,11* die Anrede des Vaters an den Sohn mit Worten aus ψ 2,7 (kombiniert mit Jes 42,1), mit jenem Psalmvers also, der sich uns bereits als konstitutiv für die theologische Konzeption des Hebr zeigte: „Du bist mein Sohn." Wie Arkaden schwingt sich diese Aussage über das ganze Evangelium. Was der Vater in Mk 1,11 *zu* Jesus gesagt hat, sagt er in *Mk 9,7 über* ihn anläßlich seiner Verklärung zu Petrus, Jakobus und Johannes. Und gerade hierzu ergeht an diese drei Jünger das bis zum Ostertag in Geltung bleibende Schweigegebot, *Mk 9,9.*[15] Was Gott selbst in 1,11 und 9,7 gesagt hat, sagt schließlich in *Mk 15,39* ein Mensch, der römische Centurio, sozusagen als menschliches Echo auf das göttliche Wort: „Wahrlich, dieser war Gottes Sohn."[16] Diese Trias am Anfang, in der Mitte und am Ende der Evangelienschrift zeigt, wie das *Sohn-Gottes-Thema* die *Erzählung umklammert.*

Die Hypothese *Philipp Vielhauers,* daß den drei Gottessohnaussagen – Mk 1,11: Adoption; 9,7: Proklamation; 15,39: Akklamation – das altägyptische Zeremoniell der Thronbesteigung zugrunde liege[17], können wir hier auf sich beruhen lassen. Sollte sie zutreffen, könnte sie der markinischen Komposition etwas Farbe verleihen und sie so noch konkreter und anschaulicher machen. Aber da es letztlich doch nur eine *rezipierte,*

---

[12] *Kähler*, Der sog. historische Jesus und der geschichtliche biblische Christus, 60.

[13] *Marxsen*, Der Evangelist Markus, 87; Anführungsstriche durch *Marxsen*; s. aber Anm. 7.

[14] Ib., 87; Hervorhebung durch mich.

[15] Von diesem Sachverhalt aus wäre es zutreffender, vom Gottessohngeheimnis statt vom Messiasgeheimnis zu sprechen. Da sich aber der von Wrede geprägte Begriff in der wissenschaftlichen Diskussion eingebürgert hat, ist es sinnvoll, bei ihm zu bleiben.

[16] Das unpassende ἦν in diesem Bekenntnis eines Heiden – Mk war an Heidenchristen geschrieben – darf nicht überbetont werden; ein ἐστίν hätte in seinem Munde unglaubwürdig geklungen.

[17] *Vielhauer*, Erwägungen zur Christologie des Mk, 212.

also in einen neuen theologischen Horizont transferierte und so vom Evangelisten theologisch erheblich modifizierte religionsgeschichtliche Vorstellung wäre, ist es letztlich unerheblich, ob Vielhauers Hypothese zutrifft.

Von erheblichem theologischen Gewicht ist das Zitat *Jes 6,9f.* in *Mk 4,12* (sog. Parabeltheorie), da es in direktem Zusammenhang mit der Konzeption des Messiasgeheimnisses, genauer: mit dessen Motiv vom Jüngerunverständnis steht. Der Evangelist zitiert also das Alte Testament nicht nur um seiner Christologie willen, sondern auch im Blick auf Menschen, hier im Blick auf Jesu Jünger. Deren Verhalten dürfte aber in irgendeiner Weise, wenn auch das Wie genauer nicht angegeben werden kann, mit der kirchlichen Situation der Gemeinde(n) zusammenhängen, an die sich Markus wendet. *Gott und Mensch sind also nach Mk in der Schrift zusammengesehen.*

Auf *menschliches Verhalten* zielt auch das Zitat *Jes 29,13LXX* in *Mk 7,6f.* im Qorban-Streitgespräch. Der Unterschied zum zuvor genannten Jes-Zitat in Mk 4 ist allerdings frappant. Denn in Jes 6 geht es um ein *von Gott selbst initiiertes* Verhalten von Menschen, in Jes 29 aber um ein *von Gott getadeltes* Verhalten. Beide Male ist das Ergebnis äußerst negativ; zuerst ist religiöse Blindheit das Resultat, danach ist es Heuchelei gegenüber Gott. In der Qorban-Perikope wird aber dann als verpflichtend das Vierte Gebot des Dekalogs zitiert *(Ex 20,12/Dtn 5,16)*, bestärkt durch die Todesdrohung *Ex 21,17*.

Jesu Tadel an seine Jünger in *Mk 8,17f.* muß im Zusammenhang mit Jes 6,9ff. in Mk 4,12 gesehen werden. Er fragt sie, ob sie ein verhärtetes Herz hätten (Mk 3,5!), und zitiert daraufhin *Jer 5,21*, einen Text, der sich inhaltlich mit Jes 6,9ff. deckt. Er hält also das, was er Mk 4,11f. im Blick auf „die da draußen," ἐκείνοις δὲ τοῖς ἔξω sagt, nun seinen Jüngern entgegen! Wenn also eine gewisse Entwicklung innerhalb der markinischen Gesamterzählung zu registrieren ist, dann trifft das anscheinend auf die Jünger zu.

Auf *Mk 9,7* mit der Anspielung auf ψ 2,7 wurde schon hingewiesen. Eine Anspielung auf *Mal 4,5f.LXX (Mal 3,23f.MT)* findet sich in Jesu Antwort über Johannes den Täufer, der als der inzwischen schon wiedergekommene Elia gesehen wird, *Mk 9,12*. Jesus „entmythologisiert" sozusagen den Mythos vom wiederkommenden Propheten Elia. Dieser Mythos wird, indem Elias Wiederkunft mit dem inzwischen erfolgten geschichtlichen Auftritt der Gestalt des Täufers gleichgesetzt wird, *vergeschichtlicht* und in eben dieser Vergeschichtlichung mit dem geschichtlichen Geschick Jesu in eine gewisse theologische Einheit gebracht. Auf sich selbst bezieht Jesus im selben Vers *Jes 53* (Anspielung). In den Epilegomena wird noch zu klären sein, inwiefern sich darin das Selbstverständnis Jesu widerspiegelt.[18] Auf die enge Parallele zwischen dem Weg Jesu, nämlich seinem Weg zum Kreuz, und dem Weg des Johannes, wurde schon im Zu-

---

[18] Sollte *Mk 9,11–13* ein im Kern authentisches Gespräch vermitteln (ich selbst nehme es an; doch hängt an dieser Authentizität nicht, was hier theologisch zu sagen ist), so dürfte V.12cd kaum zum authentischen Anteil der Perikope zu rechnen sein. Die Reihenfolge des Gesprächs in *Mt 17,10–12ab* (bis ἠθέλησαν) ist einleuchtender.

sammenhang mit dem im Erfüllungszitat Mk 1,2f. begegnenden ὁδός-Motiv hingewiesen.

Im Streitgespräch um die Ehescheidung *Mk 10,1–12* zitiert Jesus *Gen 1,27* und *Gen 2,24*, anschließend in der Perikope vom reichen Jüngling *Mk 10,17–22* wiederum den Dekalog (die meisten Gebote der Zweiten Tafel), *Ex 20,12–16/Dtn 5,16–20*. Der Dekalog ist verpflichtend, aber seine Befolgung genügt nicht zur Vollkommenheit.

Häufiger finden sich alttestamentliche Zitate ab Mk 11, also in jenem Abschnitt des Mk, in dem vom Aufenthalt Jesu in *Jerusalem* die Rede ist. Das Volk begrüßt ihn bei seinem Einzug in die Stadt mit ψ *117,25f. (Mk 11,9f.)*. Bei der sog. Tempelreinigung ist es hingegen wieder Jesus, der sich auf die Schrift beruft, auf *Jes 56,7 (Mk 11,17)*. Im Weinberggleichnis *Mk 12,1–12* beginnt er mit Worten aus *Jes 5,1f.* und zitiert am Ende des Gleichnisses erneut ψ 117, diesmal ψ *117,22f.* Er zitiert hier den Psalter in christologischer Auslegung.

In *Mk 12,18–27* sind es die Sadduzäer, die mit der Schrift argumentieren (Μωϋσῆς ἔγραψεν ἡμῖν, V.19), indem sie *Dtn 25,5f.* zitieren. Diese bekommen aber dann zu hören, daß sie weder die Schrift kennen noch die Macht Gottes (μὴ εἰδότες τὰς γραφὰς μηδὲ τὴν δύναμιν τοῦ θεοῦ, V.24). Und dann beruft sich Jesus seinerseits auf genau diese Schrift, ebenfalls auf den Pentateuch, auf ein Ich-Wort Gottes, *Ex 3,6.* Und auch das „Höre, Israel!" darf nicht fehlen! Jesus hält es samt dem Gebot der Gottesliebe Dtn 6,4f. dem Fragenden in *Mk 12,28–34* entgegen. Und er fügt sofort das Gebot der Nächstenliebe *Dtn 4,35* hinzu, so daß das größte Gebot zum *Doppelgebot der Liebe* wird.

Bereits zu Beginn des Mk findet sich, wie erwähnt, der im Neuen Testament so oft christologisch gedeutete ψ 2. *Gott* selbst hat ψ 2,7 vom Himmel her zu Jesus als zu seinem Sohn gesprochen. In *Mk 12,36* begegnet auch ψ 109. Der in Mk 1,11 angesprochene *Sohn Gottes* zitiert ψ 109,1, um seine göttliche Würde von der Schrift her zu legitimieren. Die Ausführungen zum Hebr zeigten bereits, wie beide Psalmen in christologischer Zusammengehörigkeit die theologische Argumentation des Vf. dieses Briefes dominieren. Im Mk stehen beide Psalmen sozusagen als *conclusio:* ψ 2,7 wird unmittelbar vor Jesu öffentlichem Auftreten zu diesem gesprochen, während ψ 109,7 von Jesus als letztes Schriftzitat im Verlaufe seines öffentlichen Auftretens gebracht wird. Beide Psalmzitate rahmen also Jesu Wirken: Es wird Jesus mit ψ *2* gesagt, daß er der Sohn Gottes sei; und dieser Sohn Gottes erklärt mit ψ 109, daß er als der göttliche Herrscher, der Kyrios, zur Rechten Gottes in göttlicher Herrlichkeit thront.

In der apokalyptischen Rede *Mk 13* zitiert Jesus die Schrift unter *apokalyptischem* Vorzeichen. Jetzt begegnet in z.T. deutlich erkennbaren Anspielungen auch das apokalyptische Buch *Daniel* (Dan 2,28 in Mk 13,7; Dan 12,12 in Mk 13,13; Dan 12,11 in Mk 13,14 [τὸ βδέλυγμα τῆς ἐρημώσεως]; Dan 12,1 in Mk 13,19; vor allem *Dan 7,13* in *Mk 13,26).* Im übrigen sind u.a. folgende Zitate bzw. Anspielungen zu nennen: Jes 19,2 in Mk 13,8; Mi 7,6 in Mk 13,12; Dtn 13,2 in Mk 13,22; Jes 13,10 in Mk 13,24; Jes 34,4 in Mk 13,25[19]; Sach 2,10 und Dtn 30,4 in Mk 13,27. Es ist auf jeden Fall festzuhalten, daß für Markus *Jesus*

---

[19] Jes 13,10; 34,4 in Mk 13,24f. eindeutig als Zitate, wenn auch ohne *formula quotationis.*

erst nach Abschluß seines öffentlichen Wirkens in apokalyptischer Weise spricht
und erst in seiner apokalyptischen Rede von Mk 13 expliziten, ja betonten Bezug
auf Dan nimmt. Gehört dies zur Konzeption des Messiasgeheimnisses?

Mk 14,17–25 ist die Abendmahlsperikope des Mk. Ihr theologischer Gehalt wird in
den Epilegomena behandelt. Deshalb sei hier nur gesagt, daß *Ex 24,8* und *Jes 53* als
alttestamentliche Bezüge zu bedenken sind. Die Abendmahlsperikope wird deshalb erst
in den Epilegomena thematisiert, weil sie m.E. einer der entscheidenden Schlüsseltexte
für die Frage nach dem irdischen Jesus ist.

Die nun folgenden Zitate im Munde Jesu sind von hoher theologischer bzw.
christologischer Bedeutsamkeit. Hat sich schon gezeigt, daß die Trias Mk 1,11;
9,7; 15,39 mit ihrem Bezug auf ψ 2 in gewissem Sinne als christologisches Ge-
rüst des Mk begriffen werden kann, daß also für dieses Evangelium die Schrift
ihre theologische Aussagespitze in der *Christologie* besitzt, so wird man unter
dieser Perspektive auch Jesu mehrfache, und zwar betonte Inanspruchnahme der
Schrift in den letzten Kapiteln des Mk verstehen müssen. Ging es in Mk 12,36
mit ψ 109,1 noch um eine *theologia gloriae*, genauer: um eine *christologia gloriae*, so nun in den im folgenden zu nennenden Zitaten um die *theologia crucis*
bzw. *christologia crucis*: In *Mk 14,27* das mit ausdrücklichem ὅτι γέγραπται
eingeleitete Zitat *Sach 13,7* – „Ich (= Gott!) werde den Hirten schlagen ..." –, in
Mk 14,34 eine christologisch gedeutete Klage des Psalters *(ψ 41,6.12; 42,5)* –,
„Meine Seele ist tief betrübt" (Gethsemane-Perikope) – und vor allem in *Mk
15,34* mit ψ 21,2 – „Mein Gott! Mein Gott! Warum hast du mich verlassen!".
ψ 21 findet sich zudem als Aussage des Evangelisten in *Mk 15,24 (ψ 21,19)* und
Mk 15,29 (ψ 21,8), ohne daß diese Stellen eigens als Zitat formal gekennzeich-
net wären. Wahrscheinlich wird man in *Mk 15,23.36* eine Anspielung auf
ψ 68,22 zu sehen haben. Auch Paulus hat diesen Psalm, jeweils mit *formula
quotationis* eingeleitet, zitiert (Röm 11,9f.; 15,3).

Nun ist jedoch zu fragen, ob ψ 21,2 im Munde des sterbenden Jesus lediglich
den verzweifelten Ausruf der Gottverlassenheit zum Ausdruck bringen soll oder
ob der Evangelist nicht vielmehr den ganzen Psalm theologisch einbringen will.
Dafür könnte sprechen, daß er, wie gesagt, in Mk 15,24.29 auf ihn anspielt.
Dann aber ist zu erwägen, ob nicht auch das in ψ 21,24 einsetzende Lob Gottes
und das im Schlußteil dieses Psalms ausgesprochene Bekenntnis der bereits erfolgten Hilfe (z.B. ψ 21,25: οὐδὲ ἀπέστρεψεν τὸ πρόσωπον αὐτοῦ ἀπ᾽ ἐμοῦ)
von Markus beim Zitat in Mk 15,34 mitbedacht sind.[20]

In der exegetischen Diskussion über den Tod Jesu im Mk standen bisher vor
allem Mk 15,34–36 und Mk 15,39 im Mittelpunkt. Nun hat aber *Reinhard Feldmeier* in einem bemerkenswerten Artikel die Aufmerksamkeit auf *Mk 15,38* ge-

---

[20] *J. Gnilka*, EKK II/2, 1979, 322: „Stirbt Jesus in Verzweiflung? Die theologische Verwer-
tung des gesamten Psalms spricht gegen eine solche Möglichkeit... Die im Danklied des Psalms
bekundete Rettung aber (VV23ff) bezeugt, daß die von der Gemeinde geglaubte Auferstehung
die Voraussetzung ist, daß man mit Hilfe des Psalms die Passion Jesu beschrieb." Ausdrücklich
betont aber *Gnilka*, ib.,: „Damit ist der Ruf der Gottverlassenheit des Gekreuzigten nicht abgeschwächt." S. auch *Weiser*, Theologie des NT, 74f.

lenkt. Er hat diesen Vers von Mk 1,10 her zu beleuchten unternommen und in diesem Zusammenhang auf religionsgeschichtliche jüdische Parallelen zum Verständnis des καταπέτασμα, des von oben bis unten zerrissenen Vorhangs, hingewiesen.[21]

Nach *Josephus* ist die Dreiteilung des Stiftszeltes als Nachahmung des Kosmos zu verstehen, Ant III,123: μίμησις τῆς τῶν ὅλον φύσεως. Dabei entspricht das Allerheiligste dem Himmel, während der den Priestern zugängliche Rest des Heiligtums die den Menschen zugänglichen Bereiche von Land und Meer abbildeten. „Der Vorhang vor dem Allerheiligsten trennt also nach Josephus symbolisch den Himmel von der Erde."[22] Feldmeier verweist zur Bestätigung auf *Philon* (QuaestEx II, 91), der den Vorhang vor dem Allerheiligsten als Scheidewand zwischen der veränderlichen und der unveränderlichen Welt deutete. Wir ersparen uns hier die Diskussion, ob Analoges auch zum äußeren Vorhang des Tempels gesagt werden könne.[23] So oder so, entscheidend ist für Feldmeier – und fügen wir hinzu: auch für uns –, „daß in neutestamentlicher Zeit Josephus (der Sproß einer Jerusalemer Priesterfamilie!) diesen den Himmel abbildenden Vorhang in Analogie zur Funktion seines Urbildes verstehen konnte, als Scheidewand zwischen dem göttlichen und dem menschlichen Bereich".[24] Die Anleihe bei der alexandrinischen jüdischen Theologie im Blick auf die Tempeltypologie haben wir bereits bei den Ausführungen zum Hebr zur Kenntnis genommen.

Daß nach zeitgenössischer jüdischer Tradition die Scheidewand im Tempel – einerlei, ob der äußere oder der innere Vorhang gemeint war – in Entsprechung zum Himmel (= Firmament) als die Scheidewand zwischen Gott und Welt verstanden werden konnte[25], dürfte also Mk 15,38 neu verstehen lassen. In diesem Vers als auch in Mk 1,10 findet sich das Verb σχίζειν – es findet sich im ganzen Mk nur an diesen beiden Stellen! Am *Anfang des Evangeliums* spaltet sich, einem Vorhang gleich, anläßlich der Taufe Jesu der Himmel, also die Scheidewand zwischen Gottes himmlischem Heiligtum und der Menschenwelt, und Gott offenbart dabei dem Menschen Jesus, und zwar nur ihm allein, seine Gottessohnschaft. Am *Ende des Evangeliums* spaltet sich anläßlich des Todes Jesu ein Vorhang im Tempel, also die Trennwand des irdischen Heiligtums Gottes von der Welt. Und dabei wird Jesus vom Centurio in der Öffentlichkeit als Sohn Gottes bekannt.[26] Beide Male, wo der Evangelist das ihm anscheinend so wichtige σχίζειν bringt, geht es um Jesu Gottessohnschaft, beide Male um die Öffnung des bisher den Menschen verschlossenen Himmels. Feldmeier spricht in diesem Zusammenhang zutreffend von (fast) einer „christologischen *conclusio*".[27]

---

[21] *Feldmeier*, Der Gekreuzigte im „Gnadenstuhl". An dieser Stelle sei auch auf seine Studie „Die Krisis des Gottessohnes" hingewiesen, in der von Mk 14,32–42 aus die Theologie des Mk in den Blick genommen wird.
[22] *Feldmeier*, Der Gekreuzigte, 224; von *Feldmeier* im Druck hervorgehoben.
[23] Dazu ib., 224f.
[24] Ib., 225.
[25] Ib., 226.
[26] Ib., 227.
[27] Ib., 230.

Soweit nun die zuletzt genannten alttestamentlichen Bezüge für die markinische *theologia crucis*! Freilich hat das Vorhangsmotiv schon ein wenig über sie hinausgeführt; der Blick ging ja bereits über das grausame Geschehen auf dieser Erde, ging ja schon über die Brutalität der Kreuzigung hinaus. Denn der Vorhang zerreißt, und es zeigt sich, zumindest anfangsweise, die himmlische Glorie. Die *theologia gloriae* meldet sich erneut! Sie kommt auch schon im 14. Kap. überdeutlich zur Sprache, nämlich in *Mk 14,62*, in der Antwort Jesu auf die Frage des Hohenpriesters, ob er der Christus sei, der Sohn des Hochgelobten: σὺ εἶ ὁ χριστὸς ὁ υἱὸς τοῦ εὐλογητοῦ; 14,61. Erneut nun das bereits mehrfach registrierte ἐγώ εἰμι, das durchaus als das Ich Gottes verstanden werden kann. Die *theologia gloriae* artikuliert sich hier als *christologia gloriae*; denn **Gott und Jesus sprechen hier ihr gemeinsames Ich.** Und daß dieses „Ich bin" – der Akzent auf *Ich* und zugleich auf *bin*! – im Sinne des Evangelisten als ein Ich mit transzendenter, mit göttlicher Qualität verstanden werden soll, zeigt die Fortsetzung des Satzes: Ihr werdet den Sohn des Menschen zur Rechten der Kraft (Gottes) sitzen sehen. Ihr werdet ihn mit den Wolken des Himmels kommen sehen. Erneut also ψ *109,1*, diesmal aber im Kontext von *Dan 7,13*. Diese Stelle mit ihrer Hoheitsaussage für den Menschengestaltigen verschmilzt mit der nicht mehr zu überbietenden Hoheitsaussage von ψ *109,1*.[28]

Martin Hengel sieht mit Recht in Dan 7,9–14 die wichtigste Parallele zu Ps 110,1, also ψ 109,1. Zutreffend stellt er heraus, daß bei Daniel allerdings das entscheidende Motiv der Inthronisation und der Titel „Herr" für den „Menschengestaltigen" fehlen.[29]

Hengel macht auch auf den erheblichen *Unterschied* zwischen *MT* und *LXX* für Dan 7,13f. aufmerksam (Dan 7,13f.θ' übersetzt den MT wörtlicher als LXX). Der LXX-Text lautet:

καὶ ἰδοὺ ἐπὶ τῶν νεφελῶν τοῦ οὐρανοῦ
ὡς υἱὸς ἀνθρώπου ἤρχετο
καὶ ὡς παλαιὸς ἡμερῶν *παρῆν*
καὶ οἱ παρεστηκότες *παρῆσαν αὐτῷ*
καὶ ἐδόθη αὐτῷ ἐξουσία.

Dadurch, daß es statt „er gelangte zu dem an Tagen Uralten und wurde ihm vorgestellt" (MT) heißt „*er* (!) war wie ein an Tagen Alter, und die Anwesenden waren bei

---

[28] Die These einer *theologia gloriae*, die das Mk bestimme, hat *Hans Jürgen Ebeling*, Das Messiasgeheimnis und die Botschaft des Marcus, 1939, unter dem Gesichtspunkt der *Epiphanie der Herrlichkeit Jesu* herausgearbeitet. *Heikki Räisänen*, Das „Messiasgeheimnis" im Mk, meint, „daß *die offenbarungsgeschichtliche Interpretation in modifizierter Form* als Erklärung des Messiasgeheimnisses *am wenigsten mit Schwierigkeiten belastet ist*" (ib., 165). Hierin stimme ich ihm weitgehend zu, jedoch kann ich seinem kritischen Verdikt der „kreuzestheologischen Interpretation" nicht folgen, vor allem nicht seinem grundsätzlichen Urteil (ib., 168): „So wird man es sich gefallen lassen müssen, im ältesten Evangelisten mehr einen Tradenten und weniger einen Theologen bzw. Hermeneuten zu sehen, als die neuere Forschung im allgemeinen vorausgesetzt hat."

[29] *Hengel*, „Setze dich zu meiner Rechten!", 158f.

ihm", wird, mit Hengel, „der rätselhafte ‚Menschengestaltige' noch enger mit dem Alten und Richter verbunden".[30]

Nach Dan 7,13LXX tritt der ὡς υἱὸς ἀνθρώπου „fast an die Stelle Gottes".[31] Hengel ist auch zuzustimmen, daß in Ps 110,1 das Sitzen zur Rechten *in ähnlicher Weise* wie in Dan 7,13LXX eine Übertragung göttlicher Vollmacht und Gerichtsgewalt ist, zugleich „*die engste Form der Verbindung eines von Gott Erwählten mit Gott selbst*".[32] Das ist aber genau der Tenor von Mk 14,62![33] Noch einmal Martin Hengel: Mit ihm betrachten wir diese Stelle als den „*christologische[n] Höhepunkt des Markusevangeliums*, der das Messiasgeheimnis enthüllt".[34] Die theologischen bzw. christologischen Konsequenzen dieses Sachverhalts sind noch zu bedenken.[35]

2.6.1.2 Theologische Verdichtung: Das Evangelium als Erfüllung der Schrift

Es zeigte sich, daß das Mischzitat in Mk 1,2f., mit καθὼς γέγραπται eingeleitet, sozusagen als theologische Überschrift über dem ganzen Mk steht. Wie ist aber das Ver-

---

[30] Ib., 159.

[31] Ib., 161.

[32] Ib., 161; Hervorhebung durch mich.

[33] μετὰ τῶν νεφελῶν τοῦ οὐρανοῦ in Mk 14,62 ist zugegebenermaßen nicht mit Dan 7,13LXX, sondern mit Dan 7,13θ' identisch. Es kann nicht erwiesen werden, daß dem Evangelisten der von Dan 7,13MT divergente LXX-Text bekannt war. Des ungeachtet ist aber unbestreitbar, daß die in diesem LXX-Text auffällige Deifizierung des Menschengestaltigen *theologisch* mit der Aussageintention der Jesusantwort in Mk 14,62 *koinzidiert*. Die Relevanz von Dan 7,13 für die Frage nach dem *Selbstverständnis Jesu* wird in den Epilegomena thematisiert (Abschn. 3.4).

[34] Ib., 163. Wahrscheinlich hat *Hengel* auch recht, wenn er im Zusammenhang mit dieser Aussage die Auffassung vertritt, daß Mk 14,62 „sicher nicht eine freischwebende Bildung des Evangelisten" ist, zumal sie eine „altertümliche Form" (Anführungsstriche *Hengels*) der Christologie enthält, die die *Erhöhung zur Rechten Gottes* und die *Parusie zum Gericht* unmittelbar verbindet. Richtig ib., 163: „Auf das Alter dieser Überlieferung weist nicht nur die Umschreibung des Gottesnamens (vgl. 14,61) hin, sondern auch die Tatsache, daß in diesem (Hoheits- und Gerichts-)Wort den Synhedristen angedroht wird, daß sie Jesus als den kommenden Richter *sehen* werden. Um 70 war das so kaum mehr möglich."

[35] Zur Frage nach der *theologia gloriae* gehört auch, was hier nicht mehr im Detail ausgeführt werden kann, das Problem der *Vollmacht Jesu*, seiner ἐξουσία. Dafür sei vor allem auf *Klaus Scholtissek*, Die Vollmacht Jesu, aufmerksam gemacht. Er betrachtet diese Vollmacht als ein Leitmotiv markinischer Christologie. Er thematisiert u.a. Mk 1,21–28; 2,1–12 (Exousia des Menschensohnes zur Sündenvergebung); 2,23–28 (Exousia des Menschensohnes über den Sabbath); 11,27–33 und 12,1–12 (Exousia Jesu in der Auseinandersetzung mit den Gegnern). Die Ausführungen zielen schließlich auf die ekklesiologische Ausdeutung der Exousia Jesu. Nur folgende Zitate (S. 287): „Jesus offenbart sich als der *endzeitliche Menschensohn, der in seinem irdischen Vollmachtswirken das eschatologische Recht Gottes in seiner Person vertritt und einfordert.*" Zur Passion (S. 293): „*Jesu Lebenshingabe ist mithin die abschließende, alle vorausgegangenen Machttaten überbietende und zusammenfassende Manifestation seiner vollmächtigen Sendung zur Durchsetzung der nahen Gottesherrschaft.*" (Hervorhebungen durch Scholtissek) Diese Nähe von ἐξουσία und Tod Jesu bringt Mk in die Nähe von Joh – mit Recht!

hältnis des Zitats zu V.1 und zu V.5 zu bestimmen? Wäre das im Zitat ausgesagte Auftreten des Täufers der zeitliche Anfang des Evangeliums, so würde sich καθὼς γέγραπται als neuer Satzteil an V.1 anschließen: Der Anfang des Evangeliums von Jesus als dem Christus[36] ist vom Propheten Jesaja bezeugt. Andererseits dürfte das im Grunde unverständliche ἐν τῇ ἐρήμῳ (βαπτίζων!) in V.4 eben diese Wendung im Zitat aufgreifen und von daher erst verständlich werden.[37] Dieser Sachverhalt läßt aber vermuten, daß die Syntax von Mk 1,2–4 wie folgt aufzufassen ist: „Wie geschrieben steht ..., trat Johannes der Täufer ... auf." Diese Verklammerung dürfte in der Tat die nächstliegende Annahme sein.[38]

Ist des Täufers Auftreten in der Wüste – Taufe und Predigt – auch bei dieser syntaktischen Hypothese der Anfang des Evangeliums? Ist also φωνὴ βοῶντος ἐν τῇ ἐρήμῳ in V.3 die in V.1 genannte ἀρχή? Im Zitat ist aber zweimal vom *Weg* (des Kyrios) die Rede. Diese ὁδός ist Jesu irdischer Weg, nämlich sein Weg zum Kreuz. Und dieser Weg, *einschließlich* des Kreuzesgeschehens, ist Inhalt des Evangeliums. Insofern enthält die Täuferpredigt bereits das *ganze* Evangelium! Dann aber ist eine Deutung der ἀρχή lediglich auf das Auftreten des Johannes wenig wahrscheinlich. *Thomas Söding* versteht[39] den Begriff als „*gestaltgebenden Ursprung*" und sieht in Mk 1,1 und der Wendung ἀρχὴ τοῦ εὐαγγελίου „Jesu *gesamtes* Wirken, einschließlich seines Leidens und Sterbens (das ja nach Mk 1,14f. insgesamt Verkündigung des ,Evangeliums Gottes' ist) als den Keim, den gestaltgebenden Ursprung und damit die bleibend verbindliche und verpflichtende Grundlage jenes untrennbar mit der Gottesherrschaft verbundenen ‚Evangeliums', das zuerst das Wirken Jesu bestimmt hat und das in Rückbindung an ihn nach Ostern auch das Wirken der Gemeinde bestimmen muß".[40]

Für diese Hypothese spricht, daß im griechischen Wort ἀρχή zeitliche Priorität und Geltungspriorität nicht nur jeweils für sich vorkommen können, sondern auch als ineinander verflochten begegnen. Eine solche Verflechtung dürfte in Mk 1,1 anzunehmen sein. Auf keinen Fall ist das zeitliche Moment eliminiert. Aber auch dieses meint hier mehr als einen rein chronologisch fixierten Beginn. Denn das καθὼς γέγραπται sagt ja das *Gegründet-Sein des Evangeliums im prophetischen Wort Gottes* aus. Die ἀρχή des Christusereignisses ist also im bereits gesprochenen Gotteswort bzw. im nun geschriebenen Prophetenwort gegeben. Dieses Wort, das in der *Vergangenheit* geäußert wurde, hat aber seine Geltung in der *Gegenwart*. Jetzt also ist dieses Gotteswort in Erfüllung gegangen. Mit dem in Mk 1,1–3 kundgetanen Schema von *Verheißung* und *Erfüllung* ist aber die ganze Evangelienschrift des Markus unter dieses Schema gestellt, sie steht ganz

---

[36] Ich betrachte mit Nestle-Aland[25] und gegen Nestle-Aland[26/27] υἱοῦ θεοῦ als sekundär.

[37] Auf die traditionsgeschichtliche Problematik kann hier nicht eingegangen werden. Dazu vor allem *Steichele*, Der leidende Sohn Gottes, 43ff.

[38] *Steichele*, Der leidende Sohn Gottes, 74: „V2f findet seine Erfüllung im Auftreten des Täufers ...".

[39] Unter Bezug auf *R. Pesch*, HThK II/1, 1976, 76.

[40] *Söding*, Glaube bei Mk, 226f.

unter dem *einen* Erfüllungszitat.[41] Mehr noch: Mit diesem Schema ist das Christus-Geschehen *als* Geschehen, *als* Ereignis die göttliche Erfüllung der göttlichen Verheißung. Als im Mk literarisch zum Ausdruck gebrachtes Schema meint es die *Ansprache an den Leser* des Mk: An dich geht die Verkündigung des Evangeliums als die Zusage der Erfüllung jener alttestamentlichen Verheißung des Heils! An dich richtet sich das Evangelium vom heilbringenden Weg Jesu! Und so bringt Markus die ursprünglich an Israel gerichtete Zusage des Bundesbuches *Ex 23,20*, daß Gott ihm seinen Engel vorausschicken werde, um es auf seinem Wege (ins verheißene Land) zu beschützen, vermischt mit Worten aus *Mal 3,1* – Gott sendet seinen Boten, um Ihm (!) den Weg zu bahnen –, zusammen mit Jes 40,3LXX, wo Gott durch die Stimme des Rufenden in der Wüste[42] den Befehl gibt, für den Kyrios – im Sinne des Markus: Jesus – den Weg zu bereiten. Wie man auch immer die Traditionsgeschichte dieses Mischzitats beurteilen mag, es war der Evangelist, der das Erfüllungszitat so, wie es jetzt in Mk 1,2f. steht, zur *theologischen Überschrift* seiner ganzen Schrift gemacht hat. Wenn Markus – nachzuweisen ist es freilich nicht, aber immerhin ernsthaft zu erwägen – die Adresse von Ex 23,20, nämlich *Israel*, in sein Kalkül hineingenommen hat, des weiteren, wenn er ebenso in seine theologische Reflexion mit hineinnahm, daß der ἄγγελος von Mal 3,1 den Weg für *Gott* bereitet, und ebenso, daß der Täufer auffordert, den Leidensweg des *Kyrios Jesus* zu bereiten, so hat er Jesus sowohl als den *Repräsentanten Israels* als auch als den *Repräsentanten Gottes*, der in seinem geschichtlichen Auftreten anstelle des die Geschichte lenkenden Gottes in göttlicher Epiphanie erscheint, herausgestellt. Dann aber ist Mk 1,2f. eine christliche Dogmatik *in nuce*.

Haben wir der Sache nach das Zitat Mk 1,2f. als Erfüllungszitat gedeutet, so bestätigt *Mk 14,49* diese Interpretation: Unmittelbar nach seiner Verhaftung erklärt Jesus, daß, was nun geschieht, die Erfüllung der Schriften sei. Er sagt es, ohne Bezug auf eine bestimmte Schriftstelle, mit der *finalen* Formulierung ἵνα πληρωθῶσιν αἱ γραφαί. Jesus sagt also am Ende das, was der Evangelist zu Beginn sagte.

Die theologische Tiefenschicht dieser ersten Verse des Evangelisten erschließt sich, wenn seine übrigen Aussagen vom Evangelium, vom Glauben, vom Kreuz, vom Weg, von der Nachfolge und – nicht zuletzt! – vom *Verstehen* von dieser Evangeliumseröffnung her bedacht werden. Dies kann hier nur fragmentarisch geschehen. Doch dürften die im folgenden gebrachten und gedeuteten Mk-Stellen ein Bild ergeben, das die *theologische Grundaussage* des ältesten Evangeliums erhellt.

---

[41] Insofern ist durch die Eröffnung des Mk mit diesem Erfüllungszitat das Schema von Verheißung und Erfüllung für das älteste Evangelium fast noch dominanter als für Mt! S. auch *Best*, Mark. The Gospel as Story, 129: „There is a prologue (1:1–15) in which we learn that the story did not begin with Jesus but is a continuation of what is found in the Old Testament; 1.2–3 is indeed the only deliberate quotation from the Old Testament in the Gospel outside the sayings of Jesus."

[42] Jes 40,3LXX zieht bekanntlich ἐν τῇ ἐρήμῳ gegen MT zu φωνὴ βοῶντος. So kann Markus diese Stimme als die des Täufers deuten.

Zunächst ist *Mk 1,14f.* zu nennen. Nach der Ermordung des Täufers – auch er ist die *via crucis* gegangen! – beginnt Jesus in Galiläa die Verkündigung des Evangeliums Gottes, κηρύσσων τὸ εὐαγγέλιον τοῦ θεοῦ. Ist τοῦ θεοῦ *genitivus subjectivus* oder *genitivus objectivus*? Nimmt man Evangelium als das Verkündigungs-*Geschehen* theologisch ernst, also die Begegnung mit dem Evangelium als die Begegnung mit dem seine Heilsmacht offenbarenden Gott, so legt sich ein Verständnis vom *Evangelium* nahe, wonach *kraft seines Verkündigt-Werdens* dieses das Heil Gottes wirksam werden läßt; anders formuliert: wonach Gott sich in ihm als der sich selbst als Heil Offenbarende vergegenwärtigt. In dieses Verständnis fügt sich aber dann bestens τοῦ θεοῦ als *genitivus subjectivus*, wobei freilich die Bedeutung als *genitivus objectivus* mitschwingen mag. Ähnlich dürfte auch εὐαγγέλιον Ἰησοῦ Χριστοῦ in Mk 1,1 zu verstehen sein.

Wie sehr Evangelium und der im Evangelium Verkündigte, nämlich Jesus als der Gekreuzigte und Auferstandene, theologisch aneinanderrücken, hat *Willi Marxsen* gezeigt: Markus hat in Mk 8,35 ein ursprüngliches ἕνεκεν ἐμοῦ durch καὶ τοῦ εὐαγγελίου erweitert. Dieser Zusatz will interpretieren, καὶ ist also epexegetisch.[43] Ähnlich heißt es in Mk 10,29 ἕνεκεν ἐμοῦ καὶ ἕνεκεν τοῦ εὐαγγελίου .

Wenn also der Evangelist epexegetisch interpretiert, und zwar mit einem Begriff der Missionssprache, dann bedeutet das, „daß für ihn der Herr im Evangelium da ist". Somit ist für Mk „das Evangelium die gegenwärtige Größe, die den Herrn *repräsentiert*": „Das Evangelium ist für Markus einerseits die (oder eine) Form, in der Jesus *vergegenwärtigt* wird... So ist andererseits das (verkündigte) Evangelium *Repräsentant* für ihn."[44] In diesem Sinne begreift Marxsen auch die ganze Evangelienschrift von Mk 1,1 her als *ein* Evangelium: „Das aber heißt von Anfang an: das Werk ist als Verkündigung zu lesen, ist als solches Anrede, nicht aber ‚Bericht von Jesus‘. Daß hier auch Berichtetes auftaucht, ist unter diesem Aspekt fast zufällig."[45] Und so heißt es treffend: *„Dadurch aber, daß diese Verkündigung geschieht, vergegenwärtigt sich der Auferstandene selbst."*[46] Markus bringt also eine klare und betonte *Wort-Gottes-Theologie*.

Steht schon so der Begriff des Evangeliums theologisch dem nahe, wie *Paulus* von ihm denkt, so wird diese Nähe noch durch die *Glaubensforderung* Jesu unterstrichen: πιστεύετε ἐν τῷ εὐαγγελίῳ.[47] Wahrscheinlich ist sie mit εἰς τὸ εὐαγγέλιον identisch; möglicherweise kann aber ein gewisser kausaler Unterton mit herausgehört werden.[48] Dann würde die Aufforderung, *an* das von Jesus verkündete Evangelium zu glauben, bedeuten, daß dieser Glaube kraft der Gnade

---

[43] *Marxsen*, Der Evangelist Markus, 85; s. auch *Gnilka*, EKK II/2, 22.

[44] *Marxsen*, op. cit., 85; Hervorhebungen durch mich.

[45] Ib., 87.

[46] Ib., 87; Hervorhebung durch mich.

[47] Zu ἐν s. *Söding*, Glaube bei Mk, 141f.: Diese Präposition verbindet Vertrauensglaube und Bekenntnisglaube; ἐν ist dann aber mehr als das sonst übliche εἰς bei πιστεύω.

[48] *E. Lohmeyer*, KEK I/2, [14]1957, 30, erwägt, ob nicht die Wendung ἐν τῷ εὐαγγελίῳ statt des Gegenstandes des Glaubens dessen *Mittel* und *Grund* bezeichnet; von *Söding*, op. cit., 142, Anm. 35, abgelehnt.

dessen ermöglicht wird, der als der vom Evangelium Repräsentierte gegenwärtig ist. In der Tat hält ja der Glaube den Inhalt des Evangeliums nicht einfach für „wahr"; das wäre zu wenig. Vielmehr ist dieser Glaube die Begegnung mit dem, der sich selbst im Glaubenden im Vollzug dieser Begegnung be-*wahr*-heitet. **Wahrheit im theologischen Sinne hat immer existentiellen Charakter.**

Die theologisch bedeutsame *Korrelation* von Evangelium und Glaube, ausführlicher noch: von *Christus, Evangelium* und *Glaube*, erfährt aber noch eine weitere Vertiefung. Denn Jesus kündigt in der Erfüllung des geschichtlich qualifizierten Augenblicks – πεπλήρωται ὁ καιρός – die unmittelbare Nähe der *Herrschaft Gottes* an: ἤγγικεν ἡ βασιλεία τοῦ θεοῦ, Mk 1,15. (Daß Jesus in seiner vorösterlichen Predigt die Basileia Gottes zum zentralen Inhalt gemacht hat, sei an dieser Stelle erwähnt, aber noch nicht zum Gegenstand der Erörterung gemacht.[49]) Damit ist ein wesenhaft *eschatologischer* Terminus ausgesagt, was sowohl in den Gleichnissen von der selbstwachsenden Saat (4,26–29) und vom Senfkorn (4,30–32) zum Ausdruck kommt als auch in *Mk 9,1* unmißverständlich ausgesagt wird. In diesem Sinne ist auch die Rede vom Hineinkommen in die Gottesherrschaft, εἰσελθεῖν εἰς τὴν βασιλείαν τοῦ θεοῦ (*Mk 9,47; 10,23–25*), zu verstehen. Vor allem ist dafür die letzte Basileia-Aussage im Munde Jesu zu nennen, nämlich der eschatologische Ausblick beim letzten Abendmahl, *Mk 14,25*. Die für die Basileia Gottes im Mk verwendeten Präpositionen εἰς und ἐν signalisieren sie als *räumliche* Größe; ἤγγικεν in 1,15 hingegen bringt das *zeitliche* Moment der existentiellen Betroffenheit zum Ausdruck.[50]

Diese knappe Skizze über die Gottesherrschaft zeigt aber schon, daß der Glaubende, wenn er dem Evangelium und der Gottesherrschaft glaubt, eine „Orts"-Veränderung erfahren wird. Er wird in einen anderen Herrschaftsbereich „versetzt", sein In-der-Welt-Sein wird ein radikal anderes; er befindet sich nun an einem anderen „Ort" und in einer anderen „Zeit". *Sein ganzes Sein wird gnadenhaft transferiert*; gnadenhaft, weil dieses neue Sein *empfangen* wird (10,15: δέξηται). Konnten wir eben schon Parallelen mit paulinischem Denken konstatieren, so ist auch jetzt wieder ein theologischer Existenzverhalt ausgesagt, der paulinischen Geist atmet. Damit soll nicht behauptet werden, daß Markus in der unmittelbaren Wirkungsgeschichte der paulinischen Theologie stände. Aber daß der zehn bis zwanzig Jahre nach dem Völkerapostel schreibende Evangelist Markus theologische Gedanken äußert, die auch für Paulus zentral sind, ist offenkundig. Zumindest läßt sich sagen, daß Markus in der Struktur seines theologischen Denkens in derjenigen Traditionslinie steht, in der zuvor Paulus sein entscheidendes Wort gesagt hat. *So verstanden*, kann man durchaus davon sprechen, daß

---

[49] Dies geschieht erst in den Epilegomena im Zusammenhang mit der Frage nach der theologischen Bedeutsamkeit des irdischen Jesus (Abschn. 3.4). Jetzt geht es einzig um das *markinische* Verständnis der Gottesherrschaft bzw. um den theologischen Ort dieses „Begriffs" im Ganzen der Theologie des Mk.

[50] S. was in Abschnitt 3.4 über den *Zeit-Raum* der Gnade zur Basileia-Predigt Jesu gesagt wird.

das *Markus-Evangelium zur Wirkungsgeschichte der Theologie des Paulus gehört.*[51]

Es muß aber noch spezifischer gefragt werden, und zwar im Blick auf das Verhältnis von Jesus und Herrschaft Gottes. Nach dem Mk hat Jesus die Gottesherrschaft angekündigt. Doch findet sich in ihm nicht die so wichtige, für Q (Mt 12,28/Lk 11,20) zentrale Aussage, daß in der exorzistischen Tätigkeit Jesu die Gottesherrschaft bereits Gegenwart geworden sei: ἔφθασεν ἐφ᾽ ὑμᾶς ἡ βασιλεία τοῦ θεοῦ. Nach dieser (wohl authentischen) Selbstaussage *ist* Jesu Wirken das, wenn auch proleptische, Sich-Ereignen der Basileia Gottes.[52] Ist diese Ereigniskoinzidenz von Herrschaft Gottes und Herrschaft Jesu dem Evangelisten Markus fremd? Die Antwort gibt die Perikope der Taufe Jesu. Die Stimme vom Himmel, also die Stimme des göttlichen Vaters, ist zunächst das Zitat *ψ 2,7*: Du bist mein Sohn. *Sohn Gottes* ist aber nach alttestamentlicher Auffassung zunächst einmal der davidische König in Jerusalem. Sohn Gottes und König sind in diesem geschichtlichen und religionsgeschichtlichen Kontext nahezu identische Termini. Wer Sohn Gottes ist, ist eben Herrscher auf dem ihm von Gott angewiesenen Thron (2Sam 7). Ist Jesus der Sohn Gottes und *ist* er nach markinischem Verständnis das Evangelium von der Gottesherrschaft in Person, dann liegt auch die *Ereigniskoinzidenz* von *Herrschaft Gottes* und *Herrschaft Jesu* in der Konsequenz der Theologie des Mk. Gott, der der Herrscher schlechthin ist, „zitiert" den Inthronisationspsalm Ps 2! Zugespitzt formuliert: *Gott selbst zitiert seine Heilige Schrift.* Gott selbst spricht das Wort seiner Heiligen Schrift zu seinem Sohn. Die Gottessohn-Theologie des Mk beginnt also mit dem seine Heilige Schrift zitierenden Gott! Die Inthronisation seines Sohnes vollzieht also Gott selbst nach der von ihm selbst verfaßten Inthronisationsagende. Hier findet sich erneut eine Koinzidenz, nämlich nun die *Koinzidenz von Gottes geschriebenem und Gottes gesprochenem Wort.*

Deutlich ist auch, daß die Psalmworte epexegetisch durch einen Anklang an *Jes 42,1* interpretiert werden: Ein prophetisches Wort, das im alttestamentlichen Zusammenhang wiederum das *Ich Gottes* aufweist. Der Text Jes 42,1 lautet als ganzer: Ἰακὼβ ὁ παῖς μου, ἀντιλήμψομαι αὐτοῦ· Ἰσραὴλ ὁ ἐκλεκτός μου, προσεδέξατο αὐτὸν ἡ ψυχή μου· ἔδωκα τὸ πνεῦμά μου ἐπ᾽ αὐτόν, κρίσιν τοῖς ἔθνεσιν ἐξοίσει. Auch hier ist vom *Geiste Gottes* die Rede (Mk 1,10!). Und es ist ja dieser Knecht Gottes, der nach *Jes 52,13–53,12* der Leidende ist, der stellvertretend Sühnende! Die Königsherrschaft Jesu ist danach die „Umwertung aller Werte", nämlich aller Werte menschlicher Macht (vgl. Mk 9,33–37; 10,35–45!). Daß wir hier nicht überinterpretiert haben, geht auch aus der Verklärungsperikope *Mk 9,2–8* hervor. Daß Mk 9,7 an Mk 1,11 anschließt, wurde bereits gesagt. Wenn Gott die drei Jünger Petrus, Jakobus und Johannes auffordert, auf Jesus zu *hören*, so doch deshalb, weil Petrus zuvor eben nicht hören wollte,

---

[51] Damit gehe ich über *M. Werner*, Der Einfluß paulinischer Theologie im Mk, hinaus, der das Mk nicht in unmittelbarer Abhängigkeit von Paulus, sondern in gemeinsamer Tradition urchristlicher Christusterminologie sieht.

[52] *Kümmel*, Verheißung und Erfüllung, 98–101.

Mk 8,31–33! Ist also Jesus gemäß der Stimme Gottes anläßlich seiner Taufe als der Sohn der Herrscher an Gottes Statt, so ist er aber dieser Herrscher nur als der Gekreuzigte und Auferstandene. Alles spitzt sich nun auf die Frage zu, wie dies zu *verstehen* ist. Da der Evangelist dieser Thematik besondere Aufmerksamkeit schenkt, ist das *Markus-Evangelium* ein *eminent hermeneutisches Evangelium*.

Das zeigt sich schon allein am mehrfachen Vorkommen von συνίημι bzw. συνίω, *verstehen*, in wichtigen Stellen des Mk. Das Verb begegnet zuerst im Zitat *Jes 6,9f.*, also in der sog. *Parabeltheorie Mk 4,12.* Dabei ist mit zu berücksichtigen, daß zudem in V.13 οὐκ οἴδατε und γνώσεσθε zu lesen ist. Da es sich hier um eine für die Gesamtkonzeption des Mk zentrale Aussage handelt, wird dieser Stelle noch besondere Aufmerksamkeit zu widmen sein. Im Zusammenhang mit dem für die Konzeption des Messiasgeheimnisses entscheidenden Motiv des *Jüngerunverständnisses* wird von diesen Jüngern in *Mk 6,52* gesagt, sie seien über den Broten nicht zum Verstehen gekommen, οὐ συνῆκαν. Das für das Gesetzesproblem so entscheidende Diktum Jesu Mk 7,15 – mit an Sicherheit grenzender Wahrscheinlichkeit ein authentisches Jesuswort – wird in *Mk 7,14* mit den Worten eingeleitet: ἀκούσατέ μου πάντες καὶ σύνετε. Doch von einem Verstehen der Jünger ist keine Rede, Mk 7,17! Sie müssen Jesus ausdrücklich um den Sinn des Logions bitten. An Mk 6,52 erinnert *Mk 8,17.* Die Jünger sind trotz der ersten Brotvermehrung immer noch ohne Verstehen. Sie erfassen nicht, was Jesus ihnen in metaphorischer Rede mit der Warnung vor dem „Sauerteig" der Pharisäer und Herodianer sagen will. So tadelt sie Jesus: οὔπω νοεῖτε οὐδὲ συνίετε; Und noch einmal in *Mk 8,21*: οὔπω συνίετε; „Begreift ihr denn immer noch nicht!"

Das Nichtverstehen der Jünger zieht sich bekanntlich durch das ganze Evangelium hindurch und ist für die theologische Gesamtkonzeption des Messiasgeheimnisses konstitutiv. Die Jünger scheitern sowohl an dem, was der Evangelist zur *theologia gloriae*, als auch an dem, was er zur *theologia crucis* darstellt und ausführt. Weiten wir unseren Blick über die συνίημι-Vorkommen auf andere Aussagen innerhalb des Mk aus!

Eigentümlich im Aufbau der Evangelienschrift ist die sog. *Parabeltheorie.* Den Jüngern wird nach *Mk 4,11* gesagt, daß ihnen das Geheimnis der Gottesherrschaft gegeben sei, „denen da draußen" aber nicht. Daß mit dieser letzten Gruppe das Volk gemeint sei, wird zwar seit Wrede immer wieder behauptet. Doch ist diese Interpretation falsch. Nach dem Jes-Zitat in Mk 4,12 *sollen* die in bezug auf die Offenbarung Gottes Blinden und Tauben *nicht verstehen*, nach *Mk 4,33f.* bedient sich Jesus aber gerade der Gleichnisse, *damit* das Volk *versteht*.[53]

Von größerer Wichtigkeit ist die inhaltliche Spannung in Mk 4,11–13: Den Jüngern ist das Mysterium der Basileia Gottes gegeben. Das *Perfekt* δέδοται will doch wohl sagen, daß Gott ihnen dieses Mysterium „*gegeben*" hat und sie es deshalb nun „haben". Und dieses Haben ist, will man nicht die Aussage des

---

[53] Zum Ganzen s. die hervorragenden Ausführungen von *Heikki Räisänen*, Die Parabeltheorie! Der Grundtendenz dieser Monographie des finnischen Exegeten kann ich weit besser folgen als seiner bereits erwähnten über das Messiasgeheimnis. Doch auch dieses Buch ist für die Diskussion über das Mk unverzichtbar.

Textes verdrehen und die grammatische Funktion des Perfekts umdeuten, ein *Verstanden-Haben*. Nach diesem Heilsindikativ erfahren die Jünger aber den Tadel Jesu: „Ihr versteht nicht – οὐκ οἴδατε im Sinne von οὐ συνίετε – dieses Gleichnis; wie wollt ihr denn alle Gleichnisse verstehen," πῶς γνώσεσθε?[54] Dann aber legt es sich nahe anzunehmen, daß trotz des so eindeutigen δέδοται die göttliche Gabe des Mysteriums ihr Ziel verfehlt hat. Ist diese Deutung richtig, dann ist freilich die Parabeltheorie im Sinne des Evangelisten eine furchtbare Anklage: Die Jünger haben die Gabe Gottes verspielt. Sie sollten das, was Gott selbst ihnen eingab, verstehen. Sie sind aber zu Unständigen geworden. Sie haben sich der Offenbarung Gottes versagt! Gerade weil das δέδοται so deutlich ist, ist der in V.13 ausgesprochene Tadel so hart, so demaskierend. Da für Markus Glauben und Verstehen, ähnlich wie für Paulus, eng miteinander verflochten sind, impliziert dieser Tadel den Vorwurf der *Glaubenslosigkeit*.

Bereits im selben 4. Kap. eskaliert das unverständige, besser: nicht verstehende Verhalten der Jünger, nämlich in der Perikope von der Sturmstillung *Mk 4,35–41*. Nicht die *Furcht* dieser Männer während des Sturms ist das so Ärgerliche, sondern *nach* dem souveränen Akt Jesu. Die Jünger fürchten sich allem Anschein nach mehr vor dem göttlichen Herrn über den Sturm als vor dem Sturm selbst! Jesus tadelt sie, V.40: τί δειλοί ἐστε; Dies ist identisch mit οὔπω ἔχετε πίστιν; Die Frage, ob sie noch keinen Glauben hätten, erinnert fatal an Mk 8,17. 21: „Versteht ihr immer noch nicht?" Für Mk 4,35–41 gilt auf jeden Fall, daß die Jünger angesichts der *theologia gloriae* nicht glauben. Nach V.41 fürchten sie sich im Übermaß, καὶ ἐφοβήθησαν φόβον μέγαν. Und sie stellen die christologisch relevante Frage: „*Wer ist dieser*, daß ihm selbst Wind und Meer gehorchen?" Sie, die bereits Jesu erfolgreichen Kampf gegen das satanische Reich erlebt hatten, stellen in geistlicher Torheit die an sich richtige Frage: τίς ἄρα οὗτός ἐστιν; Aber aus *Furcht gebärender Glaubenslosigkeit* ist ihnen die Antwort verwehrt.

Parallel zu Mk 4,35–41 kann man die Ereignisfolge von *Mk 6,35 bis 8,26* sehen. Zweimal sorgt Jesus als der Hirte Israels für sein Volk auf wunderhafte, auf göttliche Weise, um es vor dem Hunger zu bewahren (deutliche Anspielung auf ψ 22, in Mk 6,34 auf *Num 27,17* in typologischer Absicht), Mk 6,35–44; 8,1–10. Zweimal erweisen sich Jesu Jünger auf dem Meere in gravierender Weise als unverständige Menschen, Mk 6,45–52; 8,14–21. Sie sind blind gegenüber ihrem göttlichen Herrn. Als lichthafter Kontrapunkt steht aber dann am Ende des ersten Teils des Mk der geheilte Blinde, der sehend geworden ist, Mk 10,46–52. Und genau in der Mitte zwischen beiden Speisungs- und Seegeschichten steht Jesu Außerkraftsetzung der mosaischen Speisegesetze, *Mk 7,15*; doch auch diesmal

---

[54] Wegen dieser Spannung möchte ich mit *Räisänen* annehmen, daß die Parabeltheorie nicht genuine Schöpfung des Mk ist, sondern dieser sie seiner Tradition entnommen und seiner Konzeption vom Messiasgeheimnis bzw. dem Motiv des Jüngerunverständnisses dienstbar gemacht hat.

verstehen die Jünger nichts. Sie verstehen nicht, daß Jesus die Idee der *Reinheit* aus dem kultischen Bereich in den ethischen verlagert.[55]

Schauen wir genauer hin! Die Jünger erfahren, daß Jesus, wie es von Gott selbst in ψ 22 heißt, der Hirte ist, der die göttliche Macht hat, die letzten Endes tödliche Gegenmacht des Hungers von Tausenden zu besiegen, *Mk 6,35–44*. Sie, die Jünger selbst, waren am Sättigungsakt beteiligt, aber sie haben, wie der Fortgang der Erzählungen zeigt, von ihrem eigenen Engagement bei diesem Tun nichts von dem begriffen, was da *eigentlich* geschehen ist! Wie furchtbar – *furcht*-bar im wörtlichen Sinne – das Nichtverstehen ist, läßt bereits die Anschlußperikope *Mk 6,45–52* erkennen. Sie muß schon allein wegen V.52 als thematische Einheit mit 6,35–44 gelesen werden. Wie einst bei der Sturmstillung Mk 4,35–41 ist auch jetzt wieder der See Genezareth, die θάλασσα, der Ort des Versagens. Es ist bereits Abend, bereits dunkel, als sich die Jünger bei Gegenwind rudernd abmühen. Als sie bei der vierten Nachtwache sehen, wie Jesus über den See geht, meinen sie in ihrem Wahn in ihm ein Gespenst zu erblicken. Sie schreien laut auf. Sie sind außer sich, ἐταράχθησαν! Hier darf nicht psychologisierend entschuldigt werden, hier macht der Evangelist mit Hilfe des Motivs des Jüngerunverständnisses eine *theologische* Aussage im Horizont seiner theologischen Gesamtkonzeption des Messiasgeheimnisses. Denn das Jüngerunverständnis hat eindeutig theologische Funktion. Das Unerhörte, ja Furchtbare geschieht: Sie sehen in dem *Repräsentanten Gottes* die Erscheinung einer *dämonischen Macht*! Sie verwechseln Himmel und Hölle! Es ist der Extremfall eines Fehlurteils im Blick auf Gott. Es ist – wenn auch unbewußt und unbeabsichtigt – Blasphemie. Und in dieses Dunkel der Nacht, in dieses Dunkel der theologischen Verwirrung hinein spricht Jesus sein göttliches ΕΓΩ ΕΙΜΙ, ICH BIN. Wie später auch im Blick auf Joh 8,58 zu zeigen ist, geschieht hier das bewußte Aussprechen des alttestamentlichen Ichs Jahwähs.[56] Die Jünger sind angesichts der göttlichen Epiphanie Jesu gescheitert. Sie sind wieder angesichts der *theologia gloriae* gescheitert. Gottes Offenbarung ist bei ihnen nicht angekommen. Ihr Nichtverstehen ist, der Nachtzeit angemessen – die Nacht ist hier wirklich Symbol des Dunkels –, Ausdruck ihrer, man muß es schon so sagen, Gottesferne. Doch wie Jesu Sturmstillung nur noch schlimmere Furcht als die zuvor provozierte, so ist ihre Reaktion jetzt auf Jesu göttliche Offenbarung pures Entsetzen. Das ἐταράχθησαν von V.50 eskaliert zu καὶ λίαν ἐκ περισσοῦ ἐν ἑαυτοῖς ἐξίσταντο, V.51. Das Fazit des Evangelisten in V.52: Sie waren über den Broten nicht zum Verstehen gelangt, οὐ συνῆκαν! Ihr Herz war verhärtet.

---

[55] *Hübner*, Das Gesetz in der synoptischen Tradition, 142ff.

[56] S. das zu Joh 8,58 Gesagte. Richtig *Gnilka*, EKK II/1, 1978, 270: „„Ich bin es‘ ist mehr als eine Identifikationsformel. Es ist die alttestamentliche Offenbarungsformel, die über die LXX im Munde Jesu zur neutestamentlichen Offenbarungsaussage wird. Dabei ist wichtig, daß die Selbstaussage Gottes *ani hu* (besonders bei Deuterojesaja) von der LXX mit ἐγώ εἰμι wiedergegeben wird. Die erwähnte Selbstaussage Gottes, die im Alten Testament unterschiedlich angewendet werden kann, ist hier im Sinn jener Formel zu verstehen, mit der Gott sein Wesen offenbart." Zutreffend parallelisiert hier *Gnilka* Mk und Joh; er verweist auf *R. Schnackenburg*, HThK IV/2, 63, und *Zimmermann*, BZ 4, 54–69.266–276.

Ihre καρδία πεπωρωμένη, so erinnert sich der Leser des Mk, ist identisch mit dem harten Herzen der Pharisäer und Herodianer, die Jesus beseitigen, ihn eliminieren wollten, *Mk 3,6*! Die Jünger stehen also auf der Seite der Mörder des Gottessohnes. Das Schlimme ist freilich, daß sie in grauenvoller Selbstillusion gefangen sind. Wie das „Ich" in Röm 7[57] wähnen sich die Jünger als Nachfolger Jesu auf dem Weg des Lebens, aber es sieht ganz so aus, als ob sie sich auf dem Wege des Todes befänden.

Die Sequenz *Mk 8,1–9* und *Mk 8,14–21* zeigt das gleiche Bild, allerdings in noch krasseren Farben. Schon allein die Frage der Jünger Mk 8,4, woher man denn in der Wüste Brot für die vielen Menschen bekommen könne, verrät ihre geistliche und geistige Stumpfheit. Wie können sie nur angesichts der ersten wunderbaren Speisung so fragen![58] Noch deutlicher wird die *Theologie des Jüngerunverständnisses* – es ist im strengen Sinne des Begriffs Theologie und nicht etwa Psychologie! – im eigentümlichen Dreischritt Mk 8,27–37; 9,30–37; 10,32–45.

In *Mk 8,27–37* spricht Petrus als der erste im Zwölferkreis das *dogmatisch korrekte Bekenntnis*: „Du bist der *Messias*," V.29. Daß es mit dogmatischer Korrektheit aber nicht getan ist, zeigt seine Reaktion auf Jesu Interpretation dieses der Formulierung nach zutreffenden Bekenntnisses zum Messias Jesus, zu Jesus „Christus", also auf die Ankündigung, als *Menschensohn* leiden, sterben und auferstehen zu müssen, V.31–33. Der sein Credo exakt gesprochen hat, läßt das durch Jesus interpretierte Credo nicht gelten und ist daher in dessen Urteil der Satan. Das dogmatisch korrekte Glaubensbekenntnis kann, wenn in falscher Intention verstanden, ein satanisches Wort sein. Petrus will den Tod Jesu nicht akzeptieren und überhört bei seinem Nein das Wort der Auferstehung. Wie die Jünger schon in Mk 6,48 Himmel und Hölle vertauscht haben, indem sie in dem Repräsentanten Gottes den Repräsentanten des Satans sahen, so gebärdet sich jetzt Petrus als der, der Gottes Plan mit Jesus schroff ablehnt, somit als der, der die „*Dogmatik*" *des Satans* vertritt. Immer wieder geht es im Mk um diesen fundamentalen, diesen *radikalen Gegensatz von Himmel und Hölle, von Gott und Satan*. Und gerade die Jünger des Gottessohnes gebärden sich als Jünger Satans. Jesu Wort σατανᾶ darf in keiner Weise abgeschwächt werden! Das Jüngerunverständnis ist keinesfalls eine bloße Schwäche dieses Kreises, die leicht behoben werden könnte. Nein, diese Männer stehen in ihrem Verständnis, besser: in ihrem Unverständnis, in der Sphäre der satanischen Macht. Wieder wird das, was bereits ausführlich zum Existenzial der *Räumlichkeit* im Zusammenhang der paulinischen Theologie dargelegt wurde, deutlich. Wir spitzen zu: Die, denen das Geheimnis der Gottesherrschaft gegeben ist, ausgerechnet sie stehen in ihrem ganzen Sein im Herrschaftsbereich Satans! Ihr Unverständnis hinsichtlich des

---

[57] Zum „Ich" in Röm 7 s. *Hübner*, BThNT II, 293ff.

[58] Natürlich kann man dieses Verhalten der Jünger traditionsgeschichtlich in der Weise „erklären", daß der Evangelist diesen Vers in seiner Überlieferung gelesen hatte und ihn dann so stehenließ. – Aber eben: Er ließ ihn stehen! Denn dieser Vers paßte bestens in seine Konzeption. Mk 8,4 muß also auf der Ebene des redaktionellen Wollens des Evangelisten gelesen werden.

Geschicks Jesu ist zugleich ein horrendes *Selbstmißverständnis* und ein blasphemisches *Mißverständnis Gottes*. Das Verb φρονεῖν in V.33 meint ja nicht nur denken, sondern umschreibt die elementare Grundausrichtung des Menschen in seinem ganzen personalen Wesen (vgl. Röm 8,5ff. mit dem Gegensatz τὸ φρόνημα τῆς σαρκός – τὸ φρόνημα τοῦ πνεύματος). Es ist das *Aus-sein-auf*...; wessen φρονεῖν in die falsche Richtung geht, dessen *Sein* ist pervertiert, ist per-vers. Wessen φρονεῖν nicht auf Gottes Leben geht, der befindet sich auf dem Wege des Todes. Der Weg des Todes ist aber der Weg Satans. Und das Schlimme, das *Furcht*-bare – in der Tat hat *hier* der φόβος sein Recht! – ist die totale Blindheit gegenüber dem eigenen Sein, dem eigenen Lebensweg, der halt nur ein „Lebens"-Weg ist, weil das nur vermeintliche Leben in Wirklichkeit den Tod bedeutet. Was sich in bisherigen Perikopen mehr bildhaft zeigt, enthüllt sich nun in grauenhafter Offenheit! Das als Ausdruck der Rechtgläubigkeit erscheinende Bekenntnis von V.29 hat seine dämonische Verkehrung erkennen lassen. Im Sinne des Evangelisten wird es wohl so zu interpretieren sein, daß Petrus „Messias" im nationalen und militärischen Sinne meint und nicht bereit ist, diese Messiaskonzeption aufzugeben.

Gibt es für die, die sich so sehr in die Illusion eines falschen Gottes und in einem damit in die Illusion über das eigene Sein verrannt haben, noch die Möglichkeit der Rettung? Gibt es für sie die Möglichkeit eines *μετα*-νοεῖν? Können sie der göttlichen Aufforderung von Mk 1,15 μετανοεῖτε noch irgendwie Folge leisten? Die positive Antwort wird in *Mk 8,34–37* gegeben. Sie wird dem Volk, das – schon das 4. Kap. zeigte es – gar nicht so dumm ist, wie Wrede einst meinte, und zugleich auch den Jüngern gegeben: Nur wer selbst bereit ist, den Kreuzweg zu gehen, nur wer bereit ist, sein Leben wegzuwerfen und zu verderben – ἀπολέσει in V.35 wird mit dem üblichen „verlieren" viel zu harmlos übersetzt! –, wer also mit seiner ganzen Existenz Jesus folgt, einzig und allein der ist in der Lage, Jesu Wort von V.31 zu *verstehen*! Verstehen der Verkündigung Jesu, verstehen des Wortes vom Kreuz ist nur dem möglich, der selber in der Stunde, in der es darauf ankommt, zur *via crucis* bereit ist; nur ein solcher kann Gott, Jesus und in einem damit sich selbst verstehen. Mk 8,34–37 gibt also den *hermeneutischen Schlüssel* zum Verstehen des christlichen Kerygmas an die Hand. Es waren die Glaubenszeugen während der satanischen Macht der braunen Diktatur des sog. Dritten Reiches, es waren die Glaubenszeugen in kommunistischen Zuchthäusern und Gulags, es sind die Glaubenszeugen heute in braunen und roten Diktaturen, die den Zweiten Artikel des Credos verstanden hatten und verstanden haben. Andererseits kann auch heute noch ein korrekt zitiertes Credo als modernes Jüngerunverständnis gesprochen werden und folglich Ausdruck geistlicher Perversion sein. Markus warnt mit 8,29–33 die Kirche Jesu Christi in allen Zeiten.[59] Gut hat es *Udo Schnelle* formuliert: „Das Markusevan-

---

[59] S. auch *Weiser*, Theologie des NT, 75: „Die im Text des Markus geschilderten Fehlverhaltensweisen gehen den Leser selbst an."

gelium als eine Erzählung des ‚Weges' Jesu Christi von der Taufe bis zum Kreuz ist ein Ruf in die Leidensnachfolge Jesu Christi!"[60]

Das *Markus-Evangelium* ist also, wie sich erneut herausstellt, ein *eminent hermeneutisches Evangelium*. Es führt zum *Verstehen des Kerygmas*, indem es in einem damit zum *eigentlichen Selbstverstehen* führt. (Ich formuliere bewußt „Selbst-*Verstehen*", da dieser Begriff besser als der statische Begriff „Selbstverständnis" den dynamischen Prozeß dieses Verstehens zum Ausdruck bringt.) Ist es nun die Hermeneutik des Markus, das in seinen Augen todbringende Mißverstehen des Kerygmas aufzuweisen, so trifft sich diese Intention mit der Hermeneutik, wie sie gerade in der Existenzialphilosophie (nicht Existenzphilosophie oder gar Existentialismus!) unseres Jahrhunderts vertreten wird, wobei diese im Grunde nur ein recht altes hermeutisches Erbe aufgreift.

Auch hier ist es kein künstliches Konstrukt, wenn erneut auf *Martin Heidegger* verwiesen wird. Erst recht geht es nicht darum, neutestamentliche Theologie in den dominierenden Sog einer bestimmten Philosophie zu bringen. Vielmehr wird nur ein biblischer Sachverhalt, den wir bewußt mit dem zutreffenderen Terminus *Existenzverhalt* umschreiben, mit Hilfe der hermeneutischen Reflexion der Fundamentalontologie Heideggers zu klarerem Verstehen erhoben. Denn der Freiburger Philosoph hat ja im Grunde mit seiner phänomenologischen Begrifflichkeit *nur* das in helleres Licht gestellt, was im Prinzip schon zuvor gedacht und gesagt wurde, vor allem was der Substanz nach schon vor zwei Jahrtausenden die Hermeneutik des Markus war.

In „Sein und Zeit" hat Martin Heidegger das *eigentliche* Verstehen, das eigentliche Selbstverständnis als Überwindung des Verstehens von Welt und eigenem Dasein, das im Banne des „Man" steht, aufgewiesen. Um das eigene Dasein „eigentlich" verstehen zu können, gilt es, das Selbstverständnis aus diesem Banne zu befreien: „*Zunächst* ist das faktische Dasein in der durchschnittlich entdeckten Mitwelt. *Zunächst* ‚bin' nicht ‚ich' im Sinne des eigenen Selbst, sondern die Anderen in der Weise des Man. Aus diesem her und als dieses werde ich mir ‚selbst' zunächst ‚gegeben'. Zunächst ist das Dasein Man und zumeist bleibt es so. Wenn das Dasein die Welt eigens entdeckt und sich nahebringt, wenn es ihm selbst sein eigentliches Sein erschließt, dann vollzieht sich dieses Entdecken von ‚Welt' und Erschließen von Dasein immer als Wegräumen der Verdeckungen und Verdunkelungen, als Zerbrechen der Verstellungen, mit denen sich das Dasein gegen es selbst abriegelt."[61] Diesen Gedanken hat Heidegger noch klarer in seiner letzten Freiburger Vorlesung (Sommersemester 1923: Ontologie – Hermeneutik der Faktizität) vor seinem Weggang an die Universität Marburg dargelegt.[62] Auf diese

---

[60] *Schnelle*, Einleitung in das NT, 248.

[61] *Heidegger*, Sein und Zeit, 129.

[62] *Faktizität* – der zentrale Begriff des Untertitels dieser Vorlesung – ist das vortheoretische Leben in seiner *jeweiligen* Existenz. In diesem vortheoretischen Dasein versteht es sich selbst, legt es sich selbst aus. Der Mensch, so läßt sich Heideggers Gedanke in verkürzter Weise wiedergeben, existiert ständig als ein solcher, der in seinem Selbstverstehen seine eigene Existenz kontinuierlich auslegt. S. vor allem *Heidegger*, Ontologie 15: „Die Hermeneutik hat die Aufgabe, das je eigene Dasein in seinem Seinscharakter diesem Dasein selbst zugänglich zu machen, mitzuteilen, der Selbstentfremdung, mit der das Dasein geschlagen ist, nachzugehen. In der Hermeneutik bildet sich für das Dasein eine Möglichkeit aus, für sich selbst *verstehend* zu werden und zu sein."

Vorlesung macht auch *Jean Grondin* aufmerksam. Zitiert sei nur folgendes: „Es wird jetzt vollkommen einsichtig, weshalb die Faktizität eines besonderen *Kundtuns* bedarf. Ein sonderliches Kundtun braucht man nur ..., wenn das Offenzulegende *verdeckt* ist. Ziel und Notwendigkeit der Hermeneutik ist es, *gegen* die Selbstverdeckung der Faktizität anzugehen. Der Hermeneutik kommt ja seit alters her die *Grundaufgabe* zu, *das Mißverständnis abwehren zu helfen*".[63] Zitiert sei hier in diesem Zusammenhang auch *Christoph Jamme*: „Der Philosophie kommt nun die Aufgabe zu, dieses Selbstmißverständnis des Lebens aufzuheben, und in diesem Sinn ist sie Hermeneutik, denn die Hermeneutik diente ja ursprünglich weniger dem Verstehen als der Abwehr des Mißverstehens."[64]

In genau diesem Zusammenhang spricht Heidegger von *Selbstentfremdung*.[65] Mit diesem Begriff läßt sich aber gut umschreiben, was wir als Aussageintention des Markus herausstellten: Wo sich der Mensch hinsichtlich seiner ureigenen Intention täuscht, wo er seinen Tod – freilich Tod aus der Perspektive Gottes! – für Leben hält, wo er extreme Bestimmungen seiner Existenz verwechselt und so in lebensbedrohender, ja lebensvernichtender Selbstillusion existiert, wo er, ohne es zu wissen, geradezu dahinvegetiert, da ist er sich selbst fremd geworden. Da sieht er sein in Wirklichkeit todgerichtetes Ich als das vom Leben Gottes getragene lebende Ich. Der Mensch ist also dann nicht der, als den er sich selbst ansieht. Der, der ihm als Toter der Fremde ist, eben der ist er in tragischer Weise selbst. *Wer nicht weiß, wer er ist, der ist sich fremd geworden.* Was der Evangelist, wenn er Mk 8,34ff. redaktionell an 8,31–33 anschließt, theologisch und hermeneutisch beabsichtigt, ist also, der im Versagen des Petrus zum Ausdruck gekommenen Selbstentfremdung ein Ende zu bereiten: Jesus zeigt ihm und allen Jüngern, aber auch dem Volke, welchen Weg, welchen existenziellen Weg sie gehen müssen, wenn sie die freimachende Kraft des Evangeliums erfahren wollen, wenn sie also aus dem Gefängnis der Selbstillusion und Selbstentfremdung herauskommen wollen.

Die Hilfe der Existenzialphilosophie Heideggers für die hermeneutische Aufgabe der Auslegung der markinischen Hermeneutik dürfte deutlich geworden sein: Dem *eigentlichen* Verstehen geht es um das Verstehen der eigenen Existenz. Verstehen der den Menschen umgebenden Welt ist notwendig zugleich Verstehen der eigenen Existenz. Lautet ein Spitzensatz aus „Sein und Zeit": „In jedem Verstehen von Welt ist Existenz mitverstanden und umgekehrt"[66], so meint dies in *theologischer Konkretisierung*, daß in jedem Verstehen eines theologischen bzw. christologischen Satzes, in jeder Formulierung kirchlicher Verkündigung und kirchlicher Dogmatik Existenz mitverstanden ist und – *solange* wir im Bereich von Kirche und Theologie bleiben! – umgekehrt. Markus hat Verstehen und Mißverstehen zugleich, besser noch: Mißverstehen und Ver-

---

[63] *Grondin*, Der Sinn für Hermeneutik, 75f.; Hervorhebungen z.T. durch mich; s. ib., 73ff.
[64] *Jamme*, Heideggers frühe Begründung der Hermeneutik, 79f.
[65] S. *Heidegger*-Zitat in Anm. 62.
[66] *Heidegger*, Sein und Zeit, 152.

stehen, zum Schlüssel seiner Evangelienschrift gemacht. Noch anders gesagt: *Das Markus-Evangelium ist ein hermeneutisches Kunstwerk.*

Haben wir nun anhand von Mk 8,27–37 die hermeneutische Grundstruktur des Mk herausgearbeitet, so bestätigt sich dieses Ergebnis an den beiden nächsten Kapiteln. In *Mk 9,30–37* findet sich zwar nicht das dogmatisch korrekte Credo, wohl aber die erneute Leidens- und Auferstehungsvorhersage. Ausdrücklich heißt es, daß die Jünger, die Jesu lehrte, ἐδίδασκεν – διδάσκω gewinnt hier geradezu homiletische Dignität –, sein Wort nicht verstanden, οἱ δὲ ἠγνόουν τὸ ῥῆμα, V.32. Der in Mk 8,34ff. von Jesus angebotene hermeneutische Schlüssel hat bei den Jüngern anscheinend nichts bewirkt – vom Volk wird allerdings ein solches Versagen nicht ausgesagt. Die Folge: Die Jünger fürchten sich sogar, ihn zu fragen. Und da sie in geistlicher Stumpfheit dahinleben, können sie die überaus törichte Frage stellen – wohl gemerkt: auf dem Wege nach Jerusalem, auf der bereits in Mk 1,2f. prophetisch angekündigten ὁδός Jesu zum Kreuze! –, wer der Größte sei, Mk 9,34. Und wiederum der hermeneutische Schlüssel in Form einer Existenzaussage in V.35: „Wer der erste sein will, sei der letzte von allen und der Diener aller!" Es gilt, wie ein Kind zu sein, 9,36f.!

Mk 10,32–45 bestätigt erneut das hermeneutische Grundgesetz des Mk und endet mit dem durch die Anspielung auf *Jes 53* vertieften Zweiten Artikel des Credos. Jesus sagt seinen zitternden und sich fürchtenden Jüngern zum dritten Male sein Sterben und Auferstehen voraus, 10,32–34. Und wiederum folgt eine äußerst dumme Reaktion aus der Mitte der Zwölf. Die Söhne des Zebedäus bitten Jesus, daß sie in dessen Doxa, also in seiner göttlichen Herrschaft, zu seiner Rechten und Linken sitzen können. Jesus befindet sich auf der ὁδός des Kreuzes, Jesus hat seinen Jüngern die *theologia crucis* und nur durch diese *theologia crucis* hindurch die *theologia gloriae* gepredigt. Sie aber wollen ohne *theologia crucis*, ja gegen alle *theologia crucis* die für sie erfolgreiche *theologia gloriae*! Da antwortet Jesu erneut mit dem hermeneutischen Schlüssel, indem er wie schon zuvor in Mk 9,35 vom διάκονος spricht, Mk 10,43: „Wer unter euch groß sein will, sei euer Diener." διάκονος wird dann noch in V.44 durch das deutlichere δοῦλος unterstrichen. Und schließlich verweist er auf sich selbst als Vorbild: „Der Menschensohn ist nicht gekommen, um sich bedienen zu lassen, sondern um zu dienen und – so mit Worten aus Jes 53 – δοῦναι τὴν ψυχὴν αὐτοῦ λύτρον ἀντὶ πολλῶν, sein Leben als Lösepreis für die vielen zu geben," 10,45.

Es sieht so aus, als sei nun das hermeneutische und somit das theologische Problem des Mk gelöst. Dem ist aber nicht so! Denn das Ganze ist noch erheblich komplizierter. Und so ist ein weiterer hermeneutischer Gang erforderlich. Es gibt nun eine Gruppe innerhalb des Erzählprozesses, die der Gruppe der mißverstehenden und nicht verstehenden Jünger gegenübergestellt ist. Und wir dürfen vermuten, daß diese Gegenüberstellung vom Evangelisten und Redaktor Markus bewußt inszeniert ist. Gemeint sind die *Frauen* im Mk. Der Terminus „Gruppe" stimmt nur bedingt. Denn es sind zumeist einzelne Gestalten, die unversehens namenlos begegnen und nach ihrem Auftreten für immer verschwinden. Ihr jeweiliges Erscheinen ist nicht mit dem der anderen Frauen verbunden. Trotzdem eint sie ein gemeinsames Charakteristikum: Wo von ihnen die

Rede ist, da werden sie – von der sich auf eine Mordsache einlassenden Salome und ihrer Mutter Herodias Mk 6,14ff. einmal abgesehen – in einem positiven Lichte geschildert. Die Schwiegermutter des Petrus „dient" nach ihrer Heilung Jesus und einigen seiner Jünger, Mk 1,31. Dabei könnte διηκόνει einen gewissen liturgischen, eucharistischen Unterton haben. Immerhin ist die Eucharistie die Feier, geradezu die sakramentale Repräsentierung des heilbringenden Sühnetodes Jesu (s.o. διακονῆσαι Mk 10,45 in Verbindung mit Mk 14,22–24). Nicht die Jünger sind es, die wirklich glauben, sondern die meisten dieser Frauen! Zunächst ist es die vom Blutfluß geheilte Frau von *Mk 5,25–34*. Sie erfährt die heilvolle Zusage Jesu, V.34: ἡ πίστις σου σέσωκέν σε. Die Syrophönizierin von *Mk 7,24–30* heilt Jesus sogar trotz seines zunächst nicht gerade taktvollen Verhaltens ihr gegenüber. Wegen ihres Glaubenswortes V.28 aber erfährt sie seine Hilfe, V.29: „Um dieses Wortes willen geh; der Dämon ist aus deiner Tochter ausgefahren." Das Scherflein der armen Witwe von *Mk 12,41–44* symbolisiert ihre Lebenshingabe, ὅλον τὸν βίον αὐτῆς (V.44). Jesus gibt nach Mk 10,45 sein Leben hin, seine ψυχή, diese überaus arme Frau ebenfalls „ihr Leben", ihren ganzen βίος. Sie ist es nun, die im Sinne von Mk 8,34ff. Jesus nachgefolgt ist! Dabei ist noch nicht einmal von ihrem Glauben die Rede. Sie scheint von Jesus als dem Messias nichts zu wissen. Eine Art Ergänzung zu dieser Armen ist die Reiche von *Mk 14,3–9*; sie salbt Jesus zu seinem Begräbnis. Sie glaubt an ihn, glaubt an seinen heilwirkenden Tod. Ist es Überinterpretation, wenn man sagt, sie habe ihn zum Messias gesalbt, auch, wenn Markus hier das Verb μυρίζω statt χρίω bringt, V.8?[67] Auf jeden Fall ist diese Salbung eine prophetische Tat.[68] So bringt Jesus zu ihren Ehren eine Eloge, die sonst im ganzen Mk nicht mehr erscheint: „Wahrlich ich sage euch: Wo auch immer in der ganzen Welt das Evangelium verkündet wird, da wird man zu ihrem Gedächtnis davon sprechen, was sie getan hat!" Die im symbolischen Akt das Evangelium verkündende Frau gehört selbst ins Evangelium hinein!

Der Höhepunkt dessen, was zum Thema „Frauen im Mk" zu sagen ist, sind die Frauen beim Kreuz, *Mk 15,40f.* Jetzt endlich ist die Epoche ihrer Namenlosigkeit vorbei! Sie werden endlich bei ihrem Namen genannt: Maria Magdalena, Maria, die Mutter Jakobus des Kleinen und des Joses, und Salome, daneben aber wieder viele Namenlose. Sie sind Jesus bis nach Golgatha nachgefolgt. Keiner der Jünger ist dabei – keine Männer, nur Frauen! Von ihnen wird, wie gerade der griechische Urtext beredt zum Ausdruck bringt, das theologisch nicht Überbietbare gesagt: ἠκολούθουν αὐτῷ! Nachfolge bis in die Todesstunde hinein! ἀκολουθεῖν war ja das theologische Schlüsselwort in Mk 8,34ff.; es war dort die Bedingung der Möglichkeit des Glaubens. Erneut begegnet auch διακονεῖν (Mk 1,31; 10,45): Es sind die Frauen, die ihm gedient haben: διηκόνουν αὐτῷ. Es sind die, die ihm nach Jerusalem (bis Golgatha hinauf, s. Mk 10,32f.) folgten: αἱ συναναβᾶσαι αὐτῷ εἰς Ἱεροσόλυμα.

---

[67] Beide Verben sind immerhin synonym.
[68] So fast alle Exegeten, z.B. *Gnilka*, EKK II/2, 225; s. auch *W. Grundmann*, ThHK II, ⁷1977, 377f.: Dem Liebeswerk der salbenden Frau an Jesus kann ein noch verborgener Sinn innewohnen, der auf das Messiasgeheimnis deutet. Nach *E. Lohmeyer*, KEK I/2, 295, macht dieses Wort die Frau zum *unbewußten* Werkzeug und ihre Tat zum ungeahnten Zeichen eines kommenden Geschehens.

Aber gerade diese Frauen versagen am *Ostermorgen*. Als sie kamen, um Jesus zu salben (s. Mk 14,3–9!), und die Botschaft von seiner Auferweckung hören, da scheitern sie nicht wie die Jünger an der *theologia crucis*, sondern an der *theologia gloriae*. Die Besten also scheitern, wo nun endlich Gott durch die Auferweckung seines Sohnes das Heil gewirkt hat. Jetzt sind es die Frauen, die sich fürchten, die dem himmlischen Befehl, den Jüngern die Osterbotschaft weiterzusagen, ungehorsam sind. Die letzten beiden Worte lauten ἐφοβοῦντο γάρ (Mk 16,8). Das genau ist aber die Haltung, die charakteristisch für das Jüngerunverständnis ist. Jedoch, der Evangelist will ja die scheiternden Jünger nicht aufgeben. Also sicher auch nicht die scheiternden Frauen! Das Evangelium endet offen – unsere Darstellung der Theologie des Markus, was das Ende des Mk betrifft, auch.[69]

2.6.1.3 Theologische Konkretisierung: Gesetz – Israel – die Völker

Es war eine Grunderkenntnis der Prolegomena, daß der Ansatzpunkt für eine Biblische Theologie nicht das Verhältnis zweier Buchcorpora zueinander ist, nämlich das Verhältnis des *geschriebenen* Alten Testaments zum *geschriebenen* Neuen Testament. Zunächst einmal war es die frühe Kirche, die die Schrift Israels als ihre eigene Schrift in Anspruch nahm. In diesem Sinne war für die neutestamentlichen Autoren die Schrift Israels die auf Christus gerichtete und die Christus verheißende Schrift. Folglich ist jetzt zu fragen, ob Markus die Heilige Schrift als die Schrift *Israels* thematisiert. Er stellt heraus, daß Jesus die Schrift und die Macht Gottes koordinativ nennen kann (Mk 12,24). Sie ist also für ihn als Wort Gottes höchste Autorität. *Unsere* Frage nach dem Verhältnis von Autorität Gottes und Autorität der Schrift hätte der Evangelist wahrscheinlich gar nicht verstanden. Diese Frage hätte nicht im Koordinatennetz seines theologischen Verstehens gelegen. Und vielleicht hätte er theologisch noch nicht einmal völlig unrecht, wenn er sich geweigert hätte, unterschiedliches Autoritätsgewicht für Gottes verheißendes Wort und Gottes erfüllendes Tun zu akzeptieren. Wie aber – und diese Frage muß sich auch ein Evangelist, der für Heidenchristen schreibt, gefallen lassen – wie sieht er das *Verhältnis von Schrift und Israel*? Anders gefragt: Sieht er gemäß seiner theologischen Konzeption die Schrift als Schrift *Israels*?

Nun ist ein Tatbestand zu registrieren: Wo Markus Schriftzitate bringt, geht es in der Regel nicht thematisch um die Frage nach dem Verhältnis von Synagoge und Kirche. Und umgekehrt: Wo Markus programmatisch über Israel und wo

---

[69] Ich gehe davon aus, daß Mk 16,8 das ursprüngliche Ende des Mk ist. Gerade die zuletzt vorgetragenen Gedanken sprechen m.E. für diese Auffassung. Damit ist aber die Voraussetzung gemacht, daß das Mk keine Missionsschrift ist, sondern der Evangelist innergemeindliche Situationen vor Augen hatte und in diese hinein schrieb. Dann aber ist anzunehmen, daß das Jüngerunverständnis auch das Versagen führender Leute in den Gemeinden, an die sich Markus richtete, in irgendeiner, von uns nicht mehr rekonstruierbaren, Weise spiegelt.

er programmatisch über die Völker, τὰ ἔθνη, spricht, da tut er es in der Regel ohne Bezug auf die Schrift. Freilich wurde soeben die Wendung „in der Regel" nicht ohne Grund gebracht. Lassen wir nämlich noch einmal die markinischen Schriftzitate vor unserem geistigen Auge Revue passieren, so stoßen wir doch auf bemerkenswerte Implikationen in dieser Hinsicht.

Die Zitate in Mk 1,2f. und 4,12 tragen für die eben genannte Fragestellung nichts aus. Erst das Zitat *Jes 29,13LXX* in *Mk 7,6f.*, ein Wort des Tadels im Munde Jesu, scheint zunächst weiterzuhelfen. Denn der hier so massiv ausgesprochene Vorwurf der Heuchelei gilt dem Volk: οὗτος ὁ λαός. Aber in Wirklichkeit hilft auch dieses Zitat nicht weiter. Denn dem Zusammenhang nach ist es gerade nicht das Volk Israel, das der Doppelzüngigkeit geziehen wird. Nach Mk 7,1 kamen ja „die" Pharisäer und einige der Schriftgelehrten eigens von Jerusalem, um bei Jesus nach dem Rechten zu schauen. Es sind also Abgeordnete der religiösen Autorität in Jerusalem, denen das Wort von „diesem Volke" entgegengehalten wird. Mk 7 steht immerhin zwischen Mk 6 und Mk 8, also zwischen den beiden Speisungsgeschichten. In ihnen wird Jesus als der gute Hirte gemäß Ps 23 geschildert. Wenn aber Jesus hier seine Hirtenpflicht ausübt, die Hungrigen also sättigt, dieses Sättigen jedoch metaphorisch das Sättigen mit dem Worte des Evangeliums meint, dann ist es ja eben nicht das Volk, das in diesem Teil des Mk mit göttlichem Tadel bedacht wird!

Irrelevant für die anstehende Frage sind die folgenden Zitate im Munde Jesu: Ex 20,12/Dtn 5,16 (Dekalog) und Ex 21,17 in Mk 7,10; Dtn 24,1.3 und Gen 1,27 und 2,24 in Mk 10,4.6.; Ex 20,12–16/Dtn 5,16–20 in Mk 10,19.

Hingegen ist Jesu Hinweis auf *Jes 56,7* (wörtlich LXX) und *Jer 7,11* in *Mk 11,17* anläßlich der Tempelreinigung von höchster Bedeutsamkeit (ausdrückliches γέγραπται!). Das Zitat Jes 56,7 stammt aus der tritojesajanischen Einheit Jes 56,3–7, wo – gegen Dtn 23,2–9! – Jahwäh in einem Ich-Wort Ausländer (ohne Ausnahme!) und Verschnittene zu seiner Gemeinde zuläßt. Bekanntlich beginnt Tritojesaja mit einem lauten *universalistischen* Akkord. Relativiert wird dieser Universalismus freilich dadurch, daß die Fremden, die sich Jahwäh anschließen (Jes 56,6: וּבְנֵי הַנֵּכָר הַנִּלְוִים; 56,3 im Sing.), seine Sabbate einhalten und an seiner Berit festhalten, also Proselyten werden müssen.[70] Dennoch sieht Tritojesaja diese Angelegenheit anders als vor allem Nehemia und Esra!

Wenn Jesus nun Jes 56,7 zitiert, so ist von der soeben genannten Relativierung nichts mehr übriggeblieben: „Mein Haus soll ein Haus des Gebets genannt werden – *für alle Völker*, πᾶσιν τοῖς ἔθνεσιν." Zwar liegt der Ton zunächst auf οἶκος προσευχῆς im Gegensatz zur Entweihung zum Verkaufs- und Bankenzentrum, nämlich zum σπήλαιον λῃστῶν (Jer 7,11[71]). Aber die Intention des Doppelzitats geht weit über diesen vordergründigen Gegensatz hinaus. Mit Joachim Gnilka: „Dem Tempel von Jerusalem aber gibt Markus keine Chance mehr. Ebensowenig rechnet er mit seinem Neubau. So wird man das Gebetshaus für alle Völker als eine von seinen Inhabern verhinderte Bestimmung und/oder als

---

[70] *C. Westermann*, Jesaja 40–66, ATD 19, ⁴1981, 248ff.

[71] Jer 7,11LXX: μὴ σπήλαιον λῃστῶν ὁ οἶκός μου, οὗ ἐπικέκληται τὸ ὄνομά μου ἐπ᾽ αὐτῷ ἐκεῖ, ἐνώπιον ὑμῶν;

Ankündigung eines geistigen Tempels zu verstehen haben, der die Gemeinde meint."[72]

Man darf dann wohl so formulieren: Indem die Völker das Heil des neuen Tempels erhalten, ist die bisherige *geistliche Einheit* von *Israel, Kult* und *Gesetz* zur bereits *vergangenen Heilsrealität* geworden. Dieser Interpretation entspricht voll, daß in *Mk 7,15* auch das hinter *Lev 11* stehende Wirklichkeitsverständnis von Rein und Unrein (Speisegebote) aufgehoben ist.[73]

Dazu scheint zunächst der Jubelruf des Volkes beim Eintreffen Jesu in Jerusalem in einem gewissen Gegensatz zu stehen, Mk 11,9f. Denn das Volk preist nicht nur den, der im Namen des Herrn kommt, sondern auch „die kommende Basileia unseres Vaters David". Jesus weist diesen Ruf nicht zurück. Aber er braucht es auch gar nicht; denn das Volk sagt schon das Richtige, freilich ohne den eigentlichen tiefen Sinn voll zu erfassen: Die Basileia Davids ist die weltweite Basileia des Christus! Hat Jesus auch die Basileia *Gottes* angekündigt (Mk 1,15), so ist es doch auch seine Basileia als die Basileia des *Messias.*[74]

Der Christus macht christologische Aussagen mit Psalmzitaten, in Mk 12,10f. mit ψ 117,22f. und in Mk 12,36 mit ψ 109,1. Beide Zitate haben für das Israel-Thema erhebliches Gewicht. In beiden Fällen geht es zugleich um das messianische Selbstverständnis Jesu im Rahmen der markinischen Christologie und Soteriologie.

Das Zitat *ψ 117,22f.* bildet den Abschluß des Weinberggleichnisses. In ihm wird bekanntlich zu Beginn auf *Jes 5,1f.* angespielt. Und daß sich, auf welcher Traditionsstufe auch immer, der deuteronomistische Gedanke der Verfolgung und Tötung der Schriftpropheten in Mk 12,1ff. findet, ist offenkundig.[75] Für un-

---

[72] *Gnilka*, EKK II/2, 129; ähnlich *D. Lührmann*, HNT 3, 1987, 193: Es geht „nicht bloß um eine ‚Reinigung' des Tempels von finanziellen oder anderen Unsitten ..., sondern um eine andere Bestimmung der Funktion des Jerusalemer Heiligtums: nicht vom Opfer her bestimmter Tempel, sondern (προσευχή ist term. techn. in diesem Sinne ...) opferlose Synagoge, offen auch für die ‚Heiden', nicht nur für Israeliten." Er verweist in diesem Zusammenhang auf *Hengel*, Proseuche.

[73] Trotz mehrfachen Widerspruchs – es bleibt bei der klassischen Formulierung von *Ernst Käsemann*, Das Problem des historischen Jesus, 207: „Aber wer bestreitet, daß die Unreinheit von außen auf den Menschen eindringt, trifft die Voraussetzungen und den Wortlaut der Thora und die Autorität des Moses selbst. Er trifft darüber hinaus die Voraussetzungen des gesamten antiken Kultwesens mit seiner Opfer- und Sühnepraxis. Anders gesprochen: Er hebt die für die gesamte Antike grundlegende Unterscheidung zwischen dem Temenos, dem heiligen Bezirk, und der Profanität auf und kann sich deshalb den Sündern zugesellen. Des Menschen Herz entläßt für Jesus die Unreinheit in die Welt. Daß des Menschen Herz rein und frei werde, ist die Erlösung der Welt und der Beginn des gottwohlgefälligen Opfers, des wahren Gottesdienstes, wie es zumal die paulinische Paränese entfalten wird." S. auch *Hübner*, Das Gesetz in der synoptischen Tradition, 158ff.

[74] *Gnilka*, EKK II/2, 118f.: „Wir haben es mit einer christlichen Bildung zu tun, die die messianische Davidssohnschaft Jesu zur Voraussetzung hat. Als Erfüllung der messianischen Verheißungen betritt dieser seine Stadt. Er kommt jedoch nicht, um politische Erwartungen zu realisieren." S. aber *Lührmann*, HNT, 189.

[75] Zu dieser deuteronomistischen Konzeption s. *Steck*, Israel und das gewaltsame Geschick der Propheten; s. aber *Lührmann*, HNT, 199.

sere Fragestellung ist vor allem wichtig, daß das Thema des Gleichnisses von Anfang an das *Gericht über Israel* ist.[76] Daß der Herr des Weinbergs die Winzer wegen ihrer Missetaten, gerade auch an seinem Sohn, vernichten (ἀπολέσει) und den Weinberg anderen geben wird (V.9), besagt, daß Israel das israelspezifische Privileg der exklusiven Erwählung genommen und den Heiden (= ἄλλοις) gegeben wird.[77] Genau diesen Gedanken liest Markus (mit seiner Tradition?) in ψ 117,22f.: Es ist Israel, das in Verblendung ausgerechnet den Eckstein, das heißt den ihm verheißenen Messias verworfen hat. Es hat in törichter und tödlicher Selbstillusion das ihm von Gott selbst zugedachte Erbe verspielt und sich so selbst die Existenz genommen, weil es den Erben schlechthin, an dessen Erbe es doch partizipieren sollte, getötet hat. Es wollte sich sein Erbe mit krimineller Gewalt nehmen und verspielt gerade dadurch dieses Erbe – und somit sich selbst!

Eine gewisse Schwierigkeit entsteht dadurch, daß die Verantwortung für Jesu Tod nach der Darstellung des Markus primär bei den *religiösen Führern Israels* liegt[78], vom Volk aber bisher nichts Ehrenrühriges gesagt wurde. Man kann natürlich versuchen, diese Schwierigkeit dadurch zu beseitigen, daß man darauf verweist, wie sich das Volk von seinen Führern dazu verführen ließ, „Kreuzige ihn!" zu rufen. Doch hat Markus hier wirklich *ganz* Israel im Blick?[79]

ψ 117,22f. ist zusammen mit ψ 109,1 zu sehen. Aber gerade das, was mit diesem Zitat bewiesen werden soll, ist in der Forschung heftig umstritten.[80] Will Jesus mit Hilfe des Zitats die Auffassung der Schriftgelehrten zurückweisen, daß der Messias Sohn Davids ist? Daß er, Jesus selbst, als aus Nazareth Stammender und somit *kein Davidide* dennoch der Messias ist? Wenn dies wirklich die Auffassung der auf Markus überkommenen Tradition gewesen war, so konnte es doch nicht die seine sein, wie allem Anschein nach die von Jesus akzeptierte Anrede des um Heilung von seiner Blindheit bittenden Timaios Bartimaios υἱὲ Δαυίδ Ἰησοῦ zeigt, Mk 10,47f. Das gilt um so mehr, als in der Komposition des Mk von Mk 8,27 an diese Heilung vom Blindsein das Gegenbild zur geistlichen Blindheit der Jünger Jesu sein soll.[81]

---

[76] So richtig *Gnilka*, EKK II/2, 144.

[77] Ib., 147: „Entscheidend bleibt jedoch die Ablösung des alten Gottesvolks, das seine Privilegien verliert. Die Geschichte des Weinbergs geht weiter mit anderen, mit einem *neuen Gottesvolk*, das aus *Juden* und *Heiden* besteht und in der Sendung und Tötung des Sohns begründet ist. Das Gleichnis faßt somit die gesamte Heilsgeschichte von der Erwählung bis zur Verwerfung Israels und der Konstituierung eines neuen Volkes Gottes zusammen." (Hervorhebungen durch mich)

[78] *Hengel*, ZNW 59, 38, zitiert zustimmend *Strobel*, Kerygma und Apokalyptik, 96: „Aus dem Gleichnis spricht eine Gerichtsthematik ohnegleichen und nicht zuletzt die Überzeugung, daß das Maß der Bosheit der Führer des Volkes voll sei und Gott kommen werde (Mc 12,9)."

[79] Die Frage, ob eine Urfassung des Gleichnisses auf Jesus zurückgeführt werden kann, unterbleibt hier; s. dazu die Kommentare und die bekannte Gleichnisliteratur!

[80] Die verschiedenen Auslegungen von Mk 12,30–37 s. bei *Burger*, Jesus als Davidssohn, 52ff.

[81] Nach *Gnilka*, EKK II/2, 170, besaß die christliche Gemeinde mit dem Schriftargument ψ 109,1 ein Mittel, den christlichen Rang ihres Messiasbekenntnisses zu profilieren und so die Davidssohnschaft zu relativieren; nicht haltbar sei aber die Meinung, daß hier die Davidsohnschaft zurückgewiesen werde. Spricht aber *Gnilka* hier vom Relativieren, so wird nicht recht

Ist also Jesus für den Evangelisten Sohn Davids und als solcher der Messias, so ist in ψ 109,1 noch weit mehr ausgesagt. Denn mit dem Psalmvers – unter der für Markus selbstverständlichen Voraussetzung, daß mit ihm Jesus angeredet ist! – ist ja gesagt, daß dieser über seinem Stammvater steht. In gewisser Weise ist Jesu Antwort vor dem Hohen Rat Mk 14,62 schon antizipiert – und das trotz Mk 8,30! Die bis heute in der exegetischen Diskussion offene Frage nach einer letzten Stimmigkeit dieser Perikope kann hier nicht beantwortet werden. Die exegetische Schwierigkeit wird daran sichtbar, wie sich die Kommentatoren mit der Argumentationsrichtung der Perikope abquälen. Was aber für unsere biblisch-theologische Fragestellung relevant ist, liegt im Tatbestand, daß der Messias Jesus, auch in seiner künftigen Erhöhung, Sohn Davids bleibt. Die *Geschichte seines Messias-Seins* ist *konstitutiver Teil der Geschichte Israels*. Ist er nämlich der Messias aus demjenigen jüdischen Geschlecht, das den Messias hervorbringen soll (Jes 9 und 11; PsSal 17), so ist dementsprechend *eigentlich* seine Bestimmung, der *Messias für Israel* zu sein. Daß er es dann doch nicht sein wird, liegt daran, daß Israel ihn verworfen hat, wie das Weinberggleichnis Mk 12,1ff. gezeigt hat. So läuft die Geschichte Israels mit dem Messias Jesus, die auf eine *Unheilsgeschichte Israels* herausläuft, in die *Heilsgeschichte der Menschheit* hinein. Der Begriff ἐκκλησία begegnet zwar im Mk nicht – bei den Synoptikern nur Mt 16,18; 18,17 –, der Sache nach hat aber für den Evangelisten die weltweite Kirche als Heilsgemeinschaft, wenn auch noch nicht als Heilsinstitution, Israel in dieser Funktion abgelöst. *Mk 13,10* bestätigt dies: Das Evangelium muß vor den messianischen Wehen zuerst noch allen Völkern verkündet werden, εἰς πάντα τὰ ἔθνη!

Die alttestamentlichen Zitate in den Perikopen Mk 10,1–12 und 10,17–22 helfen an dieser Stelle nicht weiter, auch nicht die in Mk 12,18–27. Wird an der letzten Stelle Ex 3,6 und 3,15f. als Ich-Worte Gottes zitiert, so dient die Formulierung „der Gott Abrahams und der Gott Isaaks und der Gott Jakobs" Mk 12,26 für die Argumentation, daß Gott ein Gott der Lebenden ist, daß also die Erzväter von den Toten auferweckt werden.

Anders steht es in Mk 12,28–34 mit *Mk 12,29*. Im Gegensatz zum Mt und Lk begegnen im Mk-Text beim Zitat der Forderung der Gottesliebe *Dtn 6,4f.* die Aufforderung an Israel und ihre *theo*-logische Begründung: ἄκουε, Ἰσραήλ· κύριος ὁ θεὸς ἡμῶν κύριος εἷς ἐστιν. Ist diese Aufforderung mit der ausdrücklichen Nennung Israels gegenüber einem Vertreter der jüdischen Obrigkeit – in dieser Funktion begegneten ja bisher im Mk die Schriftgelehrten! – der letzte Versuch Jesu vor seinem Gang nach Jerusalem, Israel zu ermahnen, es doch noch zu retten? Ein letzter Ruf Gottes also, der sein Volk liebt (Hos 11), durch den Mund des Messias? Der Teilerfolg ist immerhin da, der Schriftgelehrte stimmt Jesus zu. Und er begründet es sogar *theologisch*: Gottes- und Nächsten-

---

verständlich, daß er sagen kann, ib., 170: „Gegen die Auffassung der Schriftgelehrten steht Psalm 110,1."

liebe ist mehr als der kultische Opferdienst im Tempel! Dem kann Jesus nur zustimmen. Und so lobt er ihn: Der geistliche Vertreter Israels ist nicht weit von
der Königsherrschaft Gottes! Ob Markus das Theologumenon vom *Rest*, der gerettet wird, kannte (so z.B. Röm 9,27), ist schwer zu sagen. Der Sache nach aber
begegnet es hier. *Israel ist also nicht gänzlich verloren!* Wie später in der Wendung πάντα τὰ ἔθνη Mt 28,19 Israel mit inbegriffen sein wird, so jetzt auch in
der gleichen Wendung in Mk 13,10. Ein Silberstreif des Heils bleibt also für das
ehemals erwählte Volk am eschatologischen Horizont.[82]

Haben wir für Mk 12,36 auf *Mk 14,62* mit ψ *109,1* und *Dan 7,13* aufmerksam gemacht, so muß diese, auch in anderem Zusammenhang bereits genannte
Stelle noch kurz bedacht werden: Jesus kommt zum Jüngsten Gericht als Richter
der Welt. Er sagt das den geistlichen Repräsentanten Israels, aber er spricht hier
nicht mehr von Israel!

Schauen wir auf die letzten Ausführungen zurück, so wird man zu folgendem
Resümee kommen: Was die *Identitätsfindung* der markinischen Gemeinde be-
trifft, so ist der Übergang von der Heilsgemeinde Israel – sie war (!) für den
Evangelisten wirklich *Heils*-Gemeinde! – zur Heilsgemeinde Kirche von der
Schrift mit göttlicher Autorität bezeugt. Bei diesem Prozeß sind Wesenselemente
der Heilsrealität Israels aufgegeben: Der kultische Opferdienst im Tempel, der
Jerusalemer Tempel selbst, die levitischen Speisegebote als ein zentraler Bestandteil der Torah. Mk 7,15 ist dafür Spitzensatz markinischer Theologie. Mit
Rainer Kampling kann man sagen, daß Markus den Konflikt mit dem Judentum
und auch die Frage nach der Beziehung der Christen zu Juden *christologisch*
löst. In der Tat läßt der Evangelist – so Kampling – deutlich die Intention erkennen, „die christliche Gemeinde als von dem Judentum getrennte zu definieren, da
er bestehende Gemeinsamkeiten bestreitet und die Lehre und Praxis des Judentums negiert".[83] Richtig sagt er auch, daß mit dieser Selbstdefinition des Christlichen durch die Betonung der Christologie als des Fundaments christlichen Glaubens und Praxis, die die *Identität* der christlichen Leser bestimmt, „Fragen wie
Schrift- und Gesetzesverständnis zwar nicht unwichtig, aber … vom Bekenntnis
her gelöst" werden und „als Sachfragen nicht mehr zur Disposition" stehen.[84] Es
stimmt: Das Mk ist, wie Kampling sagt, als ein Dokument des Prozesses der Se-
paration der Kirche vom Judentum zu werten. Doch reißt er Israel und Judentum
zu sehr auseinander, wenn er einerseits von der Kontinuität zu Israel, andererseits von der Diskontinuität zum Judentum der Zeit des Markus spricht.[85] Hier
sollte man besser von der *Dialektik der Kontinuität und Diskontinuität zu Israel*
sprechen, und zwar insofern, als unbestreitbar Israels Schrift als *die* Heilige
Schrift in Geltung bleibt, Israel selbst aber *ex tunc* nicht mehr exklusive Heilsgemeinde ist.

---

[82] *Gnilka*, Theologie des NT, 172: „An die Stelle Israels soll ein neues Gottesvolk treten, das
allen Völkern, auch dem Volk der Juden, offen ist."
[83] *Kampling*, Israel unter dem Anspruch des Messias, 226.
[84] Ib., 226.
[85] Ib., 227.

Mit der *paulinischen* Theologie läßt sich die *markinische* nach diesen Überlegungen erneut in einem wesentlichen Punkt zur Deckung bringen: Das alttestamentliche *Gesetz* hat *als Gesetz Israels* seine Validität verloren; sein ethischer
Anspruch aber und, mehr noch, all das, was das Erste Gebot zum Ausdruck
bringt, bleiben als Forderung bestehen. Es ist die bleibende Forderung der
Schrift. Denn die Schrift Israels bleibt unbestritten Autorität – gerade für die
Kirche! – als schriftliches Wort Gottes. Wie bei Paulus finden wir die eigentümliche Dialektik: Gesetz? Nein! – Schrift? Ja![86]

---

[86] Kritisch habe ich mich mehrfach zu *Mußners* Deutung von Röm 11,26 geäußert. Ich freue
mich aber, ihm in dem zuzustimmen, was er zur Trennung der Kirche von Israel im Blick auf das
Mk sagt; *Mußner*, Das NT als Dokument für den Ablösungsprozeß der Kirche von Israel, 165f.

2.6.2 Das Matthäus-Evangelium

2.6.2.1 Die Problemlage

Daß gerade das Matthäus-Evangelium in besonderer Weise als eine Schrift zu beurteilen ist, die das Christus-Ereignis im Blick auf das Alte Testament darstellt, ist unbestrittene Voraussetzung nahezu aller Kommentare und Monographien, die dieses „erste" Evangelium theologisch thematisieren. Es bedeutete Eulen nach Athen zu tragen, wollte man noch eigens begründen, daß dieser Bezug in doppelter Hinsicht geschieht, nämlich durch die sog. Reflexions- bzw. Erfüllungszitate und durch das thematisch dominierende Motiv des Gesetzes. Wollen wir aber hier im Rahmen aller synoptischen Evangelien die theologischen Konturen des Mt herausstellen, so empfiehlt sich vor der präzisierenden Darlegung dieser beiden zentralen Aspekte, die *Modifizierung des theologischen Gesamtentwurfs des Markus durch den Evangelisten Matthäus* deutlich zu machen. Denn unverkennbar werden Fragmente des sog. markinischen Messiasgeheimnisses – gerade in ihrem fragmentarischen Charakter! – erkennbar, die aufgrund des theologischen Gestaltungswillens des Matthäus im Rahmen seiner Gesamtkonzeption innerhalb eines veränderten theologischen Koordinatensystems ein neues theologisches Gesicht zeigen. Diese Fragmentisierung der markinischen Messiasgeheimnis-Konzeption ist ein weiteres Indiz für die Richtigkeit der Zweiquellentheorie.

Konstitutive Funktion für die Theologie des Mt haben die *Erfüllungszitate*. Zur Terminologie: *Heinrich Julius Holtzmann* unterschied zwei Arten von alttestamentlichen Zitaten im Mt; seine Terminologie konnte sich jedoch nur teilweise durchsetzen. Er unterschied *Reflexionszitate*, die einer Erzählung zugefügt sind und diese reflektierend als Erfüllung einer prophetischen Verheißung kommentieren, von *Kontextzitaten*, die selbst integrativer Bestandteil einer Erzählung sind.[87] Vor allem die Reflexionszitate wurden dann Gegenstand der weiteren exegetischen Forschung. Weil in ihrer jeweiligen *formula quotationis* von Erfüllung dessen, was durch einen Propheten gesagt wurde, die Rede ist (Grundbestandteil ἵνα/ὅπως πληρωθῇ [aut: τότε ἐπληρώθη] τὸ ῥηθὲν [ὑπὸ κυρίου] διὰ τοῦ προφήτου λέγοντος), prägte *Wilhelm Rothfuchs* 1969 in seiner Monographie „Die Erfüllungszitate des Matthäus-Evangeliums" den Begriff ‚Erfüllungszitat' (englisch *fulfilment formula*). Im englischen Sprachbereich ist es bis heute weithin üblich, von *formula quotations* zu sprechen. Doch ist diese Bezeichnung zu unspezifisch, weil sie für *jedes* mit einer *formula quotationis* eingeleitete Zitat zutrifft.

Keine Übereinstimmung besteht hinsichtlich der genauen Zahl der Erfüllungszitate. Auf jeden Fall sind folgende Zitate zu ihnen zu rechnen: Mt 1,22f.; 2,15.17f.23; 4,14–16; 8,17; 12,17–21; 13,35; 21,4f.; 27,9. Kontrovers diskutiert werden 2,5f. (keine πληρόω-Form; sog. Kontextzitat!); 3,3 und 11,10 (Bezug auf den Täufer statt wie sonst bei den Erfüllungszitaten auf Jesus; keine πληρόω-Form); 13,14f. (nachmatthäische Interpretation?; einziges Erfüllungszitat im Munde Jesu!; fast völlige Übereinstimmung mit dem LXX-Text). Mt 2,5f. und 3,3 dürften nicht als Erfüllungszitate zu beurteilen sein; sollte jedoch, was wenig wahrscheinlich ist, 13,14f. ursprünglicher Mt-Text sein, wäre dieses Zitat in der Tat, obwohl es der Evangelist als Jesus-Wort bringt, ein Erfüllungs-

---

[87] *Holtzmann*, Lehrbuch der ntl. Theologie, 514.

zitat. Ein Problem eigener Art stellen 2,23 (Sammelzitat?) und 26,56 (nur Erfüllungsformel; s. auch 26,54) dar.

Weithin einig ist man sich in der exegetischen Forschung darüber, daß die *formulae quotationis* der Erfüllungszitate auf die redaktionelle Arbeit des Evangelisten zurückgehen, nicht aber, daß dies auch für die Zitate selbst zutrifft. Eine Erklärung verlangt nämlich der seit *Willoughby C. Allen*[88] immer wieder diskutierte Sachverhalt, daß der Evangelist einerseits diejenigen Zitate, die er aus Mk oder Q übernommen oder als Kontextzitate eingefügt hatte, entweder unverändert belassen oder höchstens leicht verändert hat, und zwar in Richtung auf den LXX-Text, daß aber andererseits die Erfüllungszitate zum großen Teil deutliche Affinität zum hebräischen Original aufweisen (freilich zuweilen auch mit betonter Anlehnung an die LXX, wie z.B. Mt 1,23 mit παρθένος aus Jes 7,14LXX, z.T. als Mischzitate aus LXX-Bestandteilen und wörtlicher Übersetzung des hebräischen Originals, wo dieses mit der LXX differiert). Daß aber ein und derselbe Autor für den einen Teil seiner Zitate möglichst LXX-Nähe anstrebt, für den anderen Teil jedoch mehr das hebräische Original berücksichtigt, wurde als unwahrscheinlich angesehen. Denn auch der an sich naheliegende Hinweis auf die bereits im ersten Band[89] genannte Hypothese *Robert Hanharts* von kontinuierlichen LXX-Rezensionen in Richtung auf inhaltliche Koinzidenz von griechischer Übersetzung und hebräischem Original des Alten Testament und die Widerspiegelung dieses Prozesses in den alttestamentlichen Zitaten des Neuen Testaments[90], hier speziell in den Erfüllungszitaten des Mt, hilft wenig, weil nicht einsichtig ist, warum der Evangelist ausgerechnet bei diesen Zitaten auf solche Rezensionen zurückgegriffen haben sollte, bei anderen aber nicht. Deshalb hat man als Ausweg aus diesem Dilemma in unterschiedlicher Weise die Hypothese vorgeschlagen, der Evangelist habe für die Erfüllungszitate auf vorgegebene Tradition zurückgegriffen.

Äußerst unwahrscheinlich ist es, daß der Evangelist hier mündlicher Tradition aus ihm vertrauter liturgischer Praxis folge.[91] Da nämlich die meisten Erfüllungszitate streng auf die jeweilige Erzählung bezogen sind und außerdem die *formulae quotationis* dieser Zitate nach allgemeiner Überzeugung der Exegeten Werke des Evangelisten sind, ist mündliche Tradition schwer vorstellbar. Auch die von *F.C. Burkitt* und *James Rendel Harries* vertretene Annahme, der Evangelist habe die Zitate einer *Testimoniensammlung* entnommen[92], ist aus demselben Grunde unwahrscheinlich. Außerdem ist zu bedenken, daß eine derartige Sammlung nicht spezifisch auf den Erzählzusammenhang der in Frage kommenden Perikopen des Mt angelegt gewesen wäre. Natürlich ist damit keinesfalls bestritten, daß zur Zeit der Niederschrift des Mt schon Testimoniensammlungen in christlichen Gemeinden existierten. Aber die *spezifische* Zusammenstellung der Erfüllungszitate bzw. ihr spezifischer Bezug auf den jeweiligen Kontext des Mt sind so geartet, daß sie, wollte man sie aus dem Kontext herauslösen, keine sinnvolle Testimoniensammlung ergäben.

---

[88] *Allen*, ET 12, 281ff.

[89] *Hübner*, BThNT I, 64.

[90] *Hanhart*, ZThK 81, 400ff.

[91] *Kilpatrick*, The Origins of the Gospel according to St. Matthew: Mt als liturgisch umgearbeitetes Mk.

[92] *Burkitt*, The Gospel History and its Transmission, und *Harries*, Testimonies.

Angesichts solcher Aporien dürfte *Krister Stendahls* Hypothese von der *Schule des Matthäus*[93] einer der interessantesten und diskussionswürdigsten Erklärungsversuche sein: War der Evangelist mit *Ernst von Dobschütz*[94] ein konvertierter Rabbi und hat er aktiven Anteil am Leben der Kirche genommen, so ist das „tantamount to saying that there was a school at work in the church of Matthew".[95] Diese Schule war „a school for teachers and church leaders, and for this reason the literary work of that school assumes the form of a manual for teaching and administration within the church".[96] Die in ihr gepflegte Schriftinterpretation sieht Stendahl als „the Matthaean type of midrashic interpretation", „it closely approaches ... the *midrash pesher* of the Qumran Sect".[97] Die eigenartige Bearbeitung der Texte der Erfüllungszitate der Mt-Schule müßte danach in Analogie zur Kommentierung des Hab in 1QpHab gesehen werden, bei der in kreativer Freiheit „a violation of the consonant text" des Hab vorgenommen wurde.[98] „The formula quotations would thus have taken shape within the Matthaean church's study of the Scriptures, while the form of the remainder is on the whole that of the Palestinian LXX-text".[99] Die Hypothese Stendahls ist also durchaus in der Lage, für den Sachverhalt der Differenz zwischen der Textart der Erfüllungszitate und der Textart der übrigen Zitate im Mt eine plausible Erklärung zu geben. Doch gibt sie ihrerseits an einigen neuralgischen Punkten Anlaß zur Kritik.

Zunächst hat *Bertil Gärtner*[100] beachtliche Argumente dafür anführen können, daß Stendahls These eines recht freien Umgangs mit dem Hab-Text doch erheblichen Bedenken unterliegt. Möglicherweise hat nämlich die Gemeinde von Qumran einen eigenen Text der Kleinen Propheten besessen, der mit dem Hab-Text von 1QpHab identisch war. Von noch größerem Gewicht ist aber sein Einwand gegen die Interpretation der Erfüllungszitate des Mt von der Pescher-Kommentierung des Hab her: Diese Art der Auslegung in Qumran-Kommentaren fuße auf einem kontinuierlichen Textzusammenhang (bzw. wachse in CD aus vorher fixierten Textabschnitten heraus), während die Schriftdeutung des Mt eine messianische „*interpretatio punctualis*" genannt werden könne.

Doch selbst, wenn man diesen Einwänden gegen Stendahl einen hohen Stellenwert einräumt, bleibt zu berücksichtigen, daß sowohl in Qumran als auch von Matthäus die prophetischen Texte als Verheißungen einer jetzt erfüllten bzw. sich erfüllenden Heilsgegenwart gelesen und interpretiert werden. So ist jedenfalls die *hermeneutische Basis* beiden *gemeinsam*. Sollte sich jedoch die Parallele im Blick auf den freien Umgang mit der Schrift als unzutreffend herausstellen, so bleibt angesichts der Tendenz des Evangelisten zur Angleichung seiner alttestamentlichen Zitate an die LXX der Zwang zur Erklärung, warum dies ausgerechnet für die Erfüllungszitate nicht zutrifft. Und so bietet sich die Hypothese einer Übernahme dieser Zitate aus einer Schule, in der Matthäus selber steht, als eine zumindest ernst zu nehmende Erklärungsmöglichkeit an. Doch gibt es weitere Bedenken gegen sie.

---

[93] *Stendahl*, The School of St. Matthew.
[94] *v. Dobschütz*, ZNW 27, 338ff.
[95] *Stendahl*, The School of St. Matthew, 30.
[96] Ib., 35.
[97] Ib., 35.
[98] Ib., 193; s. darüber hinaus S.190ff.
[99] Ib., 195.
[100] *Gärtner*, StTh 8, 1ff.

So hält *Georg Strecker* der These Stendahls entgegen, daß sich unter den Reflexionszitaten Textmischungen finden, die nicht sachlich, sondern nur durch Stichwortverbindungen motiviert seien. Also müsse „mit absichtsloser Gedächtniszitation" gerechnet werden, und folglich sei das Problem einer vormatthäischen Schultradition durchaus noch offen.[101] Allerdings bleibt seine eigene These einer „Sammlung prophetischer Weissagungen, die ihm in schriftlicher Form überliefert wurde"[102], recht vage. Die gegen Kilpatrick, Burkitt und Harris geäußerten Einwände treffen auch Streckers Hypothese.

Bedenklich ist bei Stendahl eine weitere Voraussetzung seiner These, nämlich die Vermutung von „an unbroken line from the School of Jesus via the ‚teaching of the apostles', the ‚ways' of Paul ... to the rather elaborate School of Matthew with its ingenious interpretation of the O.T. as the crown of its scholarship".[103] Denn es ist mehr als zweifelhaft, ob wir uns Jesus als Lehrer einer „Schule" vorstellen dürfen!

Angesichts dieser exegetischen Situation verwundert es nicht, wenn inzwischen der Versuch gemacht wurde, die Diskrepanz zwischen der Textform der Erfüllungszitate und der der übrigen Zitate im Mt zu relativieren. Denn dann könnte ja der Evangelist leichter für die Textform der Erfüllungszitate in Anspruch genommen werden. So vertritt *Robert Horton Gundry* energisch die These „contrary to former opinion, the Matthaean formula-citations do not stand out from other synoptic quotation material in their divergence from the LXX, but the formal quotations in the Marcan (and parallel) tradition stand out in their adherence to the LXX".[104] Aber er belastet seine Argumentation sehr stark durch die auch schon vor ihm von anderen vertretene Hypothese, daß „the Apostle Matthew was a note-taker during the earthly ministry of Jesus and that his notes provided the basis for the bulk of the apostolic gospel tradition... Mt was a note-taker from whose material the synoptists drew".[105] Sein Fazit: „Mt was his own targumist and drew on a knowledge of the Hebrew, Aramaic, and Greek textual traditions of the OT".[106] Doch einmal abgesehen von der unhaltbaren These, Matthäus habe Jesu Worte mitstenographiert – schon allein die von ihm vorgenommene Prüfung der Textform der Zitate, wie Gundry sie sich vorstellt, kann die zur Diskussion stehende Diskrepanz innerhalb dieser Zitate nicht beseitigen, im Höchstfall sie ein wenig mildern.[107]

Auch nach *George M. Soares Prabhu* haben die *formulae quotationis* des Mt alle „the same adaptive, context-directed character"; deshalb seien sie „free targumic translations made from the original Hebrew by Matthew, in view of the context into which he has inserted them".[108] Seine freilich recht kurze Untersuchung der Kontextzitate vermag sicherlich zu größerer Vorsicht gegenüber einer allzu forschen Behauptung, die LXX sei *die* Bibel des Matthäus, zu sensibilisieren. Aber den Tatbestand von zwei *im Prinzip* unterschiedlichen Textformen der alttestamentlichen Zitate des Mt als nicht existent zu beweisen, ist auch ihm nicht gelungen.

Der hier vorgetragene, notwendig unvollständige Forschungsüberblick zeigt, daß es zur Zeit keine wirklich überzeugende Lösung für das Problem der unterschiedlichen Er-

---

[101] *Strecker*, Der Weg der Gerechtigkeit, 83.
[102] Ib., 83.
[103] *Stendahl*, The School of St. Matthew, 34.
[104] *Gundry*, The Use of the OT in St. Matthew, 5.
[105] Ib., 182f.
[106] Ib., 172.
[107] S. vor allem die Zusammenfassung ib., 147–150.
[108] *Soares Prabhu*, The Formula Quotations, 104.

scheinungsweisen der Zitate des Mt gibt. Einstweilen zumindest müssen wir uns mit einem unbefriedigenden *non liquet* zufriedengeben, und dies trotz des Sachverhalts, daß in kaum einem exegetischen Bereich mit soviel philologischer Akribie gearbeitet wurde wie gerade bei der Untersuchung der Zitate des Mt. Vermutlich war der Prozeß der Entstehung dieses Evangeliums, das *letztlich* als das Werk eines einzelnen gesehen werden muß, doch komplizierter, als sich aus den uns gegebenen Einzeldaten erheben läßt. Wahrscheinlich hat aber Stendahl, auch wenn er das Problem noch nicht hat lösen können, mit seiner These von der Schule des Matthäus zumindest etwas Richtiges gesehen und in die richtige Richtung gewiesen.

2.6.2.2 Die Theologie des Matthäus

Am Messiasgeheimnis des Markus ist Matthäus nicht interessiert. Ob er im Mk, das ja eine seiner schriftlichen Vorlagen war, überhaupt verstanden hat, was der älteste Evangelist mit dieser Konzeption intendierte, ist mehr als fraglich. Er läßt einiges davon stehen, anderes gestaltet er entschieden um. Wenn er also nicht alles, was mit dem Messiasgeheimnis zu tun hat, beseitigt, wenn er Fragmente dieser Konzeption in seiner *editio secunda evangelii secundum Marcum* stehen läßt, so ist zu vermuten, daß er gar nicht gemerkt hat, wie hier ein bewußter theologischer Gestaltungswille vorlag.[109] Der klassische Aufsatz von *Günther Bornkamm* über die Sturmstillung im Mt[110] zeigt, wie Matthäus nicht nur Tradent der Erzählung Mk 4,35–41, sondern auch ihr ältester Exeget war.[111] In der markinischen Perikope steht das Motiv des Jüngerunverständnisses im Dienste der Konzeption des Messiasgeheimnisses; in Mt 8,23–27 ist daraus eine Nachfolgegeschichte geworden. Der Ruf der Jünger, κύριε, ist ein Gebet, das ein Bekenntnis enthält, V.25.

2.6.2.2.1 Die Erfüllungszitate

Insofern jedoch hat Matthäus einen zentralen theologischen Gedanken des Mk aufgegriffen und ausgebaut, als für seine theologische Intention die *Erfüllungszitate* zentral sind. Markus hatte seine ganze Evangelienschrift unter das eine Erfüllungszitat Mk 1,2f. gestellt und, bei aller Unausgeglichenheit im jeweiligen Einzelfall, ihr so doch eine beeindruckende theologische Geschlossenheit und innere Einheit verliehen. Matthäus hingegen hat aus dieser Vorgabe des einen Erfüllungszitats eine ganze Reihe derartiger Zitate gemacht. Damit hat er den Erfüllungsgedanken sichtbar unterstrichen, zugleich aber jedem einzelnen dieser Zitate nicht mehr das gleiche theologische Gewicht geben können, das das Zitat in Mk 1,2f. in der markinischen Konzeption hatte. Hinzu kommt, daß die

---

[109] S., was auf S. 96 über die *Fragmentisierung* der markinischen Messiasgeheimnis-Konzeption durch Matthäus gesagt wurde.
[110] In: *Bornkamm/Barth/Held*, Überlieferung und Auslegung im Mt, 48–53.
[111] Ib., 51.

Verteilung der Erfüllungszitate innerhalb des Mt nicht gleichmäßig geschieht; allein die Kindheitsgeschichte weist fast die Hälfte von ihnen auf.

Zu fragen ist nun, ob der *Inhalt* der matthäischen Erfüllungszitate einen substantiellen Hinweis auf die Theologie des Evangelisten gibt. Das erste dieser Zitate ist *Jes 7,14* in *Mt 1,22f.* Bekanntlich ist Jes 7,14 kein messianisches Prophetenwort. Die LXX-Übersetzung ἡ παρθένος für הָעַלְמָה soll nach dem Kontext in Mt 1 zunächst einmal die sog. Jungfrauengeburt – der Begriff ist ungenau, da es ja nicht um die Geburt des Messias geht – als Erfüllung einer alttestamentlichen Verheißung aufweisen. Im Gegensatz zu Lk 1,30.38–42 ist aber hier kein eigentlicher marianischer Akzent gesetzt. Worauf alles im Zitat ankommt, ist die *christologisch-soteriologische* Aussage des Namens Ἐμμανουήλ, den Matthäus eigens übersetzt: „Mit uns ist Gott."[112] Nicht erkennbar ist jedoch, ob Matthäus meinte, Jesus sei derjenige, durch dessen Erlösungswerk Wirklichkeit wird, daß Gott mit seinem Volke ist, oder ob mit dem Namen Emmanuel sogar ausgesagt ist, daß *in Jesu Person Gott selbst gegenwärtig* ist.[113] Die theologische Vorstellung von V.20, daß „das" in Maria Gezeugte aus (ἐκ!) dem Heiligen Geiste ist, könnte freilich als Indiz für Jesus als den sprechen, in dessen Person Gott als Erlöser präsent ist. Diese Auffassung sei auch hier als die wahrscheinlichere angenommen.[114]

Ist aber Jesus der Christus, der Messias, und ist er zugleich der vom Heiligen Geist Gezeugte, so ist erneut auf *Jesaja* verwiesen. Denn nach *Jes 9,5 (LXX: 9,6)* ist uns ein Sohn geboren, der nach *Jes 11,1ff.* derjenige ist, auf dem der Geist Gottes ruht. Sind auch Jes 9 und 11 nicht im eigentlichen Sinne messianische Prophezeiungen, so sind sie jedoch bereits nach ihrem alttestamentlichen Literalsinn soteriologische Verheißungen im Blick auf einen kommenden Davididen. Man wird also hier von *quasi-messianischen* Verheißungen sprechen können – unbeschadet der Frage, ob es sich um authentische Jesaja-Worte handelt.[115]

Vorweggenommen sei der Hinweis auf die weltweite Perspektive des Mt, wie sie schließlich vor allem im Missionsbefehl des Auferstandenen *Mt 28,16–20*

---

[112] *U. Luz*, EKK I/1, 1985, 105: „Auch im Jesajazitat selber geht es vor allem um das christologische Thema."

[113] Die Kommentare und viele Monographien sind im Blick auf diese Frage weithin merkwürdig zurückhaltend.

[114] Eigentümlich ist, daß es in Mt 1,20 *Josef* ist, der als *Sohn Davids* angeredet wird, obwohl er doch gerade nicht der leibliche Vater des Emmanuel ist (s. auch Mt 1,16). Matthäus sagt von Maria hingegen nicht, daß sie Davididin sei. S. *J. Gnilka*, HThK I/1, 1986, 11: „Zunächst: Jesus ist der Sohn Marias... War dann aber der auf Josef hinführende Stammbaum überhaupt notwendig?" *Gnilka*, ib., 19, gibt die Antwort im Blick auf Mt 1,20: „Die Anrede Josefs als Davidssohn ... erinnert an die messianische Verheißung ... Josef soll das erwartete messianische Kind in den Davidstamm einpflanzen und darum Maria in die häusliche und eheliche Gemeinschaft aufnehmen. Die Annahme an Sohnes statt vollzieht sich in der Namengebung, die Josef übertragen ist (anders Lk 1,31)." Das Problem der Jungfrauengeburt, auch hinsichtlich ihrer religionsgeschichtlichen Parallelen, soll hier auf sich beruhen. Für die *Theologie* des Mt ist diese Frage sekundär. Die Kommentare sagen das Nötige und verweisen auf die relevante Lit.

[115] Auch die Frage der Authentizität von Jes 9 und 11 ist für die *Theologie* des NT unerheblich.

zum Ausdruck kommt. Diesem *Universalismus* steht aber, wie es scheint, ein nationaler *Partikularismus* entgegen, wenn nach *Mt 1,21* Jesus sein Volk, τὸν λαὸν αὐτοῦ, von seinen Sünden erlösen wird. Daß nach dem Jes-Zitat von Mt 1,23 „Gott mit uns" ist, kann aber dann nur eine dem Volk Israel geltende Verheißung sein.[116] Überhaupt ist die Formel „*Gott mit uns*" eine Zusage, deren tiefer Sinn nur verstanden werden kann, wenn ihre alttestamentliche Verwurzelung im Blick ist.[117] An beinahe einhundert Stellen spricht das Alte Testament von einem „Mit-Sein" Jahwähs oder Gottes mit dem oder den Menschen.[118] Jahwäh ist seit dem Exodus mit seinem Volk Israel. Es erlebt seine Geschichte als zielgerichteten Weg mit ihm. „Die Geschichte wird teleologisch gesehen, als lineare Strecke, die zukunftsgerichtet und zukunftsbezogen ist durch den Charakter des sie gestaltenden, die Seinen in ihr auf ihrem Wege geleitenden Gottes. Israel soll und darf hier ‚glauben', d.h. sich der Führung Jahwes gehorsam und hoffend anvertrauen. Das Geschichtserleben und das Geschichtsverstehen Israels sind damit wesenhaft auf Eschatologie hin angelegt."[119] In diesen theologischen Horizont kann Mt 1,18–25 bestens eingeordnet werden: Die Geburt des Erlösers Israels ist das Ende der vom Unheil auf das Heil zulaufenden Heilsgeschichte Israels. Der unmittelbar vor dieser Perikope stehende Stammbaum Jesu beginnt nicht ohne Grund mit den Worten Βίβλος γενέσεως Ἰησοῦ Χριστοῦ υἱοῦ Δαυὶδ υἱοῦ Ἀβραάμ, Mt 1,1. Es ist die *Geschichte* des Messias Jesus *von Abraham her* über dessen Sohn David. Die Geschichte Israels ist also für Matthäus die Geschichte des jüdischen Volkes auf seinen Messias hin.

Mit dem ersten Erfüllungszitat sind somit im nationalen Heilspartikularismus die beiden theologischen Größen *Volk Israel* und *Messias Jesus* zusammengebracht. Aber es ist die theologische Intention des Matthäus, daß der Messias nicht der Messias Israels bleibt und daß das Volk Gottes nicht das Volk Israel bleibt. Gerade die universalistische Ausweitung sowohl der Aufgabe des Messias als auch des Volkes Gottes ist Gegenstand der Darstellung des Matthäus, die das Prädikat „dramatisch" durchaus verdient. Mit der assertorischen Feststellung von Mt 1,21, wonach es (nur) Israel ist, dem die Erlösung zuteil werden soll, kontrastiert deutlich das vom Evangelisten erzählte Geschehen, das hier nur in wenigen bezeichnenden Strichen skizziert werden soll: Schon der Täufer sieht, wenn auch im Bilde ausgesprochen, Kinder Abrahams außerhalb Israels, Mt 3,9! Nach *Mt 8,10* hat der römische Centurio einen tieferen und festeren Glauben an den Tag gelegt als irgendeiner in Israel! Und so formuliert Jesus selbst den heilsuniversalistischen Gedanken in *Mt 8,11*: Viele werden vom Osten und vom Westen kommen und in der Basileia der Himmel mit Abraham – dem Stammvater Jesu und Israels! – und Isaak und Jakob das eschatologische Mahl halten! Diesen vielen wird aber *anstelle* Israels dessen Gnade zuteil. Wiederum stoßen wir hier

---

[116] So richtig *Gnilka*, HThK I/1, 19; *Luz*, EKK I/1, 105.

[117] Dazu vor allem *Preuß*, ZAW 80, 139ff., der die atl. Belege zusammengestellt und gedeutet, aber auch die religionsgeschichtlichen Parallelen bedacht hat.

[118] Ib., 139.

[119] Ib., 171.

im Neuen Testament auf die uns mehrfach schon begegnende sog. Substitutionstheorie. Gott selbst wird zum eschatologischen Datum „die Söhne der Basileia" in die äußerste Finsternis hineinwerfen; das *passivum divinum* ἐκβληθήσονται (V.12) sagt ja Gottes verwerfendes Handeln am Tage des Jüngsten Gerichtes aus. Erneut also im Neuen Testament die „Umwertung aller Werte"! Jesus kommt, um sein Volk zu erlösen, und das Ende dieses Volkes ist – welch Paradox! – Heulen und Zähneknirschen. Aufgestachelt von ihren religiösen Führern schreit ganz Israel, πᾶς ὁ λαός (!), „Kreuzige ihn!", *Mt 27,22f.* Ja, sie versteigen sich schließlich zu dem furchtbaren und wirkungsgeschichtlich so schrecklichen Ausruf *Mt 27,25:* „Sein Blut komme über uns und über unsere Kinder!" Und es ist eben dieses Wort, das Pilatus zum Kreuzigungsbefehl veranlaßt. So läuft in der Dramatik der Erzählung letztlich alles auf den Missionsbefehl hinaus, wonach die Elf alle Völker – wieder das wohlvertraute paulinische πάντα τὰ ἔθνη! – zu Jüngern machen und sie taufen sollen, *Mt 28,16–20.* Der *Kontrast* von *Mt 1,21ff.* einerseits und *Mt 8, Mt 27* und *Mt 28* anderseits ist Kennzeichen matthäischer Ekklesiologie: **Das Volk Jahwähs, der** קְהַל יְהוָה, **wird zur** ἐκκλησία τοῦ Χριστοῦ. Mt 1,21 samt folgendem Erfüllungszitat darf also nur im Ganzen der Konzeption des Mt gelesen werden; anderenfalls wird Mt 1,21ff. falsch verstanden. Weil Israel sein Heil verspielt hat, erlangen heidnische Völker das Heil. Aber ein Lichtstreif am Horizont bleibt: *Auch Israel ist,* wie die meisten Autoren annehmen, *zu* πάντα τὰ ἔθνη *zu zählen.*

Die nächsten Erfüllungszitate der Kinheitsgeschichten bedürfen nicht mehr solch ausführlicher Interpretation. Nicht mit einer *formula quotationis* ist das Zitat *Mi 5,2* in *Mt 2,5f.* eingeleitet. Der Evangelist bringt es ja auch nicht als seine eigene theologische Reflexion; es ist vielmehr auf die Frage der Magier die Antwort der Hohenpriester und Schriftgelehrten des Volkes (τοῦ λαοῦ!), die korrekt die Schriftstelle zitieren, wonach der Messias aus Bethlehem stammt. Bezeichnenderweise endet das Zitat mit „er wird *mein Volk Israel* weiden".

Erfüllungszitat ist *Hos 11,1* in *Mt 2,15:* „Aus Ägypten habe ich meinen Sohn gerufen."[120] Nach dem Zusammenhang in Hos 11 geht es um das Volk Israel, das Gott als seinen Sohn beim Exodus aus Ägypten gerufen hat. Will der Evangelist, weil er gerade diese Stelle zitiert, Jesus nicht nur als Repräsentanten Gottes, sondern auch als Repräsentanten Israels – und zwar des *schuldigen* Israel, womit der Gedanke der stellvertretenden Sühne hier schon ansatzweise aufleuchtete (s. 2Kor 5,21!) – vor Augen stellen?[121]

---

[120] Das Zitat entspricht allerdings nur dem MT, nicht aber der LXX, welche schreibt: ἐξ Αἰγύπτου μετεκάλεσα τὰ τέκνα αὐτοῦ.

[121] Nach *Luz*, EKK I/1, 129, verbindet sich in unserem Zitat mit dem Sohnestitel ein Moment der *Israeltypologie.* „In Jesus wiederholt und vollendet sich der Auszug aus Ägypten... Der matthäische Gedanke ist wohl: Das Heil ereignet sich noch einmal neu. Der mit der Bibel vertraute Leser spürt, daß das Handeln Gottes in seinem Sohn grundlegenden Charakter hat, an Israels Grunderfahrungen zugleich anknüpft und sie neu vollzieht." Freilich ist der Unterschied der, daß es beim Exodus Israels aus Ägypten um das erlösende Geschehen Gottes an Israel ging, Jesus als der aus Ägypten gerufene Sohn Gottes jedoch der Erlöser ist. In diesem Sinne müßte der prinzipiell richtige Gedanke von *Luz* präzisiert werden.

Jer 31,15 (Jer 38,15LXX)[122] in *Mt 2,18* ist wieder durch die *formula quotationis* in 2,17 als Erfüllungszitat ausgewiesen.[123] Wenn Rachels Wehklagen für das Wehklagen wegen des Kindermords in Bethlehem durch Herodes in Anspruch genommen wird, so mag man überlegen, ob hier eine *typologische* Denkfigur vorliegt. Wahrscheinlich will Matthäus in der Tat zeigen, wie Rachel *immer dann* selbst trauert, wenn Israel über vergossenes Blut in seiner Mitte trauert. Auch die in Jer 31,15 Betrauerten sind ja nicht die unmittelbaren Kinder Rachels. Schon Jeremia hat die Stammutter in Beziehung zur *Geschichte Israels* gebracht. In genau diesem Sinne kann das dann auch Matthäus tun. Jeremia geht es aber darüber hinaus darum, Rachel zu trösten. Der Skopus von Jer 31 ist *Trost.* Hat Matthäus diesen Gedanken ausgeblendet? So sieht es *Joachim Gnilka:* Für den Evangelisten erhebt Rachel proleptisch Klage über das Schicksal des ungläubigen Israel. „Der Kindermord wird zur Vorausabbildung des ausstehenden Gerichtes über Jerusalem."[124] Gnilkas Interpretation fügt sich immerhin gut in die Intention des Matthäus ein und verdient deshalb, sorgfältig bedacht zu werden. Es ist jedoch zu fragen, ob nicht der bereits genannte Lichtblick für Israel – dieses inmitten „aller Völker" (Mt 28,19) – die Annahme erlaubt, daß der Evangelist die in Jer 31 ausgesprochene Hoffnung für Israel ein klein wenig mit im Blick hatte. Beweisen läßt sich jedoch an dieser Stelle nichts.

Mit dem Zitat *Jes 40,3* in *Mt 3,3* haben wir die Kindheitsgeschichten des Mt bereits verlassen. Vom Wortlaut der *formula quotationis* her geurteilt, liegt kein Erfüllungszitat vor; doch ist auch ohne eine Form von πληρόω für Matthäus der Tatbestand der Erfüllung einer prophetischen Verheißung gegeben. Er hat aus dem Mischzitat der markinischen Vorlage diejenigen Worte, die nicht aus Jes stammen, herausgenommen, um es zu einem „reinen" Jes-Zitat zu machen.[125] Wichtiger ist, daß diesen Worten des Jes nicht mehr die theologische Funktion zukommt, die sie so zentral in Mk hatten. Denn das für die theologische Konzeption des ältesten Evangelisten konstitutive ὁδός-Motiv als Ausdruck für die *theologia crucis* hat Matthäus nicht übernommen; ὁδός hat seinen theologischen Sinngehalt im Mt eher als Weg des rechten Verhaltens vor Gott (Mt 7,14; 21,32; 22,16; s. das alttestamentliche דֶּרֶךְ). Es scheint so, als verstehe der Evangelist Jes 40,3 primär als alttestamentliche Prophetie auf den Täufer hin.

Erneut aus Jes stammt in *Mt 4,14–16* die auch durch die *formula quotationis* formal als Erfüllungszitat gekennzeichnete Stelle *Jes 9,1–2LXX/Jes 8,23–9,1MT.* Sicherlich will Matthäus mit ihm zunächst das Auftreten Jesu in geographischer

---

[122] Zur Textform s. die o.g. Autoren, die sich zu diesem Problem geäußert haben, also *Stendahl, Rothfuchs, Gundry, Soares Prabhu* u.a.! Für unsere jetzt mehr redaktionsgeschichtlichen Überlegungen sind andere Gesichtspunkte von größerem Gewicht.

[123] Jedoch nicht mit finalem ἵνα, sondern temporalem τότε. Dies ändert aber nichts an der theologischen Intention, mit der der Evangelist das Zitat bringt.

[124] *Gnilka,* HThK I/1, 53; s. auch die Auffassung von *Luz,* EKK I/1, 130: „Der Kindermord ist keine harmlose Sache, wenn die Stammutter Rahel in Rama um ihre Kinder weint. Herodes kann kein wahrer König der Juden sein, wenn er Israels Kinder wegen Jesus tötet. Daß die Ablehnung Jesu durch den Judenkönig einen Widerspruch zu Israel selbst bedeutet, wird hier verhüllt angedeutet. In ähnlicher Weise wird Matthäus später Israels Nein zu Jesus als einen Widerspruch zu dem, was es zu Israel machte, deuten. Die Klage der Stammutter gewinnt so im Kontext des Matthäusevangeliums eine *proleptische Tiefendimension.*" (Hervorhebung durch mich)

[125] *Ex 23,20* und *Mal 3,1* bekommen allerdings in *Mt 11,10* die Würde eines von Jesus selbst gebrachten Schriftzitats. Es ist der Schriftbeweis im Rahmen der Aussage Jesu, daß der *Täufer* der *größte aller Menschen* ist, *Mt 11,11!*

Hinsicht als Erfüllung der prophetischen Verheißung herausstellen.[126] Ist in der Formulierung des Zitats sowohl die MT- als auch die LXX-Fassung des Jes-Textes berücksichtigt[127] und verrät die starke Kürzung des Textes in Mt 4,15f. allem Anschein nach die Hand des Evangelisten[128], so dürfte die Übernahme der LXX-Worte Γαλιλαία τῶν ἐθνῶν (MT: הַגּוֹיִם גְּלִיל, „Gau der Heiden") Jesu hauptsächliches Wirken in Galiläa intendieren. Von größerer theologischer Relevanz ist aber anscheinend, daß sowohl das Volk (ὁ λαός!), das im Dunkeln sitzt, also *Israel*, als auch die Erwähnung der *Heiden* in Γαλιλαία τῶν ἐθνῶν den bereits herausgestellten Doppelaspekt von nationalem Partikularismus und Universalismus deutlich macht. Theologisch entscheidend ist die Frage, was mit φῶς εἶδεν μέγα (gegen LXX mit MT גָּדוֹל אוֹר רָאוּ, „sie sehen ein großes Licht") gemeint ist. Da in Mt 4,17, unmittelbar im Anschluß an das Zitat, davon die Rede ist, daß Jesus mit seiner Predigt von der Herrschaft der Himmel begonnen hat, liegt es nahe anzunehmen, daß die Beseitigung der Dunkelheit im bereitwilligen Hören dieser Predigt zu sehen ist. Meint – fragen wir, ohne mit letzter Gewißheit eine Antwort geben zu können – die Wendung „und (!) denen, die im Lande und Schatten des Todes saßen, ging ein Licht auf", daß die Predigt an die Heiden Erfolg hatte? Wird also in Mt 4 bereits *Mt 28,16–20* vorbereitet?[129] Angesichts des bekannten Sachverhalts, daß der matthäische Jesus, vom Erlösungstod einmal abgesehen, vor allem der *predigende Erlöser* ist – das Mt ist ja durch die großen Reden Jesu strukturiert –, liegt diese Interpretation nahe. Dafür spricht auch, daß Jesus den Missionsbefehl ausgerechnet auf „dem" Berg in Galiläa gibt, Mt 28,16. Jesus als der Verkünder der kommenden Basileia ist also im Alten Testament verheißen. In seinem Auftreten hat sich diese Verheißung erfüllt.

Das nächste Erfüllungszitat ist noch einmal ein Jes-Wort, diesmal sogar aus Jes 53 genommen, nämlich *Jes 53,4* in *Mt 8,17*. In diesem Fall ist es nötig, den matthäischen Zitattext und den Text der LXX miteinander zu vergleichen.

LXX: οὗτος τὰς ἁμαρτίας ἡμῶν φέρει καὶ περὶ ἡμῶν ὀδυνᾶται.

Mt: αὐτὸς τὰς ἀσθενείας ἡμῶν ἔλαβεν
καὶ τὰς νόσους ἐβάστασεν.

Dies ist das einzige formelle Zitat aus Jes 53 im Mt! Zwar liegt in Mt 20,28 der in Jes 53 ausgesprochene Gedanke der stellvertretenden Sühne zugrunde; aber Matthäus hat δοῦναι τὴν ψυχὴν αὐτοῦ λύτρον ἀντὶ πολλῶν wörtlich aus Mk 10,45 übernommen, ohne daß er eigens noch, wie man vielleicht hätte erwarten können, im Anschluß daran Worte aus Jes 53 zitiert hätte. Wir werden

---

[126] *Gnilka*, HThK I/1, 96: „Die geographische Orientierung der Reflexionszitate im ersten Abschnitt des Evangeliums wird damit fortgesetzt und zum Abschluß gebracht."

[127] *Stendahl*, The School of St. Matthew, 104: „Matthew clearly departs from both the M.T. and the LXX, though he shows dependence on both."

[128] *Gnilka*, HThK I/1, 96.

[129] Für *Luz*, EKK I/1, 171, hat die Bezeichnung „Galiläa der Heiden" fiktiven Charakter. Mit ihr „will Matthäus auf einer zweiten Ebene auf das vorausweisen, was die Sendung Jesu heilsgeschichtlich ausgelöst hat: den Gang des Heils zu den Heiden. In Galiläa wird denn auch der auferstandene Herr den Jüngern den Befehl geben, alle Heiden zu Jüngern zu machen (28,16–20)."

also den Tatbestand zu registrieren haben, daß er Jes 53 als Erfüllungszitat für die von Jesus vorgenommenen *Heilungen* in Anspruch nimmt, nicht aber für Jesu erlösendes Todesleiden. Im LXX-Text von Jes 53,4 heißt es, daß er unsere *Sünden* trug, im Zitat des Mt jedoch, daß er unsere *Krankheiten* (mit Mt חֳלָיֵנוּ!) auf sich nahm. Jedoch tritt, so richtig Gnilka, der Gedanke an den Schmerzensmann vollständig zurück. „Das ist für eine christliche Interpretation des Gottesknechtes erstaunlich, zeigt aber für die Art der Auslegung, daß nicht der alttestamentliche, sondern der *Kontext des Evangeliums bestimmend* ist. Die verwendeten Verben sträuben sich fast gegen eine Anwendung auf Heilungen."[130]

Auch das nächste Erfüllungszitat steht im Kontext der Heilungen durch Jesus. Und wiederum ist es ein Gottesknechtlied Deuterojesajas, nämlich *Jes 42,1–4* in *Mt 12,18–21*, das laut *formula quotationis* in 12,17 ausdrücklich als Erfüllungszitat eingeleitet wird. Begründet werden soll aber mit diesem Zitat nicht Jesu Wirken als der die Kranken Heilende, sondern ein Schweigegebot – vorausgesetzt, man bezieht V.17 lediglich auf V.16. Dafür ist aber der Text des so ausführlichen Zitats ungeeignet. So wird man mit Gnilka annehmen, daß der Inhalt des Zitats über diesen Punkt hinausgreift.[131] Die Frage, ob der MT- oder der LXX-Text für die Rezeption des Zitats durch den Evangelisten maßgebend war, ist in theologischer Hinsicht diesmal besonders relevant, weil die LXX-Fassung den Gottesknecht nicht als Individuum versteht, sondern als die kollektive Größe Jakob bzw. Israel.[132] Matthäus folgt also bewußt nicht der LXX-Interpretation des MT. Er liest Jes 42 *christologisch*. Und das fügt sich bestens in den bisherigen Umgang des Evangelisten mit dem Alten Testament in den Erfüllungszitaten. Dann aber ist es angebracht, das Zitat auf diejenigen christologischen Elemente hin zu befragen, die sich bereits bis Mt 12 zeigten.

Für ὁ ἀγαπητός μου εἰς ὃν εὐδόκησεν ἡ ψυχή μου ist auf die Taufstimme Mt 3,17 zu verweisen. Dort präsentiert Gott seinen Sohn als den ἀγαπητός μου, an dem er Wohlgefallen hat. Gott selbst „zitiert" hier Jes 42,1, also genau die Stelle, die der Evangelist in Mt 12,18 als Erfüllungszitat bringt. Es geschieht sicher nicht ohne Absicht, wenn er hier ein Ich-Wort Gottes zitiert. Auch vom Heiligen Geist war schon die Rede, nämlich bei der Ankündigung der sog. Jungfrauengeburt Mt 1,20 und bei Jesu Taufe Mt 3,16. Wenn es dann weiter heißt, daß der mit dem Geiste Gottes begabte Knecht den Heiden die Krisis ankündigt, so klingt dies zunächst wie ein Drohwort. κρίσις wird aber hier im positiven Sinne als Gottes freisprechendes Gericht zu interpretieren sein, da das Zitat mit der *Hoffnung der Heiden auf den Knecht Gottes* schließt, nachdem unmittelbar zuvor noch einmal der Begriff κρίσις begegnet. So zeigt sich in diesem Erfüllungszitat erneut der universalistische Gedanke.

Matthäus hat also mit Jes 42,1–4 in Mt 12,17–21 erneut den Propheten *Jesaja* für seine christologische Konzeption in Anspruch genommen. Der Eindruck entsteht, daß er gerade diesem Propheten besonderes theologisches Gewicht bei-

---

[130] *Gnilka*, HThK I/1, 308; Hervorhebung durch mich.
[131] Ib., 451.
[132] Jes 42,1LXX: Ἰακὼβ ὁ παῖς μου, ἀντιλήμψομαι αὐτοῦ· Ἰσραὴλ ὁ ἐκλεκτός μου, προσεδέξατο αὐτὸν ἡ ψυχή μου· MT: הֵן עַבְדִּי אֶתְמָךְ־בּוֹ בְּחִירִי רָצְתָה נַפְשִׁי.

mißt: Jes 7,14 in Mt 1,22f., Jes 9,1f.(LXX-Zählung) in Mt 4,14–16, Jes 53,4 in Mt 8,17 und jetzt Jes 42,1–4 in Mt 12,17–21. Dabei haben wir hier nur die Erfüllungszitate genannt. Der Evangelist liest vor allem diesen Propheten aus der Sicht seiner neutestamentlichen Christologie. Wir werden an Paulus erinnert, der im Röm vor allem Deutero- und Tritojesaja für seine theologische Argumentation fruchtbar gemacht hat. Freilich, den theologischen Akzent setzt Matthäus anders. Die δικαιοσύνη θεοῦ im paulinischen Sinne interessiert ihn nicht. Aber gemeinsam ist beiden neutestamentlichen Autoren, daß sie die sie so bedrängende *Israel-Frage* im Jes-Buch beantwortet sehen. Matthäus kann zwar nicht mit Paulus πᾶς Ἰσραὴλ σωθήσεται, Röm 11,26, sagen; aber einen Silberstreifen am (eschatologischen?) Horizont sieht er doch. Mit Paulus verbindet ihn auch, daß das für Juden mögliche Heil ein innerkirchliches Heil ist. Was beide trennt, ist, daß Paulus aus dem Jes-Buch seine soteriologische und ekklesiologische Konzeption entwickelt, Mt jedoch seine Christologie, die weithin den *vorösterlichen Jesus* vor Augen hat. Was der irdische Jesus tat, ist bereits im weiten Ausmaß die Erfüllung der Verheißungen des Jesaja. Daß die Kirche die Stelle Israels einnimmt, daß sie, die ἐκκλησία, jetzt die Heilsinstitution ist, das ist es allerdings, was Matthäus mit Paulus verbindet. Wir werden auf diesen Punkt noch einmal zurückkommen müssen.

Ein Aspekt des Jes-Zitats in Mt 12,17ff. ist noch nicht genannt: Die prophetische Ankündigung, nach der der Gottesknecht weder streiten noch schreien wird, nach der er ein geknicktes Rohr nicht brechen und einen glimmenden Docht nicht auslöschen wird. *Ulrich Luz* spricht zu Recht im Blick auf diesen Text von der *christologischen* Grundrichtung, die der Evangelist mit Hilfe dieser Bilder gibt: „Sie zeigen Christi πραΰτης, seine Geduld, Gewaltlosigkeit, Friedfertigkeit, Güte und Liebe."[133] Sollte Luz auch recht haben, wenn er ἕως ἂν ἐκβάλῃ εἰς νῖκος τὴν κρίσιν (Jes 42,4 in Mt 12,20)[134] auf das eschatologische Endgericht des Menschensohns bezieht[135], so überspannt das Zitat die *gesamte Existenz Jesu*, nämlich von seiner (vorzeitlichen?) Erwählung (ὃν ᾑρέτισα in Mt 12,18; Jes 42,1LXX: ἀντιλήμψομαι αὐτοῦ) bis zu seinem Hoheitshandeln am Jüngsten Tag.

Es ist bemerkenswert, wie Matthäus das für die markinische Konzeption des Messiasgeheimnisses konstitutive Motiv der *Schweigegebote* aus ihrer dominierenden Rolle verweist und seiner christologischen Konzeption dienstbar macht. Man könnte fast sagen, daß es für den Evangelisten der Art Jesu widerspricht, sich der heute weithin zur Anbiederung pervertierten Public-Relation-Praxis zu verschreiben. Doch bleibt dieser Vergleich, der im Prinzip richtig ist, noch etwas an der Oberfläche. Denn es geht um mehr als um eine menschliche Verhaltensweise.

Es ist zwar kein Erfüllungszitat im eigentlichen Sinne, aber doch ein Zitat im Munde Jesu, das ganz zu der Thematik zu rechnen ist, die hier bedacht wird, *Jona 1,17LXX* in

---

[133] *Luz*, EKK I/2, 249.

[134] Jes 42,4LXX: ἕως ἂν θῇ ἐπὶ τῆς γῆς κρίσιν. Die Worte εἰς νῖκος sind also matthäisch. Will der Evangelist die Macht Jesu betonen?

[135] *Luz*, EKK I/2, 249.

Mt 12,40. Auf die Forderung einiger Schriftgelehrter und Pharisäer nach einem Zeichen antwortet Jesus mit der herben Replik: „Ein böses und ehebrecherisches Geschlecht verlangt ein Zeichen", V.39. Obwohl also nur einige (τινες!) aus der religiösen Führerschicht die Forderung stellen, spricht Jesus so von dem „Geschlecht", γενεά, als sei damit die ganze gegenwärtige Generation des jüdischen Volkes gemeint. Dieser Generation wird nur das Zeichen des Jona gegeben, der drei Tage und drei Nächte im Bauch des Fisches war, nämlich der Aufenthalt des Menschensohns drei Tage und drei Nächte im „Herzen" der Erde. Das Geschehen, das eigentlich Heil bewirken soll, wird nun als Zeichen des Unheils gewertet! Und wiederum sind es *Heiden*, die den Heilsvorsprung vor den Juden haben, die Einwohner von Ninive, Jona 3,5.8, und die Königin des Südens, 1Kön 10,1–10; 2Chr 9,1–12. Wir haben hier auch zur Kenntnis zu nehmen, daß die Heilsgeschichte der Heiden diesmal in die *Vergangenheit* zurückverlegt wird.

Dem Gleichniskapitel Mk 4 entspricht Mt 13. Besonders auffällig ist der erhebliche redaktionelle Eingriff des Matthäus in diejenigen Verse, in denen die markinische „Parabeltheorie" ausgesagt ist *(Mk 4,11–13/Mt 13,13–15).*

Nach dem vorliegenden Mt-Text wird das von Markus gebrachte Zitat von Matthäus geteilt und vor den zweiten, erheblich erweiterten Teil die auffällige *formula quotationis* καὶ ἀναπληροῦται αὐτοῖς ἡ προφητεία Ἠσαΐου ἡ λέγουσα gestellt. Diese *formula quotationis* weicht erheblich von den übrigen *formulae quotationis* des Mt ab. Einige Forscher haben deshalb sogar zur literarkritischen Schere gegriffen und Mt 13,14f. als sekundär betrachtet.[136] Nun besteht die Erweiterung des Jes-Textes auch darin, die Aussage des Propheten über das Volk zu bringen (τοῦ λαοῦ τούτου). Dann aber ist kurz nach Mt 12,38–42 erneut das jüdische Volk im Munde Jesu beschuldigt. Zu dieser Beschuldigung paßt aber bestens die Formulierung der *formula quotationis* von Mt 13,14 mit dem *dativus incommodi* αὐτοῖς. Dieser Dativ wirkt geradezu bedrohlich. So ist durchaus mit der Möglichkeit zu rechnen, daß die beiden Verse authentisch sind. Es ist also zu fragen, ob βλέποντες ... συνίουσιν in V.13 Zitat ist oder durch das Zitat V.14f. diese Worte als schriftgemäß begründet werden sollen. Da aber der Mt-Text mit dem LXX-Text – anders als bei den übrigen Erfüllungszitaten! – völlig identisch ist und gerade dieser Sachverhalt die übrigen von Strecker und Rothfuchs genannten Gründe stärkt, spricht doch wohl die größere Wahrscheinlichkeit für eine Interpolation.

Hat aber aufgrund dieser Annahme Matthäus aus seiner Mk-Vorlage nur die Worte von Mt 13,13 übernommen und diese umgeformt, so hat er den theologischen Sinn der markinischen Parabeltheorie völlig verändert. Denn nun wird nicht mehr wie in Mk 4 die göttliche Intention ausgesagt, sondern das Faktum festgestellt, daß Jesus in Gleichnisses zu ihnen – doch wohl zum Volk – spricht, *weil* (ὅτι statt ἵνα!) sie, obwohl sie sehen, nicht wirklich sehen und, obwohl sie hören, nicht wirklich hören. Die Beschuldigung trifft also die, die aufgrund eigenen Verhaltens versagen. Anscheinend hat Matthäus mit der Parabeltheorie nichts anzufangen vermocht und sie daher ins Gegenteil verkehrt.

---

[136] Z.B. *Strecker*, Weg der Gerechtigkeit, 70, Anm. 3. *Rothfuchs*, Erfüllungszitate, 24, rechnet Mt 13,14f. angesichts der Schwierigkeiten in der Einleitungsformel als auch im Blick auf das ganze Zitat nicht zu den Erfüllungszitaten.

Auch das Zitat *Jes 29,13LXX* in *Mt 15,8f.* ist kein formales Erfüllungszitat. Doch ist es für Matthäus – wie zuvor schon vor Markus - ein prophetisches Wort, das das ärgerliche Verhalten des Volkes (ὁ λαὸς οὗτος) vorhersieht und zugleich demaskiert. Die „Gesprächspartner" Jesu sind aber Pharisäer und Schriftgelehrte aus Jerusalem, nicht jedoch das Volk selbst!

Ein Erfüllungszitat im formalen Sinne ist wieder *Jes 62,11/Sach 9,9* in *Mt 21,5*. Nur Matthäus fügt dieses Zitat in die Perikope vom Einzug Jesu in Jerusalem ein. Erneut hat hier ein Erfüllungszitat *christologische* Intention. Die Tochter Zion – also Jerusalem, genauer: die Einwohner Jerusalems – ist angesprochen: *Dein* König kommt zu dir. Jesus ist der Herrscher Jerusalems. Seine königliche Würde gründet aber – in eigentümlicher Brechung der üblichen Vorstellung von einem König – in seiner Sanftmut, wie es sein Reiten auf einer Eselin und (!) einem Füllen[137] veranschaulicht. Vielleicht hat Gnilka recht, wenn er in der Kürze des Sach-Zitats[138] für den Evangelisten dessen Absicht vermutet, die Milde des Königs in den Mittelpunkt zu stellen.[139]

Christologische Intention hat auch das „Jer"-Zitat (Mischzitat, dem vor allem *Sach 11,12f.* zugrunde liegt) in *Mt 27,9*: Jesus mußte für dreißig Silberlinge verraten werden. Doch ist durch dieses Zitat für die Christologie des Mt nichts wesentlich Neues mehr zum Ausdruck gebracht.

Blicken wir auf die Erfüllungszitate des Mt zurück, so läßt sich insgesamt ihre *christologische Funktion* hervorheben. Stellt man die Zitate synoptisch nebeneinander, *so zeigen sie jedoch keine geschlossene christologische Konzeption.*

Dieses Defizit wird symptomatisch an folgendem Detail deutlich: Für Markus war die Johannestaufe eine Taufe der Umkehr zur Vergebung der Sünden, εἰς ἄφεσιν ἁμαρτιῶν, Mk 1,4. Für Matthäus jedoch war dieser Taufzweck theologisch unerträglich. So streicht er εἰς ἄφεσιν ἁμαρτιῶν und fügt diese Wendung in die Abendmahlsperikope ein. Nach Mt 26,28 ist das Blut Jesu für die vielen vergossen εἰς ἄφεσιν ἁμαρτιῶν. Für Matthäus ist also eine Vergebung der Sünden theologisch nur vom Kreuz, nur vom Sühnetod Jesu her möglich. Dann aber hätte man erwarten können, daß der Evangelist für einen solch zentralen theologischen Gedanken einen Text aus Jes 53 als Erfüllungszitat in Anspruch genommen hätte. Jes 53 begegnet aber, wie sich zeigte,

---

[137] Hinsichtlich des Reitens auf zwei Tieren haben die Autoren viel Phantasie aufgewandt. *W. Grundmann*, ThHK I, 1968, 449, hält im Sinne des Evangelisten die Lösung des *Origenes* für möglich, wonach das ἐπάνω αὐτῶν nicht auf die beiden Tiere zu beziehen ist, sondern auf die Kleider, die auf beide Tiere gelegt wurden. *Gnilka*, HThK I/2, 202f., sieht in Matthäus einen abgeschmackten Schriftsteller; deshalb werde dieser mit dem Reiten auf den beiden Tieren „eine konkrete Vorstellung verbunden haben, etwa, daß Jesus das kleinere Füllen als Fußstütze benutzte". „Man ritt ohnehin so auf einem Esel, daß beide Beine nach derselben Seite gerichtet waren." Hat aber der Evangelist wirklich so konkret hier gedacht? Richtig ist aber, wenn *Gnilka*, ib., 203, erklärt, daß für den Evangelisten die buchstäbliche Erfüllung des Prophetenwortes wichtiger sei, in dessen Interpretation er den Parallelismus membrorum (bewußt?) mißverstand. Reichlich spekulativ ist *Rothfuchs*, Erfüllungszitate, 80ff.

[138] Die Eselin steht nur im Mt-Kontext (Mt 21,2: ὄνον δεδεμένην), nicht im LXX-Text.

[139] *Gnilka*, HThK I/2, 203.

im Erfüllungszitat Mt 8,17 in einem völlig anderen Zusammenhang. Die Frage zu stellen, warum Matthäus mit diesem theologisch so hervorragenden Kapitel aus Deuterojesaja auf solche Weise umgegangen ist, ist m.E. müßig, weil eine Antwort darauf nur sehr spekulativ gegeben werden könnte.

Die Erfüllungszitate haben also strukturierende Bedeutung für die Darstellung des Jesusgeschehens durch den Evangelisten, sie decken aber keineswegs seine Christologie voll ab. Man darf daher diese Zitate für die Christologie des Matthäus nicht unterschätzen, aber auch nicht überschätzen.

Deutlich wurde auch die Funktion der Erfüllungszitate für die *Ekklesiologie* des Matthäus. In ihnen und in einigen Zitaten, die zumindest in der theologischen Nachbarschaft der Erfüllungszitate anzusiedeln sind, kam zum Ausdruck, wie Israel seine theologische Prärogative verspielt und nun die Kirche das neue Gottesvolk *wird*. In den Erfüllungs- bzw. Reflexionszitaten greifen also Christologie und Ekklesiologie Hand in Hand.

2.6.2.2.2 Die Erfüllung des Gesetzes

Von *Erfüllung* spricht Matthäus nicht nur in seiner Theologie der Reflexions- bzw. Erfüllungszitate. Erfüllung ist auch das programmatische Stichwort für seine Theologie des Gesetzes, vielleicht besser: Christologie des Gesetzes, oder wenn man will, *Erfüllungschristologie des Gesetzes*.[140]

Theologisch hohen Stellenwert hat *Mt 5,17*: Es ist Jesu Sendung – programmatisches ἦλθον πληρῶσαι (τὸν νόμον καὶ τοὺς προφήτας) –, das Gesetz des Mose, von dem kein Jota und kein Häkchen vergehen darf (Mt 5,18), zu seiner inneren Sinnerfüllung zu bringen. Und dies geschieht durch *Lehre*. Mt 5,17 ist theologischer Spitzensatz der Bergpredigt. Nach der Terminologie des Mt ist sie aber eigentlich Berg-*Lehre*. Schon zu Beginn heißt es in Mt 5,2 ἐδίδασκεν αὐτοὺς λέγων. Und auch am Ende der „Berglehre" schreibt der Evangelist ἦν γὰρ διδάσκων αὐτοὺς ὡς ἐξουσίαν ἔχων ..., Mt 7,29. διδάσκειν ist also *inclusio* der „Bergpredigt".[141]

Durch diesen Aspekt des Erfüllungsgedankens hat sich aber die bei der Erörterung der Erfüllungszitate ergebene Perspektive erheblich verschoben. Bei ihnen ging es ja um das soteriologische Werk Gottes bzw. seines Messias. Anders

---

[140] Auf exegetische Nachweise verzichte ich hier; ich habe sie sehr ausführlich in „Das Gesetz in der synoptischen Tradition" vorgetragen. Für die nach Erscheinen dieser Monographie erschienene Diskussion um dieses Thema s. vor allem die einschlägigen Kapitel von *Dautzenberg*, *Fiedler* und *Broer* in „Das Gesetz im NT" (QD 108). Soweit die dort geäußerten Argumente meiner Auffassung widersprechen, habe ich sie aufmerksam und mit Interesse zur Kenntnis genommen. Doch haben sie mich nicht überzeugt. Einiges dort Gesagte verdiente, daß ich inhaltlich darauf einginge. Das kann aber nicht im Rahmen einer Darstellung der Theologie des NT geleistet werden. Speziell zu Mt: *Sand*, Das Gesetz und die Propheten.

[141] Mit *inclusio* ist ein rhetorischer Begriff für die Bergpredigt genannt. Die Frage der Rhetorik für sie kann hier nicht erörtert werden; zu nennen ist aber *H.D. Betz*, The Sermon on the Mount (Matt. 5:3–7:27): Its Literary Genre and Function.

gesagt: In den Erfüllungszitaten ging es darum, daß *Gott* im Christusgeschehen seine Verheißungen – wobei der Plural „Verheißungen" auf den Singular „Verheißung" hin tendiert – zur Erfüllung bringt. Bei der Erfüllung des Gesetzes (und der Propheten als Ausleger des Gesetzes) durch den Christus geht es zwar zunächst auch um das Tun eben dieses Christus. Aber es zielt auf das Tun der *Menschen*. Denn diese sollen so handeln, sich so verhalten, wie Jesus in den Antithesen *Mt 5,21–48* die mosaische Torah entweder verschärft oder außer Kraft setzt. Mit seinem Erfüllungsbegriff schafft also der Evangelist eine für seine Theologie eigentümliche, für sein Denken spezifische Polarität, geradezu eine *theologische Grundspannung*, die Gottes bzw. Christi Handeln und der Menschen Tun in eine Korrelation bringt, ohne daß dadurch die *gratia praeveniens* des erlösenden und fordernden Gottes beeinträchtigt würde.

Darf man den theologischen „Sach"-Verhalt auf folgende Weise zuspitzen?: Nach den Erfüllungszitaten hat *Gott* verheißen und dann durch Erfüllung gehandelt; nach dem Christologumenon von der Erfüllung des Gesetzes hat *Christus* durch Forderung erfüllt, und zwar so, daß *Menschen* handeln sollen. Daß das Handeln der Menschen dabei aber keinesfalls im Sinne eines Moralismus oder gar einer Werkgerechtigkeit interpretiert werden darf, geht schon allein daraus hervor, daß vor die erfüllungstheologische Programmaussage Mt 5,17–20 und ihre Konkretisierung in den Antithesen die *Makarismen* gesetzt sind, Mt 5,3ff. In ihnen kommt zwar die Grundeinstellung des Menschen mehr zum Ausdruck als in der lukanischen Parallele Lk 6,20ff., die der Verkündigung Jesu erheblich näherstehen dürfte (z.B. Mt 5,3 οἱ πτωχοὶ τῷ πνεύματι gegenüber Lk 6,20 οἱ πτωχοί). Doch darf das nicht so verstanden werden, als ob die matthäische „Spiritualisierung" bedeutete, daß sie die Bedingung für den Empfang der Himmelsherrschaft wäre. Auch in der Sicht des Matthäus darf das Verhalten der Menschen nicht das menschliche Mittel sein, wodurch sie sich die Basileia der Himmel erkaufen könnten. Gott *schenkt* sie vielmehr denen, die sich in ihrer geistlichen Armut von Gott etwas schenken lassen.[142] Dies ist *alttestamentliches Erbe*. Allerdings ist in der alttestamentlichen Forschung umstritten, was denn nun genau unter „arm" (אֶבְיוֹן, עָנָו, עָנִי) zu verstehen ist. Ist es nur der soziologisch Arme, der in der Hoffnung auf die Hilfe Jahwähs existiert? Ist es eine innere Einstellung, etwa die, die wir für Mt 5,3 angenommen haben? Sind die drei genannten hebräischen Adjektive synonym?[143] Bei aller Unsicherheit wird man

---

[142] In diesem Sinne hat anscheinend auch Qumran „die Armen des Geistes" verstanden (1QM XIV,7; 1QH XIV,3). *Gnilka*, HThK I/1, 121, deutet in diesem Sinne zutreffend Mt 5,3: Es ist die geistige Haltung Gott gegenüber, in der man sowohl in Qumran als auch nach Mt 5,3 alle Hilfe von Gott erwartet. „‚Die Armen im Geist' sind dann auch jene, die sich vor Gott als Bettler verstehen, die darum wissen, daß sie die Himmelsherrschaft nicht herbeizwingen können, sondern daß Gott sie ihnen schenken muß. Diese Interpretation ist nicht aus Qumran ausgeliehen. Sie kann sich auch auf Analogien innerhalb des Evangeliums stützen, vor allem auf die von E [sc. vom Evangelisten, H.H.] geschaffene Einleitungsszene der Gemeindeunterweisung mit der Kinderszene (18,1ff.)."

[143] Immer noch unverzichtbar ist *Bammel*, ThWNT VI, 888ff. Einen guten Forschungsüberblick gibt *D. Michel*, TRE IV, 72ff. (Lit.!), vor allem, was die Armut in den Pss angeht.

aber Martin-Archard recht geben, wenn er in den alttestamentlichen Texten sowohl die Schilderung der konkreten (soziologischen) Situation des עָנִי sieht als auch das Zum-Ausdruck-Bringen seiner geistigen Haltung.[144]

So ist also der erste Makarismus bestimmt durch eine im Alten Testament verankerte Aussage über *Gottes* Gnadenherrschaft und zugleich über des *Menschen* Bereitschaft, Gottes Gnadenzusage mit bereitem, demütigem Herzen anzunehmen. Vom Alten Testament her ist somit die *Struktur des Heilshandelns Gottes* vorgezeichnet: Der Mensch, der Gottes Heil an sich geschehen lassen will, ist durch diese seine gegenüber Gott offene Haltung in den Vorgang des Heils hineingenommen. Es ist nun genau dieser Mensch, an den die Forderung dessen ergeht, der das Gesetz durch seine Lehre erfüllt und so den Menschen zur Erfüllung des vom erfüllten Gesetz Gebotenen fordert. Die eigentliche, durch den Menschen zu „leistende" – die Anführungstriche sind unverzichtbar! – Erfüllung gipfelt in der *Feindesliebe.* Wo in den sechs Antithesen das Gesetz verschärft und wo es außer Kraft gesetzt wird[145], da geschieht es *um des Menschen willen.* Das aber korrespondiert mit der redaktionellen Einfügung von *Hos 6,6* in die Vorlage Mk 2,23–28 (Mt 12,1–8). Obwohl Matthäus Mk 2,27 streicht, ist für ihn Jesus insofern der Kyrios über den von der Torah gebotenen Sabbat, als er als tiefsten Sinn dieses Tages das *Erbarmen* fordert: ἔλεος θέλω καὶ οὐ θυσίαν (Mt 12,7)! Der kultische Opfergedanke wird hier zumindest relativiert, dem Wortlaut nach sogar negiert. Und es ist auf jeden Fall festzuhalten, daß unter den sechs Antithesen keine einzige einen kultischen Akzent trägt.[146] *Jesus erfüllt in Mt 5,21–48 die Torah – und dabei geht es ihm nicht um die Sache des Kultes.* Das hängt nicht damit zusammen, daß zur Zeit der Niederschrift des Mt der Tempel bereits zerstört war, sondern wurzelt in jener Anschauung, die bereits Paulus in Röm 13,8–10 vorträgt: Die *Liebe* ist es, die die *Erfüllung des Gesetzes* ist, πλήρωμα οὖν νόμου ἡ ἀγάπη![147] Mögen auch, was die *theologische Reflexion* angeht, Paulus und Matthäus zuweilen Welten trennen – daß das Gesetz zu erfüllen ist, haben beide übereinstimmend gesagt. Röm 13,10b könnte auch als Überschrift über den Antithesen des Mt stehen. Der Evangelist hat das Theologumenon von Mt 5,17 nicht von sich aus völlig neu formuliert. Er fußt hier vielmehr auf einem Motiv, das, freilich in anderem theologischem Kontext, auch bei Paulus begegnet. Da beide biblischen Autoren von der *Vorgängigkeit der Gnade Gottes* aus denken und beide bei der theologischen Ethik der Liebe

---

Sein Referat mündet, was die historische Rekonstruktion angeht, fast resignierend in der Feststellung einer Aporie. Interessant sind die unterschiedlichen Akzente in *Martin-Archard*, THAT II, 341ff., und *Gerstenberger*, ThWAT VI, 256ff., vor allem 266ff.

[144] *Martin-Archard*, THAT II, 345.

[145] Dazu *Hübner*, Das Gesetz in der synoptischen Tradition, 40ff.

[146] Das gilt auch für die erste, eine die Torah verschärfende Antithese, Mt 5,21–26. Wenn hier von der Opfergabe und vom Altar die Rede ist, dann gerade nicht um des kultischen Geschehens willen. Der Ton liegt eindeutig auf der Versöhnung!

[147] Nach der Bergpredigt ist es die Steigerung der Liebe, nämlich die *Feindesliebe.* In ihr erweist sich, wozu Liebe in der letzten Konsequenz fähig sein kann!

ankommen, muß das Mt *auch* in derjenigen Tradition gesehen werden, in der Paulus steht: *Das Gesetz* ist, recht verstanden, *das Gesetz der Liebe.*

Ist aber mit der zuletzt genannten theologischen Akzentsetzung durch den Evangelisten auch schon etwas über das für unsere Fragestellung so wichtige Verhältnis von Israel und Kirche gesagt? Ist durch die Betonung des Ethischen gegenüber dem Kultischen – das ist freilich unsere moderne Terminologie; wo im Neuen Testament diese Problematik begegnet, wird sie vom betreffenden Autor nicht explizit in unserer Differenzierung reflektiert – etwas über das Gesetz als Gesetz *Israels* gesagt? Kann man womöglich sagen, daß durch den Akzent auf dem zum Gebot der Feindesliebe erhöhten Liebesgebot (Mt 5,43ff.) der Ursprung des Gesetzes von Mose her, vom „Bund" Gottes mit Israel her (Ex 19 und 24) unwichtig, wenn nicht gar irrelevant geworden ist, da die göttliche Forderung der Liebe jetzt keine Forderung mehr ist, die sich spezifisch an Israel richtet?

Diese Auffassung kann sich dem Leser des Mt leicht aufdrängen: Jesus lehrt die Feindesliebe, nach dem Wortlaut von Mt 5,43f. sogar als Außerkraftsetzung von *Lev 19,18*, der Sache nach freilich als betonter Spitzensatz einer durchaus im Alten Testament angelegten göttlichen Forderung (Prov 20,22; 24,29; vor allem Prov 25,21f.; Sir 28,4ff.).[148] Es ist aber die Frage, ob wir mit dieser Konzentration auf den *Inhalt* der Forderung wirklich weiterkommen. Im Gesamtgefüge der hier zu verhandelnden Problematik ist nämlich ein weiterer Gesichtspunkt zu berücksichtigen: Wie steht es mit der These, daß mit *Mt 5,1* – Jesus stieg auf *den* (!) Berg, εἰς τὸ ὄρος – dieser zu einem *zweiten Mose* wurde, daß also „der" Berg das Gegenbild zum *Berg Sinai* sein soll?

Schauen wir ein wenig auf die Auslegungsgeschichte der Bergpredigt! Es empfiehlt sich, mit *B.W. Bacon* zu beginnen, der das Mt als Sammlung von fünf Büchern in Analogie zum Pentateuch sah: „The Torah consists of five books of commandments of Moses, each body of law introduced by a narrative of considerable length, largely concerned with the ‚signes and wonders' by which Jehovah ‚with an outstretched hand and a mighty arm' redeemed his people from Egyptian bondage."[149] Nach dieser Hypothese konzipierte Matthäus seine Evangelienschrift in einer solchen Weise, weil er als ein konvertierter Rabbi Nomist blieb, wenn auch nun ein christlicher Nomist. *Krister Stendahl* spricht von Bacons überzeugender Behandlung des Mt.[150] *W.D. Davies* ist sehr zurückhaltend gegenüber einer solchen Annäherung Jesu an Mose. Einerseits sagt er: „... Matthew was well aware of that interpretation of Christ which found his prototype in Moses, and that, at certain points, he may have allowed this to colour his Gospel."[151]

---

[148] Ich habe mit dieser Formulierung präzisiert, was ich in Das Gesetz in der synoptischen Tradition, 84ff., gesagt habe.

[149] *Bacon*, Studies in Matthew, 81.

[150] *Stendahl*, The School of St. Matthew, 24: „In BACON's convincing treatment of Matthew as the five-fold gospel this idea is no longer a parasite on the weak branch of the over-interpreted words of Papias. It stands on its own." Kurz danach aber (ib., 27) zeigt er sich reserviert gegenüber der Möglichkeit, eine *genaue* Unterteilung (a detailed division) des Mt in fünf zusammenhängende Bücher vorzunehmen.

[151] *Davies*, The Setting of the Sermon on the Mount, 92f.

Jedoch: „But the restraint with which the New Exodus and New Moses motifs are used is noticeable. Evidences for these two motifs are not sufficiently dominant to add any significant support to Bacon's pentateuchal hypothesis, which must, therefore, still remain questionable, though possible. While these motifs have influenced Matthew's Gospel, it is not clear, that they have entirely fashioned or moulded it."[152] Ausdrücklich heißt es: „There is no explicit reference to Mount Sinai; no features from the account of the giving of the Law in Exod. xix, as they are developed, for example, in Heb. xii.18ff., appear in v.1f.; and at no point, apart from the express quotations from the Law in the antitheses, in v.21ff., are we directly referred to the events at Sinai. Any pointers to the latter are extremely hesitant, if they exist at all."[153] Das Fazit: „He [sc. Jesus] is not Moses come as Messiah, if we may so put it, so much as Messiah, Son of Man, Emmanuel, who has absorbed the Mosaic function. The Sermon on the Mount is therefore ambigouos: suggestive of the Law of a New Moses, it is also the authoritative word of the Lord, the Messiah: it is the Messianic Torah."[154]

Mose und Jesus in typologischer Sicht, ebenso der Berg Sinai und der Berg der Bergpredigt – diese Sicht hat schon etwas Verlockendes, zumal der matthäische Jesus ausdrücklich versichert, daß er gekommen sei, um das Gesetz – eindeutig das mosaische Gesetz! – zu erfüllen, Mt 5,17. Und wenn auch die *quantitative Totalforderung* von Mt 5,18 durch die Antithesen offensichtlich relativiert wird, weil eben mehr als ein Jota und ein Häkchen bestritten werden, so scheint es doch, als ob Jesus als der neue Gesetzgeber, dessen Lehre wesenhaft gesetzliche Forderung ist, als Lehrender Gesetzgeber ist. Und sieht man auf den Missionsbefehl, so hat der Auferstandene für die Weltmission die *quantitativ vollständige* Weitergabe seiner Lehre – und damit doch gerade auch die Lehre von Mt 5,21–48! – verpflichtend gemacht, *Mt 28,20*: διδάσκοντες αὐτοὺς τηρεῖν πάντα ὅσα ἐνετειλάμην ὑμῖν. Ist also nicht im Missionsbefehl implizit das πληρῶσαι τὸν νόμον präsent? Hinzu kommt, daß dieser Missionsbefehl, für den gerade die Weitergabe von Jesu Lehre, also von Jesu Lehre des Gesetzes, so wichtig ist, auf „dem" Berg geschieht. Hat doch Jesus die elf Jünger nach Galiläa auf *den* Berg, εἰς τὸ ὄρος, beschieden! Die Zusammengehörigkeit des Berges von Mt 5,1 – auch dort εἰς τὸ ὄρος! – und des Berges von Mt 28,16 ist evident. Dann aber liegt die Vermutung nahe: Es ist *ein und derselbe Berg*, der *Berg* nämlich *der Gesetzesverkündigung Jesu!*

Man könnte für die Hypothese vom konvertierten Rabbi Matthäus und seine Lehre von der überbietenden Typologie „Mose – Jesus/Berg Sinai – Berg der Bergpredigt" noch *Mt 23,2f.* anführen. In der mit diesen Versen beginnenden Rede gegen die Schriftgelehrten und Pharisäer betont der matthäische Jesus die *Autorität der Kathedra des Mose*. Leider sitzen auf ihr die in Mt 23 gescholtenen Schriftgelehrten und Pharisäer, die aber nicht etwa falsch lehren, sondern lediglich nicht gemäß ihrer Lehre leben. Also, V.3: „*Alles, πάντα*, was sie euch sagen, das tut und haltet! Aber handelt nicht nach ihren Werken!" Das rabbinische

---

[152] Ib., 93.
[153] Ib., 93.
[154] Ib., 93.

Lehramt bleibt demnach unangefochten. Wenn irgendwo überdeutlich wird, daß der Evangelist aus dem Judentum stammt, daß er Judenchrist, und zwar überzeugter *Juden*-Christ ist, dann hier!

Trotzdem – es spricht einiges sehr entschieden gegen ein nomistisches Verständnis der Theologie des Matthäus. Besonders energisch hat sich *Georg Strecker* gegen eine derartige Sicht ausgesprochen. Der Begriff „Berg" signalisiere das Sich-Ereignen eines *epiphanen Geschehens*. „Hier tut sich *Gottes Offenbarung* kund! Hier tritt Jesus als *Offenbarer* auf! So sagt es auch Mt 15,29: Kranke werden durch Jesus auf einem Berg geheilt. Und nach 28,16 erscheint der Auferstandene seinen Jüngern auf einem Berg in Galiläa."[155] Also verdeutlicht diese Parallelen, daß das Bergmotiv in Mt 5,1 eben nicht dem Sinai als dem Berg des Alten Bundes und des Mose-Gesetzes parallel gestellt sei; Jesus trete nicht als „neuer Mose" auf.[156] Weitere Argumente führt *Joachim Gnilka* gegen die oben dargelegte Mt-Sicht an: Der Berg ist Ort der Offenbarung, und zwar sowohl für Jesu Erscheinen in Herrlichkeit (Mt 17,1; 28,16) als auch für sein Wort. Darüber hinaus habe der Berg spezifischere Bedeutung als Kanzel für eine Volksrede, somit also kaum geeignet, an den Berg der Gesetzgebung und des Bundesschlusses zu erinnern. „Damit wird er [sc. Jesus] nicht wie Mose oder zum zweiten Mose. Seine Mose bei weitem überragende Stellung kann schon darin erkannt werden, daß Mose die Gesetzestafeln empfing, während Jesus in Vollmacht Weisung gibt... Die Bergpredigt wird zur Charta des Gottesvolkes."[157]

2.6.2.2.3 Theologisches Fazit: Die Kirche

Wahrscheinlich hat man in der Mt-Forschung zu stark in Alternativen gedacht, in Alternativen nämlich, deren theologisches Profil gar nicht dem theologischen Denken des „ersten" Evangelisten entstammt. Dem Mt fremde Fragestellungen wurden von außen an es herangetragen, teilweise auch Fragestellungen, die im Neuen Testament ihren genuinen theologischen Ort haben. Da ist vor allem die Frage, ob Matthäus Judenchrist oder Heidenchrist war – eine Frage sicherlich, deren Beantwortung dazu beitragen kann, die theologische Konzeption des Evangelisten besser zu verstehen. Wahrscheinlich läßt sich diese Frage auch, zumindest im groben, beantworten; denn die gewichtigeren Argumente sprechen für Matthäus als einen Judenchristen. Das dürfte auch durch die hier gegebene Darstellung der matthäischen Theologie deutlich geworden sein. Vor allem der Mt-Kommentar von *Ulrich Luz* hat dafür durchschlagende Argumente genannt.[158] Aber mit dieser Antwort bleibt Entscheidendes ungeklärt. Da ist zunächst das breite Bedeutungsspektrum für die Begriffe Judenchristen und Hei-

---

[155] *Strecker*, Die Bergpredigt, 25; Hervorhebungen durch mich.

[156] Ib., 25f.

[157] *Gnilka*, HThK I/1, 109.

[158] *Luz*, EKK I/1, 62ff. u.ö. für Mt als heidenchristliches Evangelium gegen *Strecker*, Der Weg der Gerechtigkeit, 15ff., u.a.

denchristen. Immerhin haben heidenchristliche Charakterzüge, vor allem theologischer Natur, ihre Wurzeln im judenchristlichen Milieu der sog. Hellenisten (Apg 6ff.). Auch Paulus hat seine heidenchristliche Freiheitstheologie nicht aus dem Nichts geschaffen, so sehr er auch als der hervorragende Theologe Grandioses geleistet hat. Und daß das sog. Heidenchristentum durch gesetzliches Denken – „gesetzlich" hier im streng theologischen Sinn als Mißbrauch des Gesetzes zur Rechtfertigung aufgrund von, paulinisch gesprochen, „Werken des Gesetzes" verstanden – pervertieren kann, zeigt in erschreckender Weise und zur Genüge die zweitausendjährige Kirchengeschichte quer durch alle Konfessionen, auch die evangelische! Das Spezifikum eines evangelischen Denkens – „evangelisch" nicht im konfessionellen oder gar konfessionalistischen Sinn, sondern als κατὰ τὸ εὐαγγέλιον τοῦ θεοῦ – ist also mit den Gegensatzbegriffen Judenchristentum und Heidenchristentum nicht zu erfassen. Schon allein die Annahme von Ulrich Luz, die galatischen Häretiker seien in mancher Hinsicht die nächsten Verwandten des Mt[159], zeigt, wie schnell es innerhalb der Bandbreite des Begriffs „Judenchristentum" zu einem überspitzenden Fehlurteil kommen kann.

Auch das Festhalten am mosaischen Gesetz muß nicht unbedingt ein Indiz für judenchristliches Denken sein. Wie unterschiedlich die Torah verstanden werden kann und auch verstanden werden will, zeigt schon der Tatbestand, daß innerhalb der alttestamentlichen Schriften und innerhalb des frühjüdischen und des rabbinischen Judentums spannungsreiche Differenzen über ihr Wesen und ihre Funktion nachweisbar sind. Im Judentum zur Zeit Jesu oder Pauli gab es Auffassungen über das mosaische Gesetz, die alles andere als „gesetzlich" waren und die das Verdikt des Paulus nicht verdient haben. Genauso gab es – trotz *E.P. Sanders* und seiner Gefolgsleute! – Strömungen innerhalb des Judentums, auf die die paulinische Kritik zutrifft. Es ist also durchaus ein heidenchristliches Torahverständnis denkbar, das an wesentlichen Gesetzesforderungen *als* Forderungen des *Gesetzes* festhält, ein Torahverständnis allerdings, das keinesfalls die Erfüllung dieser Forderungen als Mittel zur Rechtfertigung versteht. Auch das mosaische Gesetz ist keine rein „objektive" Größe; das mosaische Gesetz ist immer das in der konkreten jüdischen oder christlichen Geschichtlichkeit verstandene Gesetz. Und der Gott des auf *diese* Weise gesehenen und verstandenen Gesetzes ist nicht der Gott des auf *jene* Weise gesehenen und verstandenen Gesetzes. Auch dem Gesetz des Mose eignet notwendig *Geschichtlichkeit*, wie schon allein die unterschiedlichen Perspektiven, unter denen innerhalb des Alten Testaments die Torah gesehen wird, zeigen.

Nun ist die im Mt unübersehbare und auch in unserer Darstellung bereits zur Sprache gekommene *Korrelation* von *Gesetz* und *Israel* thematisiert worden: Israel ist an der prophetischen Verheißung, die ja im Gesetz gründet, gescheitert, wie es auch letztlich an der Verkündigung Jesu gescheitert ist (Mt 10,5f. blieb Episode). Israel ist auch am Gesetz als forderndem Gesetz gescheitert. Ist aber Israel am Gesetz zu Fall gekommen und hat dann die Kirche, die ἐκκλησία, er-

---

[159] *Luz*, EKK I/1, 69.

baut auf dem Felsen, dem Petrus (Mt 16,16–19)[160], die „Nachfolge" der Synagoge angetreten, so hat dieser Fall Israels keinesfalls das Gesetz des Mose mit in die Tiefe gerissen. Hat, wie sich zeigte, gemäß der matthäischen Theologie die Kirche die Synagoge abgelöst und ist diese Kirche jetzt die *Ek*-klesia aus allen Völkern, ist sie also die Gemeinschaft, die nun den lebendigen Glauben lebt (Mt 8,10!), so ist das Gesetz des Mose als das ursprünglich Israel geltende Gesetz zum Gesetz der Kirche geworden, freilich in der durch Christus modifizierten Gestalt (Mt 5,17–48). Die durch Christi Lehre erhobenen Forderungen der *durch ihn erfüllten Torah* wurde *durch* die durch Christi Blut erlösten *Christen* in *ihrem Tun erfüllt*. Und die Gemeinschaft dieser sich so verstehenden und sich so verhaltenden Christen ist die Kirche. Sie ist nun die *geistliche Realität schlechthin*.[161] In diesem Verständnis von Wirklichkeit ist die Frage, ob Werke rechtfertigen, gar nicht gestellt. Wohl aber sind es diese Christen, die kraft ihrer christlichen Existenz, das heißt als die Erlösten, das tun, was Jesus als der – nach Mt 5,21ff. dürfen wir es so sagen – Reformator des Gesetzes durch den Mund seiner Zeugen, seiner Missionare, die ganze Menschheit lehrt.[162] Aber diese kirchliche Existenz ist Existenz mit dem, der dort ist, wo zwei oder drei in seinem Namen versammelt sind (Mt 18,20), und der auch bei seiner weltweiten Kirche ist (Mt 28,20). Schließt das Mt mit der Verheißung von Mt 28,20, so erweist es sich durch diesen seinen Schluß als Buch einer tröstlichen Verheißung. In der Kirche gilt primär diese Selbstzusage Jesu bis ans Ende des Weltgeschehens, πάσας τὰς ἡμέρας ἕως τῆς συντελείας τοῦ αἰῶνος. Die zum Gesetz der Kirche gewordene Torah will also diese Kirche nicht in eine Organisation verwandeln, deren Wesen im kalten Oktroyieren von Gesetzesbestimmungen und dem bloß äußeren Gehorsam besteht. Der Gott des Erbarmens will, wie schon im Alten Testament, Erbarmen (Hos 6,6)!

Das Mt zeigt also seine eigene, seine spezifische Sicht des Verhältnisses von Kontinuität und Diskontinuität. Es läßt die *Kontinuität des Gesetzes* erkennen, wenn auch die des durch Christus ausgelegten Gesetzes. Es zeigt zugleich die *Diskontinuität der Glaubensgemeinschaften*, nämlich den Übergang von Israel zur Kirche. Letzteres ist jedoch, es sei eigens hervorgehoben, insofern zu relativieren, als ja die genannte Diskontinuität ein Moment der Kontinuität in sich birgt, weil ja die Zwölf die zwölf Stämme *Israels* repräsentieren. Aber auch dieses Kontinuitätsmoment wird seinerseits relativiert, da es nach Ostern ja nur noch „die Elf" (Mt 28,16) sind, die den Weltmissionsbefehl erhalten. Soll der Elfzahl die Symbolik innewohnen, daß das Zwölf-Stämme-Israel empfindlich lädiert ist? Immerhin ist οἱ ἕνδεκα in Mt 28,16 die letzte Charakterisierung dieses Kreises durch den Evangelisten! Und es ist zudem zu bedenken, daß die Zahl

---

[160] *Vögtle*, Messiasbekenntnis und Petrusverheißung.

[161] Daher könnte Mt auch sagen *credo in unam sanctam catholicam et apostolicam ecclesiam.*

[162] In diesem, aber auch nur in diesem Sinn ist vom Gericht die Rede, Mt. 7,21ff. und die eschatologischen Reden des Mt. Es ist schon bezeichnend, daß in Mt 7,21 vom Tun des Willens des Vaters die Rede ist, nicht aber vom Tun der Werke des Gesetzes!

elf im Blick auf Israel nicht eine Zahl darstellt, die fast so viel wie zwölf aus-
drückt; vielmehr läßt die Zahl elf die durch die Zahl zwölf repräsentierte Vollkommenheit nicht mehr Wirklichkeit sein.

Daß das Moment der Kontinuität in der Diskontinuität eine wichtige Rolle
spielt, zeigt sich auch daran, daß Mt *heilsgeschichtlich* denkt. Man kann sagen,
daß durch die einander ablösenden geschichtlichen Heilsgrößen Israel und Kirche wechselnde Gemeinschaften im geschichtlichen Prozeß gegeben sind, da die
Heilsgeschichte Israels in seine Unheilsgeschichte mündete. Aber es ist ja das
Heil innerhalb der Geschichte Israels, das als geschichtliches Erbe nicht durch-
gestrichen werden kann und das daher das geschichtliche Erbe der Kirche ist.

Unter Berufung auf *Rolf Walker*[163] sagt deshalb *Mogens Müller* mit Recht: „On the
one hand the evangelist must necessarily maintain the continuity with Israel as the bearer
of the promises, while on the other hand he needs a theological justification for abolish-
ing his followers' identification with the historical Israel."[164] Und so folgert er daraus:
„Accordingly, the factor that creates continuity and identity is redefined, so that, rather
than expressing an affiliation to a particular people, it becomes the faith that is evoked
by Jesus or the preaching of him. This faith gives access to the new covenant, which was
concluded on the death of Jesus, and which is remarkable by the way in which its per-
fects the old covenant by creating conditions instead of imposing them."[165]

Mogens Müller sagt dann programmatisch: „God's will remains the same in
the Decalogue and the double commandment of love, whereas the so-called cer-
emonial part of the Mosaic Law is allowed to lapse."[166] Die eigentliche Kontinuität ist also *Gott* selbst, ein theologischer „Sach"-Verhalt, den wir schon im
heilsgeschichtlichen Entwurf von Röm 9–11 zur Kenntnis nahmen. Der ewige,
über aller Zeit stehende Gott wird paradoxerweise trotz dieser seiner Überzeitlichkeit *Prinzip der Geschichtlichkeit* in der von ihm selbst in Gang gesetzten
Heilsgeschichte. Da aber Gott nach der Überzeugung des Matthäus, die die bleibende Überzeugung der Kirche Jesu Christi ist, in der Geschichte Israels – als
der Heilsgeschichte Israels – der *Gott Israels* war, sieht der Christ mit dem
Evangelisten auch hinter Israels Existenz aus seinem Gesetz Gott in seinem geschichtlichen Wirken.

Dann aber ist die an sich richtige Erkenntnis *Georg Streckers* und *Joachim
Gnilkas*, daß der Berg in Mt 5,1 und 28,16 der Ort der Offenbarung ist (s.o.), mit
einer Typologie „Berg Sinai – Berg im Mt" vermittelbar. Sicherlich ist es überinterpretiert und daher falsch, wenn man im Mt die Struktur des Pentateuchs gegeben sieht. Eine solche Auffassung ist daher *a limine* abzuweisen. Sollte aber
hinsichtlich des Berges von Mt 5,1 und 28,16[167] tatsächlich eine überbietende

---

[163] *Walker*, Die Heilsgeschichte im ersten Evangelium.

[164] *Müller*, Salvation-History in the Gospel of Mt, 72.

[165] Ib., 72.

[166] Ib., 72.

[167] In Mt 17,1 steht ὄρος ohne Artikel. Daher ist es nicht sicher, ob wir Mt 17,1 mit Mt 5,1;
28,16 in einer theologischen Linie sehen dürfen. Vom *Inhalt* her besteht aber eine nicht geringe
Wahrscheinlichkeit (s. *Gnilka*, HThK I/1, 109).

Typologie von Matthäus intendiert sein, so ist das Moment der *Überbietung* seine eigentliche Intention: ***Gott überbietet im zweiten Abschnitt Seiner Heilsgeschichte deren ersten Teil.*** In unserer Terminologie: Das *Neue Testament* ist das *eigentliche Testament*, wenn man so will, das *Erste Testament*.

2.6.3 Die lukanischen Schriften

2.6.3.1 Lukas und seine Heilige Schrift

Umstritten ist, welche alttestamentlichen Bücher Lukas gekannt hat. Nach *Traugott Holtz* hat er erkennbar selbständig nur die Kleinen Propheten, das Jesaja-Buch und die Psalmen benutzt, wobei mit einiger Wahrscheinlichkeit die Bekanntschaft mit einem LXX-Text des Zwölfpropheten-Buches und des Jesaja-Buches vermutet werden kann, der dem Typ Codex Alexandrinus nahesteht.[168] „Mit dieser positiven Auswahl steht Lukas in dem größeren Kreis einer bestimmten Frömmigkeit des Spätjudentums..."[169] Der Vergleich mit Paulus drängt sich auf, der ja auch vor allem Jes und den Psalter zitiert, weniger jedoch das Dodekapropheton. Holtz behauptet, daß Lukas den Pentateuch nicht kenne, Zitate aus ihm also nur durch Vermittlung anderer übernehme und mit seiner *Unkenntnis der Torah* fast allein dastehe. Zumindest die Bücher Ex bis Dtn, aber auch die anderen Geschichtsbücher des Alten Testaments hätten als Quelle ganz auszuscheiden.[170]

In der Tat ist es frappierend zu sehen, wie stark sich Lukas bei seinen Prophetenzitaten an den LXX-Text des A-Typus hält. So dürfte Holtz wahrscheinlich gemacht haben, daß der „grundsätzliche Unterschied" zwischen dem ersten Teil des Am-Zitats in Apg 15,16 (starke Differenzen gegenüber dem LXX-Text) und dem zweiten Teil in 15,17 (fast völlige Übereinstimmung mit dem LXX-Text nach A) am besten zu erklären ist, wenn man den ersten Teil als Übernahme aus ursprünglich judenchristlichen Kreisen ansieht, die Entdeckung des Lukas aber gerade darin sieht, daß das übernommene Zitat durch die Fortsetzung, die er getreu nach der LXX bringt, „die gewünschte universalistische Ausweitung" bekommt.[171] Er zitiert also Am 9,12 nach dem A-Text der LXX (+ ἄν und τὸν κύριον, vielleicht auch ὁ vor ποιῶν). *Martin Rese* bemerkt aber zu Recht kritisch gegen Holtz, daß die Treue des Lukas gegenüber dem LXX-Text doch nicht so groß ist, wie dieser behauptet.[172] Er hat immerhin an einer Reihe von Stellen nachweisen können, daß Lukas bei seinen Zitaten „den Text der LXX mehr oder weniger stark verändert, sei es, um die Zitate dem Kontext anzupassen oder um seiner theologischen Konzeption Rechnung zu tragen".[173] Dann aber ist der Argumentation von Holtz, Lukas habe den Pentateuch nicht gekannt, weil er Zitate aus ihm in größerer Diskrepanz zum LXX-Text bringe als Zitate aus den soeben genannten Büchern, etwas von ihrer Durchschlagskraft genommen. So oder so bleibt es aber beim Tatbestand, daß zumindest einige Pentateuchzitate eine eigenwillige Modifikation gegenüber dem LXX-Text erfahren haben. Eigentümlich ist z.B., daß er die bekannte Stelle Ex 3,6 immerhin zweimal different zu Ex 3,6LXX, aber auch different zueinander zitiert (Apg 3,13; 7,32). Dtn 18,15(ff.) ist, obwohl von zentraler christologischer Bedeutung, in Apg 3,22f. und 7,37 in jeweils unterschiedlicher Weise stark modifiziert, ohne daß dies notwendig

[168] *Holtz*, Untersuchungen über die atl. Zitate bei Lk, 169.
[169] Ib., 170.
[170] Ib., 171f.
[171] Ib., 21ff.
[172] *Rese*, Atl. Motive in der Christologie des Lk, 211ff.
[173] Ib., 104.

in der Intention des Lukas begründet ist. Die von Holtz aufgestellte Hypothese bleibt allerdings zumindest bedenkenswert. Diskussionswürdig ist aber auch die von *E. Earl Ellis* aufgestellte These: „the *pesher* pattern in a number of Old Testament quotations in Acts 2 and Acts 13, all of which are eschatologically applied to the present".[174] Für *Anthony T. Hanson* ist Lukas „more a *purveyor of other people's interpretations of scripture* than one who searches scripture for himself"[175]; trifft dies zu, so wird man dies zumindest für die heilsgeschichtlichen Überblicke in der Stephanusrede und der ersten Pauluspredigt ernsthaft erwägen.

Aufmerksam gemacht werden sollte auf einige Eigenheiten der *formulae quotationis* in der Apg. Von den Kleinen Propheten wird Apg 2,16 Joel mit Namen genannt: τὸ εἰρημένον διὰ τοῦ προφήτου Ἰωήλ, bei den beiden anderen Kleinen Propheten Amos und Habakuk wird aber ohne Namensangabe von den Propheten im Plural gesprochen: καθὼς γέγραπται ἐν βίβλῳ τῶν προφητῶν, Apg 7,42 (Am); τὸ εἰρημένον ἐν τοῖς προφήταις, Apg 13,40 (Hab); οἱ λόγοι τῶν προφητῶν καθὼς γέγραπται, Apg 15,15 (Am). Meint der Apg 7,42 genannte βίβλος τῶν προφητῶν das Dodekapropheton? Jedenfalls wird der Plural nur für die Kleinen Propheten verwendet. Formal entspricht dem die *formula quotationis* Apg 1,20 γέγραπται γὰρ ἐν βίβλῳ ψαλμῶν, womit ψ 68,26 und 108,8 eingeführt werden. Jesaja wird einmal mit Namensnennung zitiert, wobei ausdrücklich der Heilige Geist als eigentlich Sprechender genannt wird: καλῶς τὸ πνεῦμα τὸ ἅγιον ἐλάλησεν διὰ Ἠσαΐου τοῦ προφήτου πρὸς τοὺς πατέρας ὑμῶν λέγων, Apg 28,25f.; in Apg 7,48 wird Jesaja aber nur mit καθὼς ὁ προφήτας λέγει eingeführt. Ist Jesaja *der* Prophet? In Apg 13,34 ist hingegen für ein Jes-Zitat *Gott* als Redender genannt: οὕτως εἴρηκεν, ähnlich kurz danach Apg 13,47 ebenfalls für ein Jes-Zitat: οὕτως γὰρ ἐντέταλται ἡμῖν ὁ κύριος. Gott als Redender begegnet auch Apg 3,25, freilich in einem referierenden Hinweis auf Gottes Anrede an Abraham Gen 22,18; ähnlich Apg 7,3 für Gen 12,1 und Apg 7,6 für Gen 15,13f. (hier jedoch indirekte Rede 3. Pers. Sing. statt, wie in LXX, 2. Pers. Sing.); ebenso Apg 7,31 mit ἐγένετο φωνὴ κυρίου die für Lukas wichtige Stelle Ex 3,6 und Apg 7,33 mit εἶπεν δὲ αὐτῷ ὁ κύριος für Ex 3,5 und Ex 3,7.8.10. Für Psalmzitate wird mehrfach David als Redender genannt (Apg 2,25.34; 4,25). Ganz singulär, und zwar über den Rahmen des Neuen Testaments hinausgehend, ist die spezielle Einführung von ψ 2,7: ὡς καὶ ἐν τῷ ψαλμῷ γέγραπται τῷ δευτέρῳ, Apg 13,33. Mose wird in beiden Fällen, wo Dtn 18 zitiert wird, als Redender genannt (Apg 3,22; 7,37).

Bemerkenswert ist also, daß es Lukas anscheinend mehr darauf ankommt, in den förmlichen Schriftzitaten wichtige alttestamentliche Gestalten wie David, Mose oder Jesaja oder gar Gott selbst bzw. den Heiligen Geist als *Redende* (laufend Formen von λέγειν oder λαλεῖν) herauszustellen. Von den über zwanzig Zitaten werden nur fünf mit einer *formula quotationis* eingeleitet, in der die Wendung γέγραπται erscheint. Das Geschriebensein der Zitate ist anscheinend für Lukas von sekundärer Bedeutung.

---

[174] *Ellis*, Prophecy and Hermeneutic, 202.
[175] *Hanson*, The Living Utterances of God, 89; Hervorhebung durch mich.

2.6.3.2 Die lukanischen Schriften als theologische Einheit

Die beiden lukanischen Schriften erschließen sich einem theologischen Verstehen nur, wenn sie als *theologische Einheit* gesehen werden. Das *Lukas-Evangelium* ist in seiner theologischen Aussage ganz auf seine Fortsetzung in der *Apostelgeschichte* ausgerichtet. Und diese Schrift offenbart sich in ihrer eigentlichen theologischen Intention nur, wenn ihre Fundierung im Lk berücksichtigt wird. Man mag, wie üblich, von zwei lukanischen Schriften sprechen. Formal gesehen, ist das durchaus berechtigt. Aber was in formaler Hinsicht erlaubt, ja sogar geboten ist, läßt sich in inhaltlicher Hinsicht gerade nicht sagen.

Diesem Sachverhalt soll in unserer Darstellung dadurch Rechnung getragen werden, daß die Ausführungen über die beiden lukanischen Schriften nicht in einen ersten Teil über das Lk und einen zweiten Teil über die Apg unterteilt werden.[176] Die einzelnen Elemente der theologischen Verklammerung beider Schriften dürften erheblich besser das theologische Gesicht des lukanischen Gesamtwerkes deutlich werden lassen. Dabei geht es vor allem um die Frage des *Gesetzes* und in engem Zusammenhang damit um die Frage nach dem Geschick *Israels*. Beide Thematiken stehen ihrerseits im Horizont der Geschichte, mehr noch: der *Weltgeschichte*. Im Horizont der Geschichte manifestiert sich aber zugleich der Wirkungsbereich des *Heiligen Geistes*.

Die Theologie des Lukas wird weithin übereinstimmend seit *Hans Conzelmanns* klassischer Studie „Die Mitte der Zeit" (1954) unter dem Gesichtspunkt der Dreiteilung der Heilsgeschichte gesehen. Conzelmann las sie vor allem am sog. Stürmerspruch *Lk 16,16* ab: 1. die *Zeit Israels* bzw. die Zeit des Gesetzes und der Propheten (einschließlich des Täufers, also anders als Mk 1!), 2. die *Mitte der Zeit*, d.h. die Zeit Jesu (die satanslose Zeit Lk 4,13–22,3), und 3. die *Zeit der Kirche*. Damit hat Lukas die Geschichte als dominante *theologische Kategorie* in das neutestamentliche Denken eingeführt. Nicht, als ob bei anderen neutestamentlichen Autoren nicht auch schon Ansätze eines solchen geschichtlichen Denkens aufgewiesen werden könnten. Man mag in der Tat z.B. im Mk und Mt, zuvor schon bei Paulus Formulierungen finden, in denen geschichtliches Denken, vielleicht sogar „heilsgeschichtliches" Denken[177] implizit gegeben ist. Aber in so expliziter Weise, wie es bei Lukas der Fall ist, findet sich historisches und geschichtliches Denken bei keinem anderen neutestamentlichen Schriftsteller. So ist es bezeichnend, daß im Dienste seines heilsgeschichtlichen Entwurfs detaillierte historische Angaben mit weltgeschichtlicher Dimension stehen. *Was heilsgeschichtlich geschieht, ist weltgeschichtlich verifizierbar.*

Die Geschichte Jesu wird in die Synopse der Regierungszeiten damals wichtiger politischer Figuren eingeordnet (Herodes, der König von Judäa, Lk 1,5; der Kaiser Augustus, Lk 2,1; der Hegemon Syriens Kyrenius, Lk 2,2; der Kaiser Tiberius, der Hegemon

---

[176] In meinem Artikel „New Testament, OT Quotations in the (NT)" im AncB. Dictionary habe ich diese Einteilung noch vorgenommen. Für derartige Nachschlagewerke ist sie sicherlich angebracht. Doch mag gerade die Darstellung einer Theologie des NT den Freiraum dafür geben, einen anderen Weg einzuschlagen.

[177] Mit oder ohne Anführungszeichen.

von Judäa Pontius Pilatus; der Tetrarch Galiläas Herodes; der Tetrarch Ituräas und der Landschaft Trachonitis Philippus und der Tetrarch von Abilene Lysanius, Lk 3,1; die Hohenpriester Hannas und Kaiphas, Lk 3,2). In der Apg begegnen ebenfalls wichtige politische Gestalten des Imperium Romanum (z.B. der Kaiser Claudius, Apg 18,2; der Prokonsul Gallio, Apg 18,12ff.; der römische Statthalter Felix, Apg 24; der König Agrippa und die Königin Berenike, Apg 25,13ff.).

Bestritten wird Conzelmanns Gliederung der lukanischen Heilsgeschichte in drei Epochen durch *Werner Kümmel*.[178] Seine Exegese von *Lk 16,16* führt zum Ergebnis, daß sich aus dieser Stelle nur die chronologische Folge „Zeit von Gesetz und Propheten – Zeit der Verkündigung der Gottesherrschaft" entnehmen lasse.[179] Kümmel interpretiert auch ἀπὸ τότε in V.16b anders als Conzelmann: Es sei inklusiv zu verstehen; somit habe Lukas die Verkündigung der Gottesherrschaft schon mit dem Täufer beginnend gedacht.[180] Ein starkes Argument für ihn ist zweifellos *Apg 10,37f.*[181]: Petrus verweist auf das mit der Johannestaufe beginnende Heilsereignis: τὸ γενόμενον ῥῆμα ... ἀρξάμενος ἀπὸ τῆς Γαλιλαίας μετὰ τὸ βάπτισμα ὃ ἐκήρυξεν Ἰωάννης, Ἰησοῦν τὸν ἀπὸ Ναζαρέθ, ὡς ἔχρισεν αὐτὸν ὁ θεὸς πνεύματι ἁγίῳ καὶ δυνάμει ... Der Singular ῥῆμα faßt die mit dem Auftreten Jesu einsetzende Geschehnisfolge als Einheit, als das *eine* von Gott gewirkte Heil.[182] Das unbestreitbare Wahrheitsmoment der Kritik Kümmels an Conzelmann besteht darin, daß die von Gott in Gang gesetzte Heilsgeschichte in der Tat schon mit dem Auftreten Jesu beginnt.[183] Die redaktionelle *theologische* Verklammerung zwischen dem Geschehen durch das Wirken Jesu und dem Geschehen nach seiner Himmelfahrt zeigt, daß die beiden letzten Epochen des Schemas von Conzelmann enger aufeinander bezogen sind als die Epoche Israels auf die „Mitte der Zeit". Bedenkt man aber diese unterschiedlichen Gewichtungen, so läßt sich doch *insofern* mit einer separaten theologischen und historischen Größe „Mitte der Zeit" operieren, als die dritte Epoche ein Eigengewicht gegenüber den ersten beiden besitzt. Denn sie ist es, die im Blick auf Israel und das mosaische Gesetz eine Sonderrolle einnimmt. Sprechen wir also im folgenden mit Conzelmann von der „Mitte der Zeit", so steht doch Kümmels Kritik, die *im Prinzip* zutrifft, mit im Hintergrund unserer Überlegung. Und wenn sich dieser für die Eingliederung des Täufers in die zu Jesus gehörige Epoche der Heilsgeschichte auf *P.S. Minear*[184] beruft[185], so geschieht das durchaus mit Recht. Ist doch in der Tat die Parallelisierung beider Männer in Lk 1 auffällig.

---

[178] *Kümmel*, „Das Gesetz und die Propheten gehen bis Johannes".
[179] Ib., 83.
[180] Ib., 84.
[181] Ib., 85.
[182] *Kümmel*, ib., 85, übersetzt ῥῆμα zutreffend mit „Geschichte".
[183] So neuestens auch *Schnelle*, Einleitung in das NT, 295f.
[184] *Minear*, Luke's Use of the Birth-Stories.
[185] *Kümmel*, op. cit., 84f.

Es wird sich zeigen, daß die genuin biblisch-theologische Fragestellung nach der Rezeption des Alten Testamentes das theologische Gesamtprofil der beiden lukanischen Schriften besonders klar hervortreten läßt. In mancher Hinsicht wird sich dadurch die Konzeption Conzelmanns als differenzierungsbedürftig erweisen; zugleich aber wird, so paradox das im Blick auf gerade diese Aussage erscheinen mag, das theologische Gefüge der lukanischen Schriften eben dadurch als ein theologisches Ganzes in sich transparenter.

Man könnte die poetischen Teile in Lk 1 und 2 (Magnificat, Benedictus, Nunc dimittis), wohl in der Hauptsache von Lukas schon in seiner Tradition vorgefunden, in einem eigenen Abschnitt vor der Darstellung der lukanischen Gesamtkonzeption behandeln. Da aber in diesen Stücken die Art der Zusammenstellung unterschiedlicher alttestamentlicher Materialien – eben aufgrund des Tatbestands, daß es für den Evangelisten Traditionsstücke[186] waren – nicht auf *seinen* Umgang mit der Schrift schließen läßt und daher ihr Gesamtaussagegefälle aus der Perspektive seiner *Rezeption* gesehen werden muß, sollen sie am Ende unseres Lukas-Teils mit dem dann gewonnenen Urteil über dessen Theologie konfrontiert werden.

2.6.3.3 Der Heilige Geist als Geist Christi und Geist der Kirche

Um es vorweg programmatisch zu sagen: Das lukanische Doppelwerk ist in seiner theologischen Substanz eine *pneumatologische* Schrift. Anders formuliert: Christologie und Ekklesiologie sind von Lukas pneumatologisch konzipiert.

Das zeigt sich bereits an der Verkündigungsszene *Lk 1,26–38*. Der Engel Gabriel verbleibt in seiner Ankündigung der Geburt Jesu zunächst ganz im Rahmen der *alttestamentlichen Vorstellungswelt*:[187] Der von Maria geborene Sohn wird *Sohn des Höchsten, υἱὸς ὑψίστου*, genannt werden (1,32). κληθήσεται meint freilich nicht ein einfaches Benennen, sondern – mit Heinz Schürmann – eine Aussage über das Sein.[188] Und wenn Maria ihren Sohn „Jesus" nennen soll, so deshalb, weil dieser Name ebenfalls das Sein, das *soteriologische Sein* ihres Sohnes zum Ausdruck bringen soll (s. Mt 1,21!). Mit υἱὸς ὑψίστου ist das Sohn-Gottes-Prädikat von *2Sam 7* aufgegriffen. Ausdrücklich heißt es ja in Lk 1,32f., daß Gott ihm den Thron seines Vaters David geben und daß er über das Haus Jakob in alle Ewigkeit herrschen werde; seiner (!) Basileia wird kein Ende sein. Ist hier nun von der Herrschaft des Sohnes Gottes über das Haus Jakob, also über *Israel*, die Rede, so bleibt im Sinne von 2Sam 7 Jesu heilvolle Herrschaft eine in nationalen Grenzen gedachte Messiasherrschaft. Der Horizont von Lk 1,26ff. ist also nicht weiter als der von Mt 1,18ff. In der Verkündigungsszene

---

[186] S. dazu die Kommentare, die bei Unterschieden in Einzelfragen darin übereinstimmen, daß es sich um vorlukanisches Material handelt.

[187] Dazu *Mußner*, Cath(M) 46, 229ff. Richtig ist ib., 238, daß Maria selbst ganz und gar im „semantischen Universum" ihres Volkes Israel lebt; der Hinweis auf die in ib., Anm. 33 genannten Autoren ist freilich wenig hilfreich.

[188] *H. Schürmann*, HThK III/1, 1969, 47, Anm. 53.

gibt es also keinerlei universalistische Perspektive! *Messianisches Heil*, so ist hier unüberhörbar zum Ausdruck gebracht, ist *Heil Israels*.

Nach dieser Ankündigung der Geburt des Messias für Israel spricht der Engel vom Heiligen Geist aber erst auf die Frage Marias (V.34), V.35: πνεῦμα ἅγιον ἐπελεύσεται ἐπὶ σέ. Und dann epexegetisch dazu: καὶ δύναμις ὑψίστου ἐπισκιάσει σοι. Das (!) auf diese Weise von ihr geborene Heilige wird Sohn Gottes genannt werden. Was als Mensch aus dem Heiligen Geiste stammt, ist heilig, ἅγιον. Der Heilige Geist ist also die schöpferische Kraft Gottes, die Gottes Heiligkeit in Israel Wirklichkeit werden läßt.

Mit diesem Wirken des Heiligen Geistes ist freilich im Blick auf die Geburt Jesu nur eine Steigerung dessen zum Ausdruck gebracht, was zuvor in *Lk 1,13ff.* der Engel des Herrn dem Zacharias über die Geburt des Johannes angekündigt hatte: Im hohen Alter wird Elisabeth ihm einen Sohn gebären, dem er den Namen Johannes geben soll (Überbietung von 1Sam 1). Und über diesen heißt es: „Er wird groß (μέγας wie Jesus in 1,32!) sein vor dem Herrn, vor allem aber, er wird noch vor seiner Geburt vom Heiligen Geiste erfüllt sein, πνεύματος ἁγίου πλησθήσεται, und viele Söhne Israels zum Herrn, ihrem Gott, bekehren," (1,15f.)

Der Unterschied zwischen Johannes und Jesus ist somit nicht, *daß* der Heilige Geist wirkt, sondern *wie* er es tut. Johannes ist bereits im pränatalen Zustand vom Heiligen Geiste erfüllt, als eschatologische Gestalt von ihm erfüllt, wie dies nach Ez 36f. auch für das eschatologische Israel zutrifft. Jesus aber verdankt nach Lukas bereits sein pränatales Dasein als solches dem Geiste Gottes. Liest man nicht aus Paulus und Joh eine Präexistenzchristologie in den Lk-Text hinein, so ist die Existenz Jesu als des Sohnes Gottes erst durch die Herabkunft des Geistes auf Maria bedingt. Lukas vertritt also genausowenig wie Matthäus eine Präexistenzchristologie.

Dann aber ist zu fragen: Widersprechen sich die Christologie der sog. Jungfrauengeburt des Mt und Lk einerseits und die paulinische und johanneische Christologie der Präexistenz andererseits? Ist bei den beiden Synoptikern überhaupt gewahrt, was das Symbolon Nicaeno-Constantinopolitanum christologisch definiert hat, nämlich *natum ex Patre ante omnia saecula. Deum verum de Deo vero. Natum, non factum, consubstantialem Patri?* Im Bereich der objektivierenden Vorstellung ist ein Widerspruch unbestreitbar – aber eben nur auf dieser Ebene! Bleiben wir auf ihr, so ist notwendig der Begriff „Präexistenz" auf der Skala einer linearen Zeit-*vor*-Stellung gedacht, also auf einer Ebene, auf der Gott keinen wesenhaften „Ort" hat. Ihrer je *eigentlichen* Intention nach geht es aber bei beiden genannten Arten der Christologie um das *Sein* des Gottessohnes *aus* Gott, eben um das *natum ex Patre*. Dann ist jedoch das im altkirchlichen Symbol ausgesagte *ante omnia saecula* im Blick auf den „Zeitpunkt" des *natum*, was die *Interpretation* des verbindlichen Dogmas angeht, nicht auf jener Vorstellungsebene der linearen Zeitachse gedacht. Gottes Sein *über* aller Zeitlichkeit und zugleich sein Wirken *in* die Zeit *hinein* sind also bei der Interpretation des Nizäno-Konstantinopolitanums zu beachten. Das *ante omnia saecula* bekommt demnach sein Interpretationskriterium vom *Deum verum de Deo vero* her. Natürlich haben die Evangelisten nicht über die Zeit spekuliert; natürlich haben sie sich in ihrem weltanschaulichen Vorstellungshorizont die Geschichte Gottes mit den Menschen vor-gestellt und in diesem Vorstellungshorizont gedacht. Entmythologisierung muß also gerade hier, soll sie theologisch verantwortlich geschehen, eine solche existentiale Interpretation sein, die den Gottes-„Gedanken" ernst nimmt. Wer heute auf einer antiken Vorstellungsebene verbleibt, verharmlost, was das Wort „Gott" meint, verharmlost die *Bedeutsamkeit* (nicht: Bedeutung!) Gottes!

Wie im Mt nimmt auch im Lk das Zitat *Jes 40,3–5* (*Lk 3,4–6*) die Funktion eines Zitats unter vielen ein. Trotzdem ist im Gesamtzusammenhang von Lk 3,1–22, also einschließlich der Szene der Taufe Jesu, dieses Jes-Zitat auch im Hinblick auf die pneumatologische Dimension des lukanischen Doppelwerkes zu beachten.

Wenn es in *Lk 3,2* heißt ἐγένετο ῥῆμα θεοῦ ἐπὶ Ἰωάννην τὸν Ζαχαρίου, so erinnert das an *Ez 1,3* καὶ ἐγένετο λόγος κυρίου πρὸς Ἰεζεκιὴλ υἱὸν Βουζὶ τὸν ἱερέα.[189] Das ist um so auffälliger, als in der Szene der Taufe Jesu *Lk 3,21* ἀνεωχθῆναι τὸν οὐρανόν ebenfalls in Ez 1,1 eine Parallele besitzt: καὶ ἠνοίχθησαν οἱ οὐρα-νοί. Zudem findet sich sowohl in Lk 3,22 als auch in Ez 1,4 ein Beleg für πνεῦμα als Geist Gottes. Nun gibt es allerdings im Lk keine Ez-*Zitate*. Und so ist es fraglich, ob die genannten verbalen Parallelen bewußt von Lukas vorgenommene Anspielungen sind. Trotzdem wird man davon ausgehen dürfen, daß ihm selbst dann, wenn er mit Ez 1 nicht vertraut gewesen sein sollte, die Vorstellung vom Propheten als dem vom Geiste Gottes Angetriebenen geläufig war. Zitiert er doch Jes 61,1 in Lk 4,18 (s.u.).

Daß über den Täufer das Wort Gottes gekommen ist und er so „die Taufe der Umkehr zur Vergebung der Sünden" (Lk 3,3) predigt, geschieht gemäß dem, „wie im Buche der Worte des Propheten Jesaja geschrieben steht". Die *formula quotationis* ὡς γέγραπται … in V.4 leitet zwar kein formales Erfüllungszitat ein. Aber im Sinne des Lukas geht es durchaus um die Erfüllung einer prophetischen Verheißung. Er zitiert über seine Vorlage Mk 1,2f. hinaus[190] *Jes 40,4f.*; diese beiden Verse enden mit καὶ ὄψεται πᾶσα σὰρξ τὸ σωτήριον τοῦ θεοῦ. Gottes Heil wird also der ganzen Menschheit zuteil! Hier zeigt sich nun der *universalistische* Gedanke bei Lk.

Von hier aus ein Blick zurück auf die *„Hymnen"* von *Lk 1 und 2*. Während es in Magnificat und Benedictus nur um das Heil Israels geht (ἔλεος: Lk 1,50.54.72.78; σωτήρ, σωτηρία: Lk 1,47.69.77) spricht der greise Simeon – Lk 2,25: καὶ πνεῦμα ἦν ἅγιον ἐπ' αὐτόν, 2,27: καὶ ἦλθεν ἐν τῷ πνεύματι εἰς τὸ ἱερόν – von Jesus als dem von Gott gekommenen Heil, τὸ σωτήριόν σου, das dieser vor dem Angesichte aller Völker bereitet hat, *πάντων τῶν λαῶν*. Es ist das Licht zur Offenbarung an die heidnischen Völker, *φῶς εἰς ἀποκάλυψιν ἐθνῶν*, zugleich aber zur Herrlichkeit des Gottesvolkes Israel, καὶ δόξαν λαοῦ σου Ἰσραήλ, *Lk 2,30–32*. Im Heiligen Geiste spricht Simeon

---

[189] S. auch Jer 1,1: Τὸ ῥῆμα τοῦ θεοῦ, ὃ ἐγένετο ἐπὶ Ἰερεμίαν τὸν τοῦ Χελκίου ἐκ τῶν ἱερέων.

[190] Wie Matthäus macht auch er aus dem Mischzitat des Mk ein „reines" Jes-Zitat. Was er an Jes-Worten über Mk hinaus bringt, findet sich nicht in Mt 3,3.

sein prophetisches Wort. Findet sich hier also zum ersten Male der universalistische Heilsgedanke im Lk, so ist zugleich zu registrieren, daß die Engel in Bethlehem den Hirten verkündeten, daß (nur) „dem ganzen Volke", also Israel, der Retter, der Christus geboren sei, Lk 2,10f.

Nach seiner Taufe verläßt Jesus voll des Heiligen Geistes, πλήρης πνεύματος ἁγίου, den Jordan, Lk 4,1. Und von eben diesem Geiste wird er in die Wüste geführt, um vom Teufel versucht zu werden. Danach begibt er sich nach Galiläa, wiederum ἐν τῇ δυνάμει τοῦ πνεύματος, Lk 4,14. So kommt er dann nach Nazareth, um dort in der Synagoge zu predigen. Diese *Predigt, Lk 4,18ff.*, ist in *programmatischer* Weise zugleich *christologische, pneumatologische* und *ekklesiologische* Predigt.[191]

Daß die messianische *Verheißung* des Propheten Jesaja *Jes 61,1f.; 58,6* in *Erfüllung* gegangen ist, sagt Jesus ausdrücklich. In Abänderung seiner markinischen Vorlage Mk 1,15 πεπλήρωται ὁ καιρὸς καὶ ἤγγικεν ἡ βασιλεία τοῦ θεοῦ heißt es *Lk 4,21* σήμερον πεπλήρωται ἡ γραφὴ αὕτη ἐν τοῖς ὠσὶν ὑμῶν. Die Botschaft Jesu an die Menschen von Nazareth lautet also: *Ich bin die Erfüllung!* War die Zeit bis Johannes nach Lk 16,16 die Zeit des Gesetzes und der Propheten, so war sie gerade als die prophetische Zeit die Zeit der prophetischen Verheißung. Oft ist der Zungenschlag, mit dem von der Zeit des Gesetzes und der Propheten gesprochen wird, ein wenig abschätzig. Aber es zeigt sich gerade an der für die „Mitte der Zeit" programmatischen Perikope Lk 4,16ff., in der Jesu Auftreten als geistgewirktes Auftreten betont herausgestellt wird, daß es die Erfüllung der *eigentlichen* prophetischen Verheißung ist. Prophetische Verheißung ist jedoch die durch des Propheten Mund gesprochene Verheißung *Gottes*. Die Zuordnung von der „Zeit des Gesetzes und der Propheten" zur „Mitte der Zeit" ist demnach im Sinne des Lukas die Zuordnung der *Zeit göttlicher Verheißung* zur *Zeit göttlicher Erfüllung*. Gott als der Verheißende darf aber keinesfalls gegenüber Gott als dem Erfüllenden abgewertet werden. Denn – und dieser Gedanke hat uns bisher zur Genüge begleitet – gerade der Vorgang der Verheissung *impliziert* die göttliche Dynamis der Erfüllung. Anders gesagt: Mit seiner Verheißung setzt Gott in seiner Allmacht bereits die Erfüllung. Weil Gott erfüllen kann, nur deshalb kann er auch wirkkräftig verheißen!

Wie bei keinem anderen Evangelisten, überhaupt wie bei keinem anderen neutestamentlichen Autor, wird das Erlösungsgeschehen so bewußt in den Rahmen der Geschichte gestellt wie bei Lukas. Daß es Heilsgeschichte ist – im strengen Sinne des Wortes: *Geschichte des Heils* –, zeigt sich an der schon erwähnten Einordnung dieser Geschichte in die Weltgeschichte. Darf man hier von *linear* vorgestellter Geschichte sprechen? Ja, aber nur in abgeschwächter Weise. Denn trotz des „objektiven" Vorstellungsrahmens einer kontinuierlich fortschreitenden Zeit ist doch das Wesen dieser Zeit ihre jeweilige theologische Qualität. Die Zeit der Propheten – weniger die des Gesetzes – hat *per definitionem* ihren Sinn nicht in sich. Prophetie ist ja auf Erfüllung aus. Doch auch die „Mitte der

---

[191] S. zu Lk 4,16–20 auch *Nebe*, Prophetische Züge im Bilde Jesu bei Lukas, 64–78. *Nebe* stellt diese Perikope in den Gesamtkontext seiner These von Jesus als „Prophet" bzw. von Jesu Selbstbewußtsein, in dem er sich nach Lk als endzeitlichen Prophet versteht.

Zeit" ist nicht als in sich selbst ruhend konzipiert. Denn ihre Entelechie ist die Wirklichkeit der Kirche, ist die geschichtliche Kirche, deren theologisches und vor allem pneumatologisches Wesen gleich noch zu bedenken ist.

Zuvor aber noch eine erstaunliche Eigenart des Lk! Es ist nämlich eigenartig, daß trotz der programmatischen Selbstaussage Jesu über sein geistbegabtes Wirken gerade dieses Wirken nicht als pneumatisches dargestellt wird! Das Thema „der Sohn Gottes und der Heilige Geist" endet nahezu mit Lk 4,18ff.! Wenn nach dieser Perikope πνεῦμα im Lk begegnet, dann zumeist im Sinne von πνεῦμα als höllischem Dämon (auch Plural). Nur noch *Lk 10,21*, wo das aus Q stammende Offenbarungswort Jesu, sein Jubelwort, mit dem redaktionellen ἠγαλλιάσατο ἐν τῷ πνεύματι τῷ ἁγίῳ eingeleitet wird, wird Jesu Existenz als pneumatische Existenz ausgesagt. In *Lk 11,13* und *12,12* spricht Jesus *über* den Heiligen Geist, aber nicht als Gabe an sich selbst, sondern an seine Jünger (somit bereits Hinweis auf die in der Apg geschilderte Zeit). Daß dennoch der Leser von Lk 4,18ff. her Jesu Existenz und Wirken als geistbestimmt sehen soll, bedarf keiner Begründung. In *Lk 12,10* geht es um die Unvergebbarkeit der Lästerung des Heiligen Geistes.

Völlig anders begegnet das Geist-Thema schon allein in quantitativer Hinsicht in der *Apostelgeschichte*. In ihr wird die Kirche als geistbegabt dargestellt. Man kann in der Formulierung sogar noch einen Schritt weitergehen: Der Heilige Geist ist der eigentliche Akteur in der im zweiten lukanischen Werk geschilderten Epoche der Kirchengeschichte. Jesus verheißt in Apg 1,5.8 den Jüngern die Kraft des Heiligen Geistes, der auf sie herabkommen wird (vgl. Apg 1,8 ἐπ-ελθόντος mit Lk 4,18 ἐπ᾽ ἐμέ!) Die Verheissung geht Pfingsten in Erfüllung, Apg 2. Die Glaubenden werden mit dem Heiligen Geiste erfüllt (Apg 4,31: ἐπλήσθησαν wie 2,4!), Stephanus war voll des Glaubens und des Heiligen Geistes (Apg 6,5), der Heilige Geist bestimmt und leitet die Heidenmission (z.B. Apg 8,29; 10,19.44; 13,2.4; 15,28; 16,6f. [!]; 20,23). Und das letzte Zitat der Apg, ein Wort des Jesaja, wird als Wort des Heiligen Geistes angeführt (Apg 28,25).

Die **Kirche Jesu Christi** ist also die **Kirche des Heiligen Geistes**. Jesus ist in den Himmel aufgefahren, der Heilige Geist ist auf die Jünger herabgekommen. Er hat sie so zur Kirche gemacht, und er vergrößert diese Kirche, indem er immer neu auf Menschen herabkommt. War in *pneumatologischer Hinsicht* das *Lukas-Evangelium* eine *christologische Schrift*, so die *Apostelgeschichte* in pneumatologischer Hinsicht eine *ekklesiologische Schrift*. In grundlegender Weise ist dies in der Schilderung des Pfingstereignisses Apg 2 veranschaulicht, wobei das *Joelzitat* eine zentrale Funktion innehat.

Joel 3,1–5LXX(Rahlfs)[192] bzw. nach der Zählung der Göttinger Septuaginta *Joel 2,28–32* spricht schon allein als Zitat durch sich selbst, auch ohne Berücksichtigung seines alttestamentlichen Kontextes. Aber die Gesamtaussage dieses sog. Kleinen Propheten[193] vermag, die theologische Aussage von Apg 2 in fast optimaler Weise noch erheblich profilierter erscheinen zu lassen. Joels Prophetie ist weithin in spätnachexilischer

---

[192] So auch Zählung des MT.

[193] Dazu die entsprechenden Abschnitte in *Schmidt*, Einführung in das AT, und *Kaiser*, Einleitung in das AT; s. auch *J. Jeremias*, Art. Joel/Joelbuch, in: TRE 17, 1988, 91–97, außerdem *H.-W. Wolff*, Dodekapropheton 2. Joel Amos, BK XIV/2, Neukirchen 1969, 12–17, § 5. Die Botschaft Joels, und ib., die entsprechenden Exegesen.

Zeit vorgenommene literarische Verarbeitung überkommener prophetischer Literatur, also „Schreibtischarbeit".[194] Vor allem – und das ist für das Verständnis von Apg 2 relevant – die prophetische Tradition vom *Tage Jahwähs* (Am 5,18–20; Jes 2,12; Ez 30,2; vor allem Zeph 1,14f.18; 2,2f.[195]) erhält durch ihn neue, geradezu programmatische Akzente.

Die Ankündigung eines für Israel heilvollen Eintreffens des Tages Jahwähs geschieht im Horizont der *deuteronomistischen Umkehrtheologie*, Joel 2,12f.: Wenn Israel mit ganzem Herzen zu Jahwäh umkehrt, שֻׁבוּ עָדַי (2,12), וְשׁוּבוּ אֶל־יְהוָה (V.13), der gnädig und barmherzig ist, *vielleicht* – die Freiheit Gottes bleibt gewahrt, seine Gnade kann und darf nicht erzwungen werden! – wird er sich zu Israel kehren, מִי יוֹדֵעַ יָשׁוּב, vielleicht wird es ihn gereuen, וְנִחָם (daß er Israel preisgeben wollte, V.14). Gegenüber Am 5,18 – der Tag Jahwähs ist Finsternis, nicht Licht – bekommt dieser Tag für Jerusalem seine dominante soteriologische Dimension. Nur die Völker, die Israel zerstreut und diesem Volke Jahwähs Schlimmstes angetan hatten, nur sie wird am Tage Jahwähs das eschatologische Unheil ereilen.[196]

In Apg 2 soll *Joel 2,28–32LXX* zwar zunächst der Erklärung des pfingstlichen Sprachenwunders dienen. In seiner Pfingstpredigt erinnert Petrus seine jüdischen Predigthörer an die prophetische Verheißung des Pfingstgeschehens. Aber dieses jüdische Fest ist jetzt, anders als frühere Pfingstfeste, mit dem Blick auf den Tag des Kyrios (Joel 2,12.32/Apg 2,20) – wie zuvor der Tag Jahwähs im Munde Joels – unter den Vorbehalt der *Bekehrung* gestellt, *Apg 2,38*: „Kehret um, μετανοήσατε, und es lasse sich ein jeder von euch im Namen Jesu Christi zur Vergebung eurer Sünden taufen! Und so werdet auch ihr die Gabe des Heiligen Geistes empfangen."[197]

Die entscheidende Frage ist aber nun, was die Ausgießung des Geistes für eine Art von Prophetie bewirkt. Anders gefragt: Was meint in Joel 2,28/Apg 2,17 προφητεύσουσιν aufgrund des ἐκχεῶ ἀπὸ τοῦ πνεύματός μου? Lukanischer Einschub in den Joel-Text ist ἐν ταῖς ἐσχάταις ἡμέραις. Dadurch wird die sog. *Zeit der Kirche* auch von Lukas, der doch die Naherwartung aufgegeben hat, *eschatologisch qualifiziert*. Denn die eschatologischen Zeichen des Jüngsten Ta-

---

[194] S. auch *Wolff*, BK XIV/2, 16: „Als *gelehrter Prophet* ist er direkt (3,5) und vor allem indirekt mit der systematischen Verarbeitung der überlieferten Prophetenworte beschäftigt. Er deutet auch Gegenwartsgeschehnisse von der älteren Prophetie her (1,15)." (Hervorhebung durch mich)

[195] S. Exkurs יוֹם יְהוָה bei *Wolff*, BK XIV/2, 38f.

[196] S. auch Obj 15. Schon für *Zeph 1,14ff.*, das *dies irae* des AT, war der Tag Jahwähs der für Juda *abwendbare* nahe und furchtbare Tag des Zornes Gottes.

[197] Diesen Imperativ μετανοήσατε, in seiner Mk-Vorlage ein Verkündigungselement Jesu, hat Lukas aus der „Mitte der Zeit" in die „Zeit der Kirche" transferiert. Der Imperativ in der Präsensform μετανοεῖτε ist in *Mk 1,15* die Konsequenz für das πεπλήρωται ὁ καιρός, das, wie bereits erwähnt, in Lk 4,21 in πεπλήρωται ἡ γραφὴ αὕτη umgeändert ist. Diese Transferierung des Imperativs von μετανοεῖτε wird erstaunlicherweise in gängigen Apg-Kommentaren nicht erwähnt, so z.B. nicht in *Haenchen*, KEK III, [7]1977; *Conzelmann*, HNT VII, [2]1972; *G. Schneider*, HThK V/1, 1980; *G. Schille*, ThHK V, 1983. Auch in „Die Mitte der Zeit" erwähnt *Conzelmann* diesen Sachverhalt nicht.

ges waren bereits zu sehen, die τέρατα ἐν τῷ οὐρανῷ ἄνω[198] von Joel 2,30/ Apg 2,19 in Form der feurigen Zungen, Apg 2,2f., während die σημεῖα ἐπὶ τῆς γῆς möglicherweise die Wundertaten des irdischen Jesus meinen.[199]

Sollte die Jesus betreffende Vermutung richtig sein, so wäre ein weiteres Element für den proleptisch eschatologischen Charakter der „Mitte der Zeit" gegeben, wodurch *Werner G. Kümmels* Einspruch gegen Hans Conzelmann an zusätzlicher Durchschlagskraft gewönne; zumindest würde dadurch die innere Verbindung der zweiten und dritten Epoche des heilsgeschichtlichen Schemas in Conzelmanns Hypothese entschieden enger (s. auch Lk 11,20 = Q).

Weithin dominiert in der Literatur die Auffassung, daß προφητεύειν – zitiert sei hier nur *Ulrich Wilckens* – „sicherlich dem verbreiteten urchristlichen Sprachgebrauch entsprechend als Weise pneumatischer Verkündigung verstanden" sei.[200] Es ist also die *geistgewirkte Predigt vom Heil*, das Gott durch seinen Sohn gewirkt hat. Es ist die eschatologische Christuspredigt, die Predigt in eschatologischer Zeit, die ein eschatologisches Ereignis, nämlich die Auferweckung Christi, als Prolepse des eigentlichen Eschatons, des Jüngsten Gerichts, verkündet. Dann aber gehören das christologische Verstehen[201] von ψ 15,8–11 und die aus solchem Verstehen erwachsene Predigt zu dem von Joel prophezeiten Prophezeien, Apg 2,25–28: Gott hat, wie schon David als Prophet wußte (Apg 2,30), „meine Seele" – Christus spricht den Psalm, wie εἰς αὐτόν der *formula quotationis* zum Ausdruck bringt – nicht im Hades gelassen und nicht gestattet, daß sein Heiliger die Verwesung sehen wird.

Christologie hat aber dann ihren Ursprung im Ereignis des Heiligen Geistes. Von diesem Ursprung her ist die Christologie der Apg aber auch schon wesensmäßig *pneumatologisch*. Es zeigte sich bereits für das Lk, daß wir von einer pneumatischen Christologie des biblischen Autors sprechen können. Jetzt wird das an der Pfingstpredigt des Petrus noch einmal in konkreter Weise überaus deutlich. *Predigen kann, wer als Geistbegabter die Schrift christologisch versteht.* Aus geistgewirktem Glauben kommt es zum geistgewirkten Verstehen der Schrift. **Heiliger Geist, Schrift, Glaube und Christologie bilden zusammen die für Lukas entscheidenden Elemente seiner Theologie.** *Lukanische Theologie ist also Biblische Theologie.*

Daß Theologie mit Verstehen zu tun hat, daß somit Theologie ohne glaubendverstehendes Erkennen substanz- und grundlos ist, wird auch durch die Prophetie des Joel verbindlich gesagt. Denn es ist ein weiterer seiner Grundgedanken, den wir hier in unsere Darstellungen einzutragen haben, nämlich der schon für

---

[198] ἄνω und das gleich noch folgende κάτω sind redaktionelle Zusätze des Lukas.

[199] Diese Deutung auf Jesus ist umstritten, s. die diesbezügliche Lit.

[200] *Wilckens*, Die Missionsreden der Apg, 32; *Schille*, ThHK, 107: „προφητεύειν meint nicht hellenistisch die Zukunftsansage, sondern ähnlich dem urchristlichen Charismatikertitel ‚Prophet' (und dem Gebrauch in 1Kor 11 und 14) die kontrollierte gottesdienstliche Verkündigung."

[201] Vielleicht genauer formuliert als „christologisches Verständnis", weil Verstehen näher bei „zum Verstehen kommen" ist als Verständnis.

Ezechiel so entscheidende Gedanke der *Erkenntnis Gottes*.[202] Zwar zitiert Lukas Joel 3,17 (MT: 4,17) nicht: καὶ ἐπιγνώσεσθε διότι ἐγὼ κύριος ὁ θεὸς ὑμῶν … Doch fügt sich die Aussage dieses Verses bestens in die zuletzt vorgetragenen Überlegungen. Wenn Gott das Volk aufgrund seiner Umkehr schont (Joel 3,16: ὁ δὲ κύριος φείσεται τοῦ λαοῦ αὐτοῦ) und wenn ihm – wir können von Joel 2,28 her interpretieren: kraft seiner Geistbegabung – die Gabe der Gotteserkenntnis geschenkt wird, so daß die Israeliten aufgrund dieser Gabe aufgefordert werden können: „Erkennet!", so trifft das genau den Sinn von Apg 2. Und in diesem Sinne fordert in neuer soteriologischer Situation Petrus seine Zuhörer auf, *Apg 2,22*: „Ihr Männer Israels, *hört* diese Worte!" Hören ist aber, will es wirkliches, eigentliches Hören sein, Verstehen. Also soll nach *Apg 2,36* das ganze Haus Israel mit Gewißheit erkennen und verstehen – ἀσφαλῶς οὖν γινωσκέτω –, daß Gott Jesus zum Kyrios und Christus gemacht hat. Und die Hörer verstehen! Sie *verstehen* des Petrus *christologische Auslegung der Schrift*, verstehen, wie er in Apg 2,34f. den auch hier wieder zitierten Vers ψ 109,1 als Aussage über den erhöhten Herrn auslegt. Und so erhalten sie von Petrus die schon genannte Aufforderung zur Umkehr, μετανοήσατε, die Aufforderung dann zur Taufe, sie erhalten zudem die Zusage, das Geschenk des Heiligen Geistes zu empfangen, καὶ λήμψεσθε τὴν δωρεὰν τοῦ ἁγίου πνεύματος, Apg 2,38. Zunächst wird also den elf Aposteln der Heilige Geist gegeben. In der Kraft dieses Geistes sprechen sie zu den Juden, die, aus der ganzen Welt kommend, das Pfingstfest feiern. Und aus den elf Geisterfüllten werden dreitausend! Aus dem geistgewirkten Verstehen der Schrift entsteht an diesem Tage die *Kirche*! Lukas veranschaulicht in Apg 2 in einem großartigen Pfingstgemälde die pneumatische Christologie, um von ihr aus seine *pneumatische Ekklesiologie* plastisch vor Augen zu stellen: Durch geisterfüllte Predigt entsteht geistgewirktes Verstehen der Schrift und kraft dieses Verstehens die Kirche, die im Heiligen Geist ihr Lebensprinzip besitzt.

An der Pfingstpredigt des Petrus hat Lukas das Geschehen der Verkündigung und das Entstehen und Wachsen der Kirche verdeutlicht. Damit sind die wesentlichen Elemente dieses sich in der Darstellung der Apg laufend wiederholenden Geschehens genannt und erläutert. So ist es nicht mehr erforderlich, im Rahmen der Darstellung der lukanischen Theologie unter pneumatologischem Gesichtspunkt auf weitere Predigten, die Lukas in der Apg bringt, einzugehen. Vergegenwärtigen wir uns daher nun die lukanische Theologie hinsichtlich ihrer Sicht Israels, der Heiden und des Gesetzes. Alle drei Themen hängen so miteinander zusammen, daß wir sie in einem einzigen Durchgang behandeln können.

2.6.3.4 Israel, die Völker und das Gesetz

Um das Verhältnis von Israel und den Völkern, den Heiden also, wie ἔθνη oft übersetzt wird, in der Optik der lukanischen Theologie zu klären, ist noch einmal der Blick

---

[202] *Zimmerli*, Erkenntnis nach dem Buche Ezechiel, 41–119.

auf das Pfingstgeschehen von Apg 2 geboten. Denn in diesem Kapitel stellt der Autor bereits die *missionstheologischen* Weichen seiner theologischen Gesamtkonzeption.

Bei der ersten Lektüre von Apg 2 mag man den Eindruck gewinnen, hier schaffe sich der Heilige Geist seine Weltkirche. Apg 2,8–11 zeigt ja einen universalen Horizont. Doch Lukas sagt eindeutig, daß die zum Teil aus weiter Ferne gekommenen Festpilger Juden sind, *Diasporajuden*. Es sind hier noch nicht einmal die sog. Gottesfürchtigen genannt, wohl aber in 2,11 Proselyten. Ausdrücklich redet Petrus seine Hörer in 2,14 als „Juden und alle (!) Einwohner Jerusalems" und in 2,22 als „Israeliten" an. Die Apostel konnten die Worte des Auferstandenen Apg 1,8 durchaus als Befehl zur Missionspredigt an alle Diasporajuden der Welt auffassen. Auch die Hellenisten von *Apg 6* sind Juden, wenn auch, wie nur zwischen den Zeilen zu lesen ist, solche, die sich eine gewisse Liberalität bei ihrem Gesetzesgehorsam erlauben.[203] Und diese Haltung ist es, die ihnen die Verfolgung durch die Juden einträgt. Stephanus ist in diesem Sinne der erste Märtyrer einer Theologie der Freiheit vom Gesetz, wenn wir auch nicht genau sagen können, in welcher Hinsicht und in welchem Ausmaß diese Freiheit zu denken ist. Die *Heidenmission* begann nach Lukas erst mit der Bekehrung des römischen Hauptmanns Cornelius durch Petrus, der, widerstrebend, erst durch eine Vision dazu bewegt werden mußte, *Apg 10*. Und es ist für die Anlage des ganzen lukanischen Doppelwerkes von höchster theologischer Wichtigkeit, daß der Inhalt der Vision für den streng gesetzestreuen[204] Petrus in der dreifachen Aufforderung besteht, vom mosaischen Gesetz befohlene *Speisegebote* zu übertreten, Apg 10,13: „Schlachte und iß!" Aber selbst wenn der Himmel ihm zumutet, gegen das von Mose Gebotene zu verstoßen – Petrus verweigert den Gehorsam! Darauf spricht die himmlische Stimme – darf man hier vielleicht die Stimme des Heiligen Geistes vermuten? – die den Petrus überzeugende Erklärung, indem sie die *Autorität Gottes über Sein Gesetz* herausstellt, 10,15: „Was Gott für rein erklärt hat, ἐκαθάρισεν, das sollst du nicht (wieder) unrein machen, σὺ μὴ κοίνου (indem du es unrein nennst)!"

Im dramatischen Aufbau der Apg eine Ungeheuerlichkeit: Gott selbst hebt in *Apg 10,13ff.* einen wesentlichen Teil der mosaischen Torah auf, immerhin einen Teil, der überaus stark in die Praxis des jüdischen Lebens eingreift. Steckt doch in diesen Speisegesetzen ein gehöriges Stück jüdischer Identität! Vom Märtyrertod für diese Speisegesetze berichten jüdische Schriften, bis ins Alte Testament hinein (Makkabäerbücher, das Buch Daniel).

Am Rande gesagt: Daß der biblische Autor dabei Petrus zur Schlüsselfigur macht, daß er in den danach folgenden Kapiteln den Paulus wohl als einen bedeutenden Hei-

---

[203] Dazu *Hengel*, NTS 18, 26ff.

[204] *Streng* gesetzestreu natürlich in der Auffassung des Lukas! Für die Strategie seiner Darstellung ist dies unbedingt erforderlich.

denmissionar darstellt, ihm aber, von Apg 14,4.14 abgesehen[205], die Würde eines Hei-den-*Apostels* nicht zuerkennt, steht auf einem anderen Blatt.[206]

Für die jetzt anstehende Frage ist entscheidend, daß die partielle, aber im-merhin substantielle *Aufhebung* des am Sinai *gegebenen* Gesetzes an Israel *um der Heidenmission willen* geschieht. Israel muß um dieser Heiden willen in einem erheblichen Umfang eigene Identität preisgeben. Die zwölf Apostel und die übrigen Brüder, die von diesem Vorfall gehört haben, ziehen Petrus deshalb zur Rechenschaft, lassen sich aber dann von ihm überzeugen. Es fällt ihnen – aber erst jetzt in Kap. 11! – wie Schuppen von den Augen, Apg 11,18: „Also hat Gott auch den Heiden die Umkehr zum Leben gegeben!" In moderner Termino-logie: ein Aha-Erlebnis. Endlich begreifen die Apostel: Die Heiden sind nicht, wie sie zuvor meinten, Menschen des Todes![207]

Von hier aus wird aber evident, warum Lukas *Mk 7,15* nicht übernehmen konnte. Die Abrogation des alttestamentlichen Gesetzes, und sei es auch nur eine partielle, konnte ja von seiner theologischen Perspektive aus gar nicht vom vor-österlichen Jesus gesprochen worden sein. Er mußte die Aussage dieses Verses in die Zeit der Kirche transferieren.[208]

Ihm hätte zwar auch der Weg des Matthäus offengestanden, der das Lev 11/Dtn 14 außer Kraft setzende Logion in der Weise umformulierte, daß es nicht mehr den Wort-laut der Torah attackierte. Aber da er das, was Mk 7,15 inhaltlich zum Ausdruck bringt, bestens in die „Zeit der Kirche" einbringen konnte, hat er die von Matthäus praktizierte Möglichkeit nicht gewählt. Soweit er die Polemik Jesu gegen die äußere Reinheit in die grundsätzlich gesetzestreue Haltung seiner Jesussicht integrieren konnte, hat er dies in *Lk 11,37–44* getan.[209] Für die vorösterliche Zeit gilt uneingeschränkt Lk 16,16; in der Mitte der Zeit „fällt" kein einziges Häkchen vom Gesetz![210] Für die Zeit der Kirche hin-gegen gilt dieses eherne Torahprinzip nicht mehr.

Versteht aber der Evangelist den irdischen Jesus gerade nicht als den, der die Vollmacht zur Außerkraftsetzung der Torah für sich beansprucht, so fügt sich

---

[205] Von Lukas übernommene Formulierung seiner Tradition, die er aus uns nicht durchsichti-gen Gründen nicht umformte? S. die Kommentare!

[206] S. die Definition eines Apostels durch Lukas in Apg 1,21f.!

[207] Allerdings haben die Apostel dann *Lk 24,47f.* vergessen! Eigentümlicherweise gehen Kommentatoren wie z.B. E. Klostermann, HNT V, [3]1975, und *Wiefel*, ThHK III, 1988, 417, in der Auslegung von Lk 24,47f. nicht auf die Differenz zu Apg 10f. ein! Natürlich darf man dieses „Vergessen" nicht psychologisch interpretieren. Hier liegt eine Ungeschicklichkeit des biblischen Autors vor.

[208] *F. Bovon*, EKK III/1, 1989, 20: „Lukas benutzt eine Form des Markusevangeliums, die von der kanonischen nur wenig abweicht. Allerdings übergeht er unerklärlicherweise Mk 6,45–8,26." Nein, dieses Übergehen ist nicht nur „unerklärbar", es ist unverzichtbar!

[209] *Hübner*, Das Gesetz in der synoptischen Tradition, 185ff.; dort auch Thematisierung des Verhältnisses von Lk 11,37ff. zu Mt 23.

[210] Vielleicht hat Lukas das Streitgespräch Mk 10,2ff. nicht übernommen, weil dort Gen 1,27 und 2,24 der Gesetzesbestimmung Dtn 24,1 gegenübergestellt werden, er aber in seinem Evan-gelium alles vermeiden will, was auch nur entfernt nach Abrogation des mosaischen Gesetzes in der Predigt des irdischen Jesus aussehen könnte.

dazu bestens die Erfüllung bestimmter Gesetzesvorschriften in Lk 1 und 2. Bereits die Eltern des Vorläufers Jesu sind δίκαιοι ... ἐναντίον τοῦ θεοῦ, denn sie wandelten untadelig ἐν πάσαις ταῖς ἐντολαῖς καὶ δικαιώμασιν τοῦ κυρίου ἄμεμπτοι, Lk 1,6. Dem entspricht, daß der letzte, der sich um den irdischen, inzwischen toten Jesus kümmert, nämlich Josef von Arimathäa, ebenfalls als δίκαιος bezeichnet wird. Zugleich heißt es von diesem Gerechten, er habe die Gottesherrschaft empfangen, Lk 23,50f.[211] Vielleicht ist in diesem Zusammenhang Lk 2 noch wichtiger. Simeon, der wiederum als δίκαιος (und εὐλαβής[212]) charakterisiert wird, Lk 2,25, spricht seine prophetischen Worte Lk 2,29–32 anläßlich der im Gesetz des Mose angeordneten Reinigung. Der Anfang des Lebens Jesu steht somit unter dem κατὰ τὸν νόμον.[213]

Nach diesem Blick auf das Lk wieder zurück zur Apg! Die nächste Außerkraftsetzung einer zentralen Gesetzesverpflichtung wird in *Apg 15* (Parallelbericht zu Gal 2) berichtet. Auf dem sog. Apostelkonzil, der *Heidenmissionssynode*, wird beschlossen, für die Heidenchristen die Verpflichtung zur *Beschneidung* aufzuheben. Das „Bundes"-Zeichen von Gen 17 wird abrogiert, wenn auch „nur" für die Heidenchristen. Die Sequenz Apg 10 – Apg 15 ist keine „Salamitaktik"; denn vom Gesetz werden nicht nur kleine Scheibchen abgeschnitten. Es geht um solche Inhalte, die dem mosaischen Gesetz sein spezifisches Wesen geben.

Auf der Heidenmissionssynode wird, wie in Apg 10 und 11, das Thema *Heiliger Geist* erneut wichtig. Petrus unterstützt den Paulus, weil dieser – so steht es zumindest zwischen den Zeilen – im Grunde sein, also des Petrus Werk fortsetzt: Gott hat „auserwählt", ἐξελέξατο, also vorherbestimmt, daß die Heiden „durch meinen Mund" das Wort des Evangeliums hören und glauben sollen, Apg 15,7. Somit ist es Gott selbst, der für die Heiden Zeugnis abgelegt hat, indem er ihnen den Heiligen Geist gab – wie (zuvor) auch uns! Die Geistexistenz der Heiden ist dann das Kriterium, warum sie nicht das Joch des Gesetzes, d.h. das Joch der Beschneidung, zu tragen brauchen. Es klingt fast paulinisch, Apg 15,11: „Durch die Gnade des Herrn Jesus glauben wir gerettet zu sein, *auf dieselbe Weise* nämlich, wie auch die Heiden gerettet sind." Und es ist dann ausgerechnet *Jakobus* – seine Anhänger waren es immerhin, die den Eklat von Antiochien in Szene gesetzt hatten, Gal 2,11ff.![214] –, der für die Heidenmission *Am 9,11f.* anführt: Gott richtet die verfallene Hütte Davids wieder auf. Im Sinne des Lukas meint das: Gott hat den Davididen Jesus zum Herrn und Christus gemacht, Apg 2,36. Zweck dieses göttlichen Tuns ist die Bekehrung aller Völker – wieder das bekannte πάντα τὰ ἔθνη!

Aber nur der LXX-Text von Am 9,11f. gibt diesen Sinn wieder, der in Apg 15,16f. in leichter Modifikation vorliegt: μετὰ ταῦτα ἀναστρέψω καὶ ἀνοικοδομήσω τὴν

---

[211] Vgl. Lk 18,17!
[212] Vgl. Apg 22,12: εὐλαβὴς κατὰ τὸν νόμον.
[213] S. auch Gal 4,4: γενόμενον ὑπὸ νόμον.
[214] Doch vom *factum Antiochenum* berichtet Lukas nichts! Wußte er nichts davon? Oder hat er in seiner irenisch beschwichtigenden Tendenz dieses bewußt übergangen?

σκηνὴν Δαυὶδ τὴν πεπτωκυῖαν ..., ὅπως ἂν ἐκζητήσωσιν οἱ κατάλοιποι τῶν ἀνθρώπων τὸν κύριον,[215] καὶ πάντα τὰ ἔθνη... Der MT besagt aber, daß Gott die zerfallene Hütte Davids eigens zu dem Zweck aufbaut, damit der neue David den Rest Edoms und aller Völker in Besitz nehme, לְמַעַן יִירְשׁוּ אֶת־שְׁאֵרִית אֱדוֹם וְכָל־הַגּוֹיִם! Der Großreichsgedanke des ersten David wird in der Jerusalemer Redaktion des Amos-Buches wieder lebendig.[216]

Doch hat Jakobus nicht nur, indem er *Am 9,11f.* zitiert, die weitere partielle Abrogation befürwortet. Er verlangt nämlich zugleich das *unverzichtbare Ingeltungbleiben anderer Gesetzesbestimmungen*: sich enthalten von der Befleckung mit Götzen, Unzucht, Ersticktem und Blut, Apg 15,20.29. *Hans Conzelmann* kommentiert: „Insgesamt handelt es sich um diejenigen rituellen Verzichtforderungen, die dem Juden das Zusammensein mit dem Heidenchristen ermöglichen."[217] Zugleich aber ist der von Jakobus selbst genannte Grund zu beachten, *Apg 15,21*: Mose hat seit Urzeiten in jeder Stadt – gemeint ist doch wohl: in jeder Stadt des Imperium Romanum! – seine Verkündiger, τοὺς κηρύσσοντας, da er jeden Sabbat in den Synagogen vorgelesen wird. Dieses *Faktum* – fast ist man versucht, hier eine theologische Begründung mit der „normativen Kraft des Faktischen" zu sehen – garantiert die unverbrüchliche *Autorität des Mose* auch in der „Zeit der Kirche". Der von Conzelmann genannte *pragmatische* Grund ist also nur ein Teilaspekt dessen, was Gegenstand der Diskussion ist. Eigentlich geht es darum, daß an Mose wenigstens im Prinzip festgehalten wird. Die „*Zeit der Kirche*" darf also *keine völlige Außerkraftsetzung des mosaischen Gesetzes* zeitigen! Die Heiden bleiben an Mose gebunden, wenn auch nur „im Prinzip". Lukas läßt sich nicht auf die (ihm bekannte?) Gesetzestheologie des Gal ein. Paulus selbst hat ja ebenfalls diese harte Linie im Röm modifiziert, freilich nicht so, wie das sog. Aposteldekret, für das Apg 15,28 auch die Autorität des Heiligen Geistes in Anspruch genommen wird. Daß dieses Dekret nicht auf der Missionssynode beschlossen wurde, zeigen allein schon in aller Eindeutigkeit Gal 2,10 und 1Kor 8![218]

Die lukanische Darstellung der missionarischen Aktivität des Paulus nach der Missionssynode und seines darauf folgenden Aufenthaltes in Jerusalem bringt immer wieder interessante Einzelaussagen, die ein bezeichnendes Licht auf die bereits genannten theologischen Züge des Doppelwerkes unseres biblischen Autors fallen lassen. Hier sei nur auf folgendes hingewiesen: Paulus folgt dem Rat des Jakobus, mit vier Männern das Nasiräatsgelübde abzulegen und für diese die Kosten zu übernehmen, Apg 21,23f. „So werden alle einsehen, daß an dem, was man von dir erzählt hat, nichts ist, sondern daß auch du das Gesetz beachtest." Und eigenartigerweise wird dem Paulus in diesem Zusammenhang von Jakobus mitgeteilt, man habe einen Beschluß gefaßt, wonach sich die Heidenchristen von Götzenopferfleisch, Blut, Ersticktem und Unzucht hüten müssen,

---

[215] Zeichensetzung (Komma) nach The Greek NT (nicht N/A[27]).

[216] So auch *H.W. Wolff*, BK XIV/2, 407.

[217] *Conzelmann*, HNT, 93. Die kontrovers beurteilte Bedeutung von πορνεία kann hier nicht thematisiert werden; s. *Hübner*, Das Gesetz in der synoptischen Tradition, 48f., Anm. 31.

[218] Anders *Lüdemann*, Paulus, der Heidenapostel I, 98f.; *ders.*, Das frühe Christentum, 178.

Apg 21,25 – gerade als ob Paulus bei der Missionssynode nicht dabeigewesen wäre und daher auch nichts von diesem Beschluß wüßte![219] Ausdrücklich erklärt Paulus vor dem römischen Statthalter Felix auf die jüdische Anklage hin, nach der er den Tempel entweiht habe, Apg 24,6, er glaube an alles, was im Gesetz und in den Propheten geschrieben sei, πιστεύων πᾶσι τοῖς κατὰ τὸν νόμον καὶ τοῖς ἐν τοῖς προφήταις γεγραμμένοις, 24,14. Und auch vor Festus sagt er mit Nachdruck, er habe sich weder gegen das Gesetz der Juden (εἰς τὸν νόμον τῶν Ἰουδαίων [!]) noch gegen den Tempel noch gegen den Kaiser vergangen, Apg 25,8. Vor König Agrippa bringt er Mose und Christus zusammen, Apg 26,22f.: „So stehe ich da als Zeuge für groß und klein und sage nichts anderes als das, was die Propheten und Mose als künftiges Geschehen voraussagten, nämlich daß der Christus leiden müsse, wenn er, als erster von den Toten auferstanden, dem Volk und den Heiden als Licht verkündet werde." φῶς ... τῷ τε λαῷ καὶ τοῖς ἔθνεσιν liegt in der Tat ganz auf der Linie des theologischen Denkens des historischen Paulus, der sich ja Gal 1,15 auf Jes 49,1LXX berufen hatte, auf eine Stelle, in deren Kontext, Jes 49,6, es heißt: ἰδοὺ τέθεικά σε εἰς φῶς ἐθνῶν τοῦ εἶναί σε εἰς σωτηρίαν ἕως ἐσχάτου τῆς γῆς.[220] Zu alle dem, was ab Apg 16 Lukas vorträgt, trifft zu, was Conzelmann zur Apg 21,23 sagt: Es „entspricht dem lukanischen Kirchenverständnis, der Kontinuität von Israel – Judenchristentum – Heidenchristentum", wobei er ausdrücklich das Aposteldekret erwähnt.[221]

Die letztlich maßgebende *missionstheologische Reflexion des Paulus*, also die eigentliche missionstheologische Reflexion *des Lukas*, findet sich am Ende der Apg. Paulus erklärt *Apg 28,25*, daß der *Heilige Geist* – dieser also sagt das entscheidende theologische Wort, dieser „hat das letzte Wort", dieser hat nicht nur die paulinische Mission bestimmt, dieser sagt auch am Ende, worum es geht! – schon durch den Propheten Jesaja zu „euren" Vätern gesprochen habe, und zitiert dann – wir hören es erneut! – *Jes 6,9f.*, also jene prophetischen Worte, die die markinische Parabeltheorie konstituieren, wobei zu beachten ist, daß Lukas, anders als Matthäus, in Lk 8,10 das finale ἵνα seiner Vorlage Mk 4,12 übernimmt.

Das Zitat in Apg 28,26f. stimmt von ἀκοή bis zu seinem Ende mit dem LXX-Text, abgesehen von kleinen Differenzen (z.B. + αὐτῶν nach dem ersten τοῖς ὠσίν, ἀκούσωσιν statt ἀκούσωσι), überein, also genau mit demjenigen Textabschnitt, der auch das möglicherweise sekundäre Zitat[222] in Mt 13,14f. enthält. Nicht aber findet sich eine

---

[219] Wenig wahrscheinlich ist die Erklärung *Conzelmanns*, HNT, 132, daß diese Fassung sich auch redaktionell verstehen lasse, nämlich so, daß der Wortlaut nicht auf Paulus, sondern auf den Leser berechnet sei. Richtig ist aber ib., 131, daß die Schwierigkeiten beim Vergleich der jüdischen Vorschriften über das Gelübde mit der lukanischen Darstellung daher rühren, daß Lukas von ihnen keine genaue Kenntnis gehabt habe. „In sich selbst ist seine Darstellung ohne Widerspruch."

[220] Der Unterschied: Nach Apg 26,23 ist der Auferstandene das Licht, nach Gal 1,15 ist es Paulus.

[221] *Conzelmann*, HNT, 131.

[222] *Stendahl*, The School of St. Matthew, 131.

wörtliche Übereinstimmung des von Lk gebrachten Zitates mit dem LXX-Text für die ersten Zitat-Worte πορεύθητι bis εἰπόν[223], das in Mt 13 fehlt.

Die theologisch entscheidende Frage ist nun, ob die im Zitat ausgesprochene Verstockung das Resultat göttlichen Handelns ist (ἐπαχύνθη also als passivum divinum), so daß finales μήποτε … die göttliche Absicht zum Ausdruck brächte, das jüdische Volk zum Hören der Heilsbotschaft unfähig zu machen. Dann aber wäre der Unglaube Israels gottgewollt; das eschatologische Un-Heil wäre Folge göttlicher Prädestination. Das klingt so hart, daß man mit Hilfe der Grammatik zuweilen eine solche Exegese vermeiden möchte. Möglich wäre das durchaus, wenn man μήποτε mit „ob nicht vielleicht" wiedergäbe. Doch wird dieser grammatische Ausweg von den meisten Autoren mit Recht abgelehnt. Nach *Joachim Gnilka* stellt Lukas am Ende seines zweibändigen Geschichtswerkes fest, daß *sich* das Volk der Juden *verstockt hat* – also menschliche Aktivität! – und daß damit ein prophetisches Wort erfüllt wird. „Wenn Lukas am Ende seines zweibändigen Geschichtswerkes den Apostel Paulus feststellen läßt, daß sich das Volk der Juden verstockt hat und daß damit ein prophetisches Wort erfüllt wird, so gibt er damit kund, daß er das Geschehene als göttliches Heilswalten anerkennt."[224] „Wenn aber Lukas am Schluß seines Berichtes die zeitgenössische Judenschaft verwirft, so tut er es letztlich deshalb, weil bereits der Gott des Alten Testamentes die ungläubigen, verstockten Juden verworfen hat."[225] Das mag auf den ersten Blick widersprüchlich erscheinen, ist es aber nicht. Denn was Paulus in Röm 9–11 bewußt reflektiert und in rhetorischer Strategie ausführt, nämlich das bewußte Nebeneinandersetzen der miteinander *unverrechenbaren* Ebenen des Handelns Gottes und des Handelns der Menschen[226], das geschieht in Apg 28 mehr intuitiv: Prophetie göttlicher Prädestination ist nicht gleichbedeutend mit der Negation menschlicher Verantwortlichkeit vor Gott! Zu einem solchen Ergebnis käme nur eine bestimmte Art moderner, „abendländischer" Logik.[227] Gnilka spricht zutreffend vom für Lukas bedrückenden Problem der Verstockung Israels, das sich diesem so gelöst haben werde, daß natürlich nach wie vor jeder einzelne Jude genauso wie jeder Heide die Möglichkeit besitze, zum Glauben zu kommen. „Die Juden haben zwar ihre Erstrangigkeit verspielt, sie sind aber als einzelne nicht für immer ausgeschlossen."[228]

Dann hätte Lukas wohl das „zuerst dem Juden, dann dem Griechen" von Röm 1,16 mit Paulus geteilt, jedoch nicht dessen chiastische Umkehrung von Röm 11.

---

[223] *Holtz*, Untersuchungen über die atl. Zitate bei Lk, 36, rechnet mit der Möglichkeit, daß Zeile 1 wörtlich der LXX des Lukas entstammt, obwohl sie eine Form zeigt, die sonst nicht belegt ist.

[224] *Gnilka*, Die Verstockung Israels, 153f.

[225] Ib., 154.

[226] *Hübner*, BThNT II, 306ff.

[227] Die Anführungsstriche indizieren, daß das Abendland nicht auf diese eindimensionale Denkweise festgelegt werden darf. Auch das griechische Erbe kann nicht so charakterisiert werden, s. die m.E. immer noch sehr hilfreiche Untersuchung von *Eric Robertson Dodds*, Die Griechen und das Irrationale!

[228] *Gnilka*, Die Verstockung Israels, 154.

Die paulinische Zuversicht von Röm 11,26 „Gott wird ganz Israel retten" findet am heilsgeschichtlichen Denken des Lukas keinerlei Anhalt. Daß sich Apg 28,24 einige Juden durch Paulus vom christlichen Glauben überzeugen ließen, fügt sich gut in Gnilkas Verständnis von Apg 28. Aber – und auch das ist konstitutiv für das theologische Denken des Lukas – es sind Mose und die Propheten, die Paulus als Zeugen für Jesus anführt, Apg 28,23. *Insofern* ist auch die „Zeit der Kirche" immer noch „Zeit des Gesetzes und der Propheten" (s. Lk 16,16!). In dieser letzten Epoche der Heilsgeschichte stehen verheißender Gott und erfüllender Gott sozusagen nebeneinander. Die Schrift des verheißenden Gottes, die die Schrift des auserwählten jüdischen Volkes war, *wird* durch den Unglauben der Juden zur Schrift der Kirche. Die Konsequenz der Ablösung des Heils von den Juden als dem einst durch Gottes berufende Gnade privilegierten Volk zu den Heiden spricht „Paulus" – und somit Lukas! – in V.28 aus: Der schuldhafte Unglaube des alten Israels bedingt, daß das Heil Gottes, τὸ σωτήριον τοῦ θεοῦ, in nicht mehr einzuholender Endgültigkeit zu den Heiden gesandt ist! Und das ist sicher: *Sie* werden hören! Dieser Schlußgedanke des lukanischen Doppelwerkes zeigt, wohin der neutestamentliche Autor steuerte: Die Missionsgeschichte der ersten Jahrzehnte führt zum tragischen endgültigen Heilsverlust des jüdischen Volkes, das nun seine durch Berufung gottgeschenkte Israelschaft schuldhaft verspielt hat. Wieder steht es im Neuen Testament, und zwar in aller Deutlichkeit: *Die Kirche tritt an die Stelle Israels.* Auch Lukas vertritt unbestreitbar in aller Eindeutigkeit die sog. Substitutionstheorie. Und es ist ihre, der Juden Schrift, die als prophetisches Gotteswort diese ihre Heillosigkeit aussagt. So geht auch die Heilige Schrift Israels in den Besitz der zumeist aus Heidenchristen bestehenden Kirche über.

Wir wissen, daß Lukas hier das *Vetus Testamentum in Novo receptum* mit dem *Vetus Testamentum per se* gleichsetzt. Wir wissen aber auch, wie es immer wieder in dieser Biblischen Theologie des Neuen Testaments betont herausgestellt wurde, daß das im ursprünglichen Literalsinn verstandene Alte Testament, auch wenn wichtige seiner Aussagen in essentiellem Sinne offen auf das im Neuen Testament bezeugte Christus-Geschehen sind, die Bibel der Juden bleibt und daß nur das *Vetus Testamentum in Novo receptum* guten Gewissens von den Christen als ihr geistliches Eigentum gesehen und angenommen werden darf. Aber wenn wir hier die Theologie des Lukas – seine Theologie am Ausgang des ersten christlichen Jahrhunderts – darstellen, so ist deren theologisches Fazit in Apg 28 von uns zu registrieren. Sie darf nicht uminterpretiert werden! Lukas wollte seiner Missionssituation Ausdruck geben: Er sieht nur noch eine fast ausschließlich heidenchristliche Kirche. So ist in der Tat, wie *Gottfried Schille* es sagt, das Wort von der Verstockung „der lukanische Nachruf auf die Synagoge".[229] *Des Lukas Verständnis von der Schrift und seine missionstheologische Reflexion koinzidieren in Apg 28,23–28.*

---

[229] *Schille*, ThHK, 479.

2.6.3.5 Die Soteriologie des Lukas

Ein Urteil *Philipp Vielhauers* hat weithin Zustimmung gefunden: „Von der Heilsbedeutung des Kreuzes Christi ist [sc. bei Lukas] nirgends die Rede."[230] Bezeichnenderweise steht dieses Diktum in seinem Aufsatz „Zum ‚Paulinismus' der Apostelgeschichte". Die Intention ist klar: Lukas hat mit Paulus theologisch, vor allem soteriologisch, so gut wie nichts zu tun! Während für den Völkerapostel das „Kreuz" Gericht über die ganze Menschheit und zugleich Versöhnung, καταλλαγή, ist (Röm 5,6–11; 2Kor 5,14–21), ist nach Apg 13 die Kreuzigung lediglich ein Justizirrtum und eine Sünde der Juden. Lukas weiß nichts von der Wirklichkeit des „in Christus", nichts von der Gegenwärtigkeit des ganzen Heils! Der erhöhte als der im Himmel befindliche Messias bekundet seine Macht in der Mission vielmehr durch das lenkende Eingreifen seines Geistes (z.B. Apg 13,2; 16,6f.) und die wunderhaften Wirkungen seines Namens.[231] Dieses theologische Verdikt geht parallel zur Abwertung der lukanischen Christologie. *Werner Kümmel* sah sich 1970 genötigt, Lukas von der Anklage der heutigen Theologie freizusprechen.[232] Keinesfalls habe Lukas diese sühnende Bedeutung des Todes Jesu gestrichen.[233] Das Bild, das *Eduard Schweizer* von der lukanischen Sicht der Bedeutung des Sterbens Jesu für unser Heil zeichnet[234], ist ambivalent. Es bleibe unklar, in welcher Weise Jesus das Heil vermittle; „noch wichtiger" als die Leidensankündigungen und andere Worte Jesu (Lk 12,50; 13,33; 17,25) sei „die ganze Gestaltung seiner Reise nach Jerusalem als Weg ins Leiden (von 9,51 an)".[235] Theologisch noch relevanter ist Schweizers betontes Hervorheben des Sachverhaltes, daß nur Lukas *Jes 53* als Hinweis auf den leidenden Gerechten zitiert: Jes 53,12 in Lk 22,37. „Aber wieder bleibt unklar, wie dieses Sterben zu verstehen ist."[236] Und sofort danach hebt er hervor, daß Mk 10,45 im Lk fehlt.

So richtig Eduard Schweizers Hinweis auf Jes 53,12/Lk 22,37 auch ist, den hier eingeschlagenen Weg zur Verifizierung der alttestamentlichen Belegstellen für den Evangelisten hat er leider zu früh wieder verlassen. Gerade hier vermag aber der Blick auf das alttestamentliche Erbe des Lukas diesen von der „Anklage" zu entlasten und ihn als auch in *soteriologischer* Sicht interessanten biblischen Autor verstehen zu lassen.

In der Tat stellt nur Lukas expressis verbis das *Passionsgeschehen* unter Jes 53. In *Lk 22,37* verweist Jesus im Anschluß an das letzte Mahl darauf, daß, was geschrieben ist, an ihm vollendet werden müsse – τοῦτο τὸ γεγραμμένον δεῖ τελεσθῆναι ἐν ἐμοί –, nämlich: „Er wurde unter die Gesetzlosen gerechnet." Mit καὶ μετὰ ἀνόμων ἐλογίσθη, wie der Evangelist *Jes 53,12* zitiert, weicht er etwas vom LXX-Text ab (καὶ ἐν τοῖς ἀνόμοις ἐλογίσθη); eine gewisse Nähe

---

[230] *Vielhauer*, Zum „Paulinismus" der Apg, 22.
[231] Ib., 22.
[232] *Kümmel*, Lukas in der Anklage der heutigen Theologie.
[233] Ib., 95.
[234] *Schweizer*, Theologische Einleitung in das NT, 131f.
[235] Ib., 131.
[236] Ib., 132.

zum MT ist unverkennbar: וְאֶת־פֹּשְׁעִים נִמְנָה. Wie man dieses Zitat soteriologisch wertet, hängt freilich davon ab, ob man damit rechnet, daß Lukas den *Kontext von Jes 53,12* mitberücksichtigt haben will. Das kann zwar mit Sicherheit nicht gesagt werden. Aber immerhin steht die Aussage, daß der Gerechte die Schuld der vielen tragen wird, ἀνοίσει, unmittelbar zuvor in V.11; und in V.10 ist die Rede davon, daß dieser Gerechte sein Leben als Sündopfer dahingab, אָשָׁם. Kann man davon ausgehen, daß Jes 53 für die christliche Kirche schon bald nach Ostern als auf Christus hinweisende Verheißung Gottes gelesen wurde[237] – Anspielungen finden sich schon ja bei Paulus –, so sollte man es doch als wahrscheinlich ansehen, daß ein Zitat aus Jes 53 damals sofort die theologische Grundaussage des ganzen Vierten Gottesknechtliedes assoziierte. Auf jeden Fall bleibt das unbestreitbare Faktum, daß wir in Lk 22,37 das früheste förmliche Zitat aus diesem Kapitel im Neuen Testament vor uns haben, es sei denn, man sähe den 1Petr älter als das Lk.[238]

Daß Lukas an Jes 53 überaus interessiert ist, zeigt auch die Reisekatechese des äthiopischen Finanzministers der Kandake, der Königin von Äthiopien, *Apg 8,26–40.* Für die Fragestellung gerade einer Biblischen Theologie ist diese Perikope besonders aufschlußreich. Denn wieder wird uns vor Augen geführt, daß für Lukas *nur* die christliche Verkündigung den eigentlichen Sinn des Alten Testaments zu erschließen vermag. Fragt der von einem Engel zu dem Äthiopier geschickte Philippus diesen, ob er auch *verstehe,* was er da lese, Apg 8,30 – ἆρά γε γινώσκεις ἃ ἀναγινώσκεις; –, so bekommt die Perikope einen eminent *hermeneutischen* Zug. Hier will der biblische Autor deutlich machen, daß *Hören der prophetischen Botschaft der Schrift* und *Hören der Christus-Botschaft* engstens zusammengehören. Wer die Schrift ohne Glauben an den von ihr verheißenen und inzwischen gekommenen Christus liest, dem verschließt sie notwendig ihr Geheimnis. Wer also mit bloß jüdischen Augen die Schrift liest, der kann nicht zu ihrem wahren Heilsinhalt hindurchdringen. Der Äthiopier jedoch ist immerhin so weit auf dem Wege *zum* Glauben und folglich schon anfangsweise auf dem Wege *des* Glaubens, daß er sein Defizit erkennt und deshalb fragt: „Wie könnte ich verstehen, ohne daß mich jemand leitet!" Die Stelle aber, an der er zunächst noch scheitert, ist *Jes 53,7–8* in *Apg 8,32f.* Er will wissen, von wem der Prophet aussagt, daß er wie ein Schaf zur Schlachtbank geführt werde. Das Nichtverstehen meint also keinesfalls, daß die Aussage über den Gottesknecht unverständlich wäre; vielmehr geht es – und das ist die alles entscheidende *neutestamentliche* Relevanz der theologischen Frage – um die *Kontingenz* dessen, der als von Gott Kommender gerade *nicht kontingent* ist. Der Weg der Auslegung von Jes 53 durch Philippus ist nun, daß er bei dieser Schriftstelle einsetzt und von daher dem Äthiopier Jesus als Evangelium verkündet. Er bringt das Gottes-*Wort* des Alten Testaments und das Gottes-*Geschehen* des Neuen Testa-

---

[237] S. *Hübner*, BThNT II, Stellenregister zu Jes 53!

[238] 1Petr 2,22 steht Jes 53,9 im Kontext von Χριστὸς ἔπαθεν ὑπὲρ ὑμῶν, 1Petr 2,21, allerdings in einem paränetischen Abschnitt; in 1Petr 2,23 Anspielungen auf Jes 53,4–7; s. *Hübner*, BThNT II, 393ff.

ments zusammen und verhilft so dem auf dem Wege zum Glauben Befindlichen – weil er bereits fragt! – zum Glauben selbst. *Erst durch das Licht, das vom Christusereignis auf die Schrift Israels fällt, wird deren Aussage voll transparent.* Zugleich gilt: *Durch die Schrift* wiederum *wird das verstandene Christusereignis noch besser verstehbar.* Es ist aber auch festzuhalten, daß dieser hermeneutische Vorgang in jenem Reisegefährt das Christus-Geschehen gerade vom Karfreitag her erschließt. Das *Evangelium von Christus* ist nach Apg 8 das *Evangelium vom gekreuzigten Christus.* Daß damit nicht die Osterpredigt abgewertet ist, zeigt sich an anderen Predigten der Apg, z.B. an der Predigt des Paulus vor Juden und Gottesfürchtigen im pisidischen Antiochien, Apg 13,16ff. Hier wird im Horizont der Geschichte Israels und der Herkunft des Christus aus dem Geschlechte Davids unter Rekurs auf Jes 55,3LXX und ψ 15,10 die Auferweckung Jesu betont, Apg 13,33ff. Und auch diese Predigt hat Erfolg: Viele, πολλοί, Juden und Proselyten schließen sich Paulus und Barnabas an. Aber man kann nicht nur deshalb, weil in dieser Predigt die Kreuzigung als Schuld der Juden hingestellt ist, mit Vielhauer aus Apg 13,28 folgern, daß „nach der Apg, gerade auch nach Kapitel 13, ... die Kreuzigung Jesu ein Justizirrtum und eine Sünde der Juden" sei, daß also von der Heilsbedeutung des Kreuzes Christi nirgends die Rede sei.[239] Daß Paulus hier auf die Schuld der Juden zu sprechen kommt, ist ein *argumentum ad hominem.* Daß Lukas den soteriologischen Gedanken der Lebenshingabe Jesu sogar unterstreicht, zeigt der redaktionelle Zusatz τὸ ὑπὲρ ὑμῶν διδόμενον zum Brotwort Lk 22,19, der wohl nicht als bloße Komplementierung zur soteriologischen Formel τὸ ὑπὲρ ὑμῶν ἐκχυννόμενον zum Becherwort V.20 verstanden werden darf.[240] Daß Lukas keine soteriologische *Theorie* bietet, versteht sich von selbst.

Von *hermeneutisch fundamentaler Bedeutsamkeit* für das gesamte lukanische Doppelwerk ist das Auferstehungskapitel Lk 24. Wieder ist es eine von Lukas geschilderte Katechese, genauer noch: die österliche Doppelkatechese vor den beiden Emmausjüngern, Lk 24,25–27, und vor den Elf und ihren Begleitern, Lk 24,44–49.

Zunächst zu *Lk 24,25–27!* Die beiden Jünger haben den Frauen die Osterbotschaft nicht geglaubt. Die Reaktion Jesu darauf ist zunächst der Tadel: Sie sind töricht, geradezu ohne Verstand, ἀνόητοι; sie sind ihrem Herzen, also ihrer ganzen Person, sind ihrer ganzen personalen Ausrichtung gemäß träge, geistig und geistlich unbeweglich, βραδεῖς τῇ καρδίᾳ, so daß sie unfähig sind, all das zu glauben, was die Propheten gesagt haben, V.25. Hier wird gemäß der lukanischen Konzeption der Unglaube, besser noch: die Glaubensunfähigkeit als Unfähigkeit herausgestellt, die Schrift zu verstehen, nämlich die Schrift als die

---

[239] *Vielhauer,* Zum „Paulinismus" der Apg, 22.

[240] Daß in Lk 22,20 diese Worte Ergänzung zu τὸ ποτήριον sind, in der Vorlage Mk 14,24 aber zu τὸ αἷμά μου, ist für die Frage nach dem soteriologischen Interesse des Lukas unerheblich. Auch das Problem, wie die Differenz des markinischen/matthäischen Blutwortes zum lukanischen/paulinischen Becherwort liturgiegeschichtlich zu erklären ist, kann im jetzigen Zusammenhang auf sich beruhen.

Christus prophezeiende Schrift zu verstehen. Diese ist es aber, die sagt, daß der
Christus leiden und in seine Herrlichkeit eingehen mußte, ἔδει, V.26. Und dann
legt der Auferstandene selbst die Schrift aus. Das erste also, was er nach seiner
Auferstehung tut, ist ein hermeneutisches Handeln, διερμήνευσεν, V.27. Er legt
die Schrift aus, die ja von ihm spricht. Er beginnt bei Mose und allen (!) Propheten. *Jesu erste Tätigkeit als Auferstandener* ist demnach das *alttestamentliche
Kolleg über sich selbst.* Er appelliert dabei an das Herz seiner beiden Zuhörer,
appelliert an ihre Bereitschaft, sich mit ihrer ganzen Person, ihrer ganzen Existenz der Botschaft des Alten Testaments zu öffnen. *Theologische Unterweisung
ist* somit nach Lk 24,25ff. die *Unterweisung in der Schrift.* Sie ist aber zugleich
die Rede Gottes durch seinen Repräsentanten an das Herz seiner Hörer. Der
Mensch ist somit für Lukas der *von Gott Angesprochene.* Er ist der auf seine
Glaubensfähigkeit hin von Gott Angesprochene. Die *Hermeneutik Gottes* ist
über die *Hermeneutik der Schrift* die *Hermeneutik des Herzens.*

Der Erfolg der göttlichen Katechese stellt sich jedoch erst nach dem in V.30
geschilderten (eucharistischen?) Mahl ein. Aufgrund der *Begegnung* anläßlich
dieses Mahles werden ihnen die Augen geöffnet – vielleicht ist διηνοίχθησαν
passivum divininum, V.31. Auch *διανοίγω* ist ein zutiefst hermeneutisches
Wort. Die Binde vor den Augen der beiden Emmausjünger ist also weggenommen.[241] Es ist die Begegnung mit Gott selbst, die den Weg zum Verstehen der
Schrift und so zum Verstehen des Kerygmas von Kreuz und Auferstehung *frei*
macht. So erkennen sie ihn, καὶ ἐπέγνωσαν αὐτόν, V.31. Und erneut ist die
Rede vom Herz, d.h. von der Ansprechbarkeit, hier der Ansprechbarkeit durch
Gott. Wenn nun ihr Herz brennt, dann ist es in Bewegung geraten, dann hat die
Begegnung mit Gott durch seinen Christus die Bewegung zum Glauben und
folglich die Bewegung des Glaubens vollbracht, V.32: „Brannte nicht unser
Herz, als er uns die Schriften *öffnete,* διήνοιγεν?" Augen und Schrift werden
geöffnet!

Es ist eigentümlich und sollte keinesfalls übersehen werden, daß der Evangelist das hermeneutische Handeln des Auferstandenen in einem zweifachen Geschehen darstellt. Denn in *Lk 24,44ff.* spricht der Auferstandene zu den elf Aposteln und ihren Begleitern in ähnlicher Weise wie zuvor zu den Emmausjüngern.
Über der Begegnung mit dem Auferstandenen steht aber der Zuspruch Gottes
durch seinen Christus an die Jünger, V.36: „Friede sei mit euch!" Wieder sagt
Jesus ab V.44 im Prinzip genau das, was er zuvor schon auf dem Wege den
Emmausjüngern dargelegt hat. Freilich präzisiert Jesus nun. Jetzt wird das *österliche* Wort Jesu Lk 24,44 zum Pendant des *vorösterlichen* Wortes Jesu Lk 4,21
in der Nazarethpredigt. Dem dort gesprochenen πεπλήρωται entspricht jetzt das
πληρωθῆναι. Erfüllt werden muß nach dem göttlichen „Muß" alles, was im Gesetz des Mose, den Propheten und den Psalmen „über mich" geschrieben steht.
Wiederum ist die hermeneutische Terminologie unübersehbar gegeben, V.45:
Nach seinem δεῖ-Ausspruch „öffnet" – erneut das Verb διανοίγω! – Jesus den
Verstand seiner Jünger, διήνοιξεν αὐτῶν τὸν νοῦν τοῦ συνιέναι τὰς

---

[241] S. 2Kor 3,14ff.

γραφάς. Den Vers kann man wie folgt paraphrasieren: Jesus läßt die Jünger aus dem *Gefängnis einer rein immanenten Urteilsfähigkeit* heraus in den Bereich eines Verstehens, das nur der Heilige Geist bewirken kann. Es ist der vom Geiste Gottes bestimmte Christus, der seine Jünger an seiner Pneuma-Begabung von Jes 61,1 *teilhaben* läßt. Ein wenig vom Pfingstfest Apg 2 wird hier vorweggenommen, auch wenn der Empfang des Heiligen Geistes erst für ein künftiges Ereignis angesagt wird. Denn nach V.49 sagt Jesus ihnen zu, daß er ihnen die Verheißung seines Vaters senden werde, τὴν ἐπαγγελίαν τοῦ πατρός μου. Diese Verheissung ist für sie Gottes Kraft, δύναμις. Das proleptische Pfingsten läßt die Jünger nun mit „geöffnetem Verstand" die Schriften verstehen. Sie zu verstehen meint aber zu verstehen, daß die Christus leidet und am dritten Tage von den Toten aufersteht (s. Lk 24,26!). Das proleptische Pfingsten läßt die Jünger ferner verstehen, daß die Umkehr zur Vergebung der Sünden in Jesu Namen allen Völkern verkündet wird.[242] Erneut könnte man einwenden, daß auch hier über das *Wie* einer eventuell erlösenden Kraft des Kreuzestodes Christi nichts explizit gesagt werde. Und es ist zuzugestehen, daß eine perikopenimmanente Interpretation von Lk 24,44–49 in der Tat keine soteriologische Erklärung dieses Todes gibt. Eine solche Interpretation kann nur zum Ergebnis führen, daß die Schriften vom Leiden – noch nicht einmal Sterben! – und Auferstehen Christi sprechen und nur dieses *Daß* durch die Öffnung des Verstandes von den Jüngern erkannt wird. Aber im Horizont der lukanischen Theologie als ganzer darf doch all das, was bereits aus anderen zentralen Stellen des Lk und der Apg dargelegt wurde, nicht ignoriert werden. *So impliziert das genannte Daß das Wie.* Dann bedarf es aber nach der theologischen Überzeugung des Lukas jenes göttlichen Aktes, kraft dessen das menschliche Denken zum Verstehen der soteriologischen Bedeutsamkeit des Todes Jesus fähig gemacht wird. Das glaubende Verstehen des Kreuzes als Gottes *pro me*, als geistgewirktes Glauben, genau das ist in Lk 24 ausgesprochen. Es ist eben eine Hermeneutik, die Verstehen nicht als immanente Möglichkeit zuläßt; vielmehr ist nach dieser Hermeneutik Verstehen nur als *glaubendes Verstehen* möglich. Wenn man so will: Lukas kennt einzig und allein eine *hermeneutica sacra* – genauso wie etwa Paulus oder Markus! Und wir haben uns heute zu fragen, ob eine immer wieder praktizierte Überheblichkeit gegenüber einer *hermeneutica sacra* wirklich theologisch zu rechtfertigen ist! Im Sinne unserer neutestamentlichen Autoren ist ein wirkliches συνιέναι, ein wirkliches Verstehen der Schrift Israels und in einem damit ein wirkliches Verstehen des Heilshandelns Gottes in Christus einzig und allein dann gegeben, wenn dieses Geschehen als ein Geschehen *pro me* verstanden ist. Ein rein begriffliches Erfassen, ein rein „intellektuelles" oder „rein" historisches Begreifen des Geschehens von Golgatha darf in theologischer Sicht nicht als ein Verstehen im eigentlichen Sinne des Wortes behauptet werden. Was das Wort „Gott" in der Schrift Alten und Neuen Testamentes bedeutet, hat nur verstanden, wer diesen Gott als für sich selbst bedeutsame Wirklichkeit verstanden hat. Andernfalls hält er – das

---

[242] Daß das εἰς πάντα τὰ ἔθνη von Lk 24,47 in Spannung mit Apg 10f. steht, wurde bereits gesagt.

freilich ist Urteil des Glaubens! – die ureigene Realität für die Irrealität! Biblische Theologie ist nur dann Biblische Theologie, wenn sie diese Brücke zum heute theologisch Denkenden schlägt. Das Neue Testament läßt daran keinerlei Zweifel: **Es gibt keine Theologie ohne den Glauben.** Theologie ohne Glaube ist nur eine Karikatur von Theologie. Das ist und bleibt die hermeneutische Fundamentalüberzeugung der neutestamentlichen Schriftsteller. Und wer heute Theologie in der angeblichen Neutralität einer sog. Objektivität betreiben will, der macht die theologische Aussage des Neuen Testaments zur beliebigen begrifflichen Verfügungsmasse. Daß nur eine *hermeneutica sacra*, wie sie soeben skizziert wurde, der Interpretation des Neuen Testaments gerecht wird, folgt aber, so paradox es klingt, aus der *allgemeinen* Hermeneutik. Diese will nämlich den Verstehenden dazu führen, den Anspruch eines Textes, wie dieser selbst verstanden werden will, ernst zu nehmen. Da aber das Neue Testament – hier speziell das lukanische Doppelwerk – so verstanden werden will, daß es unerbittlich den Anspruch auf *theologisches* Verstehen erhebt, sagt die allgemeine Hermeneutik, daß es nur zwei Möglichkeiten seines Verstehens gibt: Entweder sein Anspruch besteht zu Recht – dann gibt es nur ein glaubendes Verstehen. Oder sein Anspruch besteht nicht zu Recht – dann gibt es nur ein solches sachgerechtes Verstehen, das den illusionären Anspruch des Neuen Testamentes aufdeckt. Wahrscheinlich wird der Agnostiker eine Koalition mit dem Vertreter der letzteren Überzeugung schließen müssen. Auf jeden Fall fordern Lukas, Paulus und andere neutestamentliche Autoren vom Exegeten des Neuen Testament, daß er als Bibelwissenschaftler auf die hermeneutische Dimension seiner Wissenschaften nicht verzichten darf – es sei denn bei Strafe des Verdikts des Positivismus. Positivismus aber hat in der Theologie nichts verloren!

2.6.3.6 Ausklang

2.6.3.6.1 Magnificat und Benedictus

Die poetischen Stücke Magnificat und Benedictus hat Lukas, wie schon gesagt, seiner Tradition entnommen und dabei wohl einige redaktionelle Eingriffe in den Text vorgenommen. Die Herkunft beider Hymnen ist umstritten, umstritten ist auch, wer Sprecherin des Magnificat ist. Seit *Völter*[243] wird diskutiert, ob nicht Elisabeth die vom Evangelisten gemeinte Beterin ist. So hat selbst *Adolf von Harnack* geurteilt, der allerdings nicht in Lk 1,46 καὶ εἶπεν Ἐλισάβετ konjizieren wollte, sondern bloßes καὶ εἶπεν vermutete.[244] Doch die besseren Argumente sind die für Maria als Sprecherin des Magnificat.[245] Bestechend für die Elisabeth-Hypothese ist zwar, daß das ταπείνωσις-Motiv eher zur Situation der Elisabeth paßt, da der alttestamentliche Bezugstext offensichtlich das Gebet der Hanna 1Sam 1,11 ist. Diese Frau erbittet dort die Beseitigung

---

[243] *Völter*, ThT 30, 224ff.

[244] *von Harnack*, Das Magnificat der Elisabet.

[245] Eine gute Zusammenstellung dieser Argumente bei *Schürmann*, HThK III/1, 72ff.

ihrer Schmach der Kinderlosigkeit.[246] Aber wenn es in Lk 1,48 heißt „von nun an werden mich alle kommenden Geschlechter preisen", dann gründet das doch eher in Marias Würde als Mutter des Messias[247], als Mutter des Gottessohnes, dessen Herrschaft kein Ende haben wird, Lk 1,32f., als in der Begnadung der Elisabeth.

Eine gute synoptische Übersicht über den Text des Magnificat und die LXX-Parallelen ist immer noch die von *Erich Klostermann*.[248] An ihr läßt sich bestens für unseren Hymnus ein Ausschnitt des Vetus Testamentum in Novo receptum ablesen. Unsere Aufgabe kann es nun nicht sein, jede Einzelparallele zu interpretieren. Deshalb seien nur die bezeichnenden Züge herausgestellt. Daß alttestamentliche Frauen, die in außergewöhnlichen Situationen Mutter geworden sind, ihre Mutterschaft in hymnischem Jubel besingen, ist bekannt. Da ist vor allem der Lobgesang der Hanna 1Sam 2. Aber auch Lea als Mutter von vier Söhnen sollte in diesem Zusammenhang erwähnt werden, Gen 29,31–35.

Wichtiger ist jedoch, daß das Magnificat wichtigste *soteriologische* Aussagen bringt. Die soteriologische Verkündigung des Engels Gabriel Lk 1,30ff. findet in ihm ihr Echo. Nachdem Maria im hymnischen Jubel ihre Begnadigung besungen hat, stellt sie Gottes Tun an Israel heraus, das Tun also des Gottes, der sein *Erbarmen*, ἔλεος, allen künftigen Generationen Israels erweisen wird, wenn sie ihn nur fürchten, Lk 1,50/ψ 102,17; sie besingt das Tun des Gottes, der der *starke* Gott ist, Lk 1,51: ἐποίησεν κράτος ἐν βραχίονι αὐτοῦ / ψ 117,15: δεξιὰ κυρίου ἐποίησεν δύναμιν (Kontext V.14: εἰς σωτηρίαν!). Besonders hervorzuheben ist aber dasjenige Wirken Gottes, mit dem er die geschichtlichen Verhältnisse radikal umwirft: Er hat Mächtige vom Thron gestoßen und Niedrige erhöht, Lk 1,52. Und wieder ist es der Lobgesang der Hanna, der als Parallele herangezogen werden muß, 3Bas 2,7f.:

κύριος πτωχίζει καὶ πλουτίζει,
ταπεινοῖ καὶ ἀνυψοῖ.
ἀνιστᾷ ἀπὸ γῆς πένητα
καὶ ἀπὸ κοπρίας ἐγείρει πτωχὸν
καθίσαι μετὰ δυναστῶν λαῶν
καὶ θρόνον δόξης κατακληρονομῶν αὐτοῖς.

Aber auch Sir 10,14 ist zu nennen:

θρόνους ἀρχόντων καθεῖλεν κύριος
καὶ ἐκάθισεν πραεῖς ἀντ' αὐτῶν.[249]

Zutreffend kommentiert *Heinz Schürmann* Lk. 1,52f.: „Nicht ein menschliches Klassendenken bestimmt hier aber die Aussagen, sondern der reale Blick eines offenbarungsgläubigen Beters, der den faktischen Weltzustand mit Gottes Augen sieht und weiß, daß Gott die Weltzustände umkehren muß, wenn die Ordnung Gottes entstehen soll. An dieser gemessen, ist der politisch-soziale Zustand der Welt heillos in Unordnung; das politisch-soziale Zustandsbild der Welt

---

[246] 1Bas 1,11: ἐὰν ἐπιβλέπων ἐπιβλέψῃς ἐπὶ τὴν ταπείνωσιν τῆς δούλης σου καὶ μνησθῇς μου καὶ δῷς τῇ δούλῃ σου σπέρμα ἀνδρῶν ...

[247] *Schürmann*, HThK III/1, 74.

[248] *Klostermann*, HNT, 18f.

[249] Die übrigen Parallelen s. bei *Klostermann*, HNT, 19: Hiob 12,19; Ez 21,26; ψ 106,9.

ist genau das Gegenteil von dem, was Gott sich gedacht hat. Nur eine Revolution, die von Gott kommt, besser: die Realität, die mit dem Kommen Gottes kommt, kann da Abhilfe schaffen."[250] Diese „Revolution" Gottes steht aber letztlich unter dem Zeichen der nationalen Heilsrestitution *Israels*. Vom heilsuniversalistischen Gedanken der Apg und vorher schon Lk 24,47 ist hier keine Rede. Denn Lk 1,54 mit ἀντελάβετο Ἰσραὴλ παιδὸς αὐτοῦ, μνησθῆναι ἐλέους, entspricht zunächst Jes 41,8f., wo Gott Israel als seinen Knecht anspricht: σὺ δέ, Ἰσραήλ, παῖς μου Ἰακώβ, ... οὗ ἀντελαβόμην und ψ 97,3: ἐμνήσθη τοῦ ἐλέους αὐτοῦ τῷ Ἰακώβ. Und in Lk 1,55 findet sich das vom Volk Israel her interpretierte Abraham-Motiv, das – anders als bei Paulus! – gerade nicht das Heil der Völker in den Blick nimmt.

Schauen wir auf das Magnificat zurück und bemühen wir uns um eine theologische Gesamtwürdigung, so ist das Defizit aufgrund des vermißten Gedankens der universalen Heilsansage sicherlich unübersehbar. Man wird es aber nicht nur der Tatsache zuschreiben, daß hier Traditionsmaterial aus wahrscheinlich judenchristlichen Kreisen vorliegt. Vielmehr fügt sich die Heilsbeschränkung auf Israel gut in die lukanische Gesamtkonzeption; erst mit der Bekehrung des Cornelius in Apg 10 wird buchstäblich vom Himmel her (Apg 10,11: καὶ θεωρεῖ τὸν οὐρανὸν ἀνεῳγμένον καὶ καταβαῖνον σκεῦός τι) der jungen Kirche die Mission der Völker zum Bewußtsein gebracht. Nach dieser missionstheologischen Konzeption des Lukas konnte Maria gar nicht anders, als ihren hymnischen Jubel über das Heil Gottes in solch nationaler Begrenzung zu formulieren. Was aber das theologisch bedeutsame Moment des Magnificat ausmacht und was keinerlei theologischer Korrektur bedarf, ist die Betonung des Heilsgeschehens als Tat *Gottes*. Maria besingt in ihrem Hymnus dessen Tun. Schon allein der laufend begegnende Aorist ist charakteristisch: ἐπέβλεψεν, ἐποίησεν (gerade dieses Verb zweimal!), καθεῖλεν, ὕψωσεν, ἀντελάβετο, ἐλάλησεν. Das Magnificat ist also durch und durch *theozentrisch!* Diese Herausstellung des göttlichen Wirkens im Heilsgeschehen wird aber auch hier im Horizont der *Heilsgeschichte* ausgesprochen. Das kommt überaus deutlich in den beiden letzten Versen zum Ausdruck: Gott hat sich seines Knechtes Israel angenommen. Wieder wird mit Worten Deuterojesajas gesprochen. Was in *Jes 42,1* im Futur steht – Ἰακὼβ ὁ παῖς μου, ἀντιλήμψομαι αὐτοῦ –, das ist jetzt mit der bereits begonnenen Schwangerschaft Marias Wirklichkeit geworden, so daß es Lk 1,54 im Aorist gesagt werden kann: ἀντελάβετο! Und wenn gar in *Jes 41,8f.* sowohl vom Ἰσραήλ, παῖς μου Ἰακώβ als auch vom σπέρμα Ἀβραάμ die Rede ist und zugleich das Verb ἀναλαβεῖν begegnet, so steht damit der alttestamentliche Bezug der Endaussage des Hymnus der Maria deutlich vor unserem Auge. Aber der aufgewiesene theologische Gedanke des Deuterojesaja ist im Magnificat darüber hinaus in die Folge von *Verheißung durch Gott* und *Erfüllung durch Gott* gebracht. Von diesem Gott Israels wird ἐλάλησεν ausgesagt, von diesem Gott Israels wird ἀντελάβετο ausgesagt. Der Verfasser des Hymnus hat also Deuterojesaja in ähnlicher Perspektive gelesen wie Paulus. Und Lukas, der den

---

[250] *Schürmann*, HThK III/1, 76.

Hymnus aus seiner kirchlichen Tradition rezipiert hatte, konnte ihn von seiner theologischen Prämisse aus bestens in sein heilsgeschichtliches Konzept einfügen, indem er ihn von Maria sprechen ließ. Die in der Verkündigungsszene Lk 1,26ff. zum Ausdruck kommende Christologie findet im Magnificat ihre theologisch sachgemäße Fortsetzung.[251]

In Lk 1,48 geschieht der Ausblick auf alle kommenden Geschlechter, πᾶσαι αἱ γενεαί. Nach der Israel-Intention des Magnificat sind damit die künftigen Generationen des jüdischen Volkes gemeint. Doch wird diese national begrenzte Intention später von der heilsuniversalen Konzeption des lukanischen Doppelwerkes eingeholt, so daß sich retrospektiv von der Apg her der Horizont Israels zum Horizont aller Völker weitet. Das aber heißt, daß die Leser aller Generationen in V.48 aufgefordert sind, Maria *um ihres messianischen Sohns willen* zu preisen. Der heutige Leser ist also daraufhin angesprochen, daß er in den hymnischen Jubel über all das einstimmt, was über Gott als den das Heil der Welt schaffenden Gott in den einzelnen Strophen des Magnificat gesagt ist. Was in diesem Lied gerade aus der genannten Retrospektive weltgeschichtliche Dimension annimmt, das auszusprechen ist auch Aufgabe des heutigen Exegeten! Die Hermeneutik des Magnificat impliziert geradezu durch V.48 den unverzichtbaren Blick auf die Gegenwart. Und es ist keine Grenzüberschreitung der Exegese als „historischer" Wissenschaft, wenn dieser Blick als unabdingbar erklärt wird. Das von vielen großen Komponisten in Kirchenmusik umgesetzte *deposuit posuit potentes de sede* von V.52 darf deshalb theologisch legitim auch über den bereits geschehenen oder noch bevorstehenden Sturz der furchtbaren Tyrannen und politischen Massenmörder unseres Jahrhunderts jubeln, deren Namen leider Legion ist: Hitler, Lenin, Stalin, Honecker, Karadzic u.a.. Wir dürfen hier deren Namen nennen – freilich gilt das Gebot äußerster Vorsicht, damit wir uns nicht trotz unserer beschränkten irdischen Perspektive vorschnell das eschatologische Urteil über die Weltgeschichte anmaßen und eigenmächtig das Jüngste Gericht vorwegnehmen.

Dem *deposuit posuit potentes de sede* folgt das *et exaltavit humiles*. Diese Aussage steht im inneren Zusammenhang mit der sog. Armentheologie des Lukas.[252] Natürlich ist dieser Zug des dritten Evangeliums auch eine Mahnung an die Kirche. Mehr noch geht es aber in Lk 1,52b um eine Öffnung ihrer Augen für das, was Gott an den *humiles* getan hat.

---

[251] Nach *Rese*, Atl. Motive in der Christologie des Lk, 178, fehlt im Magnificat im Gegensatz zum Benedictus jede christologische Aussage. Ganz Unrecht hat er mit dieser Aussage nicht – solange er auf der Ebene des vorfindlich Gesagten bleibt! Aber es ist eben die Frage, ob wir damit das *Eigentliche* der theologischen Aussage des Magnificat erfassen! Zumindest Lukas liest seine hymnische Tradition unter christologischem Gesichtspunkt. Hat er schon den atl. Bezug von V.54f. erkannt, so standen für ihn, wie wir mit hoher Wahrscheinlichkeit annehmen dürfen, die Aussagen Dtjes' (und zwar über die genannten Stellen hinaus!) im Koordinatensystem der Christologie.

[252] *Degenhardt*, Lukas der Evangelist der Armen.

Was zum Magnificat ausgeführt wurde, deckt sich in gewissem Umfang mit dem, was zum *Benedictus*[253] zu sagen ist.[254] Auch in diesem Hymnus, dem des Zacharias, ist vom Heil als dem Heil *Israels* die Rede, und zwar z.T. in wörtlicher Übereinstimmung mit dem griechischen Psalter. Gepriesen wird in dieser Eulogie der Herr, der Gott Israels; ihr Eingang εὐλογητὸς κύριος ὁ θεὸς τοῦ Ἰσραήλ Lk 1,68 findet sich mit geringfügigen Abweichungen in ψ 40,14; 71,18; 88,53; 105,48. Nun ist die Wendung „der Gott Israels" noch nicht unbedingt ein Anzeichen für die nationale Beschränkung des Heils, zumal der Name Israel auch in ausgeweiteter Bedeutung für die weltweite christliche Kirche stehen kann (z.B. Gal 6,16). Aber bereits die für einen Hymnus typische, mit ὅτι (= hebräisches כִּי) eingeleitete Begründung in Lk 1,68b ἐπεσκέψατο καὶ ἐποίησεν λύτρωσιν τῷ λαῷ αὐτοῦ ist fast wörtliche Entsprechung zu ψ 110,9 λύτρωσιν ἀπέστειλεν τῷ λαῷ αὐτοῦ, das seine Konkretisierung in Lk 1,69 par. ψ 131,17/Ez 29,21 findet: καὶ ἤγειρεν (Klostermann zutreffend: er hat in der Geschichte auftreten lassen[255]) κέρας σωτηρίας ἡμῖν ἐν οἴκῳ Δαυὶδ παιδὸς αὐτοῦ. Deutlich ist hier die *messianische Erwartung* als *bereits erfüllt* ausgesagt. Die Aoristformen des Benedictus besagen also gleiches wie die des Magnificat. Maria und Zacharias preisen beide in hymnischer Weise Gott, weil er die messianische Wende schon eingeleitet hat. Und auch der *heilsgeschichtliche* Gedanke des Magnificat begegnet wieder im Benedictus. Das καθὼς ἐλάλησεν von Lk 1,55 wird in Lk 1,70 wiederholt, diesmal mit dem Zusatz διὰ στόματος τῶν ἁγίων ἀπ' αἰῶνος προφητῶν αὐτοῦ. Wie also Gott durch den Mund seiner heiligen Propheten gesprochen hat, so hat er nun die σωτηρίαν ἐξ ἐχθρῶν ἡμῶν gewirkt und so Erbarmen, ἔλεος, an unseren Vätern (!) gewirkt. Dieses Wirken bedeutet zugleich Gottes Gedenken an seine heilige διαθήκη, Lk 1,72. Damit ist Israels *politische* Rettung ausgesagt. *Erich Klostermann* hat es richtig gesehen: „Es handelt sich um Errettung von politischen Feinden und Hassern (vgl. 74), d.h. also Befreiung vom heidnischen Joch, nicht von Sünde, Tod und Teufel."[256] Es ist eine wohl etwas vorschnelle soteriologische Interpretation, wenn Schürmann die politische Not „als Realbild für alle Not, auch die ‚Heilsnot'" interpretiert.[257] Insofern schaut der Hymnus freilich über das politische Moment hinaus, als, mit Wiefel gesprochen, die *Folge* der politischen Befreiungstat darin besteht, daß Israel sicher vor seinen Feinden lebt und somit die Satzungen Jahwähs befolgen kann.[258] Mit dem Magnificat begegnet auch jetzt wieder das *Abraham*-Motiv, V.73.

Mit *Lk 1,76* beginnt der zweite Teil des Benedictus; auf den eigentlich eulogischen Teil folgt nun die *Prophetie* des Zacharias über seinen prophetischen Sohn Johannes. Dieser gibt seinem Volk die Erkenntnis des Heils, Lk 1,77. Jetzt

---

[253] Ich nenne nur *Vielhauer*, Benedictus; s. die Lit-Angaben in den gängigen Kommentaren.
[254] Synoptische Übersicht Benedictus und atl. Parallelen bei *Klostermann*, HNT, 25.
[255] *Klostermann*, HNT, 26.
[256] *Klostermann*, HNT, 27; ähnlich *Wiefel*, ThHK 64.
[257] *Schürmann*, HThK III/1, 87.
[258] *Wiefel*, ThHK, 64.

ist allerdings von der σωτήρια in einem tieferen religiösen Sinne die Rede; dieses Heil besteht nun in der Vergebung der Sünden, ἐν ἀφέσει ἁμαρτιῶν αὐτῶν. Erneut findet sich jetzt auch der Begriff Erbarmen, ἔλεος, 1,78. Israel kann nun den Weg des Friedens gehen, εἰς ὁδὸν εἰρήνης, 1,79.

Daß allerdings das *Nunc dimittis* über die nationale Beschränkung des Heilsverständnisses hinausgeht, wurde bereits gesagt (Lk 2,32: φῶς εἰς ἀποκάλυψιν ἐθνῶν, freilich in Parallele zu καὶ δόξαν λαοῦ σου Ἰσραήλ). Der greise Simeon weiß also bereits, was Petrus erst in Apg 10 begreift und die übrigen Apostel erst in Apg 11.

2.6.3.6.2 Die Stephanusrede

Eigenartig ist die Rede des Stephanus vor seiner Steinigung, *Apg 7*. Es ist nicht erforderlich, allen Einzelzügen dieser Rede, deren Inhalt die Geschichte Israels ist, zu folgen. Es genügt hier, zunächst darauf hinzuweisen, daß Stephanus einen geschichtlichen Rückblick gibt, bei dem er sich zunächst im wesentlichen an den Pentateuch hält. Das Formalprinzip dieser Rede ist aber die Anklage. Stephanus provoziert geradezu seinen gewaltsamen Märtyrertod, indem er dem Hohenpriester und dessen Anhängern, wozu auch das Volk gehört (Apg 6,12), nicht nur den Vorwurf der Halsstarrigkeit macht, sondern ihnen vor allem vorhält, daß sie, unbeschnitten an Herz und Ohren (Lev 26,41; Jer 9,25) – sie können also nicht Gottes Verheißung hören!, aber sie sollen zumindest ihr Urteil durch den Mund des Stephanus hören! –, sich demjenigen widersetzen, der der eigentliche Akteur in der Geschichte der frühen Kirche ist, nämlich dem Heiligen Geist, Apg 7,51ff. Während sich die Kirche von ihm leiten läßt, tun dies in gotteslästerlicher Weise die Juden in Jerusalem gerade nicht! Sie folgen dem kriminellen Tun ihrer Väter, die alle (!) Propheten verfolgt und getötet haben. Sie haben also die getötet, die die Ankunft des Gerechten geweissagt hatten. Sie haben also in ihrer verbrecherischen Verblendung die ermordet, die die Verheißungen Gottes für sein Volk gesprochen hatten. Haben sich somit die Väter derer, die nun Stephanus denunziert hatten, als blasphemische *Gegner der Verheißungen Gottes* demaskiert, so jetzt die Ankläger des Stephanus als *Gegner der Erfüllung* dieser Verheißungen. Indem sie (!) so zu Verrätern und Mördern Christi (s. Apg 2,23!) geworden sind, haben sie das Gesetz des Mose nicht gehalten. Mord gebiert eben weiteren Mord.

Aber diese Anklage ist noch gar nicht der eigentliche Skopus der Stephanusrede. Dieser ist vielmehr jene eigenartige *Zusammenschau* von *Ex 32* und *Am 5*. Nach Ex 32,1.2 fordern die aus Ägypten gekommenen Israeliten in der Abwesenheit des Mose von Aaron, ihnen Götter zu machen. Die Geschichte vom Goldenen Kalb fällt aber dann unter das Verdikt von Am 5,25–27. Die Israeliten werden nach der Stephanusrede durch den Mund des Propheten von Gott gefragt, ob sie, die den Sternenkult betrieben haben, *ihm*, ihrem Gott also, Schlachtopfer und Gaben dargebracht hätten. Der ursprüngliche Sinn von Am 5,25f. wird verdreht. Im Prophetenwort fragt Jahwäh die in Bethel Opfernden im Sinne der *Opferkritik*[259], ob sie ihm in der Wüste Schlachtopfer dargebracht hätten. Das *Vetus Testamentum receptum* in Apg 7,42 besagt jedoch nach der Auffassung des Lukas, daß die Israeliten in der Wüste sündigten, *weil* sie nicht Jahwäh, sondern dem Goldenen Kalb geopfert hätten.[260]

Ob Lukas noch bekannt war, daß Amos dem Nordreich die Verbannung ins Assyrerland angedroht hatte, ist sehr fraglich. Bemerkenswert ist immerhin, daß er Am 5,27 καὶ μετοικιῶ ὑμᾶς ἐπέκεινα *Δαμασκοῦ* in ἐπέκεινα *Βαβυλῶνος* ändert. Anscheinend hat er die Drohung des Amos als Drohung an das Südreich Juda verstanden.

Stephanus kommt dann auf das Bundeszelt als Anordnung Gottes zu sprechen, Apg 7,44. Von David heißt es 7,46 nur, daß er Gnade vor Gott fand und diesen bat, für das Zeltheiligtum ein Haus zu bauen, von Salomo nur in äußerster Kürze, V.47: „Salomo aber baute ihm ein Haus." Doch unmittelbar danach äußert Stephanus, ohne auf Salomo Bezug zu nehmen, bereits *Kritik am Tempel*, V.48: „Doch der Höchste, ὁ ὕψιστος, wohnt nicht in dem, was Menschenhand gemacht hat!" Und genau dieser kritische Satz gegen den Tempel (s. aber Apg 6,13!) wird mit einem Schriftzitat begründet. Mit der *formula quotationis* καθὼς ὁ προφήτης λέγει eingeleitet, wird *Jes 66,1f.* zitiert.

Nach *Claus Westermann* darf dieser Ausspruch Tritojesajas nicht als Polemik gegen einen bestimmten Tempelbau verstanden werden. Er verweist dafür auf 1Kön 8,27 „siehe, der Himmel und aller Himmel Himmel mögen dich nicht fassen; wieviel weniger dieses Haus, das ich dir gebaut habe!" Als Parallele zu Jes 66,1f. im Sinne einer Gegenstimme zur Ankündigungen Haggais (Hag 2,19), daß mit der Vollendung des Tempelbaus die Heilszeit anbrechen werde[261] – unterstellt, daß mit Jes 66,1f. lediglich eine derart gemäßigte und relativierte Tempelkritik ausgesagt wäre –, würde Tritojesajas Hinweis auf den Himmel als Thron Gottes und die Erde als Schemel für seine Füße und die daraus bezogene Folgerung „Was für ein Haus könntet ihr mir denn bauen?" von Lukas im Sinne einer prinzipiellen Tempelkritik radikalisiert. Er würde damit in der Absolutierung der von Tritojesaja ausgesprochenen Schöpfungstheologie versus Tempeltheologie das Nein Gottes zum Tempel und somit zum kultischen Religionsverständnis Israels zum Ausdruck bringen.

---

[259] Es sei hier offengelassen, ob es sich in Am 5 um relative oder gar absolute Kultkritik handelt (s. die Kommentare!). Auf jeden Fall will Jahwäh nach Am 5,25 die *ihm* gebrachten Opfer kritisieren.

[260] S. auch *Conzelmann*, HNT, 55: „*Ursprünglich* sagt die Stelle: in der Wüstenzeit (als der Idealzeit) wurde nicht geopfert. *Jetzt* besagt sie: schon damals herrschte Abfall. Vgl. Ez 20! Der Gedankengang wurde am ehesten verständlich, wenn man interpretieren dürfte: ‚Nicht mir haben sie geopfert, sondern anderen Göttern'... Das ließe sich wieder zweifach auslegen: a) daß sie hätten *Gott* opfern sollen, oder b) im Sinn prinzipieller Kultfeindschaft, daß also Opfer schon an sich Götzendienst sei... Bei der letzteren Auslegung wird freilich die Gedankenführung von V.42 zu 43 unverständlich. Das Zitat ist durch 42a zum einheitlichen Vorwurf gemacht. Nimmt man hinzu, daß μοί unbetont steht, muß man wiedergeben: ‚Habt ihr mir etwa *geopfert*?' Der Vorwurf lautet dann: ihr habt das Opfer unterlassen, um euch Götzen zuzuwenden. Sachlich ist der Unterschied zwischen beiden Interpretationen nicht allzu groß."

[261] *C. Westermann*, Jesaja 40–66, ATD 19, ⁴1981, 327f.

Jes 66,1f. wie von Westermann oder anders verstanden – unbestreitbar ist, daß *Lukas* diese Stelle im Sinne einer absoluten Tempelkritik begreift.

2.7 Das Johannes-Evangelium

2.7.1 Einleitende Bemerkungen

Die *einleitungswissenschaftlichen Fragen* sind für das Johannes-Evangelium wie bei kaum einer anderen neutestamentlichen Schrift über die Maßen schwierig. Es sind vor allem literarkritische und redaktionsgeschichtliche Probleme, die bis heute heftig umstritten sind. Der methodologische Streit geht sogar so weit, daß fundamentale Uneinigkeit darüber besteht, ob überhaupt der Weg der Literarkritik, der immerhin für Bultmann – gerade als Theologen! – mit im Mittelpunkt seiner Exegese des Joh stand, dieser Evangelienschrift methodisch angemessen sei. Hat *Rudolf Bultmann* – um hier nur die in theologischer Hinsicht wichtigste Frage zu erwähnen – mit Interpolationen durch die sog. kirchliche Redaktion gerechnet, durch die die präsentische Eschatologie des Evangelisten (z.B. Joh 5,24f.) mit Hilfe von Aussagen futurischer Eschatologie (z.B. Joh 5,28f.) relativiert und zudem noch durch sakramentale Aussagen (z.B. Joh 6,51b.ff.) korrigiert werden sollte[1], so lehnt z.B. *Martin Hengel* die bisherigen Lösungen der Literarkritik entschieden ab. Gegen sie sprächen die auffallende Einheitlichkeit des Stils und der religiösen Vorstellungswelt wie auch die beherrschende Persönlichkeit des Autors als eines theologischen Lehrers mit einer weitgespannten Dialektik und großer Integrationskraft.[2] Letztlich ist aber auch Hengel der Literarkritik gegenüber positiver eingestellt, als es zunächst den Eindruck hat, wenn er vom *opus imperfectum* des Evangelisten spricht, das erst nach seinem Tode fertiggestellt worden sei, und zwar durch seine Schüler.[3] Denn deren Eingriffe in den beim Tode ihres Lehrers noch unvollständigen Evangelientext können ja methodisch nur durch literarkritische Operationen verifiziert werden. Dann aber geht es in der Kontroverse letztlich um *inhaltliche* Fragen.

Nun ist allem Anschein nach das ureigene Anliegen Martin Hengels die Verankerung des Evangelisten in der *apostolischen Tradition*. Seine Hypothese, aufgrund einer bestimmten Deutung einiger Aussagen des Papias den „*Presbyteros*", der (wie in der Tat

---

[1] *R. Bultmann*, KEK II, [17]1962, jeweils zu den Einzelstellen.

[2] *Hengel*, Die johanneische Frage, 273; s. auch u.a. ib., 226ff.; 269: „In dem immer mehr durch Quellen und Redaktionen eingeschränkten Idealbild des ‚Evangelisten' und seiner angeblichen Theologie spiegeln sich hingegen allzu leicht der Literarkritiker ‚eigener Geist' und ihre theologischen Wünsche wider. Wir sollten nicht bezweifeln, daß der ‚Alte' des zweiten und dritten Briefes selbst jenen Kampf, der in diese Briefen sichtbar wird, geleitet und durchgestanden hat. Daß dies dann auch einen gewissen ... Niederschlag im fast fertiggewordenen ‚opus imperfectum' des Evangeliums fand, liegt nahe." Äußerst kritisch gegenüber literarkritischen Operationen im Blick auf das Joh ist *Charles K. Barrett*, zuletzt wieder in seinem Joh-Kommentar (KEK Sonderband, 1990).

[3] Ib., 269.

der Bischof von Hierapolis eindeutig[4] sagt) natürlich nicht mit dem Zebedaiden identisch ist, als den *Verfasser* sowohl der *drei Johannes-Briefe* als auch des *Johannes-Evangeliums* zu verstehen, läßt ihn in dem „Alten" von 2Joh 1,1 und 3Joh 1 die führende geistliche Autorität im Ephesos des ausgehenden ersten Jahrhunderts sehen. Diese Identifizierung des πρεσβύτερος der Johannes-Briefe mit dem πρεσβύτερος Ἰωάννης des Papias, die übrigens auch von *Georg Strecker*[5] vertreten wird, und darüber hinaus die Identifizierung dieses Mannes mit dem Evangelisten Johannes[6], der auf seine Art der Darstellung des Evangeliums die Verbundenheit mit der apostolischen Tradition deutlich mache, zeige die Bedeutung der johanneischen Schule. Die Identifizierung des Presbyters der Johannes-Briefe mit dem Presbyter Johannes des Papias halte ich für erwägenswert, jedoch nicht für zwingend. Die zweite Identifizierung scheint mir allerdings problematisch, wenn auch nicht völlig auszuschließen. Dem *Anliegen* Hengels, das Joh in *Kontinuität mit der urchristlichen Verkündigung* zu sehen, allerdings als *Zeugnis einer späten theologischen Entwicklung*, stimme ich voll zu. Für unsere theologische Intention geht es aber mehr um den theologischen Gestaltungs- und Aussagewillen des Vierten Evangelisten; es geht nicht darum, seine Darstellung als bloß historisches Produkt zu begreifen. Das will auch Hengel nicht. Diesem geht es ausdrücklich um die im urchristlichen Kerygma verankerte *Theologie* des Evangelisten, wie sein „Versuch einer eigenen Lösung" zeigt.[7]

Rudolf Bultmann hat im einleitenden Paragraphen der Darstellung der johanneischen Theologie[8] seine Auffassung von der geschichtlichen Stellung des Johannes-Evangeliums dargelegt. Die Jesusgestalt sei in ihm in den Formen gezeichnet, die der gnostische Erlösermythos darbot.[9] Er hat recht, wenn er, ehe er die johanneische Theologie im einzelnen zeichnet, über die geschichtliche Stellung des Evangelisten, genauer: dessen *religionsgeschichtliche* Stellung Rechenschaft gibt. Aber bereits die Präexistenzchristologie des Joh, deren jüdische Denkvoraussetzungen in alttestamentlichen Präexistenzspekulationen schon bei der Darstellung der Christologie des Gal erkennbar wurden (Gal 4,4)[10] und die nachher noch einmal zu bedenken sind, macht deutlich, daß die religionsgeschichtliche Einordnung des Vierten Evangeliums durch Bultmann nicht unproblematisch ist. Wir können heute nicht mehr mit der Selbstverständlichkeit, mit der er es tat, „den" expliziten, erst in späterer Zeit literarisch nachweisbaren gnostischen Erlösermythos in die Zeit der Niederschrift des Joh (Ende 1. oder Anfang 2. Jh.) zurückprojizieren. Die *jüdischen Wurzeln* dieses Evangelisten dürften tiefer gehen, als es Bultmann vor etwa einem halben Jahrhundert annahm. Allerdings möchte auch ich nicht das Joh völlig aus dem gnostischen Einflußbereich herausnehmen. Sprechen wir also von protognostischem Einfluß, ohne daß wir uns in der Lage sähen, hier zu präzisieren. Aber trotz des Zugeständnisses, daß ein solcher protognostischer Einfluß vorliegen dürfte, ist m.E. die Theologie des Joh *a parte fortiori* nicht von dort ableitbar. Es wird sich vor allem noch zeigen, daß gerade die *alttestamentlichen Zitate* für die theologische Aussagerichtung

---

[4] Will *Thyen*, TRE 17, 195, 40ff., diese Eindeutigkeit bestreiten? Im Text des Papias ist klar zwischen Ἰωάννης und ὁ πρεσβύτερος Ἰωάννης unterschieden (zit. bei Euseb, h.e. III, 39)!

[5] *G. Strecker*, KEK XIV, 1989, 22ff.; dagegen *F. Vouga*, HNT 15/III, 1990, 20.

[6] So freilich nicht *Strecker*.

[7] *Hengel*, Die johanneische Frage, 264ff.

[8] *Bultmann*, Theologie des NT, § 41.

[9] Ib., 365f.

[10] *Hübner*, BThNT II, 86ff.

und die theologische Aussageintention des Joh konstitutiv sind. Doch gerade das Bild, das die Schriftzitate in ihm bieten, mutet auf den ersten Blick etwas verwirrend an. Denn man sucht zunächst vergebens eine klare Linie. Ein sofort einsichtiges Schema, das sich in die theologische Gesamtstruktur des Joh einfügte, scheint nach dem ersten Eindruck nicht vorhanden zu sein.

Nicht auf den ersten, wohl aber auf den zweiten Blick zeichnen sich dann doch einige Strukturelemente recht deutlich ab. Da ist zunächst ein formaler Tatbestand. Fünf Zitate sind mit der *formula quotationis* γεγραμμένον ἐστιν o.ä. eingeleitet (Joh 2,17; 6,31.45; 10,34; 12,14; s. auch 8,17, wo mit der eigenartigen *formula quotationis* ἐν τῷ νόμῳ δὲ τῷ ὑμετέρῳ γέγραπται anscheinend Dtn 17,6 oder 19,15 eingeleitet ist; doch gibt es gerade hier starke Differenzen zum alttestamentlichen Text; zu Joh 7,42 s.u.). Eine besondere Gruppe sind, deutlich an Mt erinnernd, die *Erfüllungszitate*, die, was anscheinend für den Aufbau des Joh nicht ohne Belang ist, erst ab Joh 12,38 begegnen und deren jeweilige *formula quotationis* ἵνα ἡ γραφὴ πληρωθῇ o.ä. lautet (jedoch Joh 19,28: ἵνα τελειωθῇ ἡ γραφή). In Joh 12,38; 19,24.36 sind sie als Bemerkungen des Evangelisten erkennbar, in Joh 13,18 und 15,25 zitiert Jesus selbst die Schrift, in Joh 18,9.32 leitet ἵνα πληρωθῇ ὁ λόγος ὃν εἶπεν o.ä. gerade kein alttestamentliches Wort ein, sondern bezieht sich auf Jesu Wort.[11]

Gerade bei seinen Zitaten sind Berührungen des Joh mit der synoptischen Tradition gegeben. Doch kann man daraus nicht zwingend schließen, daß dem Evangelisten die synoptischen Evangelien bekannt gewesen seien, wie dies zuweilen geschieht. Denn die Parallelen erklären sich zur Genüge aus einem in der frühen Kirche verbreiteten Bezug auf bestimmte Stellen des Alten Testaments. Der Vergleich von Joh mit den Synoptikern zeigt vor allem folgende partielle Gemeinsamkeiten: Das bei den Synoptikern über den Täufer gesprochene Zitat Jes 40,3 spricht dieser nun selbst mit vorangestelltem „Ich" und der angehängten *formula quotationis* καθὼς εἶπεν Ἡσαΐας ὁ προφήτης, Joh 1,23. Auch Jes 6,9f., uns bereits aus Mk 4,12 bekannt, begegnet im Joh, jedoch erst gegen Ende des öffentlichen Wirkens Jesu, Joh 12,40. Es wird zwar mit der *formula quotationis* πάλιν εἶπεν Ἡσαΐας eingeleitet, Joh 12,39; da es aber unmittelbar hinter dem Erfüllungszitat Jes 53,1 in Joh 12,38 steht, dürfte es allem Anschein nach an dessen Erfüllungscharakter partizipieren. Wenn auch Jes 6,9f. in Apg 28,26f., also am Ende der Apg, zwar nicht die Form eines Erfüllungszitates besitzt, aber doch eindeutig diese Funktion innehat, so ist diese Parallele auffällig. Sach 9,9, aus Mt 21,4f. bekannt, steht als Erfüllungszitat in Joh 12,14f., eingeleitet mit καθώς ἐστιν γεγραμμενον. Wie im Mt ist es Mischzitat, jedoch in anderer Art (mit Jes 40,9).

Keine klare Linie ergibt sich zunächst auch, wenn man nach dem jeweiligen *Sprecher der Zitate* fragt. Da ist zunächst der Täufer zu nennen, dann mehrfach das Volk, Jesaja oder der Evangelist. Noch komplizierter wird das Ganze, wenn man nach dem zugrundeliegenden alttestamentlichen Text fragt. Wir finden wörtliche Übereinstimmungen mit dem LXX-Text (freilich nur vier reine LXX-Zitate). Meist aber sind ihm gegenüber deutliche Modifikationen festzustellen. Möglicherweise geschah auch zuweilen Rekurs des Evangelisten auf das hebräische Original, zuweilen aber ist weder die LXX noch die Biblia Hebraica als der hauptsächlich bestimmende Text zu erkennen. Es ist auch nicht

---

immer klar, auf welche alttestamentliche Stelle der Bezug geschieht, so z.B. Joh 7,42: οὐχ ἡ γραφὴ εἶπεν ὅτι ἐκ τοῦ σπέρματος Δαυὶδ καὶ ἀπὸ Βηθλέεμ τῆς κώμης ὅπου ἦν Δαυὶδ ἔρχρται ὁ χριστός; besonders schwierig ist die Problematik von Joh 7,38 (s.u.).

Wieder ist es *Wilhelm Rothfuchs*, der hier substantiell weiterführt. Er macht darauf aufmerksam, daß der Evangelist immer dann ὁ λόγος sagt, wenn das Erfüllungszitat im Blick auf seinen Fundort näher fixiert wird.[12] Wenn die *formulae quotationis* der Erfüllungszitate jedoch keinen Fundort nennen, heißt es in ihnen ἡ γραφή. Auffällig ist weiterhin, daß in den *formulae quotationis* der übrigen Zitate weder von ὁ λόγος noch von ἡ γραφή die Rede ist, sondern sich nur Formen der Verben λέγω und γράφω finden, wobei zum Teil der Fundort angegeben wird. Rothfuchs hat des weiteren richtig gesehen, daß der Evangelist mit ἡ γραφή die jeweilige *Schriftstelle* meint, zumal er für die gesamte Schrift des Alten Testaments den Plural αἱ γραφαί verwendet, Joh 5,39.[13] Komplizierter wird der Sachverhalt dadurch, daß unter den vier *formulae quotationis* mit ὁ λόγος nur zweimal ein *alttestamentliches* Zitat eingeleitet wird, nämlich Jes 53,1 durch Joh 12,38 und ψ 34,19 (oder ψ 68,5?) durch Joh 15,25, in den anderen zwei Fällen aber ein Wort *Jesu* als erfüllt angegeben wird (Joh 18,9.32), wobei nicht gesagt wird, welches Jesuswort gemeint ist. Rothfuchs erkennt, daß, von Joh 12,38ff. abgesehen, alle Erfüllungszitate von den Feinden Jesu und deren Handeln sprechen.[14] Dadurch werden allerdings auch die beiden Jes-Zitate in Joh 12,38ff. in ihrer Aussage klarer: Das in den übrigen Erfüllungszitaten zum Ausdruck kommende Versagen von Menschen geht letztlich auf niemand anderen als auf Gott selbst zurück. Nehmen wir um der hier darzustellenden Fragestellung einige Details der Einzelauslegung vorweg! Gott ist es, der die Augen bestimmter Menschen verblendet und deren Herzen verhärtet hat. Damit erschließt sich uns schon anfangsweise die theologische Konzeption des Vierten Evangeliums: *Jes 53,1* und *Jes 6,10* haben für seine Theologie zentrale Bedeutung; erst von ihnen aus wird die theologische Rolle der übrigen Erfüllungszitate richtig transparent. Denn in diesen beiden Zitaten spiegelt sich auch das für alle übrigen Erfüllungszitate, wenn nicht sogar für alle Zitate des Joh so uneinheitliche Bild ihres jeweiligen Textes. *Rudolf Schnackenburg*[15] hat nachgewiesen, daß der Evangelist den Text Jes 6,10 sehr bewußt geändert hat: Er hat aus ihm das Hören gestrichen und die Reihenfolge „Augen – Herz" hergestellt, um zu zeigen, daß die bedrückende Aktion Gottes beim Äußeren des Menschen beginnt und in sein Inneres vordringt, wie es auch das „Nichtsehen" der Pharisäer in Joh 9 dokumentiert. Mit der Änderung ἐπώρωσεν greift er bewußt auf einen wohl geläufigen Topos seiner Tradition zurück, der in der Urkirche verbreitet war (z.B. Mk 3,5; 6,52; 8,17; 2Kor 3,14; Röm 11,7.25; Eph 4,18). Da der Evangelist Jes 53,1 exakt nach der LXX zitiert, dann aber bei Jes 6,10 vom LXX-Text abweicht, ist zu schließen, daß er *den LXX-Text da übernahm, wo er in seine theologische Konzeption paßte, daß er aber den Text da nach eigenem Gutdünken massiv änderte, wo er es um der theologischen Aussage willen als angemessen, wenn nicht gar als erforderlich erachtete.*[16]

---

[12] *Rothfuchs*, Erfüllungszitate, 153.

[13] Ib., 153.

[14] Ib., 170.

[15] *Schnackenburg*, HThK IV/4, 1984, 147ff.; s. auch *Hanson*, Jesus Christ in the OT, 104–108; *ders.*, The Prophetic Gospel, 166–170.

[16] Anders zu Joh 12,39f. *Reim*, Studien zum atl. Hintergrund des Joh, 38.

2.7.2 Die Theologie des Johannes-Evangeliums

Rudolf Bultmann hat in den Kapitelüberschriften seiner „Theologie des Neuen Testaments" nur zweimal von Theologie gesprochen, nämlich von der des Paulus und von der des Johannes-Evangeliums und der Johannes-Briefe. Ob man tatsächlich in angemessenerer Weise von der Theologie des Evangelisten Johannes als von der der Synoptiker sprechen kann, sei dahingestellt. Denn es zeigte sich ja, daß alle drei Synoptiker ihr Evangelium redaktionell derart gestalteten, daß eine spezifisch theologische Konzeption erkennbar wird. Aber im Vergleich mit den synoptischen Evangelien macht das Joh in Sprache und Terminologie schon verstärkt den Eindruck einer bewußt *theologisch konzipierten Schrift.* Die theologische Begrifflichkeit als solche ist auffällig; zentrale theologische Aussagen werden mit einprägsamer Wirkung wiederholt, vor allem christologische Termini. Der Evangelist erzählt zwar, wie dies auch die Synoptiker tun. Aber während diese bereits durch die Art des Erzählens ihren theologischen Gestaltungswillen deutlich werden lassen, ist es beim Vierten Evangelisten so, daß er – schauen wir vor allem auf die Wundergeschichten – das theologisch Bedeutsame in die theologischen Diskussionen einbringt, die Jesus jeweils *nach* vollzogenem Wunder, zumeist mit seinen jüdischen Gegnern, führte.[17] Diese Auseinandersetzungen, z.T. scharfer und polemischer Art, finden als regelrechte *theologische Debatten* statt. Ihr Inhalt ist Jesus selbst, ist er als der vom Vater Gesandte[18], als der Offenbarer: *Der Offenbarer offenbart sich selbst.* Die häufig begegnende Formel ὁ πέμψας με [πατήρ] (z.B. Joh 8,16.18.26.29), die heftige und aggressiv geführte Auseinandersetzung über seine Messianität (Kap. 7), über seine Präexistenz (Joh 8,58), all diese Elemente der johanneischen Darstellung qualifizieren die theologischen Debatten als *christologische* Auseinandersetzungen. Erzählung schlägt also in Theologie um, Theologie ist aber als solche eingebettet in Offenbarung. Also: *Offenbarung als Theologie – Theologie als Offenbarung*!

Bereits ein flüchtiger Blick in das Joh läßt also erkennen, daß wir es mit einer eminent christologischen Schrift zu tun haben. Und indem es bei dieser Christologie zugleich um das Verhältnis Jesu zu seinem Vater geht – die ersten Worte des Prologs lassen dies bereits erkennen –, ist auch Theologie im strengen Sinne des Wortes mit im Spiel. Es geht nämlich, indem es um den Christus, um den eingeborenen Sohn Gottes geht, entschieden um die Frage nach *Gott* selbst. Es ist *Theo*-Logie im eigentlichen Sinne, die der Evangelist vorträgt. Denn Jesus ist – wenn auch in so spannungsvoller Weise dargestellt, daß zuweilen der Eindruck einer gewissen Widersprüchlichkeit entsteht – derjenige, der, indem er sich selbst als den Sohn Gottes offenbart, letzten Endes den Vater offenbart. Jesus als

---

[17] *Bultmann*, RGG³ III, 844: „... das Thema der Rede bzw. der Diskussion [wird] durch das vorhergehende Wunder präludiert, indem das Wunder als Symbol für die folgende Rede oder Diskussion dient (z.B. in c.5; 6; 9; 11)."

[18] Umstritten ist die These *Bühners*, Der Gesandte und sein Weg, der das joh Motiv des himmlischen Gottesboten aus dem jüdisch-altorientalischen Botenrecht erklärt.

der Logos „exegesiert" den göttlichen Vater, *Joh 1,18*: ἐκεῖνος ἐξηγήσατο.[19] *Charles K. Barrett* kann deshalb mit Recht die programmatische Aussage formulieren: „Jesus *ist* das Evangelium, und das Evangelium *ist* Jesus."[20] Dann aber führt Offenbarung *als* Theologie *über* die Theologie hinaus: *Im Glauben erfaßte Theologie führt als ihre ureigene Entelechie zu vertieftem Glauben.*

2.7.2.1 Joh 1: Christologie in nuce

Wollen wir nicht nur neutestamentliche Theologie betreiben, sondern dies unter dem spezifischen Blickwinkel der Biblischen Theologie tun, so hat dazu schon dieses erste, soeben skizzierte Vorverständnis der johanneischen Theologie einige Hinweise gegeben. So wurde dort u.a. auf die Präexistenz des Messias hingewiesen. Präexistenz ist aber, wie auch schon im Blick auf die paulinische Theologie, also die älteste neutestamentliche Theologie gesagt wurde, ein in theologischer Sicht spezifisch jüdisches, sogar alttestamentliches Thema. Was z.B. in Sap 9,1f. über den Logos und die mit ihm identische Sophia gesagt wurde, dann in Sap 9,9[21] über das Verhältnis Gottes zu dieser σοφία, wird bereits zu Beginn des Joh über Jesus als den Logos gesagt (Joh 1,1–3): Ἐν ἀρχῇ ἦν ὁ λόγος, καὶ ὁ λόγος ἦν πρὸς τὸν θεόν, ... πάντα δι' αὐτοῦ ἐγένετο. Daß in Sap 9,1f. im synonymen Parallelismus sogar λόγος und σοφία nebeneinanderstehen und somit als einander interpretierende Größen erscheinen, ist für die Interpretation von Joh 1,1ff. höchst relevant:

θεὲ πατέρων καὶ κύριε τοῦ ἐλέους
ὁ *ποιήσας τὰ πάντα ἐν λόγῳ σου*
καὶ τῇ σοφίᾳ σου κατασκευάσας ἄνθρωπον.

Es ist also die genuin jüdische Vorstellung von der Präexistenz der Weisheit, die in christologisch vertiefter Form die religionsgeschichtliche und – mehr noch! – die theologische Voraussetzung dafür ist, daß nach der theologischen Konzeption des Vierten Evangelisten Jesus als der Logos seinen göttlichen Vater „exegesieren" kann. Im theologischen Koordinatensystem der Vorstellung von der präexistenten Sophia zu Gott ist somit die *Wesensnähe* des präexistenten Logos zu Gott ausgesagt, wie sie bereits in Joh 1,1f. zum Ausdruck kommt.[22]

Anthony T. Hanson sieht mit Recht die Präexistenzchristologie als konstitutives Element des Vierten Evangeliums. Auch wenn das Zeugnis des Täufers nicht, wie er meint, die Verse bis einschließlich Joh 1,18 umfaßt[23], so bleibt

---

[19] S. aber unter Berufung auf *I. de la Potterie,* Bib. 69, 340–370, *Hanson,* The Prophetic Gospel, 28f.

[20] *Barrett,* KEK, 86.

[21] S. auch Prov 8,22ff. und Sir 24,1ff.

[22] In der Lit wird oft die Auffassung vertreten, ἐν ἀρχῇ in Joh 1,1 greife die gleiche Wendung in Gen 1,1 auf. Das ist im Prinzip richtig. Aber es geht in Joh 1,1 nicht direkt um die Thematik der Erschaffung der Welt. Diese wird vielmehr *vorausgesetzt*, um die ἀρχή-Existenz Jesu und seine Beteiligung an der Welterschaffung zu thematisieren.

[23] *Hanson,* The Prophetic Gospel, 27.

doch, was er für Joh 1,16–18 exegetisch herausgearbeitet hat, überzeugend. Hansons Grundthese lautet: Ex 34,5–9 ist alttestamentlicher Hintergrund von Joh 1,14–18. Es war nicht Gott der Vater, der dem Mose am Sinai erschienen ist, sondern das Wort Gottes.[24] Hat doch nach Joh 1,18 niemand – also auch nicht Mose! – Gott jemals gesehen, θεὸν οὐδεὶς ἑώρακεν πώποτε[25]; diese wenigen Worte in ihrer theologischen Wucht lassen keinerlei Ausnahme zu.

Hanson vermag in der Tat eine Reihe von Indizien für diese Auffassung anzuführen, die in ihrer Summierung recht gewichtig sind. Die Voraussetzung ist freilich, daß der Evangelist allem Anschein nach nicht nur mit der LXX, sondern auch mit dem hebräischen Original der Schrift eigenständig umgegangen ist. Hebräische Sprachkenntnisse sind demnach für ihn anzunehmen. Und gegen eine solche Annahme spricht m.E. nichts. So sieht Hanson z.B. in Joh 1,14d πλήρης χάριτος καὶ ἀληθείας die bewußte Übersetzung von Ex 34,6bMT רַב־חֶסֶד וֶאֱמֶת.[26]

Der *Prolog* ist nach allgemeiner exegetischer Überzeugung vom Evangelisten als Traditionsstück übernommen worden, der in ihn einige kommentierende Aussagen eingefügt hat.[27] Zu diesen Einfügungen dürften vor allem die Aussagen über *Johannes den Täufer* gehören. Dann läßt sich an ihnen bereits in Joh 1,1–18 der theologische Wille des Evangelisten ablesen. Nach dessen theologischer Konzeption ist es des Täufers Aufgabe, Zeugnis über Jesus abzulegen. Die theologischen Stichworte sind μαρτυρία und μαρτυρεῖν (Joh 1,7.15.19.32.34; 3,26; 5,33f.36f). Der Täufer hat damit die gleiche Funktion wie Jesus selbst, von dem es wiederholt im Joh heißt, er lege Zeugnis ab, vor allem über sich selbst und, was auf das gleiche hinausläuft, über den Vater (z.B. 3,32f.; 8,13f.18). Doch auch der Vater bezeugt den Sohn (z.B. 5,32; 8,18). Wenn nun auch noch der Paraklet, der Heilige Geist, Zeugnis für Jesus ablegen wird (15,26), so ist μαρτυρεῖν geradezu ein trinitarisches Geschehen.[28] Doch auch die Jünger und andere Menschen sind zu solchem Zeugnis berufen, ja, sie haben es bereits getan (z.B. 15,27; 19,35; 21,24).

Wenn aber auch das Ablegen des Zeugnisses als eine geradezu gemeinsame Aktivität aller erscheint, also angefangen bei Gott und dann über seinen Sohn bis hin zu den Menschen, so darf doch das Zeugnis des Täufers keinesfalls mit dem der Jünger und der übrigen Menschen auf eine Stufe gestellt werden. Der ganze Duktus der theologischen Darstellung des Joh läuft nämlich darauf hinaus, daß das vom Täufer abgelegte Zeugnis von besonderer Qualität ist. Es fällt schon auf, daß sowohl ihm als auch später Jesus gemeinsam ist, die *Schrift* als *Aussage über die eigene Person* zu verstehen. Die vom Täufer in Joh 1,23 zitierte Stelle *Jes 40,3LXX* nennt die ihm von Gott auferlegte Aufgabe: *„Ich bin – das erste*

---

[24] Ib., 21ff.
[25] Ib., 21ff.
[26] Ex 34,6LXX: πολυέλεος καὶ ἀληθινός.
[27] S. die Kommentare!
[28] Freilich darf diese *trinitas* nicht als in derjenigen Terminologie ausgesagt verstanden werden, wie es später die Definitionen der Ökumenischen Konzilien formulierten. Doch *der „Sache"* nach sind diese Definitionen schon in der Theologie des Joh angelegt.

Wort im ersten Zitat heißt ἐγώ (!); der Evangelist hat es dem Zitat beigefügt – die Stimme eines Rufenden in der Wüste." Gemeint ist, daß er *nur* diese Stimme ist, eine Stimme aber immerhin, die laut ruft: „Bereitet den Weg des Herrn!" Dieser κύριος ist jedoch nicht wie im Alten Testament Gott der Vater, sondern Jesus Christus. Das Zeugnis des Täufers über sich selbst ist somit zugleich sein Zeugnis von der göttlichen Würde Jesu. Der Täufer sagt also im ersten Zitat des Joh, *wer Jesus ist*. Er ist als θεός wie *der* θεός göttlicher Kyrios; ihm eignet wie dem Vater das Kyrios-Sein.[29]

Wie in *Mk 1,2f.* ist Jes 40,3LXX das erste Zitat im Evangelium. Der bezeichnende Unterschied ist, daß es in Mk 1,2 heißt καθὼς γέγραπται ἐν τῷ Ἠσαΐα τῷ προφήτῃ, in Joh 1,23 aber καθὼς εἶπεν Ἠσαΐας ὁ προφήτης. Der Prophet *sprach*; mit seinen Worten *spricht* jetzt der Täufer. Markus bringt das Zitat als sein eigenes Reflexions- bzw. Erfüllungszitat, Johannes aber läßt den Täufer mit eigenem Ich die Worte des alttestamentlichen Propheten autoritativ sprechen. Deshalb ändert der Vierte Evangelist überlegt den Prophetentext, indem er ἐγώ hinzufügt (s.o.). Die Konvergenz von Mk und Joh, wonach beide als erstes Zitat Jes 40,3LXX bringen, muß nicht notwendig bedeuten, daß Johannes Mk kannte!

Die gewaltige Überlegenheit des Christus über den Täufer wird von diesem selbst herausgestellt. Aber bereits vor dem Abschnitt 1,19ff., der mit καὶ αὕτη ἐστὶν ἡ μαρτυρία τοῦ Ἰωάννου beginnt, hat der Evangelist in *Joh 1,15* das Zeugnis des Täufers zitiert: „Der nach mir kommt, hat die größere Würde als ich[30]; denn er war eher als ich," πρῶτός μου ἦν. Mit dem ἦν ist eindeutig die Präexistenz ausgesprochen. Der Täufer wußte also über die Präexistenz Christi, sprich: über sein göttliches Sein seit Urzeiten, Bescheid. Gehört doch auch seine, also des Täufers Existenz zur Erfüllung der messianischen Zeit. Er selbst ist in der Schrift angekündigt! Und er weiß es! Und so versteht es sich auch von selbst, daß er um den in der Schrift angekündigten Messias ebenso gut Bescheid weiß; daß er also als mit der Schrift Vertrauter davon Kenntnis hat, wer jetzt dieser Messias ist (s. Joh 5,39!).[31]

Aber nicht nur durch die Schrift kennt der Täufer die göttliche Identität Jesu. Gott selbst hat es ihm gesagt (Joh 1,33: ἐκεῖνός μοι εἶπεν). Er hat also *gehört*, was Gott ihm über Jesus *gesagt* hat; und er hat *gesehen*, was Gott an Jesus *getan* hat. Gottes Geist war Gottes sichtbares Zeichen an ihn (V.33: ἐφ᾽ ὃν ἂν ἴδῃς). Zur Vertrautheit des Täufers mit der Schrift tritt somit seine Vertrautheit mit Gott selbst. Und so bezeugt er als der, der gesehen hat. Wie das μαρτυρεῖν Jesu im μαρτυρεῖν des Täufers seine Entsprechung besitzt, so das ἑώρακεν Jesu von Joh 1,18 im ἑώρακα des Täufers von Joh 1,34.

Umstritten ist der konkrete alttestamentliche Bezug des Täuferwortes *Joh 1,29*: ἴδε ὁ ἀμνὸς τοῦ θεοῦ ὁ αἴρων τὴν ἁμαρτίαν τοῦ κόσμου. Nach Bultmann ist der Titel

---

[29] Daß der Evangelist den Text *Jes 40,3LXX* mit seinem τὴν ὁδὸν κυρίου als Aussage über *Gott* (im Sinne von ὁ θεός) ignoriert hätte, ist unwahrscheinlich. Vielmehr dürfte er hier schon die theologische Spitzenaussage *Joh 10,30*: „Ich und der Vater sind eins," vorbereiten.

[30] So ἔμπροσθέν μου γέγονεν interpretiert z.B. von *R. Schnackenburg*, HThK IV/1, [2]1967, 249f. und 249, Anm. 7.

[31] Umstritten ist, wieweit das Zeugnis des Täufers im Prolog reicht. In der Regel wird nur Joh 1,15 dazu gerechnet; anders urteilt *Hanson*, The Prophetic Gospel, 27ff.: Das Bekenntnis des Täufers endet mit V.18.

„Lamm Gottes" kaum im Blick auf *Jes 53,7* gewählt, sondern eher im Blick auf das Passahlamm.[32] Die meisten Exegeten sehen jedoch in diesem Vers wohl mit Recht das Zusammengewachsensein unterschiedlicher Traditionen. Daß die Vorstellung vom Passahlamm mit der Vorstellung von der stellvertretenden Sühne in *Jes 53* am Ende des 1.Jh. eine *theologische Vorstellungs- und Begriffseinheit* bilden konnte, ist auf dem Hintergrund der liturgischen Tradition des Abendmahls nicht nur begreiflich, sondern auch selbstverständlicher Ausdruck der geschichtlichen Entwicklung der kirchlichen Tradition. Man kann zwar darauf hinweisen, daß die Verben in οὗτος τὰς ἁμαρτίας ἡμῶν φέρει, Jes 53,4, und ὁ αἴρων τὴν ἁμαρτίαν τοῦ κόσμου, Joh 1,29, inhaltlich differieren, insofern αἴρειν, streng genommen, das Auf-sich-Nehmen der Sünden-*Strafen* meint, nicht aber die stellvertretende Übernahme der Schuld.[33] Ob aber der Evangelist in 1,29 so scharf αἴρειν von φέρειν unterschieden wissen wollte, ist mehr als fraglich. Verweist der Täufer in Joh 1,29 auf Jesus als das Lamm Gottes, ὁ ἀμνὸς τοῦ θεοῦ, so dürfte der Bezug auf Jes 53,7 ziemlich sicher sein: ὡς πρόβατον ἐπὶ σφαγὴν ἤχθη καὶ ὡς ἀμνὸς ἐναντίον τοῦ κείροντος αὐτὸν ἄφωνος.[34]

Jes 40,3LXX in Joh 1,23 als das *erste Zitat im Joh* führt also bereits mitten in die theologische Grundaussage des Evangelisten hinein. Der Täufer erweist sich in Person und Predigt als Anfang der geschichtlichen Verwirklichung des Heilsgeschehens. Sein prophetisches Zeugnis ist identisch mit seinem kerygmatischen Selbstbewußtsein; spricht er doch seine eigene heilsgeschichtliche Rolle mit Worten des Propheten Jesaja aus! Vielleicht ist es auch vom Evangelisten gewollt, daß der Täufer in Joh 1,23 für sein Selbstverständnis einen Text aus Jes zitiert, in Joh 1,29 aber ebenso für Jesus eine Anspielung auf Jes bringt. Man könnte sogar überlegen, ob nicht in der ὁδὸς κυρίου von Jes 40,3/Joh 1,23 ein Hinweis auf den *Weg zum Kreuz* geschieht, zumal Jes 53 dem Täuferspruch Joh 1,29 zugrunde liegen dürfte.

Dem zentralen theologischen Grundgedanken des Joh, wonach der leidende und sterbende Christus zugleich der verherrlichte Christus ist, entspricht, daß gegen Ende von Joh 1 Jesus, den die Täuferpredigt in soteriologischer Absicht Lamm Gottes nannte, von Nathanael als Sohn Gottes und zugleich als König Israels, βασιλεὺς τοῦ Ἰσραήλ, bekannt wird, 1,49. Und es erfolgt eine weitere theologisch relevante Aussage über ihn: Er ist nach Philippus derjenige, von dem Mose im Gesetz und von dem die Propheten geschrieben haben, Joh 1,45. Jetzt aber ist zum ersten Male im Joh auf das *Geschriebensein der Schrift* abgehoben: ἔγραψεν.

Es hat sich also gezeigt: Joh 1 ist in Prolog und Täufer- und Täuferjüngererzählung eine Christologie *in nuce*, im Grunde sogar schon mehr als bloß *in nuce*.

---

[32] *Bultmann*, KEK, 66, Anm. 7.

[33] S. dazu die Kommentare und Abschnitt 2.7.3!

[34] Richtig *Hanson*, The Prophetic Gospel, 33: „It seems most probable that it has direct reference to Isaiah 53.4–7." Wegen αἴρων in Joh 1,29 vermutet er, da נשא (MT) in der LXX sowohl durch φέρειν als auch durch αἴρειν wiedergegeben werde, daß der Evangelist in seiner griechischen Ausgabe des AT in Jes 53,4 αἴρει statt φέρει las. M.E. ist angesichts des oben genannten Zusammenwachsens von unterschiedlichen Traditionen (Liturgie und Schrift) diese Hypothese nicht erforderlich.

Die Christologie von Joh 1 erschließt sich aber erst in ihrer vollen theologischen Fülle, wenn sie in ihrem inneren Bezug auf das Alte Testament gesehen wird. Das gilt von ihr als Präexistenzchristologie, als Soteriologie, als Messianologie, als Verherrlichungschristologie. Der Christus aber ist nicht ohne die Seinen, die ihn bekennen und ihm folgen. Die erste Darlegung der johanneischen Christologie im Vierten Evangelium bringt also bereits erste Ansätze einer künftigen *Ekklesiologie*.

Die so zentrale Aussage des Prologs *Joh 1,14* „Und das Wort ward Fleisch" wurde in diesem Abschnitt, der immerhin mit „Christologie *in nuce*" überschrieben ist, nicht thematisiert. Das geschah nicht, um die Inkarnation des Logos abzuwerten. Vielmehr soll gerade dieser Aussage des Evangelisten dadurch besonderes theologisches Gewicht gegeben werden, daß sie im Schlußabschnitt des Joh-Teils bedacht wird.

2.7.2.2 Joh 2 und 4: Der alte und der neue Tempel

Das nächste Zitat ist ψ *68,10* in *Joh 2,17*. Jesus „reinigt" den Tempel. Als seine Jünger es sehen, erinnern sie sich an diesen Psalmvers. Ps 69/ψ 68 hat das Leiden um Jahwähs willen zum Thema. *Karl Theodor Kleinknecht* gruppiert zutreffend diesen Psalm in die Psalmen vom leidenden Gerechten ein.[35] Diese Gestalt ist es, die um Jahwähs bzw. um des θεός willen Schmach leidet (ψ 68,8: ὅτι ἕνεκα σοῦ ὑπήνεγκα ὀνειδισμόν). Von ψ 68,10 wird in Joh 2,17 nur der erste Halbvers, und zwar in bezeichnender Modifikation, zitiert: ὁ ζῆλος τοῦ οἴκου σου καταφάγεταί με. Der Evangelist hat die Aoristform der LXX κατέφαγεν ins Futur gewendet: καταφάγεται. Die Jünger erinnern sich also, daß geschrieben steht, γεγραμμένον ἐστίν: „Der Eifer für dein Haus *wird mich verzehren*."[36] καταφάγεται meint ja Jesu Tod.

Bereits Paulus und Markus haben diesen Psalm *messianisch* verstanden (Röm 15,3 [= ψ 68,10]; Mk 15,36 [= ψ 68,22; Kreuzigungsperikope!]).[37] Durch die Umwandlung des Aorists in das Futur hat Johannes den messianischen Charakter des Psalms verstärkt: Jesus hat sich durch die Tempelreinigung die Feindschaft der Juden zugezogen. Und dann gibt er auf deren Fragen nach der Legitimation seines Vorgehens die theologisch authentische Interpretation. Die Juden verstehen sein Wort als Zerstörung des Tempels, er aber meint seinen Tod und seine Auferstehung, Joh 2,19–21. Im ersten Zitat des Joh sagt der Täufer sich als den aus, der dazu aufruft, den messianischen Weg des Herrn zu bereiten. Mit dem zweiten Zitat spricht Jesus selbst über seinen messianischen Weg zu Kreuz und Auferstehung. Beide Zitate sind im Sinne des Evangelisten prophetische Aussagen in messianisch-soteriologischem Geiste.

---

[35] *Kleinknecht*, Der leidende Gerechte, 65.
[36] Gut *Schnackenburg*, HThK IV/1, 362: „Die Jünger erfassen nach dem Evangelisten die drohenden Folgen für Jesus: Sein Eifer für Gottes Haus ‚bringt ihn noch ums Leben'; denn so wird man das Schriftzitat (Ps 68,10LXX) verstehen müssen, weil auch in diesem Psalm mehr als ein innerlich verzehrender Eifer geschildert wird: Der Eiferer erleidet Schmach und findet viele Verhöhner und Hasser."
[37] S. auch Apg 1,20; zu ψ 68 *Lindars*, NT Apologetic, 104ff.

Eine eigentümliche Sequenz ist die doppelte Erwähnung des Sich-Erinnerns der Jünger. Sie sehen Jesu Aktivität im Tempel und erinnern sich eines messianischen Psalmverses, V.17.[38] In eigentümlicher Spannung dazu steht V.22 – erneutes ἐμνήσθησαν οἱ μαθηταὶ αὐτοῦ, wonach sie *nach* seiner Auferstehung der Schrift und (!) Jesu Wort glaubten. Auffällig ist die Koordination der Autorität von Schrift und Jesus. Eigenartig ist aber auch, daß hier ἐπίστευσαν (ingressiver Aorist?) als nachösterliches Verhalten der Jünger ausgesagt wird, es jedoch kurz vor Beginn dieser Perikope in Joh 2,11 (Abschluß der Perikope vom Weinwunder) heißt, daß Jesus seine Doxa mit diesem Wunder offenbart hatte und deshalb seine Jünger an ihn glaubten, καὶ ἐπίστευσαν εἰς αὐτὸν οἱ μαθηταὶ αὐτοῦ.[39]

Von Joh 2,13–22 aus stellt sich die Frage, wie Jesu Worte am Jakobsbrunnen zu der Samaritanerin zu verstehen sind, *Joh 4,19–25*. Denn das ist doch erneut ein auffälliger Tatbestand: Jesus nennt den Tempel das Haus seines Vaters; dieses dürfe nicht, in der Sprache des 20. Jhs., zu einem Zentrum von Handel und Finanzen verkehrt werden! Die Heiligkeit des Tempels und somit Gottes steht also auf dem Spiel! Nach Joh 4 aber sagt Jesus als Prophet (die Feststellung der Frau, daß sie in ihm einen Propheten sehe, weist Jesus nicht zurück), daß „die Stunde kommt", da man weder auf dem Garizim noch in Jerusalem – also im Tempel! – den Vater verehren werde, Joh 4,21. Nach V.22 wissen zwar die Juden im Gegensatz zu den Samaritanern, „was" sie verehrend anbeten, da das Heil – die σωτηρία! – von den Juden komme.[40] In V.23 wird die Wendung ἔρχεται ὥρα von V.21 um das bezeichnende καὶ νῦν ἐστιν (vgl. Joh 5,25!) im Sinne der *präsentischen Eschatologie* erweitert: *Jetzt* – also bereits zur Zeit des irdischen Jesus! – verehren die wahren Anbeter den Vater nicht mehr an diesem oder jenem „heiligen" Ort, sondern im Geiste und in der Wahrheit, ἐν πνεύματι

---

[38] *Barrett*, KEK, 221: „Sie erinnerten sich zu der Zeit an den Psalm (69 [68],10) und verstanden wahrscheinlich seine messianische Bedeutung; im Gegensatz dazu V.22, wo nach der Auferstehung die Jünger sich an das ganze Geschehen mit tieferem (!) Verständnis und Glauben erinnern."

[39] Wir werden derartige Unausgeglichenheiten und Unstimmigkeiten zu registrieren haben. Man mag hypothetische Erklärungen dafür bringen, man mag sie vielleicht durch literarkritische oder andere methodische Operationen zu erklären oder sie hinsichtlich ihrer Widersprüchlichkeit zu mildern suchen. Es ist aber nicht Aufgabe der Darstellung der Joh-Theologie, sich hier auf solche Einzelfragen einzulassen. Die Lösung derartiger Einzelprobleme gibt wenig Hilfe zum Gesamtverständnis der theologischen Grundfragen des Joh. Anders steht es freilich mit dem gleich noch zu erörternden Problem von Joh 4,22. Richtig sieht aber *Schnelle*, Antidoketische Christologie, 223, daß dem Evangelisten „als fundamentaler Glaubenssatz vorgegeben [ist], daß der vorösterliche Sinn des Jesusgeschehens sich erst aus der nachösterlichen Anamnese erschließt (vgl. Joh 2,22; 12,16)".

[40] Ich bin immer noch wie in TRE 16, 386, der Meinung, daß die Wendung *salus ex Judaeis* Interpolation ist (so auch z.B. *Bultmann*, KEK, 139, Anm. 6), deduziere hier aber von dieser Auffassung keine weiteren theologischen Schlüsse, um nicht wichtigere Aussagen über die Theologie des Joh mit ihr zu belasten. In dieser Anmerkung freilich sei es offen gesagt: Die programmatischen Worte *salus ex Judaeis* passen nicht in die joh Theologie! *Barrett*, KEK, 225, u.a. bestreiten, daß es sich um eine Glosse handele. Da wir hier aber letztlich den endgültigen biblischen Text interpretieren, ist für *unsere* Intention die Frage, ob die umstrittene Wendung auf den Evangelisten zurückgeht oder nicht, von nur sekundärem Interesse.

καὶ ἀληθείᾳ! Mit dem Kommen dieser Stunde ist die σωτηρία von V.22 endgültig als soteriologisches Prärogativ der Juden beseitigt. Indem sich Jesus der Samaritanerin als der Messias offenbart – mit dem bezeichnenden ἐγώ εἰμι (אֲנִי הוּא!)[41] –, ist zum Ausdruck gebracht, daß die „Stunde" die messianische Zeit bedeutet, daß also der Messias nicht der Messias vornehmlich für die Juden ist.

Wieso aber dann Jesu Diktum von Joh 2,16f.? Man wird die Intentionen beider Perikopen nicht krampfhaft harmonisieren dürfen. Aber es ist wohl keine derartige künstliche Harmonisierung, wenn man die „Reinigung" des Tempels als Gerichtshandlung über die Pervertierung des jüdischen Heiligtums ansieht und die gekommene „Stunde" von Joh 4 in *dieser* Konsequenz auch von Joh 2 her sieht.

Barrett sieht in dem „seltsamen und offensichtlich widersprüchlichen Ausdruck" ἔρχεται ὥρα καὶ νῦν ἐστιν ein Oxymeron: „Tatsächlich will Joh nicht leugnen, daß sie [sc. die eschatologischen Ereignisse] in Wahrheit einer späteren Zeit zugehören, aber er betont mit Hilfe seines Oxymeron, daß im Wirken und vor allem in der Person Jesus sie in proleptischer Weise gegenwärtig waren."[42] Der hier ausgesprochene Gedanke der *Prolepse* meint insofern etwas Richtiges, als sich im Joh durchaus Zeiten ineinanderschieben. Was das Vierte Evangelium *theologisch* sagt, ist ja auch, wie schon in Band 1 gezeigt wurde[43], *nachösterliche Verkündigung*, es ist diese sogar *a fortiori*. Die „damalige" Heilsgegenwart des irdischen Jesus *ist* ja die Heilsgegenwart des jetzt in nachösterlicher Zeit gegenwärtigen Jesus, der im Parakleten (Joh 14,16.26; 15,26; 16,7) zugegen ist.

2.7.2.3 Joh 3: Die Erhöhung der Schlange und des Menschensohns

Joh 3 ist ein theologisch dichtes Kapitel. Im Nikodemus-Gespräch ist von der βασιλεία τοῦ θεοῦ die Rede, Joh 3,5, vom γεννηθῆναι ἄνωθεν, 3,3.7, vom Gegensatz σάρξ – πνεῦμα, überhaupt von der Wirklichkeit des göttlichen πνεῦμα. γεννηθῆναι ἄνωθεν ist identisch mit γεννηθῆναι ἐκ τοῦ πνεύματος, 3,5ff.. Vom Gegensatz σάρξ – πνεῦμα wird aber im Zusammenhang mit dem typisch johanneischen Motiv des Mißverständnisses gesprochen, 3,5ff.; Nikodemus versteht nicht, weil er von der bloßen Vorfindlichkeit aus denkt.

All dies führt schließlich zur Typologie von *Joh 3,14*, wonach Jesus so erhöht werden *muß* (δεῖ – also: Gott will es so!), wie Mose die Schlange in der Wüste erhöht hat. Dieser Bezug auf *Num 21,9* wird von Johannes mit dem alle Vorfindlichkeit hinter sich lassenden ὑψωθῆναι zum Ausdruck gebracht. Aus Joh 3,14 geht noch nicht hervor, daß hier eine Aussage der *theologia crucis* als Aussage der *theologia gloriae* gemacht wird. Insofern besitzt Joh 3, für den Erstleser des Joh noch unerkennbar, vorbereitenden Charakter. Erst Joh 8,28 und Joh 12,34 werden ihm den eigentlichen Sinn von Joh 3,14

---

[41] S. u. S. 168f. u.ö.

[42] *Barrett*, KEK, 255.

[43] *Hübner*, BThNT I, 188ff.

erschließen. Deshalb soll diese Stelle hier noch keine weitere theologische Interpretation erfahren.

In *Joh 3,16ff.* finden sich soteriologische Aussagen, zentriert um Worte wie ἀγαπᾶν, πιστεύειν, κρίνειν, σῴζειν, σκότος/φῶς. Das ἄνωθεν spielt in *Joh 3,31ff.*, diesmal im Kontext dualistischer Sprache, eine bedeutsame Rolle. Auf all diese theologischen Gehalte wird die Interpretation späterer Kapitel des Joh noch einzugehen haben.

2.7.2.4 Joh 5: Macht und Freiheit des Menschensohns

Joh 5 kommt formal ohne alttestamentliches Zitat aus. Die Heilung des seit achtunddreißig Jahren kranken Mannes am Teich Bethesda führt zur Rede Jesu über sein Verhältnis zum Vater. Aber es ist zu fragen, ob der alttestamentliche Bezug in *Joh 5,27* nicht doch einen gewissen zitatartigen Charakter besitzt: Der Vater hat dem Sohn die Vollmacht, ἐξουσία, verliehen, das Gericht zu halten, κρίσιν ποιεῖν, weil er der Sohn des Menschen ist, υἱὸς ἀνθρώπου.[44]

Damit dürfte in *Joh 5,27* die Aussage von *Dan 7,13ff.* ausgesprochen sein – freilich diese Stelle in der Optik des Evangelisten, wie sie ihm aller Wahrscheinlichkeit nach bereits durch die kirchliche Tradition der Auslegung von Dan 7 vermittelt war. In diesem Kapitel meint ja bekanntlich der, welcher *wie* ein Sohn eines Menschen auf den Wolken des Himmels kommt, metaphorisch das Volk Israel. Diese Gestalt ist also Bild für ein Kollektiv. Hingegen ist in *aethHenB 46ff.* der Menschensohn eine individuelle Gestalt, die das Gericht halten wird. Diese Vorstellung – woher auch immer sie dem Evangelisten vorlag[45] – hat den Evangelisten Dan 7 (in Einklang mit den auch in den synoptischen Evangelien vorfindlichen Menschensohn-Aussagen) so verstehen lassen, daß auch er die Gestalt von Dan 7,14 individuell interpretiert. Liest man den Vers im Gesamtzu-

---

[44] Ob Joh 5,27 ein redaktioneller Zusatz des Evangelisten zu seiner Quelle ist oder ob er schon zur sog. kirchlichen Redaktion zu rechnen ist – daß Joh 5,28f. auf jeden Fall spätere Interpolation ist, nehme ich als sicher an –, läßt selbst *Bultmann*, KEK, 195f., offen. Sollte V.27 nicht zur kirchlichen Redaktion gehören, so meint zwingend das hier ausgesprochene Gericht das gegenwärtige Gericht; so auch *Schnackenburg*, HThK IV/2, 1971, 142f. Es gibt freilich neuerdings immer mehr die Tendenz, die Existenz dieser kirchlichen Redaktion (oder wie immer man diese Größe nennen will) zu bestreiten, so z.B. *Barrett*, KEK, 42ff. Sein Argument, der Evangelist sei als profunder Theologe fähig gewesen, Gegenwart und Zeit in Einheit zusammenzuhalten, scheint mir zu unkritisch. Wenn er, ib., 84, vom paradoxen Zusammenstoß der Zeit spricht, die für das Neue Testament charakteristisch sei, aber nirgends deutlicher als in Joh ausgedrückt werde, so nimmt er Joh 5,24f. in der Intention des Evangelisten nicht wirklich ernst. Bezeichnend ist, daß er von einer teilweisen (!) Erklärung des Paradoxon spricht, die sich aus der Tatsache ergebe, „daß Joh von zwei unterschiedlichen Standpunkten aus schrieb und unvermittelt von einem zum anderen wechselte". Die Grundlage des joh Denkens ist nach *Barrett* die eigentliche Erklärung: „daß wahrhafter Gottesdienst nur in und durch Jesus bestehen kann und daß Gottesdienst in und durch ihn wahrhafter Gottesdienst ist... aber diese Möglichkeit [sc. Gottesdienst im Geist und in der Wahrheit] ist notwendigerweise durch ein Futur oder sein Äquivalent qualifiziert ..., weil und insofern die Person Jesu selbst in dieser Weise qualifiziert ist: Er ist der Messias, und er wird der Messias sein; er ist gekommen und er wird kommen."

[45] Auch das Problem des Menschensohns wird noch in den Epilegomena thematisiert werden.

sammenhang von Dan 7, so stößt man auf einige für Joh wichtige theologische Begriffe. Das Ergebnis: Das *Wortfeld von Dan 7* und das *Wortfeld von Joh 5,27* sind in theologisch relevanter Hinsicht weithin identisch: Zunächst findet sich in Dan 7,13 υἱὸς ἀνθρώπου. Dem καὶ ἐξουσίαν ἔδωκεν αὐτῷ in Joh 5,27 entspricht in Dan 7,14LXX καὶ ἐδόθη αὐτῷ ἐξουσία. In Dan 7,26 findet sich auch ein Äquivalent für κρίσιν ποιεῖν von Joh 5,27: καὶ ἡ κρίσις καθίσεται. Und erneut ist hier, sogar mehrfach, von der ἐξουσία die Rede.[46]

Was jedoch die theologische Intention des Evangelisten sowohl von Dan 7 selbst als auch von der kirchlichen Interpretation dieses Kapitels unterscheidet, ist die Umbiegung der futurischen in die *präsentische Eschatologie*. Die hermeneutische und zeitphilosophische Auslegung dieser Eschatologie sei für die Epilegomena, die den Zeit-Raum der Gnade behandeln, aufbewahrt. *Daß* eine solche Umdeutung der Eschatologie durch den Evangelisten geschieht, muß aber hier schon gesagt werden. Das *Gericht*, das Jesus hält[47], ist ein Geschehen, das gar nicht so sehr dessen eigentliches Tun ist. Vielmehr vollzieht sich dieses Richten bzw. das Nicht-Hineinkommen in das Gericht im Glaubenden selbst. Der Vollzug des Glaubens ist das Herausgekommensein „aus dem Tode", d.h. aus dem Machtbereich des Todes, und das Hineingelangtsein „in das Leben", wiederum: in den Machtbereich des göttlichen Lebens.

Die *Ironie*, die sich im Konzept von Joh 5 manifestiert, besteht darin, daß ausgerechnet der göttliche *Richter* wegen des sog. Sabbatbruchs aufgrund der von ihm vorgenommenen Heilung zum *Gerichteten* werden soll.[48] Er hat ja dem Geheilten geboten, die Sabbathalachah zu übertreten, Joh 5,8. Und so sagen „die Juden" diesem, V.10: „Es ist dir nicht erlaubt!" Die ἐξουσία Jesu in Joh 5,27 konterkariert aber scharf das οὐκ ἔξεστιν im Munde der Juden. Besitzt nämlich Jesus die gottverliehene ἐξουσία, so besitzt er auch die Macht, das ἔξεστιν da zu sagen, wo die im mosaischen Gesetz Gefangenen meinen, οὐκ ἔξεστιν sagen zu müssen. Der *Freiheit des Menschensohns* steht die – nicht erkannte! – *Unfreiheit der Menschen* gegenüber.

Der eschatologische Richter, den die Juden richten wollen – sie verfolgen ihn, ἐδίωκον, um ihn zu töten, ἀποκτεῖναι, Joh 5,16.18 –, antwortet diesen mit dem Hinweis auf seinen Vater und schließlich auf sein lebenschaffendes Wirken. *Die Unfreien wollen den Freien um seine Freiheit bringen; als die Mörder wollen sie den, der der Inbegriff des Lebens ist, töten!*

Von der Neuinterpretation des apokalyptischen Kapitels Dan 7 aus, die die ἐξουσία Jesu über das Sabbatgebot und somit über das mosaische Gesetz herausstellt, führt der Hauptgedanke des Kapitels mitten in die *Christologie*. Er führt in diejenige Christologie, die bereits mit der Interpretation des Prologs und

---

[46] Eine weitere Einzelbeobachtung vermag diese Korrespondenz zu untermauern. Im Kontext von Joh 5,27 spricht Jesus in V.24 vom präsentisch verstandenen ewigen Leben: ἔχει ζωὴν αἰώνιον. Und bezeichnenderweise geht der Text weiter: εἰς κρίσιν οὐκ ἔρχεται. In Dan 7,14 hinwider wird die ἐξουσία des ὡς υἱὸς ἀνθρώπου als ἐξουσία αἰώνιος qualifiziert.

[47] S. aber Joh 3,17!

[48] S. den Topos vom gerichteten Richter in *Karl Barths* wichtigem § 59,2 in KD IV/1, 231ff.

überhaupt des ganzen Kapitels Joh 1 recht deutlich in unser Blickfeld gekommen ist. Das Verhältnis Jesu zum Vater, also das Verhältnis von θεός und ὁ θεός, erfährt nun eine spezifische Präzisierung. Der göttliche Vater *und* der göttliche Sohn wirken, sie stehen in der *Identität des Wirkens*, Joh 5,17. Wenn also Jesus am Sabbat heilt und dabei zum „Sabbatbruch" auffordert, so ist das in der Konsequenz dieser Christologie der *Sabbatbruch Gottes*! Kein Wunder also, daß gegenüber Jesus der Vorwurf der Blasphemie erhoben wird, V.18: „Du machst dich selbst zu Gott!" Als Reaktion auf diesen Vorwurf bestimmt Jesus das Verhältnis des göttlichen Sohnes zum göttlichen Vater so, daß der Sohn wirkt, weil er den Vater wirken sieht, βλέπῃ τὸν πατέρα ποιοῦντα, V.19. Von sich aus kann der Sohn nichts tun! Der göttliche Sohn ist also weniger als der göttliche Vater, obwohl es ja später heißen wird, der Sohn und der Vater seien eins, Joh 10,30.

Nicht nur vom *Sehen* des Sohnes ist die Rede, sondern auch vom *Hören*, Joh 5,30. Er richtet so, wie er hört, weil er den Willen dessen, der ihn gesandt hat, tun will. Deshalb ist sein Gericht auch gerecht – ganz im Sinne der eben skizzierten Christologie.

In diesem Zusammenhang begegnet erneut das Motiv des μαρτυρεῖν, Joh 5,31ff. Das Zeugnis für den der Blasphemie angeklagten Jesus ist das Zeugnis der Schriften (5,39: ἐραυνᾶτε τὰς γραφάς, ... καὶ ἐκεῖναί εἰσιν αἱ μαρτυροῦσαι περὶ ἐμοῦ). Die Juden kennen also ihre eigenen Schriften nicht! Ihnen gegenüber versagen sie hermeneutisch. Also ist es ihr Gewährsmann Mose, der sie anklagt. Der der Blasphemie angeklagte Jesus klagt daher die Juden wegen ihrer Unkenntnis der Schrift an. Und diese Unkenntnis ist furchtbar: *Wer die Schrift nicht kennt, wird zum Mörder!*

Bemerkenswert ist *Joh 5,47*, der betonte Schlußvers von Kap. 5, und zwar sowohl für die Frage nach den theologischen Konturen des Joh als auch für unsere Frage nach einer Biblischen Theologie des Neuen Testaments. Zuvor hat Jesus die Juden beschuldigt, das Zeugnis ihrer eigenen Heiligen Schriften zu ignorieren. Wer dem Mose wirklich glaubt, der glaubt auch ihm! Denn Mose hat von ihm geschrieben, ἔγραψεν, V.46. Aber dessen *Schriften*, τοῖς ἐκείνου γράμμασιν, stellt Jesus seine *gesprochenen Worte*, τοῖς ἐμοῖς ῥήμασιν, gegenüber: Mose hat nur *über* Jesus geschrieben. Jesus aber redet *als* Gott *von* Gott. Als präexistenter θεός re-*präsent*-iert er den, der ὁ θεός ist. Er in seiner Göttlichkeit redet im Namen seines göttlichen Vaters (vgl. V.34a). Also: In der Person seines göttlichen Sohnes ist es Gott selbst, der die Juden anredet. Doch das Ungeheuerliche geschieht, sie weisen den sie anredenden Gott ab (V.43b: οὐ λαμβάνετέ με)! Die Juden versagen also genau in dem Augenblick, da Gott selbst das Wort an sie richtet: Konkret und in lebendiger Szene steht dem Leser des Joh vor Augen, was in programmatischer Kürze bereits der Prolog zum Ausdruck brachte, Joh 1,10f.: καὶ ὁ κόσμος αὐτὸν οὐκ ἔγνω. εἰς τὰ ἴδια ἦλθεν, καὶ οἱ ἴδιοι αὐτὸν οὐ παρέλαβον.

Damit zeigt sich eine *Offenbarungsstruktur*, der wir schon mehrfach im Neuen Testament begegnet sind: Der *schriftlichen* Offenbarung des Alten Testaments folgt die neutestamentliche Offenbarung als *mündliches* Ereignis. Diese neue Offenbarung ist zunächst *vorösterlich* der inkarnierte Gott als Wort, das dann *nachösterlich* als Kerygma die präsente Dynamis Gottes geschichtliche Wirklichkeit sein läßt (vgl. Röm 1,16f.!). Bereits im ersten Band wurde mit Nachdruck herausgestellt, daß es in einer Biblischen Theologie des Neuen Testaments primär nicht darum geht, zwei schriftliche Corpora in Relation zueinander zu stellen, sondern vornehmlich um die Darstellung der Rezeption der Schrift Israels als derjenigen Schrift, die in der mündlichen Verkündigung zur Schrift der Kirche geworden ist.[49] Das Spezifische und theologisch Relevante dieser zur Heiligen Schrift der Kirche *gewordenen* Heiligen Schrift Israels ist ihr prophetisch-messianischer Charakter. Es ist genau dieser hermeneutische Aspekt, der sowohl bei Paulus als auch im Hebr, im Joh und anderswo im Neuen Testament die Schrift Israels als Zeugnis für Christus lesen läßt und der auch zumindest die Relativierung des mosaischen Gesetzes bedingt. Zwar ist in Joh 5 diese Relativierung nicht ausdrücklich ausgesprochen, sie ist aber im Befehl Jesu an den Geheilten impliziert. *Joh 5,9* ist mit *Ex 31,12–17*, um hier nur diese Stelle zu nennen, unvereinbar. Die paulinische Unterscheidung von γραφή und νόμος, wie sie z.B. in Gal 3 vorgetragen wird, findet also in Joh 5 ihre deutliche Parallele!

2.7.2.5 Joh 6: Jesu Brotrede als biblische Hermeneutik

Joh 6 ist strukturmäßig so aufgebaut wie auch andere Kapitel, die die Sequenz „Wunder – theologische Diskussion/Rede Jesu" bringen. Doch bietet dieses Kapitel mit seiner Brotrede, die in Joh 6,51b unvermittelt in die eucharistische Rede übergeht, einen bezeichnenden *neuen hermeneutischen Aspekt*. Und dieser wird durch zwei alttestamentliche Zitate zum Ausdruck gebracht. Nach der Brotvermehrung folgt das Volk Jesus nach. Die Reaktion der Menschen: Jesus ist der Prophet, der in die Welt kommt, Joh 6,14. Was sie sagen, ist zunächst so falsch nicht; finden sich doch ihre Worte ὁ ἐρχόμενος εἰς τὸν κόσμον schon im Prolog, Joh 1,9. Und selbst die Bezeichnung „Prophet" ist nicht völlig unangemessen (z.B. Joh 4,44!). Und trotzdem – sie verkennen den, dem sie als dem nun endlich gekommenen Propheten nachfolgen. Sie wollen ihn zum – politischen! – König machen, 6,15. Als sie Jesus am folgenden Tage wieder erreichen, fordert er von ihnen Glauben an sich. Sie aber fordern von ihm ein Zeichen, und zwar unter Berufung auf die Schrift: *Mose* – so verstehen sie anscheinend Ex 16 und ψ 77,24[50] (wahrscheinlich ist dieser Vers zitiert) – hat uns Brot vom Himmel gegeben.[51] Gegen Ex 16 und ψ 77, wo beide Male *Gott* als Geber

---

[49] *Hübner*, BThNT I, passim.

[50] Zu dieser Frage s. die Kommentare!

[51] Das Zitat lautet in Joh 6,31: ἄρτον ἐκ τοῦ οὐρανοῦ ἔδωκεν αὐτοῖς φαγεῖν. In ψ 77,24 heißt es: καὶ ἔβρεξεν αὐτοῖς μάννα φαγεῖν καὶ ἄρτον οὐρανοῦ ἔδωκεν αὐτοῖς. Zum Problem, ob tatsächlich ψ 77,24 zitiert ist, s. *Schnackenburg*, HThK IV/2, 54; *Hanson*, The Prophetic Gospel, 83ff.

des Manna genannt ist, schreiben sie dessen Tun einem Menschen zu! Denn nur so können sie unter Berufung auf die Schrift von Jesus ein beglaubigendes Zeichen verlangen. Und genau in dieser Intention *verwechseln sie Gott und Mensch! Sie zitieren richtig – sie deuten falsch.* Tadelnd korrigiert sie Jesus: Nicht Mose hat euch (!) das Brot vom Himmel gegeben, mein (!) Vater gibt (Präsens!) euch das Brot vom Himmel, nämlich das wahre Brot, τὸν ἄρτον ἐκ τοῦ οὐρανοῦ τὸν ἀληθινόν, Joh 6,32. Dieses Brot, das Brot Gottes, ist jedoch der, der aus dem Himmel herabkommt (καταβαίνων, erneut Präsens!) und der Welt (nicht: euch) Leben gibt. Metaphorik führt zur Christologie, Christologie jedoch weniger als Lehre denn als *Geschehen der Begegnung.* Es ist ein Denken in *personalen* „Begriffen". Ist man zunächst vielleicht geneigt, hier von Typologie zu sprechen, so handelt es sich, will man überhaupt diesen Begriff verwenden, um eine recht gebrochene Art von Typologie. Denn was einst in der Wüste geschah und was jetzt mit dem Kommen Jesu geschieht – beides geht ja in äußerst eigentümlicher Weise zeitlich ineinander über: Das Brot, das Gott in der Wüste *gab, ist* das wahre Brot, welches Jesus ist.[52] So kann er in V.35 sagen: „Ich bin das Brot des Lebens." Zum ersten Mal begegnet hier im Joh ein ἐγώ-εἰμι-Wort mit Prädikatsnomen.

Diese Art von *ἐγώ-εἰμι-Worten,* charakteristisch für das Joh, müssen im Zusammenhang mit den *absoluten* ἐγώ-εἰμι-Worten gesehen und interpretiert werden.[53] Eines von den letzteren steht im Kontext von Joh 6,35, nämlich *Joh 6,20,* wonach sich Jesus, auf dem See schreitend, den Jüngern zu erkennen gibt (auch mit der *prophetischen* Formel „Fürchtet euch nicht!"). Mit *Schnackenburg* wird man sagen können, daß ἐγώ εἰμι *Selbstprädikation Jesu* ist und als solche *göttliche Selbstoffenbarung.*[54]

Die Übersetzung „ich bin's" ist natürlich insofern richtig, als Jesus mit diesen Worten *auch* den Zweck verfolgt, sich zu erkennen zu geben. Der Evangelist nutzt aber zugleich die mit der griechischen Sprache gegebene Möglichkeit, durch ἐγώ εἰμι sowohl „ich bin's" als auch „ich bin's" (sein als Vollverb) zum Ausdruck zu bringen.

In diesem zweiten Sinne als *„Ich bin"* dürfte vor allem das ἐγώ εἰμι von Joh 6,20 gemeint sein, zumal mit der Betonung des *Seins* Jesu die Assoziation *Ex 3,14* naheliegt: ἐγώ εἰμι ὁ ὤν. Das bereits herausgearbeitete theologisch-christologische Aussagegefälle des Joh macht diese Interpretation wahrscheinlich. *Jesus offenbart sich mit den Offenbarungsworten Jahwähs! Die Selbstoffenbarung des göttlichen Sohnes ist die Selbstoffenbarung des göttlichen Vaters.* Jesus spricht das *Ich Gottes;* ihm eignet das *Sein Gottes.*

---

[52] Joh 6,32 wird unterschiedlich interpretiert. Angesichts dieser z.T. einander erheblich widersprechenden Deutungen ist es um der Straffung der eigenen Gedankenführung willen nicht angebracht, hier die Diskussion im einzelnen zu führen. Schon allein der Blick in die Kommentare genügt, um sich über die differenten Grundauffassungen zu informieren. Unsere Deutung von Joh 6,32, so jedenfalls unsere Intention, ergibt sich aus der Argumentationssequenz des Kap.

[53] Zur theologischen Relevanz der ἐγώ-εἰμι-Worte s. *Hübner,* BThNT I, 188ff.

[54] *Schnackenburg,* HThK IV/2, 36; *Bultmann,* KEK, 159: „die alte Begrüßungsformel der epiphanen Gottheit"; anders *Barrett,* KEK, 293: „wahrscheinlich einfach ‚ich bin es'".

Von diesem absoluten „ICH BIN" her ist nun das spezifizierte „Ich bin das Brot des Lebens" theologisch auszulegen: Gott *gibt* nicht nur das Brot vom Himmel, Gott *ist* das Brot des Himmels. Gott ist damit *in* Christus für den Glaubenden der *Deus pro nobis*. In Christus, in dessen Inkarnation, ist Gott zu den Menschen „herab"-gekommen (das mit κατα-βαίνειν, einem Verb der Ortsveränderung, ausgesprochene Tun des göttlichen Logos dürfte auch in der Vorstellung des Evangelisten nur im metaphorischen Sinne ein „Von-oben-Kommen" sein). Und wer als Glaubender nicht mehr hungert und dürstet[55], der ist bereits – so das vom Bild eigentlich Gemeinte – des ewigen Lebens teilhaft.[56]

Das präsentisch gefaßte ewige Leben, wie es schon in Kap. 5 begegnete[57], findet am Jüngsten Tag, am Tage der Auferstehung, seine endgültige Seinsweise: κἀγὼ ἀναστήσω αὐτὸν τῇ ἐσχάτῃ ἡμέρᾳ o.ä., Joh 6,39f.44.54. Möglicherweise ist diese Wendung stetige Ergänzung durch die sog. kirchliche Redaktion.

Des ewigen Lebens gehen diejenigen Zuhörer Jesu verlustig, die ihm nicht glauben. Denn glaubendes Sehen ist gefordert: ἵνα πᾶς ὁ θεωρῶν τὸν υἱὸν καὶ πιστεύων εἰς αὐτὸν ἔχῃ ζωὴν αἰώνιον, 6,40. Wieder klingt der Prolog an, wo bereits das Motiv dieses Sehens in der Form des Bekenntnisses ausgesprochen wurde, *Joh 1,14*: Wir haben seine göttliche Doxa gesehen, seine vom Vater stammende Doxa, voll der Gnade und Wahrheit. Aber eben: die Doxa, also die göttliche Seinsweise, ist in der menschlichen Daseinsweise des Logos, der σάρξ, zunächst einmal nicht erkennbar. Der Glaubende hingegen bleibt nicht beim äußeren Anschein der irdischen Sichtweise stehen. Er vermag tiefer zu sehen. Er vermag als der den Logos Hörende und gerade aufgrund dieses Hörens ihn auch in seiner menschlichen Daseinsweise zu sehen. *Nur der wirklich Hörende kann wirklich sehen!* Und genau das können Jesu Zu-„Hörer" in Joh 6 nicht! Zuerst haben sie die Schrift mißdeutet. Und jetzt mißdeuten sie sogar den personhaften Logos selbst. Sie „kennen" Jesus, „kennen" seinen Vater und seine Mutter. Doch das ἡμεῖς οἴδαμεν von V.42 zeigt wieder, wie irdische Kenntnis, eingeengt in die Sphäre reiner Vorfindlichkeit, den Weg zum *eigentlichen* Verstehen verbauen kann.

Und so ist es jetzt *Jesus*, der die *Schrift zitiert*. Denen, die töricht mit ihr umgehen, weil ihre Perspektive auf das bloß Sichtbare begrenzt ist und die daher im wörtlichen Sinne eng-stirnig sind – ihnen mit ihrer am bloß Vorfindlichen klebenden Sicht hält nun er die Schrift entgegen. Er beruft sich auf die Propheten, er versteht sie unter dem Gesichtspunkt der Hermeneutik einer christologisch

---

[55] Mit οὐ μὴ διψήσει (z.B. Joh 6,35) ist das Bild vom Brot bereits gestört.

[56] ζωὴ αἰώνιος allein schon in Kap. 6: Joh 6,27.40.47.54.68. Von den 36 Vorkommen von ζωή im Joh 17mal die Wendung ζωὴ αἰώνιος. Von den 135 Vorkommen von ζωή im NT begegnet es 49mal in Joh und 1Joh (vgl: Apk: 17mal; Röm: 14mal).

[57] Joh 5,24.39.

intendierten *Prophetie*: „Es steht geschrieben: Alle werden von Gott gelehrt sein."[58]

Ist hier die Rede von allen, so natürlich nicht in dem Sinne, als ob allen Menschen das Heil durch göttliche Belehrung zuteil würde! Joh 6 zeigt ja zur Genüge, daß dem nicht so ist. Alle – das sind *alle, die hören*, die zu diesem Hören bereit sind, die sich aufgrund dieser Hörbereitschaft von Gott belehren lassen. Das zeigt auch die unmittelbare Fortsetzung in V.45b: πᾶς ὁ ἀκούσας, jeder, der wirklich gehört hat, und zwar auf den Vater gehört und das Gehörte erfaßt hat (μαθών!), nur der kommt zu Jesus. Den Vater hören kann man aber nur, wenn man Jesus hört. Und wer Jesus *hört*, der *sieht* auch den Vater – aber gerade nicht den Vater als solchen! Wer Jesus so gehört hat, daß er in Jesu Reden Gottes Reden als sich betreffend gehört hat, der „sieht" Gott, indem er *Jesus als Gott*, indem er im göttlichen Sohn den göttlichen Vater sieht (Joh 14,9: ὁ ἑωρακὼς ἐμὲ ἑώρακεν τὸν πατέρα, s. auch Joh 1,14: καὶ ἐθεασάμεθα τὴν δόξαν αὐτοῦ). Nur der Glaubende, der glaubend Hörende sieht in Jesu irdischer Daseinsweise dessen göttliche Doxa und somit den göttlichen Vater. Jesus selbst freilich – und erneut wird ein konstitutiver Gedanke des Prologs aufgegriffen (Joh 1,18!) – sieht den Vater als der einziggeborene Sohn, als μονογενὴς θεός. Und wenn er das *wahre* Brot vom Himmel ist, τὸν ἄρτον ἐκ τοῦ οὐρανοῦ τὸν ἀληθινόν, Joh 6,32, so konnten nach Joh 1,17 Gnade und Wahrheit, χάρις καὶ ἀλήθεια, durch ihn Wirklichkeit werden. Und er selbst kann daher sagen (Joh 14,6 [Kontext des eben genannten Verses Joh 14,9!]): ἐγώ εἰμι ἡ ὁδὸς καὶ ἡ ἀλήθεια καὶ ἡ ζωή.

Wahrheit, ἀλήθεια, ist danach also *Ereignis*, das Ereignis nämlich, in dem sich Gott (etwas gestelzt formuliert) als der sich erschließen Wollende dem Glaubenden erschließt. Gottes soteriologisch begriffenes *Sein* ist also sein sich soteriologisch ereignendes *Werden*.[59] Wahrheit im Sinne der theologischen Wahrheit[60] ist demnach ein *zentraler hermeneutischer Begriff*. Fast könnte man in der Diktion zuspitzen: Wahrheit ist Gottes sich als Selbstoffenbarung erschließendes Sein, Wahrheit ist *der hermeneutische Gott als Ereignis*, noch kürzer: *das hermeneutische Ereignis Gott*. Ewigkeit und Zeit haben sich als die paradoxe Einheit von Gottes Sein und Gottes Werden ereignet, christologisch gefaßt in Joh 1,14: καὶ ὁ λόγος σὰρξ ἐγένετο. Und wenn der Mensch in der Gottesoffenbarung Jesu eben diesen Gott hört und eben diesen Gott sieht, so ist er im Akt und Prozeß seines Glaubens in diese paradoxe Einheit von *Ewigkeit*

---

[58] Gemeint ist wahrscheinlich *Jes 54,13*: καὶ πάντας τοὺς υἱοὺς σου διδακτοὺς θεοῦ, Zitat Joh 6,45: καὶ ἔσονται πάντες διδακτοὶ θεοῦ. In der Lit. wird auch auf Jer 38,33f.LXX verwiesen.

[59] Es ist schon etwas Richtiges mit einem bekannten Buchtitel gesagt: *Gottes Sein ist im Werden* – auch wenn man wie der Autor dieser Zeilen *Karl Barth* kritischer gegenübersteht als *Eberhard Jüngel*.

[60] S. dazu meinen ἀλήθεια-Art. in: EWNT I, 138–145, zu Joh ib., 143–145; s. aber vor allem den klassisch gewordenen ἀλήθεια-Art. *Bultmanns* in: ThWNT I, 239–251 (zusammen mit G. *Quell* und G. *Kittel*, ib., 233–238), der immer noch zum Besten gehört, was über die ntl. und insbesondere die joh ἀλήθεια geschrieben ist. Unverzichtbar ist auch *Ignace de la Potterie*, La vérité dans Saint Jean, der freilich in wichtigen Aspekten anders als *Bultmann* und ich urteilt.

und *Zeit* hineingenommen. Ist *Søren Kierkegaard* auf den Spuren des Evangelisten Johannes?[61]

Ist aber mit *Wahrheit* notwendig zugleich *Leben* ausgesagt, ist Leben das schenkende Leben Gottes und zugleich das geschenkte Leben des Menschen, ist zudem der *Weg* der Weg des Redens Gottes und in einem damit der des Hörens und Sehens des Menschen, so impliziert die Trias von Joh 14,6, konkretisiert in der Erzählung vom Wunder und der theologischen Diskussion Jesu mit den nicht zum Glauben bereiten Juden in Joh 6, im Grunde eine ganze Soteriologie. Das Offenbarungsgeschehen Gottes in Jesus Christus *ist* das soteriologische Geschehen, das soteriologische Ereignis. Die *Wort-Glaube-Theologie*, die für Paulus den Kern seiner Theologie ausmacht, die auch für die Konzeption des Hebräerbriefes substantiell und konstitutiv ist, genau diese Wort-Glaube-Theologie zeigt sich, freilich in neuer theologischer Reflexion, im Johannes-Evangelium. Damit soll nicht gesagt sein, daß die Theologie des Joh in der direkten Wirkungsgeschichte des Paulus stände. Der „Sache" nach ist aber die Theologie des Vierten Evangelisten, insofern sie ganz zentral Theologie der Offenbarung, genauer noch: Theologie des sich offenbarenden Gottes ist, recht nahe bei Paulus. Sicher, die paulinische Rechtfertigungstheologie findet sich hier *expressis verbis* nicht. Aber ist nicht im Glaubensverständnis des Johannes *wesenhaft* impliziert, was in den paulinischen Aussagen über die δικαιοσύνη ἐκ πίστεως zum Ausdruck kommt?

In *Joh 6,51b.ff.* schließt die eucharistisch-sakramentale Rede Jesu nahtlos an die Rede von Jesus als dem Brot vom Himmel her an. Wer nicht mit „metaphysischem" Vorurteil an sie herangeht, wird diese „harte Rede" (Joh 6,60) nicht als sakramental*istisch* denunzieren. Ihr eigentlicher Impetus ist ja das *soteriologische Moment*, das auch nach dem übrigen neutestamentlichen Zeugnis das genuine sakramentale Denken bestimmt, hier zusammengefaßt in Joh 6,51b: καὶ ὁ ἄρτος δὲ ὃν ἐγὼ δώσω ἡ σάρξ μού ἐστιν ὑπὲρ τῆς τοῦ κόσμου ζωῆς.

Schauen wir auf *Joh 6* zurück, auf die Strukturierung des Kapitels durch das im Sinne des Joh *antihermeneutische* Zitat ψ 77,24 im Munde der nicht zum Glauben Bereiten und deshalb notwendig die Schrift Verkennenden und durch das *hermeneutische* Zitat Jes 54,13 im Munde Jesu, so ist die hier geschilderte theologische Diskussion über das Brot des Lebens ein *Lehrstück biblischer Hermeneutik*. Am Ende scheinen selbst die Jünger Jesu zu scheitern, auch sie scheinen in den Sog der nicht zum Glauben bereiten Juden hineingezogen zu werden, scheinen also an Jesu Hermeneutik zu scheitern. Doch an ihnen ereignet sich, was Jesus Joh 6,65 sagt: „Niemand kann zu mir kommen, es sei denn, es wäre ihm vom Vater gegeben." Und den Jüngern ist es in der Tat *gegeben*, δεδομένον τοῦ ἐκ πατρός! Und so sagt Petrus, Joh 6,68f.: „Herr, du hast Worte ewigen Lebens, ῥήματα ζωῆς αἰωνίου ἔχεις. Und wir haben den Glauben gewonnen

---

[61] Außer an *Kierkegaard* zu denken, sollte der Exeget auch einmal überlegen, ob nicht *Martin Heideggers* „Beiträge zur Philosophie" mit dem bezeichnenden Untertitel „Vom Ereignis" an dieser Stelle hilfreich sein könnten.

und sind zur Erkenntnis gelangt, daß du der Heilige Gottes bist!" Doch nach diesem Lichtblick das unvermeidliche Dunkel: Judas Iskarioth!

2.7.2.6 Joh 7: Der Glaube an den Christus

In Joh 6 ging es um Grundfragen der Offenbarungshermeneutik. Es zeigte sich, daß der Evangelist seine Leser auf hohem theologischem und hermeneutischem Niveau *medias in res* führt. Es stellt sich aber die Frage, ob die folgenden Kapitel überhaupt noch dieses Niveau überbieten können. Vermag der Evangelist noch substantiell Neues zu bringen? *Joh 7* zeigt: Er kann es!

Die klaren Fronten, wie sie im 6. Kap. anschaulich wurden, weichen nun einem reichlich diffusen Bild. Da sind die Brüder Jesu, die nicht glauben. Da ist das Volk, gespalten in seinem Urteil über Jesus. Da sind die (!) Hohenpriester und Pharisäer, die Jesus liquidieren wollen, da sind die Gerichtsdiener, die deren Anordnungen nicht ausführen, weil sie von Jesu Worten beeindruckt sind. Und schließlich ist da noch Nikodemus, der nach Kap. 3 Jesus nachts besuchte und der nun für ihn eintritt, dem aber von den Hohenpriestern und Pharisäern unter Bezug auf die Schrift das Wort barsch abgeschnitten wird.

In diesem Durcheinander von unterschiedlichen Einstellungen und Verhaltensweisen Jesus gegenüber[62] gibt es aber eine dominierende Konstante: Es geht um das *Kriterium des Glaubens* und in diesem Zusammenhang um die *Schrift*. Erneut entlarvt Jesus jenes *vorder-*"gründige" Denken über Gott von der Grundlage des bloß Vorhandenen aus. Es ist dasjenige Denken, in dessen Konsequenz Jesus als der in seiner Person Gott Vergegenwärtigende nicht erkannt werden kann. Doch der, der die Schriften nicht studiert hat, μὴ μεμαθηκώς – „er hat nicht Theologie studiert!" – und dennoch zum Verwundern der Menschen die Schrift kennt[63], er beruft sich auf Gott (V.10) *und zugleich* auf die Schrift. Er beruft sich also auf den, von dem her die Schrift *ist* und von dem her er selber *ist*. Er als der Sohn *Gottes* und die Schrift als die Schrift *Gottes*, sie haben beide ihre göttliche Qualität kraft ihrer Herkunft aus Gott. *Joh 7,37–39* erscheint wie ein Höhepunkt des Ganzen. In das Gewirr unterschiedlicher Reaktionen auf seine Worte spricht Jesus ausgerechnet während des Laubhüttenfestes davon, daß die Schrift von denen spricht, die an ihn glauben. Das weite und geradezu feierliche Szenarium ist die zu diesem Fest gekommene Pilgerschaft. Jesu Worte sind daher so etwas wie eine *Festpredigt*. Es ist eine Festrede, die eine theologische Diskussion über Messias und Schrift provoziert.

---

[62] *Schnackenburg*, HThK IV/2, 190f.: „Diese schnelle Szenenfolge mit nicht langen Reden Jesu und Diskussionen über ihn in verschiedenen Kreisen steht im Joh-Ev einzig da und ist auffällig... Wenn wir mit der Annahme nicht fehl gehen, daß er einen dramatisch zugespitzten Bericht vom Verlauf des Wirkens Jesu geben will..., befinden wir uns in dem Stadium, da die Kräfte des Glaubens und Unglaubens miteinander ringen... Dennoch wäre es verfehlt, in dieser Dramatisierung den einzigen Zweck des Kapitels zu erblicken. Mehr noch geht es dem Evangelisten um die Selbstoffenbarung Jesu und ihren Widerhall in der Welt. Der Unglaube verlangt eine äußerliche Manifestation vor der Welt (V.4), aber nur dem Glauben erschließt sich die tiefe Offenbarung Jesu."

[63] In welchem Sinne „die Schrift *kennen*" gemeint ist, ist noch zu klären.

Wir können präzisieren: Es geht bei der theologischen Diskussion innerhalb des Volkes, die im Anschluß an die Berufung Jesu auf die Schrift geschieht, um das *jüdische* Verständnis einer *messianisch verstandenen Schrift*. Die heftige Kontroverse geht aber um die doch gerade von Christen behauptete Davidsohnschaft Jesu. Es ist deutlich, daß der Evangelist in Joh 7,40ff. letztlich die Diskussion um das Verstehen des christologischen Dogmas innerhalb der *christlichen* Gemeinde vor Augen hat. Genau dies ist das eigentliche Spezifikum von Joh 7. Interpretieren wir ausführlicher!

Das *theologische Schlüsselwort* dieses wiederum theologisch-hermeneutischen Kapitels ist γινώσκειν. Es geht um das Wissen, das Verstehen dessen, wer Jesus ist. Schon die Reaktion der glaubenslosen Brüder Jesu *Joh 7,3–5* ist bezeichnend. Sie läßt sich so paraphrasieren: „Tu was! Offenbare dich! Offenbare dich durch Werke, an denen jeder klar erkennen kann, daß du der Christus bist!" In der Sprache der theologischen Reflexion: „Offenbare dich durch das *eindeutige Kriterium des Vorfindlichen!*" Daß die, die diesen „Rat" geben, nicht mit dem Gelingen ihres Ratschlags rechnen, steht auf einem anderen Blatt. Entscheidend ist vielmehr, daß sie, die auch zu denen gehören, die die nichtglaubende Welt repräsentieren – wohlgemerkt: es ist die eigene Familie, es sind die, die ihm eigentlich am nächsten ständen! –, gar nicht anders als in den Kategorien der Vorfindlichkeit und des Augenscheins denken können und sich schon durch ihren sog. Rat als geistliche Ignoranten demaskieren. Der Leser des Joh ist ja, wenn er bis zum 7. Kap. gekommen ist, theologisch bereits so gut geschult, daß er die theologische Unvernunft dieser Brüder sofort durchschaut. Jesu Reaktion entlarvt die geistliche Torheit und Glaubenslosigkeit der Brüder, indem er ihren Rat als Rat der Welt, des Kosmos, erkennen läßt: Unglaube der Welt ist nichts anderes als Haß![64]

So ist Jesus der Mann, der unausweichlich den Widerspruch gegen sich provoziert. In der sog. Welt, die ja böse ist, kann der Gute von ihr nur Böses erfahren. Wer böse ist, will den Tod des Guten! Denn er weiß, zumindest im Tiefsten seiner Seele, daß schon allein die Existenz des Guten die Bedrohung des Bösen ist. Im Kraftfeld des Guten vermag das Böse auf die Dauer nicht zu bestehen. Es ist aber die unverzichtbare Strategie des Bösen, sich selbst als gut zu demonstrieren, um so das Gute als böse diffamieren zu können. Kein Wunder also, daß dem ἀγαθός ἐστιν von V.12, „Er ist gut!", der vernichtende Vorwurf entgegengehalten wird: „Er verführt das Volk!" Also: Er führt vom Guten, von Gott weg; er spricht vom Leben, vom ewigen Leben, und er bewirkt nur den Tod, den ewigen Tod. Festzuhalten bleibt noch, daß diese Diskussion zunächst in Abwesenheit Jesu vor sich geht. Noch fragt man: „Wo ist er?"[65]

---

[64] Es ist natürlich nicht gesagt, daß die Brüder Jesus bewußt hassen. Zunächst sagt ja Jesus auch nur, daß die Welt *sie* wegen ihrer Einstellung nicht haßt. Aber im tiefsten sind eben auch die Brüder Jesu nichts anderes als – Welt! Und die Welt haßt Jesus deshalb, weil er ihr eigentliches Sinnen und Trachten bloßlegt. Weil sie sich von Jesus durchschaut weiß, bleibt ihr nur der eine Gedanke: Dieser Mann muß weg!

[65] Auch dieses ποῦ ἐστιν ἐκεῖνος; von Joh 7,11 dürfte seine tiefere Bedeutung haben. Diese Diskussion kann hier nicht geführt werden.

Doch dann ist er da – trotz V.6 ist seine Zeit gekommen –, und er lehrt. Vom Inhalt dieser Lehre sagt der Evangelist zwar nichts; aber die bereits genannte Frage von V.15 zeigt, daß Jesus nach der Vorstellung des Evangelisten die Schrift ausgelegt hat. Die typisch johanneisch formulierte Frage der sich wundernden Juden enthält das *hermeneutisch relevante* οἶδεν. „Wie kennt dieser die Schriften, ohne entsprechend studiert zu haben?" Kann man οἶδεν mit „er versteht" übersetzen? Meint das Verb nur, daß er sich – anachronistisch formuliert – „bibelkundlich" in ihnen auskennt, daß er also weiß, wo etwas steht, aber nicht weiß, was die jeweilige Schriftstelle *eigentlich* meint? Handelt es sich, wie Schnackenburg sagt, um die gehässige Bemerkung, Jesus habe keine schulmäßige Bildung erhalten (μὴ μεμαθεκώς)?[66] Oder geht, gerade aufgrund des Staunens, die Frage dahin, daß man sich über sein tiefes Verständnis der Heiligen Schrift wundert?

Es hängt viel daran, wie man in V.15 οἱ Ἰουδαῖοι versteht. Eigenartig ist, daß nach V.13 keiner (doch wohl keiner von den anwesenden *Juden*!) „aus Furcht vor den Juden" offen etwas über Jesus sagt. Anscheinend hat der Evangelist eine Situation ähnlich wie die der Angst vor den Denunzianten im Dienste des Staatssicherheitsdienstes in der ehemaligen DDR vor Augen. Ob das Problem literarkritisch zu lösen ist, soll hier auf sich beruhen.[67] Da aber Jesus erst in V.17 *sein* Kriterium zum Verständnis seiner Lehre nennt, die aufgrund des Zusammenhangs auf der Schrift aufbauende Lehre ist, dürfte in V.15 οἶδεν im Munde der Juden wohl kaum – nach der Intention des Evangelisten! – ein echtes Verstehen der Schrift meinen. Aber einige der Fragenden dürften schon auf dem Wege dazu sein. Dafür spricht allem Anschein nach Joh 7,12f.!

In *Joh 7,16f.* nennt Jesus also sein Kriterium: *Verstehen* – γνώσεται – wird Jesu Lehre nur, wer sie im eigentlichen Sinne als Lehre Gottes versteht. Die Schrift bringt zwar diese Lehre Gottes zum Ausdruck. Aber wer den Willen Gottes tut, wer also mit seinem menschlichen Willen das will, was Gott will – wieder können wir wie für Röm 8 *Martin Luthers* prägnante theologische Formel anführen: *conformitas voluntatis*[68] –, wer sich also auf Jesu Verkündigung einläßt, der, aber nur der wird im Vollzug dieses Sich-Einlassens erfahren, daß in der Tat Jesu Lehre aus Gott ist. Somit bedeutet γνώσεται jetzt jenes tiefe Verstehen, in dem *das Verstehen der Lehre Jesu und Gottes*, und d.h. das Verstehen des Handelns Gottes *identisch* mit einem *neuen Selbstverstehen* ist. Martin Luther übersetzt das griechische Wort mit feinem Gespür für das vom Evangelium Gemeinte mit „der wird innen werden" (1545).[69] Dieses Innen-Werden liegt ganz auf der Linie des hermeneutischen Zitats von Joh 6,45 (Jes 54,13): „Und alle werden von Gott gelehrt sein." Denn die διδακτοὶ θεοῦ sind ja die, die Jesu

---

[66] *Schnackenburg*, HThK IV/2, 184.

[67] Literarkritische Bemühungen vor allem bei *Bultmann*, KEK, 214ff.; *Schnackenburg*, HThK IV/2, 183f.; *J. Becker*, ÖTBK 4/1, ³1991, 273–275. 302. 310ff.; *Barrett*, KEK, macht es sich zu leicht, wenn er literarkritische Fragen immer wieder beiseite tut oder ausblendet.

[68] WA 56, 356, 19f.; *Hübner*, BThNT II, 300 mit Anm. 815.

[69] Revidierte Lutherübersetzung von 1984: „Wenn jemand dessen Willen tun will, wird er innewerden, ob diese Lehre von Gott ist oder ob ich von mir selbst aus rede."

Lehre im Vollzug ihres Verstehens *als* διδαχὴ ἐκ τοῦ θεοῦ verstehen. Es ist ein *Verstehen aus der Unmittelbarkeit von Gott her.*[70]

In *Joh 7,25ff.* geht es nun endlich um Jesus als *Christus*, um ihn als den Messias. Der als möglich unterstellten Erkenntnis ihrer religiösen Führer (ἔγνωσαν), daß Jesus doch der Christus sei, stellen einige (τινες!) Jerusalemer ihre Dogmatik entgegen, Joh 7,27: „Von diesem wissen wir (οἴδαμεν als Kenntnis einer faktischen Vorfindlichkeit), woher er ist (nämlich aus Galiläa!). Wenn aber der Christus kommt, dann weiß niemand (οὐδεὶς γινώσκει), woher er ist."

Jesus selbst gibt die Antwort. Aber er antwortet nicht auf derjenigen Vorstellungsebene, auf der soeben noch *über* ihn diskutiert wurde. Die geographische Ebene, also die Frage, wo denn im jüdischen Lande der Christus geboren wird, verfehlt schon im Prinzip die Frage nach dem Messias. Jesus ruft laut im Tempel (ἔκραξεν, V.28)[71]; angesichts des Massenauflaufs zum Fest verschafft er sich Gehör. Die Paraphrase vermag wieder zu helfen: Ihr kennt mich hinsichtlich meiner biographischen Daten. Ihr wißt, woher ich komme, insofern ihr meinen Geburtsort kennt. Aber mein *eigentliches Woher* – das kennt ihr gerade nicht! Denn ihr kennt den nicht, den Wahrhaftigen, der mich gesandt hat. Gott ist der ἀληθινός, also der, der sich in seinem göttlichen Sohn den Menschen dann erschlossen hat, *wenn* sie bereit sind, in den ewigen Bereich Gottes hineinzuhören. Wer nur hört, nur hören kann, was sich *ad oculos et aures* auf dieser Erde abspielt, dessen Augen sind letztlich blind, dessen Ohren letztlich taub. Ist Gott der ἀληθινός, ist sein inkarnierter Logos die ἀλήθεια, so fordert Gott vom Menschen bei Strafe des ewigen Todes das zu ihm hin offene Hören. *Nur wer hört, lebt!* Nur wer hört, dem steht der Weg zu Gott offen. Und so erklärt dann Jesus von sich selbst in V.29, daß *er* Gott kenne. Er hat ihn seit Urzeiten gesehen. Und so ist allein er als der dem Vater Vertraute, als der Gott Kennende in der Lage, das lebenschaffende Wort zu sagen. Er *ist* **das Wort Gottes, also** *sagt* **er das Wort Gottes.** Doch da *ver*-sagen einige seiner Hörer; sie wollen ihn sogar ergreifen, wollen also Gott ergreifen! Aber die Stunde des inkarnierten Gottes ist noch nicht gekommen. Viele aus dem Volke hören ihn und kommen zum Glauben an ihn (V.31: ἐπίστευσαν). An Jesus scheiden sich die Geister, Ja und Nein stehen hart gegeneinander.

Ist mit dem Vorwurf Jesu, daß die, die ihn nicht hören können, innerhalb der Schranken ihrer *Dogmatik der Vorfindlichkeit* über Gott „denken" und somit aufgrund ihrer beschränkten Dogmatik in ganz engen Grenzen *beschränkte Menschen* sind – ist also mit diesem Vorwurf nicht auch der getroffen, der sich an die

---

[70] Das Thema des *Gesetzes*, das von der Sabbatdiskussion in Joh 5 her nachwirkt, begegnet auch in Joh 7,21–24. Gehört der Abschnitt wirklich zu Kap. 7? Wir lassen die Frage hier unbeantwortet und übergehen diese Verse trotz ihres Bezugs auf Mose, machen aber auf das bezeichnende μὴ κρίνετε κατ' ὄψιν in V.24 aufmerksam.

[71] *H. Fendrich*, EWNT II, 775, sieht κράζειν in Joh zutreffend als prophetisch-vollmächtiges Verkündigen. Aber in Joh 7,28 ist wohl auch gemeint, daß es Jesus ist, der angesichts des immensen Auditoriums sein göttliches Wort führt: Gott selbst in der Inkarnation des Logos spricht auf dem Fest *unüberhörbar* „laut" sein göttliches Wort. Wer dabei als der Hörende nicht wirklich hört, (fast könnte man sagen:) der „*hört sich das Gericht*".

neutestamentliche Christologie hält? Ist doch auch diese z.B. von Paulus oder den Synoptikern vertretene Christologie neutestamentliche Zentralaussage! In Röm 1,3 ist περὶ τοῦ υἱοῦ αὐτοῦ τοῦ γενομένου ἐκ σπέρματος Δαυὶδ κατὰ σάρκα eindeutig als unverzichtbare christologische Aussage in fixierter Begrifflichkeit ausgesprochen. Ist also Paulus durch Johannes diskreditiert? Fordert also Jesus in Joh 7 den Verzicht auf jegliche dogmatische Aussage *über* sich, die, paulinisch gesprochen, κατὰ σάρκα ist? Polemisiert der Evangelist also gegen seine eigene theologische Voraussetzung, wonach der Logos σάρξ geworden ist? Überspitzt er also nicht derartig, daß er dabei sein eigenes Fundament zerstört?

Interpretieren wir Joh 7,25–29 textimmanent, so könnte eine solche Deutung durchaus naheliegen; vielleicht müßte man sogar so weit gehen, daß man sie dann als zwingend beurteilt. Joh 7 wäre dann der Umschlagsort innerhalb des Vierten Evangeliums, wo sinnhafte theologische Argumentation in sinnlosen Selbstwiderspruch degeneriert. Sobald wir aber über Joh 7,25–29 hinausschauen – es genügt sogar zunächst die kapitelimmanente Interpretation! –, so läßt sich eine derartige Disqualifizierung allerdings nicht mehr aufrechterhalten. Wir müssen auf *Joh 7,40–44* vorgreifen.[72]

Joh 7,40–44 zeigt erneut ein im Blick auf Jesus und seinen Anspruch gespaltenes Volk: Unglaube sowohl als auch Glaube an Jesus als Propheten, als Christus. Erneut ist die irdische Herkunft Anlaß zum christologischen Streit unter den Juden wie zuvor in Joh 7,25ff. Vor allem ist diese Herkunft in den Augen dieser Leute von höchster theologisch-christologischer Relevanz: Wenn dieser Jesus aus Galiläa kommt, kann er doch gar nicht der Christus sein; denn die Schrift sagt, daß der Messias aus dem Geschlechte Davids stammt, also aus Bethlehem, dem Ort, wo David war. Ähnlich wie in Röm 1,3 heißt es hier in Joh 7,42: ἐκ τοῦ σπέρματος Δαυίδ. Die an Jesus zweifelnden Juden formulieren also genau wie Paulus! Bei diesem heißt es Röm 1,2 ἐν γραφαῖς ἁγίαις, in Joh 7,42 ἡ γραφή. Die an Jesu Messiaswürde Zweifelnden berufen sich also auf die Heilige Schrift, auf genau diejenige Schrift, von der Jesus schon in *Joh 5,39* sagte: ἐραυνᾶτε τὰς γραφάς, ... καὶ ἐκεῖναί εἰσιν αἱ μαρτυροῦσαι περὶ ἐμοῦ. Was haben also die Joh 7,41f. an Jesus Zweifelnden anderes getan, als die von ihm beschworene Schrift zitiert! In *Micha 5,2*[73] ist im prophetischen Wort Bethlehem als Geburtsort des Messias genannt. In *2Sam 7* ist die Nathanprophetie nacherzählt, in ψ 88,4f. ist sie als Schwur Gottes gegenüber David erwähnt.[74]

---

[72] Wiederum verzichten wir auf literarkritische Urteile, um das Verhältnis von *Joh 7,25ff.* und *Joh 7,40ff.* zu reflektieren (dazu vor allem die Kommentare von *Bultmann, Schnackenburg* und *Becker*). *Wir* wollen ja hier in der Regel den endgültigen Text des Evangeliums theologisch interpretieren. Diese Absicht schließt freilich nicht aus, daß wir uns in Einzelfragen der ureigenen Intention des Evangelisten – *contra redactorem ultimum* – zuwenden und so im Einzelfall der von der Endredaktion divergierenden Intention des Evangelisten folgen (so bereits in der Frage der Eschatologie).

[73] LXX, ed. *Rahlfs*: Micha 5,1.

[74] S. auch 1Sam 20,6: Bethlehem ist die Stadt Davids.

Und vor allem: Der Evangelist widerspricht dieser Berufung der zweifelnden Juden auf die Schrift nicht! Kein Wort Jesu gegen diese Anführung der γραφή![75]

Zutreffend hat *Charles K. Barrett* die Lösung formuliert: „Wir können mit Gewißheit annehmen, daß Joh die Tradition einer Geburt Jesu in Bethlehem kannte ...; er schreibt hier in seinem üblichen ironischen Stil. Die Kritiker Jesu nehmen in ihrer Unwissenheit an, daß er, weil er in Galiläa aufwuchs, auch dort geboren war... Aber die Ironie des Joh ist tiefgründiger. Der Geburtsort Jesu ist nur eine unbedeutende Angelegenheit im Vergleich zu der Frage, ob er ἐκ τῶν ἄνω oder ἐκ τῶν κάτω (8,23) ist, ob er von Gott kommt oder nicht. Vgl. 7,28, wo Jesus, auch wenn er zugibt, daß seine Hörer wußten, woher er kam, betont, daß menschliche Ursprünge unwichtig sind (ἀπ᾽ ἐμαυτοῦ οὐκ ἐλήλυθα) und 8,15, wo Jesus leugnet, daß die Juden (wirklich) wissen, woher er kam – sie richten κατα τὴν σάρκα."[76] Barrett sagt hier mit anderen Worten, was oben über die unterschiedlichen Kriterien ausgeführt wurde, über das *Kriterium der Vorfindlichkeit* und das *Kriterium des Hörens*, Hören im eigentlichen Sinne verstanden.

Der *Höhepunkt* der so komplexen und literarisch wohl kaum einheitlichen Laubhüttenszene ist *Joh 7,37–39*. Doch ausgerechnet diese Verse gehören zu den umstrittensten des ganzen Kapitels. Denn der Grundsinn dessen, was Jesus hier sagt, ist unklar. Von der Interpunktion bis zur Interpretation ist beim gegenwärtigen Stand der Forschung alles unsicher. Doch darf in einer Darstellung der Theologie des Joh gerade dieses Jesuswort nicht der Beliebigkeit überlassen bleiben. Eine exegetische Entscheidung ist unverzichtbar, will man nicht das 7. Kap. des Joh zum theologischen Torso machen.

Die Hauptfragen sind: 1. Wie ist Joh 7,37f. zu interpunktieren? 2. Auf wen bezieht sich αὐτοῦ in V.38, auf Christus oder auf den im selben Vers genannten Glaubenden? 3. Welches Zitat liegt vor? Alle drei Fragen stehen in einem Beziehungsgeflecht. Eine ausführliche Diskussion mit der so kontrovers argumentierenden Literatur führt *Anthony T. Hanson*.[77] Er setzt sich u.a. mit Boismard[78], Reim[79], Grelot[80], Olsson[81], Loisy[82], Bultmann[83], Barrett[84] und Lindars[85] auseinander. Seine Argumentation ist weithin überzeugend, seinen Ergebnissen stimme ich, zumindest in der Grundtendenz, zu. Das gilt zunächst für die Interpunktion, es gilt dann vor allem für die Deutung des αὐτοῦ, aber

---

[75] *Burger*, Jesus als Davidssohn, 153–158, verweist darauf – vor allem unter Berufung auf Joh 7,42 –, daß im ganzen vierten Evangelium Jesus nicht als Davidide gelte. Joh 7,42 lasse es als möglich erscheinen, daß der Evangelist von dieser Lehre weiß, sie aber ablehnt. *Burger* zitiert, ib., 155, den bekannten Satz *Bultmanns*, KEK, 231, Anm. 2: „Von der Bethlehemgeburt Jesu weiß also der Evangelist nichts, oder will er nichts wissen." *Schnackenburg*, HThK IV/2, 220, Anm. 2, hält *Burgers* Ansicht, der Evangelist wende sich gegen die Auffassung, Jesus sei als Davidide in Bethlehem geboren, für s.E. „unwahrscheinlich". Sie ist aber nicht nur unwahrscheinlich, sie ist falsch.

[76] *Barrett*, KEK, 337.
[77] *Hanson*, The Prophetic Gospel, 99ff.
[78] *Boismard*, RB 65, 523ff.; RB 66, 374ff.
[79] *Reim*, Studien zum atl. Hintergrund des Joh, 57ff.
[80] *Grelot*, RB 66, 369ff.; RB 70, 43ff.
[81] *Olsson*, Structure and Meaning of the Fourth Gospel, 216.
[82] *Loisy*, Le Quatrième Évangile.
[83] *Bultmann*, KEK, 228ff.
[84] *Barrett*, KEK, 333f.
[85] *Lindars*, The Gospel of John (NCeB), London 1972.

auch für die Frage, welches Zitat bzw. welche Zitate in V.38c anzunehmen sind. Gegen Nestle-Aland[25-27] halte ich folgende Gliederung und Punktierung für schlüssig (mit *Bultmann*[86], *Schnackenburg*[87], *Hanson*[88], *Gnilka*[89] u.a.):

ἐάν τις διψᾷ ἐρχέσθω πρός με,
καὶ πινέτω ὁ πιστεύων εἰς ἐμέ.
καθὼς εἶπεν ἡ γάφη·
ποταμοὶ ἐκ τῆς κοιλίας αὐτοῦ ῥεύσουσιν ὕδατος ζῶντος.

Mit dieser Punktierung ist vermieden, ὁ πιστεύων εἰς ἐμέ als *casus pendens* für das in V.38 stehende αὐτοῦ zu erklären. Dies würde nämlich bedeuten, daß aus dem Inneren des *Glaubenden* Ströme lebendigen Wassers flössen. Das aber widerspräche dem Grundkriterium, das *Anthony T. Hanson* so formuliert: „We are convinced, that John's primary aim is christological."[90] In der Tat! Die Aussagesequenz von V.37 bis V.39 fordert zwingend den Bezug von αὐτοῦ auf Jesus.[91]

Jesus fordert den „Dürstenden" – zu διψάω s. Kap. 4! – auf, zu ihm zu kommen. Er fordert den Glaubenden auf, zu trinken. Was? Genau das, was die Schrift sagt: Aus seinem, nämlich Jesu Inneren[92] werden Ströme lebendigen Wassers fließen. Ganze Ströme! ποταμοί! Das lebendige Wasser ist das lebenspendende Wasser, Leben verstanden im Sinne der ζωὴ αἰώνιος, von der bereits mehrfach die Rede war.[93] Wie sehr Joh 7,37–39 vom Evangelisten betont wird, zeigt das erneute ἔκραξεν (s. V.28!).

Eine eindeutige Verifizierung des alttestamentlichen Zitats in V.38 ist nicht möglich. Doch sind die inhaltlichen Bezüge zum Alten Testament offensichtlich. Daß auf jeden Fall *Num 20,11* im Hintergrund steht, ist deutlich: Mose schlägt auf den Fels, und – so LXX –: καὶ ἐξῆλθεν ὕδωρ πολύ. Für die Israeliten war dieses Wasser lebendiges Wasser, Wasser nämlich, das ihr *Leben* erhielt! Ob das in *1Kor 10,4* ausgesprochene Theologumenon dem Evangelisten bekannt war, ist ungewiß. Aber es mag zu denken geben, daß Paulus nach dieser Stelle in jenem Wüstengeschehen den präexistenten Christus am Werke sah.[94] Diese Ansicht fügt sich bestens in die johanneische Sicht, wonach

---

[86] *Bultmann*, KEK, 228ff. und 229, Anm. 2; er schreibt allerdings καθὼς ... ζῶντος der kirchlichen Redaktion zu (nicht überzeugend).

[87] *Schnackenburg*, HThK IV/2, 211ff.; ausführliche Begründung.

[88] *Hanson*, The Prophetic Gospel, 113.

[89] *Gnilka*, NEB.NT IV, 1983, 61f.

[90] *Hanson*, The Prophetic Gospel, 113.

[91] *Barrett*, KEK, 333ff., erklärt zwar, daß Gewißheit nicht zu erlangen sei, zieht dann aber die von Nestle-Aland gebotene Interpunktion vor. Er sagt zwar auch, daß Christus selbst der Brunnen lebendigen Wassers sei, gesteht aber „auch eine begründete Vermutung" zu, daß der mit Jesus verbundene Glaubende „in einer sekundären Weise" eine Quelle lebendigen Wassers sei. „Das göttliche Leben wurzelt in ihm." Das ist natürlich dogmatisch richtig, aber in Joh 7,37–39 gerade nicht ausgesagt.

[92] Zu κοιλία als „das Innere einer Person", geradezu mit καρδία identisch, s. die Kommentare zur Stelle, vor allem *Schnackenburg*, HThK IV/2, 211ff.

[93] Der Evangelist hat wahrscheinlich die Wasserspende beim Laubhüttenfest vor Augen; dazu *Strack/Billerbeck*, II, 799ff.

[94] Dazu *Hübner*, BThNT II, 169ff.: Überbietende Typologie liegt hier nicht im eigentlichen Sinne vor, da nach Paulus Christus selbst der geistliche Fels war, das Christusereignis der Wüste

es nicht der Vater, sondern dieser präexistente Logos war, den Mose oder Jesaja sah (s.o.). So ist zumindest mit der Möglichkeit, wenn nicht gar mit einer gewissen Wahrscheinlichkeit zu rechnen, daß 1Kor 10 und Joh 7 in einem gemeinsamen traditionsgeschichtlichen Prozeß stehen, ohne daß man jedoch deshalb auf literarische Abhängigkeit des Joh vom 1Kor schließen müßte.

Steht also unbestreitbar Num 20 im Hintergrund der Berufung Jesu auf die Schrift, so ist diese Aussage jedoch keinesfalls diejenige Schriftstelle, die in Joh 7,38 gemeint ist. Aller Wahrscheinlichkeit nach liegt auch kein Zitat im strengen Sinne des Begriffs vor. Jesus leitet vielmehr mit καθὼς εἶπεν ἡ γραφή einen Satz ein, der einen *zentralen Gedanken der Schrift in wenigen Worten zusammenfaßt*. Wasser als Metapher für Leben begegnet in der Bibel recht oft. Daß ganze Wassermassen (trotz Gen 1,2!), also wasserreiche Ströme, in der biblischen Sprache die gleiche Funktion haben, zeigt sich vor allem in *Ez 47*: Wasser quellen unter der Schwelle des eschatologischen Tempels hervor. Nach *Ez 47,9* werden alle Lebewesen durch diesen Strom leben: καὶ ἔσται πᾶσα ψυχὴ τῶν ζῴων τῶν ἐκζεόντων ἐπὶ πάντα, ἐφ᾽ ἃ ἂν ἐπέλθῃ ἐκεῖ ὁ ποταμός, ζήσεται, ... πᾶν, ἐφ᾽ ὃ ἂν ἐπέλθῃ ὁ ποταμός, ζήσεται. Nach der Vorstellung der prophetischen Sicht des Neuen Tempels dient der Fluß dazu, das salzige Tote Meer zu beleben (V.8). Nach *Walther Zimmerli* nimmt Ez 47 die Rede vom Ort der Gottesgegenwart als dem Quellort reicher Wasser auf.[95] Worauf es in diesem Kapitel letztlich ankommt, ist, daß *vom Tempel aus* das Land fruchtbar wird; Fische und Obstbäume machen den Reichtum Israels aus. Selbst das Laub der Obstbäume welkt nicht, so daß sie jeden Monat frische Frucht bringen. Der Grund ist nach *Ez 47,12*: Das Wasser kommt aus dem Heiligtum, διότι τὰ ὕδατα αὐτῶν ἐκ τῶν ἁγίων (MT: מִן־הַמִּקְדָּשׁ) ταῦτα ἐκπορεύεται.

In der Wirkungsgeschichte von Ez 47 steht neben Joel 3(4),18–21 *Deutero-Sacharja*, nämlich *Sach 14,8*, ein ebenfalls eschatologischer Text: An jenem Tage wird *aus Jerusalem* – der Tempel wird nicht mehr eigens genannt – lebendiges Wasser fließen, καὶ ἐν τῇ ἡμέρᾳ ἐκείνῃ ἐξελεύσεται ὕδωρ ζῶν ἐξ Ἰερουσαλήμ, und zwar in zwei Strömen. Es ist nach V.9 die Zeit, da Jahwäh als König über das ganze Land herrscht, nämlich der *eine*, dessen Name der Eine ist (MT: יְהוָה אֶחָד, LXX: κύριος εἷς, vgl. Dtn 6,4!). Dieser eschatologische Text ist zwar nicht messianisch. Da aber aus neutestamentlicher Sicht eschatologisch *per definitionem* christologisch bedeutet, ist ein christologisches Vorzeichen vor Sach 14,8f. aus der Perspektive des Vierten Evangelisten anzunehmen.

In Erwägung wird auch *Jes 55,1* gezogen, wo die Durstigen aufgerufen werden, zum Wasser zu kommen. In 55,2f. verheißt Gott als Resultat des Kommens zu ihm: „Ihr werdet leben!" Jes 55,3 lesen wir: ἐπακούσατέ μου, καὶ ζήσεται ἐν ἀγαθοῖς ἡ ψυχὴ ὑμῶν. Verheißen wird dort auch der ewige „Bund": καὶ διαθήσομαι ὑμῖν διαθήκην αἰώνιον, τὰ ὅσια Δαυὶδ τὰ πιστά. David wird genannt, also der Ahnherr des Messias. Auch Hanson nennt Jes 55,1; freilich sieht er Joh 7,37, nicht aber 7,38 nach dieser alttestamentlichen Stelle geformt.[96] Für Joh 7,38 nimmt auch er Ez 47 und Sach 14,8 als Quellen an, nennt aber noch „as a secondary passage" Ps 40,9 bzw. ψ 39,9: καὶ τὸν νόμον σου ἐν μέσῳ τῆς κοιλίας μου.

---

also schwerlich *bloße* Vorausabbildung des neutestamentlichen Christusereignisses sein konnte. Deshalb war in Band 2 auch nur von Quasitypologie die Rede.

[95] *Zimmerli*, Ezechiel, BK XIII.2, Neukirchen 1969, 1199.

[96] *Hanson*, The Prophetic Gospel, 113.

Daß Jesus auf dem Laubhüttenfest mit dem Ritual der Wasserspende auf sich aufmerksam macht, daß er sich also mit Ez 47 und Sach 14 als *die* Quelle des lebensschaffenden Wassers „hinstellt" (im wörtlichen Sinne, Joh 7,37: εἱστήκει), steht in Konkordanz damit, daß er aufgrund seines Todes und seiner Auferstehung seinen Leib, dem dies alles widerfahren wird, als den *neuen Tempel* bezeichnet, *Joh 2,19ff.* Nicht mehr dieses Jerusalemer Heiligtum ist Quelle und Ort des soteriologischen Geschehens, sondern der inkarnierte Gottessohn. Und so stehen die ποταμοί in Joh 7,38 in engstem theologischem Zusammenhang mit *Joh 19,34*: Nach dem Tode Jesu am Kreuz sticht einer der Soldaten Jesus in die Seite: καὶ ἐξῆλθεν εὐθὺς αἷμα καὶ ὕδωρ.[97] Diese soteriologische Ablösung vom Tempel wird des weiteren, wie sich schon zeigte, in *Joh 4,21–24* zum Ausdruck gebracht.

2.7.2.7 Joh 8 und 9: Licht und Freiheit!

Joh 8 ist ein theologisch bedeutsames Kapitel. In ihm gibt es aber kein formelles alttestamentliches Zitat. Dennoch darf es bei unserem Durchgang durch das Joh, der durch die Beachtung dieser Zitate strukturiert sein soll, keinesfalls übergangen werden. Denn es steht im inneren Zusammenhang mit dem 7. Kap, auch wenn es sich nicht mehr um die Szene des Laubhüttenfestes handelt. Die theologisch-christologische Argumentation in Joh 8 ist engstens mit dem, was in Joh 7 der Streitpunkt war, verflochten.[98] Eines der wichtigsten theologischen Schlüsselworte in Joh 8 ist *Sünde, ἁμαρτία*. Vor Kap. 8 findet es sich nur im Täuferwort Joh 1,29. In Joh 8 kommt ἁμαρτία sechsmal vor, in Joh 9 immerhin noch dreimal (dann erst wieder in den Abschiedsreden). Auffällig sind die Aussagen über die Sünde in Kap. 8 im Blick auf das Täuferwort. Nach ihm trägt Jesus die Sünde der *Welt*. Jetzt aber in Joh 8 geht es um die Sünde (und die Sünden) der *Juden*. Sicherlich, sie sind Repräsentanten der Welt; aber gerade die Diskussion um Abraham zeigt, daß die Juden *als* Juden im Konflikt mit Jesus stehen. Zugespitzt könnte man sagen: Weil die Juden *als* Juden gegen Jesus stehen, sind sie Welt. Dies gilt auch für Joh 9.[99]

Joh 8 und *Joh 9* sind aber nicht nur durch die Thematik der Sünde aufeinander bezogen, sondern auch durch das programmatische Wort, das Jesus zu Beginn des 8. Kap. spricht, *Joh 8,12*: „Ich bin *das Licht der Welt*," ἐγώ εἰμι τὸ φῶς τοῦ κόσμου. Im 9. Kap. geht es um die Heilung des Blindgeborenen, also wieder darum, daß Jesus für einen Menschen zum Licht wird. Und gemäß dem typisch johanneischen Motiv des

---

[97] Diese gegenseitige Beziehung von Joh 7,38 und Joh 19,34 wird von den meisten Exegeten angenommen.

[98] Ein wenig wird für den Leser der innere Zusammenhang zwischen den beiden Kapiteln dadurch etwas verwischt, daß der sekundäre Text Joh 8,1–11 zwischen sie geschoben wurde (für Joh 7,53–8,11 als Nachtrag von der Hand des Evangelisten s. *Borse*, Die Entscheidung des Propheten).

[99] Wir können, was der Straffung des Ganzen entgegenkommt, diejenigen christologischen Aussagen, die schon aus früheren Kapiteln bekannt sind, mit nur wenigen Worten bedenken. Das sind vor allem die Frage der Herkunft Jesu und das Faktum des Nicht-Hören-Könnens seiner Gegner, das ist dann aber auch, daß sie den Vater, also Gott nicht kennen.

Mißverständnisses hält sich der, der das Licht Jesu nicht sieht, im Dunkel der Sünde auf. Eigentliches Licht ist das Vermögen, die Heilsbedeutsamkeit Jesu *sehen* zu können. Wieder zeigt sich, wie der Evangelist mit beiden Sinnen des Menschen operiert und beide als Bild für Tieferes nimmt: *Hören kann, wer Jesus – und somit Gott! – hört. Sehen kann, wer Jesus – und somit Gott! – sieht.* Nicht hören können heißt, im Sklavenbereich der Sünde zu vegetieren und sich in heilloser – Heil-loser – Illusion im Bereich der Gnade zu wähnen (s. Röm 7,15!). *Nicht sehen können* heißt, im Dunkeln zu tappen und sich so in heilloser – Heil-loser – Ver-blendung im Bereich hellsten Lichtes zu wähnen. *Sünde ist Wahn*, Sünde ist Selbstbetrug, *Sünde ist* aber vor allem *eigene Schuld*. Und deshalb gilt für die Juden: Weil ihr mich nicht kennt und *deshalb* Gott nicht kennt (Joh 8,19), werdet ihr in eurer Sünde (Singular [!]: ἐν τῇ ἁμαρτίᾳ ὑμῶν) sterben (8,21). Eingebildetes Leben ist Tod! Hier wird von der Sünde fast paulinisch gesprochen. Auch in Joh 8 und 9 ist ἁμαρτία *Verhängnis* und zugleich *persönliche Schuld*. Die Gefangenschaft in der Sünde ist so furchtbar, weil sie die Seinsweise dessen ist, der *aus* dem Teufel als seinem Vater existiert, Joh 8,44. Dieses ἐκ macht die unheimliche Verwurzelung im Reich des absolut Bösen deutlich. Wer aber seinen Seinsgrund im Teufel, in der abgrundlosen Bosheit hat (also im satanischen Abgrund der Bosheit), der steckt so tief in der Gottfeindlichkeit, daß er der ständige Gefangene seines bösen Seins ist. Wer Jesus nicht als Licht sieht, der *ist* böse, der *ist* gottverlassen, der *ist* über die Maßen unfrei.

Aus sich selbst gibt es für den Menschen in dieser ausweglosen Situation keinerlei Möglichkeit, ihr zu entkommen. Zu helfen vermag hier nur Gott! Nur er kann hier die heillose Lage um-*schaffen* (mit Paulus: Gal 6,15; 2Kor 5,17: καινὴ κτίσις). Nur ein göttlicher Schöpfer kann ein freies Dasein schaffen, während dem Geschöpf nichts anderes übrigbleibt, als sein radikal unfreies Sein zu akzeptieren. Also heißt die Botschaft von Kap. 8 – im Gefolge von Joh 8,12 – (V.31): „Wenn ihr in meinem Worte bleibt, so werdet ihr in Wahrheit[100] meine Jünger sein, und ihr werdet die Wahrheit erkennen," γνώσεσθε τὴν ἀλήθειαν (also: γνώσεσθε τὸν Ἰησοῦν) = ὄψεσθε τὸ φῶς (= ὄψεσθε τὸν Ἰησοῦν!). „*Und die Wahrheit wird euch freimachen!*" καὶ ἡ ἀλήθεια ἐλευθερώσει ὑμᾶς! (V.32) Die Affinität zur paulinischen Theologie ist unübersehbar.

Die Reaktion der in der Sünde Gefangenen ist bezeichnend und betrüblich zugleich: Die Unfreien behaupten im Wahn, Joh 8,33: „Wir sind *Nachkommen Abrahams* und daher keinem einzigen versklavt," οὐδενὶ δεδουλεύκαμεν πώποτε. Dieser schon durch Paulus in Gal 3 aufgedeckte Wahn zeitigt hier seine schreckliche Wirkungsgeschichte. Die Antwort Jesu läßt erkennen, wie für den Vierten Evangelisten *Sein* und *Tun* des Menschen, auch gemäß alttestamentlichbiblischer Denkweise, koninzidieren. Unbestreitbar gilt: *agere sequitur esse*. Aber dies manifestiert sich wiederum in der entgegengesetzten Sequenz: *esse sequitur agere*. Diese doppelte Sequenz und das kontinuierliche gegenseitige Sich-Aufschaukeln beider Prozesse läßt für den Bösen das Böse eskalieren. Die Knechtschaft unter der Sünde wird immer verheerender. Es kann oft recht lange dauern, bis sich Böses in der offenkundigen Katastrophe offenbart. Im Blick auf dieses Koinzidieren von bösem Sein und bösem Tun sagt Jesus *Joh 8,34*: „Jeder,

---

[100] Will der Evangelist mit ἀληθῶς auf die im Kontext genannte ἀλήθεια anspielen: Wer Jesu Jünger ist, ist ἐν τῇ ἀληθείᾳ (im freimachenden Machbereich der ἀλήθεια) Jünger Jesu?

der die Sünde tut – ποιεῖν τὴν ἁμαρτίαν ist mehr als eine einzelne Sündentat (paulinisch: παράβασις) tun! –, ist der Sünde Sklave," δοῦλός ἐστιν τῆς ἁμαρτίας.

Typisch für Johannes ist, daß die Juden und Jesus dasselbe sagen und doch nicht dasselbe sagen. Jesus erklärt in V.37: „Ich weiß (οἶδα!), daß ihr Nachkommen Abrahams seid." Aber ihr *Tun* entspricht nicht ihrem *Sein* (V.37b). Die Juden antworten verwunderlicherweise in V.39: „Unser Vater ist Abraham." Und jetzt, nachdem sich beide Seiten über die Nachkommenschaft der Juden von Abraham her einig zu sein scheinen, bestreitet Jesus sie in V.39b: „*Wäret* ihr Kinder Abrahams, so tätet ihr die Werke Abrahams!" Von da aus demaskiert er das wahre Sein der Juden: Sie haben ihre Abrahamkindschaft verspielt und sind durch die Sünde Kinder des Teufels *geworden*. Sie belügen sich selbst über ihr lügnerisches Sein und zeigen so, daß ausgerechnet sie Kinder des Lügners schlechthin sind. Weil sie sich in den grausamen Fängen ihres teuflischen Vaters befinden, verstehen sie nicht, wenn die inkarnierte Wahrheit die Wahrheit spricht. *Der Lügner* – und das ist die furchtbare Konsequenz der Lüge – *belügt sich selbst so sehr, daß er die Wahrheit für die Lüge hält*! Also heißt es *Joh 8,43*: „Ihr könnt mein Wort nicht hören," οὐ δύνασθε ἀκούειν! Und so beschuldigen sie den ewigen Sohn Gottes der Besessenheit durch einen Dämon, V.48. *Die Juden halten den Himmel für die Hölle!*[101] Sie halten Jesus vor, er mache sich größer als „Abraham, *unser* Vater", V.53.

Die Auseinandersetzung treibt auf die entscheidende theologische Aussage der Präexistenztheologie, *Joh 8,56–58* zu; zunächst V.56: „Abraham, ‚euer' Vater, jubelte, daß er meinen Tag sehen sollte. Und er sah ihn und er freute sich!" Und wiederum argumentieren die Juden auf der falschen Ebene; sie meinen doch tatsächlich, sie könnten auf der Ebene der geschichtlichen Chronologie das präexistente Alter Jesu berechnen. Aber sie verwechseln Gott mit einem bloßen Menschen; sie sehen da die bloße σάρξ, wo es der λόγος σάρξ γενόμενος ist (vgl. Joh 1,14!).[102] Und so rechnen sie innerhalb der nicht als Ewigkeit erkannten Ewigkeit mit chronometrischen Zahlen. Sie argumentieren da mit Quantitäten, wo es um die göttliche Qualität geht. Natürlich, auf ihrer quantitativ-chronologischen Ebene konnte der noch nicht Fünfzigjährige nun wirklich nicht Abraham gesehen haben! Sie, die nicht wirklich sehen können, trauen dem Sohn Gottes nicht zu, gesehen zu haben: καὶ Ἀβραὰμ ἑώρακας? Jesu Antwort versteht aber nur, der dessen eigentliches *Woher* verstanden hat, *Joh 8,58*: „Wahrlich, wahrlich, ich sage euch, ehe Abraham ward, BIN ICH." Erneut bedient sich Jesus der Ich-Aussage Gottes. Er, der der inkarnierte Logos Gottes *ist*, der als θεός des ὁ θεός spricht, er sagt unter Anspielung auf *Ex 3,14*: „*ICH BIN – ΕΓΩ ΕΙΜΙ*." Und so haben wir in Joh 8 doch noch ein alttestamentliches Zitat, ja, wir haben das *alttestamentliche Zitat schlechthin*, denn wir haben *Gottes* Wort, *Gottes* Logos, der sich mit seinem göttlichen ICH der gottlosen Welt stellt. Diese Welt wird zunächst einmal vordergründig siegen, sie wird den inkarnierten Gott ans Kreuz schlagen lassen. Aber dieser ihr Sieg ist ihre Niederlage. Gott wird siegen, weil der Logos Gottes Ostern *leben* wird.

---

[101] S. auch das bereits zu Mk 6,45–52 Gesagte, S. 82f.!
[102] S. Abschn. 2.7.3!

Das theologisch Relevante zu Joh 9 ist im Zusammenhang mit dem, was zu Joh 8 ausgeführt wurde, im Grunde bereits gesagt worden. Der Evangelist hat auch die *formale Klammer* zwischen beiden Kapiteln selber geschaffen; der christologisch programmatische Ich-bin-Satz von Joh 8,12 ist in Joh 9,5 aufgegriffen. Was gegenüber Joh 8 neu ist, ist im Sinne der theologischen Gesamtstrategie des Evangelisten nicht neu, nämlich die Übertretung des Sabbatgebots.[103]

Das Thema „blind – sehend" wird aber zum Ende des öffentlichen Wirkens Jesu noch einmal virulent (Joh 12,36ff.). Deshalb muß der Leser des Joh die letzten Worte Jesu in Kap. 9 in seiner Erinnerung behalten, die Worte Jesu gegen die *blinden* Pharisäer, *Joh 9,39–41*: „Zum Gericht bin ich in diese Welt gekommen, damit die, die nicht sehen, sehen und die, die sehen, blind werden." Die Pharisäer verstehen (!), daß sie gemeint sind. Sie provozieren aber durch ihre Frage nur eine noch heftigere Abfuhr: „Wenn ihr blind wärt, hättet ihr keine Sünde. Nun aber, da ihr sagt, wir sehen, bleibt eure Sünde!" Wiederum ἁμαρτία im Singular, und das sogar zweimal!

2.7.2.8 Joh 10: Der gute Hirte

In *Joh 10* steht nur ein einziges formales Schriftzitat, und zwar *ψ 81,6* im Munde Jesu, *Joh 10,34*. Er hält diesen Psalmvers den Juden entgegen, die ihn der Gotteslästerung bezichtigen. Da die Diskussion in Joh 10 letztlich um Jesu Gottessohnschaft geht – seine jüdischen Gegner bestreiten dem inkarnierten Gott sein Gott-Sein und sind somit gerade wegen ihres Eifers für Gott gottlos (vgl. Röm 10,2!) –, trifft das genannte Psalmzitat durchaus die theologische Tendenz dieses Kapitels. So ist es auch verständlich, wenn *Bruce G. Schuchard* in „Scripture within Scripture" für Joh 10 nur dieses Zitat behandelt[104], nachdem er zuvor Joh 7–9 ganz übergangen hat, weil hier kein formelles alttestamentliches Zitat zu finden ist. Es ist aber die Frage, ob nicht gerade Joh 10 erneut zeigt, daß unsere Klassifizierung von Zitat und Anspielung zu grob ist. Die Antwort auf diese Frage soll vor allem im Blick auf Joh 10,11.14 gegeben werden. Erneut ist es also ein „Ich-bin"-Wort Jesu, das den Weg zu einem tieferen Verständnis dessen, was das Vierte Evangelium *eigentlich* will, weisen kann.

Jesus sagt in *Joh 10,11.14*: „Ich bin der gute Hirte," ἐγώ εἰμι ὁ ποιμὴν ὁ καλός. Daß hinter diesem Wort sowohl Ps 23 als auch Ez 34 steht, bedarf keiner Begründung[105]; ebenso ist evident, daß es sich um kein Zitat im formellen Sinne handelt. Trotzdem ist mit dem Begriff „Anspielung" wesenhaft zu wenig gesagt. Indem nämlich Jesus als der inkarnierte Gott und somit als der den Vater Repräsentierende, als der ihn in seiner Person *im Vollsinn des Wortes* Vergegenwärtigende, dieses Wort spricht, geschieht eine spezifische Zuspitzung in der Wirkungsgeschichte beider alttestamentlicher Stellen. In *Ps 23/ψ 22* bekennt der Beter (V.1): „Der Herr ist mein Hirte, κύριος ποιμαίνει με, mir wird nichts

---

[103] Dazu ist das Nötige bereits in Kap. 5 gesagt.
[104] *Schuchard*, Scripture within Scripture, 59ff.
[105] S. auch Jes 40,11.

mangeln." Daß es nun Jesus ist, der als der Kyrios bekannt wird, findet sich nur wenige Verse vor Beginn von Joh 10 (Joh 9,38: πιστεύω, κύριε). Freilich ist diese Rede nicht unbedingt Ausdruck des Glaubens an das Gott-Sein Jesu[106], doch ist immerhin der Glaube des Geheilten der Glaube an den Menschensohn (Joh 9,35). Und für den Leser des Joh impliziert κύριε als Anrede an Jesus sicherlich die Richtung auf einen Glauben an den, der der inkarnierte Gott im Sinne von Joh 1,14 ist. Ist nun für den Evangelisten Jesus als der geschichtlich präsente Gott der den Vater repräsentierende Gott, so bedeutet sein Wort „Ich bin der gute Hirte" in Joh 10,11.14 die *göttliche* Ich-bin-Aussage, der die *menschliche* Bekenntnisaussage von ψ 22,1 korrespondiert. Nimmt man hinzu, daß einerseits im Psalm vom Weiden auf grüner Aue und vom Führen zu frischen Wassern die Rede ist, andererseits im Joh laufend Aussagen über das Sättigen und Stillen des Durstes im metaphorischen Sinne begegnen, so ist Jesu Wort Joh 10,11.14 das göttliche Offenbarungswort, auf das der Glaubende nur mit ψ 22,1 antworten kann. Steht also dieses Psalmwort hinter Jesu Ich-bin-Wort, so ist, es sei wiederholt, mit dem Begriff „Anspielung" zu wenig gesagt. Es geht um mehr! Es geht um den theologisch-christologischen Grund – *causa* hier als *Wirklichkeitsvoraussetzung* – für das christliche Bekenntnis „Jesus ist als der Kyrios mein Hirte". Das Wort Jesu provoziert – im wörtlichen Sinne von *pro-vocare!* – das Wort des Bekenntnisses, des über die Maßen vertrauenden Bekenntnisses.

Hinter Joh 10,11.14 steht aber auch *Ez 34,10–24*. Es zeigte sich bereits bei der Interpretation von Röm 8, daß die Bedeutung der Prophetie Ezechiels für die Theologie des Neuen Testaments weit größer ist, als zumeist angenommen.[107] Das wird erneut an Joh 10 deutlich.

Die Nähe von Ez 34 zu Joh 10 ist terminologisch und gerade in solcher Terminologie theologisch sehr eng, wie die sich deckenden *Wortfelder* beider Kapitel beweisen. Dem ἀμὴν ἀμὴν λέγω ὑμῖν ὅτι ἐγώ εἰμι ... Joh 10,7 entspricht Ez 34,10 τάδε λέγει κύριος Ἰδοὺ ἐγώ ... Mehrfach ist in beiden Texten von τὰ πρόβατα die Rede. Vor allem aber sagt sich Gott in Ez 34,12 als ὁ ποιμὴν aus; und was er als Hirte tut, ist mit ὁ ποιμὴν ὁ *καλός* in Joh 10,11.14 zum Ausdruck gebracht. Bezeichnend ist auch Ez 34,15 τὰ πρόβατά μου ... γνώσονται ὅτι ἐγώ εἰμι κύριος im Blick auf Joh 10,14 καὶ γινώσκω τὰ ἐμά [πρόβατα] καὶ γινώσκουσί με τὰ ἐμά.

Sagt sich also nach Ez 34 Gott selbst als der gute Hirte aus, der sich um die Schafe kümmert, der sie aus der gefährlichen Situation herausruft, so ist es nach Joh 10 Jesus, der sich für seine Schafe einsetzt. Johannes liest gemäß seiner Hermeneutik Ez 34 soteriologisch-christologisch. Und daher kann er Ez 34,22 καὶ *σώσω* τὰ πρόβατά μου auch gar nicht anders verstehen als im Blick auf Jesu Lebenshingabe. Diesem σώσω entspricht somit die mehrfache Selbstaussage Jesu von der Hingabe seines eigenen Lebens für die Schafe, am deutlichsten in Joh 10,15 ausgesprochen: καὶ τὴν ψυχήν μου τίθημι ὑπὲρ τῶν προβάτων

---

[106] So wird auch in Joh 12,21 Philippus mit κύριε angesprochen.
[107] *Hübner*, BThNT II, 301ff.

– unüberhörbar ist das christliche Credo, z.B. 1Kor 15,3 Χριστὸς ἀπέθανεν ὑπὲρ τῶν ἁμαρτιῶν ἡμῶν κατὰ τὰς γραφάς.[108]

Doch die Parallelität beider Kapitel ist noch in einem weiteren entscheidenden Punkt zu registrieren, nämlich in der Sequenz der theologischen Topoi. Denn sowohl in Ez 34 als auch in Joh 10 ist zuerst vom (guten) Hirten die Rede und dann vom Messias bzw. David. *Ez 34,23*: „Und ich werde einen anderen Hirten über sie setzen, ἀναστήσω[109], und er wird sie weiden, nämlich meinen Knecht David. *Er* wird ihr Hirte sein. Und Ich, Ich werde für sie (αὐτοῖς = *dativus commodi*!) Gott sein, und David wird in ihrer Mitte herrschen. Ich, der Herr, Ich habe es gesagt," ἐγὼ κύριος ἐλάλησα. In Joh 10 führen dieser messianische Anspruch Jesu und dessen darin impliziertes Gott-*Sein* zur harten Kontroverse.

Doch ehe es zum Zusammenstoß zwischen beiden Seiten kommt, bringt Jesus – typisch für Joh! – zu seiner Passionsaktivität, die im τίθημι ausgesprochen ist, seine Ostervollmacht hinzu, Joh 10,18: Ich habe die Vollmacht, ἐξουσία, mein Leben hinzugeben; ich habe die Vollmacht, es wieder zu nehmen. Dieses Wort Jesu provoziert – das Verb τίθημι hat jetzt freilich eine etwas andere Bedeutungsnuance als eben – die Spaltung unter den Juden. Diejenigen unter ihnen, die nicht glauben, tun es deshalb nicht, weil sie nicht aus (ἐκ!) seinen[110] Schafen sind, Joh 10,26f. Es ist der typische *johanneische Dualismus*, der auf keinen Fall prädestinatianisch verstanden werden darf; denn die Schuld der Ungläubigen ist klar ausgesagt. Ein Widerspruch zwischen Schuld und dem Sein-*aus*-der-Welt bestände nur dann, wenn beides auf der irdischen Ebene verrechenbar wäre. Das wäre jedoch eine untheologische Verkürzung der Theologie des Joh. Gerade das εἶναι ἐκ θεοῦ, das als Gegenbegriff zu εἶναι ἐκ τοῦ κόσμου dessen theologische Bedeutung bestimmt[111], ist für eine rationale, also auf der Ebene der Immanenz geführten Argumentation nicht offen.

So muß es dann zur entscheidenden Frage kommen, *Joh 10,24*, ob Jesus der *Christus*, der Messias, ist; freilich in der konditional verräterischen Form: Wenn du es bist! Und so verlangen sie seine offene, d.h. eindeutige Antwort: εἰπὲ ἡμῖν παρρησίᾳ! Sie verlangen Eindeutigkeit, wo doch Jesus grundsätzlich auf zumindest doppelter Ebene spricht. Sie provozieren unvermeidlich weitere Mißverständnisse, weil ihr Denkhorizont der enge *Bereich des Vorfindlichen* ist. Erneut also die Hermeneutik, besser: Antihermeneutik derer, die in Beschränkung und Beschränktheit „theologisch" argumentieren wollen. Kein Wunder, daß sie nicht hören können und somit nicht glauben können! Sie haben sich die Grenzen ihrer Lebenswelt – ihrer „Lebens"-Welt! – gesetzt und verfehlen daher unvermeidlich

---

[108] S. auch Joh 10,11.18.

[109] ἀναστήσω läßt sich bestens so paraphrasieren: „Und ich lasse einen anderen Hirten geschichtlich auftreten." Es ist Gottes *geschichtliches Wirken* in der Geschichte Israels. Natürlich ist Gott auch als der Schöpfer des Alls begriffen. Aber sein *eigentliches* Wirken zielt, atl. gesehen, auf das, was die sog. ‚Bundesformel' aussagt: Jahwäh, der Gott Israels – Israel, das Volk Jahwähs.

[110] Wohl betontes τῶν ἐμῶν.

[111] S. dazu Joh 3,31–36!

ihr ewiges Leben (vgl. Joh 10,28). Und weil sie theologisch so beschränkt sind, können sie nicht anders als Anstoß zu nehmen, wenn Jesus in der Autorität seines Vaters erklärt, *Joh 10,30*: „Ich und der Vater sind eins," ἐγὼ καὶ ὁ πατὴρ ἕν ἐσμεν.

Die Juden verstehen Jesus und verstehen ihn doch nicht. Sie verstehen im Bereich eines – sagen wir – „begrifflichen" Verstehens, daß er sich als Gott aussagt, sich also nach ihrer Auffassung zum Gott *macht*. Sie verstehen nicht, daß er es wirklich ist, weil sie als nicht hören Könnende realitätsblind und realitätsfern sind. Und so ist dann Jesu Berufung auf ψ 81,6 für sie der Gipfelpunkt der Blasphemie.

Die Bedeutung dieses Psalmzitats wird in der Forschung kontrovers diskutiert.[112] Zunächst aber zum Literalsinn von Ps 82. *Hans-Joachim Kraus* hat mit Recht herausgestellt, daß die ältere Auslegung, wonach es sich in V.6 „*Götter* seid ihr und Söhne des Höchsten allesamt" bei den אֱלֹהִים um hochangesehene menschliche Richter oder Fürsten handele, durch die religionsgeschichtlichen Forschungen, insbesondere durch die Textfunde von Ras Schamra, als indiskutabel erwiesen ist. Vielmehr tritt Jahwäh im Rat der Götter als höchster Richter auf. Er beschuldigt als der höchste Gott die übrigen Götter, in ihrem Richteramt versagt zu haben.[113] Der höchstwahrscheinlich sehr alte Psalm denkt noch nicht in den Bahnen eines strengen Monotheismus, sondern eines kräftig vertretenen Henotheismus: Jahwäh ist der alle anderen Götter dominierende und damit depotenzierende Gott. Die Anrede in Ps 82,6 mit אֱלֹהִים spricht also himmlische Wesen an, die freilich wegen Ungerechtigkeit im Richteramt von Jahwäh mit dem Verlust ihrer göttlichen Unsterblichkeit bestraft werden.[114]

---

[112] Ausführliche Darstellung vor allem in *Hanson*, The Prophetic Gospel, 144ff., und *Schuchard*, Scripture within Scripture, 62ff.

[113] *H.-J. Kraus*, Psalmen, BK XV/2, ⁵1978, 737f.; s. auch ib., 739: „Man kann Ps 82 nur verstehen, wenn man sich die harten Auseinandersetzungen vergegenwärtigt, die Israel gegen die Machtansprüche der heidnischen Götter zu bestehen hatte. Diese Götter waren Realitäten – Realitäten einer frevelhaften Gerichtsbarkeit, die die רְשָׁעִים begünstigte und die Schutzlosen verwarf. Israel sah die ganze geschaffene Welt durchwirkt von Mächten des Bösen (5b). Das Pantheon dämonischer Potenzen regierte die Völker."

[114] Es sei daran erinnert, daß bei der Auslegung von Hebr 1,8f. das Zitat ψ 44,7f. die Anrede „Gott", ὁ θεός, für den Jerusalemer König enthält, die der Vf. des Hebr allerdings als Anrede des göttlichen Vaters an seinen göttlichen Sohn interpretiert. In Ps 45,7f. geschieht also die Anrede an einen *Menschen* als אֱלֹהִים. Dabei ist natürlich dieses Wort nicht im streng theologischen Sinne verstanden. Doch darf man für diese frühe Zeit kein eigentliches theologisches Verstehen des Wortes „Gott" voraussetzen. S. auch z.B. Ex 4,16: וְאַתָּה תִּהְיֶה־לּוֹ לֵאלֹהִים. Nach *W.H. Schmidt*, Exodus, BK II/1, 1988, 204f., ist diese Aussage nicht ungefährlich; aber sie bleibe vor Mißverständnissen geschützt, da sie eine Relation beschreibe: „‚Gott' ist Mose nur für Aaron, nicht darüber hinaus." Nach dieser Auffassung scheint Mose für Aaron Gott zu repräsentieren, ist sozusagen die *menschliche Erscheinungsform* des *göttlichen Handelns*. Insofern wäre Jesus als der den Vater repräsentierende Gott – nochmals: im strengen Sinne des Begriffs *re-praesentatio!* – die nicht mehr steigerbare, die endgültige Wirklichkeit der Repräsentation Gottes durch denjenigen Menschen, der als der Repräsentant Gottes *wesenhaft* Gott ist, im joh Sinne also θεός für ὁ θεός (Joh 1,1). Zumindest wird man für Mose die Vorstellung von der *Stellvertretung Gottes* durch seine Person (s.a. Ex 7,1: נְתַתִּיךָ אֱלֹהִים לְפַרְעֹה) annehmen können.

Eigenartig ist, daß in Joh 10,34 nur die vier Worte ἐγὼ εἶπα· θεοί ἐστε zitiert sind, nicht aber die darauffolgenden καὶ υἱοὶ ὑψίστου πάντες. Denn Jesus sagt in V.36 auffälligerweise nicht „ich bin Gott", sondern „ich bin Gottes Sohn".[115] Aber man wird wohl in Anschlag bringen müssen, daß für den Evangelisten Jesu Gott-Sein und seine Gottessohnschaft *eine* Wirklichkeit ausmachen. Ihm geht es nicht um begriffliche Analyse, sondern um die *Wirklichkeit* der Offenbarung Gottes in Jesus, um Jesus als die Offenbarung Gottes. Der Evangelist denkt nicht von theologischen Begriffen her, so sehr er auch immer wieder in gewisser Weise begrifflich argumentiert, sondern er will als einer, der sich durch und durch von dieser göttlichen Wirklichkeit existentiell bestimmt weiß, seine Leser zum Glauben bringen (Joh 20,31: ἵνα πιστεύσητε ... καὶ ἵνα πιστεύοντες ζωὴν ἔχητε ...) und so in die gnadenhafte, lebensspendende Wirklichkeit hineinnehmen. Seine theologische Konzeption, die nach den bisherigen Darlegungen in der Tat theologisch durchdacht ist, wenn auch nicht als begriffliche Deduktion, will letztlich, wie sich immer wieder bisher am theologischen Denken der neutestamentlichen Autoren erwies, *Theologie als Theologie transzendieren.* Setzt das theologische Engagement der neutestamentlichen Autoren bei der *fides quaerens intellectum* ein, um zunächst in einer theologischen Konzeption ihren angemessenen Ausdruck zu finden, so führt gerade diese Theologie über sich selbst hinaus, nämlich zum vertieften Glauben. Es ist die immer wieder neu begegnende Kreisbewegung: *fides – theologia – fides.* Theologie aber, die selbstgenügsam bei sich selbst bleiben wollte, hätte sich als Theologie prinzipiell und wesenhaft verfehlt. Deshalb wäre eine Theologie, die ihre *kirchliche* Einbettung vergäße, nicht mehr Theologie!

Die theologische Deutung des Zitats bedarf der Frage nach seinem alttestamentlichen *Kontext.* Hat der Evangelist Ps 82/ψ 81 als ganzen vor Augen, hat er sich dem dort ausgesprochenen Tenor der Anklage und Verurteilung angeschlossen? Dafür könnte man zunächst anführen, daß auch Jesus in Joh 10 scharfe Worte der Anklage spricht. Daß er mit den im Psalm Angeredeten himmlische Wesen (in welcher Weise auch immer) gemeint habe[116], ist wenig wahrscheinlich, weil sonst seine Argumentation nicht schlösse. Der Satz gibt nämlich nur Sinn, wenn Jesus unter den ἐκεῖνοι von Joh 10,35 *Menschen* versteht: Wenn bereits jene Menschen θεοί waren, wie kann man dann demjenigen Menschen, der die in Joh 10,37f. genannten Werke tut, den Glauben verweigern, mit dem er als θεός bzw. als υἱὸς τοῦ θεοῦ bekannt wird? Das Thema der Werke durchzieht ja das Joh wie ein zentrales Motiv.[117] Es gibt auch den Weg über den Glauben an Jesu Werke zum Glauben an ihn selbst, Joh 10,38. Der *Glaube* an die Werke kann zur *Erkenntnis* des göttlichen Wesens Jesu führen. Es ist die Erkenntnis von 10,30, die Jesus jetzt so formuliert: „Der Vater ist in mir, und ich bin im Vater."

Wen aber Jesus mit den „Göttern" von ψ 81,6 gemeint hat, ist aus dem Zusammenhang, in dem Joh 10,34 mit seinem Kontext steht, nicht ersichtlich. Sind die Worte „Ich sprach" auf die Präexistenz Jesu zu beziehen?[118] Dann wäre aufgrund von Ex 3 zu erwägen, ob nicht Mose gemeint ist, der ja nach Ex 4,16; 7,1 Elohim für Aaron und den Pharao war. Dazu paßt aber nicht, daß die im Psalm als „Götter" Bezeichneten aufs schärfste angeklagt werden. Entweder wird man also den Psalmkontext der Anklage des unge-

---

[115] So z.B. auch *Schnackenburg,* HThK IV/2, 389f., der allerdings meint, daß man sicherlich den zweiten Teil des Psalmverses „nach der oft verkürzten Situationsweise mithören" solle.

[116] So zuletzt *Hanson,* The Prophetic Gospel, 147ff.

[117] S. z.B. Joh 5,17ff.

[118] So *Hanson,* The Prophetic Gospel, 147f.

rechten Richtens als im Blickpunkt Jesu gelegen annehmen und dann aber nicht Mose unter die Götter von ψ 81,6 rechnen können, oder man wird doch Mose als „Gott" in der Sicht des Evangelisten annehmen, dann aber den Kontext der Anklage nicht als vom Evangelisten berücksichtigt betrachten. In diesem Falle aber bliebe das πάντες in ψ 81,6b unberücksichtigt.

Vielleicht – es kann nur als Hypothese gesagt werden – bietet sich aber von der *reziproken Immanenzformel Joh 15,5* „der in mir bleibt und in dem ich bleibe, der bringt reiche Frucht" ein Hinweis auf eine mögliche Lösung des Problems. Denn diese Formel entspricht der *reziproken Immanenzformel Joh 10,38*, wonach der Vater in Jesus und Jesus im Vater ist. Das heißt aber, daß der, der *„in Jesus"* ist, *„in Gott"* ist. Wer aber „in Jesus" und somit „in Gott" existiert, der befindet sich *im Bereich Gottes*, im Bereich des ὁ θεός, und kann so, wenn natürlich auch nur im abgeschwächten Sinne, θεός genannt werden. Was für Jesus im Vollsinne gilt, gilt für den Glaubenden, *insofern* er „in Christus" ist. Auch hier trifft zu, was für das paulinische „Sein in Christus" über das *Existenzial der Räumlichkeit* ausgeführt wurde.[119]

Sollte Johannes die in ψ 81,6f. ausgesprochene Antithese – die unsterblichen *Götter* wurden wegen ihrer richterlichen Ungerechtigkeit zu sterblichen *Menschen* degradiert – in seinem theologischen Denken bedacht haben, so wären die Ungerechten aus den πάντες von ψ 81,6b herausgeworfen worden, also diejenigen, die Jesus den Glauben verweigert hatten. Kann diese Hypothese auch nur unter Vorbehalt vorgetragen werden, so bietet sie doch den Vorteil, sowohl den Kontext des Psalms als auch den Zusammenhang von Joh 10 zu berücksichtigen. Diese Hypothese wäre auch in einem weiteren Punkte mit der theologischen Argumentationsrichtung des Joh stimmig. Denn sie würde das sowohl für Jesus als den Sohn Gottes zutreffende ἐκ τοῦ θεοῦ (z.B. Joh 8,42; s. auch Joh 3,31: ὁ ἄνωθεν ἐρχόμενος ... ὁ ἐκ τοῦ οὐρανοῦ ἐρχόμενος) als auch das für den Glaubenden zutreffende gleiche ἐκ τοῦ θεοῦ (z.B. Joh 1,13; 8,47) in ihrer inneren Zusammengehörigkeit in eindrücklicher Weise aufweisen. Die ungeheure inhaltliche Dynamik dieses ἐκ, dieses seinen Existenzgrund in Gott Haben, ja, die ungeheure Wucht dieser Aussage – dieses Phänomen würde betont herausgestellt. Wer „aus" Gott ist, sei es Jesus, sei es der an Jesus und somit an Gott Glaubende, steht in gemeinsamer Frontstellung gegen die, die ἐκ τοῦ κόσμου (τούτου) sind (z.B. Joh 17,14[120]) oder ἐκ τῆς γῆς (Joh 3,31), gleichbedeutend mit dem furchtbaren ἐκ τοῦ πατρὸς τοῦ διαβόλου (Joh 8,44). Somit haben Jesus und die Glaubenden ihr *gemeinsames Sein von Gott her*. Trotzdem bleibt es insofern beim wesenhaften Unterschied zwischen ihnen, als nur Jesus der Sohn Gottes schlechthin ist. Es gibt auch eine wesenhafte Differenz zwischen ἐκ und ἐκ.

---

[119] *Hübner*, BThNT II, 184ff.

[120] Eigenartig ist für das Joh, daß die Wendung ἐκ τοῦ κόσμου fast ausschließlich in der Negation ausgesagt ist: Jesus ist *nicht* „aus" dieser Welt (z.B. Joh 8,23; 17,14.16), ebenso *nicht* Jesu Jünger (z.B. Joh 15,19; 17,14).

Am Rande noch einmal eine Bemerkung zu *Anthony T. Hansons* Interpretation des Zitats ψ 81,6. Erwähnenswert und erwägenswert ist seine Vermutung, daß im Kontext dieses Zitats, nämlich in ψ 81,8 mit ἀνάστα, ὁ θεός, κρῖνον τὴν γῆν, die Auferstehung Christi vorhergesagt sei.[121]

2.7.2.9 Joh 11: Lazarus und Kaiphas

In *Joh 11* gibt es auf den ersten Blick kein formales alttestamentliches Zitat. Trotzdem kann dieses Kapitel im Rahmen der bisher vorgestellten Evangeliumserzählung nicht übergangen werden, denn es steht in der thematischen Sequenz der zuvor von den alttestamentlichen Zitaten her strukturierten Kapitel. Und es ist sogar zu fragen, ob es wirklich in Joh 11 kein formelles alttestamentliches Zitat gibt.

Die Erweckung des Lazarus von den Toten ist das letzte Wunder vor dem entscheidenden Aufbruch Jesu nach Jerusalem. Sie ist in gewisser Weise die Antizipation des letztendlichen Wirkens Gottes, also seines Wirkens am Ende der Geschichte. Sie ist das eschatologische Geschehen vor der Auferstehung Jesu und vor der am Ende der Geschichte erwarteten Auferstehung aller Menschen. Was im Alten Testament nur ganz am Rande aufleuchtet (Jes 26,19; Dan 12,2), wird nun zur zentralen Heilsverheißung, zunächst vorabgebildet in der Auferstehung des Lazarus. Auffällig ist, daß Jesus zu Martha nicht etwa sagt „dein Bruder wird auferweckt werden", sondern „dein Bruder wird auferstehen," ἀναστήσεται, Joh 11,23. Ließen sich in Joh 5 noch Aussagen präsentischer Eschatologie und Aussagen futurischer Eschatologie auf zwei Autoren verteilen, so finden wir jetzt in Joh 11 eine Ineinanderschachtelung beider Eschatologien, die nicht unterschiedlichen Autoren zugeschrieben werden können. Martha versteht zwar Jesus zunächst so, als wolle dieser auf die Auferstehung beim Jüngsten Gericht verweisen. Er sagt aber, zunächst im Sinne der präsentischen Eschatologie, Joh 11,25: „Ich bin die Auferstehung und das Leben." Er ist sie jetzt und gibt somit jetzt das Leben. Er ist für den Glaubenden die Gegenwart des lebenschenkenden Gottes. Gott ist Leben, und er ist es für den Menschen, indem er ihm Leben gibt, es ihm in Fülle gibt (s. Joh 10,10). Leben ist aber nur wirkliches Leben, wenn es nicht stirbt. Und so sagt Jesus sofort nach dem Ich-bin-Wort, sozusagen als dessen Interpretation, Joh 11,26: „Wer an mich glaubt, wird leben, auch wenn er gestorben ist. Und jeder, der lebt und an mich glaubt, wird in Ewigkeit nicht sterben." Präsentische Eschatologie impliziert, wenn sie wirklich präsentische *Eschatologie* ist, das εἰς τὸν αἰῶνα. Und darauf gibt es nur eine einzige Antwort, nämlich die des echten Glaubens an Jesus, Joh 11,27: „Ich bin zum Glauben gekommen und glaube jetzt (Perfekt πεπίστευκα!), daß du der Christus bist, der Sohn Gottes, der in diese Welt kommt (Präsens ἐρχόμενος!)." Was die Gegner Jesu trotz des Schriftzeugnisses nach Joh 10,34ff. nicht glauben wollten und nicht glauben konnten, nämlich daß Jesus der Sohn Gottes ist, das ist Martha ge-

---

[121] *Hanson*, The Prophetic Gospel, 146.

geben. Aber gerade der „Sach"-Verhalt, daß Jesus das Leben, das Leben Gottes ist, veranlaßt seine Gegner zu dem Plan, ihn zu töten, Joh 11,45ff. Es ist johanneische Ironie, daß ausgerechnet Kaiphas den Juden erklärt, es sei besser für sie, wenn ein Mensch für (ὑπέρ!) das Volk sterbe, als daß das ganze Volk zugrunde gehe, 11,50. Kaiphas als Hoherpriester jenes Jahres weissagte dies, ἐπροφήτευσεν (V.51). Und der Evangelist fügt ausdrücklich hinzu: Nicht nur für das Volk, sondern um alle zerstreuten Kinder Gottes zusammenzubringen, 11,52. Der Hohepriester also in der Nachfolge der alttestamentlichen Propheten! Der Hohepriester, der das Alte Testament in die Gegenwart hinein „verlängert"! Er ist also selbst ein Stück Realität dieses Alten Testaments! Wir können noch einen Schritt weitergehen: Der Evangelist hat in Joh 11,50 mit der Niederschrift des Kaiphaswortes das καθώς ἐστιν γεγραμμένον praktiziert. Joh 11,50 ist also in diesem Sinne sogar Schriftzitat. Und zwar ein Zitat, in dem das Kerygma in besonders deutlicher Weise ausgesprochen ist. Nur – der Prophet wußte nicht, daß er Prophet ist! Soweit ist die prophetische Wirklichkeit in Israel verkommen, daß sie nicht mehr um ihre Identität weiß. Zugleich aber: So weit blieb trotz aller Perversion (im wörtlichen Sinne!) der religiösen Autoritäten Israels der prophetische Geist erhalten, daß selbst der, der das Leben Gottes in den Tod Gottes umkehren will – natürlich weiß er nicht, daß er den Tod Gottes plant! –, das Leben des jüdischen Volkes prophezeit. Kaiphas will Böses sagen, will zum Mord anstiften; aber er sagt als der Böse das Heil Gottes aus und wirkt durch den Tod Jesu das Leben der Welt – *mysterium iniquitatis*! Soll man gar überspitzend sagen, Kaiphas habe die geschichtliche Initiative zur Rettung der Welt ergriffen?

2.7.2.10 Joh 12: „Damit das prophetische Wort erfüllt werde!"

Joh 12 – Jesus in Jerusalem! Auch dieses Kapitel hat eine hermeneutische Schlüsselfunktion im Joh. Zwar erscheint es von Kapitel zu Kapitel so, als könne das jeweils zuletzt Gesagte theologisch gar nicht mehr überboten werden. Dennoch, immer wieder geschieht neue Überbietung! Der Evangelist verdient unsere Bewunderung, daß er derartiges vermag. Gerade in seiner Fähigkeit, die theologische Strategie in seiner Evangelienschrift so zu konzepieren, daß sich der Duktus der theologischen Verdichtung und Konzentration im Verlauf der einzelnen Erzählungen je neu manifestiert, zeigt die hohe schriftstellerische und in einem damit theologische Begabung des Autors. Haben schon die Synoptiker in dieser Hinsicht Großes geleistet, wobei die Initiativleistung des Markus besonders hervorzuheben ist, so hat Johannes sie in der Kunst der Darstellung bei weitem überboten.

Auch in Joh 12 bestimmen wieder formale alttestamentliche Zitate das theologische Gesicht und Gewicht des Kapitels. Das Volk begrüßt den in Jerusalem einziehenden Jesus – man kann geradezu sagen: frenetisch – mit Hosanna: „Gelobt sei, der im Namen des Herrn kommt, der König Israels!" Das Volk spricht

hier begeistert mit Worten von Ps 118,25f./ψ 117,(25)26.[122] Sofort im Anschluß
an den Volksruf heißt es, daß Jesus einen Esel gefunden hatte und sich darauf
setzte – καθώς (καθώς mit begründetem Akzent) ἐστιν γεγραμμένον. Jetzt ist
es also wieder der Evangelist, der auf die Schriftgemäßheit dessen, was Jesus tut,
hinweist. Das Zitat gibt im wesentlichen Sach 9,9 wieder, ist aber insofern
Mischzitat, als sich in ihm auch Bestandteile aus Jes 35,4; 40,9 finden (ähnlich
auch bei den Synoptikern), ohne daß sich genau die dem Zitat entsprechenden
LXX-Texte angeben ließen.[123] Dem Evangelisten geht es darum, daß Jesus als
der messianische König in Jerusalem einzieht: ὁ βασιλεύς σου ἔρχεται!

Für das Schriftverständnis des Evangelisten ist *Joh 12,16* von besonderer
Wichtigkeit. Diese Stelle erinnert an Joh 2,22; denn wieder ist vom Sich-Erin-
nern der Jünger Jesu die Rede. Anders aber als in 2,22 wird in 12,16 ausdrücklich festgehalten, daß sie sich *erst dann* erinnerten, als Jesus verherrlicht wurde
(ὅτε ἐδοξάσθη Ἰησοῦς). Und um dem Ganzen den nötigen Nachdruck zu geben, hebt der Evangelist noch eigens hervor, daß „dieses" (ταῦτα) über ihn geschrieben steht – das γεγραμμένον von V.14 wird, allerdings im Plural, wiederholt – und daß sie, also das Volk[124], „dieses" für ihn getan hatten. Zudem wird in
V.18 das Volk noch einmal erwähnt, das Zeugnis davon gab – somit begegnet
auch das Motiv des μαρτυρεῖν erneut! –, daß Jesus den Lazarus aus dem Grab
erweckt hatte. Da also, wo Jesus den entscheidenden Weg nach Jerusalem geht,
wo das heilsentscheidende Geschehen stattfinden wird, genau da geht es dem
Evangelisten in besonderer Weise um die Verankerung in der Schrift. An zentraler Stelle *reflektiert* er über das Verhältnis von Schrift und Heilsgeschehen. Er
kann dieses Heilsgeschehen nicht ohne die prophetische Schrift denken, und er
will es auch nicht. *Per definitionem* ist die *johanneische Theologie* also *Schrifttheologie*. Zugleich aber wird durch das erneut begegnende Motiv der Jünger-

---

[122] Wörtlich stimmt mit der LXX überein εὐλογημένος ὁ ἐρχόμενος ἐν ὀνόματι κυρίου.
Das ὡσαννά jedoch ist Wiedergabe des hebräischen הוֹשִׁיעָה נָּא von Ps 118,25. Die LXX
bringt jedoch dafür in ψ 117,25 σῶσον δή. Daß der Evangelist z.T. das hebräische Original
bringt, z.T. aber den LXX-Text, besagt nicht, daß er selbst dieses Verfahren gewählt hätte. Denn
schon in Mk 11,9 findet sich diese eigenartige Zusammenstellung. Dem nach dem Psalmvers
folgenden letzten Teil des Zurufs des Volkes in Joh 12,13 καὶ ὁ βασιλεὺς τοῦ Ἰσραήλ
entspricht in Mk 11,10 εὐλογημένη ἡ ἐρχομένη βασιλεία τοῦ πατρὸς ἡμῶν Δαυίδ. Zudem findet sich dort noch als Abschluß des Jubelrufs ὡσαννὰ ἐν τοῖς ὑψίστοις. *Reim*, Studien, 28, schließt auf eine mit den Synoptikern gemeinsame Tradition, ohne daß aber Joh von
einem der synoptischen Evangelien direkt abhängig wäre. Die m.E. nächstliegende Erklärung ist
gemeinsame *liturgische* Tradition. Zum Hintergrund jüdischer Liturgie s. die Kommentare. Am
Rande bemerkt: Beide synoptische Großevangelisten bringen, in je anderer Formulierung, den
Zuruf des Volkes ohne Hosanna.
[123] S. *Reim*, Studien, 29ff.; dort auch zu den synoptischen Parallelen. Ib., 30: „Über den
Sprachhintergrund der Anrede aus den beiden Jesajastellen läßt sich keine Aussage machen."
Nach *Reim*, 32, stammt der Kontext des Zitats aus Material, das den Synoptikern verwandt ist,
„Mit 12,16 beginnen die Worte des Evangelisten, in denen wir viele johanneische Stileigentüm-
lichkeiten finden." Für *Barrett*, KEK, 413f., gibt es keine bessere Erklärung als die, daß der
Evangelist frei aus der Erinnerung zitiert.
[124] Subjekt von ἐποίησαν in Joh 12,16 ist das Volk, also ihre Huldigung von V.13; zur
Problematik s. *Bultmann*, KEK, 320, Anm. 4. Anders *Barrett*, KEK, 414.

erinnerung gezeigt, wie ein Verstehen der Schrift letztlich erst nach Ostern möglich ist. *Johanneische Hermeneutik* ist nach der Intention des Evangelisten *nachösterliche Hermeneutik* (vgl. Mk!). Wir können hier schon auf die johanneischen *Abschiedsreden* des Herrn blicken und in ihnen Gesagtes vorwegnehmen. Zur nachösterlichen Hermeneutik gehört nämlich, daß in der nachösterlichen Heilssituation der für diese Zeit verheißene *Paraklet* (s. auch Apg 1,8!), den der Vater in Jesu Namen senden wird, die Jünger alles lehren und sie an alles, was Jesus gesagt hat, erinnert wird, Joh 14,26.[125] Es ist der Geist der Wahrheit, jener ἀλήθεια nämlich, von der bereits ausführlich die Rede war. Und nach all dem, was über Hören und Glauben bisher gesagt wurde, ist auch einsichtig, daß der Kosmos diesen Geist nicht empfangen kann, weil er, der nicht hören will, nicht verstehen kann und folglich auch nicht versteht (hermeneutisches οὐδὲ γινώσκει). Diesen Geist wird der Vater aber den Jüngern geben, damit er bei ihnen für immer bleibt (wiederum: εἰς τὸν αἰῶνα!); er wird in ihnen (ἐν ὑμῖν) bleiben, Joh 14,16f. Die Immanenz Jesu in den Jüngern ist nach Ostern identisch mit der Immanenz des Parakleten, des Geistes. Wie Jesus die Wahrheit sagte, Joh 16,7 (weil er die Wahrheit *ist*!, Joh 14,6), so wird sie nun der Geist sagen. Er wird sie in alle Wahrheit einführen, ὁδηγήσει ὑμᾶς εἰς τὴν ἀλήθειαν[126] πᾶσαν, Joh 16,13. Für die „Welt" aber bedeutet das Kommen des Parakleten, daß er ihr wahres Sein aufdeckt (ἐλέγξει), nämlich ihre Sünde (ἁμαρτία, wieder im Singular!); er wird ihr deutlich machen, was Gerechtigkeit (δικαιοσύνη) und Gericht (κρίσις) ist, Joh 16,8. Der hermeneutische Grundzug des Vierten Evangeliums offenbart sich auch daran, daß die Sünde als Unglaube aufgedeckt wird, nämlich als Nicht-Verstehen-Können, Joh 16,9. Daß all dies im Horizont der Schrifttheologie des Evangelisten gesehen werden muß, ist aufgrund der theologischen Verbindungslinie zwischen Joh 12,14ff. und den Abschiedsreden gegeben. Beide Male wird wirkliches Verstehen als notwendig nachösterliches Verstehen betont herausgestellt.

In gewisser Weise ist – zwar nicht der Form, wohl aber der Sache nach – das Zitat 12,14f. Erfüllungszitat. Das ergibt sich schon aus der prophetisch verstandenen Schrift. Mit *Joh 12,37ff.* beginnt aber die Reihe der eigentlichen, der formal eindeutigen *Erfüllungszitate*. Der Tatbestand, von dem Johannes ausgeht, ist der Unglaube der Juden. Für Paulus war dies ein belastendes Faktum, das er am Ende seines Weges nur *theologisch* zu bewältigen vermochte: Gottes Heilsplan läßt Israel zeitweilig verstockt sein; Gott selbst bewirkte diese Verstockung. In *Jes 53,1* (= Joh 12,38) klagt der Prophet „Jesaja", daß keiner seiner Predigt glaube. Auch Paulus hat diese Stelle in Röm 10,16 zitiert, dort allerdings im Kontext der Anklage; denn in Röm 9,30–10,21 bringt ja der Apostel die (wir sahen es bereits: nicht mit dem Handeln Gottes verrechenbare) Ebene des für sein Handeln verantwortlichen Israels. Erfüllt werden *mußte* also nach der Vorhersage des Jesaja die gegenwärtige Wirklichkeit des ungläubigen Volkes der Juden. Damit das

---

[125] Das ἐμνήσθησαν von Joh 12,16 hat also seinen pneumatologischen Grund in Joh 14,26; so auch z.B. *Schnackenburg*, HThK, 473.

[126] So mit Nestle-Aland[25] (A B) gegen Nestle-Aland[26/27] (ℵ D).

Erfüllungszitat Jes 53,1 auch seine nötige Erklärung für den Leser des Joh erhält, fügt der Evangelist sofort *Jes 6,10* hinzu, eine noch deutlichere Aussage über *Gottes* Handeln. Israel *konnte nicht* glauben, weil derselbe Prophet ausdrücklich feststellte – durch die Anbindung von Joh 12,39f. an Joh 12,38 erhält auch Jes 6,10 den Charakter, wenn auch nicht die Form eines Erfüllungszitats –, daß *Gott* die Augen der Juden verfinsterte, daß *Gott* ihr Herz verhärtete, ἐπώρωσεν, *damit sie nicht*, ἵνα μή, mit ihren Augen sehen, damit sie nicht in ihrem Herzen, in ihrem tiefsten Inneren verstehen und Gott sie etwa heilt. Wenn es Gottes Absicht war, Israel in seinem Denken blind zu machen (Joh 9!), damit sie nicht verstehen, also: *damit sie nicht glauben*, dann ist das schon aus menschlicher Perspektive ein ungeheuerliches Mysterium, ein Mysterium freilich, dem sich der Evangelist beugt. Daß Johannes mit dieser aus dem Alten Testament genommenen „Erklärung" für den so bitteren Tatbestand des Unglaubens Israel in der Tradition der theologischen Reflexion der Kirche des ersten Jahrhunderts steht, ist deutlich. Auf der Ebene des göttlichen Tuns sagte dies bereits Markus in seiner schon wiederum auf Tradition beruhenden Parabeltheorie (s.o.). In der Modifikation der zeitweiligen Verstockung Israels sagte dies, wie gerade eben noch bemerkt, Paulus. Betont stellt Lukas ungefähr zur selben Zeit wie Johannes diesen Gedanken an das Ende seines Doppelwerkes. Jes 6 hat demnach allem Anschein nach eine große Rolle in der theologischen Reflexion der jungen Kirche des ersten Jahrhunderts „gespielt". Daß gerade das jüdische Volk, dem doch die Verheißung der Schrift gilt, von der Erfüllung dieser Verheißung nicht erfaßt wurde, mußte für die frühe Kirche weithin eine äußerst schwer zu bewältigende Anfechtung gewesen sein. Daß sich Israel gegen die ihm geltende Verheißung aggressiv verhält oder zumindest interessenlos dahinvegetiert, kann eigentlich kein Christ, der die Herkunft Jesu aus Israel ernst nimmt, verstehen.

Für den *Aufbau des Joh* bestimmend ist, daß dieses erste Erfüllungszitat Joh 12,38ff. am Ende der irdischen Wirksamkeit Jesu steht. Es ist sozusagen das theologische Fazit des Wirkens Jesu unter seinem Volk. Es ist dunkel in Israel. Die Paradoxie steigert sich ins Unerträgliche. Der Eindruck einer in der entscheidenden Frage – nämlich der Frage nach Heil und Unheil, nach Leben und Tod – sich anscheinend offenbarenden Widersprüchlichkeit läßt sich kaum vermeiden. In der Perikope von der Heilung des Blinden werden die Pharisäer bei ihrer geistlichen Blindheit als ihrer Schuld behaftet. Das 9. Kap. schließt mit den barschen und unversöhnlichen Worten V.41: „Eure Sünde bleibt," ἡ ἁμαρτία ὑμῶν μένει! Und jetzt, im 12. Kap., wird die Verantwortlichkeit für die Blindheit und den Unglauben der Juden auf Gott abgeschoben. Während Paulus zumindest die beiden Ebenen von göttlichem unbedingtem Handeln und menschlichem bedingtem Handeln in Röm 9 und 10 fast unvereinbar nebeneinander stellt und sie somit als miteinander unverrechenbar vorstellt, läßt der Vierte Evangelist sie in der Form der fortlaufenden Erzählung ineinander übergehen und potenziert so das Rätselhafte. Er tut es aber von der Grundstruktur seines theologischen Denkens her, in der er dem Leser seiner Schrift den geistig akrobatischen Akt des *Zusammendenkens* dessen zumutet, was eigentlich nur von Gott her zusam-

mengedacht werden kann, nicht aber mittels jener Erklärungsmechanismen, die
der bloßen Immanenz zur Verfügung stehen. Der Vorwurf, hier sei Tertullians
credo quia absurdum vorweggenommen, geht freilich fehl, weil ein sich Einlassen auf die „Offenbarung des Offenbarers" alle scheinbare Absurdität beseitigt
und Gottes Paradoxie somit dem Glaubenden als Gottes Heilswillen erschließt.
Zu dieser Paradoxie gehört, daß das *letzte* Zitat in der Darstellung des vorösterlichen Wirkens Jesu unter seinem Volke und zugleich das *erste* Erfüllungszitat –
so werden im theologischen Aufbau des Joh die beiden Teile Joh 1–12 und Joh
13–21 miteinander verzahnt –, daß also dieses Zitat mit seiner Konstatierung der
von Gott gewirkten und deshalb unvermeintlichen Blindheit der Juden von Aussagen Jesu gerahmt ist, in denen er in Indikativ und Imperativ vom Glauben an
das Licht redet.

Daß Israel auf dem falschen Wege ist, wird durch dieses Lichtmotiv nur um so deutlicher veranschaulicht, als auch in diesen Versen der Gegensatz φῶς – σκοτία besonders stark herausgestellt wird. Die *Geschichtlichkeit* der so knapp zur Verfügung stehenden Zeit wird zum Ausdruck gebracht: Nur noch eine geringe Zeitspanne, ἔτι μικ-
ρὸν χρόνον, ist das Licht für euch da. *Solange* ihr noch das Licht habt, wandelt in diesem Lichte, damit euch nicht die Finsternis in ihre furchtbare Gewalt bekommt, κατα-
λάβῃ. Wer nämlich im Finsteren herumtappt, weiß nicht, wohin er geht! Diese Mahnung
von Joh 12,35 können allerdings die, denen sie gilt, nicht hören. Der Leser aber weiß es.
Die Selbsttäuschung ist grauenhaft, denn die Blinden, die durch Gott selbst Verblende-
ten, sie leben im Wahn, Kinder des Lichtes zu sein. Das markinische Motiv der Ver-
wechselung von Himmel und Hölle begegnet erneut. Die Blinden wissen nicht – und dieser Gedanke wiederholt sich im Vierten Evangelium immer wieder –, daß sie sich auf
dem Wege des schrecklichen Verderbens befinden, daß sie ihr ewiges Leben schuldhaft
verspielen! Eindrücklich wird den Kindern der Finsternis gesagt, sie sollen an das Licht
glauben, solange sie das Licht haben, damit, ἵνα, sie Kinder des Lichtes werden, V.36.
Aber dieses ἵνα von V.36 wird vom ἵνα μή der Prophetie Jes 6,10 eingeholt. Der an sie
gehende Imperativ wird durch den Indikativ der göttlichen Initiative zu Blendung der
eigentlich für das Sehen der geistlichen Wirklichkeit bestimmten Augen „genichtet".
Göttliche Prädestination – sie manifestiert sich fast als der negative Zweig der *praede-
stinatio gemina* – scheint die Juden für immer ins absolute Nichts zu führen. Ist das Joh
– diese Frage drängt sich uns auf – das Evangelium eines für Israel absoluten Nihilis-
mus? Wir werden sehen!

Kurz nach dem Doppelzitat in Joh 12,38ff. sagt Jesus noch einmal in Wie-
derholung von Joh 8,12, daß er das Licht der Welt sei; er sagt, im erneuten Indikativ, daß der an ihn Glaubende an Gott glaubt und der ihn Sehende Gott sieht.
All das steht unter der *soteriologischen Überschrift Joh 12,47* – erneutes, sogar
doppeltes ἵνα! –, daß Jesus nicht gekommen sei, damit er die Welt richte, sondern damit er die Welt rette, ἵνα σώσω τὸν κόσμον (vgl. Joh 3,17!), die Welt
allerdings einschließlich der Juden, die ja im Joh zuweilen als die Repräsentanten des ungläubigen Kosmos dargestellt sind (Joh 8,23: ὑμεῖς [οἱ Ἰουδαῖοι] ἐκ
τούτου τοῦ κόσμου ἐστέ)! Hart nebeneinander stehen also in erneuter „Unstimmigkeit", die freilich nur Unstimmigkeit im Denkrahmen einer immanenten
Argumentation ist, die Heillosigkeit Israels und das *dennoch* für eben dieses Isra-

el bereitstehende Heil. Hart nebeneinander stehen die Aussagen über den von
Gott verhängten Zustand der Glaubensunfähigkeit und der Glaubensmöglichkeit.
Damit *transzendiert* freilich der Evangelist die augenscheinliche Hoffnungs-
losigkeit für das jüdische Volk, die sich aus seiner geschichtlichen Perspektive
zu ergeben scheint: Wo Menschen zunächst nur die endgültige Katastrophe zu
sehen vermögen, da blicken sie aber im Glauben über die so absolut erscheinenden Grenzen der Gegenwart hinaus in den Bereich der von Gott gesetzten Zukunft. Heillose Gegenwart und heilvolle Zukunft werden im hoffnungsvollen
Glauben miteinander vermittelt. Es ist das im Glauben erfaßte Zukunftsheil
Gottes, das das Gegenwartsunheil des Teufels (Joh 8,44: ὑμεῖς ἐκ τοῦ πατρὸς,
τοῦ διαβόλου, ἐστέ) überwindet. *Takashi Onuki*, der nach der theologischen
und pragmatischen Funktion des johanneischen „Dualismus" fragt, hat in seiner
bewußt hermeneutisch konzipierten Studie die beiden Dimensionen der Christologie im engeren Sinne und deren kerygmatische Entfaltung von der dritten Dimension, nämlich der der *johanneischen Gemeinde* als deren historisch-empiri-
schen Träger und der *geschichtlichen Erfahrung*, unterschieden.[127] Ohne seine
Konzeption hier angemessen würdigen zu können, sei gesagt, daß der betonte
Hinweis auf die johanneische Gemeinde unter hermeneutischem Gesichtspunkt
zutreffend und heuristisch fruchtbar ist. Hat Onuki so in der Hauptsache, etwas
vereinfachend gesagt, Vergangenheit und Gegenwart in Beziehung gesetzt und
ist das Recht der Thematisierung dieser Beziehung unbestreitbar, so dürfte aber
der so herausgestellte theologische Sachverhalt noch zu erweitern sein: Es geht
auch um die Beziehung von partieller Heilsprolepse und überbietender Heilszukunft, in der Israel ein, wenn auch nicht genau bestimmbarer, Platz angewiesen
wird. Wenn Onuki unter etwas anderer Perspektive als der unseren von der „johanneischen Grenzsprache" spricht, so könnte dieser Terminus auch im Blick auf
die hier thematisierte Problematik weitergedacht werden.
Der Zusammenhang von Christologie bzw. Soteriologie und Hermeneutik,
zugleich aber auch der Horizont genuin gesamtbiblischen Fragens eröffnen sich
dem Leser des Joh im unmittelbaren Kontext des Lichtmotiv-Rahmens des Jes-
Doppelzitats. Das Grundmotiv des Hohenpriesterlichen Gebets *Joh 17*, nämlich
die δόξα, bzw. das δοξασθῆναι des Vaters und des Sohnes, wird bereits in Joh
12,28 unüberhörbar ausgesprochen[128], und zwar in Verbindung mit dem Motiv
der ὥρα in 12,27.[129] Und über die Parallele Joh 8,28 zu Joh 12,32 kommt das
hermeneutisch fundamentale γινώσκειν für Joh 17 in den Blick (Joh 17,3.7.8.
23.25). Das christologisch-soteriologische ὑψωθῆναι ist aber schon in Joh 3,14
alttestamentlich verwurzelt (Typologie?): Wie Mose die Schlange in der Wüste
erhöht hat, ὕψωσεν, so muß der Sohn des Menschen erhöht werden, ὑψωθῆναι
δεῖ τὸν υἱὸν τοῦ ἀνθρώπου, wobei dieses göttliche „Muß" wieder in Verbindung mit dem Motiv des Glaubens steht: Joh 3,15. Das Erhöhtwerden des Men-

---

[127] So zusammenfassend, *Onuki*, Gemeinde und Welt, 193.
[128] Vgl. Joh 12,28 δόξασόν σου τὸ ὄνομα mit Joh 17,1 δόξασόν σου τὸν υἱόν, ἵνα ὁ
υἱὸς δοξάσῃ σέ.
[129] Vgl. Joh 12,27 ἦλθον εἰς τὴν ὥραν ταύτην mit Joh 17,1 ἐλήλυθεν ἡ ὥρα.

schensohns muß also in bezug auf Num 21,9 gesehen werden: καὶ ἐποίησεν Μωϋσῆς ὄψιν χαλκοῦν. Vom Erhöhen ist zwar hier nicht die Rede, es begegnet aber die heilende Funktion der Schlange, sie gibt nämlich Leben: Wer sie anschaute, blieb am Leben, ἔζη.

In Joh 12,34 bezieht sich das Volk, der ὄχλος, fragend auf Joh 3,14: Warum sagst du, daß der Menschensohn erhöht werden muß? Joh 3,14 ist zwar kein in der Öffentlichkeit gesprochenes Wort Jesu; in aller Öffentlichkeit hat er aber *Joh 8,28* gesagt: „Wenn ihr (!) den Menschensohn erhöht, dann werdet ihr erkennen, τότε γνώσεσθε, daß ICH BIN". Es kam schon zur Sprache, daß das ΕΓΩ ΕΙΜΙ vielleicht im Anschluß an Ex 3,14: ἐγώ εἰμι ὁ ὤν formuliert wurde. Das Volk fragt freilich nicht, warum gerade ihm es zukomme, den Menschensohn zu erhöhen, wie es nach Joh 8,28 eigentlich nahegelegen hätte, sondern formuliert wie in Joh 3,14. Aber für Joh ist der Akt des Erhöhtwerdens der eigentliche soteriologische Akt; und zwar ist für ihn der doppelte Aspekt des ὑψωθῆναι maßgebend: Die Juden „erhöhen" Jesus ans Kreuz, wenn auch nur indirekt durch die Römer; zugleich aber wird Jesus von Gott selbst dorthin erhöht, woher er gekommen ist. Wir stehen also vor der *Koinzidenz* von menschlichem und göttlichem Handeln bei der Erhöhung Jesu. Es ist der Aspekt der *theologia crucis*, Erhöhung also als Kreuzigung verstanden; es ist zugleich der Aspekt der *theologia gloriae*, Erhöhung als Aufnahme in die himmlische Herrlichkeit des Vaters verstanden. Allerdings ist damit keine vollständige Parallele zwischen menschlichem und göttlichem Tun einerseits und Kreuzigung und Erhöhung in den Himmel andererseits gegeben. Denn auch die Kreuzigung ist Teil des Heilsplans Gottes – natürlich nicht im Sinne eines bloßen Durchgangsstadiums![130]

Thomas Knöppler stellt die Frage, ob angesichts der in Joh 12,33 vollzogenen Identifikation der Erhöhung mit der Kreuzigung für die Rede vom ὑψωθῆναι Jesu die Priorität primär der Erhöhung am Kreuz oder der Erhöhung in die himmlische Herrlichkeit zukomme und beantwortet sie im Sinne der ersten Alternative. Lediglich „daneben" sei auch an Jesu Erhöhung zum himmlischen Vater gedacht.[131] Dieser Frage widmet er das ganze 6. Kap. seiner Monographie. M.E. ist aber diese Fragestellung der Art der johanneischen Darstellung nicht ganz angemessen. Schon allein die eminent soteriologische Aussage von Joh 12,32, daß Jesus als der Erhöhte „alle an sich ziehen werde" und dies doch gerade im Sinne der johanneischen Theologie die Hineinnahme der Glaubenden in die Gemeinschaft mit dem Erhöhten bedeutet (s. die reziproken Immanenzformeln „wir in ihm" – „er in uns"), läßt die durch Knöppler vorgenommene Differenzierung fraglich erscheinen. Sollte unsere Interpretation zutreffen, so würden das Joh und der Hebr in der Frage der *theologia crucis et gloriae* die Akzente unterschiedlich setzen: der Hebr betont beim hohenpriesterlichen Amt die Selbsthingabe Jesu am Kreuz als das eigentliche soteriologische Geschehen, das Joh hingegen die Hineinnahme der Glaubenden durch den Erhöhten in die Gemeinschaft mit ihm.

Plausibel ist aber Knöpplers Vermutung, daß der Zusammenhang von Erhöhungs- und Verherrlichungsaussage auf den Einfluß von Jes *52,13LXX* zurück-

---

[130] Letzteres hat *Knöppler*, Die theologia crucis des Joh, passim, richtig gesehen.
[131] Ib., 272.

geht, wo vom ὑψωθήσεται καὶ δοξασθήσεται des Gottesknechtes die Rede ist. Diese Vermutung werde durch die Beobachtung bestätigt, daß der in Joh 12,32 gebrauchten Wendung ἐκ τῆς γῆς die das Lebensende bezeichnende Wende ἀπὸ τῆς γῆς im Vierten Gottesknechtslied gegenübersteht, Jes 53,8bLXX: ὅτι αἴρεται ἀπὸ τῆς γῆς ἡ ζωὴ αὐτοῦ, ἀπὸ τῶν ἀνομιῶν τοῦ λαοῦ μου ἤχθη εἰς θάνατον.[132] Sollte Johannes in Jes 53,10f. gelesen haben, daß Jahwäh seinen Knecht aus dem Tode errettete – bekanntlich ist diese Stelle textkritisch äußerst umstritten und schwierig zu beurteilen[133] –, so wäre eine zusätzliche Erhärtung der von Knöppler ausgesprochenen Vermutung gegeben.

Es hat sich gezeigt, daß der die Kap. 1–12 abschließende Abschnitt Joh 12,27–50 in äußerster theologischer Dichte eine in gewisser Weise vorweggenommene Zusammenfassung der Theologie des Joh bietet. So kann es nicht verwundern, wenn auch die *Präexistenz Jesu* in Verbindung mit der zentralen alttestamentlichen Stelle Jes 6 begegnet. In *Jes 6,1* berichtet der Prophet, er habe Jahwäh bzw. in der LXX den Kyrios, gesehen, εἶδον τὸν κύριον, der auf einem hohen Throne saß. Jes 6,1 ist aber immerhin Kontext von Jes 6,10! In Jes 6,1LXX heißt es dann noch zudem: καὶ πλήρης ὁ οἶκος τῆς *δόξης* αὐτοῦ. In *Joh 12,41* wird nun ausdrücklich gesagt: ταῦτα εἶπεν Ἠσαΐας ὅτι *εἶδεν τὴν δόξαν αὐτοῦ, καὶ ἐλάλησεν περὶ αὐτοῦ* (s. Joh 1,18: θεὸν οὐδεὶς ἑώρακεν πώποτε· μονογενὴς θεὸς ὁ ὢν εἰς τὸν κόλπον τοῦ πατρὸς ἐκεῖνος ἐξηγήσατο).[134]

2.7.2.11 Joh 19: „Es ist vollbracht!"

Die Abschiedsreden Jesu *Joh 13–17*, gipfelnd im Hohenpriesterlichen Gebet Kap. 17, werden hier nicht eigens thematisiert. Denn zum einen wurde mehrfach schon auf ihren theologischen Gehalt im Zusammenhang mit der Darstellung der bisher interpretierten Kapitel verwiesen, so daß, was diese zur Theologie des Joh beitragen, im wesentlichen schon zur Sprache gekommen ist. Zum anderen sind sie so konzipiert, daß ihre Beziehung zum Alten Testament mehr implizit als explizit gegeben ist. Formelle alttestamentliche Zitate liegen nur in Joh 13,18 (ψ 40,10, Differenz zum LXX-Text) und Joh 15,25 (ψ 34,19 und ψ 68,5; nur geringfügige Differenz zum LXX-Text) vor. In beiden Psalmstellen geht es um Gegner Jesu, in der ersten zum das schändliche Verhalten des Verräters, in der zweiten um seine Gegner schlechthin, die ihn grundlos, δωρεάν, hassen. Aber gerade das Verhalten des Judas gehört zur gottgewollten Schrifterfüllung, wie die *formula quotationis* Joh 13,18 erklärt: ἵνα ἡ γραφὴ πληρωθῇ. Und auch der Haß gegenüber Jesu steht unter dieser von Gott gesetzten Intention, wie die recht eigenartige, etwas umständlich formulierte *formula quotationis* Joh 15,25 zum Ausdruck bringt: ἵνα πληρωθῇ ὁ λόγος ὁ ἐν τῷ νόμῳ αὐτῶν (!) γεγραμμένος.

---

[132] Ib., 162f.

[133] S. die Mühe der Jes-Kommentatoren!

[134] Zur Präexistenz des Sohnes Gottes in Joh 12,41 s. *Hanson*, The Prophetic Gospel, 166ff.; zuvor schon *ders.*, Jesus Christ in the OT, 104ff.

Das δωρεάν von ψ 34,19 (ψ 68,5) hätten die Juden, genauer: die Hohenpriester, wäre es ihnen entgegengehalten worden, nicht gelten lassen. Sie verweisen nach *Joh 19,7* auf ihr Gesetz, auf *Lev 24,16*, wonach mit dem Tode bestraft werden muß, wer den Namen Jahwähs schmäht. Wer aber sich selbst zum Sohne Gottes macht und sich so mit Gott selbst gleichsetzt[135], schmäht Gott![136] In ihrem Unglauben beschuldigen Jesu Gegner also, ohne es zu wissen, Gott selbst der Gotteslästerung; in ihrem Unglauben wenden sie Gottes Wort gegen den, der das Wort Gottes in Person ist. Tragik und Schuld verschmelzen zu einer furchtbaren Einheit. Blindheit des Unglaubens führt zur selbstvernichtenden Blindheit gegenüber Gott. Im Eifer dieser Blinden wird die Heilige Schrift Gottes zum *perversen* Instrument gegen den heiligen Gott.

Die beiden Erfüllungszitate innerhalb der Abschiedsreden Jesu zielen auf die zentrale Aussage des Evangelisten über die Erfüllung der Schrift im Tode Jesu, *Joh 19,28–30*. Dieser Tod ist die eigentliche Erfüllung. Sie wird im 19. Kap. von der Erfüllung von *ψ 21,19* präludiert, *Joh 19,24*. Dieses Zitat findet sich auch bei allen drei Synoptikern, aber bei keinem von ihnen als formelles Zitat, noch nicht einmal im Mt! Johannes aber versieht es – der Text ist genau der der LXX – mit der für ihn charakteristischen *formula quotationis* ἵνα ἡ γραφὴ πληρωθῇ.[137]

Hat der Abschnitt Joh 19,23f. inhaltliches Eigengewicht? Deutlich ist, daß der Evangelist den synonymen Parallelismus nicht verstanden und deshalb τὰ ἱμάτιά μου und τὸν ἱματισμόν μου als zweierlei verstanden hat, und zwar dabei τὸν ἱματισμόν als Jesu χιτών, als sein Untergewand.[138] Will Johannes mit der Wegnahme auch des Untergewands – das Faktum, daß den Soldaten des „Hinrichtungskommandos"[139] die Kleidung des Gekreuzigten zustand, ist bekannt – zum Ausdruck bringen, daß Jesus bis zum äußersten beschämt wurde und so der nach Joh 1,14 „Fleisch Gewordene" seine Inkarnation bis zu diesem Tiefpunkt erleiden mußte? Ist die Paradoxie von δόξα und σάρξ bis zu dieser letzten Konsequenz vom Evangelisten gewollt? Vielleicht! Mehr können wir nicht sagen. Sollte aber der Entkleidungsakt von Johannes wirklich mit dieser Intention gedacht sein, so ist damit jedoch nicht seine eigentliche Absicht gemeint. Denn diese ist eindeutig der Gedanke der Erfüllung der Schrift. Unzutreffend ist die Behauptung *Rudolf Bultmanns*, für den Evangelisten sei der Schriftbeweis kein primäres Anliegen; er gebe ihm aber doch gelegentlich Raum.[140]

---

[135] S. auch Joh 5,18: πατέρα ἴδιον ἔλεγεν τὸν θεὸν ἴσον ἑαυτὸν ποιῶν τῷ θεῷ, Joh 10,33: σὺ ἄνθρωπος ὢν ποιεῖς σεαυτὸν θεόν.

[136] Lev 24,16 wird vom Evangelisten nicht zitiert, doch dürfte er mit größter Wahrscheinlichkeit diese Stelle vor Augen haben; so auch zumeist die Kommentatoren.

[137] Die darauf folgenden Worte ἡ λέγουσα dürften sekundär sein; s. den kritischen Apparat!

[138] So fast alle Kommentare, z.B. *Bultmann*, KEK, 519; *Barrett*, KEK, 529; *J. Becker*, ÖTBK 4/2, ³1991, 696f. Die Frage, inwieweit und welche Art der Tradition dem Evangelisten vorgelegen hatte, so daß er τὰ ἱμάτια und ὁ χιτών unterschied, braucht uns hier nicht zu beschäftigen.

[139] *Schnackenburg*, HThK IV/2, 317.

[140] *Bultmann*, KEK, 519; er sagt dann noch ib., 519: „... man kann fragen, ob die Episode für ihn einen besonderen Sinn hatte, doch läßt sich ein solcher nicht erkennen."

Der kleine Abschnitt Joh 19,28–30, der die theologische Mitte der ganzen Evangelienschrift ist, bringt keine Form von πληρόω. Statt dessen dominieren die Verben τελέω und τελειόω. Darf man vielleicht sogar die Form τετέλεσται als *inclusio* dieses Abschnitts ansehen? Zunächst ist festzuhalten, daß diese beiden τετέλεσται in V.28 und V.30 die einzigen Vorkommen des Verbs im ganzen Joh sind. Der Evangelist hat sich demnach dieses Verb für die zentrale Stelle seiner *theologia crucis* vorbehalten: Mit Jesu Tod ist das τέλος des Offenbarungs- und Erlösungsgeschehens gegeben. Jesus selbst erkennt, daß nun alles zu seinem Ziel gekommen ist. Es fehlt nur noch die Erfüllung einer prophetischen Schriftaussage. Und so spricht er: „Mich dürstet," διψῶ. Gemeint ist wohl kaum ψ 21,16 bzw. Ps 22,16[141], zumal der LXX-Text den Sinn dafür nicht hergibt[142] und der MT-Text erst der Konjektur von כֹּ֫רִי zu חִכִּי bedarf, um dem διψῶ zu entsprechen. Die Exegeten sind sich heute fast durchgehend einig, daß der Evangelist *Ps 69,21/ψ 68,22* im Blick hat: καὶ εἰς τὴν δίψαν μου ἐπότισάν με ὄξος. Dafür spricht vor allem Joh 19,29. Jesus selbst sorgt also für den letzten Akt der zu vollendenden Schrifterfüllung. Mag mit dem Ausspruch „mich dürstet" auch das Faktum, daß Jesus Durst hat, vorausgesetzt sein, so ist doch die eigentliche Intention dieses Ausspruchs die von Jesus gewollte Schrifterfüllung, die der Wille des Vaters ist (s. z.B. Joh 5,19!). Jesus, mit dem Vater eins im Wollen und Tun, wirkt selbst am Kreuz in göttlicher Souveränität. Was sich da bei den an der Kreuzigung beteiligten Menschen auch abspielt – letztlich sind die, die Jesus vernichten wollen, Marionetten dessen, was Gott will und was somit der Sohn Gottes will! Nochmals: Von ihrer Verantwortlichkeit ist ihnen nichts genommen. Auf der Ebene menschlichen Wirkens gibt es keinesfalls die Entschuldigung, sie täten nur, was Gott wolle. Denn – auch jetzt kann nur Gesagtes wiederholt werden – Gottes und der Menschen Tun sind nicht miteinander verrechenbar. Und weil Jesus es ist, der souverän mit seinem „mich dürstet" die Erfüllung herbeiführte, dürfte vielleicht in Angleichung an das zweimalige τετέλεσται sehr bewußt vom Evangelisten statt ἵνα πληρωθῇ ἡ γραφή das aussagekräftige ἵνα τελειωθῇ ἡ γραφή formuliert worden sein. Als nämlich Jesus den Essig genommen hatte, da konnte er sein „Es ist vollbracht!" sprechen, zu verstehen als „*Ich* habe es vollbracht!". Sosehr auch Ps 22/ψ 21 für das theologische Denken der Kirche des 1.Jh. als Prophetie auf die Passion Jesu hin galt, der Vierte Evangelist konnte den Anfang dieses Psalmes „Mein Gott! Mein Gott! Warum hast du mich verlassen!" (Mk 15,34[143]) für seine Kreuzestheologie schlecht brauchen. Angemessen war vielmehr ein Ausspruch Jesu, der, die Koinzidenz von *theologia crucis* und *theologia gloriae* zum Ausdruck bringend, seine göttliche Vollmacht herausstellte. *Jesu Sterben ist Jesu göttliche Aktivität.*

In einem Punkte mußte allerdings nach Jesu Tod noch die Schrift erfüllt werden, jetzt ohne sein Wirken – mag man darin vielleicht auch eine gewisse Inkonsequenz se-

---

[141] So die Angabe von The Greek New Testament.

[142] ψ 21,16a: ἐξηράνθη ὡς ὄστρακον ἡ ἰσχύς μου.

[143] In Mt 27,46 freilich ist dieser Psalmvers nicht mehr so sehr von der Dynamik der *theologia crucis* bestimmt wie in Mk 15,34.

hen. Weil Jesus schon tot war, brauchte man ihm die Gebeine nicht zu zerschlagen, Joh 19,33. Das geschah, (jetzt wieder) ἵνα ἡ γραφὴ πληρωθῇ, „Kein Gebein soll an ihm zerbrochen werden" und „Sie werden auf den schauen, den sie durchbohrt haben", *Joh 19,36.* Jedoch könnte man möglicherweise insofern eine Aktivität Jesu auch für diese Schrifterfüllung annehmen, als er durch seinen selbst herbeigeführten Tod die Voraussetzung für die Erfüllung geschaffen hatte.

2.7.3 Und der Logos wurde Sarx

Mit dem Prolog hat der eigentliche Teil der Darstellung der johanneischen Theologie begonnen. Mit dem Prolog soll er auch enden. Denn seinen theologischen Ertrag faßt der Evangelist in einem seiner Sätze zusammen, in *Joh 1,14.* Und dieser Vers soll es auch sein, mit dessen Interpretation wir die Interpretation des Vierten Evangeliums abschließen, zumal wir ihn in dem Abschnitt, in dem wir unter der Überschrift „Christologie *in nuce*" den Prolog auslegten, bewußt weitgehend aussparten.

Wollen wir Joh 1,14 sozusagen als theologisches Fazit des Vierten Evangeliums verstehen, so ist mit einem solchen Urteil auch das Verhältnis des Prologs zum übrigen Evangelium impliziert. Doch gerade an diesem Punkte scheiden sich die Geister. Hat der Evangelist den – woher auch immer kommenden – Prolog als Tradition übernommen? So die meisten Exegesen. Oder sollen wir mit *Michael Theobald* annehmen, daß der Autor des Prologs mit seinem *prooemium* den in Gestalt der Verse Joh 1,6–8 gegebenen Beginn der *narratio* interpretiert?[144] Theobald hat seine Hypothese klug begründet, sie ist in sich stimmig. Doch ist es fraglich, ob ihre Plausibiltät größer als die der Gegenposition ist. Hier sei daher davon ausgegangen, daß der Evangelist den Prolog vorfand, ihn gemäß seiner theologischen Intention interpretierte und gerade in seiner Endgestalt von 1,14 her verstanden wissen wollte. Für unsere Frage ist daher nur von sekundärer Bedeutung, in welchem theologischen Kontext der Prolog ursprünglich konzipiert wurde.

Schon wichtiger ist die bekannte Kontroverse zwischen *Rudolf Bultmann* und *Ernst Käsemann.* Ist mit Bultmann anzunehmen, daß V.14a den Akzent trägt: Das göttliche Wort ist *Fleisch* geworden? Oder hat Käsemann recht, wenn er V.14a ganz im Schatten von V.14b sieht: „Wir sahen seine *Herrlichkeit!*"?[145] So schreibt er: „Johannes ist im Bereich des uns Erkennbaren der erste Christ, welcher Jesu Erdenleben nur als Folie des durch die Menschenwelt schreitenden Gottessohnes benutzt und als Raum des Einbruches himmlischer Herrlichkeit beschreibt... Der Menschensohn ist eben nicht ein Mensch unter anderen und auch nicht die Repräsentation des Gottesvolkes oder der idealen Menschheit, sondern Gott, in die menschliche Sphäre hinabsteigend und dort epiphan werdend."[146] Danach ist der fleischgewordene Jesus θεὸς καταβάς. Käsemann geht sogar so weit, daß er erklärt, Johannes habe die Frage nach dem Zentrum der christlichen

---

[144] *Theobald,* Die Fleischwerdung des Logos, passim und zusammenfassend 490.
[145] *Käsemann,* Jesu letzter Wille, 28.
[146] Ib., 34f.

Botschaft, d.h. die Frage nach der rechten Christologie „nicht anders als in der Weise eines naiven Doketismus zu sagen vermocht".[147] Ebenso spricht er vom „naiven Doketismus auch der johanneischen Ekklesiologie".[148]

Von den vielen, die sich inzwischen zu Worte gemeldet haben, sei hier nur *Udo Schnelle* genannt. Auch er schließt den theologischen Teil seiner Untersuchung – sie thematisiert die antidoketische Christologie im Joh – mit einem Abschnitt über den Prolog ab.[149] Auch er sieht den Höhepunkt des Prologs in der Inkarnationsaussage V.14 (ebenso seine Tradition).[150] „Der durch das vorangestellte καί und die Wiederaufnahme von ὁ λόγος markierte Neueinsatz, das ‚Wir' der bekennenden Gemeinde und die hier erstmals erscheinenden soteriologischen Zentralbegriffe δόξα, χάρις und ἀλήθεια belegen die zentrale Stellung des Verses."[151] Indem Schnelle so das *Wortfeld* nennt, hat er zugleich den methodischen Weg gewiesen. Vor allem hat er erkannt, daß „V.14a ... semantisch sehr genau eine Veränderung des Logos an[-zeigt], wobei σάρξ nicht nur als belanglose Vorfindlichkeit oder notwendiges Medium verstanden werden kann".[152]

Was aber, so ist zu fragen, und zwar gerade im Rahmen einer Biblischen Theologie, was meint *Veränderung* des Logos? Wenn es in V.14 heißt καὶ ὁ λόγος σὰρξ ἐγένετο, so ist unbestreitbar ein *Werden* ausgesagt. Und wenn nach Joh 1,1 der λόγος als θεός ausgesagt ist, so ist das θεός-Sein des Logos in dieses Werden hineinbezogen. Wir fragen: Ist nur *der* Gott, ὁ θεός, *immutabilis*, ist nur *der* Theos durch εἶναι, nicht aber durch γίνεσθαι bestimmt, während der unartikulierte θεός, eben der λόγος, als *mutabilis deus* Ausdruck des göttlichen Werdens ist? So einleuchtend diese Deutung vielleicht im ersten Augenblick klingen mag, sie schafft mehr Schwierigkeiten, als daß sie bestehende beseitigt. Zunächst ist mit dem Gegensatz *immutabilitas* und *mutabilitas* ein ontologischer Gegensatz ausgesagt, der so nicht biblischen Kategorien entspricht. Aussagen wie z.B. Mal 3,6 oder Ps 102,13 meinen eben keine *immutabilitas metaphysica Dei*. Die Heilige Schrift beider Testamente ist voll von Aussagen über Gottes Handeln in der Geschichte. Wer aber handelt, ist keine starre *immutabilitas*! Das ist festzuhalten: *Jedes Handeln ist mit einem Werden verbunden.* Gott freilich handelt so, daß er, der Heilige, seinem heiligen Wesen treu bleibt. Über Gottes Unwandelbarkeit zu spekulieren würde bedeuten, sich in der Lage zu sehen, über Gottes Transzendenz in einer objektivierenden Denkweise begrifflich zu verfügen! Die faktische Intention einer solchen Denkweise würde aber ihrer eigentlichen Intention widersprechen, nämlich der Intention, die Transzendenz Gottes

---

[147] Ib., 62.

[148] Ib., 145.

[149] *Schnelle*, Antidoketische Christologie im Joh, 231–247. Leider erschienen die beiden Habilitationsschriften von *Schnelle* und *Theobald* fast gleichzeitig (1987 und 1988), so daß ihre Autoren nicht mehr gegenseitig voneinander Notiz nehmen konnten.

[150] Ib., 240ff.

[151] Ib., 247.

[152] Ib., 247. Mit Recht wendet er sich hier gegen die m.E. unscharfe, zuweilen schwammige Interpretation von *Luise Schottroff*, Der Glaubenden und die feindliche Welt, 274. Demgegenüber ist die klare Diktion *Schnelles* hilfreich und erfrischend, wenn er auch vielleicht zuweilen etwas zu pointiert formuliert.

transzendent sein zu lassen. Denn Gott würde gerade in seiner Transzendenz durch solch objektivierendes Denken gedanklich verfügbar! Gott wäre dann nicht mehr Gott!

So werden wir es beim *Nebeneinander* von Aussagen des *Seins* und des *Werdens* im Prolog belassen müssen. Gerade vom Logos selbst wird ja beides ausgesagt. In Joh 1,1f. ist viermal von seinem „ewigen" Sein (ἦν) die Rede. Und eben dieses ἦν geht unmerklich in Aussagen über, in denen es um das Verhältnis des Logos zu den Menschen geht, vor allem 1,4: ἐν αὐτῷ ζωὴ ἦν, καὶ ἡ ζωὴ ἦν τὸ φῶς τῶν ἀνθρώπων. Das Licht der Menschen ist der Logos aber in seinem menschlichen Dasein als Offenbarer (Joh 8,12!). Es legt sich dementsprechend die folgende *Paraphrase von Joh 1,14* nahe: Und Gott als Logos wurde geschichtlicher Mensch. Mehr noch: Der überzeitliche und übergeschichtliche, also der ewige Gott wurde der der Zeit unterworfene geschichtliche Mensch. Oder, noch zugespitzter: *Ewigkeit wurde Zeit und Geschichte.* Diese paradox formulierte Aussage bedarf aber der *theologischen* Interpretation: Gott als der Ewige gibt seine Ewigkeit nicht auf. Gerade als der Ewige ist er der der Zeit Überlegene und vermag daher in der Zeit und somit in der Geschichte präsent zu sein. **Für den Schöpfer der Welt ist das In-der-Welt-Sein keine Unmöglichkeit.** Hat der Schöpfergott die Welt mit ihrem Handeln, ihrem Handeln nämlich in Geschichtlichkeit und geschichtlicher Verantwortung, erschaffen, so ist sie ihm gerade in ihrer Geschichtlichkeit kein verschlossener Bezirk. Der Mensch ist wohl aus dem Paradies vertrieben (Gen 3), nicht aber Gott aus der Welt! Im Mythos gesagt: Kein Cherub mit loderndem Flammenschwert (Gen 3,24) verweigert ihm den Eintritt. Theologisch gesprochen: Der Theologe muß in seiner begrifflichen Not zwischen Zeit und Ewigkeit unterscheiden, wobei für ihn Ewigkeit kategorial nur als Aussage einer *theologia negativa* möglich ist: Gottes Ewigkeit ist seine Überlegenheit über alle Zeit, *Ewigkeit* somit *Negation von Zeit.* Soll man also in theologischer Hilflosigkeit sagen, der ewige Gott sei zeitlicher Mensch *geworden*, aber habe dennoch sein ewiges *Sein*? Daß nach heutiger physikalischer „Anschauung"[153] keine absolute Zeit denkbar ist, sondern Zeit eine Funktion von Raum und Bewegung darstellt, mag ein Fingerzeig auf diese theologische Aussage sein – natürlich keine Erklärung! Im übrigen sei hier nochmals auf die Epilegomena verwiesen, vor allem auf ihren ersten Abschnitt, wo es um Zeit und Raum geht.

Die zuletzt vorgetragenen Überlegungen haben gezeigt, daß das im Prolog mehr angesprochene als ausgesprochene Verhältnis von Gottes Ewigkeit und des Menschen Zeit und Geschichte die Absicht des Evangelisten erkennbar werden läßt, *theologisch* zur Sprache zu bringen, daß der ewige Gott in seinem Logos geschichtliche Existenz verwirklichte. Eine theoretische Deduktion des Verhältnisses von Zeit und Ewigkeit will aber Johannes nicht bieten. Vielleicht hat er auch darüber nie nachgedacht. Doch er weiß um den ungeheuren Unterschied von Zeit und Ewigkeit, von Sünde und Heiligkeit, von Verbohrtheit und Glaube, von Elend und Erlösung. Diese Konstellation ist der eigentli-

---

[153] Das Wort „Anschauung" kann gerade für die heutige Physik, sei es Mikro- oder Makrophysik, nur im Sinne der Analogie verwendet werden.

che Dualismus des Johannes! Daß dieser Dualismus zeitgebundene weltanschauliche bzw. weltbildliche Momente impliziert, ist unbestreitbar. Aber deren eigentliche Frageintention ist der Dualismus von Zeit und Ewigkeit, von Leben und Tod. Die alte Frage, welcher Art der johanneische Dualismus sei, läßt sich auf die einfache Formel bringen: Es ist der Dualismus von *Gott* und *Mensch*, es ist ein *theologischer Dualismus*, der mit Begriffen wie ethischer Dualismus (persische Religion) oder metaphysischer Dualismus (Gnosis) nicht hinreichend beschrieben ist.

Der Logos ist also Fleisch, ist Mensch geworden. Damit ist – und hier hat Bultmann recht! – die volle Menschheit des Inkarnierten in aller Realistik ausgesagt. Der Logos – θεός bleibend! – hat sich nicht in eine menschliche Gestalt verkleidet, wie es etwa von griechischen Göttern erzählt wird. Denn weder ein Zeus noch ein Apollo ist wirklich ein σάρξ γενόμενος, ein ἄνθρωπος γενόμενος oder ein ταῦρος γενόμενος gewesen! Sie waren nicht wirklich in der *Seins*-Weise eines Menschen oder eines Stiers. Sie waren nicht Gott und Mensch zugleich (Zeus bei Alkmene) oder Gott und Stier zugleich (Zeus und Europa)! Der Logos aber hat sein Gott-*Sein* beibehalten und ist das Mensch-*Sein* geworden.

Weil aber der Logos in seiner geschichtlichen Existenz der Mensch Gewordene ist, also auch seine Erscheinungsweise für jeden Menschen die eines Mensch-Seins war, konnte nur der Glaubende seine Doxa, sein Gott-Sein als das des „Einziggeborenen vom Vater" sehen. Er tat damals seine Zeichen, seine σημεῖα.[154] Und diese Zeichen führten in der Tat viele zum Glauben (z.B. Joh 2,23.) Aber das wirkliche Glauben ist das Aus-Gott-geboren-Sein, Joh 1,13, das Von-oben-geboren-Sein, γεννηθῆναι ἄνωθεν, 3,3.7, das Hören-Können aufgrund des Aus-Gott-Seins, 8,47. Dies alles sagt der *vorösterliche* Jesus. Aber es ist der Paraklet, der Geist Gottes, der Geist der Wahrheit, der in *nachösterlicher* Zeit in alle Wahrheit einführt, 14,17.26; 15,26; 16,7–11.13. So ist nach der Intention des Evangelisten das Sehen der göttlichen Doxa, die dem Sohn Gottes eignet, letztlich das nachösterliche Sehen im Glauben (vgl. 20,29). Die μὴ ἰδόντες sind die, die nicht das Vorfindliche als das Eigentliche sehen. Was Johannes auf der Ebene des Damals beschreibt, intendiert das Jetzt der nachösterlichen Zeit. In ihr sehen wir als die heute Glaubenden die damalige und die heutige Doxa des Mensch-Gewordenen. Das in Joh 1,14 genannte damalige Bekenntnis ἐθεασάμεθα derer, die mit dem σάρξ γενόμενος lebten und *in* seiner σάρξ seine göttliche δόξα zu sehen vermochten, wird nun zum Bekenntnis derer, die den geschichtlichen σάρξ γενόμενος nicht mehr sehen konnten, aber, von seinem Geist in alle Wahrheit hineingeführt, die δόξα des Sohnes Gottes in ihrem heutigen Glauben sehen. Zur Doppelebene von Gottheit und Menschheit, von Zeit und Ewigkeit im Prolog und im ganzen Evangelium kommt die neue Doppelebene vom damaligen glaubenden Sehen und heutigen glaubenden Sehen. Es ist das theologische Koordinatenkreuz mit seinen zwei Dimensionen, nämlich zunächst der von *Zeit und Ewigkeit* und dann der von *Vergangenheit und Gegenwart*. Diese unterschiedlichen Ebenen zu unterscheiden und sie doch zugleich zusammenzusehen – das ist die theologische

---

[154] Zu unterschiedlichen Auffassungen der σημεῖα s. vor allem *Wilkens*, Zeichen und Werke; *Heiligenthal*, Werke als Zeichen, 135ff.; neuestens *C. Welck*, Erzählte Zeichen. Er stellt in seiner Betheler Dissertation, die die joh Wundergeschichten allein auf der synchronen Ebene zu interpretieren sucht, die „*christologische Signifikanz*" dieser Taten für den vierten Evangelisten heraus. Sie sind „immer auch – christologische(.) – Zeichen" (ib., 57).

und in einem damit die hermeneutische Aufgabe, ist die theologische und in einem damit die hermeneutische Zumutung, vor die uns der Evangelist Johannes stellt.

In theologisch zugespitzer Sprache wurde gesagt: Ewigkeit wurde Zeit, wurde Geschichte. Indem aber von dem Geschichte gewordenen göttlichen Logos die Rede ist, von seiner Geschichtlichkeit, steht schon sofort die Geschichte zur Zeit Jesu vor unserem geistigen Auge, auch die Geschichte vor und nach seinem geschichtlichen Auftreten. Zeit und Geschichte rücken auch als philosophische Konstituenten des christologischen Koordinatensystems des Joh in unser Blickfeld. Indem aber so – fast könnte man es in der Diktion der Charakteristik der lukanischen Theologie sagen: – die „Mitte der Zeit" besonders deutlich wird, sind in diesem Koordinantensystem von Zeit und Geschichte auch die Größen *Geschichte Israels* und *Geschichte der Kirche* gesetzt. In der programmatischen Aussage „Und das Wort ward Fleisch –, und wir haben seine göttliche Doxa gesehen" ist somit ein schon oft genanntes Grundthema Biblischer Theologie erneut manifest geworden: Es geht in der als *Biblische* Theologie verstandenen Theologie sicherlich um die Rezeption der *Schrift* des Alten Testaments; es geht aber weit mehr noch um das *Verhältnis* der Heilsgröße der vergangenen Geschichte Israels, d.h. der *Geschichte Gottes mit Israel*, zur endgültigen Heilsgröße der *Kirche*, johanneisch gesprochen: der in nachösterlicher Zeit existenten Gemeinschaft der an Christus Glaubenden, die die Gegenwart des Parakleten erfahren. Das Moment des Geschriebenseins ist in diesem Zusammenhang unverzichtbar. Aber gerade dieses Geschriebensein ist als prophetisches Geschriebensein das verheißende lebendige Wort Gottes, das im erlösenden Christus-*Geschehen* die Erfüllung als Tat Gottes ausmacht. Und wie für Paulus in nachösterlicher Zeit das Evangelium die Dynamis Gottes ist (Röm 1,16f.), so ist für Johannes in nachösterlicher Zeit die in alle Wahrheit einführende Tätigkeit des Parakleten (Joh 14,16; 16,7f.13) das Fundament allen Glaubens. Für Paulus wie für Johannes ist dabei Wahrheit, ἀλήθεια, *stricto sensu* theologischer Offenbarungsbegriff. Erweist sich somit die Frage nach Zeit und Geschichte als *unverzichtbare Zentralfrage einer Biblischen Theologie* (einschließlich ihrer philosophisch-hermeneutischen Fundamente!; s. die Epilegomena, in denen diese Zentralfrage *thematisch* zu behandeln ist), so impliziert das für den *theologischen Begriff der Offenbarung*, daß er nur dann in seiner vollen Bedeutung gedacht werden kann, wenn er *im Koordinatensystem von Zeit und Geschichte verstanden* wird. Es ist aber der Mensch als wesenhaft zeitliches und geschichtliches Wesen, das die in Zeit und Geschichte ergehende Offenbarung *versteht*. Nur der geschichtlich existierende Mensch kann die Offenbarung verstehen, die als geschichtliche Offenbarung in Christus Ereignis wurde und im Glaubenden Ereignis bleibt. Die theologische Sprache des Vierten Evangelisten vermag dies in einzigartiger Weise zu formulieren. Mit *René Kieffer* kann man hier von einer „entwickelte[n] Symbolsprache" reden. Der Joh-Teil sei mit einem Zitat dieses schwedischen Neutestamentlers abgeschlossen: „Es findet sich ... in unserem Evangelium ein starkes Bewußtsein von den sprachlichen Ausdrucksmöglichkeiten. Ein relativ begrenzter Wortschatz erhält durch das komplizierte Relations-

netz, in das er eingefangen wird, eine Reihe von ‚Konnotationen' oder Assozia-
tionen, die seinen Inhalt bereichern."[155]

---

[155] *Kieffer*, Die Bibel deuten – das Leben deuten. Einführung in die Theologie des NT, 109.

2.8 Die Apokalypse des Johannes

Immer wieder heißt es, daß es in der Apokalypse des Johannes kein alttestamentliches Zitat gebe, daß aber gerade diese Schrift wie keine andere im Neuen Testament sprachlich und inhaltlich vom Alten Testament bestimmt sei. Die fast stereotype Rede vom Fehlen der alttestamentlichen Zitate in der Apk wurde aber nun jüngst (1994) von *Jan Fekkes III* in seiner Monographie „Isaiah and Prophetic Traditiones in the Book of Revelation" in Frage gestellt; jegliche Hoffnung, methodische Anleitung zu finden, um den Umgang des Johannes mit dem Alten Testament besser zu erfassen, werde durch diese eintönige Behauptung oft frustriert. Sein Eindruck: „As one reads through study after study of ‚How the NT Uses the Old‘, it becomes evident that most of these analyses should rather be titled ‚How the Gospels Use the OT‘, or ‚How the NT (except Revelation) Uses the OT‘."[1] Den Grund für dieses Defizit sieht er im Versuch der Autoren, die frühe christliche Bibelexegese primär auf der Basis der Schriftzitate zu definieren, solcher Zitate nämlich, die durch eine *formula quotationis* eingeleitet sind. Deshalb betrachtet er es als seine vorrangige Aufgabe, deutlich das spezifische Wesen der alttestamentlichen Anspielungen („the special nature of OT allusions in Revelation") zu definieren, ebenso die Kriterien, mit denen der Vf. der Apk diese Texte aussonderte.[2] Fekkes unterscheidet formelle Zitate (*formal quotation*: „*any* portion of OT text accompanied by *any* additional word of phrase which the author uses to introduce that text"), informelle Zitate (*informal quotations*: „OT citations without introductory formulae") und Anspielungen (*allusions*). Mit Recht stellt Fekkes heraus, daß der Unterschied zwischen einem informellen Zitat und einer Anspielung nicht immer klar ist.[3]

Unbestreitbar ist, daß es in der Apk keine formellen Zitate mit ausdrücklicher *formula quotationis* gibt, die womöglich noch durch ihre Formulierung etwas über die theologische Intention des Autors verraten könnten. Aber für die Apk sollte man weithin auf die zumindest für die übrigen neutestamentlichen Schriften sinnvolle Unterscheidung von Zitat und Anspielung verzichten, sie passen nicht in das theologische Koordinatensystem dieser Schrift. Was nämlich der Seher von Patmos tut, ist gerade nicht, daß er mit förmlichen alttestamentlichen Zitaten theologische Gehalte argumentativ begründet, wie dies Paulus und die meisten anderen Autoren neutestamentlicher Briefe, ja selbst die Evangelisten praktizieren. Der Seher Johannes will nicht theologisch argumentieren! Er will vielmehr seinen Lesern *Bilder* vor Augen stellen; seine Leser sollen *sehen*. Und

---

[1] *Fekkes III*, Isaiah and Prophetic Traditions, 60.
[2] Ib., 61.
[3] Ib., 63f.

diese Bilder sind eben weitesthin aus dem Alten Testament genommen. Unbestreitbar, sie wurden von einem theologisch denkenden Autor *rezipiert*. Auch religiöse Bilder machen theologische Aussagen! Deshalb müssen wir auch in einer Theologie des Neuen Testaments einen Abschnitt über die Apk bringen. Wir müssen es vor allem in einer *Biblischen* Theologie des Neuen Testaments tun, weil der Vf. der Apk mit den alttestamentlichen Bildern deren implizite theologische Aussage in sein eigenes theologisches Denken „transferiert". Durch diesen „Transfer" geschieht aber für den Seher eine erhebliche *theologische Ortsveränderung*. Im Rahmen seiner apokalyptischen Vorstellungen und seiner alle Apokalyptik essentiell verändernden *Christologie* ist der Himmel da, wo Christus thront. Und so erfahren auch die dem Alten Testament entnommenen Bilder erhebliche *inhaltliche Veränderungen*. Folglich sind sie nach ihrer Rezeption nicht mehr, was sie zuvor waren.

Diese Aussagen könnten nun so verstanden werden, als sei der Vf. der Apk ein Mann, der in überlegter Weise und gestaltender Aktivität sehr bewußt einen äußerst freien Umgang mit dem alttestamentlichen Bildmaterial pflegt. Nichts aber wäre falscher als eine derartige Sicht des Sehers. Wir dürfen bei unseren weiteren Überlegungen davon ausgehen, daß Johannes *in* der Bilderwelt des Alten Testaments lebte. Vielleicht darf man sogar so weit gehen, daß man sagt, das Alte Testament sei für ihn vor allem ein *Buch der Bilder* gewesen; doch muß sofort hinzugefügt werden muß, daß es für ihn *die eine göttliche Realität repräsentierenden Bilder* waren – nicht nur Bilder, die diese Realität zum Ausdruck bringen, sondern Bilder, die *als* Bilder am Realitätsgehalt des von ihnen Dargestellten partizipieren. Es sei daran erinnert, daß Bilder im Laufe der Kirchengeschichte immer wieder als Mittler göttlicher Gnadengegenwart verehrt wurden. Der altkirchliche Bilderstreit war immerhin ein genuin theologischer Streit! Daß es auf diesem Gebiet gefährliche Grenzüberschreitungen gab und gibt, ist bekannt. Daß hier der Aberglaube leicht „fröhliche Urständ feiert", wer wollte es bestreiten! Aber *daß* das Bild im Raum der Theologie unverzichtbar ist, muß unbedingt festgehalten werden. Wo sich „religiöse" Fanatiker als Bilderstürmer austobten, hatte das mit christlichem Glauben nichts zu tun. Vandalismus ist ein Feind des christlichen Glaubens. Daß das Bild unverzichtbar ist, hat auch etwas damit zu tun, daß der Mensch nach dem Alten Testament Bild Gottes ist, Gen 1,26f.

Bilder üben Macht aus, Bilder ziehen Menschen in ihren Bann, Bilder drängen sich den Menschen auf. Natürlich, der Mensch betrachtet sie, und als der Betrachtende ist er der seinerseits Aktive. Und es stimmt auch, daß erst die verstehende Aufnahme des Bildbetrachters das Bild jeweils zum Sprechen bringt. Ja, man kann sogar soweit gehen, daß man sagt, durch den verstehend Sehenden *werde das Bild* eigentlich erst wesenhaft *Bild*. Diese Bildwerdung des Bildes geschieht aber je neu in der jeweiligen geschichtlichen Situation des Schauenden. Das Bild partizipiert an unendlich vielen Geschichtlichkeiten. So wichtig dieser Existenzverhalt (eben nicht Sachverhalt!) für die Hermeneutik von Kunstwerken schlechthin ist, so bleibt doch die *größere Mächtigkeit auf seiten des Bildes*.

So war also der Seher von Patmos – war er, wie anzunehmen ist, Judenchrist, so lebte er von Kindheit an mit den Bildern und in den Bildern des Alten Testaments – dieser Macht der alttestamentlichen Bilder „preisgegeben", war ihrer Macht ausgesetzt. Sie waren im besten Sinne des Wortes Autorität für ihn. Sie waren für ihn die *Macht der Offenbarung Gottes*. Sie hatten ihm „etwas" zu sagen. Dann aber wurde der Jude zum Judenchrist. Und als Christ nahm er die alttestamentliche Bilderwelt mit in seinen christlichen Glauben hinein. Die Christologie wurde nun das theologische Koordinatensystem für sein Leben aus und in diesen Bildern. Sie vermittelten ihm nun wesenhafte Aspekte des Glaubens an den Pantokrator Christus, an Christus als das Lamm, an Christus als den Herrn der Weltgeschichte, die sich gerade in den in der Apk geschilderten Ereignissen austobt.

Die soeben vorgestellten Überlegungen haben auch die Absicht, die schlechte und so unglückliche Alternative „Johannes als von Gott inspirierter Seher – Johannes als der die Schrift der Apk am Schreibtisch konzipierende Autor" zu überwinden. Ich gehe davon aus, daß der Vf. der Apk Seher war, daß ihm das Prädikat „der Seher von Patmos" mit Recht zukommt, daß er aber zugleich seine Gesichte literarisch verarbeitete, etwa in den drei Siebenerreihen. Das freilich, was sich in seinen Visionen vollzog, war – und dieser Vorgang ist der entscheidende für den Seher! – das *Sich-Ineinanderschieben der Bilder*, wodurch sie christologisiert wurden. Diese Bilder – gemeint sind die *neuen* Bilder, die sich durch den eben genannten Vorgang des Sich-Ineinanderschiebens dem Seher als *Widerfahrnis* aufdrängten – verstand er als Auftrag zu seinem prophetischen Tun. Es sei zunächst symptomatisch an *Apk 1,9–20* veranschaulicht.

Heinrich Kraft überschreibt diesen Abschnitt mit „Die Berufungsvision".[4] In der Tat ist es vor allem eine *Vision*, wenn auch eine solche, die *auditive* Elemente enthält. Das Visions- bzw. Auditionswiderfahrnis geschieht nach V.9 auf Patmos. Aber nicht nur der Ort, auch die Zeit ist genannt: am Sonntag, ἐν τῇ κυριακῇ ἡμέρᾳ, V.10. Für das theologische Verständnis wichtiger ist im selben Vers die Wendung ἐγενόμην ἐν πνεύματι, die mit καὶ ἤκουσα ὀπίσω μου φωνὴν μεγάλην ὡς σάλπιγγος eine Aussageeinheit ist. Daß der Seher vom Geiste (Gottes) ergriffen wird, wie paraphrasierend übersetzt werden kann, und daß er im Zusammenhang damit Gottes laute Stimme hört, hat seinen alttestamentlichen Hintergrund in *Ez 3,12*: καὶ ἀνέλαβέ με πνεῦμα, καὶ ἤκουσα κατόπισθέν μου φωνὴν σεισμοῦ μεγάλου. Im selben Vers ist dann noch als Eulogie von der δόξα κυρίου die Rede. Parallel dazu findet sich im Kontext von Apk 1,9ff. in 1,6 αὐτῷ ἡ δόξα. Ez 3,12 steht aber im Zusammenhang mit der Berufung des Propheten Ezechiel in *Ez 1,4–3,21*.

Johannes will auf jeden Fall seine Berufung in Parallele mit der Berufung eines alttestamentlichen Propheten schildern. Auch bei der Berufung des Ezechiel geschahen Visionen (Thronwagen Jahwähs) und Auditionen. Die Auffassung, daß das *Seheramt des Johannes* ein *prophetisches Amt* ist, wie dies jetzt wieder *Jan Fekkes* betont herausstellt, hat also an Apk 1,9ff. einen wichtigen Anhaltspunkt. Freilich wird Johannes hier beauftragt, das, was er sieht, in ein

---

[4] *H. Kraft*, HNT 16a, 1974, 38.

Buch zu *schreiben*, ὃ βλέπεις γράψον εἰς βιβλίον, (vgl. Jes 30,8!), um es den sieben Gemeinden zu schicken, V.11. Als sich der Seher umwendet, um „die Stimme zu sehen", da sieht er sieben goldene Leuchter, Apk 1,12ff. Für die Deutung ist Apk 1,20 heranzuziehen. Ob die sieben Leuchter an das alttestamentliche Kultsymbol von Ex 25,31ff.; 37,17ff.; Sach 4,2–6, den siebenarmigen Leuchter, erinnern sollen, ist umstritten.[5]

Für das Schriftverständnis unseres Sehers ist vielleicht noch bezeichnender, wie er in Apk 1,9ff. mit *Dan 7* umgeht. Schon vor dem Berufungsbericht im einleitenden Teil Apk 1,4–8 – vom Buchtitel Apk 1,1–3 sehen wir einmal ab[6] – finden sich zwei Prophetensprüche, in denen der Bezug auf Dan 7,13 und Sach 12,10 deutlich erkennbar ist. Die Erwartung des zum Endgericht kommenden Christus wird in enger Anlehnung an Dan 7,13θ' formuliert, Apk 1,7:

Ἰδοὺ ἔρχεται μετὰ τῶν νεφελῶν,

καὶ ὄψεται αὐτὸν πᾶς ὀφθαλμὸς...

Im genannten Dan-Text heißt es:

καὶ ἰδοὺ μετὰ τῶν νεφελῶν τοῦ οὐρανοῦ

ὡς υἱὸς ἀνθρώπου ἐρχόμενος ἦν...

Johannes sieht also in dem Menschengestaltigen von Dan 7 niemand anderen als Jesus Christus. Von einem, der wie ein Menschensohn ist, ὅμοιον υἱὸν ἀνθρώπου, ist in V.13, also im Berufungsbericht 1,9ff., die Rede. Er, der sich mitten unter den Leuchtern befindet, wird aber dann in V.14 mit Aussagen bedacht, die in Dan 7 gerade nicht den Menschengestaltigen beschreiben, sondern Gott selbst! Sein Haupt, so sieht es der Seher, und seine Haare waren weiß wie Wolle, wie Schnee.

Während ὅμοιον υἱὸν ἀνθρώπου, Apk 1,13, in Dan 7,13 ὡς υἱὸς ἀνθρώπου seine Parallele hat, geht ἡ δὲ κεφαλὴ αὐτοῦ καὶ αἱ τρίχες λευκαὶ ὡς ἔριον λευκὸν ὡς χιὼν καὶ οἱ ὀφθαλμοὶ αὐτοῦ ὡς φλὸξ πυρός, Apk 1,14, auf καὶ παλαιὸς ἡμερῶν ἐκάθητο, καὶ τὸ ἔνδυμα αὐτοῦ ὡσεὶ χιὼν λευκόν, καὶ ἡ θρὶξ τῆς κεφαλῆς αὐτοῦ ὡσεὶ ἔριον καθαρόν, ὁ θρόνος αὐτοῦ φλὸξ πυρός, οἱ τροχοὶ αὐτοῦ πῦρ φλέγον Dan 7,9θ', zurück.[7]

Das also ist das Bild, das sich dem Seher von Patmos bietet: Die zwei himmlischen Gestalten aus Dan 7, Gott und der Menschengestaltige, verschwimmen zu einer einzigen Gestalt. Jesus als dem, der wie ein Menschensohn ist, werden somit nicht nur himmlische Prädikate zugeschrieben, sondern die Prädikate Got-

---

[5] So z.B. *Kraft*, HNT, 44; dagegen E. *Lohse*, NTD 11, [7]1988, 21: „Dieses Bild ist nicht aus dem AT genommen, da die alttestamentliche Überlieferung nur den siebenarmigen Leuchter kennt ..., hier aber von sieben einzelnen Leuchtern die Rede ist."

[6] Möglicherweise ist er später der Apk vorgesetzt worden, so z.B. *Kraft*, HNT, 17; gegen diese schon von D. *Völter*, J. *Weiß*, F. *Spitta* u.a. vertretene Auffassung W. *Bousset*, KEK XVI, 1966 (= [6]1906), 183.

[7] Zu Apk 1,14 s. auch Dan 10,6θ': καὶ οἱ ὀφθαλμοὶ αὐτοῦ ὡσεὶ λαμπάδες πυρός. Auch in Apk 1,15 bezieht sich der Seher auf diese Dan-Stelle, s. aber auch Ez 1,4.27!

tes selbst.[8] Dieses Verschmelzen der beiden Bilder aus Dan 7 zu einem einzigen göttlichen Wesen zeigt augenscheinlich, wie der Menschensohn Jesus Christus in *wesenhafter Einheit* mit Gott selbst existiert. Johannes will nicht die Person Jesu in der Person Gottes aufgehen lassen, will nicht Gott und Jesus zu einer Person machen; aber er sieht in dem Bild von Dan 7, wie dieses sich ihm aufdrängt, das Wesen Jesu als das aus Gott selbst kommende Wesen. Sprechen wir hier von „Wesen", so bedienen wir uns zugegebenermaßen eines aus der philosophischen Tradition kommenden und von daher nicht unbelasteten Begriffs. Und wir müssen uns darüber im klaren sein, daß wir das tun! Sprechen wir aber hier von „Wesen", so soll damit zum Ausdruck gebracht werden, daß das, was in unserer philosophischen Tradition „Wesen" meint – ein Begriff, von dem *wir* heute nicht mehr abstrahieren können! –, innerhalb der Bilderwelt des Johannes in der *Zusammenschau* von Dan 7 seine Entsprechung hat. Dogmatisch gesprochen: Mit Hilfe *dieser* Sicht von Dan 7 zeigt der Seher das, was in unserer dogmatischen Terminologie der Begriff *verus Deus* aussagt.

Das Beispiel Apk 1,9ff. vermochte also zu zeigen, wie sich der Seher vom Alten Testament her als Prophet verstand, der freilich als der Prophet des gottgleichen Christus das alttestamentliche Prophetenamt weit hinter sich ließ. Und gerade diese Gottgleichheit, wenn auch nicht Personidentität mit Gott, manifestierte sich massiv im Widerfahrnis der Vision von Apk 1,9ff., in der die alttestamentlichen Bilder in der aufgezeigten Weise miteinander verschmolzen. Es ist nicht möglich, mit der Ausführlichkeit, die dieser Perikope zuteil wurde, das ganze Buch der Apk auszulegen. Es fehlen dazu auch noch Detailuntersuchungen, wie sie *Jan Fekkes* für die Rezeption des Jes-Buches verdienstvoll in akribischer Weise durchgeführt hat. Ähnliches müßte vor allem für Ez und Dan getan werden, wobei ältere Literatur zu berücksichtigen wäre. Es ist schon bezeichnend für die Forschungssituation, daß *Otto Böcher* in der Darstellung dieser Situation der Apk-Forschung[9] nur wenige Titel nennt, die thematisch und akribisch die Rezeption des Alten Testaments durch den Seher Johannes behandeln.[10]

Hat sich Johannes von den alttestamentlichen Propheten her verstanden, so ist er darin mit Paulus vergleichbar (Gal 1,15f.!). Nun hat dieser in heilsgeschichtlichen Kategorien gedacht und somit in der Überbietung des alttestamentlichen prophetischen Amtes durch sein apostolisches Amt unbestreitbar im Koordinatensystem von *Zeit* und *Geschichte* gedacht. Sah also auch Johannes sein prophetisches Amt in ähnlicher Weise als Überbietung des alttestamentlichen Amtes, so stellt sich mit Notwendigkeit die Frage, ob auch für ihn die Heilige Schrift die Schrift der *Vergangenheit Israels* ist und somit ihre Autorität auf der Erfül-

---

[8] Zutreffend *Lohse*, NTD, 22: „Gottesprädikate aus dem AT werden in der Offbg. öfter *unmittelbar* auf Jesus angewendet; ... er ist Gott gleich." (Hervorhebung durch mich) Das „unmittelbar" ist von höchster theologischer Relevanz!

[9] *Böcher*, Die Joh-Apk, in der Reihe „Erträge der Forschung".

[10] Ich verweise hier nur aus der älteren Lit. unbedingt auf *Schlatter*, Das AT in der joh Apk (1912), aus der neueren Lit. auch *Aus*, ZNW 67, 252ff.; *Bauckham*, Climax of Prophecy; *Dumbrell*, The End of the Beginning (zu Apk 21 u. 22); *Gangemi*, ED 27, 107ff.; 311ff.; *Goulder*, NTS 27, 342ff.; *Jenkins*, The OT in the Book of Revelation; *Lancellotti*, RB 14, 369ff.; *Lohse*, ZNW 52, 122ff.; *Trudinger*, JThS.NS 17, 82ff.

lung ihrer Verheißungen in der Zeit mit und nach Christi geschichtlichem Auftreten beruht. Ist diese mit Christus nun gekommene Zeit, ähnlich wie für Paulus, die Zeit der erfüllten Verheißung (Gal 3,14ff.: ἐπαγγελία) im πλήρωμα τοῦ χρόνου (Gal 4,4)? Aber die *Blickrichtung* unseres Sehers geht seiner primären Intention nach von der *Gegenwart* in die *Zukunft*. Die Gegenwart wird von ihm kaum aus der vergangenen Epoche, nämlich der Geschichte Israels, gedeutet.

Vielleicht gibt es aber zuweilen Ansätze zu *typologischem* Denken in der Apk. Warum nennt Johannes in Apk 17,5 die große Hure ausgerechnet „die große [Stadt] *Babylon*, die Mutter der Huren und der Greuel der Erde"? Βαβυλὼν ἡ μεγάλη – da ist doch jenes Babylon im Blick, das vor Jahrhunderten das Israel Gottes in die Verbannung verschleppt hat, das damals Jerusalem und den Zion in Schutt und Asche legte. Da stehen doch die Geschehnisse des Jahres 587 v.Chr. vor dem Auge des Lesers von Apk 17. Mit *Eduard Lohse*[11] und vielen älteren Auslegern sehe ich in Babylon den diffamierenden Namen für Rom. Ist also Rom, das schreckliche Imperium Romanum, das sich in den Augen des Sehers als der böse satanische Erzfeind demaskiert hat, die typologische Überbietung des damaligen Feindes in Babylon? Liegt also eine Typologie mit einer ins Unermeßliche gesteigerten Bosheit und Perversität vor? Es ist auffällig, daß die Ausleger hier kaum von Typologie sprechen.

Jan Fekkes sieht in Apk 18,2b einen Rückgriff auf Jes 13,21; 34,11.13b–14[12], in Apk 18,7b–8a auf Jes 47,7–9[13], in Apk 18,23c auf Jes 23,8[14]. Bezeichnend ist seine Bemerkung zu Apk 18,7b–8a bzw. Jes 47,7–9: „John's adaptation of this Babylon oracle is one of the best examples of his literary approach to the OT."[15] Wichtig ist für ihn aber dann: „In the process of rendering Isaiah's poem suitable to a new context, a *variaty of changes* can be observed, including the interpretation and substitution of certain elements of the base text."[16] Aber von Typologie spricht Fekkes gerade nicht.

Daß Fekkes die Babylon-Aussage von Apk 17–19 nicht als Typologie charakterisiert, obwohl er doch selbst Bausteine für eine solche Auffassung liefert, hängt wohl damit zusammen, daß auch er den Seher von Patmos mehr als prophetischen Ansager der bevorstehenden Unheils- und Heilszukunft versteht denn als den, der das in der Vergangenheit Gesagte für die Gegenwart deutet. Und es stimmt schon, daß es Johannes als seine ureigene Aufgabe ansieht, niederzuschreiben, *was bald geschieht*. Selbst wenn man Apk 1,1–3 als später zugefügte Einleitung beurteilen sollte, so trifft doch die Wendung ἃ δεῖ γενέσθαι ἐν τά-

---

[11] *Lohse*, NTD, 95: „Die große (Stadt) Babylon – damit ist nach jüdisch-apokalyptischer und urchristlicher Tradition Rom gemeint ... – ist die Mutter aller Huren und aller Greuel der Erde. Mit diesem Namen wird der Ehrentitel Muttergöttin, mit dem die Göttin Roma im Imperium verehrt wurde, in sein Gegenteil verkehrt und der widergöttliche Charakter der großen Stadt aufgedeckt."

[12] *Fekkes*, Isaiah and Prophetic Traditions, 214ff.

[13] Ib., 218ff.

[14] Ib., 221ff.

[15] Ib., 218.

[16] Ib., 218; Hervorhebung durch mich.

χει in 1,1 für das Ganze der Schrift zu.[17] Was Johannes an Bildern aus dem Alten Testament seinen Lesern zu sehen gibt, will ja vor allem, gerade auch in der neuen Kombination dieser Bilder, die nahe bevorstehende Zukunft verstehen lassen. Er hat also mit den alttestamentlichen Propheten, deren Bilderwelt ihm als Sehwiderfahrnis zuteil wurde, den Blick auf diese noch ausstehende Zukunft gemeinsam. Er hat freilich den *eigentlichen* Sinn dieser Bilder durch den Geist und das christologische Vorzeichen vor der Schrift besser erfassen können. Angesichts dieses Tatbestandes, daß er gemeinsam mit den Propheten des Alten Testaments auf die noch ausstehenden Ereignisse schaut, daß er also mit ihnen die Blickrichtung gemeinsam hat, ist es in der Tat von sekundärer Bedeutung, wenn in der Sequenz „Babylon in der Geschichte Israels – Rom als neues Babylon in der Geschichte der Kirche" ein typologisches Moment bewußt gesetzt sein sollte.

Vielleicht darf man sagen, daß die geschichtliche Vergangenheit für Johannes im Grunde uninteressant ist. Wo er theologisch daran interessiert ist, in die „Vergangenheit" zu schauen, „zurück"-zuschauen, da geschieht es in einer *dimensional ganz anderen Weise*. Die für sein theologisches Verständnis im eigentlichen Sinne relevante Vergangenheit ist nämlich keine geschichtliche Vergangenheit. Sie geschah im Himmel. Es war der himmlische Gottesdienst von *Apk 4 und 5*, der anstelle der geschichtlichen Vergangenheit steht. In ihm hatte nämlich alles, was sich auf dieser Erde jetzt und in Kürze, ἐν τάχει, zuträgt, seinen Ursprung, sein transzendentes Woher. In diesem Gottesdienst, der auch das Urbild des irdischen Gottesdienstes ist – die liturgische Sprache auf dieser Erde ist Echo der liturgischen Sprache im Himmel[18] –, wird in feierlicher Liturgie von einem der vier Ältesten „der Löwe aus dem Stamme Juda, der Sproß Davids" als der bekannt, der gesiegt habe, um das Buch und die sieben Siegel zu lösen, Apk 5,5.[19] Dieser ist das „‚wie' geschlachtete Lamm mit sieben Hörnern und sieben Augen", Apk 5,6. Was im Himmel sein *principium* hat, das geschieht dann im geschichtlichen Prozeß; nach Apk 6,1 öffnet das Lamm das erste der sieben Siegel und initiiert so das Kommen des ersten der apokalyptischen Reiter.

In ähnlicher Weise sind in *Apk 12 und 13* Himmel und Erde in Beziehung gesetzt. *Heinrich Kraft* hat den hier ausgesagten Zusammenhang in derart ausgezeichneter Weise formuliert, daß es angebracht ist, hier ein längeres Zitat, als üblich, zu bringen: „Mit der siebten Posaune, der Öffnung des Himmels und der Ankündigung des Gerichts, ist der Höhepunkt im Ablauf der Endereignisse erreicht. Da hält Johannes in seiner Schilderung ein. Er geht zurück und *beginnt ganz am Anfang* bei der *mythischen Vorgeschichte*, aus der heraus das spätere irdische Geschehen verständlich wird. Die folgenden Ereignisse spielen sich

---

[17] S. auch Apk 1,19; 22,6.

[18] *Jörns*, Das hymnische Evangelium, passim, hat aber recht, wenn er davor warnt, aus den hymnischen Stücken der Apk einen frühchristlichen Gottesdienst zu rekonstruieren. Allerdings sagt er auch, ib., 181: „... es ist sogar wahrscheinlich, daß der Verfasser der Apokalypse nicht alle strophischen und hymnischen Elemente direkt aus dem AT oder der Synagoge bezogen hat, sondern zum Teil auch auf Material zurückgreifen konnte, das im Gottesdienst seiner Gemeinde verwendet worden ist..."

[19] Hier also doch wieder ein Blick zurück in die Geschichte Israels!

größtenteils auf Erden ab; *politische Geschichte* und *Kirchengeschichte* sind in ihnen als *Endgeschichte* unlösbar miteinander verflochten. Was da geschieht, wird aus den heilsgeschichtlichen Voraussetzungen heraus verständlich, als deren Fortsetzung sich die irdischen Ereignisse darstellen. Das entscheidende Ereignis, das den irdischen Teil der Endgeschichte einleitet, ist der Satanssturz. Er beginnt als Ereignis der *Gottesgeschichte*, des *Mythos*, und so liegt sein *Beginn außerhalb der Zeit*. Aber der Kampf zwischen Gott und dem Satan ist mit dessen Fall noch nicht zu Ende; *der Satan stürzt*, indem er auf die Erde stürzt, *in die Zeit*... Der Messias und der Antichrist treten als Exponenten Gottes und des Satans in die Geschichte ein. Damit wird die *politische Geschichte Fortsetzung der Gottesgeschichte*. Was im Himmel außerhalb der Zeit begonnen hatte und am Himmel als zeitloses Zeichen zu sehen war, das setzt sich nun auf Erden in schneller Folge als Endgeschichte fort. Die Darstellung dieses *Übergangs vom Mythos zur Geschichte* war das Problem, das sich dem Verfasser in diesem Kapitel [sc. Apk 12] stellte."[20] Apk 13 ist dementsprechend die Verlängerung im Sinne von Apk 12. In diesen beiden Kapiteln ist der im Himmel „sich ereignende" Mythos die „Vergangenheit" der Geschichte, wie in Kap. 4 und 5 der Kult im Himmel diese „Vergangenheit" darstellt. *In der Apk ist die Zeit also wesentlich massiver in der Ewigkeit verankert als in den anderen neutestamentlichen Schriften.*

Apk 12 und 13 können wiederum in exemplarischer Weise die theologische Verarbeitung prophetischer Bilder durch Johannes veranschaulichen, wobei erneut die Bücher Jes und Dan zu nennen sind. Hier seien nur wenige Beispiele ausgewählt. Wenn nach Apg 12,1f. ein großes Zeichen am Himmel erschien, nämlich die mit der Sonne bekleidete, schwangere Frau, so erinnern viele Autoren an *Jes 7,14*: δώσει κύριος αὐτὸς ὑμῖν σημεῖον· ἰδοὺ ἡ παρθένος ἐν γαστρὶ ἕξει καὶ τέξεται υἱόν. In Apk 12,2 heißt es: ἐν γαστρὶ ἔχουσα ... τεκεῖν.[21] Wahrscheinlich rekurriert Johannes auch auf *Jes 26,17*: καὶ ὡς ἡ ὠδίνουσα ἐγγίζει τοῦ τεκεῖν καὶ ἐπὶ τῇ ὠδῖνι αὐτῆς ἐκέκραξεν, wie der Vergleich mit Apk 12,2 zeigt[22].[23] Auch „das andere Zeichen", in Apk 12,3 erwähnt, hat in einer Jes-Stelle seine alttestamentliche Parallele, nämlich *Jes 27,1*, wo vom Leviathan (MT, LXX), der schnellen und gewundenen Schlange, die Rede ist. Jes 27,1LXX heißt es τὴν ἰσχυρὰν ἐπὶ τὸν δράκοντα ὄφιν, in Apk 12,3 δράκων μέγας πυρρός. Eduard Lohse charakterisiert den Drachen als erbitterten Feind der Frau:

---

[20] *Kraft*, HNT, 162f.; Hervorhebung durch mich.

[21] Z.B. *R.H. Charles*, ICC Rev. I, 1975 [= 1920], 316; *E. Lohmeyer*, HNT 16, ³1970, 99; *Kraft*, HNT, 164. Es sei darauf aufmerksam gemacht, daß nach dem MT nicht von einer Jungfrau, sondern von einen jungen Frau die Rede ist: הָעַלְמָה! Darauf verweist auch *Fekkes*, Isaiah and Prophetic Tradition, 180, der allerdings skeptisch gegenüber einem Einfluß von Jes 7,15 auf Apk 12,1f. ist, ib., 181: „While it is perhaps not possible to rule out the influence of Isa. 7.14 completely, the language and thought of John's birth narrative is better explained by other texts." Doch berücksichtigt er m.E. hier zu wenig, daß der Vf. der Apk gerade die *Modifikation* der atl. Bilder theologisch auswertet.

[22] So auch die meisten Autoren, die ich, um den Text der Anmerkungen nicht zu überladen, im folgenden nicht mehr nenne.

[23] S. auch Micha 4,10 und Jes 66,6–8.

„In dem Drachen ist für die alte Welt die chaotische Macht schlechthin verkörpert (vgl. Jes 51,9; Ps 74,12ff. u.ö.), die als Widersacher gegen Gott streiten will."[24]

Es zeigt sich also, wie Bilder aus Jes die ersten drei Verse in Apk 12 bestimmen, Bilder, die in keinem ursprünglichen Zusammenhang miteinander stehen, aber in der bildlichen Vorstellung des Sehers zu einem einheitlichen Bild zusammenwachsen. Mit Apk 12,3 wird auch der Einfluß des Dan offenkundig. Der Drache trägt auf seinen sieben Köpfen zehn Hörner. Diese stammen aus *Dan 7,7*, wo die grauenhafte (jedoch einköpfige) Bestie als letztes der vier Tiere, die dem Meer entstiegen sind, zehn Hörner besitzt. Johannes ist also an den übrigen Tieren aus Dan 7 nicht interessiert. Auch kommt der Drache nicht aus dem Meer, sondern erscheint wie die Frau am Himmel. Daß er den dritten Teil der Sterne mit seinem Schwanz vom Himmel auf die Erde fegt, hat als alttestamentliche Grundfrage *Dan 8,10*. Nochmals Eduard Lohse: „Es [sc. das Ungeheuer] greift mit satanischer Gewalt in die himmlische Ordnung ein und bringt sie durcheinander."[25] Der Seher von Patmos schaut sogar im Himmel einen Krieg zwischen Michael und dem Drachen, beide jeweils von ihrem Engeln unterstützt. Auch hier ist der Bezug auf eine Dan-Stelle, auf *Dan 10,13*, deutlich.

Der Kampf zwischen Michael und dem Drachen ist letztlich ein Kampf zwischen Gott und Satan. Denn der große Drache ist nach Apk 12,9 die alte Schlange, Teufel und Satan genannt. Er wird mit seinen Engeln auf die Erde geschleudert. Das furchtbare Tier von Apk 12 ist also nicht mehr nur wie in Dan 7 das Sinnbild für ein dem Volke Gottes feindliches Imperium, sondern Symbol für den Satan selbst. Dahinter steht freilich, daß das Imperium Romanum ein Imperium ist, das die satanische Macht repräsentiert – auch hier Repräsentation *stricto sensu* verstanden: Das Tier *ist* die weltpolitische Inkarnation des Satans (s. aber Kap. 13!). Ein dualistisches Denken ist hier unverkennbar.

In *Apk 13* ist die Anspielung auf Dan 7 noch deutlicher als in Apk 12. Dort war vom Drachen als dem anderen Zeichen *im Himmel* die Rede, jetzt steigt in 13,1 das Tier aus dem *Wasser* auf, wie es in Dan 7 für alle vier Tiere geschrieben wird. Freilich, diese Tiere sind in 13,1 zu einem einzigen zusammengefaßt. Und das Tier von Kap. 13 wird nun vom Drachen aus Kap. 12 eigens unterschieden. War der Drache dort der Satan, so ist das Tier von Kap. 13 sein politischer Stellvertreter, also das Imperium Romanum. In Apk 12 koinzidierten gewissermaßen Satan und Imperium Romanum (Apk 12,17 dürfte diese Interpretation bestätigen), in Apk 13 treten der Drache als der Satan und das Imperium Romanum als seine weltpolitische Repräsentation auseinander. Vielleicht kann man sagen, daß Apk 12 und 13 einen Midrasch über Dan 7 darstellen, wobei der Vf. der Apk zugleich andere Prophetenbücher, vor allem Jes, heranzieht. *Anthony T. Hanson* sieht hier ein bezeichnendes Beispiel für die Vertrautheit des Vf. der Apk mit den jüdischen exegetischen Methoden. In welchem Umfang dies zutrifft, sei hier nicht weiter thematisiert. War, wie Hanson vermutet, der Vf. der Apk mit dem Targum-Text vertraut?[26]

---

[24] *Lohse*, NTD, 71.

[25] Ib., 72.

[26] *Hanson*, The Living Utterances of God. 171. 175: „As we might expect, there is more evidence in Revelation of a knowledge of Jewish exegetical tradition than in any other book of the New Testament. Indeed, one is tempted to say that Revelation shows more signs of the influence

Die Darlegungen zur Apk sollten nicht zu Ende gehen, ohne daß auch das prophetisch angekündigte Endheil durch den Seher von Patmos in den Blick kommt. Unter dem Gesichtswinkel, daß der prophetische Seher die prophetischen Bilder gerade des Jes-Buches verwendet, empfiehlt sich dafür *Apk 21,1–8*, also die Aussagen über den neuen Himmel und die neue Erde. Jetzt ist es vor allem *Tritojesaja*, der die Bilder für das beseligende Eschaton hergibt. Ist vom neuen Himmel und der neuen Erde die Rede, so ist natürlich vor allem *Jes 65,17* und *Jes 66,22* zu nennen. Was Johannes anders als Tritojesaja sagt, ist, daß er ausdrücklich versichert: καὶ εἶδον οὐρανὸν καινὸν καὶ γῆν καινήν. Gegenüber der alttestamentlichen Prophetie ist also das seherische Moment hervorgehoben. Nach Apk 21,2 sieht Johannes die heilige Stadt, das neue Jerusalem, das vom Himmel her von Gott herabkommt. In *Jes 65,18*, also dem unmittelbar nach Jes 65,17 folgenden Vers, ist zwar nicht von einem vom Himmel her kommenden Jerusalem die Rede. Aber Gott selbst sagt, er mache Jerusalem zum Jubel, ἰδοὺ ἐγὼ ποιῶ Ἰερουσαλὴμ ἀγαλλίαμα καὶ τὸν λαόν μου εὐφροσύνην. Und es ist immerhin das Jerusalem der *neuen* Erde![27] Verzichten wir jetzt auf weitere Parallelen, die ja in jedem Kommentar nachlesbar sind. Halten wir hier nur fest, daß da, wo mit Tritojesaja ein Spätstadium der alttestamentlichen Prophetie gegeben ist (freilich mit apokalyptischen Elementen), daß also da, wo im Alten Testament das eschatologische Endheil als *neue* Schöpfung verheißen ist, die engste Parallele zur Verheißung des *neuen* Heils durch den prophetischen Seher von Patmos vorliegt. Das späte Alte Testament und das späte Neue Testament – sie berühren sich hier theologisch und eschatologisch aufs engste. Was freilich Tritojesaja nicht kennt, das ist das „„wie‘ geschlachtete Lamm". Das Neue des Alten Testaments ist also noch nicht das Neue des Neuen Testaments.[28]

---

of Jewish exegetical tradition than do all the rest of the books of the New Testament put together!" „John the Divine is so free and creative in his use of scripture that we are driven occasionally to wonder whether he really regarded scripture as inspired. We have noted above ... Sweet's admirable phrase for the way John the Divine uses scripture: ‚creative freedom'. Does this mean that he could do anything he liked with scripture, make it serve any purpose which he chose, regardless of what it ‚really meant'? This is the sort of question which we could relevantly ask in connection with almost any method of interpreting scripture. We could certainly put it to Philo: when we see how he allegorizes the Pentateuch we cannot be blamed for concluding that Philo could use his allegorical method to make his text say absolutely anything he liked. One could make very much the same judgement about a great deal of rabbinic exegesis... But we would be mistaken if we made such a judgement about either Philo or the rabbis or John the Divine."

[27] S. außer den Kommentaren vor allem *Fekkes*, Isaiah and Prophetic Traditions, 226ff.

[28] Zur Ergänzung der Ausführungen zur Apk, vor allem ihrer „Kommunikationsstruktur", s. *Karrer*, Die Johannesoffenbarung als Brief.

3. Epilegomena: Der Zeit-Raum der Gnade

Unter Epilegomena versteht man weithin so etwas wie ein Nachwort, in dem einige Grundgedanken des betreffenden Werkes noch einmal in kurzer Zusammenfassung wiederholt werden. ἐπι-λέγειν würde dann bedeuten, zum eigentlich schon Gesagten noch ein paar Worte *hinzu*-sagen, die den Blick des Lesers auf das Wesentliche des Corpus des Werkes zurücklenken sollen. In *Rudolf Bultmanns* Theologie des Neuen Testaments[1] bringen jedoch die Epilegomena, insgesamt sechzehn Seiten, die theologische Konsequenz der zuvor breit ausgeführten Darstellung. Sie haben ihr eigenes inhaltliches Gewicht, ihr eigenes theologisches Profil. Sie sind derjenige Teil des Buches, auf den in der theologischen und exegetischen Literatur mit am meisten Bezug genommen wird. Auch die hier vorgelegten Epilegomena wollen nicht einfach Zuvorgesagtes wiederholen. Sie sollen vielmehr als Entsprechung zu den Prolegomena, für die ja immerhin ein ganzer Band in Anspruch genommen wurde[2], ein etwa gleiches theologisches und hermeneutisches Gewicht haben. Auch wenn sie nicht ganz so ausführlich geworden sind wie die Prolegomena, so enthalten sie doch Überlegungen, die einerseits über die Mesolegomena, den sog. Hauptteil, weit hinausgehen, andererseits aber aus der interpretierenden Darstellung der einzelnen im Neuen Testament enthaltenen Theologien organisch erwachsen sind.

So zeigte sich im Verlauf der Darstellung, daß sich die Thematik von *Zeit* und *Raum*, von *Zeitlichkeit, Geschichtlichkeit* und *Räumlichkeit* wie ein roter Faden durch das gesamte dreibändige Werk hindurchzog. *Fundamentaltheologisch* gesprochen, bedeutet dies, daß erst die Explikation dieser Thematik zentrale biblische Gehalte zum eigentlichen Verstehen bringt. Die von uns so stark betonte *hermeneutische* Aufgabe führte notwendig dazu, hier mehr als sonst üblich zu investieren. Und so sah ich es als sinnvoll, ja als geboten an, den Abschnitten über den Zeit-Raum der Gnade ein philosophisch-philosophiegeschichtliches Präludium vorauszuschicken. Über die Frage, wie lang ein solcher Abschnitt sein darf, läßt sich natürlich streiten. Da sich jedoch der Aufbau und die Konzeption des Werkes erheblich von anderen neutestamentlichen Theologien unterscheidet, durfte sich ihr Verfasser vielleicht die Freiheit nehmen, diesen Teil der Epilego-

---

[1] *Bultmann*, Theologie des NT, 585–600.

[2] Die wissenschaftliche Kritik hat diesen Sachverhalt *nach* Erscheinen der Prolegomena fast durchgängig nicht beanstandet, während mir *vor* ihrem Erscheinen mancher Kollege den Rat gab, hier nicht zu ausführlich zu werden. Doch gerade zentrale Gedanken der Prolegomena sind inzwischen von einer Reihe von Autoren ausführlich diskutiert worden.

mena, der im Dienst der Theologie fundierenden Charakter haben soll (natürlich nicht im Sinne einer Philosophie als *ancilla theologiae*!), recht ausführlich werden zu lassen. Es bleibt aber dabei: Es ist ein philosophisches *Präludium*, mehr nicht! Aber ein Präludium, das gespielt werden sollte, ehe die Fuge die einzelnen Stimmen in ihrem gegenseitigen Gefüge erklingen läßt. Bleiben wir im Bilde: Nach der Stimme des Alten Testaments und der des Neuen dann – endlich! – die Stimme Jesu von Nazareth. Das Wirken des vorösterlichen Jesus ist zwar nicht „direkter" Gegenstand einer Biblischen Theologie des Neuen Testaments. Aber Jesus von Nazareth ist der theologische Seins-*Grund* einer solchen Theologie! In ihm *gründet* alle Theologie, auch die Biblische! Gerade die *Wirklichkeit* des „Zeit-Raums der Gnade" ist das theologische Band zwischen den unterschiedlichen Theologien innerhalb des Neuen Testaments einerseits und der menschliche Person gewordenen Offenbarung Gottes andererseits.

Sind die Epilegomena zunächst das Pendant zu den Prolegomena, so korrespondiert das ἐπί dem πρό. Aber ἐπιλέγειν heißt nicht nur „dazusagen" oder „hinzufragen", sondern auch (im Medium) „überlegen", „erwägen" – fügen wir noch hinzu: „reflektieren". So sollen diese Epilegomena im eben dargelegten Sinn auch als das sorgsame Erwägen und Reflektieren des „Zeit-Raums der Gnade" verstanden werden – Reflexion freilich als hermeneutische Reflexion der Theologie.

3.1 Das philosophische Präludium

Halten wir also fest: Die *Zeit* ist sowohl im Alten als auch im Neuen Testament nicht ein Thema unter anderen. Da vielmehr für jede biblische Theologie[1] Aussagen über die Zeit konstitutiv sind, ist sie, bisher in den Mesolegomena zumeist athematisch zur Sprache gebracht, in den Epilegomena *thematisch* zu behandeln. Das verlangen schon allein die expliziten, theologisch bedeutsamen Zeitwendungen, die zahlreiche alttestamentliche und neutestamentliche Texte strukturieren.

Ein recht bezeichnendes Beispiel ist das im *Alten Testament* dreizehnmal begegnende Idiom בְּאַחֲרִית הַיָּמִים, ἐπ' ἐσχάτου τῶν ἡμερῶν (z.B. Gen 49,1; Num 24,14; Dtn 4,30; 31,29; Jes 2,2; Dan 2,28 [aram.]; 10,14), das keinesfalls im strengen Sinne apokalyptisch interpretiert werden darf, sondern einfach meint: „in Zukunft", „in späterer Zeit"[2]; *H. Seebaß*, faßt אַחֲרִית zutreffend als das Danach (im zeitlichen und im logischen Sinne) und dementsprechend בְּאַחֲרִית הַיָּמִים als „im Danach der Tage, in der Folgezeit", und zwar als begrenzte Folgezeit (so etwa für Gen 49,1; Num 24,14; Dtn 4,30; 31,29).[3] Jedoch versteht er diese Wendung an sechs Stellen im *eschatologischen* Sinne, in Jes 2,2 = Mi 4,1 noch ganz unterminologisch; er meint aber in Hos 3,5 und Ez 38,16 eine sich anbahnende Entwicklung zu einem eschatologischen *terminus technicus* zu erblicken. So bedeute dieser in Dan nicht die bloße Zukunft, sondern das, worin die Geschichte kulminiert, also ihr Ergebnis und somit das *Ende der Geschichte*.[4]

Die Wendung ἐπ' ἐσχάτου τῶν ἡμερῶν o.ä. findet sich auch im *Neuen Testament*, allerdings nur in späten Schriften, auch und gerade in solchen, in denen die Naherwartung nicht zum Ausdruck kommt und zumindest nicht besonders betont ist. Wenn z.B. in Hebr 1,2, erst gegen Ende des 1. Jh. geschrieben, also über ein halbes Jahrhundert nach Ostern, vom „Ende dieser Tage" die Rede ist, dann ist dieses Ende, dieses Eschaton, nicht mehr von einer relativ kurzen Endzeit ausgesagt, nicht mehr im Sinne der Naherwartung, wie es z.B. in 1Thess 4,13–18 zum Ausdruck kommt. Vielmehr will diese Wendung nun in semantisch eigenwilliger Weise eine längere Zeit-„Strecke" in ihrer theologischen Bedeutsamkeit qualifizieren. Irgendwie ist hier durch eine sehr spezifische „präsentische Eschatologie" ein chronometrisches Zeitverständnis durch ein sozusagen

---

[1] Hier *biblische* Theologie verstanden als aus biblischem Denken erwachsene Theologie, nicht aber im spezifischen Sinne als *Biblische* Theologie.
[2] *Jenni*, THAT I, 116ff.
[3] *Seebaß*, ThWAT I, 224ff.
[4] Ib., 228.

kairologisches Bewußtsein abgelöst. καιρός statt χρόνος! Nur im Kairos kann nämlich die Zukunft in eins mit der Gegenwart gesehen werden.[5]

Allein schon dieses Beispiel der gesamtbiblischen Redewendung „am Ende der Tage" zeigt symptomatisch, wie unverzichtbar eine eigene Reflexion auf die in beiden Testamenten vorfindlichen Zeitvorstellungen ist. Wo aber Zeit als solche zum thematischen Gegenstand des Nachdenkens wird, da ist *auch* das Gebiet *philosophischer* Domäne betreten. Über Zeit nachzudenken, also über die Frage, was Zeit *ist*, was sie konkret in biblischen Büchern *ist*, zu re-flektieren, bedeutet, philosophisch zu denken, philosophisch zu re-flektieren. Müssen wir uns also an dieser Stelle auf philosophisches Fragen einlassen, so meint ein solches Sich-Einlassen wesenhaft mehr als bloße Zurkenntnisnahme philosophiegeschichtlicher Antworten.

Es kann nicht unsere Aufgabe sein, hier eine ausführliche Auseinandersetzung mit all den relevanten Zeitverständnissen zu führen, die heute im philosophischen Raum diskutiert werden. Wohl aber sind Grundkonstanten zu nennen und kritisch zu bedenken: Welche philosophischen Zeitvorstellungen kennen wir aus vorneutestamentlicher Zeit? Können biblische Aussagen in ihrem Horizont besser verstanden werden? Welche philosophischen Zeitvorstellungen aus nachneutestamentlicher Zeit können für dieselbe Absicht herangezogen werden? Zumindest sind in diesem Horizont *Platon, Aristoteles, Augustinus, Immanuel Kant, Henri Bergson* und *Martin Heidegger* zu nennen.

Für **Platon** ist vor allem der *Timaios* zu nennen.[6] Der Philosoph schildert im Mythos, was ihm in anderer Aussageart nicht möglich ist. Damit ist die Prämisse deutlich: Der von Platon gedachte Zeitgedanke ist in Tim 38b nur *uneigentlich* ausgesagt. Die hier ausgesprochene Vorstellung von der Erschaffung der Zeit, die aufgrund der Erschaffung des Himmels bzw. seiner Sterne und somit gleichzeitig mit eben dieser Erschaffung des Himmels erfolgt, wird in ihrer Aussageintention erst deutlich, wenn die Grundaussageintention des Timaios im *eigentlichen* Sinne verstanden ist. Das Grundproblem dieses Dialogs, der trotz gelegentlicher Bestreitung in jüngster Zeit[7] als einer der letzten zu sehen sein dürfte, ist die Zuordnung von *Sein* und *Werden*, wobei dem Werden ein höherer ontologischer Rang als in früheren platonischen Dialogen zukommt.

Daß der Demiurg den göttlichen Auftrag erhält, den Himmel und somit die Gestirne zu erschaffen, hängt damit zusammen, daß *Gott nicht* der *Gott des Werdens* ist und deshalb auch nicht selbst in diesen Vorgang eingreift. Dennoch steht der Himmel insofern in innerem Zusammenhang mit dem Bereich des Seins, als die Gestirne mit ihrer Bewegung Abbild des ewigen Seins sind. Es ist „ein bewegliches *Abbild* des Ewigen," εἰκὼ κινητόν τινα αἰῶνος; es ist „ein nach der Zahl fortschreitendes Abbild der in der Einheit beharrenden Ewigkeit, αἰῶνος ἐν ἑνὶ κατ᾽ ἀριθμὸν ἰοῦσαν αἰώνιον εἰκόνα, dem wir den Namen Zeit gegeben haben", Tim 37d.[8] Es ist also die Entsprechung von παράδειγμα, dem ewigen göttlichen Sein, und εἰκών, dem in Bewegung befindlichen Abbild,

[5] S. die einschlägigen Artikel in den exegetischen Wörterbüchern!

[6] S. vor allem *Cornford*, Plato's Cosmology; *Friedländer*, Platon III, 329–355; 494–502; *Taylor*, A Commentary on Plato's „Timaeos"; *Vlastos*, Plato's Universe.

[7] Vor allem *Owen*, The Place of the *Timaeos* in Plato's Dialogues; sein Kontrahent ist *Cherniss*, The Relation of the *Timaeos* to Plato's Later Dialogues.

[8] Übersetzung mit Anlehnung an die Platonübersetzung von *Otto Apelt*. Sie wird auch weiterhin berücksichtigt, jedoch ohne sklavische Bindung an sie.

beides aufgrund von Zahlenverhältnissen, κατ' ἀριθμὸν, in *seinsmäßiger Relation* zueinander befindlich. Aus dieser dualistischen Ontologie heraus, die nicht als antithetischer Gegensatz gesehen werden darf, muß verstanden werden, was für Platon Zeit, χρόνος, ist. Aus den bisherigen Aussagen des Timaios ergibt sich folgerichtig der bekannte programmatische Satz Tim 38b: „*Die Zeit ist mit dem Himmel geworden,*" χρόνος δ' οὖν μετ' οὐρανοῦ γέγονεν.[9]

Die Absicht Gottes bei der Erschaffung der Zeit (πρὸς χρόνου γένεσιν) war also, daß Sonne, Mond und fünf andere Sterne geschaffen wurden, damit die Zeitmaße unterschieden und bewahrt werden können, εἰς διορισμὸν καὶ φυλακὴν ἀριθμῶν χρόνου γέγονεν, Tim 38c. Platon kann daher die Sterne als „Werkzeuge der Zeiten", ὄργανα χρόνων (Plural!) bezeichnen, Tim 41e; 42d.

Bewußt wurde Tim 37–42 diese Aufmerksamkeit geschenkt, weil die Frage noch offen geblieben war, ob Platon in seiner Philosophie einen objektiven Zeitbegriff vertritt. Was sich bisher zeigte, scheint diese Auffassung zu bestätigen. Denn es ist ja die Bewegung der Gestirne, die die Zeit bestimmt; ohne Gestirne ist Zeit nicht denkbar und ontologisch unmöglich.

Im Prinzip ist dies richtig. Dennoch ist eine gewisse Relativierung vonnöten. Denn in dem, was die Zeit ausmacht, ist der *Mensch* zumindest impliziert. Der Weg zu dieser Einsicht führt über den Begriff der *Weltseele,* der ψυχή als der Beherrscherin des Leibes des Weltalls, Tim 34a–37c. Diese Weltseele ist aber die vernünftige, die mit Vernunft begabte Seele. Der Erschaffung der Gesamtseele, τὴν τοῦ πάντος ψυχήν, entspricht die Erschaffung der Seelen eines jeglichen Sterns, Tim 41de. Unmittelbar danach ist die Rede von der Erschaffung des Menschen. Der ontologische Gesamtzusammenhang des Weltalls läßt die *Seelen der Menschen* nicht ohne innere Beziehung zur Seele des Weltalls sehen.

Es hat sich also gezeigt, daß bereits bei Platon das Raster „objektiver Zeitbegriff – subjektiver Zeitbegriff" verfehlt ist. Bereits bei ihm sind beide Aspekte – oder sollte man besser sagen: beide Dimensionen? – der Zeit miteinander verbunden, und dies aufgrund der Weltstruktur. Doch bleibt bei Platon noch die Frage, ob nicht gerade im Blick auf den Zeitbegriff eine gewisse Widersprüchlichkeit vorliegt. Von der Weltseele her ist die Zeit in Konkordanz mit der Einzelseele zu sehen. Die Seele hat aber ihren *eigentlichen* Ort gerade nicht im Bereich der αἰσθητά, nicht in der materiellen und sinnlich erfaßbaren Welt; aber gerade von ihr ist das, was Zeit ist, mitdefiniert. Eine gewisse Inkonsistenz läßt sich also nicht leugnen.

Bei *Aristoteles* sind Parallelen zu Platon unverkennbar gegeben, ebenso aber auch gravierende Unterschiede. Auch bei ihm läßt sich keine rein objektive Zeitvorstellung verifizieren. Auch bei ihm sind die Überlegungen zur Zeit in übergeordnete kosmologische und metaphysische Grundanschauungen eingebettet. Für ihn ist bekanntlich die Materie, ὕλη, ewig; er sieht die bewegte Welt in ewiger Abhängigkeit von Gott als dem Ersten Beweger.

---

[9] *Schleiermacher* und *Apelt* übersetzen γέγονεν übereinstimmend mit „entstand", *Schleiermacher* faßt οὐρανός mit „Himmel", *Apelt* mit „Weltall". Beide Übersetzungen treffen das von Platon Gemeinte.

Aristoteles definiert die Zeit in *Phys IV, 11, 219b:* τοῦτο γάρ ἐστιν ὁ χρόνος, ἀριθμὸς κινήσεως κατὰ τὸ πρότερον καὶ ὕστερον.[10] Daß also die *Zahl der Bewegung* die Zeit definiert – nicht wird die Zeit mit der Bewegung gleichgesetzt![11] –, steht in inhaltlicher Affinität zu dem, was Platon im Timaios sagt. Für Aristoteles hat gemäß seiner Definition Zeit *nur* mit der bewegten, weil körperlichen Welt zu tun. Außerhalb dieser Welt und somit bei Gott kann es *per definitionem* keine Zeit geben.[12] Also: Wo kein Körper, da auch keine Zeit. Würde Aristoteles nicht mit der seit Ewigkeiten existierenden Materie rechnen, hätte er wie Platon die Erschaffung der Zeit bei der Erschaffung der Gestirne postulieren müssen. Der Gedanke der Bewegung, κίνησις, ist es somit, der Lehrer und Schüler in ähnlicher Weise über die Zeit denken läßt.[13]

Ist aber die Zeit die Zahl der Bewegung, so muß diese Zahl *gezählt* werden. Nach Aristoteles tut dies die *Seele,* die ψυχή. Also untersucht er die Beziehung zwischen Zeit und Seele.[14] Er fragt aber zugleich – und hier zeigt sich wieder das metaphysische Denken des Aristoteles: Metaphysik freilich im Sinne des *Aristoteles!*[15] –, wodurch, διὰ τί, in allem die Zeit zu sein scheine, also auf Erden, im Wasser und im Himmel.[16] Wenn er also formuliert ἐν παντὶ δοκεῖ εἶναι ὁ χρόνος, dann dürfte in dieser Wendung εἶναι im *streng ontologischen Sinn* gemeint sein: Die Zeit *ist.*[17] Die von Aristoteles gestellte Frage nach dem διὰ τί dürfte dann auch die Frage implizieren, inwiefern die Zeit im Blick auf die Seele *ist.* Oder anders formuliert: Inwiefern *ist* die Zeit von der Seele her? Halten wir zunächst nur einmal fest, daß für Aristoteles keine Zeit wäre, wenn die Seele nicht existierte.[18]

---

[10] S. auch De coelo I, 279a.

[11] Phys IV, 10, 218b.

[12] De coelo I, 279a: ἔξω δὲ τοῦ οὐρανοῦ δέδεικται ὅτι οὔτ' ἔστιν οὔτε ἐνδέχεται γενέσθαι σῶμα. φανερὸν ἄρα ὅτι οὔτε τόπος οὔτε κενὸν οὔτε χρόνος ἐστὶν ἔξωθεν.

[13] *Kurt Flasch,* Was ist Zeit?, 121, sieht mit Recht eine größere Nähe zwischen Aristoteles und dem platonischen Timaios als zwischen Aristoteles und Augustinus, Conf. XI.

[14] Phys IV, 14, 223a: ἄξιον δ' ἐπισκέψεως καὶ πῶς ποτε ἔχει ὁ χρόνος πρὸς τὴν ψυχήν ...

[15] Nach *Flasch,* Was ist Zeit?, 120f., gehört die Theorie der Zeit des Aristoteles nicht in die Metaphysik. *Flasch* sagt aber zugleich, daß Aristoteles in der „Physik" voraussetze, daß Termini wie Bewegung usw. bereits bestimmt worden seien; so könne sich dieser auch mit einem kurzen Hinweis auf die Seele begnügen. Damit hat *Flasch* aber implizit gesagt, daß die Theorie der Zeit nach Aristoteles in den Grundlagen der Metaphysik fundiert ist.

[16] Phys IV, 14, 223a.

[17] Aristoteles hat sich zuvor mit der Auffassung auseinandergesetzt, wonach die vergangene Zeit *nicht ist,* weil sie „nicht mehr" ist, und die zukünftige Zeit *nicht ist,* weil sie „noch nicht" ist und somit die Gegenwart als Zeit nicht ist, weil sie nicht Teil eines übergeordneten Ganzen ist, Phys IV, 10, 217b.ff. Wir können diese Überlegungen des Aristoteles hier übergehen, müssen aber im Zusammenhang mit Augustinus darauf zurückkommen.

[18] Phys IV, 14, 223a: εἰ δὲ μηδὲν ἄλλο πέφυκεν ἀριθμεῖν ἢ ψυχὴ καὶ ψυχῆς νοῦς, ἀδύνατον εἶναι χρόνον ψυχῆς μὴ οὔσης, ἀλλ' ἢ τοῦτο ὅ ποτε ὂν ἔστιν ὁ χρόνος, οἷον εἰ ἐνδέχεται κίνησιν εἶναι ἄνευ ψυχῆς.

Von welcher Seele spricht aber Aristoteles hier? Ist, mit *Kurt Flasch* gesprochen, für die Zeit als Zahl die Tätigkeit der Seele „formell konstituierend", so präzisiert Aristoteles in der „Physik" nicht, „ob er an die Himmelsseele oder an die einzelne Menschenseele denkt".[19] Die aristotelische Himmelsseele habe eine ähnliche Funktion wie die platonische Weltseele: „Ohne die Himmelsseele gibt es keine Sternbewegung, ohne die Sternenbewegung kann sich nichts bewegen oder verändern, also kann ohne die Seele nichts gezählt werden."[20] Und sofort kommt Flasch dann auf die menschliche Einzelseele zu sprechen: „Ohne Einzelseele kann keine Zahl, also auch keine Zeit sein, wohl aber ein *hypokeimenon*, ein Substrat der Zeit, welches keine Vorform der Zeit ist, sondern die Naturveränderung, die zahlenhaft ist aufgrund der Tätigkeit der Himmelsseele (IV 14,223a 16–29)."[21]

Damit hat Aristoteles *Zeit* und *Ewigkeit* zusammengedacht. Es ist die ewige *Kreisbewegung* der obersten Himmelsschale, die das Maß der Zeit ausmacht.[22] Zählt also die Seele des Menschen die Zeit, so zählt sie, weil die Zeit als „Zahl der Bewegung" bestimmt ist, letztlich von dieser Kreisbewegung her, von diesem *Bild der Ewigkeit* her.

Statt ἀριθμὸς κινήσεως kann Aristoteles dementsprechend auch als Definition der Zeit „Maß der Bewegung" sagen: ἐστὶν ὁ χρόνος μέτρον κινήσεως καὶ τοῦ κινεῖσθαι, *Phys IV, 12, 220b*. So sind zwar Gott und Zeit *nicht direkt* aufeinander bezogen, aber im gewissen Sinne doch schon in indirekter Weise.

Für unsere theologischen Überlegungen ist die aristotelische Redeweise vom *In-der-Zeit-Sein*, τὸ ἐν χρόνῳ εἶναι, von hoher Relevanz. Diese Aussage gilt gemäß dem philosophischen Ansatz des Stagiriten zunächst der Bewegung selbst. Es ist genau dieses In-der-Zeit-Sein, das zunächst im Blick auf die Bewegung ausgesprochen ist. Denn für sie bedeutet dieses Sein, daß sie durch es be-

---

[19] *Flasch*, Was ist Zeit?, 120.

[20] Ib., 120.

[21] Ib., 120. Unverzichtbar für die Frage nach dem Verhältnis von Zeit und Seele bei Aristoteles ist die kleine Studie von *Franco Volpi*, Chronos und Psyche, mit dem bezeichnenden Untertitel „Die aristotelische Aporie von Physik IV, 14, 223a 16–29", die einen informativen philosophiegeschichtlichen Überblick über die Wirkungsgeschichte der Aristotelesinterpretationen gibt. *Volpi* hält ib., 55, mit *Wolfgang Wieland* daran fest, daß die aristotelische Lehre vom Zusammenhang zwischen Seele und Zeit keineswegs ein Beispiel für eine subjektivistische Zeitauffassung sei. Er verweist am Ende seiner Ausführungen (ib., 59) auf *Heideggers* Marburger Vorlesung vom SS 1927 (s. auch unsere Anm. 27), die er leider nur streift. Er sieht dort in *Heideggers* phänomenologischer und zugleich radikalisierter Interpretationstendenz eine Interpretation in eine äußerst interessante Richtung. Die manifestative Funktion der Seele lasse die gezählte Bewegtheit des Seienden dadurch als Zeit erscheinen, daß sie als die selbst zeitliche Seele in ihrer Zeitlichkeit Seiendes entdecken könne. „Damit versucht Heidegger zu zeigen, daß Aristoteles die manifestative Rolle der Seele als Zeitlichkeit nicht nur und nicht so sehr in der Konstitution der subjektiven Zeiterlebnisse (und zwar schon lange vor Augustin), sondern auch in der Konstitution der objektiven Zeiterfahrung, wenn nicht explizit gesehen, so doch wenigstens geahnt und als Problem empfunden hat."

[22] *Flasch*, Was ist Zeit?, 121.

messen wird.[23] Wichtiger ist freilich noch, daß das In-der-Zeit-Sein auch für alles übrige Seiende gilt.[24]

Die Formulierung In-der-Zeit-Sein erinnert natürlich an *Martin Heideggers* Grundexistenzial *In-der-Welt-sein* als Grundverfassung des Daseins[25], zumal man dieses als In-der-Zeit-sein im Sinne eines fundamentalen Existenzials verstehen kann – vorausgesetzt, man faßt In-der-Zeit-sein nicht als objektive chronometrische Bestimmung.[26] Man darf sicherlich nicht die Bedeutung der aristotelischen Formulierung vom In-der-Zeit-Sein in genuin existenzialem Sinne sehen.[27] Da aber dieser antike Philosoph die Gesamtheit des irdisch vorfindlich Seienden unter das In-der-Zeit-sein stellt, gilt dies auch für den Menschen, ja, aufgrund ihrer Zähltätigkeit sogar in ausgezeichneter Weise für die menschliche Seele. Wer also von Heideggers Fundamentalontologie her die Darlegungen des Aristoteles über die Zeit liest, wird notwendig „Sein und Zeit" assoziieren. Hat auch der griechische Philosoph nicht existenzial gedacht, so kann doch der, welcher von Heidegger her existenzial zu denken gelernt hat, von ihm her phänomenologisch zu sehen gelernt hat, die damaligen Aussagen im existenzialen Horizont rezipieren, indem er in ihnen eine tiefere Bedeutungsdimension als Aristoteles erfaßt, ohne den ursprünglichen Aussagesinn dadurch zu negieren.[28]

Ein eigentümlicher und, wenn ich es recht sehe, bisher nicht hinreichend bedachter Sachverhalt bei Aristoteles ist die Art, wie er vom In-Sein *reziprok* reden kann. Denn wir finden bei ihm nicht nur das In-der-Zeit-Sein, sondern auch – der betreffende Passus wurde bereits genannt – die Aussage, daß die Zeit in allem zu sein scheint, das *In-allem-Sein-der-Zeit*, Phys IV, 14, 223a.[29] Dann aber, wenn auch von Aristoteles nicht ausdrücklich thematisiert, ist die *Zeit* auch im Menschen, *im menschlichen Dasein*.

Es will freilich beachtet sein, daß sich in Phys IV, 10–14 keine weitere Reflexion dieses reziproken Verhältnisses findet. Dürfen wir also keinesfalls die so singuläre reziproke Wendung zu stark akzentuieren, so sollte es dennoch erlaubt sein, von ihr aus weiterzudenken – nicht, um *seine* Philosophie doxographisch zu beschreiben, sondern um von dieser Wendung aus in die weitere Geschichte der Philosophie zu schauen. Von hier aus führt nämlich der Weg weiter, zumindest zunächst einmal bis zu Augustinus, aber doch wohl auch, wenn wir Aristoteles in Richtung auf die Existenzialphilosophie Heideggers hin interpretieren dürfen, bis in unser Jahrhundert. Das mindeste, was wir sagen können, ist, daß die Aussage von der (auch) in uns befindlichen Zeit als Aussage

---

[23] Phys IV, 12, 220b: οὐ μόνον δὲ τὴν κίνησιν τῷ χρόνῳ μετροῦμεν, ἀλλὰ καὶ τῇ κινήσει τὸν χρόνον διὰ τὸ ὁρίζεσθαι ὑπ᾽ ἀλλήλων.

[24] Phys IV 12, 221a: δῆλον ὅτι καὶ τοῖς ἄλλοις τοῦτ᾽ ἔστι τὸ ἐν χρόνῳ εἶναι, τὸ μετρεῖσθαι αὐτῶν τὸ εἶναι ὑπὸ τοῦ χρόνου.

[25] *Heidegger*, Sein und Zeit, §§ 12 und 13.

[26] Ib., §§ 45ff.

[27] So faßt *Heidegger* in seiner Marburger Vorlesung „Die Grundprobleme der Metaphysik" (SS 1927) das „Etwas ist ‚in der Zeit'" zunächst nicht im existenzialen, sondern im kategorialen Sinne als *Innerzeitigkeit* (Gesamtausgabe II.24, 334). Nach *Heidegger* hat Aristoteles „das vulgäre Zeitverständnis eindeutig in den Begriff gebracht, so daß seine Zeitauffassung dem natürlichen Zeitbegriff entspricht" (ib., 329).

[28] Das ist im Prinzip das *hermeneutische Grundgesetz* jeglicher Rezeption geistiger Gehalte!

[29] Phys IV, 14, 223a: ἐν παντὶ δοκεῖ εἶναι ὁ χρόνος.

vom Bestimmtsein unserer menschlichen Existenz durch die Zeit wenigstens *implizit* in der Perspektive des Aristoteles lag. Trotz der tendenzhaft statischen Sicht der aristotelischen Anthropologie, wonach der Mensch aus Leib und mehrfach strukturierter Seele (wenn man nicht gar von mehreren Seelen sprechen muß[30]) zusammengesetzt ist, ist also diese Philosophie auf eine existenziale Entfaltung hin offen.

Jedoch, mögen auch Zeit und ganz anfangsweise Zeitlichkeit in der Philosophie des Aristoteles begegnen, so fehlt doch gerade dasjenige, was für unser heutiges Denken – auch für das sich von Heidegger distanzierende! – unverzichtbar ist, nämlich der Bezug von Zeit und Zeitlichkeit auf Geschichte und Geschichtlichkeit.[31] Die Auffassung des Aristoteles, daß die die Zeit konstituierende Bewegung der in ewig gleicher Weise rotierenden Himmelskörper gerade das Ewige im irdischen Verlauf widerspiegelt, manifestiert zur Genüge das *damalige ungeschichtliche Denken*: Zeitliches hat Sinn und Wert nur im Ewigen! Mochte auch der antike Mensch im Horizont der Zeit und der in der Zeit sich ereignenden Geschichte denken, sogar denken müssen, keinesfalls hat er aber bewußt die Zeit in ihrer genuinen Geschichtlichkeit reflektiert. Das gilt nicht nur für die Philosophie. Wo etwa in der *griechischen Tragödie* der Mensch innerhalb seiner Geschichte dargestellt ist, da ist seine geschichtliche Existenz weithin von einer verobjektivierenden, fast uhrwerkhaften Sicht der göttlichen Geschichtslenkung mit ihren so tragischen Zügen bestimmt, so vor allem bei *Sophokles* (Prädestination des Ödipus!). Bei *Euripides* wird die Existenz bereits lebendiger, sie gewinnt an geschichtlicher Plastizität, an Persönlichkeit. Aber keinesfalls ist es schon ein wirklicher Durchbruch zur bewußten Darstellung der menschlichen Existenz *als* geschichtlicher Existenz.

Was der Grieche nicht vermochte, ist, den geschichtlichen *Kairos* als die aus der Geschichtlichkeit der Existenz sich ergebende Überhöhung des chronometrisch gefaßten *Chronos* zu erkennen. Allenfalls bleibt es bei nicht eigentlich intendierten Ansätzen. Sicherlich haben die Griechen zwischen χρόνος und καιρός unterschieden, selbst Aristoteles; aber diese Unterscheidung hatte keine wirklich geschichtliche Relevanz.[32] Schließen wir diesen Teil der Ausführungen mit einem Zitat von *Kurt Flasch*: „...die europäische Welt [ist] bis in den Alltag hinein der aristotelischen Wegweisung gefolgt und mißt Zeiten, indem sie die Strecken angibt, die innerhalb einer definierten Zeitspanne zurückgelegt werden."[33]

Aristotelisches Denken begegnet in der für *Augustinus*[34] bezeichnenden Definition der Zeit. In Conf. XI begegnet sie erst in n.26 – also nach einem langen

---

[30] *Gohlke*, Aristoteles. Über die Seele, 15f.: „Die menschliche Seele endlich ist durch Erkenntnisvermögen und Vernunft aus dem Reich der Tiere herausgehoben. Es wird aber nie recht klar, ob nun der Mensch mehrere Seelen hat, nämlich z.B. eine besondere Nährseele, wie die Pflanzen, oder ob es nur ein Seele sein soll mit den verschiedenen Kräften... Es wird also Absicht sein, wenn sich Aristoteles darüber nicht genauer äußert, einmal, weil er selbst ganz klar die Seelenteile gelehrt hatte, und sodann, weil er vielleicht nie darüber mit sich ganz ins Reine gekommen ist."

[31] Zum Begriff *Geschichtlichkeit* s. *von Renthe-Fink*, HWP 3, 404–408.

[32] *Delling*, ThWNT, III, 457, 12ff.

[33] *Flasch*, Was ist Zeit?, 118.

[34] Die Lit. über sein Zeitverständnis ist Legion. Ich nenne hier nur *Ernst A. Schmidt*, Zeit und Geschichte bei Augustin, 1985; *Friedrich-Wilhelm von Herrmann*, Augustinus und die phäno-

Anlauf: „*Sunt enim haec in anima tria quaedam et alibi ea non video, **praesens** de praeteritis memoria, **praesens** de praesentibus contuitus, **praesens** de futuris expectatio.*" Ich übersetze: „Es gibt in der Seele drei Seinsweisen (ontologisches *sunt!*) [der Zeit] – anderenorts sehe ich sie nicht! –: die Gegenwart von Vergangenem als Erinnerung, die Gegenwart von Gegenwärtigem als Anschauen und die Gegenwart von Zukünftigem als Erwartung." Es ist die Antwort auf seine viel zitierte Frage nach dem *Sein der Zeit*, n.17: „*Quid est ergo tempus? Si nemo ex me quaerat, scio; si quaerenti explicare velim, nescio.*" Mit von Herrmann sei Augustins Frage nach dem Sein der Zeit von seiner Frage nach dem *Wesen der Zeit* unterschieden.[35] Der Kirchenvater reflektiert das Messen der Zeit. Sein Kernsatz ist Conf. XI, n.36: „*In te, amine meus, tempora metior.*" Von da aus kommt er zur Antwort auf die Frage nach dem Wesen der Zeit; es ist *distentio animi*. In diesem Sinn sagt von Herrmann vom zeitverstehenden Geist: „Dieser erstreckt sich *in der Wahrnehmung* der gegenwärtig erklingenden und darin vorübergehenden Stimme *dreifach*: in das *jeweilige Jetzt*, in das *vorgehaltene Kontinuum des Noch-nicht-jetzt* und in das *festgehaltene Kontinuum des Nicht-mehr-jetzt.*"[36]

Augustins Argumentation erinnert an Aristoteles, wenn er fragt, auf welche Weise die Vergangenheit, die nicht mehr ist, existiert und auf welche Weise die Zukunft, die noch nicht existiert. Fragt dieser doch Phys IV, 10, 217b, ob die Zeit zum Seienden oder zum Nichtseienden gehöre und was denn ihr Wesen sei.[37] Die Differenz zwischen Aristoteles und Augustinus hinsichtlich des *Seins* der Zeit ist jedoch offenkundig. Haben sich auch beide gemeinsam gegen die Auffassung gewandt, Zeit sei nicht, so haben sie jedoch das Wie des Seins der Zeit in recht unterschiedlichem Horizont interpretiert. Zugespitzt und somit ein wenig vereinfachend gesagt: Aristoteles hat das Sein der Zeit „physikalisch" von der „objektiven" Bewegung des Alls bzw. im All konzipiert, während Augustinus in seiner „subjektiven" Sicht den Bezugspunkt von Vergangenheit, Gegenwart und Zukunft – alles drei seinshafte Zeit – im Präsens der Seele gesehen hat. Die *anima* ist es, in der die Zeit ihr Substrat besitzt. Bekannt ist, daß Augustinus der *memoria* einen hohen ontologisch-anthropologischen Stellenwert beimißt (Conf. X). Erinnerung und Erwartung sind es, von denen her er die auf die Gegenwart zentrierte Zeit

---

menologische Frage nach der Zeit, 1992, und *Kurt Flasch, Was ist Zeit?*, 1993. Das Buch XI der *Confessiones* hat immer wieder zum Nachdenken und Neuinterpretieren angeregt. In ihm stehen die Reflexionen des Augustinus über die Zeit im Angesichte Gottes, großenteils sogar als Gebet ausgesprochen, zugleich aber als Verarbeitung der ihm überkommenen philosophischen Traditionen über die Zeit. Obwohl er weder Platon noch Aristoteles nennt, setzt er sich in erkennbarer Weise mit deren Zeittheorien auseinander.

[35] *von Herrmann*, Augustinus, 104ff.

[36] Ib., 131.

[37] Wenn Aristoteles hier fragt τίς ἡ φύσις αὐτοῦ, so entspricht dem das augustinische *Quid est ergo tempus?* Und wenn Aristoteles unmittelbar danach sagt (ib., 218a) τοῦ δὲ χρόνου τὰ μὲν γέγονε τὰ δὲ μέλλει, ἔστι δ' οὐδέν, ὄντος μεριστοῦ, so fragt Augustinus unmittelbar nach der soeben zitierten Frage: „*Duo ergo illa tempora, praeteritum et futurum, quomodo sunt, quando et praeteritum iam non ‚est' et futurum nondum ‚est'?*" Zum parallelen Aufbau bei Aristoteles und Augustinus s. *Flasch, Was ist Zeit?*, 120ff.

begreift. Und so bringt er die für sein Denken so typische, oben zitierte Definition der Zeit.

Ist die „subjektive" Definition der Zeit von Conf. XI, n.26, durch Augustinus schon ein Schritt in Richtung auf das Existenzial der *Zeitlichkeit* im Sinne der Fundamentalontologie Heideggers? Ist mit ihr der Mensch also bereits als das essentiell zeitliche Wesen erfaßt? Der für die theologische Intention unserer Darlegungen nicht unerhebliche Streit unter Philosophen geht darum, ob bei Augustinus zwischen dem philosophischen und dem natürlich-alltäglichen Zeitverständnis unterschieden werden kann, ja, ob, wie *von Herrmann* meint, seine Darstellung als ein Gespräch zwischen diesen beiden Zeitverständnissen entfaltet ist.[38]

3.1.1 Exkurs: Zur Interpretation von Augustinus, Confessiones XI (Kontroverse Friedrich-Wilhelm von Herrmann und Kurt Flasch)

Der Streit der Philosophen über das Zeitverständnis Augustins mag vielleicht für einige Leser einer exegetischen Schrift zu speziell sein. Zwar hängt m.E. an dieser Kontroverse sehr viel für die Deutung der Zeit durch denjenigen antiken Denker, der zum ersten Male im Laufe der antiken Geistesgeschichte den Zeit-*Verstehenden* thematisch bedacht hat und von dessen Nachdenken über die Zeit aus sich das biblische Zeitdenken erheblich besser erschließt. Und deshalb sei hier auch bewußt nicht auf eine kritische Stellungnahme zur Diskussion zwischen *Friedrich-Wilhelm von Herrmann* und *Kurt Flasch* verzichtet. Doch wird diese Topik in einem eigenen Exkurs gebracht, so daß jeder, der sie von seinem exegetischen Verständnis her nicht als relevant für die Frage nach der Biblischen Theologie des Neuen Testamentes beurteilt, bei der Lektüre überspringen kann. Das Ganze dürfte auch ohne die Zurkenntnisnahme der Diskussion zwischen den beiden Philosophen verständlich sein.[39]

Kurt Flasch wehrt sich gegen die von Friedrich-Wilhelm von Herrmann vorgebrachte Unterscheidung von einem *philosophischen* bzw. *phänomenologischen* und einem *natürlich-alltäglichen* Zeitverständnis.[40] Pointiert heißt es: „Nichts im XI. Buch der *Confessiones* ist unter den Denk- und Lebensbedingungen der Moderne entstanden."[41] In der Tat wird das niemand bestreiten. Aber es ist doch zu fragen, ob es nicht unter den Denk- und Lebensbedingungen der Antike *Existenzverständnisse* gab, die wir, weil sie offen auf die „Denk- und Lebensbedingungen der Moderne" waren, in unserem Existenzdenken verstehen können. Kann es nicht unter den antiken Denk- und Lebensbedingungen Ansätze zu existentialer Phänomenologie gegeben haben, die in unser phänomenologisches Denken integriert werden können? Was Flasch an Augustins Zeitdenken herausgearbeitet hat, ist auf weite Strecken hin eine dem Kirchenvater gerecht

---

[38] *von Herrmann*, Augustinus und die phänomenologische Frage nach der Zeit, 51ff.

[39] Daß ich jedoch gerade diese Problematik aus *hermeneutischen Gründen* für unverzichtbar halte, möge, wer anders denkt, mir eben als *meine*, ihn nicht überzeugende Überzeugung zugute halten.

[40] *Flasch*, Was ist Zeit?, 339 u.ö.

[41] Ib., 15.

werdende Deutung.[42] An dieser Stelle bereits im Vorgriff auf *Bergson* folgende Anmerkung: Flaschs Kritik an einer vorschnellen, weil zu stark an Bergson angleichenden Sicht Augustins ist im Prinzip durchaus berechtigt. In der Tat hat dieser noch nicht wie Bergson zwischen meßbarer und real erfahrener Dauer der Zeit unterschieden. Mit Flasch: „Augustin hatte nicht das Problem des Kontrastes von homogener, meßbarer Außenzeit und ganzheitlicher Innenzeit... Sie [sc. die Unterscheidung mehrerer Zeitarten durch Augustinus] findet im Text von *Conf. XI* keinerlei Anhalt. Augustin erklärt, er wolle erforschen, was die Zeit ist; er deutet nicht im mindesten die Differenzierung an, schon gar nicht den Gegensatz Außenzeit – Innenzeit."[43] Aber, so ist gegen Flasch geltend zu machen, trotz des Verharrens im System der Meßbarkeit gibt es *der Intention nach* bei Augustinus eine Überwindung des mathematisierten Zeitverständnisses, also genau diejenige Intention, die Bergson, nun freilich im Gegensatz zu Augustinus, expliziert.

Damit ist die Deutung Augustins durch Flasch relativiert, wenn auch nicht völlig widerlegt. Augustinus ist moderner, als Flasch zugibt.[44] Mit dieser Feststellung ist aber von Herrmanns These vom doppelten Zeitverständnis in den Confessiones noch nicht verifiziert. Dieser verweist für sie zunächst auf den bereits zitierten Satz Conf. XI,17, wonach Augustinus solange weiß, was die Zeit ist, wie er nicht danach gefragt wird. Der Kirchenvater will mit diesem Satz sagen, daß es im Umgang der Menschen ein Verstehen von Zeit gibt, das in der Regel nicht hinterfragt wird und das ja das Verständnis von Menschen über die Zeit ermöglicht. Es ist, mit von Herrmann gesprochen, „*kein thematisches Wissen*", sondern „*Vollzugswissen*".[45] Dieses Vollzugswissen geht der philosophischen Frage nach dem Wesen der Zeit immer und grundsätzlich voraus. Und so kann von Herrmann mit Recht sagen, daß dem philosophierenden Fragen nach dem Wesen der Zeit je schon das natürliche Zeitverständnis als die *Ermöglichung eines solchen Fragens* voraufgehe.[46]

---

[42] Ich nenne hier nur ib., 19f. (zur bereits zitierten Zeitdefinition in Conf. XI, n.2): „Das sieht nach einem ausgewogenen Gleichgewicht der drei Zeitmodi aus; der Nachdruck liegt auf ihrem Gegenwärtigsein und darauf, daß sie woanders, also etwa außerhalb der Seele, überhaupt nicht aufzufinden sind. Damit erhält die Gegenwart ... einen Vorrang, vereinigt sie doch in sich alle Zeiten und ist sie deren einziger ontologischer Ort. Diese Ausdrucksweise ist im Sinne des Textes wieder zu korrigieren: Nicht *die Gegenwart* vereinigt die drei Dimensionen der Zeit, sondern die *Seele* vereinigt sie in der Gegenwart. Die Zeiten ... sind ihr Werk. Nirgends wird gesagt, es gäbe daneben noch Außenzeiten. Zeit ist Seelenzeit, nie pure Weltzeit. Die Seelenzeit ist die einzige Weltzeit, von der wir wissen... Der Innenraum kann Weltinnenraum sein, nicht die Welt Seelenraum. Hier liegen Probleme der Augustinischen Zeittheorie... Diese *Seele* baut sich eine Welt, wie ein Dichter eine Welt hinstellt, mit Worten und mit Grübeln."
[43] Ib., 31.
[44] Seine ib., 131, geäußerte Polemik gegen „dogmatische Augustinisten unserer Gegenwart", die „ihren Heiligen als überzeitliche Wahrheit zu präparieren und aus der Geschichte möglichst herauszulösen" sich bemühen, ist stark überzogen.
[45] *von Herrmann*, Augustinus, 56; Hervorhebungen durch mich.
[46] Ib., 54; s. auch ib.: „Im natürlichen Zeitverständnis verstehen wir nicht nur das ‚Wort' Zeit, ist uns nicht nur dieses ‚Wort', weil wir es vielfach aussprechen, höchst vertraut und bekannt, sondern wenn wir dieses Wort in den verschiedenen sprachlichen Wendungen aussprechen, verstehen wir vor allem auch, was es meint (intellegimus utique, cum id loquimur). Das natürliche Zeitverständnis ist kein bloßes Wortverständnis, sondern ein Verständnis der Sache, die in dem Wort ‚Zeit' genannt ist."

Vielleicht sollte man die Unterscheidung von natürlichem und philosophisch-phänomenologischem Zeitverständnis erweitern, indem man noch das *theologische* Zeitverständnis bei Augustinus aufzeigt. Ein dreifaches Zeitverständnis ergibt sich näm-lich aus dem Aufbau von Conf. XI, den sowohl von Herrmann als auch Flasch reflek-tieren. In Conf. XI,1–16 bemüht sich Augustinus, das Verhältnis von Zeit und Ewigkeit darzustellen, also als das Verhältnis von zeitlichem Mensch und ewigem Gott. Dies tut er, indem er seine Reflexionen über die Zeit in seinen „konfessionalen Dialog"[47] mit Gott hineinnimmt. Der *tractatus theologicus* bis zu Conf. XI,17,5 zielt aber auf den, wenn man einmal so sagen darf, *tractatus philosophicus* (ab Conf. XI,17,6) über das Wesen der Zeit – sowohl aus der Perspektive des natürlichen als auch aus der des philoso-phisch-phänomenologischen Zeitverständnisses. Aus der theologischen Argumentation erwuchs also die primär philosophische Frage nach dem Wesen der Zeit. Und es ist diese Frage, die Augustinus dann im folgenden beantwortet.[48]

Wenn er die *anima humana* anredet[49], so führt er gewissermaßen den Dialog mit sich selbst. Augustinus schaut in sich hinein, um sich als Zeit-*verstehende* Seele zu *verstehen*.

Man mag sicherlich mit von Herrmann über Einzelinterpretationen diskutieren. Man mag sogar kritisch anfragen, ob der von ihm gebrauchte Begriff „Gespräch" für das Verhältnis von natürlichem und philosophisch-phänomenologischem Zeitverständnis angemessen ist oder ob man nicht besser vom mehrfachen Wechsel der Perspektiven reden sollte. Grundsätzlich dürfte aber von Herrmann mit der von ihm betonten Unter-scheidung die richtige Fragerichtung verfolgen. Der Streit zwischen ihm und Flasch geht m.E. letztlich darum, ob die Methode der *existentialen Interpretation* auch einen antiken Text so zum Sprechen bringen kann, daß sie seinen *Existenzsinn offenbart*. Existentiale Interpretation ist dabei nicht so sehr als allgemein gültige Existenzanalyse verstanden[50], sondern, mehr im Sinne Bultmanns, als Methode, einen Text auf seinen Existenzsinn zu befragen. Aber gerade die existentiale Interpretation der Ausführungen Augustins von Conf. XI legen ein Existenzverständnis offen, in dem es *auch* um Existenz als solche geht.

---

[47] Ib., 51.

[48] Es ist m.E. auffällig und auch höchst bezeichnend, daß im theologischen Teil von Conf. XI die Form des *Dialogs mit Gott* im Rahmen der Darlegungen über das Verhältnis von Zeit und Ewigkeit stattfindet, wo sie auch ihren guten Sinn hat. Hingegen wirken im darauffolgenden phi-losophischen Teil einzelne Sätze des Dialogs mit Gott ein wenig künstlich, gar nicht organisch aus der Gedankenfolge erwachsend. Der *Dialog mit der eigenen Seele* ist hier angemessener, z.B. n.19: „*Videamus ergo, anima humana, utrum praesens tempus possit esse longum: datum enim tibi est sentire moras atque metiri. Quid respondebis mihi?*" Wenn aber z.B. zu Beginn von n.21 oder n.22 Gott angeredet wird, so liegt das nicht so sehr in der von Augustinus bedach-ten Frage wie im *tractatus theologicus*.

[49] S. letzte Anm.

[50] Dazu wurde schon mehrfach das Erforderliche im Blick auf *Heideggers* „Sein und Zeit" gesagt; s. auch den noch folgenden Abschnitt über diesen Philosophen!

Fortsetzung 3.1: Das philosophische Präludium

Wie immer man auch in der Auseinandersetzung zwischen von Herrmann und Flasch entscheidet, soviel kann auf jeden Fall gesagt werden: Augustins Ansatz bei der *anima* für die Bestimmung dessen, was Zeit ist, hat menschliches Dasein so verstehen lassen, daß es seinem *Wesen* nach ohne Zeit nicht gedacht werden kann. Keinesfalls ist hier die Zeit im Sinne der Innerzeitigkeit[51] gesehen, so daß der Mensch sich eben nur innerhalb einer je neuen objektiven Zeit befände. Vielmehr gehört die Zeit zum Wesen des Menschen, da seine Seele weder ohne die Gegenwart der Vergangenheit im Gedächtnis gedacht werden kann noch ohne die Gegenwart der Zukunft in der Erwartung – auch wenn die Zukunft in Conf. XI nicht eine so dominierende Rolle spielt wie bei Heidegger, der Dasein als geworfenes vom Entwurf und darin vom Sein zum Tode her versteht (s.u.). Man kann, ohne dem augustinischen Denken Gewalt anzutun, sagen, daß zum Wesen des menschlichen Daseins seine Vergangenheit und Zukunft, gebündelt in der jeweiligen Gegenwart, gehören und somit Augustinus *auf dem Wege* dazu ist, den Gedanken der *Zeitlichkeit menschlicher Existenz* zu denken. Zumindest kann gesagt werden, daß seine Aussagen über die Zeit in hervorragender Weise geeignet sind, existenzial interpretiert zu werden. Dies darf keineswegs, bei aller unübersehbarer Subjektivität dieses Ansatzes, als subjektivistisches Zeitverständnis interpretiert werden. Denn die Seele mit ihrem ganzen Zeitenspektrum, das – sagen wir es so – von eben dieser Seele „konstituiert" wird, ist ja in ihrem *eigentlichen* Sein als geschaffenes Sein in ihrem Schöpfer gegründet. Ist der ureigene Ansatz der augustinischen Zeitkonstruktion durch das Grundthema „*Deus et anima*" bestimmt, so ist aller Subjektivismus von vornherein ausgeschlossen.

Ist so die Zeitlichkeit der Existenz gewahrt, ist sie bei Augustinus sogar zum *theologischen Existenzial* erhöht, so bleibt doch auch bei ihm das Defizit der *fehlenden Geschichtlichkeit*. In Conf. XI kann nur mit Mühe der Gedanke der Geschichtlichkeit gefunden werden. Sicherlich vorhandene schwache Ansätze lassen höchstens ein gewisses Ahnen vermuten. Andererseits hat Augustinus in *De civitate Dei* immerhin eine grandiose Geschichtstheologie entworfen. Und gerade in ihrem Rahmen bringt er auch Überlegungen über das Wesen der Zeit.[52] Aber eine organische Verbindung zwischen seinem Zeitdenken und Geschichtsdenken ist im Grunde kaum gegeben.

---

[51] Innerzeitig im Sinne von *Heidegger*, Sein und Zeit, vor allem § 81; s. auch, was bereits im Zusammenhang mit *Aristoteles* über Innerzeitigkeit gesagt worden ist.

[52] Dazu *Flasch*, Was ist Zeit?, 105ff. Er macht vor allem auf De civ. Dei XI 6, CC 48, 326 Z.1–12, aufmerksam: *Si enim recte discernuntur aeternitas et tempus, quod tempus sine aliqua mobili mutabilitate non est, in aeternitate autem nulla mutatio est: quis non videat, quod tempora non fuissent, nisi creatura fieret, quae aliquid aliqua motione mutaret, cuius motionis et mutationis cum aliud atque aliud, quae simul esse non possunt, cedit atque succedit, in brevioribus vel productioribus morarum intervallis tempus sequeretur? Cum igitur Deus, in cuius aeternitate nulla est omnino mutatio, creator sit temporum et ordinator: quo modo dicatur post temporum spatia mundum creasse non video, nisi dicatur ante mundum iam aliquam fuisse creaturam, cuius motibus tempora currerent;* ib., 15.

Es zeigte sich also, daß der Kirchenvater die Diskussion, ja, im eigentlichen Sinne des Wortes: die *Re*-Flexion der Zeit um einen weiten Schritt nach vorn gebracht hat, indem er, anders als vor ihm Platon und Aristoteles, die Seele und somit das eigentliche Ich als den Ort der Zeit – *in* anima! – sah. Mit diesen griechischen Philosophen verband ihn aber, daß er die Zeit nicht, oder vorsichtiger gesagt: sie nur recht locker mit der Geschichte im Zusammenhang sah. Entscheidend für unsere Fragestellung ist jedoch, daß Augustinus *Zeit und Seele zusammenschaut*. Mag auch Kurt Flasch davor warnen, Augustins Zeitverständnis im modernen Sinne zu interpretieren, weil nichts in Conf. XI unter den Denk- und Lebensbedingungen der Moderne entstanden sei[53],[54] so hat doch *Martin Walser* etwas durchaus Richtiges gesehen, wenn er über seinen Roman „Das Einhorn" die Worte „Ich bin mein Erinnern. Augustin." setzt, woran Flasch nur halbherzig und in gebrochener Weise Kritik übt.[55] Denn wenn Augustinus in *personalen* Kategorien denkt und somit gerade die betonte Thematisierung der *anima* Ausdruck seines personalen Denkens ist, so ist auch die Zeit „in" ihr im gleichen personalen Kontext zu sehen. Denn die Zeit ist ja nicht irgendwie substanzhaft innerhalb der Seele vorhanden, sie gehört vielmehr *wesenhaft* zu ihr als dem personalen Sein. Und daher läßt sich, wenn auch als zugespitzte Aussage, formulieren: *Ich bin meine Zeit.* Also: *Ich bin meine Zeitlichkeit, ich bin zeitlich.*

Von dieser Paraphrase „Ich bin meine Zeit, meine Zeitlichkeit" führt ein legitimer Weg zu Henri Bergson und Martin Heidegger. *Henri Bergson* hat bekanntlich *Weltzeit* und *Erlebniszeit* gegenübergestellt, nämlich die äußere, kosmische und mathematisierbare Zeit, *temps*, und die innere Zeiterfahrung, *durée*. Flasch sieht richtig, daß der Unterschied zwischen Augustinus und Bergson darin besteht, daß es für Augustinus um das Messen der Zeit geht, gerade um das Messen der Zeit in der Seele, während für Bergson die innenerfahrene Dauer als nicht homogene gerade nicht gemessen, sondern empfunden wird. „Augustin hatte nicht das Problem des Kontrastes von homogener, meßbarer Außenzeit und ganzheitlicher Innenzeit... Sie [sc. diese Unterscheidung] findet im Text von *Conf.* XI keinerlei Anhalt."[56] Daß Bergson diese Differenzierung vornahm, ist ein Fortschritt im philosophischen Verständnis der Zeit; denn damit überwand er eine offenkundige Einseitigkeit bei Augustinus. Und er hat damit auch, gerade darin über ihn hinausgehend, eine neue Dimension der Zeit erkannt, nämlich daß die im Ich erfahrene Zeit *qualitativ* mehr ist als die bloß gemessene Zeit, die *als* gemessene im Rahmen eines lediglich quantitativen Denkens bleibt. Sicherlich wollte aber auch Augustinus entschieden mehr als eine bloß quantitative Zeitkonzeption bieten. Und er hat auch mehr geboten! Indem er aber die Frage des Messens so stark herausstellte, ja nahezu zum Rückgrat seiner Überlegungen

---

[53] *Flasch*, Was ist Zeit?, 15.

[54] Das natürliche Zeitverständnis, das nach *von Herrmann*, Augustinus, passim, Augustinus dem philosophischen Zeitverständnis entgegengesetzt hat, gehört zum Wesen des Menschen und kann deshalb niemals „modern" sein! So Prof. von Herrmann brieflich an den Vf.

[55] *Flasch*, Was ist Zeit?, 18.

[56] Ib., 31.

machte, wird man fragen müssen, ob er nicht gerade dadurch seinem eigentlichen Anliegen schadete.

Immanuel Kant und seine transzendentale Ästhetik hätten eigentlich aus chronologischen Gründen vor Bergson behandelt werden müssen. Da aber, was zu diesem französischen Philosophen zu sagen war, im Zusammenhang mit den Darlegungen über Augustinus geschah, erst jetzt einige Worte zu Kant. Die eingehende Würdigung seiner transzendentalen Ästhetik soll aber erst im Zusammenhang mit der Kant-Interpretation Heideggers geschehen.

Die Kenntnis der Lehre Immanuel Kants von der Zeit und vom Raum als den *reinen Anschauungsformen a priori* sei hier vorausgesetzt: Alles mir sinnenhaft, also aufgrund von Empfindungen Gegebene wird mir in Zeit und Raum gegeben; der Verstand bezieht sich mittels der Kategorien urteilend auf die in Zeit und Raum gegebene Mannigfaltigkeit der Empfindungen. Erkenntnis aufgrund dieser zwei Erkenntnisstämme ist aber immer nur Erkenntnis der Erscheinungen, nicht des Dings an sich. Für die theologische Beurteilung dieser in äußerster Kurzform soeben skizzierten Konzeption der „Kritik der reinen Vernunft" ist aber noch ein Blick auf die transzendentale Dialektik erforderlich: Kants Destruktion des ontologischen Gottesbeweises und, da seiner Auffassung nach alle anderen Gottesbeweise in ihm gründen, damit zugleich die Destruktion dieser anderen Gottesbeweise lassen auch, was er über Zeit und Raum gesagt hat, nur als Aussagen über Erscheinungen, die *per definitionem* Erscheinungen im Bereich der *Immanenz*[57] sind, verstehen. Damit ist abgetan, was in der Antiken Philosophie die ontologische Hinordnung der durch die Bewegung definierten Zeit auf die göttliche Ewigkeit ausmachte. So sagt *Karl Hinrich Manzke* mit Recht, daß Kants These von der transzendentalen Idealität der Zeit für eine theologische Auffassung der Zeit weitreichende Konsequenzen habe. „Die so gedachte Zeit wird aus der Relationsewigkeit herausgelöst."[58] Manzke spricht in diesem Zusammenhang von der „in jeder Reflexion der Zeitvorstellung ans Licht kommende(n) *Grunderfahrung*, daß die Zeit sowohl als Bedrohung der Ständigkeit des menschlichen Lebens als auch als ‚Ort' und Medium der Selbstentfaltung und Selbstverwirklichung erlebt wird. Daß diese Erfahrung auch in den Kantischen Ausführungen über die Zeitvorstellung zur Geltung kommt, ist überdeutlich".[59]

Mit unseren Überlegungen sind wir nun so weit gekommen, daß die Darstellung des fundamentalontologischen Aufweises der existenzialen „*Zeitlichkeit*" durch **Martin Heidegger** organisch aus dem bisher Gesagten erwächst.[60] Es geht dabei nicht darum, ob die Sonderstellung, ja der Absolutheitsanspruch, den der Freiburger Philosoph dem phänomenologisch-existenzialphilosophischen Aufweis gab, zu Recht besteht. Worum es hier allein geht, ist, ob dieser Aufweis so viel an ontologisch-existenzialem Gehalt in sich

---

[57] Immanenz hier im theologischen Sinne verstanden, also als der Bereich der geschaffenen Welt im Gegensatz zur Transzendenz des göttlichen Schöpfers.

[58] *Manzke*, Ewigkeit und Zeitlichkeit, 162; anschließend sagt er zutreffend: „Diejenigen Modelle, die die Zwiespältigkeit menschlicher Zeiterfahrung so deuten, daß sie sie aus der Gegenüberstellung der Zeit zur Ewigkeit als ihrem Urbild verständlich zu machen suchen, verlieren auf dem Hintergrund der Ausführungen Kants an Aussagekraft und Geltung." Zur Kritik an *Manzke* s. jedoch *Hübner*, ThLZ 120, 16ff.

[59] Ib., 162; Hervorhebung durch mich.

[60] *Heidegger*, Sein und Zeit, 17: „Als der Sinn des Seins des Seienden, das wir [sc. menschliches!, H.H.] Dasein nennen, wird die *Zeitlichkeit* aufgewiesen." Ib., 234: „Der ursprüngliche ontologische Grund der Existenzialität des Daseins aber ist die *Zeitlichkeit*."

birgt, daß sich dadurch biblische Aussagen über Existenz (verstanden als menschliche Existenz) und Zeit besser und angemessener erschließen als ohne ihn. Vorausgesetzt wird freilich in den nun folgenden Ausführungen, *daß* eine – im strengen Sinne des Wortes! – *phänomenologische* Darstellung für unsere *theologische* Intention ihren guten Sinn hat und das Verstehen von Existenz weiterführt, auch und gerade von Existenz, wie sie in der Bibel zum Ausdruck kommt.

Konzentrieren wir die Darlegungen der aus Heideggers „Sein und Zeit" wichtigen Sachverhalte auf das für unsere Fragestellung Wesentliche! Vielleicht sollten wir hier gar nicht von „Sachverhalten" sprechen, sondern, m.E. zutreffender, von „*Existenzverhalten*". Heidegger hat durch seine Art der Phänomenologie die Subjekt-Objekt-Spaltung im Sinne des Descartes überwunden.[61] Ausgangspunkt unserer weiteren Überlegungen soll sein, daß das *In-der-Welt-sein*, das Heidegger als Grundverfassung des Daseins expliziert[62], als grundlegendes Existenzial zu sehen ist. In „Sein und Zeit" bringt er zwar kaum noch den Begriff „*Intentionalität*", der für *Franz Brentano* zentral war. Aber der „Sache" nach liegt dem In-der-Welt-sein dieser Begriff zugrunde. Das Aus-sein-auf ..., dann als *Sorge* gefaßt, führt notwendig zur existenzialen Grundverfassung der *Zeitlichkeit*.[63] Jetzt läßt sich – endlich! – ohne Vorbehalt sagen, was wir bei Augustinus nur mit Reserve formulieren konnten: „Ich bin meine Zeit." Damit ist keinesfalls die chronometrische Zeit geleugnet. Nur kann diese eben nicht als Zeit im existenzialen Sinne verstanden werden. Die Unterscheidung Bergsons von *temps* und *durée* hat zwar bei Heidegger keine direkte Parallele; wohl aber bestehen Analogien zwischen dem, was beide Philosophen über die Zeit gesagt haben. In der existenzial verstandenen Zeit bzw. Zeitlichkeit ist gemäß Heideggers Existenzanalyse das Existenzial der *Geschichtlichkeit* fundiert. Die §§ 72–77 von „Sein und Zeit" haben allerdings immer wieder das Mißverständnis hervorgerufen, als würde Heidegger die „objektive" Geschichte in pure Geschichtlichkeit auflösen. Dieses anscheinend unausrottbare Mißverständnis ist dann geradezu notwendig vorprogrammiert, wenn der existenzialphilosophische Gesamtentwurf von „Sein und Zeit" bei der Lektüre[64] nicht erfaßt wird. Was also Heidegger geleistet hat, ist der Aufweis des einsichtigen Zusammenhangs von Zeitlichkeit und Geschichtlichkeit und – gerade darin! – des einsichtigen Zusammenhangs von Zeit und Geschichte. Den Gedanken der Geschichtlichkeit hat Heidegger von *Wilhelm Dilthey*[65] übernommen.

---

[61] Wer will, mag sagen: *angeblich* im Sinne des Descartes. Ob man dieses Spaltungsdenken auf ihn zurückführt oder nicht, ist in unserem Zusammenhang unerheblich. *Daß* ein solches Denken zumindest in der Descartes-*Rezeption* verifizierbar ist, kann man nicht bestreiten.

[62] *Heidegger*, Sein und Zeit, §§ 12 u. 13.

[63] Ib., §§ 61ff. § 65, ist bezeichnenderweise überschrieben: „Die Zeitlichkeit als der ontologische Sinn der Sorge".

[64] Sofern überhaupt primär Lektüre *Heideggers* geschieht und dessen Philosophie nicht nur aus zweiter Hand rezipiert wird!

[65] Vor allem *Heidegger*, Sein und Zeit, § 77; in seinen Vorlesungen hat er immer wieder auf *Dilthey* Bezug genommen, z.B. Gesamtausgabe II.56/57, 164f. (SS 1919); II.59, 149–174 (SS

Es ist immer noch zu wenig bekannt, daß *Rudolf Bultmann* der erste und grundlegende Impuls für sein geschichtliches Denken nicht durch Heidegger vermittelt wurde; er hat das Vorwort zu seinem Jesus-Buch, das unübersehbar dieses geschichtliche Denken zum Ausdruck bringt, geschrieben, ehe er, wie er selber sagte, etwas von den Gedanken Heideggers kannte. Nach seinem Brief vom 5. Juni 1972 hat seine Bekanntschaft mit Heidegger damit begonnen, daß er ihm das Jesus-Buch vorlas. Dabei habe ihm Heidegger geraten, auf S.1 das Wort „Wirkungszusammenhang" einzufügen. Das, so schrieb mir Bultmann, sei das einzige, das in diesem Buche auf Heidegger zurückgehe.[66] Daß er sich zuvor jedoch mit Dilthey beschäftigt hatte, sagt er ebenfalls selbst.[67] So dürften Bultmanns Ausführungen, ganz im Geiste geschichtlichen Denkens verfaßt, auf seine Lektüre Diltheys zurückgehen.

Wir haben da, wo ein Eingehen auf *Immanuel Kant* eigentlich zu erwarten gewesen wäre, nur weniges zu seinem Zeitverständnis gesagt; wir haben dort auf die Kant-Interpretation durch *Martin Heidegger* verwiesen und sie als Voraussetzung für unseren Bezug auf den Königsberger Philosophen genannt. Nun kann es hier nicht unsere Aufgabe sein, darüber zu entscheiden, ob Heideggers Sicht der transzendentalen Ästhetik Kants zutrifft. Der Theologe sollte sich an dieser Stelle im Urteil zurückhalten, um nicht den Zugang zu seinem theologischen Urteil demjenigen, womöglich noch dem Fachphilosophen, der über Kant anders denkt, zu erschweren oder gar zu verstellen. Und so sei hier keinesfalls behauptet, daß Kant mit den Augen Heideggers gelesen werden müsse, wohl aber, daß dessen Kant-Sicht ein für unser Anliegen fruchtbares *Weiter-*Denken der Transzendentalphilosophie ist, nämlich die von Kant gerade nicht durchgeführte *phänomenologische* Sehweise von Raum und Zeit. Es dürfte ein verantwortlicher Umgang mit dessen Philosophie sein, wenn man sich bemüht, sie auch im phänomenologischen Horizont zu sehen.[68]

Von den Voraussetzungen Heideggers her ist es verständlich, wenn er Kant wegen des subjektiven Vorstellungscharakters von Raum und Zeit, also den reinen Anschauungsformen a priori, rügt. Er sieht ihn, wie nicht anders zu erwarten, von Descartes her, von dessen dogmatischer Grundthese her, wonach das *ego cogito* a priori gegeben sei. Habe Kant auch von Raum und Zeit „richtig

---

1920); II.20, 161–164 (SS 1925); nicht überall geht es dabei um den Begriff der Geschichtlichkeit.

[66] *Bultmanns* briefliche Äußerungen an mich in: *Hübner*, ThLZ 110, 649 (dort Druckfehler: Brief Bultmann auf den 5. Juli datiert).

[67] S. seinen Brief an *F. W. Sticht* vom 1.3.1964; zitiert bei *Sinn*, Christologie und Existenz, 142.

[68] M.E. kann man *Heidegger* zustimmen, wenn er in seiner Logik-Vorlesung (WS 1925/26) postuliert (Gesamtausgabe II.21, 279): „Ein wissenschaftliches Studium Kants ... verlangt daher ebensosehr eine positive und produktive Beherrschung der phänomenologischen Problematik wie eine philosophische Beherrschung der zentralen Probleme der vorangehenden Philosophie seit den Griechen." Und auch dem, was *Heidegger* unmittelbar danach sagt, möchte ich zustimmen: „Die phänomenologische Problematik hat Kant nicht explizit gesehen, sondern er bewegt sich in ihr wie jede echt untersuchende Philosophie; d.h. *Phänomenologie* ist nicht etwas Besonderes, eine Richtung und ein System der Philosophie, sondern nur *die zuweilen etwas schwer zu begreifende Selbstverständlichkeit*, daß man auch in der Philosophie ... von den Sachen her rede." (Hervorhebungen durch mich)

phänomenologisch (!) aufgewiesen …, daß sie vor jedem bestimmten Räumlichen und vor jedem bestimmten Zeitlichen gegeben sind, was derart ursprünglich gegeben ist", so gehöre dies doch dem *ego cogito* zu.[69] Freilich habe er die „phänomenologische Problematik" nicht explizit gesehen.[70] Das Fazit in den Augen Heideggers: Sind Raum und Zeit für Kant reine Anschauungen a priori, so vermengt er ein Stück phänomenologische Aufweisung mit dem cartesianischen Dogma.[71]

Was Heidegger schließlich an Kants Raum- und Zeitbegriff bejaht – wir müssen seinen Gedankengang hier abkürzen und daher etwas vereinfachen –, ist, daß nach der „Kritik der reinen Vernunft" (B 39) Raum und Zeit, obwohl als *cogitationes* verstanden, zugleich als *gegebene* Größen vorgestellt werden.[72]

Doch nahezu in einem damit trifft Kant Heideggers Kritik: Liegen in Raum und Zeit konstitutive Momente der Ordnung, so hat er versäumt, auf die Struktur dieser Ordnung als solche einzugehen. Erneut also der Vorwurf der Abhängigkeit von Descartes: „Da nun Kant alles, was überhaupt im Erkannten der Erkenntnis als vorgängig, d.h. als a priori aufweisbar ist, cartesianisch interpretiert als dem Subjekt zugehörig, besagt das: Zeit als Anschauung ist etwas im Gemüt Bereitliegendes, das Ich denke ist ein Aktus der Spontaneität des Gemüts, also geht die Frage nach dem Zusammenhang von Zeit qua Anschauung und Ich denke als Bestimmungen des Gemüts."[73] „Kant arbeitet nun mit diesem besagten Zusammenhang von Zeit und Ich denke, er arbeitet mit diesem Zusammenhang und innerhalb seiner, *aber er fragt nicht nach ihm selbst*."[74]

Wir übernehmen also von Kant die ursprüngliche Vorgängigkeit von Raum und Zeit in jeder konkreten Erfahrung. Wir setzen dies, wenn auch zumeist unausgesprochen, für jede theologische Erkenntnis voraus. Wir bleiben aber insofern bei unserer Zustimmung zum phänomenologischen Ansatz, als wir – *mit Heidegger* – den *Vorgängigkeitsgedanken mit der phänomenologischen Betrachtungsweise zusammendenken*. Wir haben hiermit jedoch kein philosophisches oder philosophiehistorisches Urteil über Kant abgegeben. Worum es hier geht, ist lediglich, die existentiale Interpretation der genannten Vorgängigkeit von Raum und Zeit als einen für die Theologie des Neuen Testamentes fruchtbaren methodischen Ansatz zu behaupten. Und genau deshalb ist es auch nicht nötig, uns ständig auf Kant und Heidegger zu berufen.[75]

Vor allem kann es hier nicht darum gehen, Kants Bindung an *Newtons* Raum- und Zeitbegriff[76] – also die „objektive" naturwissenschaftliche Grundlage seiner Konzeption der „subjektiven" reinen Anschauungsformen von Raum und Zeit – zu bejahen. Mit der

---

[69] Ib., 278.

[70] Ib., 279.

[71] Ib., 278f.

[72] Vor allem ib., 298ff.

[73] Ib., 309.

[74] Ib., 311; Hervorhebung durch mich.

[75] S. auch *Heidegger*, Phänomenologische Interpretation von Kants Kritik der reinen Vernunft (Vorlesung WS 1927/28, Gesamtausgabe II. 25), 113.

[76] *Delekat*, Immanuel Kant, 53ff.

modernen Physik dürften die Vorstellungen vom absoluten Raum und der absoluten Zeit erledigt sein.

Aufgabe unserer philosophiegeschichtlichen Darlegungen soll, wie gesagt, sein, das *philosophische* Koordinatensystem zu erstellen, das erforderlich ist, um *theologisch* angemessen über den Zeit-Raum der Gnade sprechen zu können. Bisher ging es aber lediglich um die Zeitproblematik; vom **Raum** war kaum die Rede, höchstens ganz beiläufig. Also, wenn nun davon zu sprechen ist, noch einmal den ganzen *parcours* durch die Geschichte der Philosophie, diesmal unter dem Gesichtspunkt des Raumes? Das ist jedoch nicht erforderlich, weil das, was philosophiegeschichtlich und philosophisch über die Zeit zu sagen war, *im Grunde schon impliziert*, was noch zum Raum zu sagen ist.

Das zeigt sich bereits bei *Platon* und *Aristoteles*. Bei beiden ist die Zeit durch Bewegung bestimmt, wobei jedoch das Verhältnis von Zeit und Ewigkeit in diesem Zusammenhang jeweils unterschiedlicher Natur ist. Ist aber die *Bewegung*, die κίνησις, die ontologisch-metaphysische Voraussetzung dafür, daß überhaupt so etwas wie Zeit *ist*, so ist eben diese Bewegung auch etwas, was die Vorstellung des Raumes in sich schließt. Damit haben die beiden wichtigsten Philosophen der griechischen Antike auf jeweils ihre Art vorweggenommen, was die Physik des 20. Jh, vor allem *Albert Einstein* mit seiner Relativitätstheorie, nachgewiesen hat: *Zeit ist nur, wo Raum ist.*

Wir können uns in diesem Zusammenhang die damit verbundene, bis in die Neuzeit hinein geführte Diskussion um die Existenz des sog. leeren Raumes, κενόν, schenken. Sie führt uns in unserem theologischen Anliegen kaum weiter. Was jedoch wichtig ist, ist die weltbildlich und weltanschaulich begründete Einheit des Zeit-Raums, beide Elemente, wie gesagt, wesenhaft durch Bewegung konstituiert.

Kommen wir von Platon und Aristoteles zu *Augustinus*, so fällt auf, wie bei ihm aller Nachdruck für das für ihn typische existenziale oder, so man will, protoexistenziale Denken auf der Zeitproblematik liegt, wobei eine unübersehbare Präferenz für die *memoria* in der *anima* besteht. Der Mensch ist sozusagen seine Erinnerung, während Analoges für die Erwartung, die *expectatio*, nur mit einem gewissen Vorbehalt gesagt werden kann. Den existenzialen bzw. protoexistenzialen Charakter des Raumes hat Augustinus also nicht in der Weise herausgearbeitet wie den der Zeit. Wenn später *Immanuel Kant* von der Zeit als der Anschauungsform des inneren Sinnes spricht, vom Raum aber als der des äußeren Sinns, so spiegelt sich in dieser Redeweise etwas von dem, was uns bereits bei Augustinus aufgefallen ist.

Daß freilich für das Neue Testament auch das Existenzial der *Räumlichkeit* neben dem der Zeitlichkeit von hoher Bedeutsamkeit ist, hat sich bei den Erörterungen über das paulinische In-Christus-Sein, ἐν Χριστῷ εἶναι, gezeigt. Es sei hier daran erinnert, daß nicht nur Heideggers Existenzialontologie zum besseren Verständnis der diesbezüglichen Darlegung des Paulus herangezogen wurde, sondern auch *Ernst Cassirers* Philosophie der symbolischen Formen.[77] Daß aber der „objektive" Terminus Zeit-Raum in seinem existenzialen Gehalt als *existen-*

---

ziale Einheit von Zeitlichkeit und Räumlichkeit – sprechen wir terminologisch von *Zeit-Räumlichkeit*[78] – das Ganze der paulinischen Theologie besser als die einseitige Betonung der Zeitlichkeit und Geschichtlichkeit christlicher Existenz beschreibt, sollte aufgrund unserer bisherigen Darlegungen offenkundig sein. Analoges wird sich auch für andere neutestamentliche Autoren herausstellen.

---

[78] Genau genommen, müßte man die existenziale Variante von Zeit-Raum „*Zeitlichkeit-Räumlichkeit*" nennen. Dieses Wortmonstrum sei aber durch den Begriff „*Zeit-Räumlichkeit*" ersetzt. Was mit dieser abgekürzten Formulierung gemeint ist, dürfte aus den hier vorgetragenen Überlegungen deutlich hervorgehen.

3.2 Der Zeit-Raum der Gnade I: Das Alte Testament[1]

Eignet sich, was der philosophiegeschichtliche und philosophische Überblick erbrachte, als Verstehenshorizont für die biblischen Aussagen, zunächst die des Alten Testaments?[2] Nun finden sich in ihm, von wenigen Aussagen wie z.B. Koh 3 abgesehen, keine Spekulationen *über* die Zeit als solche. Konstitutiv für das Alte Testament ist aber, was über Israel *im Horizont* der Geschichte gesagt ist, wobei freilich Geschichte in erster Linie vom Handeln Gottes her vorgestellt wird. Das gilt vor allem für das Deuteronomistische Geschichtswerk, also für das im Alten Testament weithin dominierende deuteronomistische Denken, und, will man den Pentateuch als Geschichtswerk ansehen, erst recht für ihn. *Geschichte wird* so zur *theologischen Kategorie*[3]; Zeit ist die von Gott geschenkte Lebensspanne für den einzelnen und für die jeweilige Generation, ist die von Gott *gegebene Zeit* der Entscheidung für oder gegen ihn. Zeit, weil göttliches Geschenk, hat im Alten Testament keinen neutralen Charakter. Man mag vielleicht eine gewisse Spannung zwischen der von Gott regierten Geschichte und der vom Menschen zu fällenden Entscheidung sehen. Aber zum eigentlichen Widerspruch wird diese Spannung nur, wenn sie im Rahmen einer verobjektivierenden Sicht behauptet wird, in der Gott als verfügbarer Begriff im Schema erklärbarer Kausalität vorkommt und in der deshalb Gott und Mensch als auf *einer* Ebene miteinander verrechenbare Größen verstanden werden – ein Problem, das im Verlauf unserer Darstellung schon mehrfach begegnete.

Begegnet also Zeit im Alten Testament konkret und anschaulich als die begrenzte Zeit des Individuums (Beispiel Ps 90) bzw. als die jeweilige Zeit des Volkes Israel, in der Gott richtend und gnadenhaft wirkt, gründet somit in diesem zeitlichen Selbstverständnis Israels sein geschichtliches Selbstverständnis, so korrespondiert dem in hermeneutischer Sicht, daß *wir als zeitliche und geschichtliche Wesen* das Alte Testament als geschichtliches Buch lesen. Gemeint ist also ein geschichtliches Buch, in dem sich die Geschichtlichkeit des alttestamentlichen Menschen und des alttestamentlichen Volkes ausspricht. Trifft in diesem *hermeneutischen* Sinne *Wilhelm Diltheys* programmatische Aussage zu,

---

[1] Korrekter wäre nach der soeben vorgenommenen Begriffsklärung die Überschrift „Zeit-Raum und Zeit-Räumlichkeit der Gnade"; doch wäre das eine zu umständliche Diktion. Die theologische Bedeutsamkeit dürfte in der abgekürzten programmatischen Wendung „Zeit-Raum der Gnade" prägnant genug zum Ausdruck kommen.

[2] Zum Zeitverständnis s. *Preuß*, Theologie des AT I, 251ff., und die dort genannte Lit.

[3] Analoges gilt, wie sich zeigte, im NT für Lukas.

„daß ich selbst ein geschichtliches Wesen bin, daß der, welcher die Geschichte
erforscht, derselbe ist, der die Geschichte macht"[4], so ist hier zugleich die spezifisch *theologische* Dimension dieses hermeneutischen Axioms zu bedenken: Wir
als zeitliche und geschichtliche Wesen sind nur als die Glaubenden die, welche
die zeitliche und geschichtliche Existenz Israels als Existenz *coram Deo* verstehen können. Dann aber hat der Glaube Israels wesenhaft mit dem zu tun, was
christlicher Glaube ist. Kurz: *Nur glaubende Geschichtlichkeit versteht glaubende Geschichtlichkeit.*

Unter dieser hermeneutischen Grundvoraussetzung ist zu fragen, ob bestimmte Elemente der skizzierten philosophischen Zeitverständnisse für theologische Fragestellungen fruchtbar gemacht werden können. Hilft hierzu die Vorstellung **Platons** und **Aristoteles'**, wonach Bewegung Zeit konstituiert, wonach gemäß der aristotelischen Definition der Zeit als „Zahl der Bewegung" die *Chro-
nometrie* eine entscheidende Denkfigur ist? Aristoteles kann diese Definition
noch verallgemeinern: Die Zeit ist Zahl, ἀριθμὸς ἄρα τις ὁ χρόνος.[5] Die Zeit
ist also in ihrem eigentlichen Sein *Zahl.* Sie ist das Gezählte, τὸ ἀριθμούμενον.[6]
Das herrschende Prinzip der Zahl ist aber die Kategorie des *quantum.* Tatsächlich findet sich im Alten Testament *auch* ein theologisches Denken, das die Genauigkeit der Zahl – wobei die Zahl der Zeit nur ein Sonderfall der Zahl ist – zu
einem wichtigen Spezifikum macht. Gemeint ist die Theologie der *Priesterschrift*, in der kein griechischer Einfluß vorliegt.

Zu nennen sind u.a. die Altersangaben der Geschlechtsregister in Gen, vor allem
aber, jetzt allerdings ohne Zeitrelevanz, die genauen Maßangaben für die kultischen
Geräte in *Ex 25.* Jahwäh spricht vom Muster der himmlischen Wohnstätte, Ex 25,9:
אֵת תַּבְנִית הַמִּשְׁכָּן וְאֵת תַּבְנִית כָּל־כֵּלָיו, Ex 25,8LXX: τὸ παράδειγμα τῆς σκηνῆς καὶ τὸ παράδειγμα πάντων τῶν σκευῶν αὐτῆς. Die *Zahl* ist demnach etwas,
was sein *Fundament im himmlischen Jenseits* besitzt. Deutlich ist eine gewisse Analogie
zur aristotelischen Anschauung, wonach die meßbare Bewegung in der Zeit die Bewegung der Gestirne spiegelt, diese wiederum Ebenbild der Ewigkeit. Auch an Platon ist
hier zu erinnern, der in Analogie zu Ex 25,8LXX vom παράδειγμα τῆς διαιωνίας φύσεως spricht, Tim 38b. Worauf aber für die priesterschriftliche Theologie alles ankommt, ist die innere Verbindung der Korrespondenz von himmlischer und irdischer
Zahl bzw. himmlischem und irdischem Maß einerseits und der Korrespondenz von göttlicher und menschlicher *Heiligkeit* andererseits.

Von zumindest gleichem theologischem Gewicht ist, daß in diesem priester-
schriftlichen Denken auch dem *Raum* eine hohe existentielle Bedeutsamkeit zukommt. Befindet sich nämlich das quantitativ bestimmende Urbild kultischen
Geschehens im Himmel, so ist, wer am Kult teilnimmt, besser noch: teilhat, in
gewisser Weise *im Himmel.* Die *Räumlichkeit* eines solchen Menschen – hier
Räumlichkeit erneut im strengen Sinne des Wortes als *Existenzial* gefaßt – sind
der Himmel und die vom Himmel bestimmte Erde. Wer am Kult mit seinen gan-

---

[4] *Dilthey*, Gesammelte Schriften VII, 278.
[5] Phys IV, 11, 219b.
[6] Ib., 219b: ὁ δὴ χρόνος ἐστὶν τὸ ἀριθμούμενον καὶ οὐχ ᾧ ἀριθμοῦμεν.

zen quantitativen Bestimmtheiten teilhat, befindet sich, eben weil er sich auf Erden an heiliger Stätte aufhält, zugleich „im" Himmel.

Wenn nun unabhängig voneinander derartige Denkstrukturen sowohl im griechischen als auch im biblischen Bereich begegnen, dann ist damit zu rechnen, daß sich in beiden etwas kundtut, was philosophisch und religiös tief im menschlichen Sein verankert ist. Wir haben heute für ein derartiges Denken kaum noch ein Sensorium; wir sehen eher zuweilen mit Sorge, wie das sich hier oder dort äußernde Streben nach extrem kultischer Exaktheit – eine Zahl ist immerhin von ihrer Natur her Ausdruck höchster Genauigkeit – in bestimmten Erscheinungen der Frömmigkeit eine geradezu krampfhaft skrupulöse Einstellung sichtbar werden läßt, ein der Religionspsychologie nicht unbekanntes Phänomen. Aber daß in dieser der Priesterschrift und zugleich Platon und Aristoteles gemeinsamen Denkstruktur ein möglicherweise echtes Empfinden für die Fundierung *auch* der mathematischen Elemente unserer Welt in der Ewigkeit zum Ausdruck kommen könnte, ist ernsthaft bedenken.

Es zeigte sich, daß erst *Augustinus* den sich bei Platon und Aristoteles anbahnenden Gedanken, wonach der Begriff der Zeit nicht ohne die Seele gedacht werden kann, klar ausgesprochen hat. Sein Zeitverständnis ist für die Interpretation des Alten Testaments, gerade auch für seine existentiale Interpretation, von unschätzbarer Bedeutsamkeit.

Von theologischer Relevanz für das alttestamentliche Denken ist eine auffällige *Bipolarität*, nämlich der Blick in die Vergangenheit und der Blick in die Zukunft. Eigentümlich – im wörtlichen Sinne „*eigen*-tümlich" – ist für dieses Denken, mehr noch: für eine alttestamentliche Grundeinstellung, die Hereinnahme der Vergangenheit in die Gegenwart und ebenso die Hereinnahme der Zukunft in eben diese Gegenwart. Es ist die *memoria*, in der Israel als Gnaden-Gegenwart sieht, was ihm in seiner Vergangenheit als Tat der Gnade beim Exodus widerfahren ist. Israel lebt von dieser *memoria*, lebt aus dieser *memoria*. Israel lebt von seiner Vergangenheit als der Vergangenheit Gottes, aber eben *des* Gottes, der jetzt der Gott der Gegenwart ist. Jahwäh hat sich als Israels Gott diesem Israel offenbart und erschlossen. So ist es, in Anlehnung an Augustinus formuliert, die *memoria populi electi*, die als *praesens de praeteritis*, als *praesens de praeterita gratia Dei* die Gegenwart dieses Volkes bestimmt. Ist es aber – der Einwand legt sich zunächst einmal nahe – wirklich der genuine Gedanke des Kirchenvaters, wenn es um die *memoria* des Volkes, nicht aber um die der einzelnen Seele geht? Ist nicht das auf die existentielle Erfahrung der Seele vor Gott zugespitzte Denken Augustins, das immerhin in gewisser Affinität zum Neuplatonismus[7] steht, die Barriere, die sein Zeitverständnis radikal vom alttestamentlichen Zeit- und Geschichtsverständnis trennt? Ist nicht das augustinische *Deus et anima* etwas entschieden anderes als das Bewußtsein des *Volkes* Israel von seiner gnadenhaften Erwählung? Dieser Einwand gilt aber nur solange, wie wir im Blick auf Augustins Bindung an den Neuplatonismus die Confessiones rein textimmanent interpretieren. Sobald man aber einen fruchtbaren Gedanken eines großen Denkers, wer immer es auch sei, in ein weiteres Gedankenfeld hineinstellt und sich somit gemäß dem hermeneutischen Grundgesetz der Rezeption geistiger

---

[7] Dazu u.a. *Flasch*, Was ist Zeit?, 289–291.

Gehalte aufgrund der inzwischen neu gewonnenen Verstehenshorizonte dazu ermächtigt weiß, früher geäußerte Gedanken *weiter*-zudenken, ist es nicht nur erlaubt, sondern sogar geboten und sinnvoll, sie auszu-*weit*-en, also in unserem konkreten Fall die individuelle *memoria*-Theorie des Augustinus auf eine Gemeinschaft hin auszu-*weit*-en. Der notwendige Zwischengedanke ist aber folgender: Das Individuum existiert nie ohne seinen sozialen Bezug. In *phänomenologischer* Terminologie: Das menschliche Dasein ist in seinem In-der-Welt-sein grundsätzlich ein *Mitsein mit anderen.*[8] Es ist die *anima cum animis*, die für das *Deus et anima* mitzubedenken ist. In der *anima populi Israel* ist es die Kraft der gemeinschaftlichen *memoria*, aus der sich dieses Volk seiner Berufung durch Gott und seines Heilsstandes sicher ist.

Dieser Sachverhalt läßt sich gut an Aussagen des *Deuteronomiums* explizieren. In diesem Buch, das *Siegfried Herrmann* mit Recht als „Mitte biblischer Theologie" charakterisiert[9], kommt die Vergangenheit als Zentrum der Gegenwart zur Sprache. So heißt es z.B. *Dtn 5,3f.*: „Jahwäh, unser Gott, hat *mit uns* diese Berit geschlossen. *Nicht mit unseren Vätern* hat Jahwäh diese Berit geschlossen, sondern *mit eben uns*, אִתָּנוּ אֲנַחְנוּ, die wir hier heute, פֹּה הַיּוֹם, leben, wir alle zusammen, כֻּלָּנוּ." Vergangenheit und Gegenwart koinzidieren in der Art, daß die Vergangenheit, nun in der Gegenwart präsent, zum existentiellen Stimulus der gegenwärtigen Heilssituation wird.

Also: *Israels Heil der Gegenwart ist das in der Gegenwart präsente Heil der Vergangenheit.* In griechischer Terminologie: *Der* καιρός (nicht χρόνος!) *der Vergangenheit wird zum* καιρός *der Gegenwart!* Der Exodus ist jetzt, das Sinai-Widerfahrnis ist jetzt!

Wie sehr auch *Gegenwart* und *Zukunft* als *eine* Zeit gesehen werden können, zeigen die יְהוָה מָלַךְ-Psalmen (Pss 93; 97; 99;). Es sind Psalmen aus der Zeit der politischen Katastrophe nach 587 v. Chr. Nach damals allgemein üblicher Vorstellung ist Gott der unumstrittene Herrscher dann, wenn der irdische Herrscher eines Volkes seine gottgegebene Herrschaft kraftvoll und siegreich ausübt. Damals ist das aber gerade für Israel nicht der Fall. Das davidische Königtum ist beseitigt. Der Beter tut aber so, als sei alles zum besten bestellt. Die Anfangsworte dieser Psalmen „Jahwäh *ist* König" sehen in der Gegenwart, was erst von der Zukunft, der Heilszukunft also, erhofft wird: Jahwäh *wird* König *sein*, nämlich dann, wenn wieder ein Davidide in Jerusalem regieren wird. Der Beter dieser Psalmen lebt von der Zukunft her, er sieht die Gegenwart ganz als Realität dieser Zukunft.[10]

Also: *Israels Zukunft ist bereits jetzt, sie ist in die Gegenwart hineingenommen.* Gegenwart und Zukunft koinzidieren im Jetzt, das, obwohl vordergründig ohne Heil, wegen seiner *essentiellen* Ausrichtung auf die Zukunft bereits Heilsgegenwart *ist*. Es ist, wieder augustinisch gesprochen, *praesens de futuris*, theologisch präzisiert: *praesens de futuro et simul praesente Deo*. All das, was oben

---

[8] *Heidegger*, Sein und Zeit, §§ 25–27.

[9] *Herrmann*, Die konstruktive Restauration.

[10] Zum Königtum Gottes im AT s. auch *Camponovo*, Königtum, 72ff.; speziell zu den Psalmen, ib., 76ff. 91ff.

zur kollektiven *memoria* gesagt wurde, ist analog zur kollektiven *expectatio* zu sagen. Die Gegenwart zeigt wie z.B. die genannten Psalmen kaum eine Betonung auf dem gegenwärtigen *contuitus*; er als *praesens de praesentibus contuitus* muß in diesem Zusammenhang sein Gewicht an das *praesens de futuris expectatio* abgeben. Mit *Augustinus* verbindet also diese Psalmen die Hineinnahme der Zukunft in die Gegenwart, mit *Martin Heidegger* das Bestimmtsein des gegenwärtigen Daseins[11] durch das Aus-sein-auf ... Insofern besteht freilich eine erhebliche Differenz zwischen der Fundamentalontologie Heideggers und der glaubendvertrauenden Haltung des alttestamentlichen Psalmenbeters, als jener im Aussein-auf ..., verstanden als seine existenziale Zükünftigkeit, die Sorge und das Sein zum Tode als letzte Entschlossenheit vor Augen hat, während der alttestamentliche Beter die Zukunft als die ihn bestimmende Zukunft *Gottes* erkennt und bekennt. Es ist die Zukunft desjenigen Gottes, der letztlich dem Menschen die Sorge abnimmt. Aber die aufgewiesene Koinzidenz von Vergangenheit und Zukunft in der Gegenwart, die sich in weiten Teilen des Alten Testaments ausspricht, zeigt unübersehbar Verwandtschaft mit Augustinus, Conf. XI, n.26.[12]

Fassen wir zusammen: Was uns *heute* das Alte Testament in mancher Hinsicht besser verstehen läßt, als es vergangenen Jahrhunderten möglich war, sind, wie die ausgewählten Beispiele aufzeigten, seine *Zeitlichkeit* und *Geschichtlichkeit*. Zeitlichkeit und Geschichtlichkeit wurden nämlich erst seit dem 19. Jh. – auch im Rückgriff auf Augustinus, aber entschieden über ihn hinausgehend – *thematisch* reflektiert. Gott und Mensch einerseits und Zeit und Geschichte andererseits sind im Alten Testament engstens aufeinander bezogen. Gottes Jenseitigkeit, so ist festzuhalten, ist im Alten Testament nicht seine philosophisch verstandene Überzeitlichkeit. Gott ist für Israel vielmehr derjenige, der als der aller menschlichen Macht Überlegene die Geschicke seines Volkes und – *um dieses seines Volkes willen* – auch die Geschicke aller Völker in seiner Hand hat.[13] Gott ist gerade darin Gott, daß er seine Macht „*jenseits*" aller menschlichen Macht *mitten in* der Geschichte Israels und der Völker wirkt. Will man für das Alte Testament die für es nur bedingt angemessene, weil anachronistische Terminologie verwenden: Gott als *der transzendente Gott* wirkt gerade aufgrund dieser seiner

---

[11] Im Sinne *Heideggers* Dasein als menschliches Dasein verstanden.

[12] S. auch *Preuß*, Theologie des AT I, 253: „Gegenwart wird folglich mit Vergangenheit verbunden und auf Zukunft hin geöffnet..."

[13] Einige haben daran Kritik geübt, daß ich im 1. Band vom Nationalgott des Volkes Israel gesprochen habe (S. 240). Das hat man vereinzelt so verstanden, als wollte ich damit Jahwäh als den alttestamentlichen Gott abwerten. Daß das nicht meine Absicht gewesen sein konnte, zeigt schon allein die sog. Bundesformel „Jahwäh – der Gott Israels; Israel – das Volk Jahwähs". Sie sagt ja Jahwäh als den Gott *seines Volkes, seiner Nation* aus. Daß im AT auch Aussagen über das universale Wirken Jahwähs stehen, bedeutet nicht, daß er damit sein Sein als Sein für Israel aufgegeben hätte! Die schwierigen literarkritischen und traditionsgeschichtlichen Probleme gerade bei den Stellen, wo es um die Ausweitung des Horizonts über den nationalen Bereich hinaus geht (wie z.B. in Tritojesaja), zeigen zur Genüge, wie schwer es für die atl. Autoren zuweilen war, den Glauben an Jahwäh als den *Gott des Volkes Israel* und den Glauben an Jahwäh als den *Gott der ganzen Erde, der ganzen Menschheit* gedanklich zusammenzubringen. Auf diese Schwierigkeiten wurde im 1. Band mehrfach aufmerksam gemacht.

Transzendenz *in der Immanenz.* So sind Zeit und Geschichte das Medium, in dem und durch das Gott seine weltüberlegene Macht und Herrschaft in der Welt ausübt. Genau diese theologische Grundintention findet sich später im Neuen Testament wieder. Der in der Darstellung der johanneischen Theologie reflektierte Grundgedanke des Neuen Testaments in Joh 1,14 καὶ ὁ λόγος σὰρξ ἐγένετο ist bereits gut alttestamentlich: *Der ewige Gott ist Geschichte geworden. Gott als der Ewige wirkt mitten in Zeit und Geschichte.*[14]

---

[14] Nicht mehr berücksichtigt werden konnte *McConville & Millar*, Time and Place in Deuteronomy (1994).

3.3 Der Zeit-Raum der Gnade II: Das Neue Testament

Es hat sich gezeigt, daß das Verhältnis von Altem und Neuem Testament zueinander in äußerst defizienter Weise erfaßt hat, wer es nur als literarisches Verhältnis zweier heiliger Schriftensammlungen sieht. Schon allein aus chronologischen Gründen ist eine solche Sicht schlechthin falsch. Denn die Kirche hat, wie in den Prolegomena ausführlich dargelegt wurde, in der Zeit ihres frühesten Daseins die von uns heute aus guten theologischen Gründen „Altes Testament" genannte Schrift Israels als *auch ihre* Heilige Schrift gesehen, in der ihre Verkündigung vom Heilshandeln Gottes durch den Messias Jesus von Nazareth mit göttlicher Autorität verheißen ist. Die Alte Kirche sah also die mit ihrer, d.h. mit evangelischer Autorität *mündlich* ausgesprochene Christuspredigt in Identität mit dem mit protoevangelischer Autorität *schriftlich* fixierten Gotteswort der Schrift. Dieses wurde somit, gerade weil es mit dem mündlichen Gotteswort des Christusevangeliums[1] koinzidiert, als eschatologisches Gotteswort verstanden. Die erste Kirche sah sich, wahrscheinlich zunächst noch ohne bewußte Reflexion auf das Verhältnis von Israel und Kirche, als das *eschatologische Israel*, in gewisser Weise als „Wirkungsgeschichte"[2] des Wirkens Jesu, der das eschatologische Israel sammeln wollte. Da aber sowohl in der Predigt Jesu als auch in der ältesten Verkündigung der Kirche Momente enthalten waren, die das alttestamentliche Israelverständnis von innen heraus sprengten (Gesetzeskritik bei Jesus!), hat sich das *eschatologische Israel* immer mehr als vom *nationalen Israel* unterschieden herauskristallisiert. Der Tatbestand, daß schon bei Paulus das „Israel Gottes" (Gal 6,16) von dem Israel, das durch die Torah des Mose konstituiert wurde, abgesetzt ist, indiziert jenen Prozeß, in dem sich die Kirche vom alttestamentlichen Israel „emanzipierte". Je größer aber die Distanz zwischen diesen beiden Größen mit dem gemeinsamen Namen „Israel" wurde, und zwar in jener Zeit noch, in der es noch keine neue Heilige Schrift, Neues Testament genannt, gab, um so mehr konkretisierten sich zwei Heils-*Räume*, wobei innerhalb des jeweils einen der jeweils andere als Unheils-Raum gesehen wurde. Die Kirche Jesu Christi galt dem Judentum als Raum der Apostasie, das alte Israel galt der Kirche als Raum religiöser Reaktion. Beide hatten dieselbe Heilige Schrift – und doch

---

[1] Mit dieser Formulierung ist natürlich nicht gesagt, daß der Begriff „Evangelium" bereits in der frühesten Kirche verwendet wurde. Es geht vielmehr darum, mit *unserer* heutigen theologischen Terminologie, die ihren Grund im Neuen Testament hat, einen historischen Sachverhalt theologisch angemessen zu formulieren.

[2] *Gadamer*, Wahrheit und Methode, 284ff.

wiederum nicht dieselbe Heilige Schrift. Denn sowohl im Judentum als auch in der christlichen Kirche wurde das Alte Testament wesenhaft unterschiedlich interpretiert. Der christliche Exeget muß allerdings heute zugeben, daß sehr oft die jüdische Interpretation dem Literalsinn des Alten Testaments nähersteht als die christliche; daß aber auch die Juden in der Zeit Jesu und dann in der Zeit der Entstehung der neutestamentlichen Schriften nicht mehr dieselbe Perspektive besaßen wie die Autoren bzw. Redaktoren des Alten Testaments, versteht sich eigentlich in hermeneutischer Hinsicht von selbst. Philo oder rabbinische Gelehrte – hinsichtlich der letzteren läßt sich jedoch einigermaßen Sicheres meist nur von Aussprüchen aus der Zeit nach der jüdischen Katastrophe 70 n. Chr. sagen![3] – zeigen das zur Genüge. Insofern kann man von *Interpretationsräumen* mit *unterschiedlichen wirkungsgeschichtlichen Plausibilitätsstrukturen* sprechen, in denen Juden und Christen mit ihrer je unterschiedlich gelesenen Heiligen Schrift beheimatet sind. *Beide Seiten* stehen der Zeit, in der das Alte Testament seine endgültige oder zumindest fast endgültige Gestalt gefunden hat, schon recht fern. Beide Seiten haben interpretationsoffene Aussagen des Alten Testaments auf ihre jeweilige gegenwärtige Situation hin gedeutet, und beide Seiten haben Aussagen gegen den Literalsinn zum gleichen Zweck in Anspruch genommen. Die *Sacra Scriptura per seipsam* besaßen weder Juden noch Christen! Beide argumentierten theologisch mit je ihrer *Sacra Scriptura recepta*. Denn wo Geschichtlichkeit ist, da ist Rezeption. Rezeptionslosigkeit ist eine ontologische Unmöglichkeit. Dieser *philosophisch-hermeneutische* Sachverhalt bestimmt *jede* theologische Aussage; denn keine theologische Aussage ist Ausdruck einer theologischen Reflexion, die an einem geschichtlichen Nullpunkt beginnt. Und da, wie sich im Verlauf unserer Überlegungen immer deutlicher herausstellte, Rezeption aufgrund je neuer geschichtlicher Konstellationen mit ihrem notwendig je neu gegebenen geistigen und sozialen Koordinatensystem geschieht, also *neue Geschichtlichkeit neues geschichtliches Verstehen produziert*, ist rezipierte Tradition, auch die rezipierte Tradition einer wörtlich festgelegten Heiligen Schrift, immer *neu* verstandene Tradition. ***Es gibt nie Tradition an sich, es gibt nur interpretierte Tradition!***

Mit dem zuletzt Gesagten ist aber die Rede vom je neuen Interpretations-Raum zugleich in den Horizont der *Zeit* gestellt. **Interpretations-*Räume*** haben je ihre **Interpretations-*Zeit***. Ist Interpretieren notwendig ein Existenzial menschlichen Daseins, wobei auch das Miteinander von Menschen konstitutiv ist, ist also Interpretieren – sei es bewußt oder, wie zumeist, unbewußt vorgenommen – für das Dasein des Menschen und menschlicher Gemeinschaften ein unumgänglicher Vorgang, so ist dieser ontologische Sachverhalt in besonderer Weise für die Aufgabe einer Biblischen Theologie des Neuen Testaments *thematisch*.

Das Verhältnis der beiden Testamente zueinander, nun befreit aus der Enge einer bloß literarischen Betrachtungsweise, hat sich also als ein Verhältnis einer in Zeit und Raum abspielenden *Geschichte* des Verhältnisses von Israel und Kir-

---

[3] S. vor allem *Neusner*, The Rabbinic Traditions about the Pharisees before 70, I–III.

che herausgestellt. Somit manifestiert sich der Gedanke des *Zeit-Raums* in seinen Konturen immer deutlicher, wobei der existenziale Gehalt, also *Zeitlichkeit* und *Räumlichkeit* menschlicher Existenz, ständig mitzubedenken sind (s. Exkurs zum 1Kor!)[4]. Israel und Kirche als raum-zeitliche Entitäten stehen dabei in einem nicht leicht entwirrbaren Knäuel von Kontinuität und Diskontinuität. Da wird, wie sich zeigte, Israel als Heils-Bereich, als Heils-Raum gesehen, in dem die in Christus gegebene Erlösungstat Gottes ansetzt (z.B. Mt 1,21; Lk 1,33). Aber bei denselben Evangelisten, die diese Stellen bringen, finden sich auch Aussagen wie Mt 8,11f., Mt 27,25 oder Apg 28,28. Da wird auf einmal Israel zum Unheils-Raum. Die sog. *Substitutionstheorie*, nach der die geistliche Realität Israel durch die geistliche Realität Kirche abgelöst wird, wird in einigen neutestamentlichen Schriften prononciert ausgesprochen, in anderen jedoch nicht.

So bringt das Mk, immerhin ein Evangelium, in dem Polemik konstitutives Moment der theologischen Gesamtkonzeption des „Messiasgeheimnisses" ist (Jüngerunverständnis), zwar belastende Aussagen über bestimmte jüdische Gruppierungen (z.B. Mk 3,6 gegen Pharisäer und Herodianer; 7,1 gegen Jerusalemer Pharisäer und Schriftgelehrte; 8,31 gegen die Ältesten, Hohenpriester und Schriftgelehrten [sie sind freilich in ihrer Tötungsabsicht gegenüber Jesus in das soteriologische göttliche δεῖ eingeschlossen, da Jesu Weg zum Kreuz schon im einleitenden Erfüllungszitat 1,2f. als göttlicher Wille sozusagen theologische Überschrift über das ganze Evangelium ist]; 15,6ff. gegen das von den Hohenpriestern aufgehetzte Volk). Doch der eigentliche polemische Stoß des Evangelisten ist innerkirchlicher Art. Mit dem Stilmittel des Jüngerunverständnisses will er allem Anschein nach nicht die vorösterlichen Jünger Jesu beschuldigen; sondern diese sollen als Spiegelbild kirchlicher Autoritäten seiner Gegenwart dienen. Also *nicht primär Israelkritik* wie durch Matthäus und Lukas, sondern primär Kirchenkritik! Und es ist somit gerade ein an Heidenchristen gerichtetes Evangelium, für das die Kritik an bestimmten Juden – die gar nicht *expressis verbis* Kritik an Israel ist! – keineswegs im Vordergrund der Aussage steht.

Fragen wir aufgrund dieser Überlegungen zu den Synoptikern noch intensiver nach der theologischen Bedeutsamkeit von Zeit und Raum! Der Blick des *Matthäus* geht primär auf die *Gegenwart*. Was verheißen war, ist nun erfüllt. Die Vergangenheit ist weniger die erinnerte Vergangenheit der Verheißung als die von der erfüllten Heilsgegenwart aus gedeutete Vergangenheit. Daß die Vergangenheit die Zeit der Verheißung war, wird ja am Ende des ersten Jahrhunderts nicht mehr einer Generation verkündet, die die vorchristliche Zeit noch erlebt hat. Sollte es, wie wahrscheinlich, zutreffen, daß das Mt ein judenchristliches Evangelium ist, so spricht der Evangelist, historisch gesehen, zu einer Minderheit innerhalb des Judentums. Er spricht zu Judenchristen, die in schmerzlich empfundener Abnabelung vom völkischen Israel den bisherigen Heils-Raum der Synagoge gerade verlieren oder gar schon verloren haben. Es ist der schmerzliche Verlust der geistlichen und wohl zugleich auch der soziologischen Heimat. Doch als die an Christus Glaubenden und somit als die, die die Verheißungen ihres ehemaligen Heils-Bereichs als geistliche Wirklichkeit an sich erfahren, haben

---

[4] *Hübner*, BThNT II, 179ff.

sie, obwohl jetzt in einem neuen Heils-Raum existierend, das wichtigste Heilsgut aus ihrer ehemaligen geistlichen Heimat mitgenommen. Die nur scheinbar verlorene Vergangenheit ist also gar nicht verloren! Die im Mt angesprochenen Judenchristen *leben* somit trotz der schmerzlichen Trennung von ihrem Volk Israel in theologischer Hinsicht *aus ihrer ureigenen Herkunft*. Das eigentliche Israel haben sie nicht verloren, denn *sie* sind jetzt das eigentliche Israel, das wahre Israel![5] Zugleich aber wissen sie, daß die Majorität der Kirche, die Heidenchristen also, an ihrem geistlichen Erbe, am Erbe Israels partizipieren.[6]

Ist folglich der im Mt angesprochene Judenchrist der Mensch der erfüllten Heilsgegenwart, ist somit die ehemalige Hoffnung verwirklichte Hoffnung geworden, so ist doch wegen des universalen Grundzugs dieses Evangeliums der Blick zugleich immer auch auf die *Zukunft* gerichtet: Das Heil muß noch für die ganze Menschheit Wirklichkeit werden; πάντα τὰ ἔθνη ist das dominante Stichwort für die bevorstehende Aufgabe der weltweiten Mission. Die Heilssituation der Gegenwart ist dann nur die *Zeit des Übergangs*: Erfüllte Hoffnung für die bereits Glaubenden und zugleich die noch unerfüllte Hoffnung für die noch nicht Glaubenden! Der Blick zurück auf die Zeit des verheißenden Gottes und auch auf die Erfüllung in der Gegenwart verlangt zugleich den Blick nach vorn auf die verheißene Zukunft.

In der Gegenwart des Matthäus versammeln sich also Vergangenheit und Zukunft, genauer: erfüllte Vergangenheit und erhoffte Zukunft in sehr spezifischer Weise. Es ist sozusagen eine *„Existenz in der Mitte"*, wobei freilich die Herkunft vom prophetischen Wort Gottes weniger eine Herkunft von der damaligen Geschichte Israels ist als eine *Herkunft vom damals verheißenden zum nun erfüllten und weiter zu erfüllenden Worte Gottes*. Es ist aber dann weniger die Kategorie der Geschichte, die für die Herkunft des theologischen Ortes des Evangelisten Matthäus konstitutiv ist. Und die Zukunft kirchlicher Mission ist auch kaum als Geschichte im eigentlichen Sinne des Wortes vorgestellt – einmal ganz davon abgesehen, daß ja die Missionsgeschichte in einer recht entscheidenden Phase schon Vergangenheit ist. Denn der Prozeß der Missionierung unter den πάντα τὰ ἔθνη hat ja bereits erfolgreich begonnen. Hat *Augustinus* die Gegenwart durch die Konzeption der Zeit als *distentio animi* ausgeweitet, hat er in seiner Art Vergangenheit und Zukunft in die Gegenwart hineingenommen, indem er vom *praesens de praeteritis* als der *memoria* und vom *praesens de futuris* als der *expectatio* sprach (Conf. XI, n.6), so hat in gewisser Weise parallel dazu *Matthäus* dadurch die alttestamentliche Verheißung in die Gegenwart hineingeholt, daß er diese *Verheißung von der Erfüllung her dachte;* und er hat dadurch die künftige Mission in die Gegenwart hineingestellt, daß er die Missionszeit auch als Charakteristikum der Gegenwart sah. Das sonst so drängende Aus-sein-auf ... menschlicher Existenz hat im Mt einer gewissen Gelassenheit Platz ge-

---

[5] S. den bezeichnenden Titel von *Wolfgang Trillings* wichtiger Mt-Studie Das wahre Israel!

[6] Richtig *Trilling*, op. cit., 223: „Jedoch ist zu fragen, ob man überhaupt in dieser Alternative heiden-judenchristlich denken darf." – Gemeint ist dies für die Zeit des Mt.

macht. Die Zeit drängt die Kirche nicht so, wie andernorts in der Bibel der Blick geradezu unruhig und umgetrieben in die Zukunft geht. Hat auch der Feind Unkraut und den Weizen gesät, nun – so fordert Jesus nach Mt seine Hörer auf –, laßt Unkraut und Weizen bis zur Ernte wachsen (Mt 13,29f.)! Dabei ist doch dieser Feind sogar der Teufel, der διάβολος! *Gott hat Zeit!* Und so mutet er auch seiner Kirche zu, Zeit zu haben! Die Gerechten werden im Reiche ihres Vaters noch früh genug wie die Sonne leuchten (Mt 13,36–43)! Ein Selbstverständnis christlicher Ruhe, wie wir es sonst kaum im Neuen Testament finden! Matthäus schreibt immerhin am Ende des ersten Jahrhunderts, schreibt in einer Zeit, in der zwar die *Enderwartung* das Hoffnungsmoment im Glauben ausmacht, aber die *Naherwartung* nicht mehr die Gegenwart des Glaubenden in angespannter Erwartung auf die nahe Zukunft hin gerichtet sein läßt. Diese gottgeschenkte Gelassenheit entspricht aber keineswegs einer für die Kirche ruhigen Zeit; vielmehr steht die matthäische Kirche unter Pression, unter Verleumdung und Verfolgung.

Weiten wir vom Mt auf das ganze Neue Testament aus, so läßt sich sagen, daß sich die theologische Grundintention des Neuen Testaments in einem doppelten Verständnis der Gegenwart entfaltet. Es ist erstens die *Herkunft der Gegenwart vom verheißenden Gott her*, der in der Vergangenheit, also in der Zeit der Geschichte Israels, diese Verheißung ausgesprochen hat. Es ist zweitens, paradox gesprochen, die *Zukunft der Gegenwart* auf das verheißene endgültige Eschaton hin, wodurch diese Gegenwart bereits in gewissem Maße selbst schon eschatologisch ist. Im Neuen Testament ist also Gegenwart einerseits erfüllte Vergangenheit (z.B. Erfüllungszitate im Mt) und andererseits als eschatologische Zeit die vom futurischen Endheil her durchwirkte Zeit (z.B. Hebr 1,2; ἐπ᾿ ἐσχάτου τῶν ἡμερῶν τούτων). Der Herkunft der Gegenwart aus der „Vergangenheit" Gottes entspricht demnach die Hinordnung der Gegenwart auf die „Zukunft" Gottes. Besonders deutlich wird letzteres im Zentrum der paulinischen Theologie, nämlich der Rechtfertigungstheologie. Rechtfertigung als gnadenhafte Gerechtsprechung des Sünders, als dessen δικαιωθῆναι, ist ja die – vollgültige! – *Antizipation* des Gerichts vom Jüngsten Tage mit dem von Gott ausgesprochenen Freispruch des glaubenden Sünders. Dieses δικαιωθῆναι des Menschen – also die δικαιοσύνη θεοῦ, *insofern* sie, mit Rudolf Bultmann gesprochen, Gabe Gottes ist – wurzelt ontisch im „Sein in Christus", d.h. im „Sein in Christus *als* der personhaften δικαιοσύνη θεοῦ" – also im „Sein im Machtbereich der δικαιοσύνη θεοῦ", *insofern* sie, mit Ernst Käsemann gesprochen, Macht Gottes ist.

Diese im vollgültigen Sinne antizipierte eschatologische Rechtfertigung ist aber nicht etwa die nur theoretisch konstruierte Hineinnahme der eschatologischen Zukunft in die eschatologische Gegenwart. Sie bliebe freilich bloßes *intellektuelles* Konstrukt, würde nicht zugleich die *existentielle* Ausrichtung der ganzen Person des theologisierenden Apostels (und seiner Gemeinden!) auf die baldige Wiederkunft des Kyrios gegeben sein. Der in der Naherwartung Existierende versteht notwendig die eschatologische Dimension der Rechtfertigungsverkündigung und Rechtfertigungstheologie anders als der, der sich bemüht, sie in nichteschatologischer Zeit *verstehend* zu rezipieren.

Die *hermeneutische Konsequenz* ist dann aber, daß das existentielle Verstehen der Rechtfertigung aufgrund der Verkündigung in apostolischer Zeit in wesentlicher Hinsicht ein anderes war als heute. Paulus und seine Gemeinden lebten in der *Befindlichkeit*[7] einer hoch eschatologischen Grundstimmung und besaßen daher in gewisser Hinsicht einen unmittelbareren existentiellen Zugang zur Rechtfertigungstheologie, als wir ihn heute haben können. Denn wir *rekonstruieren* in kritischer Argumentation den eschatologischen Charakter des Rechtfertigungsgeschehens und kommen erst über unsere theologische Reflexion zur *Vorstellung* des Eschatologischen. Die Ausrichtung des theologischen Denkens und auch des Vollzugs des Glaubens, aus dem ja erst solch theologisches Denken erwächst, geht also bei Paulus und bei uns in die jeweils entgegengesetzte Richtung. Auch wir existieren notwendig in unserer Intentionalität. Und wenn es dieses Aus-Sein-auf ... des heute Glaubenden ist, so geht es dabei um sein *esse coram Deo*! Aber es ist doch sehr oft im Heils-Raum der Glaubenden nur der Sterbende, dem es bei diesem *esse coram Deo* im eschatologischen Sinne um sein baldiges Stehen vor dem göttlichen Richter geht.

Auf diesem Hintergrund ist erneut zu bedenken, was zum Zeit-*Raum* der Gnade zu sagen ist. Es wäre freilich etwas zu einfach, wollte man den urchristlichen Glauben, auch von seiner Befindlichkeit her, unter das Existenzial Zeitlichkeit fassen, den Glauben späterer Zeiten aber, weil die Epoche der Naherwartung inzwischen Vergangenheit geworden ist, unter das Existenzial Räumlichkeit. Sicherlich wäre eine solche Periodisierung nicht völlig falsch. Aber erstens wäre die Zeit der Naherwartung sehr einseitig gesehen, wollte man aus ihr das Element der Räumlichen absentieren – schließlich wurde ja gerade an der Theologie des in der Naherwartung lebenden Paulus expliziert, was über die Räumlichkeit als Existenzial zu sagen ist![8] –, und zweitens wird keiner, schon allein im Blick auf zweitausend Jahre Kirchengeschichte, die Fundierung von Glauben und Christ-Sein in Zeitlichkeit und Geschichtlichkeit bestreiten wollen. Aber ein gewisses Wahrheitsmoment besitzt die eben gebrachte Zuspitzung doch schon. Allein die theologische Differenz zwischen den authentischen Paulinen und den deuteropaulinischen Schriften Kol und Eph zeigt eine offensichtliche Verschiebung zu einer stärkeren Gewichtung der Räumlichkeit gegenüber der Zeitlichkeit.

Bezeichnend für diese Entwicklung ist das *Johannes-Evangelium*. Daß der Evangelist den theologischen Akzent auf die *präsentische Eschatologie* legt, zeigt sich besonders deutlich an *Joh 5,24f.*

Daß der Vierte Evangelist in Joh 5,25 einen ursprünglich christlich-„apokalyptischen" Text zu einem nichtapokalyptischen umgeformt und somit dessen ursprüngliche

---

[7] Es sei daran erinnert, was bereits über die Bedeutsamkeit des Existenzials der Befindlichkeit für das Verstehen des Evangeliums gesagt wurde (BThNT II, 49; in *Heidegger*, Sein und Zeit, s. dazu § 29).
[8] *Hübner*, BThNT II, 179ff.

Aussagerichtung umgebogen hat, ist evident.[9] Selbst wenn man Joh 5,28f. mit seiner futurischen Eschatologie als komplementäre Aussage des Evangelisten zu 5,24f. beurteilt, läßt sich die Betonung der präsentischen Eschatologie durch den Evangelisten nicht übersehen.

Gehen wir aber davon aus, daß die Aussage der futurischen Eschatologie in Joh 5,28f. von einem späteren Bearbeiter der Aussage der präsentischen Eschatologie – aus welchen Gründen auch immer – hinzugefügt worden ist, so stellt sich unabdingbar die Aufgabe zu erklären, wie dieser spätere Redaktor die beiden Eschatologien miteinander vereinbaren konnte. Diese Aufgabe stellt sich um so mehr, als ja nicht nur der „objektive" Widerspruch vorliegt, wonach in Joh 5,25 ὥρα nur die Gegenwart und kurz danach in 5,28 nur die Zukunft meint, sondern, was gewichtiger ist, auch ein *unterschiedliches Existenzverständnis*, das sich in den beiden Eschatologien ausspricht. Wie kann man sich selbst vom präsentischen und zugleich vom futurischen „ewigen Leben" her verstehen? Daß die Einfügung von „und sie – nämlich die Stunde – ist schon jetzt" polemische Funktion hat, liegt nahe: Richtet doch nicht eure ganze geistliche Aufmerksamkeit auf das zukünftige Heil! *Jetzt* seid ihr gerettet! Bereits *jetzt* seid ihr ganz und gar in den Heilsbereich Gottes hineingelangt! Die Betonung auf der *Zeit* der Gegenwart besitzt ihre Entsprechung in der Dimension des *Raums*: Weil ihr mein Wort glaubend hört, habt ihr schon jetzt das ewige Leben, schon jetzt euch bereits aus dem Unheils-Raum des Todes in den Heils-Raum des Lebens hineinbegeben, μεταβέβηκεν. ἐκ τοῦ θανάτου und εἰς τὴν ζωήν besagen den absoluten Gegensatz: Zeit-Raum des Verderbens – Zeit-Raum der Gnade.[10] Hören und somit glauben kann nur, wer aus der Wahrheit ist, ἐκ τῆς ἀληθείας, Joh 18,37. Die Wahrheit *ist* aber Jesus selbst, 14,6: „Ich *bin* die Wahrheit." Wer also dem glaubt, der ἐκ τοῦ οὐρανοῦ kommt, der kann es nur deshalb, weil er selbst ἐκ τῆς ἀληθείας ist. Der Glaubende hat somit sein eigentliches Sein schon jetzt bei Gott; der Heils-Raum Gottes ist *der eigentliche Aufenthaltsort des Glaubenden*. Glaube ist also das Vermögen dessen, der seine eigentliche Heimat bereits bei Gott hat. Die Analogie zur Theologie des Paulus, der ja trotz ihrer *zeitlichen* Naherwartung ein starkes *räumliches* Moment zukommt und daher auch so etwas wie die Dimension der präsentischen Eschatologie enthält, ist offenkundig (Phil 3,20: ἡμῶν γὰρ τὸ πολίτευμα ἐν οὐρανοῖς ὑπάρχει). Und eine ähnliche, sogar noch etwas deutlichere räumliche Komponente finden wir in der deuteropaulinischen Literatur (z.B. Kol 3,3: καὶ ἡ ζωὴ ὑμῶν κέκρυπται σὺν τῷ Χριστῷ ἐν τῷ θεῷ, Eph 2,5f: συνεζωοποίησεν τῷ Χριστῷ ... καὶ συνήγειρεν καὶ συν-

---

[9] Die Evidenz ist gegeben, wenn man καὶ νῦν ἐστιν aus Joh 5,25 herausnimmt: ἔρχεται ὥρα ὅτε οἱ νεκροὶ ἀκούσουσιν (Futur!) τῆς φωνῆς τοῦ υἱοῦ τοῦ θεοῦ καὶ οἱ ἀκούσαντες ζήσουσιν (Futur!). Joh 5,24 dürfte hingegen programmatische Bildung des Evangelisten sein.

[10] Das μεταβέβηκεν von Joh 5,24 ist also ein Äquivalent für das deuteropaulinische μετέστησεν von Kol 1,13. Ist hier Gott das Subjekt, so darf der Sachverhalt, daß in Joh 5,24 das Subjekt von μεταβέβηκεν der Mensch ist, nicht so interpretiert werden, als sei dadurch der Primat des soteriologischen Handelns Gottes tangiert. Denn der gesamte christologische Kontext des Joh läßt eine solche Deutung nicht zu.

εκάθισεν ἐν τοῖς ἐπουρανίοις ἐν Χριστῷ Ἰησοῦ). So ist auch nach dem Joh der Glaube das Ergreifen des gottgewirkten Heils. Zugespitzt: *Glauben ist glauben Können. Glauben Können ist aber bereits jetzt das Existieren von Gott her.*

Diese Existenzweise hat ihre *pneumatologische* Dimension. Nur wer aus Wasser und Geist geboren ist, kann in die Basileia Gottes hineingehen (wiederum die räumliche Vorstellung: εἰσελθεῖν!); was aus (ἐκ!) dem Geist geboren ist, ist Geist, πνεῦμα, Joh 3,5f. Und in genau diesem Kontext ist wiederum vom Glauben und vom präsentisch gedachten ewigen Leben die Rede, 3,14ff. Wer als Christ glaubt, kann es, weil Jesus den *Parakleten* gesandt hat, den Geist der Wahrheit, τὸ πνεῦμα τῆς ἀληθείας, 14,16f.; 15,26; 16,13. Dieser Geist ist der Heilige Geist, den der Vater senden wird, 14,26. Wer so *im Bereich des Geistes*, und das heißt, im Bereich des Himmels existiert, weil er aus der Wahrheit existiert, der ist wahrhaft befreit. Wer glaubt und also die Wahrheit – ἀλήθεια im vollen johanneischen Sinne! – erkennt, der ist es, den die Wahrheit freimacht, Joh 8,31ff.; wer *im* (!) Worte Jesu bleibt und deshalb wahrhaftig, ἀληθῶς, Jünger Jesu ist, den wird die Wahrheit befreien. Glauben, das ewige Leben haben, aus Gott existieren – das alles ist es, was jetzt die Erfahrung der *Freiheit* ausmacht! Frei vor allem von der Knechtschaft der Sünde, ἁμαρτία! Vom Glaubenden gilt nun nicht mehr, was vom Nicht-glauben-Könnenden immer noch gilt, 8,34: „Jeder, der die Sünde tut, ist Sklave der Sündenmacht."[11] Und so ist das frohe *Selbstverständnis* des Glaubenden recht umschrieben, wenn es *Joh 8,32* als Wort Jesu heißt: „*Die Wahrheit wird euch freimachen,*" ἡ ἀλήθεια ἐλευθερώσει ὑμᾶς. Der Glaubende bewegt sich souverän im Freiheitsraum Gottes. Und das geschieht – jetzt! *Der Raum der Gnade ist der gegenwärtige Raum der Freiheit.* Das Hochgefühl der Freiheit ist also bei Johannes keinesfalls geringer als bei Paulus. Es ist also gerade die Glaubenstheologie, es ist die damit innigst zusammenhängende Freiheitstheologie, die eine äußerst enge Affinität der johanneischen Theologie zur paulinischen aufweist.

Wie nun der, der sein *Sein* aus Gott erhalten hat, glauben kann, ja gar nicht anders kann als zu glauben, so gibt es auch die Unfähigkeit zu glauben. Unfähig sind aber die, die *im* Gefängnis der Sündenmacht, ἐν τῇ ἁμαρτίᾳ ὑμῶν, dahinvegetieren, ohne zu wissen, daß ihr Dasein nur dieses elende Vegetieren ist, Joh 8,21. Sie wissen nicht, *wo* sie sind! Ihre Hamartia bedeutet den Tod. Wie bei Paulus die Juden, die aus dem Gesetz leben wollen, auf dem Wege des Todes sind, in ihrem Wahn aber glauben, sich auf dem Wege des Lebens zu befinden, Röm 7,7ff.[12], so auch die Juden in Joh 8,21ff. So ist Jesu Wort zu ihnen ein tödliches Wort, Joh 8,24: „Wenn ihr nicht glaubt, daß ICH BIN, so werdet ihr in euren Sünden sterben." Dieses Los hat sie aber ereilt, weil sie nicht glauben können, 8,43. Und sie können deshalb nicht glauben, weil sie eben nicht *aus*

---

[11] Vom Glaubenden heißt es im Gegensatz zu Joh 8,34 πᾶς ὁ *ποιῶν τὴν ἁμαρτίαν* in Joh 3,21: ὁ δὲ *ποιῶν τὴν ἀλήθειαν* ἔρχεται πρὸς τὸ φῶς.

[12] Röm 7,15: ὃ γὰρ κατεργάζομαι οὐ *γινώσκω.*

Gott sind, ἐκ τοῦ θεοῦ, 8,47, sondern *aus* ihrem Vater, dem Teufel, ἐκ τοῦ πατρός, τοῦ διαβολοῦ, 8,44.

Wie aber steht es mit dem Verhältnis der *futurisch*-eschatologischer Aussagen des Joh zu dem, was soeben ausführlich über den präsentischen Zeit-Raum der Gnade im Joh gesagt wurde?

Zu fragen ist zunächst nach sprachlichen Parallelen in Joh 5,24f. und 5,28f., wobei wahrscheinlich zu 5,24f. noch V.26 und zu 5,28f. V.27 zu ziehen sind. Offenkundig ist die *Bedeutungsdifferenz* der jeweils intendierten Zeit von ἔρχεται ὥρα in 5,25 und 5,28, gleichfalls auch die Bedeutungsdifferenz von ἀκούσουσιν τῆς φωνῆς in V.25 und V.28, ebenfalls im Blick auf die Zeit. Eine gewisse Parallele ist mit εἰς τὴν ζωήν in 5,24 und εἰς ἀνάστασιν ζωῆς in 5,29 gegeben. Das in V.24 erwähnte Leben ist mit dem unmittelbar zuvor genannten ewigen Leben, auch hier als gegenwärtiges Leben verstanden, identisch, wohingegen das im Zusammenhang mit der Auferstehung genannte Leben gerade nicht mehr das schon jetzt durch den Glauben vermittelte Leben meinen kann. Liest man aber die präsentisch und die futurisch intendierten Wendungen als aufeinander bezogene Aussagen, so dürfte von V.29 aus das in V.24 genannte Leben als ein in der Gegenwart *beginnendes* Leben zu verstehen sein, das jedoch über den Tod hinaus dauert und in der Auferstehung schließlich seine endgültige Wirklichkeit gewinnt (s. auch Joh 14,2f.). Der theologische Akzent auf der Heilsgegenwart von 5,24f. wird also durch den Interpolator 5,28f. *der Sache nach* relativiert. Aber wer auch immer Joh 5,28f. geschrieben hat, ihm ging es wohl weniger um solche Relativierung als vor allem um die Ergänzung der futurischen Dimension. Auf keinen Fall wollte er aber die Bedeutsamkeit der Heilsgegenwart bestreiten.

Nun ist aber die *Spannung* zwischen *Heilsgegenwart* und *Heilszukunft* bekanntlich nicht etwas Spezifisches für Joh 5 oder überhaupt für Joh. Wir sahen sie schon bei Paulus, sahen sie z.B. auch im Kol. Und wir werden noch ausführlich auf sie bei der Darstellung der Gottesherrschaft in der Predigt Jesu zu sprechen kommen. Diese Spannung ist freilich nicht nur etwas typisch Neutestamentliches. Sie findet sich auch im Alten Testament (s.o.), auch in Qumran. Bei Paulus erhält sie, wie sich zeigte, ihre Bedeutsamkeit vom Rechtfertigungsgedanken her: Der dem Glaubenden für das Endgericht Gottes zugesprochene Gnadenfreispruch wird in der Heilsgegenwart in seiner vollen Realität antizipiert. Wer sich nach der paulinischen Rechtfertigungsverkündigung als gerechtfertigt erfährt, *versteht sich* in seinem gegenwärtigen heilshaften Sein vor Gott *vom Tage des Endgerichts her*. Dieses Selbstverständnis der geschenkten Heilsgegenwart von der Zukunft des Jüngsten Tages her entspricht aber der Aussageintention der *neuen*, vom Redaktor geschaffenen Einheit Joh 5,24–29. Nach 5,24 kommt der Glaubende nicht ins Gericht, εἰς κρίσιν οὐκ ἔρχεται. Das Stichwort κρίσις ist es aber, und zwar in seinem drohenden, vernichtenden Charakter, das ebenfalls 5,24f. mit 5,27ff. verbindet: Der Vater hat dem Sohn des Menschen die Gerichtsvollmacht gegeben, damit er – so sei hier paraphrasiert – an denen, die Schändliches getan haben[13], das Gericht vollziehe. κρίσις ist also hier gerade

---

[13] Daß hier nicht die Nicht*glaubenden* ins Gericht kommen, kann man als weiteres Indiz für den sekundären Charakter von Joh 5,27–29, zumindest aber 5,28f. sehen.

nicht das freisprechende Gnadengericht des paulinischen δικαιωθῆναι. Aber der theologischen Intention nach ist mit dem Verhältnis von Gnadenzusage in der Gegenwart und Gerichtsverschonung in der Zukunft ähnliches wie in der Rechtfertigungsverkündigung und Rechtfertigungstheologie des Paulus gesagt. Geht man davon aus, daß die futurisch-eschatologischen Aussagen in Joh 5 auf einen Redaktor zurückzuführen sind, so hat dieser, was bei der Diskussion über Joh 5 meist zu kurz kommt, einen Gedanken eingeführt, der im genuinen paulinischen Denken eine Entsprechung besitzt.[14]

---

[14] Unverzichtbar sind immer noch, obwohl in diesem Abschnitt nicht erwähnt, *Cullmann*, Christus und die Zeit; *ders.*, Heil als Geschichte; *Delling*, Das Zeitverständnis des NT; *ders.*, Zeit und Endzeit. S. auch *Baumgarten*, Art. καιρός, EWNT II, 571ff.; *Hübner*, Art. χρόνος, EWNT III, 1170ff.

3.4 Der Zeit-Raum der Gnade III: Jesus von Nazareth

Bisher wurde von Jesus von Nazareth *nicht* im eigentlichen Sinne *thematisch* gesprochen. Zwar war immer wieder von ihm die Rede, im ersten Band recht kurz im Blick auf seine Gleichnisse, dann im dritten Band im Rahmen der Darstellung der synoptischen Evangelien und ihrer Theologie. Im gesamten sogenannten „Hauptteil", den Mesolegomena, ging es aber nicht um den historischen Jesus als solchen – „historisch" hier nicht im Sinne der verobjektivierten historischen Rekonstruktion verstanden und somit als „*Gegen*"-Stand historischer Forschung! –, ging es nicht um seine Verkündigung und sein Wirken, nicht um die theologische Besinnung auf den irdischen Jesus, nicht um sein Verständnis der Heiligen Schrift. Und es ist ja auch unbestreitbar: In die Thematik der Theologie der neutestamentlichen *Schriften* gehört die *Person* Jesu von Nazareth nicht hinein! Denn wo die Theologie von schriftlich fixierten Zeugnissen aus der Zeit nach 50 n. Chr. reflektierend entfaltet wird, ist *per definitionem* nicht eine Person, die Jahrzehnte zuvor lebte, das Thema. Wer Jesus von Nazareth als konstitutives Thema in den Mesolegomena sucht, sucht an der falschen Stelle. Die Theologie des Neuen Testaments ist wesensmäßig Christologie, nicht Jesulogie.

So unbestreitbar dieser theologische Sachverhalt ist, er ist nur die halbe Wahrheit. Denn die neutestamentliche Christologie, deren Darstellung der eigentliche Inhalt unserer Biblischen Theologie ist, hat ja ihr *geschichtliches Fundament* in Jesus von Nazareth. Das Neue Testament spricht zwar über Jesus nicht im Sinne einer genuin biographischen und somit historischen Darstellung. Selbst Lukas, der sich nach eigenem Zeugnis um die *historische* Frage nach Jesus von Nazareth bemühte, tat dies letztlich um der theologischen Relevanz willen; für ihn war, wie sich zeigte, die Geschichte eine eminent theologische Kategorie, nicht aber ging es ihm um Geschichte um ihrer selbst willen. Berichten nun noch nicht einmal die Synoptiker in primär historisch-biographischer Absicht über Jesus, so wurden sie dementsprechend in unserer theologischen Konzeption als theologische, also als christologische Schriften gewürdigt. Versuchen wir aber jetzt in den Epilegomena das *theologische* Fazit der Theologie bzw. der Theologien der neutestamentlichen Autoren zu ziehen, so muß dabei deren *geschichtliches Fundament, von dem sie herkommen*, thematisiert werden. Deshalb gehört die Person Jesus von Nazareth notwendig in eben diese Epilegomena hinein. Und es wird sich auch zeigen, daß sich die Frage nach der *Bedeutsamkeit* Jesu und der Bedeutsamkeit seines Wirkens bestens in den Zusammenhang der Thematik „Der Zeit-Raum der Gnade" fügt. Daß die Epilegomena mit eben die-

ser Thematik keine bloß an das eigentliche Corpus der Biblischen Theologie des
Neuen Testaments angehängte Ausführungen sind, daß vielmehr ihr argumenta-
tiver Stellenwert und theologisches Gewicht aus den Mesolegomena erwachsen,
erhellt daraus, daß die Christologie als die *Theo*-Logie des Neuen Testaments
schlechthin notwendig die *theologische Reflexion über Jesus von Nazareth* postuliert. Denn dieser ist die lebendige gottmenschliche Person, ohne die alle
neutestamentliche Christologie substanzlos wäre! Theologie als theologische
Reflexion über Gottes Offenbarung führt also zu dem, der *als Mensch* die *Offenbarung Gottes in Person* **ist**.

Nun ist hier nicht der Ort, das ganze Problem des sog. historischen Jesus auf-
zurollen.[1] Wohl aber sind einige grundlegende Aussagen geboten. Insofern neutestamentliche Theologie ihrem Wesen nach Christologie ist und gerade nicht Jesulogie, ist *Rudolf Bultmanns* Standpunkt, wonach die Verkündigung Jesu zu den
Voraussetzungen der Theologie des Neuen Testamentes gehöre und nicht ein
Teil dieser selbst sei, relativ berechtigt – aber eben nur relativ![2] Seine Auffassung, wonach die Bedeutsamkeit Jesu und seines Wirkens einschließlich der
Verkündigung auf das *Daß* seines Gekommenseins, das *Daß* seiner Verkündi-
gung zu reduzieren sei, weil es theologisch einzig darum gehe, daß Kreuz und
Auferstehung Jesu als das eschatologische Ereignis in der theologischen Refle-
xion zum Gegenstand würden[3], divergiert erheblich mit unserer theologischen
Intention. Die in diesem Zusammenhang relevante Frage lautet nämlich, ob Jesu
Auftreten bereits die Wirklichkeit *desjenigen* Heils ausmacht, das dann in besonderer Weise durch sein Kreuz und seine Auferstehung voll realisiert wurde.
Hat Jesus die kommende Herrschaft Gottes angekündigt, so stellt sich unverzichtbar die Frage, *welches Verhältnis* zwischen der nachösterlichen Kirche und
der in vorösterlicher Zeit von Jesus angekündigten Gottesherrschaft besteht, verstanden als das Verhältnis zweier geistlicher, d.h. gottgewirkter Gnadenwirklich-
keiten. *Alfred Loisys* vielzitiertes Wort, Jesus habe das Reich Gottes angekündigt, gekommen sei aber die Kirche, mag mit dem gehässigen Zungenschlag, mit
dem es zumeist zitiert wird[4], in der Nähe dessen stehen, was Bultmann gerade
nicht gehässig, sondern aus theologischer Überzeugung sagte. Auf keinen Fall
hat aber Loisy so radikal *historisch* die Verkündigung Jesu und die Verkündi-

---

[1] Ich nenne hier nur *Käsemann*, Das Problem des historischen Jesus, und *Gnilka*, Jesus von
Nazareth.

[2] *Bultmann*, Theologie des NT, 1.

[3] Z.B. *Bultmann*, Die Christologie des NT, GuV I, 245–267, 265f.; *ders.*, Antwort an Ernst
Käsemann, GuV IV, 190–198, 195.

[4] *Loisy*, Evangelium und Kirche, 112ff. *Loisy* versteht dieses Wort nicht so zynisch, sondern
im *geschichtlichen* Sinne: Da die ursprüngliche Form des Evangeliums aus geschichtlichen
Gründen (die Naherwartung erfüllte sich nicht) nicht erhalten werden konnte, mußte die Kirche
sie *erweitern*. Und genau in diesem Sinne blieb der Zweck der Kirche nach *Loisy* der Zweck des
Evangeliums! Richtig *Peter Neuner*, TRE 21, 454: „Von diesem Zitat wurde nur der Satz rezipiert: ‚Jesus hatte das Reich angekündigt, und dafür ist die Kirche gekommen‘, und aus ihm las
man – *gegen Loisys Intention* – eine fast hämische Abqualifizierung der Kirche heraus, die dann
im Gegensatz zur Botschaft Jesu steht." (Hervorhebung durch mich)

gung der Kirche auseinandergerissen, keinesfalls so radikal Jesus und die Kirche in Antithese gesetzt, wie Bultmann *theologisch* das Verhältnis vom Inhalt der Verkündigung Jesu zum Inhalt des Kerygmas bestimmte. Ist aber der irdische Jesus der Gekreuzigte und ist es eben dieser Gekreuzigte, den zuvor *der Weg seines Wirkens* und *das auf diesem Weg präsente Heil Gottes* zum Kreuz führten, dann ist es Ausdruck *ungeschichtlichen* Denkens, vom bloßen Daß seines Gekommenseins und bloßen Daß seiner Verkündigung zu sprechen.[5]

In diesem Zusammenhang ist noch einmal die Frage zu stellen, was in der Wendung „Biblische Theologie des Neuen Testaments" unter *Theologie* zu verstehen ist. Mehrfach zeigte sich bereits im Verlauf unserer Überlegungen, daß Theologie unverzichtbare Lebensäußerung der Kirche, dennoch aber etwas Sekundäres ist. Gerade indem Theologie sich selbst aussagt, sagt sich ihre *secundaritas* aus. Denn als begriffliche Reflexion des Glaubens hat sie ihre Substanz in eben diesem Glauben, der sich als Glaube an das Kerygma konstituiert. Der Glaube enthält aber, will man ihn nicht in defizienter Weise zum bloßen Fürwahr-Halten von übernatürlich geoffenbarten Satz-Wahrheiten verharmlosen, sowohl das Moment der *Unmittelbarkeit* zu Gott (*fides qua creditur*) als auch das der *Mittelbarkeit*, nämlich der – notwendig! – im Kerygma vorgegebenen, wenn auch nur ansatzweise begrifflich erfaßbaren Formulierungen des Glaubensinhalts (*fides quae creditur*). Somit ist der Glaube ein *mixtum compositum* von Direktheit und Indirektheit. Zu dieser Indirektheit gehört aber wesenhaft, daß das Kerygma *kirchlich vermitteltes* und als solches *sprachlich vermitteltes* Kerygma ist. Theologie, will sie wirklich im evangelischen Sinne[6] Theologie sein, ist also genuiner Ausdruck der den Glauben (diesmal wieder *fides quae*) verkündigenden Kirche. Theologie ohne Kirche und ohne Glauben (jetzt sowohl *fides quae* als auch *fides qua*) wäre folglich ohne Fundament. Als kirchen- und glaubenslose Theologie könnte sie überhaupt nicht verstehen, was sie sagt, weil *nur ein geglaubtes Evangelium ein verstandenes Evangelium ist*. Dann aber impliziert die oben genannte *secundaritas* der Theologie – so paradox es klingt – ihre eigentliche Würde.

Was soeben über Theologie und theologische Begrifflichkeit, über Unmittelbarkeit und Mittelbarkeit gesagt wurde, gilt analog auch für die *Predigt Jesu*. Sie geschah weithin in Gleichnissen, in denen, wie *Hans Weder* überzeugend zeigte,

---

[5] An dieser Stelle zeigt sich ein eigentümlicher Bruch im geschichtlichen Denken *Bultmanns*. Gerade sein methodologisch richtiger Ansatz bei der existentialen Interpretation, durch den er zu einem der bedeutendsten *Theologen* (!) des 20. Jh. geworden ist, hätte ihn eigentlich vor diesem hermeneutischen Irrweg bewahren müssen. Die theologische Konsequenz ist leider in ihrer Wirkung so verheerend, weil dadurch das gravierende Fehlurteil für viele noch plausibler wird, nämlich daß *Heidegger* und *Bultmann* Geschichte durch Geschichtlichkeit ersetzt hätten. Dieses Fehlurteil beruht freilich auf einem fundamentalen Nichtverstehen der Fundamentalontologie Heideggers. Zu *Bultmanns* Verständnis des irdischen Jesus s. *Hübner*, Politische Theologie und existentiale Interpretation, 34ff.: 2. Kap.: Christuskerygma und historischer Jesus.

[6] Evangelisch hier nicht im konfessionellen Sinn, sondern als Adjektiv des ntl. Evangeliums.

Jesus die Herrschaft Gottes als Metapher zur Sprache brachte.[7] Geht es bei der Metapher gerade nicht um eine begriffliche Aussage, so bleibt jedoch, daß „Herrschaft Gottes" *auch* ein theologischer Begriff ist. Wenn nun Jesus davon sprach, daß diese Herrschaft schon da sei[8] oder – mit noch stärkerem Akzent –, daß sie in Kürze dasein werde, so hat er *auch* theologisch gesprochen.[9] Natürlich ging es ihm dabei nicht um das Lehren von Theologie, wohl aber darum, mit diesem, auch von ihm selbst theologisch reflektierten Begriff seine Hörer anzusprechen. Doch über die intellektuell erfaßbare Aussage hinaus, daß Gottherrschaft jetzt oder in Kürze dasei, ging es ihm vor allem darum, mit seinem Sprechen von der Herrschaft Gottes diese so zur Sprache zu bringen, daß sie *als* gesprochene, *als* zur Sprache gebrachte *sich ereignet.*[10]

Was aber ist *Ereignis*? Lassen wir die typisch neuzeitlich verbreitete, jedoch falsche Etymologie, wonach das Wort von „eigen" abgeleitet sein soll, beiseite und nehmen wir die tatsächliche Etymologie zur Kenntnis.[11] Sich ereignen ist neuhochdeutsch bis ins 18. Jh. (!) *eräugnen* mit der Grundbedeutung „vor Augen stellen" und im Gefolge davon „erscheinen", „sich offenbaren".

Somit meint *Ereignis* ein Geschehen, das für phänomenologische Betrachtungsweise geeignet ist. Im Ereignis „erscheint" geschichtlich Relevantes. Jedes Ereignis, wenn es im eigentlichen Sinne Ereignis ist, ist *geschichtliches* Ereignis, ist somit Menschen widerfahrendes und (auch[12]) durch Menschen ereignetes Geschehen. Dem Ereignis als geschichtlichem Ereignis eignet demnach der Charakter der Begegnung. Begegnung wiederum ist jedoch weithin durch Sprache ereignet. *Sprache ereignet Begegnung.* Natürlich ist Begegnung nicht nur sprachlich bestimmt oder gar nur sprachlich verursacht; das ist eine banale, weil selbstverständliche Feststellung. Aber Begegnung in ihrem Ereignischarakter dürfte

---

[7] *Weder*, Die Gleichnisse Jesu als Metaphern, passim. Hier kann *Weders* Gleichniskonzeption nicht ausführlich diskutiert werden. Gesagt sei daher an dieser Stelle nur folgendes: Es ist ein großer Gewinn für die Gleichnisforschung, wenn er *Sprache* und *Metapher* für das Verständnis der Gleichnisse Jesu einbringt und auf diese Weise zeigt, wie durch Sprache und Metapher Wahrheits- und Wirklichkeitsgewinn erfolgt ist. Man müßte freilich noch ausführlich über das Verhältnis von Metapher und Begrifflichkeit sprechen. Nach *Weder*, op. cit., 65, ist die Basileia nur *im* Gleichnis und nur *als* Gleichnis da. Wenn dies für die in den Gleichnissen ausgesagte Basileia zutrifft – unterstellen wir einmal, daß *Weder* hiermit recht hat – wie steht es aber dann mit „derjenigen" Basileia, die Jesus gerade nicht im Gleichnis ansagt? Die Diskussion mit *Weder* hierüber dürfte sicherlich zu den hermeneutisch ergiebigsten Diskussionen gehören!

[8] Zu Lk 11,20/Mt 12,28 s.u.

[9] Hier müßte intensiver das Gespräch mit *Kurt Niederwimmer*, KuD 17, 97ff., geführt werden. Dieser Aufsatz mit dem bezeichnenden Titel „Unmittelbarkeit und Vermittlung als hermeneutisches Problem" gehört zu den wichtigsten hermeneutischen Publikationen im Raum der Theologie.

[10] In diesem Sinne also Zustimmung zu und Differenz gegenüber *Weder. Merklein*, Jesu Botschaft von der Gottesherrschaft, 75, spricht von Jesu Proklamation der Gottesherrschaft als dem *Geschehensereignis* der Gottesherrschaft.

[11] Das folgende im Anschluß an *Sinn*, HWP 2, 608f.

[12] Es ist der Theologe, der hier das Wort „auch" eingefügt hat!

zutiefst ohne das *Subjekt* Sprache nicht Wirklichkeit und Widerfahrnis werden.[13] Wo Sprache und großenteils aus Sprache (*An*-Sprache) resultierende Begegnung gegeben sind, da wird der ***Begegnungs-Raum*** geschaffen, da wird er Ereignis.[14]

Wieder ist also vom *Raum* die Rede. Schafft Sprache den Raum der Begegnung, so ist das allerdings eine höchst ambivalente Möglichkeit. Zunächst bedeutet Begegnung die Nähe von Menschen, ihre *räumliche Nähe*. Aber diese Nähe kann ins Gegenteil umschlagen. Sie kann Menschen aufs grausamste voneinander distanzieren – dann nämlich, wenn Sprache als Instrument der Gemeinheit menschliches Zusammensein zur Hölle macht. Nähe kann so in paradoxer Weise zur Ferne werden. Die Sprache als Instrument des Menschen wird dann in ihrem Ausgesprochenwerden und Ausgesprochensein zur vernichtenden und nichtenden Macht. Sie wird dann oft genug auch für den zur zerstörenden Macht, der sich ihrer bedient. Sprache kann so als Sprache der Bosheit – manchmal allerdings auch nur als Sprache des Ungeschicktseins, als Sprache des Tölpelhaften – Menschen trotz räumlicher Nähe in den Raum furchtbarer Isolierung treiben. Sprache kann sogar töten, kann morden, kann zum Raum der Vergiftung werden. Kurz, Begegnung und in der Begegnung gesprochene Sprache können den ***Raum der Hölle*** zur grauenhaften Wirklichkeit werden lassen.

Auf dieser Negativfolie hebt sich aber dann um so plastischer hervor, was *e contrario* Begegnung und Sprache als ***Lebens-Raum*** schaffende Mächte vermögen. Wo Sprache als Ausdruck echter Begegnung Nähe wirkt, da ist der Raum des gemeinsamen Daseins, des Miteinander-Daseins Wirklichkeit geworden. Wo solche Nähe als füreinander offene Nähe erfahren wird, da ist der Mensch in den beherbergenden Raum der Gemeinschaft hineingenommen. Sprache schafft in der echten Begegnung den beheimatenden Raum der Gemeinschaft, überwindet nichtende Vereinzelung, bewirkt Nähe als Geborgenheit.

Im Horizont dieser zunächst noch recht abstrakten Darlegungen tritt das konkrete Bild *Jesu* und seiner Jünger lebendig vor uns: Jesu Sprache ist Sprache der *Zu-Sage*, des *Zu-Spruchs* und der Verheißung Gottes. Jesus ist – der johanneische Begriff des Logos sagt dies in theologisch prägnanter Weise aus (Joh 1,1ff.) – die *personhafte göttliche Sprache*, ist die ***göttliche Sprache als Person***; er ist als die Präsenz des worthaft handelnden Gottes das ***Sich-Ereignen-Gottes***, durch das der Mensch in Seine Gemeinschaft *hinein*-genommen wird. Hineinnehmen aber ist ein Verb, das wiederum den Raum als Vorstellungsvoraussetzung hat; es ist ein primär räumliches Wort, dem hier höchste existentielle Bedeutsamkeit zukommt: Jesu Sprache ist Gottes einladende Sprache.

Die Berufung der Jünger ist also ihr *Hinein*-gerufenwerden *in den „Raum"* der begnadenden Nähe Jesu und somit zugleich in den „Raum" der begnadenden Nähe Gottes. ***Wer bei Jesus ist, der ist bei Gott.*** Damit ist aber ein essentielles

---

[13] Ist hier von *Sprache als Subjekt* die Rede, so hat das seine *sprachphilosophischen* Weiterungen. Dazu äußere ich mich in einer späteren Publikation.

[14] *Martin Heideggers* posthum (1989) von *Friedrich-Wilhelm von Herrmann* herausgegebenes Werk „Beiträge zur Philosophie" trägt den bezeichnenden Untertitel „Vom Ereignis". Im Rahmen dieser Biblischen Theologie ist es nicht möglich, auf *Heideggers* schwieriges Verständnis vom „Ereignis" einzugehen. Ich werde das aber später nachholen.

Element dessen, was Gott im christlichen Sinne, was er also als *Deus pro nobis* meint, zum Ausdruck gebracht. Ist nämlich der Mensch *wesenhaft* ein sprachliches und als solches ein zugleich ansprechbares Wesen, das vom Angesprochensein und vom eigenen Sprechen her existiert, so ist es – sogar noch vor dem *a posteriori* der Selbstoffenbarung Gottes! – ein *aus sich selbst sinnvoller Gedanke, Gott als den den Menschen an-sprechenden Gott zu denken.*[15] Natürlich, auch ein Gott, der sich dem Menschen gegenüber nicht *aus*-spricht, ist „rein theoretisch" denkbar. Und vor allem ist der Aufweis der Sinnhaftigkeit des Gedankens eines sich selbst offenbarenden Gottes noch kein Beweis der Existenz eines solchen Gottes! Aber gerade diese aufgewiesene Sinnhaftigkeit könnte eine gute Verstehenshilfe für das heute so manchem „Zeit"-Genossen unzugängliche christologische Dogma geben. Das *vere Deus et vere homo* von Confessio Augustana III – seine dogmatische Festlegung geschah auf dem Nicaenum 325 n. Chr.: *natum ex Patre unigenitum, hoc est de substantia Patris, Deum ex Deo, lumen ex lumine, Deum verum de Deo vero*[16] –, **erhält so im *Horizont geschichtlichen Denkens* seine *hermeneutische Dimension*.**

Daß die christologischen und trinitarischen Aussagen in den ersten Ökumenischen Konzilien in einer *statischen* philosophischen Begrifflichkeit vorgenommen wurden, war ein Vorgang, der zu jener Zeit gar nicht anders möglich war.[17] Denkt man aber im Koordinatensystem einer solchen Begrifflichkeit, für die z.B. οὐσία charakteristisch ist, so läßt sich das christologische Dogma nicht anders aussagen. Es bedarf jedoch heute, um von uns in seiner *eigentlichen* Intention erfaßt zu werden, des *geschichtlichen Horizonts*, da wir, was sich geschichtlich ereignet hat, nicht mehr anders denn als geschichtliches Geschehen verstehen können.

Jesus als der, der als das menschgewordene Wort Gottes die Jünger in die unmittelbare Nähe eben dieses Gottes ruft, tut es als der, in dem die eschatologische Herrschaft Gottes in Antizipation bereits eschatologische Gegenwart ist *(Lk 11,20/Mt 12,28):* „Wenn ich mit dem Finger Gottes[18] die Dämonen austreibe, so ist bereits die Herrschaft Gottes zu euch gekommen," ἔφθασεν ἐφ᾽ ὑμᾶς ἡ βασιλεία τοῦ θεοῦ.[19] Auch wenn man βασιλεία τοῦ θεοῦ nicht mit „Reich Gottes" übersetzt, sondern, wie es wohl zutreffender ist, mit „Herrschaft Gottes", so

---

[15] S. dazu unsere *fundamentaltheologischen* Überlegungen in BThNT I, 203ff., und den dort vorgenommenen Bezug auf *Karl Rahner*.

[16] Die entscheidenden Worte der griechischen Fassung: ἐκ τῆς οὐσίας τοῦ πατρός, θεὸν ἐκ θεοῦ, φῶς ἐκ φωτός, θεὸν ἀληθινὸν ἐκ θεοῦ ἀληθινοῦ.

[17] Eine nicht geringe Zahl evangelischer Theologen spricht in diesem Zusammenhang bewußt abwertend gern von „metaphysischem Denken". Doch trifft der Begriff „Metaphysik" den gemeinten Sachverhalt nicht. Und außerdem steckt in dieser Abwertung ein Stück Ungerechtigkeit.

[18] δακτύλῳ θεοῦ in Lk 11,20 ist gegenüber dem bereits pneumatologischen Interpretament ἐν πνεύματι θεοῦ in Mt 12,28 primär und allem Anschein nach authentisch.

[19] Wichtig für das Verständnis dieses Logions bleibt nach wie vor *Kümmel*, Verheißung und Erfüllung, 98ff. Von den neueren Autoren nenne ich hier nur *Merklein*, Jesu Botschaft von der Gottesherrschaft, 63ff.; s. auch *J. Becker*, Das Heil Gottes, 201f., vor allem ib., 202: „Wird ein Mensch von seiner Krankheit durch Jesus geheilt, so bedeutet das, daß Gott durch diesen Heilungsakt sein Königsregiment antritt."

bleibt doch der Begriff ein – *auch* – räumlicher. Die Übersetzung „*Herrschafts-bereich* Gottes" könnte dies hinreichend signalisieren. Die These *Eberhard Jüngels*, Jesu Verkündigung von der βασιλεία τοῦ θεοῦ stehe im theologischen Zusammenhang mit der paulinischen δικαιοσύνη θεοῦ[20], dürfte ihre Fundierung auch in *Ernst Käsemanns* Nachweis haben, daß δικαιοσύνη θεοῦ nicht nur Gabe Gottes ist, sondern auch Macht Gottes.[21] Denn die von Jesus angekündigte und verheißene, darüber hinaus in seiner Person bereits *präsent* erklärte *zukünftige* Herrschaft Gottes als die Herrschaft des begnadenden Gottes koinzidiert in der Tat *realiter* weitgehend mit der Gerechtigkeit Gottes[22], die in nachösterlicher Zeit als Evangelium Gottes, das seinerseits δύναμις θεοῦ ist, verkündet wird, Röm 1,16f.[23]

Die *theologische* Nähe der *Begriffe* bringt die *ontische* Nähe der von diesen Begriffen jeweils ausgesagten *Wirklichkeit* zum Ausdruck: **Im Raum der Gnade, der durch Jesus vermittelt *ist*, ist derjenige Raum der Gnade fundiert, der durch die nachösterliche Predigt je neu ereignishaft geschaffen wird.** Das bedeutet, daß das von Paulus ausgesagte „*Sein in Christus*" geschichtlich in dem durch Jesus von Nazareth angesagten und zugleich von ihm repräsentierten „*Sein in der Basileia Gottes*" wurzelt. Und dieses Verwurzeltsein hat seinen Grund in der *Identität* des *irdischen Jesus* mit dem *auferstandenen Kyrios*. Der Gott, der im Auftreten Jesu als der Herrschende präsent war, ist der Gott, der – mit Paulus gesprochen – Jesus als seinen Sohn von den Toten ἐν δυνάμει erweckt hat, damit kraft des Apostolats, also durch die Verkündigung des Evangeliums als der δύναμις θεοῦ, in der ganzen Welt der Raum der Gnade geschaffen werde, πᾶσιν τοῖς ἔθνεσιν, Röm 1,4f.16f.[24]

Sah Jesus sich und sein Wirken als die Vergegenwärtigung Gottes, als dessen bereits in der Gegenwart präsente Herrschaft, so freilich als die *eschatologische* Herrschaft Gottes, also als die Hineinnahme der zukünftigen Herrschaft Gottes in die Gegenwart. Denn in ihrem eigentlichen Sein ist die Basileia Gottes eine futurische Größe. Sie ist Ereignis des Jüngsten Tages. *Wie bei Paulus koinzidieren also auch bei Jesus Gegenwart und Zukunft*, und zwar, wiederum wie bei Paulus, mit dem Akzent auf der Zukunft. Wie Paulus lebte Jesus in der Naherwartung.[25] Wie sich jedoch Jesus das Kommen des herrschenden Gottes zum

---

[20] *Jüngel*, Paulus und Jesus, passim.

[21] *Käsemann*, Gottesgerechtigkeit bei Paulus.

[22] δικαιοσύνη θεοῦ und δύναμις θεοῦ sind (fast) synonym, wenn auch aus recht unterschiedlicher Perspektive gesehen.

[23] Allerdings wäre es zu sehr vereinfacht, wollte man Jesu vorösterliche Predigt der Herrschaft Gottes durch die nachösterliche Predigt der Gerechtigkeit Gottes abgelöst sehen; denn auch in nachösterlicher Zeit ist noch von der Herrschaft Gottes die Rede (z.B. Gal 5,21, 1 Kor 6,9f.; 15,25).

[24] Es ist schon ein Stück Tragik der Theologiegeschichte des 20. Jh., daß ausgerechnet *der* Theologe der Geschichtlichkeit, *Rudolf Bultmann*, hier so ungeschichtlich dachte, daß er Jesus und dessen vorösterliches *in concreto* vollzogenes Wirken aus der Theologie des NT absentierte, also in ungeschichtlicher Weise dieses Wirken auf das „Daß des Gekommenseins" und somit auf ein *in abstracto* reduzierte.

[25] S. hierzu vor allem *Gräßer*, Die Naherwartung Jesu.

eschatologischen Zeitpunkt – zwar von ihm in apokalyptischen Kategorien ausgesagt, aber unter wesenhafter Modifikation des Grundtenors der jüdischen
Apokalyptik[26] – *vorstellte*, läßt sich nicht mehr im Detail rekonstruieren. Doch
ist dies von sekundärer Bedeutung, da der eigentliche Impetus der für die nächste
Zukunft angesagten Herrschaft Gottes nicht durch das sog. Vorstellungs-„Material" zum Ausdruck kommt, sondern die *Nähe des herrschenden Gottes* selbst
meint. Es ist letztlich der kommende, dann königlich herrschende Gott selbst,
dessen zeitliche Nähe gerade denen angesagt wird, die bereits im Gnaden-Raum
Jesu leben, also im Gnaden-Raum dessen, der die personhafte *Gegenwart* des *zukünftigen* Gottes ist. Dieser zukünftige Gott ist den in der Gegenwart Jesu lebenden Jüngern als barmherziger Vater und als Herr des Gerichts nahe (wenn auch
wohl des Gerichtes durch den Menschensohn; s.u.). War oben von der Nähe
Gottes die Rede, indem von der Nähe Jesu gesprochen wurde und somit vom
Gnaden-*Raum*, so geht es nun um eben diese Nähe Gottes, die jetzt als zeitliche
Nähe angesagt wird, also als die nahe Gnaden-*Zeit*. Beides aber, *Raum und Zeit,
wird eins im Existentiellen.*[27]

Beachtung verdient *Hans Weders* Interpretation des Logions Lk 11,20/Mt 12,28.[28]
Auch er betrachtet es als authentisch und sieht im Lk-Text (Finger Gottes) die ursprüngliche Fassung; ist doch der „Finger Gottes" Metapher für das göttliche Wirken,
den göttlichen Eingriff in seine Welt. „Wenn er von Besessenheit befreit, führt er gleichsam den Finger Gottes. Jesus handelt an Gottes Stelle."[29] Wichtig für Weders Deutung
ist vor allem seine Weigerung, die gängige Übersetzung von ἔφθασεν ἐφ᾿ ὑμᾶς mit „ist
über euch gekommen" zu übernehmen. Denn: „Die seltsame und etwas gewalttätige
Metaphorik vom Einbruch steht unter dem Verdacht, das Kommen der Gottesherrschaft
bei Jesus zu verstehen in Analogie zur apokalyptischen Katastrophe, bei welcher dann
die Einbruchs-Metapher gewiß angebracht ist."[30] Vielmehr muß der zweite Satzteil mit
„dann hat sich die Gottesherrschaft bis zu euch ausgedehnt" wiedergegeben werden.[31]

Weder geht es um das sich in diesem Diktum zum Ausdruck bringende *Zeitverständnis Jesu*: Der Aorist ἔφθασεν betont den Aspekt des *Ereignishaften*; er macht
klar, daß die Austreibung der Dämonen gleichsam als Aufblitzen der Gottesherrschaft im
Jetzt zu verstehen ist. Sie hat eine neue Ausdehnung gefunden: „Aus dem Jenseits, wo
sie vermutet, erahnt, gefürchtet wird, erstreckt sie sich bis ins Diesseits. Aus der Zukunft, von der sie erhofft und ersehnt wird, dehnt sie sich aus bis ins Jetzt."[32] Diese
Auslegung von Lk 11,20 berührt sich, wenn ich es richtig sehe, mit der unseren. Unsere
Formulierung von der Hineinnahme, ja, vom Kommen der Zukunft in die Gegenwart
(nicht umgekehrt!), unsere Argumentation mit dem Begriff des Ereignisses – all das
dürfte in inhaltlicher Nähe zu dem von Weder Intendierten stehen. Noch ein Zitat dürfte

---

[26] Ähnliches sahen wir ja bei Paulus!
[27] S. dazu *Hans Conzelmanns* Ausführungen in seinem RGG-Artikel „Jesus Christus", vor
allem 637ff., dem, wenn auch nur in gewisser Hinsicht, theologisch nahe kommt, was hier ausgeführt wurde.
[28] *Weder*, Gegenwart und Gottesherrschaft, 26ff.
[29] Ib., 26.
[30] Ib., 27.
[31] Ib., 29.
[32] Ib., 29.

hier angebracht sein: „Die ganz andere Zeit der Gottesherrschaft ereignet sich *in* der jetzigen Weltzeit."[33]

Es bleiben aber *Differenzen* zwischen Weders Interpretation des Zeitverständnisses Jesu und der hier vertretenen Deutung. Sosehr auch beide Auslegungen einander nahekommen, indem sie von der Koinzidenz der Gegenwart und der Zukunft bzw. von der „Gegenwart" der Zukunft in der Gegenwart her denken, so wird doch dieser Gedanke durch Weder wohl überinterpretiert, wenn er sagt: „Die beiden vorher ausgelegten Jesusworte in Lk 11,20 und Lk 17,20f. schließen es meines Erachtens aus, das Wort von der Nähe der Gottesherrschaft im zeitlichen Sinne zu deuten als ‚baldiges Kommen', ‚anbrechen, im Anbruch sein'."[34] Das ist wahrscheinlich auch der Grund, warum er die parallelen Denkstrukturen dieses Zeitverständnisses Jesu und der יְהוָה מָלָךְ-Psalmen ignorieren muß.

Jesus steht aber unverkennbar in der alttestamentlichen Tradition der bereits um der Zeitfrage willen erwähnten יְהוָה מָלָךְ-Psalmen.[35] Daß *Jahwäh König*, daß er Herrscher ist, ist ein theologischer Grundgedanke des Alten Testaments. Jahwäh ist es, der die Geschicke und die Geschichte Israels bestimmt. Die gnadenhafte und fordernde Nähe des Königs Jahwäh bestimmte das Denken und Empfinden Israels, bestimmt das Denken und Empfinden eines jeden frommen Israeliten.

Noch einmal sei gerade in diesem Zusammenhang auf das so zentrale Existenzial der *Befindlichkeit* verwiesen, also den Existenzverhalt, daß jede intellektuelle Erkenntnis immer und grundsätzlich in irgendeiner „Stimmung" erfolgt.[36] Jesus ist von der durch ihn personhaft repräsentierten Nähe der Herrschaft Gottes so durchdrungen, so sehr bis in die Tiefen seiner Existenz bestimmt, daß die Begegnung mit ihm die Begegnung mit dem ist, der die Herrschaft Gottes *ist* und deshalb die, die er anredet, in seine Gottesnähe hineinnimmt.

Will man also über Jesus und das Alte Testament sprechen, dann muß zunächst der Komplex „Jesus und die Gottesherrschaft" im Vordergrund stehen. Es geht in diesem Zusammenhang gar nicht so sehr um seine *direkte* Rezeption der Heiligen Schrift Israels als der schriftlichen Urkunde des israelischen Glaubens. Es geht vielmehr um *Jesu Herkunft vom zentralen Glauben Israels*, vom Glauben Israels, vom Glauben Israels *an seinen herrscherlichen*, also *geschichtsbeherrschenden Gott*: **Israel lebt im Heils-Raum Jahwähs**. Das ist also theologisch entscheidend: Erst im Horizont dieser Kontinuität läßt sich angemessen

---

[33] Ib., 34. Was *Weder* zunächst über Lk 11,20 sagt, ergänzt er dann durch seine Deutung von *Lk 17,20f.*, ib., 41: „In gewisser Weise sind die beiden Aussagen in Lk 11,20 und Lk 17,20f. komplementär. In Lk 11 ging es ja um die Frage, was sich im Wirken Jesu in Wahrheit zeige. Und die Antwort lautete: Nicht der Beelzebul zeigt sich, sondern die Gottesherrschaft geschieht. Im exorzistischen Wirken Jesu nimmt die Gottesherrschaft Einfluß auf das Jetzt. In Lk 17 wird dagegen von der anderen Seite geschaut. Jetzt geht es um das *Verhältnis der Menschen* zur Gottesherrschaft... Deshalb denkt dieses Wort von den Menschen aus und argumentiert, daß die Gottesherrschaft in ihren Erfahrungsbereich eingetreten sei."

[34] Ib., 45.

[35] S.o. S 240.

[36] *Heidegger*, Sein und Zeit, § 29.

über Jesu Einstellung zu einzelnen zentralen Aussagen des Alten Testaments argumentieren. Dazu gehört auch seine Stellung zum *mosaischen Gesetz*.

Es ist keine primär psychologische, sondern eine genuin theologische Aussage, was über *Jesu Selbstverständnis* im Blick auf die Basileia Gottes ausgeführt wurde: Er sah sich in so enger Beziehung zu Gott, daß er sich in seiner eigenen Person als die Repräsentation des Gottes verstand, der der königliche Herrscher ist. Läßt sich, so ist nun zu fragen, von diesem seinem Selbstverständnis her sowohl *seine Berufung auf die Schrift* als auch *seine energische Ablehnung von Inhalten eben dieser Schrift* verständlich machen?

Nun kann im Rahmen einer neutestamentlichen Theologie nicht im einzelnen der exegetische Nachweis geführt werden, wie Jesus zur Torah stand, wie er bestimmte Inhalte der Schrift beurteilte, ob er sein Selbstverständnis in Titeln zum Ausdruck brachte, die vorstellungsmäßig im Alten Testament gründen. Ich verweise daher zur exegetischen Begründung für das, was ich hier über Jesus und das Gesetz sage, auf meine Habilitationsschrift.[37]

Richtig wird weithin in der Forschung gesehen, auch von denen, die die Haltung Jesu zur Torah positiver als ich beurteilen, daß sein maßgebliches Kriterium der *Wille Gottes* ist. Dieser zielt aber auf das Heil des Menschen. Gott will dieses Heil, weil er der über alle Maßen Gnädige ist. Doch gerade als der gnädige Gott fordert er die grenzenlose Liebe zum Mitmenschen, gesteigert bis zur Feindesliebe, Mt 5,43ff. In diesem Sinne *radikalisiert* er bestimmte Gesetzesforderungen, wie aus einigen Antithesen der Bergpredigt ersichtlich ist. Und im selben Sinne kann er wiederum andere Gesetzesforderungen *außer Kraft setzen*.[38] Das bloße Geschriebensein von Geboten des Gesetzes ist also für ihn nicht von Belang, es kann als solches nicht verpflichten.

Auf dieser Linie liegt, daß er sich in der Qorbandiskussion *Mk 7,9–13* energisch dagegen ausspricht, das Erste Gebot gegen das Vierte, das Vater und Mutter zu ehren gebietet, auszuspielen. Ein unsittliches Gelübde kann niemals verpflichten! Die Polemik Jesu trifft gar nicht so sehr die, die durch ein boshaftes Gelübde die Qorbangesetzge-

---

[37] *Hübner*, Das Gesetz in der synoptischen Tradition. Die Anfertigung dieser Arbeit liegt freilich schon ein Vierteljahrhundert zurück. Über ihr Thema wurde inzwischen manches Neue und großenteils auch mir Widersprechende publiziert. Vor allem hat eine Reihe von Autoren die Stellung Jesu zur Torah im erheblichen Ausmaß positiver beurteilt als ich. Ihre Argumente haben mich nicht überzeugt. Ich nenne hier nur: *Broer*, Freiheit vom Gesetz und Radikalisierung des Gesetzes; *Stuhlmacher*, Biblische Theologie des NT I, 104ff., sieht in Mt 5,21–48par Jesus als den, der den Willen Gottes so lehrt, daß er die Torah vom Sinai gleichzeitig vertieft, hinterfragt und überbietet. Er beurteilt Mt 5,17 als authentisches Jesuswort! Von diesem Vers und den Antithesen her erscheine Jesus als „der messianische Vollender der Tora vom Sinai" (bei *Stuhlmacher* kursiv). Er sieht zwar auch eine gewisse kritische Haltung Jesu gegenüber dem Gesetz – s. z.B. ib., 104: „In der 3., 4. und 5. Antithese stellt sich Jesus nun aber auch gegen den Wortlaut der Tora und *tastet damit die formale Autorität des Gesetzes an.*" –, läßt aber letztlich Jesu positive Stellung zur Torah mit seiner Verkündigung des Willens Gottes gewissermaßen koinzidieren. Die gesetzeskritische Einstellung Jesu gegenüber dem mosaischen Gesetz stellt überzeugend heraus *Klein*, TRE 13, 58–61.

[38] *Hübner*, Das Gesetz in der synoptischen Tradition, 40ff., 230ff.

bung egoistisch mißbrauchen, sondern diejenigen, die nicht bereit sind, von einem solchen Gelübde zu dispensieren – nicht etwa deshalb, weil sie dieses für gut hielten, sondern weil sie *Gott falsch sehen* und *deshalb* urteilen, Menschen seien immer und grundsätzlich durch *Num 30,3* verpflichtet. Sie verkennen in ihrer *falschen Theologie* Gottes Dasein für den Menschen. Gottes Heiligkeit – sie steht hinter Num 30,3 –, der gegenüber ein boshaftes Gelübde abgelegt wird, kann nämlich nicht durch eine Dispensation beleidigt werden, weil es doch gerade diese *Heiligkeit des barmherzigen Gottes* ist, die ein solches Gelübde von vornherein in sich selbst ungültig macht.[39] Jesus hat also in Mk 7,9–13 *theologisch* argumentiert, und das meint, vom Wesen Gottes her. Er spricht seine Hörer in der Weise an, daß er sie mit Gott, der der *Deus pro nobis* ist, konfrontiert. Und diese Konfrontation bedeutet die Negation einer formalistischen Sicht von Num 30,3. Jesus hat Num 30,3 hier nicht grundsätzlich außer Kraft gesetzt. Er hat vielmehr dieses Gebot *relativiert*, und zwar im eigentlichen Sinne von Relation. Er hat nämlich die *relatio* der Heiligkeit Gottes auf dessen Güte und Barmherzigkeit hin aufgedeckt.

Gehen wir davon aus, daß das Herz der Verkündigung Jesu die Ansage der *Basileia Gottes* ist, so ist auch die Qorbanargumentation Jesu, verstanden als eine *theologisch fundierte Argumentation*, im Horizont dieser von Jesus präsentierten und verheißenen Basileia zu sehen. Zur Ansage des königlich herrschenden Gottes kommt hier wieder das fordernde Moment hinzu. Jesus kann in Mk 7,9–13 mit so großer Bestimmtheit sprechen, weil er als der Repräsentant des angesagten göttlichen Herrschers die entsprechende göttliche Autorität nicht nur besitzt, sondern in Person *ist*. Er ist sozusagen die *Verkörperung des göttlichen Willens*. Wie er Gottes Gnade den Menschen zuspricht, so behaftet er sie zugleich mit dessen heiligem Willen, indem er die göttliche Forderung als unbedingte Forderung ausspricht.

In diesem Sinne hat Jesus auch das *Sabbatgebot* relativiert, *Mk 2,23–28*. Wenn der Sabbat für den Menschen da ist und nicht der Mensch für den Sabbat (V.27), so weist diese theologische Denkrichtung auf einen entschieden anderen Weg als die priesterschriftliche Aussage Gen 2,3. In Mk 2,27 wird jedoch nicht wie in Mk 7,9ff. die Heiligkeit Gottes in Relation zur Güte Gottes gesetzt, denn hier ist nicht von seiner Heiligkeit die Rede. In Gen 2,3 heißt es jedoch וַיְקַדֵּשׁ אֹתוֹ.

Schauen wir zurück! Mit dem Stichwort „Herrschaft Gottes" ist bereits Entscheidendes zum Wesen und Selbstverständnis Jesu gesagt. Doch die heftige Kontroverse, **wie Jesus seinen *Tod* verstanden hat**, ja, ob er überhaupt damit rechnete, daß ihm seine Verkündigung und sein Wirken einen vorzeitigen, gewaltsamen Tod einbringen wird, zeigt, wie gerade an diesem Punkte die Diskussion um das *Wesen* Jesu von Nazareth besonders heftig geführt wird. Es geht bei ihr vor allem um die Frage, ob Jesus seinen womöglich sogar freiwillig über-

---

[39] Die Authentizität von Mk 7,9–13 steht m.E. fest. Versuche, sie wegen angeblich widersprüchlicher Mischnah-Bestimmungen zu bestreiten (z.B. *Haenchen*, Weg Jesu, 262f.), können nur so lange überzeugen, wie man versäumt, diese Bestimmungen chronologisch einzuordnen. Zur Chronologie von Ned V,6 und IX,1 s. *Hübner*, Das Gesetz in der synoptischen Tradition, 150ff.; *J. Gnilka*, EKK II/1, Neukirchen 1978, 283f.

nommenen Tod im Sinne des **Vierten Gottesknechtsliedes** *Jes 52,13–53,12* als stellvertretenden Sühnetod für die Sünder auf sich genommen hat. Diese Auffassung wird von manchen als zentral und unverzichtbar für die Identität des christlichen Glaubens angesehen.

Als Vertreter dieser Überzeugung seien vor allem *Peter Stuhlmacher*[40], *Werner Grimm*[41] und *Heinz Schürmann*[42] genannt. Stuhlmacher wertet als Ergebnis „von großer theologischer Bedeutung", daß sich Jesus vor allem nach Mk 9,31par und 10,45par als den leidenden Gottesknecht verstanden habe. Und so folgert er: „Jesus hat Leiden und Tod aus Liebe zu Gott und den Menschen auf sich genommen. Weil er der messianische ‚Mittler und Versühner' war, ist das apostolische Missionsevangelium ‚Wort von der Versühnung' (λόγος τῆς καταλλαγῆς, 2Kor 5,19) geworden."[43] Es entsteht der Anschein, als ob, zumindest für Stuhlmacher, nur die, die Jesu Selbstverständnis von Jes 53 her deuten, den christlichen Glauben nicht aufgrund übermäßiger Abhängigkeit „von der kritischen Forschungsgeschichte" preisgeben.[44] Die Ironie der Forschungsgeschichte zeigt sich jedoch daran, daß ausgerechnet ein so kritischer Forscher wie Albert Schweitzer Jesus von Jes 53 her interpretiert![45]

Bekanntlich war für *Albert Schweitzers* Rekonstruktion Mt 10,23 der Ausgangspunkt: Jesus sendet die Jünger zu den Städten Israels; er ist aber davon überzeugt, daß sie mit ihrer Aufgabe vor dem Kommen des Menschensohnes nicht fertig sein werden. Da aber die damit verbundene messianische Drangsal ausbleibt, gelangt er zur Überzeugung, Gott wolle sie dann den Gläubigen ersparen, wenn er sie durch freiwillig übernommenes Erleiden des Todes an sich vollziehe und damit das Ende der Herrschaft des Bösen, das den Beschluß der Drangsal bilden soll, herbeiführe.[46] Jesus findet die Bedeutung seines so verstandenen Leidens und Sterbens in Jes 53 geweissagt, wo vom leidenden Knecht die Rede ist. In diesem Sinne spricht er von seinem Dienen und Tod als Lösegeld für die vielen, *Mk 10,45*.[47] So werde „begreiflich, wie ihm gewiß werden konnte, daß ihm, als dem zukünftigen Messias, von Gott bestimmt sei, durch sein freiwilliges Leiden und Sterben das Kommen des Reiches ohne vorheriges Statthaben der messianischen Drangsal herbeizuführen".[48] In diesem Sinne deutet er auch das Abend-

---

[40] *Stuhlmacher*, vor allem in: Versöhnung, Gesetz und Gerechtigkeit, passim, und Biblische Theologie des NT I, 125ff.

[41] *Grimm*, Die Verkündigung Jesu und Deuterojesaja.

[42] *Schürmann*, Jesus – Gestalt und Geheimnis (z.T. überarbeitete und ergänzte Sammlung seiner wichtigsten Aufsätze, erst 1994 gedruckt).

[43] *Stuhlmacher*, Biblische Theologie des NT, 143; beide Sätze bei *Stuhlmacher* kursiv gedruckt.

[44] Zur Abhängigkeit „von der kritischen Forschungsgeschichte" s. ib., 37.

[45] Es waren vor allem *Rudolf Bultmann* und seine „Schule", die Jesu Selbstverständnis nicht durch Jes 53 bestimmt sahen. *Bultmanns* methodologischer Fundamentalansatz bei der m.E. unverzichtbaren existentialen Interpretation – die für sein Verständnis von Exegese nicht nur die Kehrseite der sog. Entmythologisierung ist! – fordert freilich dieses Urteil über Jesu Selbstverständnis keinesfalls. Ich betrachte es daher für die theologische Wertung *Bultmanns* als marginal und sehe mich hierin durch den mit ihm geführten Briefwechsel bestärkt.

[46] *Schweitzer*, Reich Gottes und Christentum, 133.

[47] Ib., 135f.

[48] Ib., 139.

mahl.[49] Was Schweitzers Rekonstruktion von der Stuhlmachers unterscheidet, ist, daß er den Tod Jesu im Sinne des leidenden Knechtes Gottes nicht als Sühnetod, sondern als ein Dienen und ein Entrichten eines Lösegeldes deutet.[50] *„Jesu Tod führt also das Kommen des Reiches Gottes herbei."*[51] So hat Albert Schweitzer, was im Blick auf unsere nächsten Überlegungen von hoher Relevanz ist, Jesu Todesverständnis, das Reich Gottes und das Abendmahl zu einer gedanklichen Einheit zusammengefügt.[52] Diese biographische Konstruktion stammt also ausgerechnet von dem, der nach gängiger Meinung in seiner „Geschichte der Leben Jesu-Forschung" ein für alle Male das Ende aller Bemühungen, eine *vita Jesu* zu schreiben, eingeläutet hat![53]

Sollte die *Rekonstruktion* des Selbstverständnisses Jesu in Hinsicht auf seinen Tod gelingen, so muß sie mit der *Interpretation* seines Verständnisses von der Herrschaft Gottes konform sein. Dieses unverzichtbare Postulat zeigt erneut, wie bedenklich es in hermeneutischer Sicht ist, Rekonstruktion und Interpretation als methodologische Gegensätze zu sehen.

Wenn in den folgenden Darlegungen manches so aussieht, als wolle der Verfasser, nachdem er auf seinem bisherigen exegetischen Weg der historisch-kritischer Methodik grundsätzlich ihr volles wissenschaftliches Recht eingeräumt hat, bei der Jesusfrage jedoch Zügel anlegen, so ist dies ein wurzelhaft falscher Eindruck. Das Nötige dazu wurde bereits implizit zu Joh 1,14 gesagt: Indem der Logos Fleisch, also Geschichtlichkeit, geworden ist, gehört er als Phänomen der Geschichte auch dem Bereich an, der der *kritischen* Geschichtswissenschaft offensteht.[54] Aber es sind eben nicht immer die Ergebnisse derjenigen Forschung, die besonders gern das Prädikat „historisch-kritisch" auf sich bezieht, die der geschichtlichen Wirklichkeit am nächsten kommen. Zuweilen wird die Sonde der historischen Kritik so *abstrakt* an die geschichtlichen Zeugnisse gelegt, daß die konkrete Wirklichkeit als Illusion erscheint. Das zeigt sich symptomatisch an manchen kritischen Versuchen, das Geschehen des letzten Abendmahls am Gründonnerstagabend, gerade was seine geschichtliche Einmaligkeit betrifft, in eine kontinuierliche Reihe von vorösterlichen Mahlzeiten Jesu mit seinen Jüngern einzuebnen.[55] Worum es hier, von der Abendmahlsfrage als solcher einmal abgesehen, grundsätzlich geht, ist, *historisches Denken* als *geschichtliches Denken* zu begreifen, „geschichtlich" im vollen hermeneutischen Sinne verstanden.

Den Weg Jesu von seiner Basileia-Predigt zu seinem Tode zu verstehen führt über das *Abendmahl*.[56] In ihm geht es nämlich sowohl um die Herrschaft Gottes

---

[49] Ib., 141.

[50] Ib., 142.

[51] Ib., 136, Kursive durch *Schweitzer*.

[52] Zur Konzeption *Albert Schweitzers* s. vor allem *Gräßer*, Albert Schweitzer als Theologe, 38ff.

[53] Dazu mit Recht kritisch *Gräßer*, op. cit., 88ff.

[54] S. auch in Abschn. 4 das zu *Peter Stuhlmacher* Gesagte!

[55] *Daß* das letzte Abendmahl nicht losgelöst von solchen Mahlzeiten gesehen werden kann, habe ich bei *Willi Marxsen*, einem meiner exegetischen Lehrer, gelernt. Ihm schulde ich dafür großen Dank!

[56] Aus der Fülle der Lit. nenne ich hier nur: *Bornkamm*, Herrenmahl und Kirche bei Paulus; *Delling*, TRE 1, 47ff.; *Feld*, Das Verständnis des Abendmahls; *Hahn*, Das Verständnis des Opfers im NT; *Hofius*, ZThK 85, 371ff.; ders., ZNW 80, 80ff.; *Jeremias*, Die Abendmahlswor-

als auch um den Ausblick auf seinen Tod – zunächst einmal nach der Sicht der neutestamentlichen Abendmahlsberichte. Wie weit geben uns diese aber den Weg zu dem frei, was tatsächlich an jenem Abend geschah? Daß bereits diese Berichte voll von theologischen Interpretationen sind, bedarf keines Nachweises. Vor allem 1Kor 10,14–22 und 1Kor 11,23–26 sind in eine übergeordnete theologische Argumentation eingespannt. Trotzdem hat *1Kor 11,23–26* insofern ein erhebliches historisches Prae, als es vielleicht der einzige Abendmahlstext ist, der noch zu Lebzeiten solcher geschrieben wurde, die an jenem Geschehen teilgenommen hatten. Mit diesem *chronologischen* Argument zu operieren, ist kein Rückfall in historistisches Denken. Paulus schreibt nämlich zu einem Zeitpunkt, zu dem z.B. der im selben Briefe mehrfach erwähnte Petrus noch lebt, ein Mann also, mit dem Paulus mehrfach Kontakt hatte. Dieser erklärt zwar mit Nachdruck, daß das von ihm gepredigte Evangelium nicht aus menschlicher Überlieferung stamme, Gal 1,11f. Aber zum *Inhalt* seines Evangeliums ist mit Sicherheit nicht der liturgische Vollzug des Abendmahls zu rechnen. Will man nicht ungeschichtlich argumentieren, kann man mit hoher Wahrscheinlichkeit davon ausgehen, daß Paulus über Petrus (Gal 1,18![57]) oder andere aus dem Zwölferkreis die Abendmahlstradition vermittelt wurde.

Für die, die zur Zeit der Niederschrift des 1Kor noch als Teilnehmer des Abendmahlsgeschehens lebten, war diese Feier *memoria* im eigentlichen Sinne des Wortes. Für sie ging aber die *memoria coenae Domini* nahtlos über in die *memoria crucifixionis et resurrectionis Domini*. Diese doppelte und dann eben doch nicht doppelte *memoria* erhielt ihre eigentümliche Formung durch die *memoria* des Widerfahrnisses des Ostertages. Die *memoriae* des Abendmahls, der Passion Christi und des Osterwiderfahrnisses verdichteten sich zu einer einzigen *memoria* des Christusgeschehens. Diese *memoria* ist aber – und nun sind wir wieder beim Thema der *Zeit*! – die Hineinnahme der Vergangenheit in die Gegenwart, mit Augustinus *praesens de praeteritis*. Da nun das Christusgeschehen am Karfreitag und Ostermorgen von Gott gewirktes Heilsgeschehen *ist* (Gegenwart!), ist es zutreffender, statt von einem Hineinnehmen der Vergangenheit in die Gegenwart vom Hineinwirken zu sprechen. Was also jene damals noch le-

---

te Jesu; *Käsemann*, Anliegen und Eigenart der paulinischen Abendmahlslehre; *Klauck*, Herrenmahl und hellenistischer Kult; *Kollmann*, Ursprung und Gestalten der frühchristlichen Mahlfeier; *Lohse*, Märtyrer und Gottesknecht, 122ff.; *Marxsen*, Das Abendmahl als christologisches Problem; *Patsch*, Abendmahl und historischer Jesus; *Schlier*, Das Herrenmahl bei Paulus; *Schürmann*, Das Weiterleben der Sache Jesu im nachösterlichen Herrenmahl.

[57] Wir wissen zwar nichts über das vierzehntägige Treffen von Paulus und Petrus. Aber zuweilen gewinnt man bei der Lektüre mancher Ausführungen zu Gal 1,18 den Eindruck, hier werde dieses Schweigen zum methodischen Prinzip gemacht. Es ist ein merkwürdiges methodologisches Vorurteil – diesmal nicht *prae-iudicium* im guten Sinne des Wortes (*Gadamer*, Wahrheit und Methode, 255ff.)! –, aufgrund des Schweigens des Paulus über sein Treffen mit Petrus zu dekretieren, jegliche Vermutungen hinsichtlich eines Gesprächs über die Geschehnisse der Karwoche seien zu verbieten. Und wenn man in jenen Tagen gar gemeinsam das Abendmahl gefeiert hat?

benden Teilnehmer am Abendmahl Jesu als ihre *memoria* besaßen, besser noch: was sie als ihre *memoria* waren, war die *Einheit* jenes Mahlgeschehens mit dem Geschehen von Karfreitag und Ostersonntag. Diese *memoria* war für die das Abendmahl feiernden Osterzeugen zugleich die *memoria* ihres eigenen Miteinbezogenseins in das Heilsgeschehen. Was *sie* am Karfreitag und Ostermorgen erfahren hatten, das ließ sie jetzt das letzte Mahl mit Jesus in einem neuen Lichte sehen. Die Abendmahlsgemeinschaft mit ihm, die sie damals erlebt hatten, verstanden sie nun aufgrund der unmittelbar danach eingetretenen Ereignisse, die ihr Leben so erheblich umwandelten, in tieferer soteriologischer Dimension. Hatte Jesus Brot und Wein bzw. den Kelch des Weines auf sich selbst gedeutet, so erfaßten sie dies nun neu aufgrund des erschreckenden und tief in ihr Leben eingreifenden Karfreitagsgeschehens. Brot und Wein hatte Jesus auf sich gedeutet, der dann am Kreuz starb.

Ist so in der *memoria* der Jünger die unlösbare Einheit von Abendmahl, Kreuzigung und Tod Jesu und ihrem Osterwiderfahrnis zustandegekommen, dann ist es mit Hilfe historisch-kritischer Methoden unmöglich, die soteriologischen Elemente in den Abendmahlsworten wie τὸ ὑπὲρ ὑμῶν (1Kor 11,24; s. auch Mk 14,24: τὸ ἐκχυννόμενον ὑπὲρ πολλῶν) als authentische Jesusworte am Gründonnerstagabend zu erweisen. Man wird mit *Heinz Schürmann* eingestehen müssen, daß wir den ursprünglichen genauen Wortlaut der Deuteworte Jesu mit der historisch gewünschten Sicherheit nicht mehr zurückgewinnen können.[58] Aber zugleich wird man dann auch anzunehmen haben, daß diese Deuteworte von Jesus so gesprochen waren, daß sie auf das Kreuzesgeschehen hin *interpretationsoffen* waren.

Der Blickwinkel auf das Geschehen vom Gründonnerstagabend bis zum Ostermorgen ist aber noch zu eng. Hatten nämlich diejenigen, denen das Osterwiderfahrnis geschenkt wurde, zuvor die Gemeinschaft mit dem irdischen Jesus erfahren, so umfaßte deren *memoria* auch die *Zeit vor dem Gründonnerstag*. Somit verschmolz ihre *memoria* der Geschehnisse vom Gründonnerstag bis Ostern mit der *memoria* ihres vorösterlichen Zusammenseins mit Jesus zu einer **Gesamt-*memoria***. Ihre Gemeinschaft mit dem irdischen Jesus hatte sich ja auch immer wieder in Mahlgemeinschaften realisiert. Gerade sie bedeuteten für diese Menschen die Erfahrung der gnadenhaften Zusammengehörigkeit mit ihm, bedeuteten für sie den Heils-*Raum* der Gemeinschaft mit ihm, in den hineingenommen zu sein sie als Heil erlebt hatten. Von dieser *memoria* her bekommen Worte wie „Das ist mein Leib" im Sinne von *„Das bin ich"* den Charakter der Zusage engster Gemeinschaft mit ihm, wobei sich im Sich-selbst-Zusagen Jesu die Zusage Gottes an die Jünger vollzieht. Faßt man Jesu Existenz im Blick auf die Jünger und überhaupt im Blick auf alle Menschen mit Schürmann als seine *Pro-Existenz*, sein Wesen als das pro-existente Wesen[59], so sind nicht nur aus der nachösterlichen Perspektive der Jünger die Deuteworte in sich soteriologisch. Sie sind es bereits vorösterlich, erhalten aber durch die Erfahrung von Kreuz und

---

[58] *Schürmann*, Das Weiterleben der Sache Jesu im nachösterlichen Herrenmahl, 255.
[59] *Schürmann*, Jesus – Gestalt und Geheimnis, passim.

Auferstehung Jesu eine tiefere soteriologische Dimension: *„Das bin ich als der für euch Gekreuzigte.“*

Wurde mit *Heinz Schürmann* von der Pro-Existenz Jesu gesprochen und mit diesem Begriff dessen Wesen umschrieben (nicht definiert!), so bedeutet das zunächst keine Stellungnahme in der Diskussion zwischen Schürmann und *Anton Vögtle*. Vielmehr geht es vor allem darum, daß Schürmann einen Begriff geprägt hat, der aus der Perspektive eines „modernen" (bzw. gar nicht so modernen!) Existenzdenkens in glücklicher Weise geeignet ist, heute Jesu Sein und Wirken dem zu vermitteln, der sich denkend um die neutestamentliche Soteriologie bemüht. Wer darum weiß, daß theologisches Denken zutiefst existentielles Denken ist, wer darum weiß, daß theologisches Denken ohne seine existentielle Dimension zur Belanglosigkeit und Langeweile führt, der dürfte zustimmend Schürmann zur Kenntnis nehmen, wenn er, mit offenem Sinn auch für philosophisches Denken, schreibt: „Mit dem Term ‚Pro-Existenz' verengen wir jenes Lexem [sc. ὑπέρ] auf das bibeltheologisch wichtige ‚zugunsten von', ‚stellvertretend für', heben seinen tieferen Sinngehalt gleichzeitig aber auch deutlicher ans Licht durch den modernen Existenz-Begriff. Die Pro-Existenz weist uns zunächst zurück auf das Ek-sistieren, das etwas anderes ist als das ruhende Sub-sistieren des geistigen Individuums (der *naturae rationalis individua substantia* des Boethius). Nicht schon im Sub-sistieren – erst im Ek-sistieren – wird das geistig subsistierende Individuum transzendierende, ek-sistierende Per-sona.“[60] Dieser Existenzverhalt dürfte von höherer Bedeutsamkeit sein als die Schlichtung der theologischen Debatte zwischen Schürmann und Vögtle.

Dennoch soll hier wenigstens eine mögliche Lösung angedeutet werden. Wenn dabei in einem wichtigen Punkte *Anton Vögtle* recht gegeben wird, so möge diese Parteinahme im Horizont der eben ausgesprochenen Zustimmung zum Hauptanliegen Schürmanns verstanden werden! Vögtle hat m.E. recht, wenn er sich insofern kritisch zu Schürmann äußert, als dieser den Zeitpunkt, seitdem Jesus mit seinem sicheren Tode rechnete und ihn im Sinne der Pro-Existenz verstand, soweit wie möglich an den Anfang seines geschichtlichen Auftretens rücken möchte.[61]

In engstem Zusammenhang mit der Predigt des vorösterlichen Jesus steht auch dessen Ankündigung *Mk 14,25*[62], wonach er vom Gewächs des Weinstocks bis zu jenem Tage nicht mehr trinken werde, an dem er es erneut in der Herrschaft Gottes tue.[63] Dieser eschatologische Ausblick – wieder zeigt sich die Basileia Gottes als futurisch-eschatologische Größe – setzt eine wie auch immer zu verstehende Trennung Jesu von seinen Jüngern voraus. Und er setzt zudem eine – wiederum: wie auch immer zu verstehende – Naherwartung voraus. Diese eschatologische Basileia-Erwartung Jesu läßt sich daher bestens in dem Sinne interpretieren, daß er mit seinem gewaltsamen Tode rechnete, den er als Tod zu-

---

[60] *Schürmann*, „Pro-Existenz" als christologischer Grundbegriff, 288.

[61] *Vögtle*, Grundfragen der Diskussion um das heilsmittlerische Todesverständnis Jesu, vor allem 144f.; s. auch ib., 148ff., zu *Schürmanns* späterer Studie „Jesu ursprüngliches Basileia-Verständnis".

[62] Ich setze sie hier ohne weitere Begründung als authentisches Jesuswort voraus. Eine entschieden andere Deutung von Mk 14,25 und 14,25ff. s. z.B. bei *Kollmann*, Ursprung und Gestalten der frühchristlichen Mahlfeier, 187ff.

[63] Zu Mk 14,25 siehe inzwischen auch *Hampel*, Menschensohn, 343ff.

gunsten seiner Jünger, wohl auch zugunsten aller Menschen verstand. Seine Pro-Existenz impliziert daher seinen Heilstod für die Menschen. Dann aber wäre es gerade die im Zentrum seiner Verkündigung stehende *Basileia Gottes*, die im *Kontext seines Heilstodes ausgesagt* und mit diesem Tode in enge Verbindung gebracht wird. Jesus selbst ereignet die Herrschaft Gottes; er ereignet sie aber als der, der um der eschatologischen Verwirklichung dieser Herrschaft in den Tod geht. Die soteriologische Kraft der Herrschaft Gottes manifestiert sich im freiwillig übernommenen Tod dessen, der in seiner Person den kommenden herrschenden Gott repräsentiert und präsentiert.[64]

---

[64] Eine diskussionswürdige Lösung, die mit der von uns versuchten partiell differiert, hat der Vögtle-Schüler *Lorenz Oberlinner*, Todeserwartung und Todesgewißheit Jesu, vorgelegt. Ich bedaure, daß ich hier seinen vor allem in *theologischer* Sicht so bedeutsamen Entwurf nicht näher diskutieren kann; doch werde ich dies in absehbarer Zeit an anderer Stelle ausführlich nachholen. Ich beschränke mich hier auf einen kommentierenden Hinweis auf die Zusammenfassung, die *Oberlinner* seiner Studie gibt (S.165–167), und hoffe, dadurch zur Lektüre seines Werkes anzuregen. Der Autor „wagt" am Ende seiner Ausführungen den „Versuch einer Synthese des Gesamtproblems der Todeserwartung Jesu". „1. Daß für Jesus der gewaltsame Tod in Jerusalem überraschend gekommen sei und ihn völlig unvorbereitet getroffen habe, muß aufgrund der Anfeindungen, die Jesus erfahren hat, und wegen der Auseinandersetzungen mit den maßgeblichen Gruppen der jüdischen religiösen Führungsschicht ausgeschlossen werden." Dem ist voll zuzustimmen. Der Autor schränkt aber dann wiederum ein: Es lasse sich aus der Evangelienüberlieferung keine mit „Todesgewißheit" umschreibbare Erwartungshaltung Jesu sichern. „Es muß zumindest offenbleiben, mit welchem Grad von Gewißheit Jesus den Tod auf sich zukommen sah." Ist aber der zweite Punkt ganz stimmig mit dem, was er im letzten Zitat von Punkt 1 gesagt hat?: „2. Die Tatsache, daß Jesus der Gefahr nicht ausgewichen ist und den Tod bewußt (!) auf sich genommen hat, darf zugleich als Beleg dafür gewertet werden, daß er auch hier in der Erfüllung des Willens Gottes gehandelt hat." Ich stimme *Oberlinner* zu, daß es hier um die Bereitschaft, und zwar die totale Bereitschaft Jesu geht, den *Willen Gottes* zu erfüllen. Dies kam ja auch, zumindest ansatzweise, in unserem eigenen hypothetischen Entwurf vom vorösterlichen Jesus zur Sprache. Ausgezeichnet ist, was er im Anschluß an den zuletzt zitierten Satz schreibt: „Auch wenn wir uns mit der Frage, wie Jesus seinen Tod bestanden hat, auf unsicherem Gebiet bewegen, so scheint die Möglichkeit, daß er ihn als Katastrophe seines eigenen Lebens und bloß persönlichen Mißerfolg verstanden habe, wegen der Grundsätzlichkeit des von ihm ausgelösten Konflikts um die Autorität und das Bild Gottes, die am wenigsten zutreffende und unwahrscheinlichste zu sein." Im Blick auf *Rudolf Bultmanns* Erwägung, Jesu könne im Tod zusammengebrochen sein – *Oberlinner* läßt es zu, „diese Hypothese ernsthaft in Erwägung [zu] ziehen" –, stellt er die m.E. *letztlich entscheidende Frage*, nämlich die *nach dem Ort Gottes in Jesu Tod*. Wohlgemerkt, er stellt die Frage, die Antwort gibt er höchstens, wenn überhaupt, ansatzweise. Aber da Fragen, auch und gerade im Bereich der Theologie, von höherer Relevanz sind als all unsere, selbst bei formvollendeter sprachlicher Diktion und fehlerloser Syntax, gestammelten Antworten, ist seine Frage nach dem Ort Gottes in der Jesus-Frage die wichtigste aller Fragen! Ich zitiere seine Antwort – wer will, mag „Antwort" sagen –: „Denn sieht man den Zusammenhang zwischen Wirken und Tod – und bei aller Diskontinuität steht als das tragende Kontinuum sein Vollmachtsanspruch außer Zweifel – gerade in Jesu Gottesbild, dann steht auch hinter seinem Tode derselbe Gott, dessen Unberechenbarkeit der Liebe er verkündet hat." Von dort kommt der Autor zum dritten Punkt. Ich zitiere jetzt nur und verzichte auf jeglichen weiteren Kommentar: „Jesu Tod ist damit sicher die Krisis seines Gottesbildes – für ihn selbst und in jedem Fall auch für seine Jünger. Dieser durch seinen Kreuzestod heraufbeschworene Konflikt war unlösbar – wenn nicht durch Gott selbst. Damit geht es in Jesu Tod um viel mehr als nur um seine Hinrichtung; es

Impliziert nun, was zum Abendmahl gesagt wurde, ein Kriterium für die noch anstehende Frage, ob Jesus seinen Tod als *Sühnetod* im Sinne von *Jes 53* verstanden hat? Die Antwort hängt auch davon ab, ob er lediglich mit der Möglichkeit eines bevorstehenden gewaltsamen Todes rechnen mußte oder ob er nicht vielmehr mit der Gewißheit, diesen Tod erleiden zu müssen, das Mahl mit seinen Jüngern feierte. Nun gibt Mk 14,25, als der Substanz nach authentisches Jesuswort verstanden, nur dann einen guten Sinn, wenn Jesus offenen Auges auf den ihm von Gott bestimmten Tod zuging. Dann aber ist die Frage unabwendbar, *wie* er seinen Tod, immerhin den schändlichen Verbrechertod, verstanden hat. Er mußte – und diese Überlegung ist keinesfalls bloße Spekulation – *zusammendenken*, daß er einerseits in seiner Person Gott repräsentiert, andererseits aber ausgerechnet als dieser *Repräsentant Gottes* wie ein *Verbrecher* endet. Verstand er sich tatsächlich an Gottes statt, so mußte er sich in einem damit als *den Gerechten schlechthin* verstehen.[65] Es ist aber dann das schon in vorchristlicher Zeit umtreibende Existenzproblem des *leidenden Gerechten*, das hier erneut virulent wird.[66] Es kommt in vielen Psalmen zur Sprache, es ist das Thema des Hiob-Buches. Es wird in der Sapientia Salomonis theologisch reflektiert. Es begegnet in jüdischen Apokryphen und in Qumran. Vor allem ist in diesem Zusammenhang *Jes 53* zu bedenken.

Daß Jesus diese Traditionen gekannt hat, kann natürlich nur hypothetisch gesagt werden. Und jede Überlegung, wie er sie in sein Selbstverständnis und Selbstbewußtsein einbezogen haben könnte, wäre dementsprechend eine Hypothese, die auf einer anderen Hypothese aufbaut. Damit befänden wir uns aber auf recht unsicherem Boden, würden also methodologisch äußerst fragwürdig argumentieren. Doch ist dieser Einwand nur solange tragfähig, wie er in nacktem Formalismus behauptet wird! Denn es kommt ja darauf an, ob Hypothesen als *konkrete Hypothesen* aus einem *geschichtlichen Gesamtverständnis erwachsen* und somit in ihrer organischen Einfügung in geschichtliche Sachverhalte geschichtlich verantwortliches Denken zum Ausdruck bringen oder ob Hypothesen angreifbare Konstruktionen darstellen, weil sie die Bodenhaftung verloren haben und somit in ihrer Abstraktion Künstlichkeit der Argumentation dokumentieren.

In unserem Falle dürfte aber die hypothetisch ausgesagte Kenntnis Jesu von der genannten Literatur, zumindest ihrem gewichtigeren Teil, kaum bestreitbar sein. Ob Jesus die Sap gekannt hat, wissen wir nicht. Daß er aber die in Frage kommenden Psalmen nicht nur kannte, sondern auch gebetet hat, daß er ebenso mit Jes 53 vertraut war, das sollte man billigerweise nicht bestreiten! Dann aber sind wir unausweichlich mit der Frage konfrontiert, wie Jesus, sollte er die göttliche Notwendigkeit seines, in den Augen der Öffentlichkeit verachtenswerten Todes bejaht haben, diese Notwendigkeit sowohl im Lichte seines Selbstverständnisses aufgrund seines göttlichen Auftrages als auch angesichts der genann-

---

geht um das ‚Recht' Gottes ... Wurzel und tragende Basis für die *Heils*funktion dieses Todes konnte deshalb auch einzig die ‚Antwort' Gottes sein."
[65] Die Konklusion ist m.E. axiomatisch.
[66] Dazu vor allem *Ruppert*, Der leidende Gerechte.

ten Aussagen der Heiligen Schrift sah. Es ist also zu fragen, wie er *in* – der doch wohl unbestreitbaren! – *Kenntnis dessen, daß in Jes 53 der Tod des Gerechten als Sühnetod ausgesagt ist, seinen Tod als den Tod des Gerechten verstand. Konnte Jesus überhaupt den Gedanken an Jes 53, und zwar auf sich selbst bezogen, vermeiden?* Diese Frage nicht zu stellen würde m.E. bedeuten, von einem – vielleicht durchaus diskutablen – Vor-Urteil aus ungeschichtlich zu denken. Das *Vor-Urteil* wäre in diesem Falle die *Behauptung eines Faktums:* Jesus hat seinen Tod auf keinen Fall als göttliche Notwendigkeit gesehen. Sobald man aber dieses Vor-Urteil zur Disposition stellt, drängt sich unvermeidbar die Frage nach dem Verständnis Jesu von Jes 53 auf.

Vielleicht gibt es aber noch eine andere Überlegung, die Licht auf das Problem von Jesus und Jes 53 werfen könnte. In *Mk 14,25* ist immerhin – zumindest mit großer Wahrscheinlichkeit! – impliziert, daß Jesus für eine bestimmte Zeit seinen Jüngern entrissen, danach aber wieder mit ihnen zusammen sein wird. Nun kommt offensichtlich in *Jes 53* Vergleichbares zum Ausdruck. Der Gerechte, der durch seinen Tod die Schuld der vielen sühnt, indem er sich unter die Verbrecher rechnen ließ und so sein Leben hingab, wird dem Tode entrissen.[67] Auch er wird also – wie Jesus nach Mk 14,25 – hinweggenommen und danach wieder den Lebenden zurückgegeben. Ging Jesus, so müssen wir demnach fragen, bewußt in den Tod und wußte er sich dabei als den, der diesem Tode wieder entrissen und somit erneut die Herrschaft Gottes repräsentieren wird? Dann aber liegt es nahe, daß er dabei Jes 53,10ff. vor Augen hatte und auf sich bezog. Dann ist in der Tat sehr ernsthaft zu erwägen, ob er, der Gerechte, seinen Tod wie der Gerechte von Jes 53 als Sühnetod verstand.[68]

Um es in aller Klarheit zu sagen: Es ging hier nicht darum, „historisch" zu „beweisen", daß sich Jesus von Jes 53 her verstand. Ein solcher *Beweis kann auf der historischen Ebene nicht geführt werden!* Wohl aber sollte gezeigt werden, daß es ein lediglich *behauptetes* „Dogma" ist, wenn man erklärt, Jesus *könne* sich *nicht* so verstanden haben. Es ist ein behauptetes „Dogma", das nicht auf dem Boden *geschichtlichen* Denkens gewachsen ist.

Mit diesen Ausführungen ist aber nicht die Authentizität von *Mk 10,45* behauptet.[69] λύτρον ἀντὶ πολλῶν läßt sich traditionsgeschichtlich immer noch am ehesten als epexegetisches Interpretament verstehen.[70] Aber dieses Interpretament liegt im Zuge der *genuinen Intention* des ursprünglichen Wortes Jesu von seinem Dienen, Mk 10,45a. Und auch die Leidens- und Auferstehungsvorhersagen sind immer noch am ehesten als *vaticinia ex eventu* zu beurteilen (Mk 8,31; 9,31; 10,33f.). Bei ihnen stellt sich aber als ein neues Problem die Frage, ob sich Jesus als Menschensohn verstanden hat. Doch gerade diese Frage ist angesichts der gegenwärtigen Forschungslage eine recht offene Frage, so daß wir bei ihr nur einige Ausgangspunkte nennen und bestimmte Auffassungen referieren können.

---

[67] Zur Diskussion s. *Haag,* Der Gottesknecht bei Deuterojesaja, 193–195.

[68] S. zum Ganzen auch *Ruppert,* Jesus als der leidende Gerechte.

[69] Anders *Stuhlmacher,* Biblische Theologie des NT I, § 10; *Hampel,* Menschensohn, 302ff.

[70] So mit den meisten Exegeten.

So bedauerlich dieser Tatbestand ist, der Verfasser einer Theologie des Neuen Testaments muß ihn respektieren.

Die Problemlage bei der Frage, wie und ob überhaupt Jesus vom *Menschensohn* gesprochen hat, ob er, falls er es getan hat, sich selbst mit diesem Titel bezeichnet oder ob er so von einem anderen gesprochen hat – diese Problemlage ist noch komplizierter, noch umstrittener als die, ob Jesus sich mit dem leidenden Gottesknecht von Jes 53 identifiziert hat.

Ausgangspunkt für eine vielleicht mögliche Antwort ist *Dan 7*.[71] In diesem Kapitel der apokalyptischen Schrift widerfährt Daniel eine traumhafte Vision (7,1–14), die eine Deutung erhält (7,15–27). Im Bildteil wird zunächst geschildert, wie aus dem Meer vier Tiere heraussteigen, eines furchtbarer als das andere. Dem Kommen der Tiere von unten entspricht das Kommen von „einem wie ein Sohn eines Menschen," כְּבַר אֱנָשׁ, und zwar von oben, 7,13. Vor dem Herabkommen dieser Gestalt ist die Rede vom göttlichen Thron. Das eben genannte „oben" ist also der Himmel. Es ist zunächst festzuhalten: Zuerst werden reale Tiere genannt, auch wenn sie ihrer Natur nach recht phantasievolle Wesen sind, vor allem das vierte. Es ist hingegen nicht die Rede von einem realen Menschen, sondern nur von einem, der *wie* ein Sohn eines Menschen, also *wie* ein Mensch ist. Eine eigenartige Asymmetrie, die beachtet sein will! Man wird annehmen dürfen, daß dieses auffällige „wie" indizieren will, daß vom Himmel her keine Gestalt kommt, die im üblichen Sinne ein Mensch ist.[72] Entscheidend für die Bildhälfte von Dan 7 ist, daß diesem Wesen, das wie ein Mensch ist und das zum Hochbetagten, zu Gott also, geführt wird, Herrschaft, Würde und Königtum gegeben werden. Alle Völker, Nationen und Sprachen müssen ihm dienen. Und von seiner Herrschaft heißt es, daß sie eine ewige, eine unvergängliche sei. Denn sein Reich gehe niemals unter, 7,14. Haben wir im Zusammenhang mit der Thematisierung der Herrschaft Gottes in der Verkündigung Jesu Gott als königlichen Herrscher bedacht, so ist hier zunächst zu registrieren, daß Gott *Seine* Herrschaft an dieses menschengestaltige Wesen gibt. Und es ist keine normale Herrschaft, die den Gesetzen der Vergänglichkeit unterworfen wäre, sondern sie erhält das Attribut der göttlichen Herrschaft. Und dieses Attribut ist Ewigkeit.

Daß Gott einen irdischen Herrscher an *Seiner* Macht partizipieren läßt, ist allerdings im Alten Testament nichts Neues. So wird der davidischen Dynastie in *2Sam 7* von Gott ewiger Bestand zugesagt. Und da das Deuteronomistische Geschichtswerk dieses Kapitel trotz des Untergangs dieser Dynastie 587 v. Chr. überliefert, ist anzunehmen, daß der deuteronomistische Autor auf eine Restitution dieser dynastischen Herrschaft fest hofft. In *Ps 2*, einem Jerusalemer Inthronisationspsalm, ist davon die Rede, daß die davidische Herrschaft universal sei; alle (!) Könige sollen dem Jerusalemer König, der der von Gott gezeugte Sohn ist, dienen. Außerdem ist in diesem Zusammenhang *Ps 110* zu nennen. Wenn also in Dan 7 dem Menschengestaltigen ewige Herrschaft gegeben (nicht nur verheißen!) wird, so liegt das ganz in der Tradition der Davididen, ganz in der Tradition Jerusalems. Die *Apokalyptik* argumentiert also mit Vorstellungen, argumentiert mit Glaubensüberzeugungen, die *genuin* alttestamentlich sind.

---

[71] Zu Dan 7 s. die bekannten Kommentare. Was im folgenden zu dieser Vision gesagt wird, ist nahezu allgemeine Überzeugung der Exegeten.

[72] Das כְּ in Dan 7,4 u.ö. ist in einem anderen Sinne zu verstehen als das כְּ in 7,14. Denn nach 7,3 handelt es sich um wirkliche Tiere, wenn auch recht eigenartige!

Zur *Deutung* des Traums in *Dan 7,15ff.*: Die wilden Bestien symbolisieren kommende und vergehende Weltreiche, solche Reiche nämlich, die Israel politisch bezwungen hatten. Der aber, der wie ein Mensch vom Himmel gekommen ist, *symbolisiert Israel* selbst. Zwar kann das Horn des vierten Tieres – gemeint ist der Seleukidenkönig Antiochos IV. Epiphanes – die Heiligen, also Israel, eine Zeitlang besiegen. Aber als der Hochbetagte kam, „da wurde den Heiligen des Höchsten Recht verschafft". Das meint, sie erhielten die Königsherrschaft, Dan 7,22. Die Deutung endet, 7,26f.: Dann aber wird Gericht gehalten. Auch dem seleukidischen König wird seine Macht genommen; er wird endgültig ausgetilgt und vernichtet. Die Herrschaft und Macht und die Herrlichkeit aller Reiche unter dem ganzen Himmel werden dann dem Volke der Heiligen des Höchsten gegeben. Sein Reich ist ein ewiges Reich, und alle Mächte werden ihm dienen und gehorchen.

Wir haben es also mit einer *kollektiven* Deutung des Wesens zu tun, das „wie ein Mensch" erscheint. Die *Bilderreden* des *äthiopischen Henochbuchs* hingegen bringen „diesen Menschensohn" als *individuelles* Wesen. Er ist der präexistente und transzendente Richter der Endzeit. Die Frage ist freilich, ob die kollektive Deutung von Dan 7 oder die individuelle des aethHenB primär ist. *Mogens Müller* hat beachtliche Gründe dafür angeführt, daß die Komposition von Dan 7 mit Traum und Trauminterpretation ursprünglich ist und deshalb die individuelle Menschengestalt in aethHenB, ihrerseits von Dan 7 abhängig, sekundär sei.[73] Man wird diese Interpretation ernsthaft erwägen müssen und wohl auch für wahrscheinlich halten, zumal erhebliche Gründe dafür sprechen, daß aethHenB jünger als Dan 7 ist. Spielt aber Dan 7,13f. in den synoptischen Evangelien eine wichtige theologische Rolle und spricht Jesus in synoptischen Worten von sich als der individuellen Menschensohngestalt, so ist immerhin mit der Möglichkeit zu rechnen, daß hierfür nicht Dan 7, sondern die Menschensohngestalt des aethHenB bestimmend ist. Allerdings gibt es auch Hypothesen, vor allem im angelsächsischen Bereich vertreten, wonach Jesus die kollektive, also symbolische Deutung des Menschensohns für sein Selbstverständnis und für seine Verkündigung in Anspruch genommen hat.[74]

Auf diesem religionsgeschichtlichen Hintergrund sind, was das Selbstverständnis Jesu betrifft, viele Lösungen denkbar. Sie lassen sich in drei Grundtypen gliedern: 1. Jesus sah sich als Menschensohn (den gegenwärtigen?, den kommenden?). 2. Jesus erwartete den Menschensohn, identifizierte sich aber nicht mit ihm. Sein Bewußtsein, an Gottes Stelle auf Erden zu agieren, würde dann bedeuten, den Menschensohn würdemäßig unter Jesus zu sehen. 3. Menschensohn ist nicht titular verstanden (Mogens Müller).

Eine interessante Lösung hat *Anton Vögtle* vorgeschlagen. Er verzichtet ganz auf eine Rekonstruktion aufgrund der Menschensohnworte der Evangelien, auch Mk 8,38, und versucht einen Rekurs auf den Maranatha-Ruf. Die Grundaussage würde dann lauten: „Der Menschensohn wird kommen."[75] Danach ist es der individuelle Menschensohn, der am Anfang der Menschensohnworte steht. Nur der „Menschengestaltige = der Men-

---

[73] *Müller*, Menschensohn, 10ff.; s. auch *Hampel*, Menschensohn und historischer Jesus, 7ff., vor allem 13ff.

[74] S. die Zusammenfassung *Müller*, Menschensohn, 157ff.

[75] *Vögtle*, Die „Gretchenfrage" des Menschensohnproblems, 137.

schensohn der Bilderreden, nicht aber der von Dan 7,13, fungiert sodann speziell als Richter, was eben auch die synoptischen Parusieworte ihrem Menschensohn zuschreiben."[76] Von den Parusieworten aus geschah dann die Ausweitung der Verwendung der Menschensohnbezeichnung.[77]

Insgesamt ist die Menschensohnfrage immer noch so undurchschaubar, daß wir in der neutestamentlichen Theologie zur Bestimmung des Selbstverständnisses Jesu besser auf dieses Wort verzichten. Hätte sich Jesus selbst als Menschensohn verstanden und die *kollektive* Deutung von Dan 7 für seine Person ins Individuelle gewendet, so wäre es ein verführerischer Gedanke, daß er in seinem Selbstverständnis als der Repräsentant der Basileia Gottes und somit der Gottesherrschaft den Gedanken der Basileia Gottes und Dan 7 zusammengedacht hätte. So interessant dieser Gedanke ist, er ist äußerst unwahrscheinlich. Eher wäre die Lösung zu erwägen, daß sich Jesus nach Mk 8,38/Lk 12,8f. von der Gestalt des individuellen Menschensohnes, verstanden als dem eschatologischen Richter, unterschieden hätte. Ich paraphrasiere Mk 8,38: „Wer sich meiner und meiner Worte schämt, den wird der Menschensohn in meinem Namen am Jüngsten Tage richten." Dann wäre der Menschensohn der, der Jesus als Kriterium für das von ihm zu vollziehende Gericht sähe. Jesus hätte dann den Menschensohn, verstanden als die eschatologische Richtergestalt, als seinen Funktionär betrachtet. Aber auch diese Hypothese ist mehr als umstritten. Die Zahl der Exegeten, die sie vertritt, geht rapide zurück.[78]

So bleibt nur, daß wir das Selbstbewußtsein Jesu im Koordinatensystem von Gottesherrschaft und seinem Tod reflektieren. *Satis est!* In der Tat, das in diesem Koordinatensystem zu Bedenkende reicht aus, um über Jesus das theologische Erforderliche zu sagen.[79]

---

[76] Ib., 144.

[77] Ib., 145ff.

[78] Mir erscheint diese Hypothese immer noch am plausibelsten.

[79] Ein wichtiges Thema wurde nicht thematisiert, nämlich Jesus und die *Weisheit*. Deshalb sei hier wenigstens auf *Hermann von Lips*, Weisheitliche Traditionen in NT, § 21, verwiesen. Diese Monographie informiert in Teil II darüber hinaus ausführlich über weisheitliche Traditionen in NT.

3.5 Der Zeit-Raum der Gnade: Das theologische Fazit

Die bisherigen Ausführungen zum Zeit-Raum der Gnade haben gezeigt, daß sowohl die Sequenz „Altes Testament – Neues Testament" als auch die Sequenz „Jesus von Nazareth – Theologie des Neuen Testaments" für die Darstellung einer Biblischen Theologie des Neuen Testaments sinnvolle Gliederungselemente sind. Es hat sich aber auch gezeigt, daß ein wesentlicher Gesichtspunkt der Prolegomena erneut deutlich wurde: Eine Biblische Theologie des Neuen Testaments darf auf keinen Fall auf die bloße Darstellung des Verhältnisses von zwei literarischen Corpora zueinander reduziert werden. Schon das Alte Testament, für sich genommen, kann und darf nicht allein von seinem Geschriebensein gesehen werden. Denn in ihm wollen ja die einzelnen Autoren nicht primär ihre eigenen – doch nur z.T. theologischen! – Ansichten vermitteln. Wenn hier von *vermitteln* die Rede ist, so geht es diesen Autoren vielmehr entschieden darum, mit Hilfe des von ihnen geschriebenen Wortes *Mittler* des Wortes Gottes zu sein. Es war mehrfach – auch in unseren letzten Überlegungen – von der Dialektik von *Unmittelbarkeit* und *Mittelbarkeit* die Rede. Wollen also die Autoren des Alten Testaments im eben genannten Sinne Mittler sein, so sind sie ihrer ureigenen Intention nach, zumindest recht oft, Mittler des sich in seiner Unmittelbarkeit offenbarenden Gottes. Daß dies *a parte fortiori* für die Propheten gilt, ist evident. Sind sie in dieser Weise – zugespitzt formuliert – *Mittler der Unmittelbarkeit*, so wollen sie mit ihrer Vermittlung bei den von ihnen Angesprochenen die Unmittelbarkeit zu Gott erreichen, so paradox das auch klingen mag. Denn den Menschen mit dem lebendigen Gott zu konfrontieren ist letztes Ziel des göttlichen Offenbarungswortes. Daß die durch ihre Verkündigung erreichte Unmittelbarkeit insofern sofort wiederum das Moment der Mittelbarkeit in sich trägt als auch die unmittelbare worthafte Anrede Gottes an den Menschen die nicht vermeidbare Verwendung von Begriffen – und Begriffe sind ja immer nur Mittelbares! – enthält, ist an *dieser* Stelle unserer Überlegungen von nur sekundärer Bedeutung. Halten wir fest: Das Alte Testament ist also seiner Intention nach Dokument göttlicher Offenbarung bzw. göttlicher Offenbarungen, es dokumentiert somit in seiner Genese den Weg von der geschichtlich erfolgten *Unmittelbarkeit* Gottes gegenüber dem Menschen über die mündlich und schriftlich konstituierte *Mittelbarkeit* zur erneuten, nun intensivierten *Unmittelbarkeit* Gottes.[1]

---

[1] Das erinnert an die Hermeneutik *Diltheys* und *Bultmanns* (*Hübner*, Was ist existentiale Interpretation?, in: Biblische Theologie als Hermeneutik, 241f.): Die Geschichtlichkeit des Men-

Ist nun das Verhältnis „Altes Testament – Neues Testament" von seinem Ursprung her nicht das Verhältnis zweier kanonischer Buchcorpora, sondern das Verhältnis von der als Autorität Gottes gehörten Schrift einerseits und Menschen andererseits, die es als diese Autorität hörten, so berufen diese sich deshalb auf die Schrift, weil sie im *Autoritätengefüge* von *Heiliger Schrift* und *christlichem Kerygma* ein und denselben Gott in seiner Selbstoffenbarung sehen. Der Gott, der in der Schrift Israels als der Verheißende gesprochen hat – und noch immer spricht! –, ist auch derjenige Gott, der sich im geschichtlichen *Ereignis* Jesus Christus geoffenbart hat. Der Gott der Schrift ist also für die neutestamentlichen Autoren *ihr Gott*. Der Gott der Schrift ist *der göttliche Vater Jesu Christi.*

Aber bereits der Satz „Der Gott, der sich in der Schrift Israels geoffenbart hatte, *ist* der Gott, der sich in Jesus Christus geoffenbart hat" ist zugleich Bekenntnis *und* theologischer Satz. *Glaube, Bekenntnis* und *Theologie* bilden daher, wie sich in unseren Darlegungen laufend gezeigt hat, eine *seinsmäßige Einheit*, wenn auch an der bereits herausgestellten *secundaritas* der Theologie festgehalten werden muß. War eben von Mittelbarkeit und Unmittelbarkeit die Rede, so kommt der Theologie gerade aufgrund dieser ihrer *secundaritas* das Moment der Mittelbarkeit zu. Auch das gehört also zum Ertrag unserer Darlegungen: *Wer von alttestamentlicher, neutestamentlicher oder Biblischer Theologie redet, kann nicht die Sache selbst meinen, sondern lediglich die Reflexion über die Sache.* Damit wird keinesfalls einer Abwertung der Theologie, der theologischen Reflexion das Wort geredet – es sei denn, man wertet den Menschen, insofern er denkendes Wesen ist, ab! Da aber nun der Theologe – und der Theologe *ist* per definitionem Christ, wenn er wirklich Theologe *ist* und nicht als Religionswissenschaftler in intendierter Neutralität lediglich *über* biblische Gehalte spricht – zugleich glaubender und denkender Mensch ist, in beidem also *ein und dieselbe menschliche Existenz* ist, sind Glaube und Theologie in eben dieser einen Existenz existentiell untrennbar miteinander verbunden. **Der glaubende Christ *ist* der denkende Theologe.**[2] Und spricht dann der Theologe in theologischer und zugleich philosophischer Terminologie vom *Zeit-Raum* der Gnade und folglich von der Zeitlichkeit und Räumlichkeit des begnadeten Glaubenden, so ist seine Existenz sein Hineingenommen-*Sein* in diesen Zeit-Raum. Theologie geschieht also je und je im Gnaden-*Raum* der Offenbarung und in der Gnaden-*Zeit* der Offenbarung. Führt also Theologie in diesem Sinn über sich hinaus in den vertief-

---

schen und die darin begründete Rezeption überlieferter geistiger Gehalte vollzieht sich in einem Zweischritt. Dieser läßt sich für *Dilthey* so formulieren (Ges. Schriften V, 265): 1. Das Leben schafft Objektivationen seiner selbst. 2. Objektivationen werden „in die volle ganze Lebendigkeit" zurückübersetzt. *Bultmann* praktiziert die existentiale Interpretation in ihrer spezifischen Form der Entmythologisierung: 1. Der Mensch, der sich in seiner Existenz vor Gott versteht, formuliert in primitiver Weise sein Daseinsverständnis in der Objektivation des Mythos. 2. Diese Objektivation wird durch Entmythologisierung, d.h. Entobjektivierung, in das ursprüngliche Daseinsverständnis zurückübersetzt. Die Analogie zwischen *Dilthey* und *Bultmann* ist offensichtlich.

[2] Das gilt auch auf der Ebene unterhalb einer *wissenschaftlichen* Theologie.

ten Glauben, so führt sie zur intensiveren Begegnung mit Gott. Theologie beginnt beim sich offenbarenden Gott; Theologie „endet" beim sich offenbarenden Gott. *Principium et finis theologiae est Deus se relevans.*

4. Ein theologisches und hermeneutisches Nachwort: Vetus Testamentum per se und Vetus Testamentum in Novo receptum

Daß die Unterscheidung von *Vetus Testamentum per se* und *Vetus Testamentum in Novo receptum* für die hier vorgelegte Biblische Theologie des Neuen Testaments konstitutiv ist, bedarf am Ende des dritten Bandes keiner Begründung mehr. Sie ist auch weithin auf explizite, zumindest implizite Zustimmung gestoßen. Einige wenige Kollegen haben aber gerade hier ihre kritische Sonde angesetzt. Wenn ich nun in diesem Nachwort auf einige kritische Stellungen antworte, so nicht, um etwa meine Position zu verteidigen, sondern um zu versuchen, sie im Gespräch weiter zu klären und zu verdeutlichen.

Das Gespräch soll zunächst mit *Brevard S. Childs* geführt werden, dessen exegetisch-theologische Arbeit mir von so großem theologischem Gewicht erschien, daß ich seiner Konzeption vom *canonical approach* im ersten Band einen eigenen Exkurs widmete.[1] Er hat sich nun 1992 in der Theologischen Zeitschrift ausführlich mit dem ersten Band meiner Theologie auseinandergesetzt, und zwar unter dem bezeichnenden Titel „Die Bedeutung der hebräischen Bibel für die biblische Theologie".[2] 1993 erschien sein bedeutendes Werk „Biblical Theology of the Old and New Testaments", das den Untertitel „Theological Reflection on the Christian Bible" trägt.[3] Dankbar bin ich Childs für die vornehme Art, mit der er sich mit meiner These, die er nicht zu teilen vermag, auseinandersetzt.

Da zeigt sich zunächst ein bemerkenswerter Sachverhalt. Childs führt nämlich gegen meine Position auch eine Reihe von Argumenten an, in denen ich ohne Schwierigkeit meine eigene Sicht wiedererkenne. Die Konsequenz ist eigentlich: Ich widerspreche mit der einen „Teilmenge" meiner Argumente der anderen „Teilmenge"; also widerspreche ich mir selbst bzw. meiner These von der Differenz von *Vetus Testamentum per se* und *Vetus Testamentum in Novo receptum*.

---

[1] *Hübner*, BThNT I, 70ff.

[2] *Childs*, ThZ 48, 382ff.

[3] In diesem Werk nimmt er auch einige Male auf mich Bezug, verweist aber vor allem auf seine Auseinandersetzung mit mir in ThZ 48. Ich bin in diesem dritten Band nicht auf Childs' Theologie eingegangen. Dieser Dialog hätte im ersten Band geführt werden müssen. Das Buch von Childs ist jedoch von so hoher *theologischer* Relevanz, daß ich in einer späteren Publikation auf es zurückkomme. Inzwischen ist eine deutsche Übersetzung erschienen: „Die Theologie der einen Bibel. I. Grundstrukturen".

Das wäre freilich tödlich für meine Gesamtkonzeption. Es könnte aber auch sein, daß die von Childs in Anspruch genommenen Argumente einfach in einen anderen Sachzusammenhang hineinzustellen wären, um so eine andere argumentative Funktion einzunehmen.

Aber lassen wir jetzt die Punkte beiseite, an denen ich wirklich oder, wenn ich mich im einen oder anderen Falle täuschen sollte, vermeintlich mit Childs einig bin. Schauen wir vielmehr auf diejenigen seiner Argumente, die in der Tat gegen meine Grundposition zu sprechen scheinen.

Nach Childs ergibt sich „ein sehr irreführendes Bild von der Autorität der jüdischen Schriften für die Kirche ..., wenn man die Sache von der *selektiven Zitation* des Alten Testaments im Neuen her angeht".[4] Ich leugne nicht ein gewisses Wahrheitsmoment dieses Arguments, und zwar deshalb nicht, weil uns nicht bekannt ist, in welchem Maße in neutestamentlicher Zeit die junge Kirche über die im Neuen Testament verifizierbaren Zitate und Anspielungen hinaus auf das Alte zurückgriff. Sofort ist aber hinzuzufügen: Es ist aus dem Neuen Testament zumindest klar ersichtlich, welche alttestamentlichen Aussagen *vor allem* als prophetische Hinweise auf Jesus von Nazareth als den Christus angesehen wurde. Es genügt, hier auf ψ 2 und ψ 109 als Beispiele zu verweisen. Um die Formulierung von Childs zu verwenden: Im großen und ganzen schält sich durch den Schriftgebrauch im Neuen Testament schon deutlich genug heraus, welche „selektive Zitation" vorliegt. Im Prinzip handelt es sich übrigens auch um „selektive Zitation", wenn man in Qumran und im Neuen Testament die *ganze* Schrift des Alten Testaments als prophetische Schrift versteht!

Wichtiger ist gemäß der Intention von Childs wohl folgender Einwand: „Das Argument schließlich, das Alte Testament *in seiner ursprünglichen Intention*[5] habe niemals Autorität besessen für die frühe Kirche, bedeutet, die hermeneutische Frage anachronistisch von einer nach-aufklärerischen Position her aufzuwerfen. Die frühe Christenheit sah keine Polarität zwischen einer rekonstruierten ursprünglichen Intention eines Textes und einer nachfolgenden Applikation."[6] Zu beurteilen, ob in der Tat meine Position eine „nach-aufklärerische" ist, können andere vielleicht besser als ich entscheiden. Soviel aber kann ich sagen, was meine Überzeugung in Sachen *Aufklärung* angeht: 1. Insofern kann keiner, der wirklich exegetisch arbeiten will, hinter die Aufklärung zurück, als ihr kritisch-historisches Potential so beschaffen ist, daß es nicht rückgängig gemacht werden kann. 2. Insofern müssen wir den unleugbaren Fortschritt, der durch das „*sapere aude*" Immanuel Kants erreicht wird, in eine neue Dimension geschichtlichen und auch theologischen Denkens bringen, als wir die aus dem Denken der Aufklärung erwachsene *historisch-kritische* Methodik[7] als Hilfe für die übergeord-

---

[4] *Childs*, ThZ 48, 386; Hervorhebung durch mich.

[5] Hervorhebung durch *Childs*.

[6] Ib., 386.

[7] Ich spreche hier bewußt von historisch-kritischer *Methodik*, statt von historisch-kritischer *Methode*. Denn es geht gar nicht um einzelne Methoden, sondern um das methodische Instrumentarium als Summe exegetischer Einzelmethoden.

nete *hermeneutische* Aufgabe begreifen. Historische, besser: geschichtliche Texte wollen im heutigen Verstehenshorizont *interpretiert* werden. Interpretation ist daher die eigentliche Aufgabe der Geisteswissenschaft![8] Mit Childs bin ich aufgrund des zuletzt gebrachten Zitats anscheinend einig, daß die hermeneutische Frage gestellt werden muß. Dann gilt freilich das mittelalterliche *distinguendum est*. Es ist nämlich die Unterscheidung zu treffen – und ich gehe wohl kaum fehl in der Annahme, daß hier das πρῶτον ψεῦδος derjenigen (über Childs hinaus) gegeben ist, die die von mir vorgenommene Unterscheidung von *Vetus Testamentum per se* und *Vetus Testamentum in Novo receptum* kritisieren –, welche Intention von den biblischen Autoren *bewußt* verfolgt wurde und welche Intention eine mehr verborgene, wenn nicht gar ihnen *unbewußte* war. Natürlich hatten die neutestamentlichen Autoren, wenn sie Aussagen der Schrift rezipierten, keine philosophische und literaturwissenschaftliche Rezeptionstheorie, nach der sie zwischen ursprünglichem Literalsinn und theologischem Rezeptionssinn unterschieden. Natürlich gab es für sie – jedenfalls im Prinzip[9] – keine derartige Differenzierung wie die von uns formulierte. Aber das war doch nur deshalb der Fall, weil das christologische Vorzeichen vor dem jeweiligen alttestamentlichen Zitat oder der jeweiligen alttestamentlichen Anspielung für die neutestamentlichen Autoren bereits mit der Schrift als solcher gesetzt war! Was *wir* heute aufgrund unserer durch die Aufklärung unwiderruflich gegebenen Verpflichtung zur Eruierung des originalen Literalsinns als Differenz zwischen diesem Literalsinn und dem neutestamentlich-christologischen Sinn herausarbeiten, was also *wir* heute als das zuweilen gravierende Auseinanderklaffen beider Schriftsinne beurteilen müssen und in der Regel auch faktisch tun, das bedarf *heute* der hermeneutischen Reflexion. Und gerade die Hermeneutik ist es, die hier Anwalt der zur Debatte stehenden Differenzierung ist. Childs meint, daß „von vornherein Verwirrung durch eine dem Neuen Testament recht fremde Perspektive" drohe, wenn die Frage nach der Autorität des Alten Testaments in die Kontrastformulierung Vetus Testamentum per se und Vetus Testamentum in Novo receptum gefaßt werde.[10] Er hat ganz und gar recht, wenn er von einer dem Neuen Testament recht fremden Perspektive spricht. Aber es geht doch darum, daß wir durch *unsere* exegetische, theologische und hermeneutische Arbeit diesen Kontrast, der den neutestamentlichen Autoren im Prinzip nicht bewußt war, erst als Kontrast erkennen. Für diese Autoren war die *Identität* vom christlichen Sinn und Literalsinn der Schrift theologisches Postulat, auch wenn sie sich damaliger Auslegungsmethoden wie z.B. der Typologie bedienten. Doch gerade diese Identität wurde durch die historisch-kritische Methodik als Illusion beseitigt.

---

[8] Ich gehe hier nicht auf die gerade in den letzten Jahrzehnten immer wieder geäußerte Kritik am Begriff „Geisteswissenschaft" ein. Wer bereit ist, diesen Begriff zu akzeptieren, weiß, was ich sage und meine. Und wer dem Begriff mit Kritik gegenübersteht, weiß – soll ich sagen: weiß noch mehr? –, was ich sage und meine.

[9] Im Einzelfall kann man durchaus darüber streiten!

[10] *Childs*, ThZ 48, 386.

Childs schreibt dann: „Zu glauben, das Alte Testament habe Autorität nur als Echo aufs Neue Testament, heißt einen ganzen Chor von Stimmen in der christlichen Schrift zum Schweigen bringen. In der unabweisbaren Tatsache, daß alttestamentliche Töne oft dissonant zum Neuen Testament klingen, zeigt sich die Kraft des Alten Testaments, nicht seine Schwäche.“[11] In dieser Aussage erkenne ich meine eigene Intention, jedenfalls die bewußt von mir intendierte, nicht wieder. Keinesfalls habe ich die Autorität des Alten Testaments nur als Echo aufs Neue Testament beschränkt. Mehrfach habe ich in der Darstellung der neutestamentlichen Theologie, z.B. der des Paulus, aufgewiesen, wie in zentralen neutestamentlichen Aussagen theologische Intentionen des Alten Testaments zum Durchbruch kommen.[12] Childs erhebt den „zentralen *theologischen*[13] Vorwurf“ an meine „hermeneutische Formulierung[14] ..., daß sie diese grundlegende dialektische Bewegung[15] zerstört, indem sie das Alte Testament entschieden daran hindert, in voller Freiheit sich selbst zur Sprache zu bringen“.[16] Aber es ist ja gerade *nicht meine* Unterscheidung, die das Alte Testament in dieser Weise hindert. Vielmehr bringt im Neuen Testament das Alte Testament selbst nicht „in voller Freiheit sich selbst zur Sprache“. Es kann es auch nicht, weil an zentralen Stellen der theologische Widerspruch des Neuen Testamentes gegen alttestamentliche Fundamentalaussagen erhoben wird.

Noch entschiedener lehnt meine Unterscheidung von Vetus Testamentum per se und Vetus Testamentum in Novo receptum *Peter Stuhlmacher* ab.[17] Mit ihm verbindet mich – dieser Tatbestand ist zunächst hervorzuheben, damit die folgenden Ausführungen im richtigen Zusammenhang erfaßt werden können – die theologisch unverzichtbare Aufgabe, über die Grenzen der Theologie des Neuen Testaments hinaus das Ganze der Theologie anzuvisieren. Dazu gehört, *theologisch* das Verhältnis der beiden Testamente zueinander zu reflektieren. Wer sich aber dieser Aufgabe stellt, weiß ja schon etwas davon, daß der Literalsinn zur alttestamentlichen Zitate im Neuen Testament in vielen Fällen in einen anderen Sinn umgebogen ist. Und er weiß auch, daß in anderen Fällen durchaus eine inhaltliche Kontinuität des alttestamentlichen Literalsinns der neutestamentlichen

---

[11] Ib., 387.

[12] Ich erwähne nur die Rezeption von ψ 142 in Gal 2,16, *Hübner*, BThNT II, 64ff. *Childs* hat freilich seinen Aufsatz (1992) und seine Biblische Theologie (1993) geschrieben, ehe er den zweiten Band meiner Theologie zur Kenntnis nehmen konnte. Ich weiß nicht, ob die Ausführungen dieses und auch des dritten Bandes ihn veranlassen, seine Kritik an mir zu modifizieren.

[13] Hervorhebung durch mich.

[14] Gemeint ist die Differenz von Vetus Testamentum per se und Vetus Testamentum in Novo receptum.

[15] *Childs* bezieht sich hier auf Augustinus, dessen Dialektik er auf dem Grund der Biblischen Theologie sieht; *Augustinus*, Quaestiones in Heptateuchum 2,73: „*et in vetre* [*testamento*] *novum latet, et in novo vetus patet*.“

[16] *Childs*, ThZ 48, 388.

[17] Was ich hier in gedrängter Kürze zu *Stuhlmachers* Einwand gegen meine Unterscheidung sage, habe ich ausführlicher in meinem Beitrag zur Festschrift von Lars Hartmann „Eine hermeneutisch unverzichtbare Unterscheidung: Vetus Testamentum und Vetus Testamentum in Novo receptum“ (erscheint 1995) dargelegt.

Aussageintention hin besteht. Daß Vetus Testamentum und Vetus Testamentum in Novo receptum in wichtigen Fällen divergieren, ist also zumindest im *Vorverständnis* gegeben. Peter Stuhlmacher begrüßt nun, daß ich bei meiner Untersuchung nicht nur die Zitate berücksichtigen will, sondern auch die zweifelsohne schwieriger verifizierbaren Anspielungen. Er spricht von einem bedenkenswerten Ansatz. Unverständlich bleibt mir freilich, daß Stuhlmacher behauptet, ich ließe mir von der Forschung als logischen Ausgangspunkt meiner Arbeit die Unterscheidung von Vetus Testamentum per se und Vetus Testamentum in Novo receptum vorgeben[18], wenn mein Entwurf nicht einfach die theologische Kontinuität der beiden Testamente herausstellt, sondern von der betonten Reflexion des Verhältnisses von Kontinuität und Diskontinuität geprägt ist.[19] Aber von der *Forschung* habe ich mir diese Unterscheidung gerade nicht vorgeben lassen, sondern vom biblischen Befund! In diesem Zusammenhang charakterisiert er meine Unterscheidung als kanonogeschichtlich und hermeneutisch gleich problematisch. Wieso mache ich mich aber hier von der kritischen Forschungslage „abhängig"? Was heißt überhaupt *kritische Forschung*? Es ist doch wohl die Forschung, die mittels der Methode der *Geschichts*-Wissenschaft geschichtliche Texte der Heiligen Schrift untersucht. Hat sich – das zeigte sich ja besonders bei unserer Untersuchung von Joh 1,14 – der *ewige* Gott in Jesus Christus als Gestalt der *Geschichte* ereignet, ist also Jesus Christus eine geschichtliche Gestalt, zu deren Wirkungsgeschichte das, was im Neuen Testament gesagt ist, gehört, so stellt sich notwendig die Frage: Darf nach dem *Geschichte gewordenen Gott* nicht mit den Fragen der *Geschichte*, also mit den Fragen der *Geschichtswissenschaft* gefragt werden? Ist ein solches Fragen deshalb verboten, weil es von der „Forschung" betrieben wird? Gehört zur Kondeszendenz Gottes nicht auch, daß er sich in seiner geschichtlichen Existenz aller Zweideutigkeit ausgesetzt hat, die nun einmal – notwendig – aller Geschichtsforschung eignet? Welches Verständnis von Geschichte hat Peter Stuhlmacher, wenn er im Blick auf die geschichtliche Existenz des ewigen Gottes eine solch negative Aussage im Blick auf die Geschichtsforschung macht? Natürlich – ich mache mich in der Tat von der Geschichtsforschung „abhängig"! Ich muß es aber tun, weil ich als Fragender selbst ein geschichtliches Wesen bin. Eine eigenartige Ironie manifestiert sich aber dann, wenn ausgerechnet Peter Stuhlmacher *aufgrund historischer Rekonstruktion* z.B. die theologische Vorgeschichte der paulinischen Theologie seinen Lesern vorstellt, während ich gerade an dieser Stelle meinte, auf eine solche verzichten zu sollen, weil sie zu hypothetisch ist.

Peter Stuhlmacher bringt gegen meine Konzeption als das für ihn wahrscheinlich wichtigste Argument den Einwand, daß ich mit meiner Unterscheidung von Vetus Testamentum per se und Vetus Testamentum in Novo receptum eine Differenzierung praktiziere, die den neutestamentlichen Autoren noch ebenso fremd gewesen sei wie ihren jüdischen Adressaten und Kontrahenten. Ich

---

[18] *Stuhlmacher*, Biblische Theologie des NT I, 36.
[19] *Hübner*, BThNT I, 64.

brauche auf diesen Einwand nicht weiter einzugehen, weil zu ihm *mutatis mutandis* das gleiche zu sagen ist wie zu Childs.

Am schwersten fällt mir die Antwort auf die Kritik meiner Theologie durch *Erich Zenger* in seiner Schrift „Am Fuss des Sinai. Gottesbilder des Ersten (!) Testaments". Er unterstellt meiner Unterscheidung von Vetus Testamentum per se und Vetus Testamentum in Novo receptum „blanken Markionismus".[20] Im Vorwort zum ersten Band hatte ich gesagt: „Vielleicht mag ein Leser, der Gisela Kittels Ausführungen zur Kenntnis genommen hat, in den meinen die Gefahr wittern, hier könnte doch noch irgendwo verborgen Markions Geist wehen. Aber sollte dieser ‚Erzketzer' im Jenseits von meiner Biblischen Theologie Kenntnis nehmen, so wird er wohl jetzt froh sein, daß ich gerade nicht bei seiner Theologie angelangt bin." Darauf reagierte Zenger mit dem Vorwurf, der Geist Markion wehe in meiner Theologie nicht nur „irgendwo verborgen"; nein: „Wes ‚Geist' da wirklich weht, offenbart Hübner, wenn er nicht nur ‚noch radikaler' nach der Relevanz (bzw. *Irrelevanz*[21]) der jüdischen Bibel fragen will, als dies Emmanuel[22] Hirsch tat, sondern vor allem durch die Wahl seiner Worte…" Es ist, milde gesagt, eine arge Verdrehung meines Textes, wenn Zenger nach meinem Wort „Relevanz" hinzufügt „bzw. Irrelevanz"! So wie er meinen Satz, in dem ich Emanuel Hirsch nannte, zitiert, liege ich theologisch noch jenseits dieses nationalsozialistischen Göttinger Theologen. Damit ist das, was ich tatsächlich gesagt habe, ins Gegenteil verkehrt (S. 240ff.)! Flüchtige Lektüre führte also zur Unterstellung einer Nähe meiner Position zur nationalsozialistisch geprägten „Theologie".

Es scheint, als habe die Diffamierung meiner Theologie durch Zenger ihren Höhepunkt erreicht. Aber es kommt noch schlimmer! Der mir unterstellte „blanke Markionismus" wird auf der ersten Seite des Vorworts definiert: Markion wollte das Christentum „entjudaisieren", er wollte eine „judenfreie" christliche Bibel schaffen.[23] Dieses Bild Markions stimmt zwar schon allein historisch nicht. Aber das hat Zenger zu verantworten. Schlimmer ist, daß nach der Definition des Markionismus auf S. 7 und der von ihm vorgenommenen Charakterisierung meiner Person als Markionit mir das nationalsozialistische Prädikat „judenfrei" bzw. „entjudaisiert" angehängt ist. Dagegen verwahre ich mich in aller Entschiedenheit! Hätte Zenger meine Werke wirklich gelesen, so hätte er leicht erkennen können, daß ich *theologisch* danach frage, *wo* im Alten Testament die theologische Relevanz für die Theologie des Neuen Testaments gegeben ist. Daß er mich nicht richtig gelesen hat, ist seine Sache. Daß er mir, weil er mich nicht richtig gelesen hat, nationalsozialistisches Denken unterstellt, ist nicht mehr allein seine Sache.

Das theologische und hermeneutische Nachwort thematisierte noch einmal die Differenz von Vetus Testamentum per se und Vetus Testamentum in Novo receptum.[24] Ich hoffe, daß deutlich geworden ist: Die Differenz zwischen diesen beiden „Vetera Testamenta" ist zunächst eine *Differenz der Gesichtspunkte*, unter dem das Vetus Testamentum jeweils gesehen wird; *neben* dieser Unterscheidung steht aber die in unserer Untersuchung immer wieder gestellte Frage nach

---

[20] *Zenger*, Am Fuss des Sinai, 74.
[21] Kursive durch mich.
[22] *Hier* kein Druckfehler! Zenger schreibt tatsächlich „Emmanuel"!
[23] Ib., 7.
[24] S. dazu *Hübner*, Biblische Theologie als Hermeneutik 175–190. 286–293.

Kontinuität und Diskontinuität. Weil beide Unterscheidungen zum Teil quer zueinander gehen, bedeutet die Differenz zwischen Vetus Testamentum und Vetus Testamentum in Novo receptum also keinesfalls *als* Differenz die Diskontinuität. Vielmehr geht es dabei um die Frage, inwieweit die neutestamentliche Offenbarung ihre Wurzeln in der alttestamentlichen hat. Da, wo Offenbarung, verstanden als das *Offenbar-Werden Gottes*, in der Geschichte Israels und im Christusgeschehen jeweils Ereignis geworden ist[25], da ist der Ort für das eigentliche theologische Fragen geschaffen: *Wie steht Gottes Wirken am Volke Israel zu seinem Wirken im Christusgeschehen?* Erst wenn die Frage nach dem Verhältnis von Vetus Testamentum per se und Vetus Testamentum in Novo receptum auf die Höhe der zuletzt formulierten Frage gehoben ist, erst dann ist sie im eigentlichen Sinne theologisch relevant. Doch diesen Satz zu kommentieren würde bedeuten, all das in den drei Bänden Gesagte zu wiederholen. Deshalb hat mit diesen Worten sowohl das Nachwort als auch der Gesamtduktus der Darstellung der Biblischen Theologie sein Ende gefunden: *Theologia ductrix ad fidem, fides ductrix ad Deum.*[26]

---

[25] S. *Hübner*, Offenbarungen und Offenbarung.

[26] Der letzte Satz verbietet jeden weiteren. Deshalb kann der folgende nur in einer Anmerkung gesagt werden. Hingewiesen sei auf die Abschiedsvorlesung von *Otto Kaiser* am 18.2.1993. Der Titel ist gut formuliert: „Die Bedeutung des Alten Testaments für Christen, die manchmal auch Heiden sind". *Kaiser* verbindet in diesem Vortrag die beiden Problemkomplexe „Existentiale Interpretation des AT" und „das Geschichtsbild des AT". Es ist in der Tat das Zueinander von *Geschichtlichkeit* und *Geschichte*, das das Verhältnis von At und NT verstehen läßt.

Literaturverzeichnis

Wie in den ersten beiden Bänden der Biblischen Theologie werden, um das Literaturverzeichnis nicht übermäßig anwachsen zu lassen, in der Regel nur diejenigen Publikationen genannt, mit denen exemplarisch die Diskussion geführt wird oder die zumindest in den Anmerkungen berücksichtigt sind. Jedoch nenne ich zusätzlich einige Veröffentlichungen, auf die zwar in diesem Buch nicht ausdrücklich Bezug genommen wurde, auf die aber wegen ihres theologischen Gewichts hingewiesen werden sollte. Ebenso werden weder Rezensionen, sofern sie nicht den Umfang eines Aufsatzes einnehmen, noch Kommentare zu biblischen Büchern genannt, sondern jeweils in den Anmerkungen mit den üblichen Abkürzungen nach *S. M. Schwertner*, Internationales Abkürzungsverzeichnis für Theologie und Randgebiete, Berlin [2]1992, angegeben. Zusätzlich sei auf die Zeitschriften „Jahrbuch für Biblische Theologie" und „Horizons in Biblical Theology" (Pittsburgh) verwiesen

I. Abrahams, Studies in Pharisaism and the Gospels, Vol. I and II, New York 1967

E. Ahlborn, Die Septuaginta-Vorlage des Hebräerbriefes, Diss. theol. Göttingen 1966

B. Aland, Art. Marcion (ca. 85–160)/Marcioniten: TRE 22, 1992, 89–101 (Lit.!).

A. Alberti, Il divorzio nel Vangelo di Matteo, DT 60 (1957), 389–410

–, Matrimonio e Divorzio nella Bibbia, Milano 1962

M. Albertz, Die synoptischen Streitgespräche, Berlin 1921

W. C. Allen, The Old Testament Quotations in ST. Matthew and St. Mark, ET 12 (1900/01), 187–189. 281–285

P. Andriessen, Das größere und vollkommenere Zelt (Hebr 9,11), BZ.NF 15 (1971), 76–92

M. R. D'Angelo, Moses in the Letter to the Hebrews (SBL.DS 42), Missoula, Montana 1979

Aristoteles, Über die Seele. Die Lehrschriften, Bd. VI.1, hg., übertragen und in ihrer Entstehung erläutert von *P. Gohlke*, Paderborn 1976 [= 1946]

W. Auer, „Jota unum aut unus apix non praeteribit a lege …" (Mt 5,8), BiKi 14 (1959), 97–103

P. Auffret, Essai sur la structure littéraire et l'interprétation d'Hébreux 3,1–6, NTS 26 (1980), 380–396

R. D. Aus, The Relevance of Isaiah 66.7 to Revelation 12 and 2 Thessalonians 1, ZNW 67 (1976), 252–268

W. Bacher, Die exegetische Terminologie der jüdischen Traditionsliteratur, Zwei Teile, Darmstadt 1965 [= I 1899; II 1905]

B. W. Bacon, Studies in Matthew, New York 1930

H. Baltensweiler, Die Ehe im Neuen Testament. Exegetische Untersuchungen über Ehe, Ehelosigkeit und Ehescheidung (AThANT 52), Zürich/Stuttgart 1967
–, Die Ehebruchsklauseln bei Matthäus. Zu Matth 5,32; 19,9, ThZ 15 (1959), 340–356
E. Bammel, Is Luke 16,16–18 of Baptist's Provenience?, HThR 51 (1958), 106–111
–, Markus 10,11f. und das jüdische Eherecht, ZNW 61 (1970), 95–101
–, Art. πτωχός κτλ., in: ThWNT VI, 1959, 885–915
R. Banks, Jesus and the Law in the Synoptic Tradition (MSSNTS 28), Cambridge/London/New York/Melbourne 1975
J. T. Barrera, La Biblia judía y la Biblia cristiana. Introduccion a la historia de la Biblia, Madrid 1993
M. Bart, The Old Testament in Hebrews. An Essay in Biblical Hermeneutics, in: Current Issue in New Testament Interpretation, FS O. A. Piper, ed. by *W. Klassen/G. F. Snyder*, London 1962, 53–78
G. Barth, Das Gesetzesverständnis des Evangelisten Matthäus, in: *Bornkamm/Barth/Held*, 54–154
K. Barth, Die kirchliche Dogmatik IV.1. Die Lehre von der Versöhnung, Zürich 1953
H. W. Bartsch, Feldrede und Bergpredigt. Redaktionsarbeit in Luk. 6, ThZ 16 (1960), 5–18
R. J. Bauckham, The Climax of Prophecy. Studies on the Book of Revelation, Edinburgh 1993
W. Bauer, Aufsätze und kleine Schriften, hg. v. *G. Strecker*, Tübingen 1967
J. Baumgarten, Art. καιρός, in: EWNT II, 1981 [=²1992], 571–579
A. Baumstark, Die Zitate des Matthäusevangeliums aus dem Zwölfprophetenbuch, Bib. 37 (1956), 296–313
J. Becker, Das Heil Gottes. Heils- und Sündenbegriffe in den Qumrantexten und im Neuen Testament (StUNT 3), Göttingen 1964
The Beginnings of Christianity. I. The Acts of the Apostles, ed. by *F. Jackson/K. Lake*; IV. English Translation and Commentary, ed. by *K. Lake/H. J. Cadbury*, London 1933
J. Behm, Art. θύω, θυσία, θυσιαστήριον, in: ThWNT III, 1938, 180–190
W. Beilner, Christus und die Pharisäer. Exegetische Untersuchung über Grund und Verlauf der Auseinandersetzungen, Wien 1959
K. Berger, Hartherzigkeit und Gottes Gesetz. Die Vorgeschichte des antijüdischen Vorwurfs in Mc 10,5, ZNW 61 (1970), 1–47
–, Zu den sogenannten Sätzen Heiligen Rechts, NTS 17 (1970/71), 10–40
–, Die Gesetzesauslegung Jesu. Ihr historischer Hintergrund im Judentum und im Alten Testament I: Markus und Parallelen (WMANT 40), Neukirchen 1972
D. Bertetto, La natura del sacerdozio secondo Hebr. 5,1–4 e le sue realizzazioni nel Nuovo Testamento, Sal 26 (1964), 395–440
E. Best, Mark. The Gospel as Story (Studies of the New Testament and its world), Edinburgh 1983
H. D. Betz, Studien zur Bergpredigt, Tübingen 1985
–, Synoptische Studien. Gesammelte Aufsätze II, Tübingen 1992
–, The Sermon on the Mount (Matt. 5:3–7:27): Its Literary Genre and Function, in: ib., 77–91
O. Betz, Jesu heiliger Krieg, NT 2 (1957), 116–137
–, Offenbarung und Schriftforschung in der Qumransekte (WUNT 6), Tübingen 1960

–, The Eschatological Interpretation of the Sinai-Tradition in Qumran in the New Testament, RdQ 6 (1967), 89–107

J. Beutler, S. J., Das Hauptgebot im Johannesevangelium, in: Das Gesetz im Neuen Testament, 222–236

Bibel und Qumran, FS H. Bardtke, hg. v. *S. Wagner*, Berlin 1968

W. Bieder, Pneumatologische Aspekte im Hebräerbrief, in: Neues Testament und Geschichte, FS O. Cullmann, hg. v. *H. Baltensweiler/B. Reicke*, Zürich/Tübingen 1972, 251–259

H. Bietenhardt, Sabbatvorschriften von Qumran im Lichte des rabbinischen Rechts und der Evangelien, in: Qumran-Probleme, 53–74

M. Black, The Scrolls and Christian Origins. Studies in the Jewish Background of the New Testament, Edinburgh [2]1961

–, An Approach to the Gospels and Acts, Oxford [3]1967

J. Blinzler, Εἰσὶν εὐνοῦχοι. Zur Auslegung von Mt 19,12, ZNW 48 (1957), 254–270

O. Böcher, Die Johannesapokalypse (EdF 41), Darmstadt [3]1988

M.-E. Boismard, O.P., De Son ventre Couleront des Fleuves d'Eau (Jo., VII, 38), RB 65 (1958), 523–546

–, Les Citations Targumiques dans le Quatrième Évangile, RB 66 (1959), 374–378

J. Bonsirven, Le divorce dans le Nouveau Testament, Paris 1948

K. Bornhäuser, Die Bergpredigt. Versuch einer zeitgenössischen Auslegung (BFChrTh II.7), Gütersloh 1932

G. Bornkamm/G. Barth/H. J. Held, Überlieferung und Auslegung im Matthäus-Evangelium (WMANT 1), Neukirchen [4]1965 [= [7]1975]

G. Bornkamm, Art. Evangelien, synoptische, in: RGG[3] II, 1958, 753–766

–, Jesus von Nazareth (Urban-Tb 19), Stuttgart 1960 [= [13]1983; jetzt [14]1988]

–, Enderwartung und Kirche im Matthäusevangelium, in: *Bornkamm/Barth/Held*, ib., 13–47

–, Die Sturmstillung im Matthäusevangelium, ib., 48–53

–, Der Auferstandene und der Irdische, ib., 284–310

–, Zum Verständnis des Gottesdienstes. A. Die Erbauung der Gemeinde als Leib Christi. B. Das Anathema in der urchristlichen Abendmahlsliturgie, in: *ders.*, Das Ende des Gesetzes. Paulusstudien. Gesammelte Aufsätze Band I (BEvTh 16), München [5]1966, 113–132

–, Studien zu Antike und Urchristentum. Gesammelte Aufsätze Band II (BEvTh 28), München [3]1970

–, Der Lohngedanke im Neuen Testament, ib., 69–92

–, Herrenmahl und Kirche bei Paulus, in: ib., 138–176

–, Das Bekenntnis im Hebräerbrief, ib., 188–203

–, Geschichte und Glaube. Erster Teil. Gesammelte Aufsätze Band III (BEvTh 48), München 1968

–, Geschichte und Glaube. Zweiter Teil. Gesammelte Aufsätze Band IV (BEvTh 53), München 1971

–, Wandlungen im alt- und neutestamentlichen Gesetzesverständnis, ib., 73–119

U. Borse, Die Entscheidung des Propheten. Kompositorische Erweiterung und redaktionelle Streichung von Joh 7,50.(53)–8,11 (SBS 158), Stuttgart 1994

W. Brandt, Jüdische Reinheitslehre und ihre Beschreibung in den Evangelien (BZAW 19), Gießen 1910

H. Braun, Qumran und das Neue Testament, 2 Bände, Tübingen 1966

–, Gesammelte Studien zum Neuen Testament und seiner Umwelt, Tübingen ³1971
–, „Umkehr" in spätjüdisch-häretischer und in frühchristlicher Sicht, ib., 70–85
–, Die Bedeutung der Qumranfunde für das Verständnis Jesu von Nazareth, ib., 86–99
–, Jesus. Der Mann aus Nazareth und seine Zeit (ThTh 1), Stuttgart/Berlin 1969 [Studienausgabe Stuttgart 1984]
–, Spätjüdisch-häretischer und frühchristlicher Radikalismus. Jesus von Nazareth und die essenische Qumransekte, 2 Bände (BHTh 24), Tübingen ²1969
–, Das himmlische Vaterland bei Philo und im Hebräerbrief, in: Verborum Veritas, FS G. Stählin, hg. v. O. Böcher/K. Haacker, Wuppertal 1970, 319–327
–, Die Gewinnung der Gewißheit in dem Hebräerbrief, ThLZ 96 (1971), 321–329
–, Erwägungen zu Markus 2,23–28Par., in: Entscheidung und Solidarität, FS J. Harder, hg. v. H. Horn, Wuppertal 1973, 53–56
I. Broer, Die Antithesen und der Evangelist Matthäus, BZ.NF 19 (1975), 50–63
–, Freiheit vom Gesetz und Radikalisierung des Gesetzes. Ein Beitrag zur Theologie des Evangelisten Matthäus (SBS 98), Stuttgart 1980
–, Anmerkungen zum Gesetzesverständnis des Matthäus, in: Das Gesetz im Neuen Testament, 128–145
F. F. Bruce, Biblical Exegesis in the Qumran Texts, Den Haag 1959
–, The Kerygma of Hebrews, Interpr. 23 (1969), 3–19
H. Bruppacher, Was sagte Jesus in Matthäus 5,48, ZNW 58 (1967), 145
J.–A. Bühner, Der Gesandte und sein Weg im Vierten Evangelium (WUNT II.2), Tübingen 1977
R. Bultmann, Glauben und Verstehen, 4 Bände, Tübingen 1933ff. [jetzt ⁸1980]
–, Art. ἀλήθεια κτλ., in: ThWNT I, 1933, 239–251
–, Art. Johannesevangelium, in: RGG³ III, 1959, 840–850
–, Die Geschichte der synoptischen Tradition (FRLANT 12), Göttingen ⁹1979
–, Theologie des Neuen Testaments, durchgesehen und ergänzt von O. Merk, Tübingen ⁹1984
Ch. Burchard, Das doppelte Liebesgebot in der frühen christlichen Überlieferung, in: Der Ruf Jesu, 39–62
Ch. Burger, Jesus als Davidssohn. Eine traditionsgeschichtliche Untersuchung (FRLANT 98), Göttingen 1970
T. A. Burkill, The Hidden Son of Man in St. Mark's Gospel, ZNW 52 (1961), 189–213
F. C. Burkitt, The Gospel History and its Transmission, Edinburgh ²1907

G. B. Caird, The Exegetical Method of the Epistle to the Hebrews, CJT 5 (1959), 44–51
O. Camponovo, Königtum, Königsherrschaft und Reich Gottes in den frühjüdischen Schriften (OBO 58), Freiburg, Schweiz 1984
H. Freiherr von Campenhausen, Die Entstehung der christlichen Bibel (BHTh 39), Tübingen 1968
C. E. Carlston, The Thinks that Defile (Mc vii.14) and the Law in Matthew and Mark, NTS 15 (1968/69), 75–96
R. H. Charles, The Teaching of the New Testament on Divorce, London 1921
H. F. Cherniss, The Relation of the Timaeus to Plato's Later Dialogues, in: Studies in Plato's Metaphysics, ed. by R. E. Allen, London 1965, 339–378
B. S. Childs, Die Bedeutung der hebräischen Bibel für die biblische Theologie, ThZ 48 (1992), 382–390

–, Biblical Theology of the Old and New Testaments. Theological Reflection on the Christian Bible, Minneapolis, MN 1993 [jetzt deutsch: Die Theologie der einen Bibel. I. Grundstrukturen, Freiburg/Basel/Wien 1994]

R. O. *Coleman*, Matthew's Use of the Old Testament, SWJT 5 (1962), 29–39

J. B. *Combrinck*, Some Thoughts on Old Testament Citations in the Epistle to the Hebrews, Neotest. 5 (1971), 21–36

H. *Conzelmann*, Art. Jesus Christus, in: RGG³ III, 619–653

–, Die Mitte der Zeit. Studien zur Theologie des Lukas (BHTh 17), Tübingen ⁵1964

–, Geschichte des Urchristentums (GNT 5), Göttingen ⁴1978

–, Grundriß der Theologie des Neuen Testaments, bearbeitet von A. Lindemann (UTB 1446), Tübingen ⁵1992

F. M. *Cornford*, Plato's Cosmology. The Timaeus of Plato, translated with a running commentary, London 1958 [= 1937]

O. *Cullmann*, Christus und die Zeit. Die urchristliche Zeit- und Geschichtsauffassung, Zollikon-Zürich 1946

–, Die Christologie des Neuen Testaments, Tübingen ³1963

–, Heil als Geschichte. Heilsgeschichtliche Existenz im Neuen Testament, Tübingen ²1967

J. *Daniélou*, Qumran und der Ursprung des Christentums, Mainz 1958

D. *Daube*, The New Testament and Rabbinic Judaism (JLCR 2), London 1956

–, Evangelisten und Rabbinen, ZNW 48 (1957), 119–126

G. *Dautzenberg*, Ist das Schwurverbot Mt 5,33–37; Jak 5,12 ein Beispiel für die Torakritik Jesu?, BZ.NF 25 (1981), 47–66

–, Gesetzeskritik und Gesetzesgehorsam in der Jesustradition, in: Das Gesetz im Neuen Testament, 46–70

W. D. *Davies*, The Setting of the Sermon on the Mount, Cambridge 1964

H.-J. *Degenhardt*, Lukas der Evangelist der Armen. Besitz und Besitzverzicht in den lukanischen Schriften. Eine traditions- und redaktionsgeschichtliche Untersuchung, Stuttgart 1968

F. *Delekat*, Immanuel Kant. Historisch-kritische Interpretation der Hauptschriften, Heidelberg 1963

F. *Delitzsch*, Das Neue Testament, übertragen in die hebräische Sprache, London 1954 [= ¹1878]

G. *Delling*, Art. καιρός κτλ., in: ThWNT III, 1938, 456–465

–, Das Zeitverständnis des Neuen Testaments, Gütersloh 1940

–, Das Logion Mark. x11 (und seine Abwandlungen) im Neuen Testament, NT 1 (1956), 263–274

–, Zeit und Endzeit. Zwei Vorlesungen zur Theologie des Neuen Testaments (BSt 58), Neukirchen 1970

–, Art. Abendmahl II. Urchristliches Mahl-Verständnis, in: TRE 1, 1977, 47–58

J. D. M. *Derrett*, KOPBAN, O EΣTIN ΔΩPON, NTS 16 (1969/70), 364–368

M. *Dibelius*, Die alttestamentlichen Motive in der Leidensgeschichte des Petrus- und des Johannes-Evangeliums, in: *ders.*, Botschaft und Geschichte I. Zur Evangelienforschung, Tübingen 1953, 221–247

–, Der himmlische Kultus nach dem Hebräerbrief, in: *ders.*, Botschaft und Geschichte II. Zum Urchristentum und zur hellenistischen Religionsgeschichte, Tübingen 1956, 160–176

–, Die Formgeschichte des Evangeliums, Tübingen [6]1971

Ch. Dietzfelbinger, Die Antithesen der Bergpredigt (TEH 186), München 1975

–, Die Antithesen der Bergpredigt im Verständnis des Matthäus, ZNW 70 (1979), 1–15

E. Dinkler, Petrusbekenntnis und Satanswort. Das Problem der Messianität Jesu, in: ders., Signum Crucis. Aufsätze zum Neuen Testament und zur christlichen Archäologie, Tübingen 1967, 283–312

W. Dilthey, Die geistige Welt. Einleitung in die Philosophie des Lebens. Erste Hälfte. Abhandlungen zur Grundlegung der Geisteswissenschaften, Gesammelte Schriften V, Leipzig/Berlin 1924

–, Der Aufbau der geschichtlichen Welt in den Geisteswissenschaften. Gesammelte Schriften VII, Stuttgart/Göttingen [6]1973

E. von Dobschütz, Matthäus als Rabbi und Katechet, ZNW 24 (1928), 338–348

Ch. H. Dodd, According to the Scriptures. The Sub-Structure of New Testament Theology, London 1952

E. R. Dodds, Die Griechen und das Irrationale, Darmstadt 1970

D. Dormeyer, Die Passion Jesu als Verhaltensmodell. Literarische und theologische Analyse der Traditions- und Redaktionsgeschichte der Markuspassion (NTA 11), Münster 1974

W. J. Dumbrell, The End of the Beginning: Revelation 21–22 and the Old Testament, Homebush 1985

J. D. G. Dunn, Mark 2.1–3.6: A Bridge between Jesus and Paul on the Question of the Law, NTS 30 (1984), 395–415

–, Jesus and Ritual Purity. A Study of the Tradition History of Mk 7,15, in: A cause de l'Évangile, Mélanges offerts à D. J. Dupont (LeDiv 123), Paris 1985, 251–276

–, The Evidence for Jesus, London 1985

J. Dunnill, Covenant and Sacrifice in the Letter to the Hebrews (MSSNTS 75), Cambridge 1992

G. Ebeling, Wort und Glaube II: Beiträge zur Fundamentaltheologie und zur Lehre von Gott, Tübingen 1969

–, Hermeneutik zwischen der Macht des Gotteswortes und seiner Entmachtung in der Moderne, ZThK 91 (1994), 80–96

H. J. Ebeling, Das Messiasgeheimnis und die Botschaft des Marcus-Evangelisten (BZNW 19), Berlin 1939

R. A. Edwards, A Theology of Q, Philadelphia 1976

B. Ego, Im Himmel wie auf Erden. Studien zum Verhältnis von himmlischer und irdischer Welt im rabbinischen Judentum (WUNT II.34), Tübingen 1989

K. Elliger, Studien zum Habakuk-Kommentar vom Toten Meer (BHTh 15), Tübingen 1953

E. E. Ellis, Prophecy and Hermeneutic in Early Christianity. New Testament Essays (WUNT 18), Tübingen 1978

R. Enskat, Zeit, Bewegung, Handlung und Bewußtsein im XI. Buch der „Confessiones" des hl. Augustinus, in: Zeit, Bewegung, Handlung, 193–221

C. A. Evans/W. R. Stegner, The Gospels and the Scriptures of Israel (JSNT.SS 104), Sheffield 1994

J. Fekkes III., Isaiah and Prophetic Traditions in the Book of Revelation. Visionary Antecedents and their Development (JSNT.SS 93), Sheffield 1994

H. Feld, Das Verständnis des Abendmahls (EdF 50), Darmstadt 1976

–, Der Hebräerbrief (EdF 228), Darmstadt 1985

R. *Feldmeier*, Die Krisis des Gottessohnes. Die Gethsemaneerzählung als Schlüssel der Markuspassion (WUNT II.21), Tübingen 1987

–, Der Gekreuzigte im „Gnadenstuhl". Exegetische Überlegungen zu Mk 15,37–39 und deren Bedeutung für die Vorstellung der göttlichen Gegenwart und Herrschaft, in: Le Trône de Dieu, hg. v. *M. Philonenko* (WUNT 69), Tübingen 1993, 213–232

H. *Fendrich*, Art. κράζω, in: EWNT II, 1981 [=[2]1992], 774–776

W. *Feneberg*, Der Markusprolog. Studien zur Formbestimmung des Evangeliums (StANT 36), München 1974

P. *Fiedler*, Jesus und die Sünder (BET 3), Frankfurt 1976

–, Die Tora bei Jesus und in der Jesusüberlieferung in: Das Gesetz im Neuen Testament, 71–87

G. *Fitzer*, Auch der Hebräerbrief legitimiert nicht eine Opfertodchristologie. Zur Frage der Intention des Hebräerbriefs und seiner Bedeutung für die Theologie, KuD 15 (1969), 294–319

J. A. *Fitzmyer*, The Use of Explicit Old Testament Quotations in Qumran Literature and in the New Testament, NTS 7 (1960/61), 297–333

–, Essays on the Semitic Background of the New Testament, London 1971

K. *Flasch*, Was ist Zeit? Augustinus von Hippo. Das XI. Buch der Confessiones. Historisch-philosophische Studie. Text – Übersetzung – Kommentar, Frankfurt/Main 1993

E. *Flesseman-van Leer*, Die Interpretation der Passionsgeschichte vom Alten Testament aus, in: Zur Bedeutung des Todes Jesu. Exegetische Beiträge (STAEKV), hg. v. F. *Viering*, Gütersloh [3]1968, 79–96

D. *Flusser*, Jesus in Selbstzeugnissen und Bilddokumenten (RoMo 140)

W. *Foerster*, Art. ἐχθρός, ἔχθρα, in: ThWNT II, 1935, 810–815

L. G. *Da Fonseca*, Διαθήκη – Foedus an Testamentum?, Bib. 8 (1927), 31–50. 161–181. 290–313; 9 (1928), 26–40. 143–160

H. *Frankemölle*, Jahwebund und Kirche Christi. Studien zur Form- und Traditionsgeschichte des „Evangeliums" nach Matthäus (NTA 10), Münster [2]1984

G. *Friedrich*, Das Lied vom Hohenpriester im Zusammenhang von Hebr. 4,14–5,10, in: *ders.*, Auf das Wort kommt es an. Gesammelte Aufsätze, hg. v. *J. H. Friedrich*, Göttingen 1978, 279–299

P. *Friedländer*, Platon III. Die platonischen Schriften. Zweite und dritte Periode, Berlin [2]1960

E. *Fuchs*, Zur Frage nach dem historischen Jesus. Gesammelte Aufsätze II, Tübingen [2]1965

–, Die vollkommene Gewißheit, ib., 126–135

–, Das Zeitverständnis Jesu, ib., 304–376

H. *Fujino*, Kierkegaards „Entweder/Oder": ein „Entweder ästhetisch/Oder existentiell". Versuch einer Neubewertung des Denkens Kierkegaards hinsichtlich seiner Grundkategorien des Ästhetischen, des Ethischen und des Religiösen (Epistemata, Würzburger wissenschaftliche Schriften, Reihe Philosophie 153), Würzburg 1994

H.-G. *Gadamer*, Wahrheit und Methode. Grundzüge einer philosophischen Hermeneutik, Tübingen [3]1972

B. *Gärtner*, The Habakkuk Commentary (DSH) and the Gospel of Matthew, StTh 8 (1954), 1–24

–, The Temple and the Community in Qumran and the New Testament. A Comparative Study in the Temple Symbolism of the Qumran Texts and the New Testament (MSSNTS 1), Cambridge 1965

A. *Gangemi*, L'utilizzazione del Deutero-Isaia nell' Apocalisse di Giovanni, ED 27 (1974), 109–144. 311–339

H.-B. *Gerl*, Romano Guardini. Leben und Werk 1885–1968, Leipzig 1990 [= Mainz ³1987]

E. *Gerstenberger*, Wesen und Herkunft des „Apodiktischen Rechts" (WMANT 20), Neukirchen 1965

H. *Gese*, Psalm 22 und das Neue Testament. Der älteste Bericht vom Tode Jesu und die Entstehung des Herrenmahles, in: *ders.*, Vom Sinai zum Zion. Alttestamentliche Beiträge zur biblischen Theologie (BEvTh 64), München ²1984, 180–201

Das Gesetz im Neuen Testament, hg. v. *K. Kertelge* (QD 108), Freiburg/Basel/Wien 1986

R. *Glöckner*, Neutetsamentliche Wundergeschichten und das Lob der Wundertaten Gottes in den Psalmen (WSAMA.T 13), Mainz 1983

J. *Gnilka*, Die Erwartung des messianischen Hohenpriesters in den Schriften von Qumran und im Neuen Testament, RdQ 2 (1959/60), 395–426

–, Die Verstockung Israels. Isaias 6,9–10 in der Theologie der Synoptiker (StANT 3), München 1961

–, Die Kirche des Matthäus und die Gemeinde von Qumran, BZ.NF 7 (1963), 43–63

–, Jesus von Nazaret. Botschaft und Geschichte (HThK.S III), Freiburg/Basel/Wien 1990

–, Wie urteilte Jesu über seinen Tod?, in: Der Tod Jesu, 13–50

–, Theologie des Neuen Testaments (HThK.S V), Freiburg/Basel/Wien 1994

P. *Gohlke*, s.v. Aristoteles

I. *Goldhahn-Müller*, Die Grenze der Gemeinde. Studien zum Problem der Zweiten Busse im Neuen Testament unter Berücksichtigung der Entwicklung im 2. Jh. bis Tertullian (GTA 39), Göttingen 1989

L. *Goppelt*, Theologie des Neuen Testaments I. Jesu Wirken in seiner theologischen Bedeutung, hg. v. *J. Roloff*, Göttingen 1975 [= UTB 850, ³1981]

–, Theologie des Neuen Testament II. Vielfalt und Einheit des apostolischen Christuszeugnisses, hg. v. *J. Roloff*, Göttingen 1976 [= UTB 850, ³1981]

C. *Gonzalez de Villapadierna*, Alianza o Testamento? Ensayo de nueva interpretación a Hebreos 9,15–20, in: Studiorum Paulinorum Concressus Internationalis Catholicus 1961 II (AnBib 18), Roma 1963, 153–160

M. *Goulder*, The Apocalypse as an Annual Cycle of Prophecies, NTS 27 (1981), 342–367

M. *Gourgues*, Lecture christologique du Psaume cx et fête de la Pentecôte, RB 83 (1976), 5–24

–, A la droite de Dieu. Résurrection de Jésus et actualisation de Ps. 110,1 dans le N.T. (EtB), Paris 1978

E. *Gräßer*, Das Problem der Parusieverzögerung in den synoptischen Evangelien und in der Apostelgeschichte (BZNW 22), Berlin ²1960 [erweitert ³1977]

–, Der Glaube im Hebräerbrief (MThSt 2), Marburg 1965

–, Die Naherwartung Jesu (SBS 61), Stuttgart 1973

–, Rechtfertigung im Hebräerbrief, in: Rechtfertigung, FS E. Käsemann, hg. v. *J. Friedrich, W. Pöhlmann* und *P. Stuhlmacher*, Tübingen/Göttingen 1976, 79–93

–, Albert Schweitzer als Theologe (BHTh 60), Tübingen 1979

–, Mose und Jesus. Zur Auslegung von Hebr 3,1–6, ZNW 75 (1984), 1–23

H. Greeven, „Wer unter euch …?“, WuD 3 (1952), 86–101

–, Zu den Aussagen des Neuen Testaments über die Ehe, ZEE 1 (1957), 109–125

–, Ehe nach dem Neuen Testament, NTS 15 (1968/69), 365–388

P. Grelot, „De Son ventre Couleront des Fleuves d'Eau“. La Citation Scripturaire de
     Jean, VII, 38, RB 66 (1959), 369–374

–, Jean, VII, 38: Eau du Rocher ou Source du Temple?, RB 70 (1963), 43–51

W. Grimm, Die Verkündigung Jesu und Deuterojesaja (ANTJ 1), Frankfurt a. M./Bern,
     ²1981

J. Grondin, Der Sinn für Hermeneutik, Darmstadt 1994

R. H. Gundry, The Use of the Old Testament in St. Matthew's Gospel. With Special
     Reference to the Messianic Hope (NT.S 18), Leiden 1967

K. Haacker, Ehescheidung und Wiederverheiratung im Neuen Testament, ThQ 151,
     (1971), 28–38

–, Der Rechtssatz Jesu zum Thema Ehebruch (Mt 5,28), BZ.NF 21 (1977), 113–116

H. Haag, Der Gottesknecht bei Deuterojesaja (EdF 233), Darmstadt 1985

E. Haenchen, Gott und Mensch. Gesammelte Aufsätze, Tübingen 1965

–, Matthäus 23, in: ib., 29–54

–, Der Weg Jesu. Eine Erklärung des Markus-Evangeliums und der kanonischen Paralle-
     len (STö.H 6), Berlin 1966

F. Hahn, Das Verständnis der Mission im Neuen Testament, Neukirchen ² 1965

–, Die alttestamentlichen Motive in der urchristlichen Abendmahlsüberlieferung, EvTh
     27 (1967), 337–374

–, Christologische Hoheitstitel. Ihre Geschichte im frühen Christentum (FRLANT 83),
     Göttingen ⁴1974

–, Methodologische Überlegungen zur Rückfrage nach Jesus, in: Rückfrage nach Jesus,
     11–77

–, Das Verständnis des Opfers im Neuen Testament, in: *ders.*, Exegetische Beiträge zum
     ökumenischen Gespräch. Gesammelte Aufsätze I, Göttingen 1986, 262–302

–, Vielfalt und Einheit des Neuen Testaments. Zum Problem einer neutestamentlichen
     Theologie, BZ.NF 38 (1994), 161–173

V. Hampel, Menschensohn und historischer Jesus. Ein Rätselwort als Schlüssel zum
     messianischen Selbstbewußtsein Jesu, Neukirchen 1990

R. Hanhart, Die Bedeutung der Septuaginta in neutestamentlicher Zeit, ZThK 81
     (1984), 395–416

A. T. Hanson, Jesus Christ in the Old Testament, London 1965

–, The New Testament Interpretation of Scripture, London 1980

–, The Living Utterances of God. The New Testament Exegesis of the Old, London
     1983

–, The Prophetic Gospel. A Study of John and the Old Testament, Edinburgh 1991

A. von Harnack, Das Magnificat der Elisabet (Luk. I,46–55) nebst einigen Bemerkungen
     zu Luk. I und 2, in: *ders.*, Studien zur Geschichte des Neuen Testaments und der
     Alten Kirche I. Zur neutestamentlichen Textkritik (AKG 19), Berlin/Leipzig 1931,
     62–85

J. R. Harris, Testimonies I–II (with the assistence of *V. Burch*), Cambridge 1916/1920

V. Hasler, Gesetz und Evangelium in der Alten Kirche bis Origenes. Eine auslegungsge-schichtliche Untersuchung, Frankfurt a. M. 1953

D. M. Hay, Glory at the Right Hand. Psalm 110 in Early Christianity (SBL.MS 18), Nashville/Tennesse 1973

M. Heidegger, Die Grundprobleme der Phänomenologie. Marburger Vorlesung Som-mersemester 1927, Gesamtausgabe II. Abteilung: Vorlesungen 1923–1944, Band 24, hg. v. *F.-W. von Herrmann*, Frankfurt/Main 1975

–, Phänomenologische Interpretation von Kants Kritik der reinen Vernunft. Marburger Vorlesung Wintersemester 1927/28, Gesamtausgabe II. Abteilung: Vorlesungen 1923–1944, Band 25, hg. v. *I. Görland*, Frankfurt/Main 1977

–, Prolegomena zur Geschichte des Zeitbegriffs. Marburger Vorlesung Sommersemester 1925, Gesamtausgabe II. Abteilung: Vorlesungen 1923–1944, Band 20, hg. v. *P. Jaeger*, Frankfurt/Main 1979

–, Logik. Die Frage nach der Wahrheit. Marburger Vorlesung Wintersemster 1925/26, Gesamtausgabe II. Abteilung: Vorlesungen 1923–1944, Band 21, hg. v. *W. Bie-mel*, Frankfurt/Main 1979

–, Sein und Zeit, Tübingen [16]1986 [= [1]1927]

–, Zur Bestimmung der Philosophie. 1. Die Idee der Philosophie und das Weltanschau-ungsproblem. 2. Phänomenologie und transzendentale Wertphilosophie mit einer Nachschrift der Vorlesung „Über das Wesen der Universität und des akademi-schen Studiums". Frühe Freiburger Vorlesungen Kriegsnotsemester 1919 und Sommersemsester 1919, Gesamtausgabe II. Abteilung: Vorlesungen, Band 56/57, hg. v. *B. Heimbüchel*, Frankfurt/Main 1987

–, Ontologie (Hermeneutik der Faktizität). Frühe Freiburger Vorlesung Sommerseme-ster 1923, Gesamtausgabe II. Abteilung: Vorlesungen, Band 63, hg. v. *K. Brök-ker-Oltmanns*, Frankfurt/Main 1988

–, Beiträge zur Philosophie (Vom Ereignis), Gesamtausgabe III. Abteilung: unveröffent-lichte Abhandlungen, Vorträge – Gedachtes, Band 65, hg. v. *F.-W. von Herr-mann*, Frankfurt/Main 1989

–, Phänomenologie der Anschauung und des Ausdrucks. Theorie der philosophischen Begriffsbildung. Frühe Freiburger Vorlesung Sommersemester 1920, Gesamtaus-gabe II. Abteilung: Vorlesungen 1919–1944, Band 59, hg. v. *C. Strube*, Frank-furt/Main 1993

R. Heiligenthal, Werke als Zeichen. Untersuchungen zur Bedeutung der menschlichen Taten im Frühjudentum, Neuen Testament und Frühchristentum (WUNT II/9), Tübingen 1983

H. J. Held, Matthäus als Interpret der Wundergeschichten, in: *Bornkamm/Barth/Held*, Überlieferung und Auslegung, 155–287

M. Hengel, Das Gleichnis von den Weingärtnern. Mc 12,1–12 im Lichte der Zenon-papyri und der rabbinischen Gleichnisse, ZNW 59 (1968), 1–39

–, Proseuche und Synagoge. Jüdische Gemeinde, Gotteshaus und Gottesdienst in der Diaspora und in Palästina, in: Tradition und Glaube. Das frühe Christentum in sei-ner Umwelt, FS K. G. Kuhn, hg. v. *G. Jeremias, H.-W. Kuhn* und *H. Stegemann*, Göttingen 1971, 157–184

–, Die Ursprünge der christlichen Mission, NTS 18 (1971/72), 15–38

–, Judentum und Hellenismus. Studien zu ihrer Begegnung unter besonderer Berück-sichtigung Palästinas bis zur Mitte des 2. Jhs. v. Chr. (WUNT 10), Tübingen [2]1973

–, Zwischen Jesus und Paulus. Die „Hellenisten", die „Sieben" und Stephanus (Apg 6,1–15; 7,54–8,3), ZThK 72 (1975), 151–206

–, Der Sohn Gottes. Die Entstehung der Christologie und die jüdisch-hellenistische Religionsgeschichte, Tübingen [2]1977

–, Die johanneische Frage. Ein Lösungsversuch mit einem Beitrag zur Apokalypse von J. Frey (WUNT 67), Tübingen 1993

–, „Setze dich zu meiner Rechten!" Die Inthronisation Christi zur Rechten Gottes und Psalm 110,1, in: Le Trône de Dieu, hg. v. M. Philonenko (WUNT 69), Tübingen 1993, 108–194

F.-W. von Herrmann, Augustinus und die phänomenologische Frage nach der Zeit, Frankfurt/Main 1992

S. Herrmann, Die konstruktive Restauration. Das Deuteronomium als Mitte biblischer Theologie, in: ders., Gesammelte Studien zur Geschichte und Theologie des Alten Testaments (TB 75), München 1986, 163–178

F. Hesse, Das Verstockungsproblem im Alten Testament. Eine frömmigkeitsgeschichtliche Untersuchung (BZAW 74), Berlin 1955

C. Heubült, Mt 5,17–20. Ein Beitrag zur Theologie des Evangelisten Matthäus, ZNW 71 (1980), 143–149

N. Hillyer, Matthew's Use of the Old Testament, EvQ 36 (1964), 12–26

P. Hoffmann, Studien zur Theologie der Logienquelle (NTA 8), Münster [3]1982

ders./V. Eid, Jesus von Nazareth und eine christliche Moral. Sittliche Perspektiven der Verkündigung Jesu (QD 66), Freiburg/Basel/Wien 1975

O. Hofius, Katapausis. Die Vorstellung vom endzeitlichen Ruheort im Hebräerbrief (WUNT 11), Tübingen 1970

–, Das „erste" und das „zweite" Zelt, ein Beitrag zur Auslegung von Hbr 9,1–10, ZNW 61 (1970), 271–277

–, Der Vorhang vor den Thron Gottes. Eine exegetisch-religionsgeschichtliche Untersuchung zu Hebräer 6,19f. und 10,19f. (WUNT 14), Tübingen 1972

–, Art. ἀπαύγασμα, in: EWNT I, 1980 [=[2]1992], 281–283

–, Inkarnation und Opfertod Jesu nach Hebr 10,19f., in: Der Ruf Jesu , 132–141

–, Art. κατάπαυσις, καταπαύω, in: EWNT II, 1981 [=[2]1992], 655f.

–, Herrenmahl und Herrenmahlsparadosis. Erwägungen zu 1 Kor 11,23b–25, in: ders., Paulusstudien (WUNT 51), Tübingen 1989, 203–240

–, Τὸ σῶμα τὸ ὑπὲρ ὑμῶν 1 Kor 11,24, ZNW 80 (1989), 80–88

–, Biblische Theologie im Lichte des Hebräerbriefes, in: New Directions in Biblical Theology, 108–125

T. Holtz, Untersuchungen über die alttestamentlichen Zitate bei Lukas (TU 104), Berlin 1968

–, Die Christologie der Apokalypse des Johannes (TU 85), Berlin [2]1971

H. J. Holtzmann, Lehrbuch der neutestamentlichen Theologie I., Tübingen [2]1911

F. W. Horn, Christentum und Judentum in der Logienquelle, EvTh 51 (1991), 344–364

M. Horstmann, Studien zur markinischen Christologie. Mk 8,27–9,13 als Zugang zum Christusbild des zweiten Evangeliums (NTA 6), Münster 1969

G. Howard, Hebrews and the Old Testament Quotations, NT 10 (1968), 208–216

M. Hubaut, Jésus et la Loi de Moïse, RTL 7 (1976), 401–425

H. Hübner, Zölibat in Qumran?, NTS 17, (1970/71), 153–167

–, Politische Theologie und existentiale Interpretation. Zur Auseinandersetzung Dorothee Sölles mit Rudolf Bultmann (GlLeh 9), Witten 1973

–, Das Gesetz als elementares Thema einer Biblischen Theologie?, KuD 22 (1976), 250–276

–, Mark. VII 1–23 und das „jüdisch-hellenistische" Gesetzesverständnis, NTS 22 (1976), 319–345

–, Art. ἀλήθεια κτλ., in: EWNT I, 1980 [=²1992], 138–145

–, Art. γραφή, in: EWNT I, 1980 [=²1992], 628–638

–, Art. νόμος, in: EWNT II, 1981 [=²1992], 1158–1172

–, Art. χρόνος, in: EWNT III, 1983 [=²1992], 1170–1173

–, Rückblick auf das Bultmann-Gedenkjahr 1984, ThLZ 110 (1985), 641–652

–, Das Gesetz in der synoptischen Tradition. Studien zur These einer progressiven Qumranisierung und Judaisierung innerhalb der synoptischen Tradition, Göttingen ²1986

–, Biblische Theologie des Neuen Testaments. Band I Prolegomena, Göttingen 1990 [= BThNT I]

–, Art. New Testament, OT Quotations in the, in: AncB. Dictionary 4 (1992), 1096–1104

–, Biblische Theologie des Neuen Testaments. Band II Die Theologie des Paulus und ihre neutestamentliche Wirkungsgeschichte, Göttingen 1993 [= BThNT II]

–, Die Sapientia Salomonis und die antike Philosophie, in: Die Weisheit Salomos im Horizont biblischer Theologie, hg. v. dems. (BThSt 22), Neukirchen 1993, 55–81

–, Offenbarungen und Offenbarung. Philosophische und theologische Erwägungen zum Verhältnis von Altem und Neuem Testament, in: New Directions in Biblical Theology, 10–23

–, Rudolf Bultmanns Her-Kunft und Hin-Kunft. Zur neueren Bultmann-Literatur, ThLZ 120 (1995), 3–22

–, Biblische Theologie als Hermeneutik. Gesammelte Aufsätze, hg. v. A. Labahn/M. Labahn, Göttingen 1995

–, Biblische Theologie und Theologie des Neuen Testaments, in: ib., 69–86

–, Was ist existentiale Interpretation?, in: ib., 229–251

–, Der Begriff „Weltanschauung" bei Rudolf Bultmann, in: Wandel und Bestand. Denkanstöße zum 21. Jahrhundert. FS B. Jaspert, hg. v. Abt M. Hebler, OSB, H. Gehrke und H.-W. Storck, Paderborn 1995 (in Druck)

G. Hughes, Hebrews and Hermeneutics. The Epistle to the Hebrews as a New Testament Example of Biblical Interpretation (MSSNTS 36), Cambridge 1979

J. J. Hughes, Hebrews ix 15ff. and Galatians iii 15ff. A Study in Covenant Practice and Procedure, NT 21 (1979), 27–96

R. Hummel, Die Auseinandersetzung zwischen Kirche und Judentum im Matthäusevangelium (BEvTh 33), München ²1966

The Interpretation of Matthew (IRT 3), ed. by G. Stanton, London 1983

Ch. Jamme, Heideggers frühe Begründung der Hermeneutik, in: Dilthey-Jahrbuch für Philosophie und Geschichte der Geisteswissenschaft, Band 4 (1986/87), hg. v. F. Radi, Göttingen (1987), 72–90

M. Jammer, Das Problem des Raumes. Die Entwicklung der Raumtheorien, Darmstadt ²1980 [englisches Original: Concepts of Space, Cambridge, USA, ²1969]

S. Jellicoe, The Septuagint and Modern Study, Oxford 1968

F. Jenkins, The Old Testament in the Book of Revelation, Grand Rapids 1972

E. Jenni, Art. אחר, in: THAT I, 1984, 110–118

J. Jeremias, Har Magedon (Apc 16,16), ZNW 31 (1932), 73–77

–, Die Abendmahlsworte Jesu, Göttingen [4]1967

–, Die älteste Schicht der Menschensohn-Logien, ZNW 58 (1967), 159–172

–, Abba. Studien zur neutestamentlichen Theologie und Zeitgeschichte, Göttingen [4]1967

–, Zur Hypothese einer schriftlichen Logienquelle Q, in: ib., 90–92

–, Jerusalem zur Zeit Jesu. Eine kulturgeschichtliche Untersuchung zur neutestamentlichen Zeitgeschichte, Göttingen [3]1969

–, Die Gleichnisse Jesu, Göttingen [8]1970

–, Neutestamentliche Theologie I: Die Verkündigung Jesu, Gütersloh [4]1988

K.-L. Jörns, Das hymnische Evangelium. Untersuchungen zu Aufbau, Funktion und Herkunft der hymnischen Stücke in der Johannesoffenbarung (StNT 5), Gütersloh 1971

Judentum – Urchristentum – Kirche, FS J. Jeremias, hg. v. *W. Eltester* (BZAW 26), Berlin [2]1964

E. Jüngel, Paulus und Jesus. Eine Untersuchung zur Präzisierung der Frage nach dem Ursprung der Christologie (HUTh 2), Tübingen [6]1986

–, Gottes Sein ist im Werden. Verantwortliche Rede vom Sein Gottes bei Karl Barth. Eine Paraphrase. Tübingen [2]1967

M. Kähler, Der sogenannte historische Jesus und der geschichtliche biblische Christus, hg. v. *E. Wolf* (TB 2), München [3]1961

E. Käsemann, Das wandernde Gottesvolk. Eine Untersuchung zum Hebräerbrief (FRLANT 55), Göttingen 1939 [= [4]1961]

–, Exegetische Versuche und Besinnungen I, Göttingen [5]1967 [= [6]1970]

–, Anliegen und Eigenart der paulinischen Abendmahlslehre, in: ib., 11–34

–, Das Problem des historischen Jesus, in: ib., 187–214

–, Begründet der neutestamentliche Kanon die Einheit der Kirche?, in: ib., 214–223

–, Exegetische Versuche und Besinnungen II, Göttingen [3]1968 [= [4]1970]

–, Neutestamentliche Fragen von heute, in: ib., 11–31

–, Sackgassen im Streit um den historischen Jesus, in: ib., 31–68

–, Gottesgerechtigkeit bei Paulus, in: ib., 181–193

–, Jesu letzter Wille nach Johannes 17, Tübingen [3]1971

O. Kaiser, Einleitung in das Alte Testament. Eine Einführung in ihre Ergebnisse und Probleme, Gütersloh [5]1984

–, Der Gott des Alten Testaments. Theologie des Alten Testaments I: Grundlegung (UTB 1747), Göttingen 1993

–, Die Bedeutung des Alten Testaments für Heiden, die manchmal auch Christen sind, ZThK 91 (1994), 1–9

R. Kampling, Israel unter dem Anspruch des Messias. Studien zur Israelthematik im Markusevangelium (SBB 25), Stuttgart 1992

M. Karrer, Die Johannesoffenbarung als Brief. Studien zu ihrem literarischen, historischen und theologischen Ort (FRLANT 140), Göttingen 1986

P. Katz, The Quotations from Deuteronomy in Hebrews, ZNW 49 (1958), 213–223

L. E. Keck, Art. Armut III. Neues Testament, in: TRE 4, 1979, 76–80

H. A. Kent, Matthew's Use of the Old Testament, BS 121 (1964), 34–43

K. Kertelge, Die Epiphanie Jesu im Evangelium (Markus), in: Gestalt und Anspruch des Neuen Testaments, hg. v. *J. Schreiner*, Würzburg [2]1969, 153–172

–, Die Wunder Jesu im Markusevangelium. Eine redaktionsgeschichtliche Untersuchung (StANT 23), München 1970

–, Handeln aus Glauben. Zum Verständnis der Bergpredigt, Renovatio 40 (1984), 73–81

H. Kessler, Die theologische Bedeutung des Todes Jesu. Eine traditionsgeschichtliche Untersuchung, Düsseldorf 1970

R. Kieffer, Die Bibel deuten – das Leben deuten. Einführung in die Theologie des Neuen Testaments, Regensburg 1987

S. Kierkegaard, Das Buch über Adler, Gesammelte Werke 36. Abteilung, Düsseldorf/ Köln 1962

G. D. Kilpatrick, The Origins of the Gospel according to St. Matthew, Oxford ²1950

–, Διαθήκη in Hebrews, ZNW 68 (1977), 263–265

S. Kistemaker, The Psalm Citations in the Epistle to the Hebrews, Amsterdam 1961

H.-J. Klauck, Herrenmahl und hellenistischer Kult. Eine religionsgeschichtliche Untersuchung zum ersten Korintherbrief (NTA 15), Münster 1982

J. Klausner, Von Jesus zu Paulus, Jerusalem 1950

–, Jesus von Nazareth. Seine Zeit, sein Leben und seine Lehre, Jerusalem ²1952

G. Klein, Art. Gesetz III. Neues Testament, in: TRE 13, 1984, 58–75

K. Th. Kleinknecht, Der leidende Gerechtfertigte. Die alttestamentlich-jüdische Tradition vom ‚leidenden Gerechten‘ und ihre Rezeption bei Paulus (WUNT II/13), Tübingen 1984

Th. Knöppler, Die theologia crucis des Johannesevangeliums. Das Verständnis des Todes Jesu im Rahmen der johanneischen Inkarnations- und Erhöhungschristologie (WMANT 69), Neukirchen 1994

D.-A. Koch, Die Bedeutung der Wundererzählungen für die Christologie des Markusevangeliums (BZNW 42), Berlin 1975

U. H. J. Körtner, Volk Gottes – Kirche – Israel. Das Verhältnis der Kirchen zum Judentum als Thema ökumenischer Kirchenkunde und ökumenischer Theologie, ZThK 91 (1994), 51–79

B. Kollmann, Ursprung und Gestalten der frühchristlichen Mahlfeier (GTA 43), Göttingen 1990

H. Köster, Art. ὑπόστασις, in: ThWNT VIII, 1969, 571–588

–, Die Auslegung der Abraham-Verheißung in Hebräer 6, in: Studien zur Theologie der alttestamentlichen Überlieferungen, FS G. von Rad, hg. v. *R. Rendtorff/K. Koch*, Neukirchen 1961, 95–109

E. Kränkl, Jesus, der Knecht Gottes. Die heilsgeschichtliche Stellung Jesu in den Reden der Apostelgeschichte (BU 8), Regensburg 1972

W. G. Kümmel, Verheißung und Erfüllung. Untersuchungen zur eschatologischen Verkündigung Jesu (AThANT 6), Zürich ³1956

–, Heilsgeschehen und Geschichte, Gesammelte Aufsätze 1933–1964, hg. v. *E. Gräßer, O. Merk, A. Fritz* (MThSt 3), Marburg 1965

–, Jesus und der jüdische Traditionsgedanke, in: ib., 15–35

–, Die Gottesverkündigung Jesu und der Gottesgedanke des Spätjudentums, in: ib., 107–125

–, Die älteste Form des Aposteldekrets, in: ib., 278-288

–, Diakritik zwischen Jesus von Nazareth und dem Christusbild der Urkirche, in: ib., 382–391

–, Heilsgeschehen und Geschichte II, Gesammelte Aufsätze 1965–1976, hg. v. *E. Grässer* und *O. Merk* (MThSt 16), Marburg 1978

–, „Das Gesetz und die Propheten gehen bis Johannes" – Lukas 16,16 im Zusammenhang der heilsgeschichtlichen Theologie der Lukasschriften, in: ib., 75–86

–, Lukas in der Anklage der heutigen Theologie, in: ib., 87–100

–, Äußere und innere Reinheit des Menschen bei Jesus, in: ib., 117–129

–, Jesu Antwort an Johannes den Täufer. Ein Beispiel zum Methodenproblem in der Jesusforschung, in: ib., 177–200

–, Das Verhalten Jesus gegenüber und das Verhalten des Menschensohns. Markus 8,38 par. und Lukas 12,8f par. Matthäus 10,32f, in: ib., 201–214

–, Art. Judenchristentum I. Im Altertum, in: RGG³ III, 1959, 967–972

–, Einleitung in das Neue Testament, Heidelberg ²¹1983

H.-W. Kuhn, Ältere Sammlungen im Markusevangelium (StUNT 8), Göttingen 1971

O. Kuss, Der theologische Grundgedanke des Hebräerbriefs. Zur Deutung des Todes Jesu im Neuen Testament, MThZ 7 (1956), 233–271

E. Kutsch, Neues Testament – Neuer Bund? Eine Fehlübersetzung wird korrigiert, Neukirchen 1978

G. E. Ladd, Jesus and the Kingdom. The Eschatology of Biblical Realism, London 1966

J. Lambrecht, Jesus and the Law. An Investigation of Mk 7,1–23, EThL 53 (1977), 24–52

A. Lancellotti, L'Antico Testamento nell' Apocalisse, RivBib 14 (1966), 369–384

F. Laub, Bekenntnis und Auslegung. Die paränetische Funktion der Christologie im Hebräerbrief (BU 15), Regensburg 1980

–, „Ein für allemal hineingegangen in das Allerheiligste" (Hebr 9,12) – Zum Verständnis des Kreuzestodes im Hebräerbrief, BZ.NF 35 (1991), 65–85

A. R. C. Leaney, The Akedah, Paul and the Atonement, or: Is a Doctrine of the Atonement Possible?, in: Studia Evangelica Vol. VII, Papers presented to the Fifth International Congress on Biblical Studies held at Oxford, 1973, ed. by *E. A. Livingstone* (TU 126), Berlin 1982, 307–315

M. R. Lehmann, Genesis 2,24 as the Basis for Divorce in Halakhah and New Testament, ZAW 72 (1960), 263–267

Ch. Levin, Die Verheißung des neuen Bundes in ihrem theologiegeschichtlichen Zusammenhang ausgelegt (FRLANT 137), Göttingen 1985

J. M. Lieu, Biblical Theology and the Johannine Literature, in: New Directions in Biblical Theology, 93–107

M. Limbeck, Die Ordnung des Heils. Untersuchungen zum Gesetzesverständnis des Frühjudentums, Düsseldorf 1971

B. Lindars, New Testament Apologetic. The Doctrinal Significance of the Old Testament Quotations, London 1961

–, The Rhetorical Structure of Hebrews, NTS 35 (1989), 382–406

–, The Theology of the Letter to the Hebrews, Cambridge 1991

A. Lindemann, „Der Sabbat ist um des Menschen willen geworden ...". Historische und theologische Erwägungen zur Traditionsgeschichte der Sabbatperikope Mk 2,23–28parr., WuD 15 (1979), 79–105

–, Paulus im ältesten Christentum. Das Bild des Apostels und die Rezeption der paulinischen Theologie in der frühchristlichen Literatur bis Marcion (BHTh 58), Tübingen 1979

–, Literatur zu den synoptischen Evangelien 1984–1991, ThR 59 (1994), 41–100. 113–185. 252–284

E. Linnemann, Studien zur Passionsgeschichte (FRLANT 102), Göttingen 1970

–, Gleichnisse Jesu. Einführung und Auslegung, Göttingen [6]1975

H. von Lips, Weisheitliche Traditionen im Neuen Testament (WMANT 64), Neukirchen 1990

W. R. G. Loader, Sohn und Hoherpriester. Eine traditionsgeschichtliche Untersuchung zur Christologie des Hebräerbriefes (WMANT 53), Neukirchen 1981

E. Lohse, Die alttestamentliche Sprache des Sehers Johannes. Textkritische Bemerkungen ur Apokalypse, ZNW 52 (1961), 122–126

–, Märtyrer und Gottesknecht. Untersuchungen zur urchristlichen Verkündigung vom Sühntod Jesu Christi (FRLANT 64), Göttingen [2]1963

–, Jesu Worte über den Sabbat, in: Judentum – Urchristentum – Kirche, 79–89

–, Art. σάββατον κτλ., in: ThWNT VII, 1964, 1–35

–, „Ich aber sage euch", in: Der Ruf Jesu, 189–203

A. Loisy, L'Evangile et l'Eglise, Paris 1902, [5]1929; dt.: Evangelium und Kirche, München 1904

–, Le quatrième évangile, Paris [2]1921

G. Lüdemann, Paulus, der Heidenapostel I. Studien zur Chronologie (FRLANT 123), Göttingen 1980

–, Das frühe Christentum nach den Traditionen der Apostelgeschichte. Ein Kommentar, Göttingen 1987

D. Lührmann, Die Redaktion der Logienquelle. Anhang: Zur weiteren Überlieferung der Logienquelle (WMANT 33), Neukirchen 1969

–, … womit er alle Speisen für rein erklärte (Mk 7,19), WuD 16 (1981), 71–92

U. Luz, Der alte und der neue Bund bei Paulus und im Hebräerbrief, EvTh 27 (1967), 318–336

–, Das Geheimnismotiv und die markinische Christologie, ZNW 56 (1969), 9–30

–, Die Jünger im Matthäusevangelium, ZNW 62 (1971), 141–171

–, Theologia crucis als Mittel der Theologie im Neuen Testament, EvTh 34 (1974), 116–141

–, Die Erfüllung des Gesetzes bei Matthäus (Mt 5,17–20), ZThK 75 (1978), 398–435

–, Jesus und die Tora, EvErz 34 (1982), 111–124

–, Art. βασιλεία, in: EWNT I, 1980 [=[2]1992], 481–491

K. H. Manzke, Ewigkeit und Zeitlichkeit. Aspekte für eine theologische Deutung der Zeit (FSÖTh 63), Göttingen 1992

J. L. Marshall, Melchizedek in Hebrews, Philo and Justin Martyr, in: Studia Evangelica Vol. VII, Papers presented to the Fifth International Concress on Biblical Studies held at Oxford 1973, ed. by *E. A. Livingstone* (TU 126), Berlin 1982, 339–342

R. Martin-Achard, Art. עָנָה 'nh II elend sein, in: THAT II, 1984, 341–350

W. Marxsen, Der Evangelist Markus. Studien zur Redaktionsgeschichte des Evangeliums (FRLANT 49), Göttingen [2]1959

–, Das Abendmahl als christologisches Problem, Gütersloh 1963

–, Der Exeget als Theologe. Vorträge zum Neuen Testament, Gütersloh [2]1969

–, Redaktionsgeschichtliche Erklärung der sogenannten Parabeltheorie des Markus, in: ib., 13–28

–, Erwägungen zum Problem des verkündigten Kreuzes, in: ib., 160–170

–, Jesus – oder das Neue Testament?, in: ib., 246–264

–, Einleitung in das Neue Testament. Eine Einführung in ihre Probleme, Gütersloh [4]1978

Ch. Maurer, Knecht Gottes und Sohn Gottes im Passionsbericht des Markusevangeliums, ZThK 50 (1953), 1–38

J. G. McConville/J. G. Millar, Time and Place in Deuteronomy (JSOT.SS 179), Sheffield 1994

R. S. McConnel, Law and Prophecy in Matthew's Gospel. The Authority and Use of the Old Testament in the Gospel of St. Matthew, Basel 1969

J. C. McCullough, Hebrews and the Old Testament, Diss., Belfast 1971

–, The Old Testament Quotations in Hebrews, NTS 26 (1980), 363–379

J. P. Meier, Law and History in Matthew's Gospel (AnBib 71), Rom 1976

R. P. Menzies, Empowered for Witness. The Spirit in Luke-Acts (JPT.S 6), Sheffield 1994

O. Merk, Theologie des Neuen Testaments und Biblische Theologie, in: Bilanz und Perspektiven gegenwärtiger Auslegung des Neuen Testaments. Symposion zum 65. Geburtstag von G. Strecker, hg. v. *F. W. Horn* (BZNW 75), Berlin 1995, 112–143

H. Merklein, Die Gottesherrschaft als Handlungsprinzip. Untersuchung zur Ethik Jesu (fzb 34), Würzburg 1978

–, Jesu Botschaft von der Gottesherrschaft. Eine Skizze (SBS 111), Stuttgart 1983

–, Die Jesusgeschichte – synoptisch gesehen (SBS 156), Stuttgart 1994

D. Michel, Art. Armut II. Altes Testament, in: TRE 4, 1979, 72–76

G. Miegge, Il sermone sul monte, Commentario esegetico, Turin 1970

M. P. Miller, The Function of Isa 61:1–2 in 11Q Melchizedek, JBL 88 (1969), 467–469

–, Targum, Midrash and the Use of the Old Testament in the New Testament, JSJ 2 (1971), 29–82

P. S. Minear, Die Funktion der Kindheitsgeschichten im Werk des Lukas, in: Das Lukas-Evangelium. Die redaktions- und kompositionsgeschichtliche Forschung (WdF 280), hg. v. *G. Braumann*, Darmstadt 1974, 204–235 [englisches Original: Luke's Use of the Birth-Stories, in: Studies in Luke-Acts, FS P. Schubert, ed. by *L. E. Keck* and *J. L. Martyn*, Philadelphia [2]1980, 111–130]

Minor Agreements. Symposium Göttingen 1991 (GTA 50), hg. v. *G. Strecker*, Göttingen 1993

J. Molitor, Grundbegriffe der Jesusüberlieferung im Lichte ihrer orientalischen Sprachgeschichte, Düsseldorf 1968

G. F. Moore, Judaism in the First Centuries of the Christian Era. The Age of the Tannaim, Vol. I–III, Cambridge [10]1966

G. Mora, Ley y sacrificio en la carta a los Hebreos, RCatT 1 (1976), 1–50

C. F. D. Moule, Sanctuary and Sacrifice in the Church of the New Testament, JThS NS 1 (1950), 29–41

M. Müller, Der Jesus der Historiker, der historische Jesus und die Christusverkündigung der Kirche, KuD 22 (1976), 277–298

–, Der Ausdruck „Menschensohn" in den Evangelien. Voraussetzungen und Bedeutung (AThD XVII), Leiden 1984

–, Salvation-History in the Gospel of Matthew. An Example of Biblical Theology, in: New Directions in Biblical Theology, 58–76

P. G. Müller, Destruktion des Kanons – Verlust der Mitte. Ein kritisches Gespräch mit Siegfried Schuld, ThRv 73 (1977), 177–186

U. B. Müller, Zur Rezeption gesetzeskritischer Jesusüberlieferung im frühen Christentum, NTS 27 (1981), 158–185

S. Muñoz Iglesias, Los cánticos del Evangelio de la infancia según San Lucas I, Madrid 1983

F. Mußner, Zur theologischen Grundfrage des Hebräerbriefes, TThZ 65 (1956), 55–57

–, Ursprünge und Entfaltung der neutestamentlichen Sohneschristologie. Versuch einer Rekonstruktion, in: Grundfragen der Christologie heute, hg. v. *L. Scheffczyk* (QD 72), Freiburg/Basel/Wien 1975, 77–113

–, Das Neue Testament als Dokument für den Ablösungsprozeß der Kirche von Israel, in: *ders*, Die Kraft der Wurzel. Judentum – Jesus – Kirche, Freiburg/Basel/Wien 1987, 164–171

–, Das „semantische Universum" der Verkündigungsperikope (Lk 1,26–38), Cath(M) 46 (1992), 228–239

–, Maria, die Mutter Jesu im Neuen Testament, St. Ottilien 1993

G. Nebe, Prophetische Züge im Bilde Jesu bei Lukas (BWANT 127), Stuttgart/Berlin/ Köln 1989

R. Neudecker, Die alttestamentliche Heilsgeschichte in lehrhaft-paränetischer Stellung. Eine Studie zu Sap 10 und Hebr 11, Diss., Innsbruck 1970/71

P. Neuner, Art. Loisy, Alfred (1857–1940), in: TRE 21, 1991, 453–456

J. Neusner, The Rabbinic Traditions about the Pharisees before 70. I. The Masters, II. The Houses, III. Conclusions, Leiden 1971

New Directions in Biblical Theology. Papers of the Aarhus Conference 16–19 September 1992, ed. by *S. Pedersen* (NT.S 76), Leiden/New York/Köln 1994

K. Niederwimmer, Unmittelbarkeit und Vermittlung als hermeneutisches Problem, KuD 17 (1971), 97–112

J. M. Nützel, Die Verklärungserzählung im Markusevangelium. Eine redaktionsge-schichtliche Untersuchung (fzb 6), Würzburg 1973

L. Oberlinner, Todeserwartung und Todesgewißheit Jesu. Zum Problem einer histori-schen Begründung (SBB 10), Stuttgart 1980

G. O'Collins, S. J., Retrieving Fundamental Theology. The Three Styles of Contempo-rary Theology, New York/Mahwah 1993

A. Oepke, Art. καλύπτω κτλ., in: ThWNT III, 1938, 558–597

B. Olsson, Structure and Meaning in the Fourth Gospel. A Text-linguistic Analysis of John 2:1–11 and 4:1–42 (CB.NT 6), Lund 1974

T. Onuki, Gemeinde und Welt im Johannesevangelium. Ein Beitrag zur Frage nach der theologischen und pragmatischen Funktion des johanneischen „Dualismus" (WMANT 56), Neukirchen 1984

G. E. L. Owen, The Place of the Timaeus in Plato's Dialogues, in: Studies in Plato's Metaphysics, hg. v. *R. E. Allen*, London 1965, 313–338. 339–378

W. Paschen, Rein und unrein. Untersuchungen zur biblischen Wortgeschichte (StANT 24), München 1970

H. Patsch, Abendmahl und historischer Jesus (CThM.A 1), Stuttgart 1972

R. Pesch, Naherwartungen. Tradition und Redaktion in Mk 13, Düsseldorf 1968

–, Anfang des Evangeliums Jesu Christi. Eine Studie zum Prolog des Markusgeheimnis-ses (Mk 1,1–15), in: Die Zeit Jesu, FS H. Schlier, hg. v. *G. Bornkamm* und *K. Rahner*, Freiburg/Basel/Wien 1970, 108–144

–, Das Messiasbekenntnis des Petrus (Mk 8,27–30), BZ.NF 17 (1973), 178–195; 18 (1974), 20–31

–, Die Überlieferung der Passion Jesu, in: Rückfrage nach Jesus, 148–173

D. Peterson, Hebrews and Perfection. An Examination of the Concept of Perfection in the „Epistle to the Hebrews", Cambridge 1982

J. J. Petuchowski, Melchisedech. Urgestalt der Ökumene. Mit einem Nachwort von *F. Mußner*, Freiburg/Basel/Wien 1972

J. van der Ploeg, L'Exégèse de l'Ancien Testament dans l'Epître aux Hébreux, RB 54 (1947), 187–228

P. Pokorný, Das Markusevangelium. Literarische und theologische Einleitung, ANRW II. 25.3 (1985), 1969–2035

A. Polag, Die Christologie der Logienquelle (WMANT 45), Neukirchen 1977

W. Popkes, Christus traditus. Eine Untersuchung zum Begriff der Dahingabe im Neuen Testament (AThANT 49), Zürich/Stuttgart 1967

I. de la Potterie, S. J., La vérité dans Saint Jean, I und II (AnBib 73/74) Rom 1977

–, „C'est lui qui a ouvert la voie". La finale du prologue johannique, Bib. 69 (1988), 340–370

E. A. C. Pretorius, Diatheke in the Epistle to the Hebrews, Neotest. 5 (1971), 22–36

H. D. Preuß, „... ich will mit dir sein!", ZAW 80 (1968), 139–174

–, Theologie des Alten Testaments Band I: JHWHs erwählendes und verpflichtendes Handeln, Stuttgart/Berlin/Köln 1991

W. Radl, Das Gesetz in Apg 15, in: Das Gesetz im Neuen Testament, 169–174

H. Räisänen, Die Parabeltheorie im Markusevangelium (SESJ 26), Helsinki 1973

–, Das „Messiasgeheimnis" im Markusevangelium. Ein redaktionskritischer Versuch (SESJ 28), Helsinki 1976

–, The Torah and Christ. Essays in German and English on the Problem of the Law in Early Christianty. Deutsche und englische Aufsätze zur Gesetzesproblematik im Urchristentum (SESJ 45), Helsinki 1986

–, Zur Herkunft von Markus 7,15 in ib., 209–218

–, Jesus and the Food Laws: Reflections of Mark 7.15, in: ib., 219–241

G. Reim, Studien zum alttestamentlichen Hintergrund des Johannesevangeliums (MSSNTS 22), Cambridge 1974

L. von Renthe-Fink, Art. Geschichtlichkeit, in: HWP 3, 1974, 404–408

M. Rese, Alttestamentliche Motive in der Christologie des Lukas (StNT 1), Gütersloh 1969

R. Riesner, Jesus als Lehrer. Eine Untersuchung zum Ursprung der Evangelien-Überlieferung (WUNT II.7), Tübingen [4]1993

M. Rissi, Die Theologie des Hebräerbriefes. Ihre Verankerung in der Situation des Verfassers und seiner Leser (WUNT 41), Tübingen 1987

J. M. Robinson, Das Geschichtsverständnis des Markus-Evangeliums (AThANT 30), Zürich 1956

J. Roloff, Das Markusevangelium als Geschichtsdarstellung, EvTh 29 (1960), 73–93

–, Das Kerygma und der irdische Jesus. Historische Motive in den Jesus-Erzählungen der Evangelien, Göttingen [3]1973

–, Exegetische Verantwortung in der Kirche. Aufsätze, hg. v. *M. Karrer*, Göttingen 1990

–, Anfänge der soteriologischen Deutung des Todes Jesu (MK. X.45 und LK.XXII.27), in: ib., 117–143

–, Der mitleidende Hohepriester. Zur Frage nach der Bedeutung des irdischen Jesus für die Christologie des Hebräerbriefes, in: ib., 144–167

W. *Rothfuchs*, Die Erfüllungszitate des Matthäus-Evangeliums. Eine biblisch-theologische Untersuchung (BWANT 88), Stuttgart/Berlin/Köln/Mainz 1969

E. *Rudolph*, Zeit und Ewigkeit bei Platon und Aristoteles, in: Zeit, Bewegung, Handlung, 109–128

Rückfrage nach Jesus. Zur Methodik und Bedeutung der Frage nach dem historischen Jesus, hg. v. K. *Kertelge* (QD 63), Freiburg 1974

Der Ruf Jesu und die Antwort der Gemeinde. Exegetische Untersuchungen, FS J. Jeremias, hg. v. E. *Lohse*, *Ch. Burchard* und B. *Schaller*, Göttingen 1970

L. *Ruppert*, Der leidende Gerechte. Eine motivgeschichtliche Untersuchungen zum Alten Testament und zwischentestamentlichen Judentum (fzb 5), Würzburg 1972

–, Jesus als der leidende Gerechte? Der Weg Jesu im Lichte eines alt- und zwischentestamentlichen Motivs (SBS 59), Stuttgart 1972

–, Der leidende Gerechte und seine Feinde. Eine Wortfelduntersuchung, Würzburg 1973

A. *Sand*, Das Gesetz und die Propheten. Untersuchungen zur Theologie des Evangeliums nach Matthäus (BU 11), Regensburg 1974

E. P. *Sanders*, Jesus and Judaism, London 1985

B. *Schaller*, Die Sprüche über Ehescheidung und Wiederheirat in der synoptischen Überlieferung, in: Der Ruf Jesu, 226–246

G. *Schille*, Erwägungen zur Hohenpriesterlehre des Hebräerbriefes, ZNW 46 (1955), 81–109

B. *Schindler*, Die Sagbarkeit des Unsagbaren. Hegels Weg zur Sprache des konkreten Begriffs (Pommersfeldener Beiträge 8), Würzburg 1994

A. *Schlatter*, Das Alte Testament in der johanneischen Apokalypse (BFChTh 16.6), Gütersloh 1912

H. *Schlier*, Das Herrenmahl bei Paulus, in: *ders.*, Das Ende der Zeit. Exegetische Aufsätze und Vorträge III, Freiburg/Basel/Wien 1971, 201–215

E. A. *Schmidt*, Zeit und Geschichte bei Augustin (SHAW.PH 1985/3), Heidelberg 1985

W. H. *Schmidt*, Einführung in das Alte Testament (GLB), Berlin/New York [4]1989

R. *Schnackenburg*, Gottes Herrschaft und Reich, Freiburg [4]1965

–, Der geschichtliche Jesus in seiner ständigen Bedeutung für Theologie und Kirche, in: Rückfrage nach Jesus, 174–193

–, Die sittliche Botschaft des Neuen Testaments I: Von Jesus zur Urkirche (HThK.S I), Freiburg/Basel/Wien 1986

G. *Schneider*, Die Davidsohnfrage (Mk 12,35–37), Bibl. 53 (1972), 65–90

U. *Schnelle*, Antidoketische Christologie im Johannesevangelium. Eine Untersuchung zur Stellung des vierten Evangeliums in der johanneischen Schule (FRLANT 144), Göttingen 1987

–, Einleitung in das Neue Testament (UTB 1830), Göttingen 1994

K. *Scholtissek*, Die Vollmacht Jesu. Traditions- und redaktionsgeschichtliche Analysen zu einem Leitmotiv markinischer Christologie (NTA 25), Münster 1992

L. *Schottroff*, Der Glaubende und die feindliche Welt. Beobachtungen zum gnostischen Dualismus und seiner Bedeutung für Paulus und das Johannesevangelium (WMANT 37), Neukirchen 1970

W. *Schrage*, Ethik des Neuen Testaments (GNT 4), Göttingen 1982

F. Schröger, Der Verfasser des Hebräerbriefes als Schriftausleger (BU 4), Regensburg 1968

–, Das hermeneutische Instrumentarium des Hebräerbriefes, in: Schriftauslegung. Beiträge zur Hermeneutik des Neuen Testamentes und im Neuen Testament, hg. v. *J. Ernst*, Paderborn 1972, 313–329

B. G. Schuchard, Scripture within Scripture. The Interrelationship of Form and Function in the Explicit Old Testament Citations in the Gospel of John (SBL.DS 133), Atlanta, Georgia 1992

H. Schürmann, Traditionsgeschichtliche Untersuchungen zu den synoptischen Evangelien. Beiträge (KBANT), Düsseldorf 1968

–, Jesu ursprüngliches Basileia-Verständnis, in: *ders.*, Gottes Reich – Jesu Geschick. Jesu ureigener Tod im Licht seiner Basileia-Verkündigung, Freiburg/Basel/Wien 1983, 21–64 [jetzt unter dem Titel: Jesu Tod – unser Leben. Ein Versuch, zu verstehen, in: *ders.*, Jesus – Gestalt und Geheimnis, 268–285]

–, Jesus – Gestalt und Geheimnis. Gesammelte Beiträge, hg. v. *K. Scholtissek*, Paderborn 1994

–, Das Weiterleben der Sache Jesu im nachösterlichen Herrenmahl. Die Kontinuität der Zeichen in der Diskontinuität der Zeiten, in: ib., 241–265

–, „Pro-Existenz" als christologischer Grundbegriff, in: ib., 286–315

S. Schulz, Markus und das Alte Testament, ZThK 58 (1961), 184–197

–, Q – Die Spruchquelle der Evangelisten, Zürich 1972

–, Die Mitte der Schrift. Der Frühkatholizismus im Neuen Testament als Herausforderung an den Protestantismus, Stuttgart/Berlin 1976

A. Schweitzer, Reich Gottes und Christentum, hg. v. *U. Neuenschwander*, Tübingen 1967 [wieder abgedruckt in Gesammelte Werke in fünf Bänden, hg. v. *R. Grabs*, Band 4, München/Berlin/Zürich o.J., 511–731]

E. Schweizer, Neotestamentica. Deutsche und englische Aufsätze 1951–1963, Zürich 1963

–, Matth. 5,17–20 – Anmerkungen zum Gesetzesverständnis des Matthäus, in: ib., 399–406

–, Anmerkungen zur Theologie des Markus, in: ib., 93–104

–, Zur Frage des Messiasgeheimnisses bei Markus, ZNW 56 (1965), 1–8

–, Theologische Einleitung in das Neue Testament (GNT 2), Göttingen 1989

H. Seebaß, Art. אַחֲרִית, in: ThWAT I, 1973, 224–228

D. Sinn, Art. Ereignis, in: HWP 2, 1972, 608f.

G. Sinn, Christologie und Existenz. Rudolf Bultmanns Interpretation des paulinischen Christuszeugnisses (TANZ 4), Tübingen 1991

R. Smend/U. Luz, Gesetz (Biblische Konfrontationen) III. Das Neue Testament, Stuttgart 1981, 58–139

G. M. Soares Prabhu, S. J., The Formula Quotations in the Infancy Narrative of Matthew. An Enquiry into the Tradition History of Mt 1–2 (AnBib 63), Rom 1976

Th. Söding, Glaube bei Markus. Glaube an das Evangelium, Gebetsglaube und Wunderglaube im Kontext der markinischen Basileiatheologie und Christologie (SBB 12), Stuttgart 1985

S. G. Sowers, The Hermeneutics of Philo and Hebrews. A Comparison of the Interpretation of the Old Testament in Philo Judaeus and the Epistle to the Hebrews, Zürich 1965

A. Sperber, New Testament and Septuagint, JBL 59 (1940), 193–293

C. Spicq, La théologie des deux alliances dans l'Epître aux Hébreux, RSPhTh 33 (1949), 15–30

E. Stauffer, Jesus, Gestalt und Geschichte (DTb 332), Bern 1957

–, Die Botschaft Jesu damals und heute (DTb 333), Bern/München 1959

O. H. Steck, Israel und das gewaltsame Geschick der Propheten. Untersuchung zur Überlieferung des deuteronomistischen Geschichtsbildes im Alten Testament, Spätjudentum und Urchristentum (WMANT 23), Neukirchen 1967

H.-J. Steichele, Der leidende Sohn Gottes. Eine Untersuchung einiger alttestamentlicher Motive in der Christologie des Markusevangeliums (BU 14), Regensburg 1980

K. Stendahl, The School of St. Matthew and its Use of the Old Testament (ASNU 20), Lund [2]1968

G. Strecker, Der Weg der Gerechtigkeit. Untersuchung zur Theologie des Matthäus (FRLANT 82), Göttingen [3]1971

–, Eschaton und Historie. Aufsätze, Göttingen 1979

–, Zur Messiasgeheimnistheorie im Markusevangelium, in: ib., 33–51

–, Das Geschichtsverständnis des Matthäus, in: ib., 90–107

–, Die Bergpredigt. Ein exegetischer Kommentar, Göttingen [2]1985

A. Strobel, Die Psalmengrundlage der Gethsemane-Parallele Hebr 5,7ff., ZNW 45 (1954), 252–266

–, Kerygma und Apokalyptik. Ein religionsgeschichtlicher und theologischer Beitrag zur Christusfrage, Göttingen 1967

P. Stuhlmacher, Versöhnung, Gesetz und Gerechtigkeit, Aufsätze zur biblischen Theologie, Göttingen 1981, 27–42

–, Jesu vollkommenes Gesetz der Freiheit. Zum Verständnis der Bergpredigt, ZThK 79 (1982), 283–322

–, Biblische Theologie des Neuen Testaments I: Grundlegung. Von Jesus zu Paulus, Göttingen 1992

A. Suhl, Der Davidsohn im Matthäus-Evamgelium, ZNW 59 (1958), 36–72

–, Die Funktion der alttestamentlichen Zitate und Anspielungen im Markusevangelium, Gütersloh 1965

E. S. Sutcliffe, Hatred at Qumran, RdQ 2 (1959/60), 345–356

W. M. Swartley, Israel's Scripture Traditions and the Synoptic Gospels: Story Shaping Story, Peabody, MA 1994

J. Swetnam, Diatheke in the Septuagint Account of Sinai: A Suggestion, Bib. 47 (1966), 438–444

F. C. Synge, Hebrews and the Scriptures, London 1959

A. E. Taylor, A Commentary on Plato's „Timaeus", Oxford [2]1962

G. Theißen, Untersuchungen zum Hebräerbrief (StNT 2), Gütersloh 1969

M. Theobald, Die Fleischwerdung des Logos. Studien zum Verhältnis des Johannesprologs zum Corpus des Evangeliums und zu 1Joh (NTA 20), Münster 1988

Theologie der Ehe, hg. v. *H. Greeven, J. Ratzinger, R. Schnackenburg, H. D. Wendland*, Regensburg/Göttingen 1969

K. J. Thomas, The Old Testament Citations in Hebrews, NTS 11 (1965), 303–365

J. W. Thompson, The Conceptual Background and Purpose of the Midrash in Hebrews vii, NT 19 (1977), 209–223

H. Thyen, Art. Johannesbriefe, in: TRE 17, 1988, 186–200

H. E. Tödt, Der Menschensohn in der synoptischen Überlieferung, Gütersloh [2]1963

Der Tod Jesu. Deutungen im Neuen Testament (QD 74), hg. v. *K. Kertelge*, Freiburg/Basel/Wien 1976

W. Trilling, Das wahre Israel. Studien zur Theologie des Matthäus-Evangeliums (StANT 10), München ³1964

L. Trudinger, The Text of the Old Testament in the Book of Revelation, PhD diss., Boston University 1963

–, Some Observations concerning the Text of the Old Testament in the Book of Revelation, JTS.NS 17 (1966), 82–88

W. G. Übelacker, Der Hebräerbrief als Appell. I. Untersuchungen zu *exordium, narratio* und *postscriptum* (Hebr 1–2 und 13,22–23) (CB.NT 21), Lund 1989

J. Ungeheuer, Der Große Priester über dem Hause Gottes. Die Christologie des Hebräerbriefes, Würzburg 1939

A. Vanhoye, La structure littéraire de l'épître aux Hébreux, Paris 1963

–, Christologia a qua initium sumit epistola ad Hebraeos (Hebr 1,2b.3.4), VD 43 (1965), 3–14. 49–61. 113–123

–, Le Christ, grand-prêtre selon Hébreux 2,17–18, NRTh 91 (1969), 449–474

–, De sacerdotio Christi epistola ad Hebraeos, VD 47 (1969), 22–30

–, Thema sacerdotii praeparatur in Hebr. 1,1-2,18, VD 47 (1969), 284–297

–, Le Dieu dans la nouvelle alliance dans l'Epître aux Hébreux, in: La révélation de Dieu dans le Nouveau Testament. Position du problème, hg. v. *J. Giblet*, Gembloux 1976, 315–330

–, Our Priest is Christ. The Doctrine of the Epistle to the Hebrews, Rom 1977

–, Homilie für haltbedürftige Christen. Struktur und Botschaft des Hebräerbriefs, Regensburg 1981

Ph. Vielhauer, Aufsätze zum Neuen Testament (TB 31), München 1965

–, Zum „Paulinismus" der Apostelgeschichte, in: ib., 9–27

–, Das Benedictus des Zacharias (Lk 1,68–79), in: ib., 28–46

–, Erwägungen zur Christologie des Markusevangeliums, in: ib., 199–214

G. Vlastos, Plato's Universe, Seattle 1975

A. Vögtle, Messiasbekenntnis und Petrusverheißung. Zur Komposition Mt 16,13–23par., in: *ders.*, Das Evangelium und die Evangelien. Beiträge zur Evangelienforschung (KBANT), Düsseldorf 1971, 137–170

–, Todesankündigungen und Todesverständnis Jesu, in: Der Tod Jesu, 51–113

–, Offenbarungsgeschehen und Wirkungsgeschichte. Neutestamentliche Beiträge, Freiburg/Basel/Wien 1985

–, „Theo-logie" und „Eschato-logie" in der Verkündigung Jesu?, in: ib., 11–33

–, Grundfragen der Diskussion um das heilsmittlerische Todesverständnis Jesu, in: ib., 141–167

–, Die ‚Gretchenfrage‘ des Menschensohnproblems. Bilanz und Perspektiven (QD 152), Freiburg/Basel/Wien 1994

D. Völter, Die Apokalypse des Zacharias im Evangelium des Lukas, ThT 30 (1896), 224–269

F. Volpi, Chronos und Psyche. Die aristotelische Aporie von Physik IV 14, 223a 16–29, in: Zeit, Bewegung, Handlung, 26–62

J. de Waard, A Comparative Study of the Old Testament Text in the Dead Sea Scrolls and in the New Testament (STDJ 4), Leiden 1965

R. Walker, Die Heilsgeschichte im ersten Evangelium (FRLANT 91), Göttingen 1967

N. Walter, Die Botschaft des Sehers Johannes zwischen apokalyptischer Tradition und urchristlichem Osterglauben. Thesen zur theologischen Interpretation der Johannesoffenbarung, WZ(J).G 39 (1990), 399–404

H. Weder, Die Gleichnisse Jesu als Metaphern. Traditions- und redaktionsgeschichtliche Analysen und Interpretationen (FRLANT 120), Göttingen ³1984

–, Gegenwart und Gottesherrschaft. Überlegungen zum Zeitverständnis bei Jesus und im frühen Christentum (BThSt 20), Neukirchen 1993

–, Die Weisheit in menschlicher Gestalt. Weisheitstheologie im Johannesprolog als Paradigma einer Biblischen Theologie, in: New Directions in Biblical Theology, 143–179

A. Weiser, Zur Gesetzes- und Tempelkritik der „Hellenisten", in: Das Gesetz im Neuen Testament, 146–168

–, Theologie des Neuen Testaments II: Die Theologie der Evangelien (KStTh 8), Stuttgart 1993

C. Welck, Erzählte Zeichen. Die Wundergeschichten des Johannesevangeliums literarisch untersucht. Mit einem Ausblick auf Joh 21 (WUNT II/69), Tübingen 1994

M. Werner, Der Einfluß paulinischer Theologie im Markusevangelium. Eine Studie zur neutestamentlichen Theologie (BZNW 1), Gießen 1923

W. Wieland, Die aristotelische Physik. Untersuchungen über die Grundlegung der Naturwissenschaft und die sprachlichen Bedingungen der Prinzipienforschung bei Aristoteles, Göttingen ²1970

U. Wilckens, Die Missionsreden der Apostelgeschichte. Form- und traditionsgeschichtliche Untersuchungen (WMANT 5), Neukirchen ³1974,

W. Wilkens, Zeichen und Werke. Ein Beitrag zur Theologie des 4. Evangeliums in Erzählungs- und Redestoff (AThANT 55), Zürich 1969

R. Williamson, Platonism and Hebrews, SJTh 16 (1963), 415–424

–, The Eucharist and the Epistle to the Hebrews, NTS 21 (1975), 300–312

A. S. van der Woude, Die messianischen Vorstellungen der Gemeinde von Qumran (SSN 3), Assen 1957

W. Wrede, Das Messiasgeheimnis in den Evangelien. Zugleich ein Beitrag zum Verständnis des Markusevangeliums, Göttingen ⁴1969

G. Wuttke, Melchisedech, der Priesterkönig von Salem. Eine Studie zur Geschichte der Exegese (BZNW 5), Gießen 1927

Zeit, Bewegung, Handlung. Studien zur Zeitabhandlung des Aristoteles (FBESG 42), hg. v. *E. Rudolph*, Stuttgart 1988

E. Zenger, Der Neue Bund im Alten. Zur Bundestheologie der beiden Testamente (QD 146), Freiburg/Basel/Wien 1993

–, Am Fuß des Sinai. Gottesbilder des Ersten Testaments, Düsseldorf 1993

W. Zimmerli, Erkenntnis Gottes nach dem Buche Ezechiel, in: *ders.*, Gottes Offenbarung. Gesammelte Aufsätze zum Alten Testament (TB 19), München 1963, 41–119

H. Zimmermann, Das absolute Ἐγώ εἰμι als die neutestamentliche Offenbarungsformel, BZ.NF 4 (1960), 54–69. 266–276

–, Die Hohepriester-Christologie des Hebräerbriefes, Paderborn 1964

Register

I. Stellen

1. Altes Testament

4. Außerbibliches Judentum (ohne Apokryphen)

5. Außerchristliche antike Literatur

II. Autoren

Ahlborn, E. 18
Allen, W.C. 97
Apelt, O. 219. 220
Augustinus 219. 221. 222. 223. 224–230. 232. 235. 239. 241. 246. 281
Aus, R.D. 210

Bacon, B.W. 113
Bammel, E. 111
Barrett, C.K. 152. 157. 162. 164. 168. 174. 177. 178. 191. 198
Barth, G. 100
Barth, K. 165. 170
Bauckham, R.J. 210
Baumgarten, J. 252
Becker, J. 174. 176. 198. 258
Behm, J. 53
Bergson, H. 219. 227. 230f. 232
Best, E. 67. 76
Betz, H.D. 110
Blass, F.-Debrunner, A.-Rehkopf, F. 29
Bleek, F. 17f
Böcher, O. 210
Boismard, M.-E. 177
Bornkamm, G. 100. 265
Borse, U. 180
Bousset, W. 209
Bovon, F. 133
Braun, H. 50. 52. 55. 56
Broer, I. 110. 262
Buchanan, G.W. 27
Bultmann, R. 6. 33. 152. 153. 156. 159f. 162. 164. 168. 170. 174. 176. 177. 178. 198. 200. 216. 233. 247. 254. 255. 259. 264. 269. 275f.
Burger, Ch. 92. 177
Burkitt, F.C. 97

Camponovo, O. 240
Cassierer, E. 235
Charles, R.H. 213
Cherniss, H.F. 219
Childs, B.S. 278–281

Conzelmann, H. 122. 123. 129. 130. 135. 136. 150. 260
Cornford, F.M. 219
Cullmann, O. 252

Dautzenberg, G. 110
Davies, W.D. 113f.
Degenhardt, H.-J. 147
Delekat, F. 234
Delling, G. 224. 252. 265
Dilthey, W. 232f. 237f. 275f.
von Dobschütz, E. 98
Dodds, E.R. 137
Dumbrell, W.J. 210
Dunnill, J. 52

Ebeling, H.J. 73
Edwards, R.A. 65
Ego, B. 42
Elliger, K. 47
Ellingworth, P. 20. 53. 56
Ellis, E.E. 121

Fekkes III., J. 206. 208. 210. 211. 213. 215
Feld, H. 22. 52. 265
Feldmeier, R. 71f.
Fendrich, H. 175
Fiedler, P. 110
Flasch, K. 221. 222. 224. 225. 226–228. 229. 230. 239
Friedländer, P. 219
Fujino, H. 7

Gadamer, H.-G. 243. 266
Gärtner, B. 98
Gangemi, A. 210
Gerl, H.-B. 5
Gerstenberger, E. 112
Gese, H. 52
Gnilka, J. 54. 59. 65. 71. 77. 82. 88. 90. 91. 92. 94. 101. 102. 104. 105. 106. 109. 111. 115. 118f. 137. 178. 254. 263
Goldhahn-Müller, I. 36
Gohlke, P. 224
Goulder, M. 210

Gräßer, E. 23. 25. 27. 29. 30. 31. 32. 33. 34. 37. 38. 40f. 42f. 44. 45f. 47. 51. 52. 55. 56. 58f. 259. 265
Grelot, P. 177
Grimm, W. 264
Grondin, J. 86
Guardini, R. 5
Grundmann, W. 88. 109
Gundry, R.H. 99. 104

Haag, H. 271
Haenchen, E. 129. 263
Hahn, F. 9. 265
Hampel, V. 268. 271. 273
Hanhart, R. 97
von Harnack, A. 144
Harris, J.R. 97
Hanson, A.T. 62. 121. 154. 155. 157f. 159. 160. 167. 177. 179. 186. 187. 189. 197. 214f.
Hegel, G.W.F. 7
Hegermann, H. 33. 41. 45. 48. 49. 55. 56. 57. 58
Heidegger, M. 85f. 171. 219. 222. 223. 224. 226. 228. 229. 230. 231–235. 240. 241. 248. 255. 257. 261
Heiligenthal, R. 203
Held, H.J. 100
Hengel, M., 15. 24. 54. 73f. 91. 92. 132. 152f
von Hermann, F.-W. 224. 225. 226–228. 230. 257
Herrmann, S. 240
Hirsch, E. 283
Hofius, O. 23. 32. 50. 265
Hoffmann, P. 65
Holtz, T. 120. 137
Holtzmann, H. J. 96
Horn, F.W. 65
Hübner, H. 5. 9. 15. 22. 39. 48. 52. 54. 82. 83. 91. 97. 110. 112. 113. 122. 133. 135. 137. 140. 153. 162. 163. 167. 170. 174. 178. 184. 188. 231. 233. 235. 241. 245. 248. 252. 255.

Otto Kaiser
Der Gott des Alten Testaments
Theologie des AT 1: Grundlegung.
(UTB 1747). 1993. 355 Seiten, kartoniert. ISBN 3-8252-1747-7
Dieser erste Band einer dezidiert systematischen Theologie des Alten Testaments
legt die hermeneutischen, religionsgeschichtlichen und literaturgeschichtlichen
Grundlagen der alttestamentlichen Theologie. Auch die nachkanonischen Schrif-
ten sind einbezogen und die Verbindung zum Neuen Testament hergestellt.
Der folgende Band wird die Gotteslehre des Alten Testaments und die Frage
nach seiner Gegenwartsbedeutung behandeln.

Theologie des AT 2: In Vorbereitung

Gisela Kittel
Der Name über alle Namen I
Biblische Theologie/AT. (Biblisch-theologische Schwerpunkte 2). 2., durchges.
Auflage 1993. 227 Seiten mit 3 Abb., kartoniert. ISBN 3-525-61283-4

Der Name über alle Namen II
Biblische Theologie/NT. (Biblisch-theologische Schwerpunkte 3). 1990. 243 Seiten mit 1 Abb., kartoniert. ISBN 3-525-61284-2

Dieser Gesamtentwurf Biblischer Theologie weist in zwei Bänden den sachlichen Zusammenhang zwischen alt- und neutestamentlicher Gottesoffenbarung
auf. Leitfaden der Darstellung ist die Frage nach dem „Namen über alle Namen".
Der Gottesname, den Mose am brennenden Dornbusch noch als Geheimnis und
Rätsel erfährt, verbindet sich in der Geschichte Israels mit grundlegenden Heils-
und Gerichtserfahrungen, bis er schließlich im Neuen Testament mit dem Namen
und der Geschichte Jesu zu einer unlöslichen Einheit verschmilzt.

V&R
Vandenhoeck
& Ruprecht

Hans Hübner
Biblische Theologie als Hermeneutik
Gesammelte Aufsätze. Zum 65. Geburtstag herausgegeben von Antje und Michael Labahn. 1995. 311 Seiten, kartoniert. ISBN 3-525-53635-6

Die Beiträge dieses Aufsatzbandes, der aus Anlaß des 65. Geburtstages des Göttinger Professors für Biblische Theologie herausgegeben wird, bieten eine Auswahl aus seinem wissenschaftlichen Werk, in der die beiden Hauptinteressen des Verfassers umrissen sind:

Das Bemühen, die neutestamentlichen Schriften zu verstehen, nötigt zur hermeneutischen Aufgabe, ihr Verständnis in der Kirche zu vermitteln. So sucht der Verfasser die Biblische Theologie, die er anhand der neutestamentlichen Autoren entwickelt, in ihrer Gegenwartsrelevanz mit Hilfe der existentialen Interpretation zur Sprache zu bringen.

Eine weitere Grunderkenntnis seiner Untersuchungen ist die fundamentale Bedeutung der alttestamentlichen Schriften für die neutestamentlichen Autoren. Indem Hübner diese Verwendung reflektiert, weist er auf die sachliche und theologische Bedeutung der Septuaginta, sowie der Differenzen, die sich bei der neutestamentlichen Rezeption des Alten Testaments nicht zuletzt aufgrund der Benutzung der griechischen Übersetzung ergeben.

Vetus Testamentum in Novo
ed. Hans Hübner

Band 2: Corpus Paulinum. 1995. Ca. 246 Seiten, Leinen. ISBN 3-525-50108-0

Hier entsteht die neuerarbeitete maßgebende Zusammenstellung aller alttestamentlichen Zitate und Anspielungen im Neuen Testament im Originalwortlaut. Das Werk ist übersichtlich in vier Spalten angelegt:

1. die neutestamentlichen Stellen in kanonischer Reihenfolge,
2. der Wortlaut in der Septuaginta (LXX),
3. der Wortlaut im Masoretischen Text (MT) und
4. andere Erwähnungen (z.B. in anderen alttestamentlichen Schriften als der unmittelbar zitierten).

In der grafischen Darstellung wird unterschieden zwischen wörtlicher und sinngemäßer Übereinstimmung, und zwar zwischen NT, LXX und MT bzw. zwischen NT und LXX gegen oder ohne MT.

In Vorbereitung:
Band I: Evangelien und Apostelgeschichte
Band III: Katholische Briefe und Apokalypse

V&R
Vandenhoeck
& Ruprecht